"当代地理科学译丛"编委会

（按汉语拼音音序排列）

蔡运龙　柴彦威　樊　杰　顾朝林
胡天新　李　平　李秀彬　梁进社
刘宝元　刘卫东　汤茂林　唐晓峰
田文祝　王　铮　张春梅　周尚意

当代地理科学译丛·学术专著系列

经济地理学读本

〔加〕特雷弗·J.巴恩斯
〔美〕杰米·佩克　　　　主编
〔美〕埃里克·谢泼德
〔英〕亚当·蒂克尔

童　昕　梅丽霞　林　涛　卢　洋　等译

商务印书馆
2013年·北京

Edited by

Trevor J. Barnes, Jamie Peck, Eric Sheppard, and Adam Tickell

READING ECONOMIC GEOGRAPHY

Blackwell Publishing Ltd. 2004

（根据布莱克韦尔出版公司 2004 年平装本译出）

内 容 简 介

《经济地理学读本》全书分为5篇,共25章。第一篇,"经济地理学的世界",回顾和阐述了经济地理学不同时期最具影响力的各种理论方法,重点包括政治经济学、后结构主义、女性主义和文化与制度方法。第二篇,"生产的领域",关注经济学的传统议题:生产、劳动力、企业、竞争、增长和技术变化。并采用政治经济、后结构主义和女性主义方法研究生产、企业、区域增长和劳动。第三篇,"资源的世界",关注经济与生态环境的关系,从政治经济、文化理论和女性主义视角研究农业、资源和自然的生产。第四篇,"社会的世界",强调在经济地理学研究中,不能脱离社会,孤立地分析经济过程,着重考察性别关系、阶级、治理和国家以及它们与空间的关系。最后,第五篇,"循环的空间",以批判现实主义的空间含义为出发点,关注地域、地方镶嵌性和尺度的构建,重点考察了远程通信的空间性,及通过资本和移民形成的场所的连接性。本书可以作为大学经济地理学专业辅助教材,适合研究生和高年级本科生阅读,也可供对区域和城市社会发展感兴趣的学者和管理人员参考。

谨献给

罗伯特·G.佩克
1936~2002 年

"当代地理科学译丛"
序　　言

　　对国外学术名著的移译无疑是中国现代学术的源泉之一，说此事是为学的一种基本途径似乎并不为过。地理学界也不例外，中国现代地理学直接就是通过译介西方地理学著作而发轫的，其发展也离不开国外地理学不断涌现的思想财富和学术营养。感谢商务印书馆，她有全国惟一的地理学专门编辑室，义不容辞地担当着这一崇高使命，翻译出版的国外地理学名著已蔚为大观，并将继续弘扬这一光荣传统。但鉴于以往译本多以单行本印行，或纳入《汉译世界学术名著丛书》之类，难以自成体系，地理学界同仁呼吁建立一套相对独立的丛书，以便相得益彰，集其大成，利于全面、完整地研读查考；而商务印书馆也早就希望搭建一个这样的平台，双方一拍即合，这就成为这套丛书的缘起。

　　为什么定位在"当代"呢？可以说出很多理由，例如，当代著作与我们现在面临的问题关联最紧，国外当代地理学思想和实践日新月异，中国地理学者最需要了解国外最新学术动态，如此等等。至于如何界定"当代"，我们则无意陷入史学断代的严格考证中，只是想尽量介绍"新颖"、"重要"者而已。编委会很郑重地讨论过这套丛书的宗旨和侧重点，当然不可避免见仁见智，主要有以下基本想法：兼顾人文地理学和自然地理学，优先介绍最重要的学科和流派，理论和应用、学术专著和大学教材兼而有之，借此丛书为搭建和完善中国地理学的理论体系助一臂之力。比较认同的宗旨是：选取有代表性的、高层次的、理论性强的学术著作，兼顾各分支学科的最新学术进展和实践应用，组成"学术专著系列"；同时，推出若干在国外大学地理学教学理论与实践中影响较大、经久不衰的教材，组成"大学教材系列"，以为国内广大地理学界师生提供参考。

　　由于诸多限制，本译丛当然不可能把符合上述宗旨的国外地理学名著与教材包揽无遗,也不可能把已翻译出版者再版纳入。所以,真要做到"集其大成"、"自成体系",还必须触类旁通,与已有中文版本和将有的其他译本联系起来。对此,这里很难有一个完整的清单,姑且择其大端聊作"引得"(**index**)。商务印书馆已出版了哈特向著《地理学性质的透视》、哈维著《地理学中的解释》、詹姆斯著《地理学思想史》、哈特向著《地理学的性质》、阿努钦著《地理学的理论问题》、邦奇著《理论地理学》、约翰斯顿著《地理学与地理学家》和《哲学与人文地理学》、威尔逊著《地理学与环境》、伊萨钦柯著《今日地理学》、索恰瓦著《地理系统学说导论》、阿尔曼德著《景观科学》、丽丝著《自然资源:分配、经济学与政策》、萨乌什金著《经济地理学》等,商务印书馆已启动出版但不列入本译丛的有苏珊·汉森主编的《改变世界的十大地理思想》、约翰斯顿主编的《人文地理学辞典》等,都可算"当代地理学"名著;国内其他出版社在这方面也颇有贡献,特别值得一提的是学苑出版社出版的《重新发现地理学:与科学和社会的新关联》。

当然,此类译著也会良莠不齐,还需读者独立判断。更重要的是国情不同,区域性最强的地理学最忌食洋不化,把龙种搞成跳蚤,学界同仁当知须"去粗取精,去伪存真,由此及彼,由表及里"。

说到这里,作为一套丛书的序言可以打住了,但还有些相关的话无处可说又不得不说,不妨借机一吐。

时下吾国浮躁之风盛行,学界亦概不能免。其表现之一是夜郎自大,"国际领先"、"世界一流"、"首先发现"、独特创造、"重大突破"之类的溢美之词多到令人起鸡皮疙瘩的地步;如有一个参照系,此类评价当可以客观一些,适度一些,本译丛或许就提供了医治这种自闭症和自恋狂的一个参照。表现之二是狐假虎威,捡得一星半点洋货,自诩国际大师真传,于是"言必称希腊",以致经常搞出一些不中不洋、不伦不类的概念来,正所谓"创新不够,新词来凑";大家识别这种把戏的最好办法之一,也是此种食洋不化症患者自治的最好药方之一,就是多读国外名著,尤其是新著,本译丛无疑为此提供了方便。

时下搞翻译是一件苦差事,需要语言和专业的学养自不待言,那实在是要面寒窗坐冷板凳才行的。而且,既然上述浮躁之风盛行,凡稍微有点儿地位的学术机构,都不看重译事,既不看做科研成果,也不视为教学成果。译者的收获,看得见的大概只有一点儿稿费了,但以实惠的观点看,挣这种钱实在是捡了芝麻丢了西瓜。

然而,依然有仁人志士愿付出这种普罗米修斯似的牺牲,一个很简单的想法是:戒除浮躁之风,从我做起。为此,我们向参与本丛书的所有译者致敬。

蔡运龙

2003 年 8 月 27 日

于北大蓝旗营寓所

译 序

出版于2000年的《经济地理学读本》是布莱克韦尔(Blackwell)地理系列专著之一,与之前出版的《经济地理学伴读》是姊妹篇。该书共25章,收录了1980年来英语经济地理学界一些颇具影响力的作品,代表了"制度和文化转向"思潮下的"新"经济地理学,以区别于克鲁格曼等人所倡导的向新古典经济学靠拢的"新经济地理学"。

近50年来,英语经济地理学界经历了学科思想和方法的大转变。伴随着思潮的转变,学术争论也趋于多元化。20世纪60年代以来的计量地理革命,受到科学实证主义思想浸染,发展出日趋复杂的统计方法和区位模型,确立了研究人类活动的空间组织模式与变化规律的理论发展模式,逐步开辟了城市和区域经济学的新领域。在1970~1990年间,建立在新古典经济分析和行为分析基础上的空间分析研究发表了大量研究成果,在经济地理学领域占据了重要的地位。20世纪90年代末,由于克鲁格曼等主流经济学者的加入,这些工作重新引起世人关注。然而,与此同时,经济地理学内部对科学实证主义方法论的批评却日益高涨,对经济地理学研究日益脱离现实社会,以及在研究空间分布和演化规律中,忽视人类社会经济现象所嵌入的地方历史文化背景,提出尖锐的批评,倡议广泛借鉴社会科学领域的新思想,拓宽经济地理学的视野,深化城市和区域研究的理论和实践。这两种经济地理学都用"新"来标榜自己的前沿性或革命性。

该书的编者均为这一领域内多年从事教学科研的资深研究者,在浩繁的文献中力图收录这一争论过程中,代表后者的部分最有影响力的论文,深入展示这场有着广泛社会背景和深刻思想渊源的理论对话和学术争鸣。该书的核心目的是作为大学经济地理学教学的参考书,因而在选文上尽可能全面反映对当代经济地理学影响较大的思想流派。同时,注重在不同理论视角、性别和区域(包括作者及所作的实证研究)之间寻求某种平衡。编者在每一篇的开头提供了一篇简短的阅读指南,综述经济地理学针对这一议题的研究历史,评述所选的5篇论文在相应领域中的地位,论文发表的历史背景及其对经济地理学学术发展的意义。以此,帮助读者从更广阔的理论发展背景中把握经济地理学核心议题的研究脉络;同时,为研究者提供不同思想流派的研究方法范本。

中国经济地理学在从计划经济时代向市场经济时代转轨的过程中,自身也经历着与国际学术界沟通融合的过程。当代的西方经济地理学思想被不断介绍到中国,中国学者在研究中国本土问题的时候,越来越多地借鉴国外的各种理论和方法。然而,正如本书所力图展现的那样,经济地理现象无法与其所处的具体的地方社会背景割裂开来。具体研究的本土化与理论探索的全球化,使得对话本身受到学术话语的限制,而我们所从事的研究,以及我们所选择的学术语言,既塑造着我们自己的学科知识体系,也是他人借以理解我们这个地方所处的时代的媒介。本书所提供的文本,为我们展示了当代经济地理学研究的不同思想渊源和研究方法,希望它也能启发我们开辟不同的研究视角,全面展示中国的区域经济和社会发展。

童昕

2007年8月13日

于北大燕园

编者简介

特雷弗·J.巴恩斯是不列颠哥伦比亚大学地理系教授,曾出版《经济地理学指南》(*A Companion to Economic Geography*)(与埃里克·谢泼德合编,Blackwell, 2001)。

杰米·佩克是威斯康星—麦迪逊大学地理和社会学系教授,曾著有《工作场所》(*Work-place*,1996)和《工作福利制国家》(*Workfare States*,2001),与亨利·杨合编《再造全球经济:经济—地理的视角》(*Remaking the Global Economy: Economic-Geographical Perspectives*,2003)。

埃里克·谢泼德是明尼苏达大学教授,曾著有《资本主义空间经济》(*The Capitalist Space Economy*)和《差异的世界》(*A World of Difference*),与特雷弗·J.巴恩斯合编《经济地理学指南》(*A Companion to Economic Geography*),与罗伯特·麦克马斯特合编《尺度和地理探询》(*Scale and Geographic Inquiry*)(Blackwell,2003)。

亚当·蒂克尔是布里斯托尔大学人文地理教授,任《不列颠地理学会通报》(*Transactions of the Institute of British Geographers*)和《经济地理杂志》(*Journal of Economic Geography*)编辑。

目　　录

致　谢
序　言　阅读经济地理学
　　　　埃里克·谢波德、特雷弗·J.巴恩斯、杰米·佩克、亚当·蒂克尔

第一篇　经济地理学的世界

导　言　失范式 ··· 3
　　　　特雷弗·J.巴恩斯、亚当·蒂克尔、杰米·佩克、埃里克·谢波德
第一章　一代人造就的差异 ··· 9
　　　　大卫·哈维
第二章　产业和空间：对激进研究的辨析 ·· 19
　　　　安德鲁·塞耶
第三章　区域经济发展的制度主义视角 ··· 37
　　　　阿什·阿明
第四章　重塑经济地理学中的经济 ·· 47
　　　　奈杰尔·J.思里夫特、克丽丝·奥尔兹
第五章　经济，愚蠢！产业政策话语和身体经济学 ························ 59
　　　　J.K.吉布森-格雷厄姆

第二篇　生产的领域

导　言　质询生产 ·· 77
　　　　亚当·蒂克尔、杰米·佩克、特雷弗·J.巴恩斯、埃里克·谢波德
第六章　存在一种服务经济吗？资本主义劳动分工的转变 ··············· 83
　　　　理查德·A.沃克

第七章　不平等发展:社会变迁和劳动力空间分工 ·············· 97
　　　多琳·马西

第八章　弹性生产系统和区域发展:北美和西欧新产业空间的兴起 ·········· 112
　　　艾伦·J. 斯科特

第九章　全球—地方紧张局势:全球空间经济内的企业和政府 ·············· 123
　　　彼得·迪肯

第十章　政治的重新定位:美资墨西哥工厂中的性别、国籍和价值 ·············· 137
　　　M. W. 怀特

第三篇　资源的世界

导　言　人造自然 ························ 157
　　　特雷弗·J. 巴恩斯、埃里克·谢泼德、杰米·佩克、亚当·蒂克尔

第十一章　自然、经济及理论的文化政纲:1870~1911 年白令海峡的"反海豹
　　　　 战争" ························ 165
　　　诺埃尔·卡斯特里

第十二章　现代性和杂合性:1890~1930 年自然、复兴和西班牙水景观的生产 ····· 182
　　　埃里克·斯温多夫

第十三章　石油如同金钱:魔鬼粪便与黑金意象 ·············· 199
　　　迈克尔·J. 沃兹

第十四章　改造沼泽、赋予环境性别:性别对冈比亚耕地变迁的影响 ·············· 217
　　　朱迪斯·卡奈

第十五章　营养网络:食物的另类地理 ·············· 233
　　　萨拉·沃特莫尔、洛兰·索恩

第四篇　社会的世界

导　言　引入社会的世界 ···················· 249
　　　杰米·佩克、特雷弗·J. 巴恩斯、埃里克·谢泼德、亚当·蒂克尔

第十六章　找回经济地理学中定性的政府 ·············· 255
　　　菲利普·M. 奥尼尔

目录

第十七章　全球经济中的地域、流和等级 …………………………… 271
　　　　　迈克尔·斯多帕

第十八章　西欧老工业区反抗工厂倒闭:保护地方还是背叛阶级? …… 292
　　　　　雷·哈德逊、戴维·萨德勒

第十九章　在劳动力市场和本地政府中的阶级与性别关系 ………… 307
　　　　　卢斯·芬彻

第二十章　思考就业:性别、权力与空间 ……………………………… 319
　　　　　琳达·麦克道尔

第五篇　循环的空间

导　　言　从距离到联系性 …………………………………………… 337
　　　　　埃里克·谢泼德、亚当·蒂克尔、特雷弗·J.巴恩斯、杰米·佩克

第二十一章　地理学的终结抑或是地方的扩张?对空间、地方和信息技术的
　　　　　　概念化 …………………………………………………… 342
　　　　　　斯蒂芬·格雷厄姆

第二十二章　最佳实践?地理、学习和趋同性的制度限制 …………… 358
　　　　　　梅丽卡·S.哥特勒

第二十三章　血浓于水:人际关系和中国大陆南部的台湾投资 ……… 371
　　　　　　邢幼田

第二十四章　从注册护士到注册保姆:温哥华菲佣的话语地理 ……… 385
　　　　　　杰拉尔丁·普拉特

第二十五章　人文地理学中的话语权与实践 ………………………… 399
　　　　　　埃里卡·熊伯格

参考文献 ………………………………………………………………… 416
索引 ……………………………………………………………………… 464

致　　谢

本书编者与出版者感谢以下刊物的版权许可：

1. Harvey, D. 2000. "The difference a generation makes." In *Spaces of Hope*, pp. 3-8, 11-18. Edinburgh University Press. Copyright © 2000 David Harvey. Reprinted with permission of Edinburgh University Press. Copyright © Edinburgh University Press.

2. Sayer, A. 1985. "Industry and space: A sympathetic critique." *Environment and Planning D: Society and Space*, 3 (1), 3-7, 9-23. Copyright ©1985 Pion Limited. Reprinted by permission of the publisher.

3. Amin, A. 1999. "An institutionalist perspective on regional economic development." *International Journal of Urban and Regional Research*, 23, 365-78. Copyright © 1999 Joint Edits and Blackwell Publishing Ltd.

4. Thrift, N. and K. Olds. 1996. "Refiguring the economic in economic geography." *Progress in Human Geography*, 20, 311-22, 330-38. Copyright © 1996 Arnold.

5. Gibson-Graham, J. K. 1996. "The economy stupid! Industrial policy discourse and the body economic." *In The End of Capitalism (as we knew it)*, pp. 92-119. Oxford: Blackwell. Copyright © 1996 Julie Graham and Katherine Gibson. Reprinted by permission of the authors.

6. Walker, R. 1985. "Is there a service economy ? The changing capitalist division of labor." *Science & Society*, 49, 42-83.

7. Massey, D. 1994. "Uneven development: Social change and spatial divisions of labour." In *Space, Place and Gender*, ed. D. Massey, pp.

86-114. Minneapolis, MN: University of Minnesota Press. Copyright © Doreen Massey.

8. Scott, A. J. 1988. "Flexible production systems and regional development: The rise of the new industrial space North America and Western Europe." *International Journal of Urban and Regional Research*, 12 (2), 171-83. Copyright © Edward Arnold. Reprinted with permission of Blackwell Publishers.

9. Dicken, P. 1994. "Global-local tensions: Firms and states in the global space-economy." *Economic Geography*, 70 (1), 101-28. Copyright © 1994 Clark University.

10. Wright, M. W. 1999. "The politics of relocation: Gender, nationality, and value in a Mexican maquiladora." *Environment and Planning A*, 31. pp. 1601-17. Copyright © Pion Limited. Reprinted by permission of the publisher.

11. Castree, N. 1997. "Nature, economy and the cultural politics of theory: The "war against the seals" in the Bering Sea, 1870-1911." *Geoforum*, 28 (1), 1-15, 17-20. Copyright © 1997 Elsevier Science. Reprinted with permission of Elsevier Science.

12. Swyngedouw, E. 1999. "Modernity and hybridity: Nature, *Regeneracionismo*, and the production of the Spanish waterscape, 1890-1930." *Annals of the Association of American Geographers*, 89 (3), 443-54, 456-65. Copyright © 1999 Association of American Geographers. Reprinted with permission of Blackwell Publishers.

13. Watts, M. 1994. "Oil as money: The Devil's excrement and the spectacle of black gold." In *Money Power and Space*, eds. S. Corbridge, R. Martin and N., pp. 406-22, 430-35, 438-45. Oxford: Blackwell. Copyright © 1994 Blackwell Publishing.

14. Carney, J. 1993. "Converting the wetlands, engendering the environment: The intersection of gender with agrarian change in The Gambia."

Economic Geography, 69, 329-48. Copyright © 1993 Clark University.

15. Whatmore, S. and L. Thorne. 1997. "Nourishing Networks: Alternative geographies of food." In *Globalising Food: Agrarian Questions and Global Restructuring*, eds. D. Goodman and M. J. Watts, pp. 287-304. London: Routledge. Copyright © 1997 David Goodman and Michael Watts.

16. O'Neill, P. 1997. "Bringing the qualitative state into economic geography." In *Geographies of Economies*, eds. Roger Lee and Jane Wills, pp. 290-301. London: Arnold. Copyright © 1997 Arnold. Reprinted with permission.

17. Storper, M. 1997. "Territories, flows and hierarchies in the global economy." *Aussenwirtschaft* 50(2), 265-293. Copyright © 1995 Aussenwirtschaft. This edited version is reprinted by permission of the publisher.

18. Hudson, R. and D. Sadler. 1986. "Contesting works closures in Western Europe's old industrial regions: Defending place or betraying class?" In *Production, Work Territory-The Geographical Anatomy of Industrial Capitalism*, eds A. J. Scott and M. Storper, pp. 172-93. London: Allen & Unwin. Copyright © 1996 Allen J. Scott. Michael Storper and the Contributors.

19. Fincher, R. 1989. "Class and gender relation in the local labor market and the local state." In *The Power of Geography: How Territory Shapes Social Life*, eds. J. Wolch and M. Dear, pp. 93-117. London: Allen & Unwin. Copyright © 1989 Jennifer Wolch, Michael Dear and Contributors.

20. McDowell, L. 1997. "Thinking through work: Gender, power and space." In *Capital Culture: Money, Sex and Power at Work*, pp. 11-42. Oxford: Blackwell. Copyright © 1997 Linda McDowell. Reprinted with permission of Blackwell Publishers.

21. Graham, S. 1998. "The end of geography or the explosion of place? Conceptualizing space, place and information technology." *Progress in Human Geography*, 22(2), 165-85. Copyright © 1998 Arnold.

22. Gertler, M. 2001. "Best practice? Geography, learning and institutional limits to strong convergence." *The Journal of Economic Geography* 1 (1), 5-26, by permission of Oxford University Press.

23. Hsing, Y. 1996. "Blood thicker than water: interpersonal relations and Taiwanese investment in southern China." *Environment and Planning A*, 28(12), 2241-62. Copyright © 1996 Pion Ltd. Reprinted by permission of the publisher.

24. Pratt, G. 1999. "From registered nurse to registered nanny: discursive geographies of Filipina domestic workers in Vancouver, B. C." *Economic Geography*, 75(3), 215-36. Copyright © 1999 Clark University.

25. Schoenberger, E. 1998. "Discourse and practice in human geography." *Progress in Human Geography*, 22(1), 1-14. Copyright © 1998 Arnold.

我们尽力找到所有版权人，并获取他们的许可，使用版权资料。作者和出版商欢迎任何有关改正错误、补充遗漏的信息。

序　言　阅读经济地理学

埃里克·谢泼德、特雷弗·J.巴恩斯、杰米·佩克、亚当·蒂克尔
(Eric Sheppard, Trevor J. Barnes, Jamie Peck, and Adam Tickell)

一、经济地理学的内容

经济地理学者研究事物为何、在哪里以及何时被生产：(事物包括)食品、房舍乃至各种商品、金钱、文化意义以及景观。然而，经济地理学生产什么呢？经济地理学者，像其他自然或人文科学家一样，生产文章——用笔记录这个世界的性质，并解释之。如果说写作是产出，那么阅读就是一种投入：这两者紧密联系，而它们本身又在不断重新组织和阐释中形成新的文章，再被另一些人阅读，之后这些人再继续写作。经济地理也是这样。由此，经济地理学的学生首先是一个读者和作者——文字的消费者和生产者。

一些人可能会质疑我们声称经济地理学主要是阅读和写作的说法。即使这确实描绘了经济地理学者大部分时间所做的事情，但经济地理显然不止这些。数据搜集和分析、观察和野外考察、对话和争论、访谈和调查、政策干预和政策工作等又该怎么看？尽管科学家有时不由自主地把追求数据和事实看得更重，但人们现在已经普遍认识到这些也不过是文字表述的一种形式——也是用来描述这个世界的。由特定机构基于特定目的收集的二手数据，如人口普查，反映了这些机构认为世界上什么东西重要。即使我们自己出去按照自己的想法收集数据，获得的信息其实很大程度上也是社会构建的。比如，景观是描述人类在地球表面的活动的文字表述——可以是直接的，比如城市邻里或农业景观；或间接的，如人类引发的全球气候变化如何改变最遥远的自然景观。生物物理过程对塑造我们试图理解的世界也很重要——构筑非人类的表述——即使这些也必须被经济地理学者阅读和阐

释。野外考察有点儿像去图书馆：我们带着寻找的目标出发，翻看由他人摆放的资料，阅读并阐释之，然后再书写有关的内容①。当然，经济地理学者除了读和写也从事别的活动：操作投影仪和复印机、同企业管理者和家庭工作者谈话、考察意大利产业区和土耳其乡村。不过，没有读和写，这些都无法使我们走得更远。

就我们所生产的文字而言，它们当然不仅是简单的写而已。虔诚的科学家常常声称科学写作与小说创作有着本质的不同：它提供的是精确的对现实的分析，而不是编故事。不过，越来越多的人认识到这种对科学客观性的表述是有问题的(Longino, 2002)。尽管科学写作不同于写小说，但科学家其实也在讲故事——关于这个世界如何运转的故事——其中反映了科学家自己的信仰、理解和阐释。同样，小说家通常也通过他们的作品向人们传递关于世界是如何运转的思想，也像科学家的论文一样可能引人入胜或平淡乏味[大卫·洛奇(David Lodge)最近的小说《思考》(Thinks...)幽默地描画了科学家与小说家的相似之处]。

如果写作和阅读是经济地理的主要工作，那么本书就不能仅限于收集经济地理学中的最好篇章。我们出这本集子的目的是帮助经济地理学专业的学生(包括我们自己)成为更好的读者和作者。我们的策略是提供我们认为的、经济地理学者所写的成功例文，并指导如何批判地阅读它们，将它们至于所处的文献背景之下。为此，我们必须面临一系列矛盾。首先，经济地理学没有现成的模子，也就是关于如何研究经济地理学并没有一个共识，也没有所谓的"经典"文章。尽管正如我们后面会提到，这是经济地理学的一个优势，但这一点确实令编辑工作更困难。而且文章的取舍可能会导致被选中的文章成为范本，而未入选的作者被边缘化。经济地理学者的文章太多。全世界可能有一千多个在职的专业经济地理学者。如果每人平均发表 15 000 个单词。我们只能在这提供 1‰ 的版面。

我们不打算提供权威确定的选择，只是部分地反映我们自己的阅读、构想和观点。我们的选择只能在作品所处的背景下看是合适的，这在后面会简要阐述。我们希望即使其他人不同意我们的选择，经济地理学专业的学生能感到我们的阅读指导对他们有所裨益。我们的方法强调了当代经济地理的多样化特点，反映分支

---

① 使用这个比喻并不是说去图书馆可以代替野外考察。相反，我们认为正是因为我们在图书馆里和互联网上花了太多的时间，才使经济地理学越来越贫乏。

的变动与开放。其动态与差异导致了没有广泛接纳的范本,也导致我们的选集需要彰显经济地理学感知、实践和写作中的不同路径。我们的一部分任务是说明经济地理学的边界是如何被突破、延伸和重建的,但同时重要的是界定什么是经济地理学。如今,"做一个经济地理学者"不仅是机构归属的问题,也不是简单地反映具体的实证研究对象;而是代表更深层的使命、倾向和感知。从我们特定的时代和地理视角来看,经济地理学者涉足描画本地化与全球化的地理;发掘经济结构和再结构的地理基础;探索经济不平衡的空间发展;记录和解释经济过程的空间性;以及发现经济行为的社会和制度基础,及其在不同地点和不同地理尺度下的差异。

二、更广的背景:经济地理学简史

经济地理学领域可以追溯到19世纪的商业地理学——主要编撰和讲解经济生产的地理,通常是服务于欧洲权贵的殖民地开拓(Barnes,2000)。其现今的形式、方向和地位主要是近50年来英语世界丰富著述的结果(Scott,2000)。20世纪60年代初开始,经济地理学成为用新方法研究人文地理的主要领域。计量革命使地理学变得更像一个理论学科,地理学家开始探索解释人类活动的空间组织而不仅仅描述和绘制地图;地理学作为一个科学实证主义的学科,发展关于这个世界的演绎理论,并且通过检验其对空间格局预测的准确性来判断理论的好坏。事实证明,经济地理学非常适合这种目标;经济地理容易定量化,并且一些德国经济学家和地理学家已经提供了现成的演绎理论(著名的有冯·杜能、阿尔弗雷德·韦伯、奥古斯特·洛尔施、沃尔特·克里斯塔勒),并用于基于理性经济决策的经济活动区位预测。在英语世界(较小程度在瑞典),这种方法发展得特别迅速。开始研究引入统计方法检验杜能等的区位理论,接下来在很多研究程式中用更新的统计方法和更复杂的区位模型,吸引了城市和区域经济学家,甚至带来了一个新的研究学科——区域科学[①]。

[①] 我们用"研究程式"(Research Program)表示一个学科中出现的一个思想流派,共享世界观,对什么是最重要的研究问题以及如何去回答具有共识(Lakatos,1970)。同其他学科一样,经济地理学的学术进步并不总沿着一个既定的方向,对所研究的对象的理解从差到好,而是在不断停顿与跳跃,随着老的研究程式逐渐势微,新的程式又取而代之。

这些方法依然是经济地理研究中的重要领域,但很大程度上已经为经济学家,而不是地理学家所把持。近年来,保罗·克鲁格曼(Paul Krugman)的工作以其个性和文字的魅力特别引人注目(Fujita, Krugman, and Venables, 1999),重新激起了经济学家对经济地理学的兴趣,并冠以"新"经济地理学的名号。一些地理学家提出抗议,认为他们在1970~1990年,在这一领域的工作被忽视了,而很多人觉得这些工作与当前真正紧要的问题不相干。但是,围绕这一议题,激发了经济学家与地理学家之间的对话(Clark, Gertler, and Feldman, 2000),并最终导致2001年一个新杂志的诞生——《经济地理杂志》(*The Journal of Economic Geography*)。

在专业地理学家中,计量革命继承了经济地理学对理论的兴趣和责任,但新古典经济学影响下的区位论和科学实证主义很大程度上已经被其他方法所取代。20世纪70年代中期以来,政治经济学的影响扩大了。受到马克思的古典经济学的启发,这一方法关注塑造空间—经济的资本主义政治经济力量(Harvey, 1982; Swyngedouw, 2000)。经济景观被解释为政府协调下的阶级斗争的演化结果,而不是区位论所渲染的理性经济选择下的和谐均衡结果。同时,在被科学实证主义粉饰的计量地理学之外,研究方法从数学模型和统计检验转向了基于批判现实主义的定性和案例分析(Sayer, 1984; Plummer, 2000)。

20世纪90年代,政治经济学的转向逐渐势微,经济地理学者批评其过于强调经济力量的重要性,而忽视文化,忽视了主体的人在改变社会空间结构中的重要性,也没有关注到性别问题。结果,导致目前经济地理学方法史无前例的多样性,兴起了后结构主义、女性主义和文化理论方法(Gibson-Graham, 2000; Oberhauser, 2000; Thrift, 2000),以及由此带来向人类学描述和话语分析方法的转向。这些方法强调了经济地理中的解释的形式必须包含对我们所指的生产和消费的批判性评价,寻找重新定义,以突出过去忽视的环节。经济过程的边界并不简单等同于企业或劳动力市场的边界,或由普查或国民账户体系所建立的范围。因此,比如关注有酬工作可能会忽视家庭作为生产的地点,忽视女性(或其他照顾家的人)在社会再生产过程中的作用。经济地理学最近的工作的突出特点是揭示了这些以前被边缘化了的现象,部分地支持了一个更一般的观点:经济过程与其生产和消费的场所受其所处的文化背景所塑造。此外,在很大程度上,研究程式依然立足于政治经济最根本的问题:理解经济活动的地理组织如何被经济、政治、社会和文化过程所塑造,同时又塑造了这些过程;这些过程本身是个人行动所构成的,也是社会结构和塑造行动的身份认同形成的过程所构成的。

三、直接背景:布莱克韦尔出版的《指南》(*Companion*)

本读本是布莱克韦尔(Blackwell)出版的《经济地理学指南》(*A Companion to Economic Geography*)(Sheppard and Barnes,2000)的姊妹篇。《经济地理学指南》主要突出经济地理学者当前关注的焦点,其组织力图反映理论方法和研究议题的多样性。正是这种丰富性、广度和研究的雄心使经济地理学成为当前特别有活力的一个研究领域。超越了传统的经济学问题,当代经济地理学考察"经济学"的内涵是什么,经济如何在空间与其他社会、文化、政治和环境过程一同演化。结果,一些过去被看做经济地理学的边界——比如环境问题、性别关系、政府——现在倒成了研究热点。即使在英美经济地理学界也不存在单一的核心,而是各不相同的争论领域、不断出现的问题、时髦的议题和持续的思量。经济地理学可能否认大部分编码化和分类的尝试:很难界定边界,也不容易确定一个主流的方法或理论框架;躁动甚至混乱,难以统一或取得一致。不过,这也意味着不容易乏味。

《经济地理学指南》最初有五个部分,本卷复制了其基本结构。第一篇,经济地理学的世界,阐述经济地理学家们喜好的各种理论方法,重点包括政治经济学、后结构主义、女性主义和文化与制度方法。所选的论文阐述了上述各种传统。第二篇,生产的领域,关注经济学的传统议题,考察地理学中如何研究它们:生产、劳动力、企业、竞争、增长和技术变化。所选的论文包括用政治经济、后结构主义和女性主义方法研究生产、企业、区域增长和劳动。第三篇,资源的世界,试图引起研究者关注经济与生态环境的关系,这是经济地理学长期以来都很关注的领域,但当前的研究工作中关注较少。这里强调的论题和《经济地理学指南》一样,包括从政治经济、文化理论和女性主义视角研究农业、资源和自然的生产。第四篇,社会的世界,强调了经济地理学近来最主要的成就——认识到不能脱离社会孤立的分析经济过程。性别关系、阶级、治理和国家,以及它们与空间的关系是所选文献的核心内容。第五篇,循环的空间,(同第三篇一样)也是经济地理学长期关注,但近期并没有得到重视的议题。以塞耶(Sayer)批判现实主义的空间含义为出发点,最近对地域、地方镶嵌性和尺度的关注一再强调了这个近来较少关注的议题：场所跨越空间的系统联系的性质和内涵。通过交通和通讯技术，以及商品、人口、资本和理念的流动所表达的连接性，是这部分的主题。所选的文献考察了远程通讯的空间性，及通过资本和移民形成的场所的连接性。

四、选文策略

我们并不以选择经济地理学领域中最好的文章为目标。事实上，我们并不相信可能开列这样的目录；因为这样做首先意味着存在一部经济地理学的正宗经典，可这实际上既不存在，也不需要存在。不过，开列一个最有影响的文献目录是可能的，比如依据一些可度量的指标（如引用率），或根据其对后续研究轨迹的影响，但这些方法也有问题。例如，引用率尽管被大学管理者作为定量考核研究绩效的重要指标，但它实际上并不能可靠地反映一篇文章的实际影响力。引用习惯在不同领域和研究群体中不一样，引用的动机也往往不仅仅是我们正式认可的思想影响，还可能包括：突出你所参与的研究程式，你希望结交的有影响的人，或者你的文章可能遇到的审稿人；还可能引用你认为写得不好的文章，或者仅仅是为了显示你了解得很多（Curry，1991）。

选择困难的另一个原因在于过去15年里发表的文章太多了，我们没有能力全部阅读，甚至记不住我们已经读过的，而且还存在语言的障碍。尽管对一些欧洲国家的语言还算熟悉，但我们实在无法准确把握非英语文献的发展。某种程度上英语已经成为国际经济地理学界的通行语，语言的障碍相对来说比其他一些语言（比如日语）还算小一点。不过，正如上面提到过的，这种自我限制也强化了英语的范式地位，以及更广泛的欧洲中心主义视野。相当多的经济地理研究并没有翻译成英语。其他语言的学者所写的英语文章往往要适应英语研究的争论背景，结果看上去像是英语文献派生的。因此，英语世界看上去主导了经济地理学的前沿。不过同时，我们并不希望低估非英语学者已经使用的不同方法；相反，接触这些思想可以大大丰富英语研究者的视野。因此，我们希望开辟不同语言的经济地理学者之间的交流平台，从而给本书带来更广大的读者群。

我们的目标适中：选择反映我们认为值得阅读的英语作品。我们选择的标准，首先，文章至少反映上面提到的五种影响当代经济地理的思想流派之一。同时，我们希望包含尽可能多的、在这一领域有影响的学者，我们相信经济地理学专业的学生对他们的作品应该比较熟悉。由于这个集子是作为《经济地理学指南》的补充，在《经济地理学指南》中出现的作者，这里就尽量不选。我们还选了一些我们觉得特别有意思，或特别适合这两本书主题的文章，同时尽量避免利益冲突（比如选我们自己或我们学生的文章）。我们希望在塑造当代地理研究的不同理论视角、性别和区域（包括作者及所做的实证研究）之间寻求某种平衡。不用说，这种挑选和平衡的工作很困难，而且难免主观。换个背景，即使是同样四个编者恐怕也会作出不同的选择。包含也意味着遗漏，我们只能希望感到被遗忘的同仁体会和理解我们这种选择的复杂性和偶然性。

即使我们在众多的文献中只选了25篇，也超出了出版的经济限制。受到20万字的总量限制，我们无法保持所有文章的完整性。正如本书的一位评阅人所说，既然我们的最初目的在于由作者决定他们认为重要的内容，我们作为编者的责任就得到一些豁免，对于学生比较容易获得的文献，权且提供原作最具代表性的部分。由此，我们可以选录更多的、经过仔细编辑的文章，而不是每部分3篇完整的论文。在对论文编辑时，我们融入了我们的理解——使之更容易理解，并突出了我们认为贴近本集主旨的部分。有些为了保持文章的说服力几乎保持了原来的长度，而有的则被减掉了一半。所有摘要、致谢、原文中的脚注，以及与本书关系不大的扩展章节均被删除。为了提高可读性和缩短篇幅，我们做了细致的编辑工作。我们没有详细标出所有编辑改动的地方，因为那样会大大降低本书的可读性[①]。我们的编辑选择并不反映哪些是文章最好的部分，只是为了使之与本书的目的和主旨相一致。正如我们一直倡导的，我们要求经济地理学专业的学生只把这本书作为一个敲门砖：一定要读原文，而不是二手的转述或缩减本；要由你自己判断哪一部分对你最重要，超越汇编的文集和课程书目以着手你自己的文献研究。

---

① 按照学术传统，在引用时要用省略号表示省略的语句，因为篇幅的限制，我们放弃了这一传统，以免冗长、干扰阅读。

五、批判地阅读

《经济地理学指南》的每一编都有一个简短的介绍，介绍围绕主体的思想发展背景，并提出一些阅读该章需要思考的问题。这里，我们提供了一些带着批判阅读的小窍门。这样听起来比较费时，但请想想要写这些文章将花费多么大的努力。

- **了解争论的全貌**。在读全文之前，先看介绍和结论，了解驱使该研究的问题，以及争论的概貌。如果你能理解该文所处的全局，详细的阅读将更有意义。
- **细致的初读**。详细地做笔记，标出主要论点，研究不同部分如何为整个论点服务。
- **学习专业语汇**。专业语汇意味着不同背景下的不同事物，因此了解它们如何在经济地理学中使用是很重要的。记录下你不懂的语汇，上网或查找百科书或人文地理学词典（Hanson，2001；Johnston，et al.，2001）。
- **注意写作**。思考作者的写作风格。怎样使内容令人印象深刻或乏味？风格是否适合所要达到的目的？作者是否在用炫目的词汇、术语和艰深的引文来蒙蔽你，使你无法对其进行批评，或者他或她能否深入浅出，突出重点？
- **文章的理论背景**。看看作者如何为自己定位。用的是什么理论或哲学视角？作者研究了什么，或忽视了什么？该作品在作者的工作轨迹中的位置如何（访问作者的网站可以帮助了解）？
- **别轻信**。不要轻信作者对别人论点的概括，或他们对实证资料的阐释。只要可能，就追根溯源，仔细检视作者用来支持自己论点的资料。
- **进行内省式批评**。内省式批评是指关注作者如何很好地实现自己设定的目标。这对任何建设性的批判阅读都是很重要的。由于经济地理学是一个很多样化的领域，你很容易以自己的是非判断或兴趣而忽略一篇论文。这种外在者的批评（下面将具体说明）虽然重要，但还不够。内省式的批评对作者的努力给予恰当的尊重。基于你对文章的理解，整个论述在多大程度上是有说服力的？论点是否清晰？从作者所属的学术规范来看，实证资料是否恰当而有说服力？如果答案否定，那么应当如何改善？
- **进行外在者的批评**。文章忽视了哪些与主题相关的重要问题？作者还可以采用什么方法？如果选择不同的方法，会对整个研究问题和方法产生什么影响？从你的角度，不同方法的相对价值如何？

• **反思**。反思你提出的批评，你的个人经历与学术经历如何影响这些批评（你对什么有兴趣？你接受了什么样的价值观教育？你的身份和利益是如何形成的？），把这作为一个机会，反思你的批评产生的背景。为了学习别的学者，你不得不投入研究，甚至改变自己的思维。最后，问一个伦理问题，你所提出的批评意见是否是你希望阅读你的文章的人愿意听到的。

批判的阅读是经济地理学再生产的核心，是学术探讨的重要领域。建设性的批评有助于推动特定研究程式的知识发展。它也能为经济地理学不同方法之间的交流打下基础(Longino, 2002)。目前，不同的方法之间常常好像夜间擦身而过的船只；只有最时髦的方法在前台表演，而上个月的流行样式则成了昨日黄花。有感染力的写作也要求应用批判式阅读反思我们自己的作品。

通过批判式阅读，每个阅读经济地理学的人都能参与经济地理知识的生产。由此，我们邀请读者也通过他们自己的批判式阅读，为丰富这个领域作出贡献。

（童昕 译）

第一篇 经济地理学的世界

导　言　失范式

特雷弗·J. 巴恩斯、亚当·蒂克尔、杰米·佩克、埃里克·谢泼德
(Trevor J. Barnes, Adam Tickell, Jamie Peck, and Eric Sheppard)

　　本篇首章为大卫·哈维(David Harvey)的论文:"一代人造就的差异"。这很适合做本篇介绍的题目。我们4个编者的年龄跨度不足一代,但每个人在本科接收的经济地理教育却有着巨大差异。谢泼德(Sheppard)在20世纪60年代末到70年代初就读于典型的定量化、基于模型的地理学教育的中心——布里斯托大学,吸收了纯粹的这类方法的熏陶。巴恩斯(Barnes)在20世纪70年代中期上了伦敦大学学院,其间政治经济学的气氛已经开始弥漫,结果受到的是一种混合的教育,其中马尔可夫链条和马克思主义价值分析可以同时出现在一堂讲座中。20世纪80年代初,佩克(Peck)完成曼彻斯特大学的本科教育时,经济地理学只有一种研究方法——政治经济学,多琳·马西(Doreen Massey)1984年的著作《空间劳动力分工》(Spatial Division of Labour)巩固了这种方法的地位,这使佩克看来,在此之前的文章似乎都没有什么意义。最后,蒂克尔(Tickell)在1987年完成了他的学业,也是在曼彻斯特大学,政治经济学仍然居于中心地位,但与性别和地方文化相联系的社会和文化的感知已经开始初露端倪(后来在地方性项目中达到顶峰)(Cooke,1989)。由此,经济地理一代人造成的变化至少包含三种不同的范式[1]。

　　范式一词来自科学史和科学哲学家托马斯·库恩(Thomas Kuhn)(1962),见于他的经典著作《科学革命的结构》(The Structure of Scientific Revolutions)。关于他的确切意思存在一些争论——批评者认为他的书中至少有20处对范式的

---

[1]　当然,还不止这三种。要了解更全面的讨论,可以参看本书的介绍和巴恩斯(Barnes,2000)在《经济地理学指南》(A Companion to Economic Geography)中的论文。

不同解释——但核心思想足够明白。范式是看待世界的一种方法,正如伽利略的日心说,大卫·哈维的基于阶级(马克思主义者)的工业资本主义观。库恩还强调范式包含了一套行为准则,将实践者纳入共同的文化和社会群体。也就说,范式不仅是抽象的概念,也固化在人群及其关系和互动之中,固化在机构、人造物品和文化的生活形式中。这就使库恩的书本身也成为一场革命:他指出学术探索,即使是最纯净的形式,也不仅仅是学术。

正因为如此,改变范式可能是错的,代价和影响有时会是巨大的。伽利略由于提出用日心说取代传统的范式地心说而被囚禁,而达尔文因鼓吹进化说替代创世说而受到教会的诋毁、审讯和囚禁。在经济地理学中,范式的变化没有引起这么大的影响,不过,因为所持的范式的原因,还是有一些讲师和助教失去终身教席,一些学生在考试中成绩欠佳。在经济地理学界有一些著名的范式之争,比如 20 世纪 50 年代中期,哈特向与谢弗(Schaefer)之争,预示着经济地理从区域地理向空间科学的转向;20 世纪 70 年代中期贝里和哈维的交手,贝里作为空间科学家在他的阵营《反主流》(Antipode)上接纳了哈维的马克思主义;再有 20 世纪 90 年代初哈维和马西之间的争论——马西批评哈维的马克思主义中忽视了性别文化。按照库恩的理论,这些不同的争论不仅带来理性和学界研究标准的消长,而且也意味着社会和文化的交叠。比如,哈特向败于谢弗,不是因为他缺少好的论点——哈特向艰深的逻辑令人慨叹——而是因为他反对战后兴起的美国文化与社会,以及由此产生的崇尚科技、工具理性和年轻新潮的经济地理学(详细讨论见 Barnes,2000)。

正如这些例子所示,以及我们自己的故事所表明的那样,过去 50 年里经济地理学范式的变化频繁而迅速。它不像是"如果是星期二就必然是马克思主义",学术思想的变化成了过去半个世纪的游戏的学科代名词。这可能被看做不成熟、幼稚地追求新鲜感的心态,但我们不这样认为。我们认为这是一种思想成熟的表现,具备繁荣、动态和开放的特点。当代美国实用主义哲学家理查德·罗蒂(Richard Rorty)认为只要对话在继续就有希望。从我们汇集的这些文章来看,显然经济地理学的对话还在绽放火花,那么未来就充满希望。

为了证明这一点,第一篇大卫·哈维(Harvey,2000)的文章选自他的书《希望的空间》(Spaces of Hope)。哈维是英美地理学界最著名的马克思主义者。在早期的著作《资本的限制》(The Limits to Capital)中,哈维(Harvey,1982)提供了对马克思的三部《资本论》(*Capital*)和《大纲》(*Grundisse*)的地理学阐释,为经济地理学提供了一套理解资本主义空间经济的理论、概念和语汇。但是,正如哈维现在自己的反思,那本书中的马克思主义,以及1971年以来他所开设的一些关于马克思主义的公开讲座和课程,已经过时了,甚至更糟——已经被一般化了。为了应付考试,我们必须对马克思这位已逝的欧洲先哲略知一二。对于哈维来说,这既可悲又可笑。他强调,马克思的理论与当前一代人的关联从未像现在那样紧密过。它犀利地反映了我们这个时代。然而,包括经济地理学者在内的当代人却常常对马克思敬而远之。他们考虑采用不同的范式——文化分析而不是政治经济,对他们来说"(文化分析)比陷入阴沉的世界考察资本家剥削的现实更有趣"。但对哈维来说,我们必须正视这些残酷的现实:这是我们政治和道义的责任。

安德鲁·塞耶(Andrew Sayer)认为经济地理学者应该采用一系列基于批判现实主义的方法论。只有遵循这种范式,我们才能保证由哈维等人掀起的激进(马克思主义)理论和实证研究相一致,有说服力。塞耶(Sayer, 1984)在20世纪80年代初将由两位英国哲学家罗伊·巴斯克尔(Roy Bhasker)和罗姆·哈勒尔(Rom Harre)在20世纪70年代提出的批判现实主义引入了经济地理学领域,很快成为此后十年经济地理学非正式的范式,特别是在英国尤其如此。

批判现实主义在最基本的意义上是科学实证主义(在20世纪六七十年代统治了经济地理学)的替代。科学实证主义寻找群体简单的实证关系,将之等同于原因。相反,塞耶认为因果关系要复杂得多。他指出目标,包括社会目标,自身包含必要的导致结果发生的因果力量和倾向,但只在特定的环境下才能实现。用塞耶最喜欢的例子,一桶炸药具有引起爆炸的必要的内在因果力量,但必须要在有人点燃的前提下才能发生。这样,在批判现实主义的背景下,我们被引向两个不同但相关的问题。一个是抽象地考察一个实体所蕴含的必要的因果力量(什么样的化学构成使火药具有这样易爆的性质),另一个是考察各式各样导致因果力量被释放的可能环境(当有人意外投入火柴时,或士兵给步枪上膛时,或者开矿这点燃引线时,火药是否会爆炸)。

这些与激进经济地理学有何关系?塞耶认为(激进经济地理学)在用于很多重要的议题时,如工业区位和不平衡的发展,方法不严谨,降低了分析的政治意义。问题在于激进经济地理学者给世界强加了抽象的必要联系,但没有认识到偶然和媒介关系可能造成的影响。例如，马克思的资本主义抽象概念中的一个必要联系是资本运动与低成本、利润最大化区位的关系；这种抽象定义的资本主义可以说是火药的化学配方。而一些激进的经济地理学者就用这个必要联系对现实妄下断言。例如，新国际劳动分工的思想是发达国家的制造企业将产业投资转向便宜的发展中国家。不过，正如塞耶所指出的，很多偶然、现实的关系干扰了这种抽象的关系，即使没有完全抵消，也改变了可能的形态和结果。塞耶不否认哈维的马克思主义议题——关注"深沉的世界"和"冷酷的现实"，但他认为要达到这一目的，至少需要采用一个辅助的范式：批判现实主义。

16　　阿什·阿明(Ash Amin)偏爱的范式——制度主义却非常不同。最初是美国经济学家索尔斯坦·维布伦(Thorstein Veblen)在20世纪初独创的。制度主义是居于政治驱动的马克思主义决定论与相信市场调节的正统经济学之间的中间道路。制度主义强调偶然和现实的社会、文化与政治制度，及其互动在经济构建和维系中的核心地位。经济总是嵌入在一系列复杂的制度关系中，受其塑造和驱动。如果不能认识到这种重要性，就无法全面了解经济(及其地理)现象和有效的改善方法。阿明正是围绕最后一点，针对帮助工业化国家落后地区的政策设计，创造出经济地理学的制度主义范式。在20世纪90年代，那些政策往往被新自由主义所主导，相信基于市场的方法是最好的。基于制度主义思想，阿明令人信服地指出这样的政策是不足的，包括这种政策所立足的更广泛的正统经济学也是有缺陷的。问题在于：给予市场的方法看上去不错，是因为正统经济学的理论假设是一个非社会、非文化、个人主义最大化、单一的经济体。这种假设令制度消失了，成为追求理性最大化的个体的简单加总。对于阿明来说，这是不可理喻的。制度在真实经济中实实在在的存在，必然是任何解决落后地区经济失败问题的方案的一部分。问题不是忽视制度，而是为其培养更紧密、广泛和深厚的联系，这样毫无疑义地将抛弃单一经济的假设(被维布伦戏称为"欲望的单色球")。而且，这也内在的成为一个地理课题。制度是难以移动和改变的，深深扎根于特定的地方。实践制度主义就是实践经济地理学。

阿明的文章使经济地理开始偏离哈维和塞耶所设立的严格的政治经济学，通过制度扩大了社会和文化的重要性。这种转向由接下来的思里夫特(Thrift)和奥尔兹(Olds)的文章进一步清晰化。这篇文章发表于1996年，成为哈维所谓的经济地理学可怕的"文化分析"范式的正式宣言。思里夫特和奥尔兹认为经济运行的方式，以及社会科学对其的表述都发生了巨大的变化，经济地理学者必须对新的研究议题作出反应。一方面经济和文化"无可逆转的相互交织"，他们用圣诞作为例证，作为这个世界上最伟大的文化宗教人物的生日，圣诞在高收入的西方国家已经与金钱紧密结合：不停购物、拥挤的商场、让利促销、购买礼物、回赠礼物和拆看礼物。圣诞还是一个文化庆典吗？还是说圣诞已经变成了资本主义一年一度的经济盛会？应该说两者都是。这种混合，在思里夫特和奥尔兹看来，非常广泛：文化和经济是如此地相互渗透，已经很难在其间划一个明确的界限。另一方面，如果这种渗透是新现象，经济地理学作为一门社会科学应当如何应对？他们认为，首先，应当变得多元化，也就是说，要"欢迎一个多样性的'经济'时空"。其次，用一切可得的社会科学理论武装自己，而不仅仅从正统经济学中捞取一鳞半爪。这样，经济地理学就会变得"更包容和更融合"。更一般地讲，思里夫特和奥尔兹建议放松对经济地理学者如何构建理论的限制；他们应当可以偏离正统经济学和马克思主义的直白而狭窄的范式，走向更有创造力，更实践性的理论形式。这就是思里夫特和奥尔兹在他们的论文结尾通过一系列反映经济与文化关系的图示所要表达的意思。这（经济地理学）不是经济学的第 101 章，准确地说，正因为不是，所以很重要。

  接下来，吉布森-格雷厄姆（Gibson-Graham）发表在文化分析的经典之作《资本主义的终结》（*The End of Capitalism*, 1996）一书中的论文，将经济和文化有关的争论表达得更加露骨。她们——吉布森-格雷厄姆是两个作者，凯西·吉布森（Kathy Gibson）和朱莉·格雷厄姆（Julie Graham）——关注隐喻，支撑经济概念的隐喻。隐喻对她们来说不再仅是语言中的象征，是可以互换的、轻佻的、没有后果的。相反，它们制造了大量实在的结果，在经济中起决定作用，比如，哪个人做什么工作，得到多少报酬，产业或相关的社区是否被保存下来，还是消失了。特别是，她们认为经济的隐喻起源于身体。但这不是随便一个旧的躯体，而是一个异性恋男性的躯体。由此，躯体的男性化特征塑造了其所象征的经济的各种我们熟悉的特点：纯粹性、统治性、英雄性和掌控性。用吉布森-格雷厄姆的话说，这些隐喻创造了经济中特定的话语。话语是一个比较困难的词汇，大意指不是语言反映这个世界，而是世界在反映语言。换句话说，语言不是中性的，而是反映了各种社会利益和权力关系。这样，一旦人们开始使用男性身体的隐喻来代表经济，并以此指导行动和信仰,经济就自然被赋予了那些特制,并体现在物质形态上。

不过,吉布森-格雷厄姆力图挑战这种话语,也就意味着挑战居于主导地位的男性、异性恋者躯体的文化隐喻。她们认为只有这样才能积极地推动政治改革。她们尝试用新的女性主义阐释的女性躯体的隐喻对抗男性躯体,以易于渗透性、非等级性和局部性为特征。她们认为,通过这些不同的隐喻,可以想像出其他可能的经济形式,其他与资本主义所许诺的物质世界不同的未来。这也是希望的空间,但其所反映的范式迥异于哈维的经典马克思主义。

在阅读这些论文的时候,我们希望读者怀着下面的问题。随着经济地理学从马克思主义转向批判的区域主义,现在又转向某种文化分析,其中是否存在进步?经济地理学是否比二三十年前拥有了更好的范式?如果这样,好在哪里?标准是什么?如果我们不能指出进步,那么我们该如何阐释这种方法论的转变?我们是否只能说每种方法各有千秋?如果这样,我们该如何在其中进行选择?或者,我们是否有必要去选择?我们能将不同的范式结合在一起吗?经济地理学可不可能不要范式?如果你需要做经济地理学研究,一种范式能为你提供什么,你又凭什么在不同的范式之间作出选择?

(童昕 译)

第一章 一代人造就的差异

大卫·哈维（David Harvey）

一、马克思回归

自1971年以来,我每年(除了一次例外)都开设一个关于马克思的《资本论》(第一卷)的阅读小组或课程。也许这会被看做一种顽固不化的学术心态,但也使我积累了一段学生对这一文本的反应的珍贵时间序列的变化。20世纪70年代,至少有一小部分激进的学生对此抱有极大的政治热情。参与被看做一种政治行动。事实上,这门课的开设(当时美国各地的校园同时也开了不少其他同类的课)是为了寻找一种理论基础,来理解当时世界的混乱和政治分裂[马丁·路德·金(Martin Luther King)遇刺后美国掀起的20世纪60年代的民权运动和城市暴动,反对越南战争的运动,1968年震惊世界的从巴黎到墨西哥城、从伯克利到柏林、曼谷的学生运动,捷克的"春天"事件及紧随其后的苏联镇压,中东的"七日战争",芝加哥民主党国会召开时发生的戏剧性事件,这里仅列几个标志性的事件,看上去当时的世界已经快要崩溃了]。

在所有的混乱之中,人们需要一种政治和理性的指引。由于马克思的著作在麦克阿瑟时代长期被禁,因此看上去只有回归马克思是对的。我们觉得他一定说了什么重要的事情,否则他的作品不会被禁这么久。这一想法因为很多学校对我们请求的冰冷态度而更加得到确信。我伪造了课程的名称,选在晚上授课,并且允许不希望在笔记中提到违禁内容的学生可以"独立学习"(我后来知道一些高层管理人员自课程在地理系开设以来,用了近十年才发现所谓的"阅读资本"教的是马克思的《资本论》)。

《资本论》至少对未接触过的人来说很难解读（当时我们大部分人都没怎么接触过，只有若干有经验的学者可以帮忙，他们大多来自欧洲共产党长期活动的地方）。但是对我们这些大学里的人来说，学术困难是正常的挑战。

起初很多年轻的教员和研究生一样参加。一些人出了名（尽管一些人改头换面，但大多数人承认这段经历的深刻影响）。他们来自各种学科（哲学、数学、政治理论、科学史、英语、地理、历史、社会学、经济学……）。回头一看，我才发觉与这么多来自不同学科训练背景和政治倾向的人共同探索这一文本是多么不可思议的一件工作。这就是我如何学习马克思的，通过互动的自学，几乎不遵守任何学科规范的逻辑或政党界限。我很快发现自己教授的内容大大超越了大学的范围，而是扩大到社区（包括社会活动者、教师、工会组织者）。我甚至还到马里兰监狱授过课（不过不太成功）。

本科教育更充实。当时本科激进主义的压倒性论调就是反知识。对他们来说，学术是意识形态压迫的中心；任何书本学习都被怀疑为压制和奴役的工具。很多本科生活动积极分子（当然只有这些人才会考虑选这个课）认为他们所读到的还不够激进，更不要说理解和写这种又长又艰涩的书。他们中很少坚持把课修完。他们不在意马克思所说的"没有通往科学的神圣道路"，也听不进他对很多读者的警告："总是急于得到结论，渴望了解一般原理与激发他们情绪的当前问题的关联，这样会因无法立刻取得收效而失望"。"对那些急于寻找真理的读者的预警和防备"（Marx, 1967 年版，p.104）似乎对这些读者不起作用。他们常常受澎湃的直觉和受伤的冲动所驱使（补充一下，这并不必然是一件坏事）。

现在的情况大不相同。我教授的《资本论》成了一门声誉卓著的常设课程。我很少发现教员或研究生缺席（除非是计划和我一起工作，或将此作为继续更重要的事情之前的过场）。大部分其他系的研究生调查课现在会用一两周学时介绍马克思，通常会夹在达尔文和韦伯中间。马克思获得关注。但在学术圈里，他要么被定位为"后李嘉图的一个分支"，要么作为一个过时的"结构主义者"或"现代主义者"。

甚至在 20 世纪 80 年代初，柏林墙倒塌以前，马克思在学术和政治界的风光就已经消退了。在身份认同政治学和著名的"文化转向"主导的和平年月里，马克思主义传统被视为一种负面的角色。必须反抗这种被主导意识形态（错误的）脸谱化的做法。马克思和传统马克思主义受到系统批判，被认为没有充分考虑很多重要

第一章 一代人造就的差异

问题,如性别、种族、性取向、人类欲望、宗教、道德、殖民主义统治、环境,或别的什么。文化力量和运动至少同阶级斗争一样重要,而且阶级到底是什么,能否不考虑众多文化差异而简单划分?这些质疑可能已经够多了(这些批评都有据可查),就差把马克思主义定为一种与新的思潮对立的,应该彻底抛弃的思想了。特别是,文化分析取代了政治经济学(前者在各方面都比沉浸于严肃深沉的世界,直面冷酷的资本主义剥削的现实要有趣得多)。

但一些本科生继续选修《资本论》课程。他们大部分没有政治活动。对共产主义的恐惧消失了。课程获得了良好的声誉。一些学生好奇马克思到底说了什么。一些人有激进的本能,觉得马克思提出了一些深邃的见解。结果,根据他们的时间表和选课要求,一些本科生选修了马克思的《资本论》,而不是亚里士多德的《道德论》或柏拉图的《理想国》。

上面对比了此时与彼时对马克思主义的政治和学术兴趣以及反应,其中的反差并不出人意料。大多数人能体味到我所勾勒的变化,即使叙述中可能有些地方有点夸张和扭曲。

但另外一个故事可能令人困惑。在20世纪70年代早期,当时很难找到与《资本论》第一卷直接有关的占主导地位的政治议题。我们需要引用列宁将马克思的帝国主义战争和越南战争之间联系起来。我们需要市民社会的理论[至少是葛兰西(Gramsci)]将马克思与公民权结合起来,以及用国家理论[如迈利拜德(Miliband)或波拉特斯(Poulantzas)]将对政府压迫和控制福利国家的花费的批评与资本积累结合起来。我们需要运用法兰克福学派来理解司法、技术理性、政府和等级制,以及环境等问题。

但是考虑一下历史—地理的现状。在发达资本主义世界,商业工会运动(通常对我们这些激进者来说太具改良主义色彩)依然强大,失业广泛存在,国有化到处都还在搞(美国除外),福利国家发展到即使错了也不能攻击的地步。世界其他地方的运动还在酝酿中,似乎威胁到现存的资本主义制度。毛泽东是中国史无前例的革命领袖,还有拉丁美洲的格瓦拉(Che Guevara)和卡斯特罗(Castro)领导的革命,以及卡比拉(Cabral)和尼雷尔(Nyerere)在非洲也在探索社会主义或共产主义的可能道路。

革命似乎一触即发,我们由此可以体会到当时领导的恐惧(甚至超过尼克松之类的妄想狂的预期）。那样的革命会怎样爆发,又会将社会引向何处？这些问题并没有在马克思的《资本论》中涉及。文中只是异乎寻常地洞察到商品拜物教的影响,以及从马克思描述的资本原始积累中看到阶级斗争如何改变世界。一旦熟悉了这些,就能从文本获得其内在的特殊愉悦。不过,事实上《资本论》与当时的现实没有什么相干。只是描述了19世纪那个原始的、未经整理的、极野蛮的资本主义社会。

今天的情况截然相反。文本中涌现出的思想正好可以解释我们目前的状态。对市场的迷信震惊了关爱儿童的凯西·李·吉弗德（Kathy Lee Gifford）,她听说她在沃尔玛销售的服装要么是低薪雇佣的洪都拉斯13岁的小女孩所制,要么是纽约几周未领工资的血汗女工所制。还有企业规模缩减的残酷历史（《纽约时报》上做过详细报道）,有关巴基斯坦制造地毯和足球的童工的传言（这一传言迫使FI-FA对其高度重视）,以及迈克尔·乔丹从耐克获得的一年3 000万的形象代言费与耐克在印度尼西亚和越南的工人所处的悲惨境域形成的鲜明对比。媒体大肆宣扬技术变化破坏了就业机会,降低了劳动组织的力量,增加而不是减轻了劳动压力和劳动时间（全是马克思在"机器和现代工业"中讨论的核心议题）。由此,全部问题归为在过去几十年间,如何为了资本积累的利益,生产、维系和操控劳动的"工业储备大军",包括艾伦·巴德（撒切尔夫人的智囊）公开承认的,20世纪80年代初的反通货膨胀政策是为了掩盖失业率增长和削弱工人阶级力量。他说:"马克思主义语汇中表达的是一种资本主义维系劳动力储备大军的内在危机,从而保证资本家的高额利润"（Brooks,1992）。

所有这些使得将马克思主义理论与现实生活相结合变得太容易了。学生一踏入课堂,马上就能体会到对自由市场和新自由主义所导致的混乱的激烈批评。针对他们的期末论文,我提供了一批从《纽约时报》（至今仍是值得尊重的信息资源）上剪下来的文章,并建议他们用这些材料回复一封假想的来自家乡父母、亲戚或朋友的信,信中说:

> 我听说你在上关于马克思的《资本论》的课。尽管我听说它既有趣又难懂,但我还没读过。不过,好在我们已经将这些19世纪的无聊论述抛之脑后了。那时候的生活的确是艰辛的,但是我们已经达成共识,并创造

了一个马克思所无法想像的新世界……

他们在回信中写下了精彩的批判。尽管他们不敢寄出这些信,不过很少有人在结束课程以后,不被《资本论》的犀利文笔,及其与当今社会我们周遭的世界如此紧密相关而震惊。

由此带来一个悖论。马克思的文本在与现实关系疏远的时候曾被如此热切地追寻过。但是现在,当这些文本与现实联系如此紧密,却很少有人认真地关注它了。

二、关于后现代性的工作

我所描述的悖论事关过去30年间的一场大转型。这一转型涉及各个方面,使之容易在大范围错综复杂的关系中被迷失。然而当前惊人的是一种童话故事般的信仰占据的统治地位,在各方面都是这样,过去的结构主义、现代主义、工业主义、马克思主义,或其他什么,现在则成了后结构主义、后现代主义、后工业主义、后马克思主义、后殖民主义等。像所有这些故事,这种童话故事很少被用这样原始和简单方法说出来。这样做可能令那些原则上不承认广泛的"后描述"意义的人难堪。再说,"后……"(而相应地我们没有能力说出我们可能处于"……之前")的流行反映了当代争论的主导特征。寻找隐藏的现代主义者(如果你是一个专注的后现代主义者)或者搜寻颓废的后现代主义者(如果你恰好喜欢某种现代主义的复兴)也成了学术界的一种严肃游戏。

这种童话故事(我这样称呼是为了表达其欺骗性力量)兴盛的结果使得在这些占统治地位的争论语汇之外不可能讨论马克思和马克思主义。例如,一种对我最近作品《公正、自然和地理差异》(*Justice, Nature and the Geography of Difference*)的普遍反映就是表达对我试图融合现代主义和后现代主义、结构主义和后结构主义争论的惊讶和不信任(Eagleton,1997)。但是马克思没有读过索绪尔(Saussure)或利瓦伊·斯特劳斯(Levi Strauss)的作品,尽管有一些很有力的、有关马克思的结构主义者的阅读材料[主要是阿尔杜塞(Althusser)所作]证明马克思是一个结构主义者,甚至是现代主义的先驱,然而这些词在20世纪70年代为人们所知时既不轰动,也没有成为定论。基于马克思的作品的分析与近年来这些童话般欺骗性的历史记述是相矛盾的。说白了,我们现在并不读马克思的作品(不管他是不是提出了有参考意义的见解),因为他的工作已经被假定为应该被"后……"掉的一类;否则,如果我们的确读了,那么只有通过看清它到底是什么,我们才能确信的确已经处于某种"后"的状态了。

现在细看马克思的全部作品的确很有趣。当然,他是一个古典资本家政治经济学的积极批评者,毕其一生"颠覆"居于统治地位的原则。他深虑语言(话语),并清醒地认识到其承载的不同的政治思想如何随时间而流转[他在《18世纪路易斯波拿巴的雾月革命》(*The Eighteenth Brumaire*)中曾深刻剖析过]。他深深理解知识与所处的"立场"("地位")之间的关系,当然,他的关注点在于工人。我可以就此谈很多,但这里我不想证明那些我们认为是近来发明的新东西,马克思早就预言了,只想指出,那些童话一样宣称此时与彼时差别的论述的破坏性,使我们无法应对当前正在发生的变化。将我们与马克思割裂,就是割掉了我们灵敏的鼻子,而只满足于当今知识界流行的那些肤浅的东西。

请记住,我现在着重关注1970年以来的两方面转型:可以用两个词来概括:"全球化"和"身体"。两个词在20世纪70年代早期都根本不能作为分析工具;现在却成了占统治地位的概念。比如,20世纪70年代中期以前完全没听说过"全球化"。现在研究这个概念的会议数不胜数。相关文献汗牛充栋,从不同角度论述。它成了媒体评论中常见的主题。它是理解当今国际资本主义政治经济中最具支配性的概念。它的使用早已超出了商业世界,包含了政治、文化、民族认同等各种问题。那么这个概念是怎么来的呢?它是否描述了什么新的重要现象?

"全球化"好像最早在20世纪70年代中期,应用于美国万国宝通银行(American Express)在广告中宣扬自己的信用卡全球通用而广泛流传起来。此后,这个词像野火一般在金融和商业媒体间传播开来,主要用来指金融市场规制放松的法律现象。由此,它使得国家在管制资本流动方面的能力下降看上去无可避免,并成为一个瓦解国家和地方劳工运动和商业工会力量的特别强有力的政治工具(劳动规章和财政节约——通常由国际货币基金组织和世界银行制定——成了实现内部稳定和国际竞争力的法宝)。到了20世纪80年代中期,它又围绕市场开放,取消国家控制的主题,帮助造就了一种创业乐观主义的莽撞氛围。很快,它与勇敢新世界的全球化的新自由主义结合,成了一个核心概念。它使得我们看上去进入了一个新纪元(并注入了某种无可避免的目的论色彩),并由此成为区分政治可能性上的此时和彼时的一整套概念的一部分。用这种话语描述的世界其状况包含的范围越广(即使这种状况应当被批判和反对),它自身所包容的政治可能性也就越多。由于我们在 20 世纪 80 年代和 90 年代毫不分辨地接收了这个概念,使它取代了政治感情色彩更重的帝国主义、新殖民主义等概念,我们应该有所警觉。它削弱了我们对政治全球化的反对,特别是这些越来越成了美国外交政策的核心。惟一留下的政治是保守政治和一些情况下彻底保守的抵制。

不过,另一个角度可能同样意义深刻。美国国家航天航空基地(NASA)一张题为"地球升起"的卫星影像呈现出地球飘浮在宇宙中的景象。很快成了一种新意识的标志。地球的形态不同于一张二维地图。它除了大陆、海洋、云层和植被、沙漠和多水地区,并没有自然的边界,它也没有特定的中心。它可能使人深刻地意识到所有这些深入人心的边界和中心不过是人为造成的。身后挂着这样一幅地球的标志性照片,很容易会写下"没有边界的世界"[如米亚斯(Miyoshi,1997),就曾写得很有说服力],并采用一种非中心的观念对待文化(中国、印度、南美和非洲这些众多的文化传统长期在西方统治的地理视野中缄默)。周游世界已经很容易,突然间没有了自然的落脚点,空间的连续性突然在实践上和修辞上都成了生活的基本事实。在地球(而不是二维的地图)作为人类活动和思索的所在地这一意象的推动下,以身体为一切事物的中心成为其他一切中心丧失后的一种反映。

那么,什么是身体?这个童话,尽管与前面那个类似,但也有显著不同。过去 20 年里兴起的以"身体"作为各种理论探索的基础有两个来源。第一,问题的提出来自"第二波女性主义",如果密切注意"自然—培育"问题就无法回答,结果对身体的状态和理解就成为理论探讨的中心。性别问题、性、象征秩序的力量和心理分析的意义也将"身体"重新置于争论的主体和客体地位。一定程度上,所有这些开辟了一个新的探索领域,大大超越了传统的概念工具(比如马克思所提供的),因此广泛而原创的关于身体的理论成为激进和解放政治学的精华(特别是在女性主义和同性恋研究中)。实际上这个运动中还有更多创新而深刻的进展。

第二个回归躯体的驱动力来自后结构主义,特别是解构思潮。这些运动令对所有以前为理解世界而建立的类别体系(包括马克思提出的)失去信心。正是在这样的背景下,去中心与地球意象相结合完成了对既定体系的瓦解。不过,这种影响激起了对身体的回归,将之作为无法再细分的基本单元。洛尔(Lowe,1995, p. 14)指出:

> 除了所有不稳固的参照系,还有一个参照系存在,其存在是无可置疑的,那就是身体,我们自己活生生的躯体。躯体的参照实际上是所有参照系的参照。最终,身体的需要和界限赋予一切价值和意义。准确地说,因为所有其他参照都被颠覆,身体的参照,我们自己的身体,成了一个问题。

两大潮流的交汇重新将关注点引向身体,作为至少在特定圈子里[特别是那些喜欢福柯(Foucault)和朱蒂斯·巴特勒(Judith Butler)之类的作者的圈子]理解的基础,以及作为追求政治反抗和解放的圣地。

让我来点评一下这两种当前构建中的泛滥思潮——"全球化"和"身体"。从理解社会学研究的角度,"全球化"是所有话语中最宏观的,而"身体"当然就是最微观的(除非我们将一切社会现象看做只是基因信号的表达及其演化)。这两个思潮,全球化和身体居于我们理解社会和政治的尺度谱系的两端。但是还没什么研究将"身体说"和"全球化说"集成起来。惟一较强的联系来自近年来关于个人和人权的考察[如国际特赦组织(Amnesty International)的著作],以及更特定的,将妇女控制身体和生育的权利作为控制全球人口问题的手段(1994年开罗人口会议和1996年北京妇女大会的主题)。环境主义者尝试建立相似的联系,将个人健康与全球变暖联系起来。这些例子显示出将看似不相干的两者联系起来的潜在价值。

我将采用的立论线索基于我称为"历史地理唯物主义"的辩证关系概念。起初,我希望只提出这种方法的一个原则,以便尽可能稳妥地引出我们这个时代的另一个关键标语。这正体现了知识建构中关于"特殊性"和"一般性"之间的微妙关系。

我不承认我们可以在思考和辩论模式中严格区分特殊性和一般性。从辩证关系看,这两者总是你中有我,我中有你。比如,在特定时空中的具体劳动的特殊性与交换、商品化、货币化和资本循环积累中的抽象劳动价值的计算是紧密联系的。其中,劳动的概念一方面是具体特定的,而另一方面又是抽象"一般"的(在其通过一般化的特定过程实现这一意义上)。

显然,没有无数单个的具体劳动就不存在抽象的劳动。但有趣的是具体劳动如何对通过全球贸易和互动实现的抽象劳动的性质作出反应,并内化之。从事具体生产劳动的工人突然发现由于竞争的压力,自己被解雇了,工作削减了,技术过时了,被迫适应新的劳动过程和工作条件(或者用这里的术语讲,在抽象劳动的性质依赖不同时间和地点的具体劳动过程的运动与转化的同时,具体劳动必须适应抽象的条件)。

我用这个例子说明一个总的观点。身体的特殊性不能孤立于其所嵌入的社会—生态过程来理解。正如现时很多人认为的那样,如果身体是社会建构的,那么就不能脱离环绕其外,并构筑它的外部力量来理解身体。全球化所描述的决定劳动过程的关键因素之一是政治经济和与之相关的文化力量如何以不同的方法塑造这一过程。由此,在理论和实证上都不可能脱离全球化理解身体。相反,全球化细分到其最简单的决定因素,则是有关数以亿计的单个个人之间的社会空间关系。于是,这两种被割裂的话语之间的基本联系就被建立起来了。

我还要强调最后一点。最近所谓的"文化转向"的一个重要根源来自雷蒙德·威廉斯(Raymond Williams)的著作和对葛兰西作品的研究(这两者都在源于斯图加特,以斯图尔特·霍尔为枢纽的文化研究运动中发挥重要作用)。这一运动的一个奇怪和出人意料之处是改变了葛兰西关于"智识的悲观主义,心愿的乐观主义"的观点,而变为一种人类自然的真实定律。我不希望抹杀1980年以后坚持对横扫发达资本主义国家的新自由主义作出发抗的左派们所取得的成就。这反映了高尚心愿的乐观主义。但是,强有力的阻碍来自无法为"没有其他选择"(这句话会在本书中一再出现)的撒切尔铁律找到替代方案。无法找到"智识的乐观主义"作为替代现在已经成为激进政党所面临的、最严峻的障碍。

葛兰西在意大利恐怖的监狱里,于重病垂危中写下了那些词句。我认为我们应该认识到他作出这一评论所处的特定环境。我们并不处在监狱里。那么,我们为什么要选择一个来自幽闭环境下的隐喻作为我们自己思想的指导?葛兰西是否在被囚之前也尖刻地抱怨造成和我们现在一样的政治被动、知识分子苦难和对未来怀疑的悲观主义?处于对他所表现出的坚忍和政治热情的尊重,我们是否也不需要为他将语句改为寻找一种智识的乐观主义,并与乐观的心愿相结合,可能创造一个更美好的未来？如果我转到书的末尾成为一个乌托邦的角色，如果我模仿雷蒙德·威廉斯的书名《希望的资源》(Resources of Hope)，将本书定名为《希望的空间》(Spaces of Hope)，那么这是因为我相信此刻我们为了开放长期封闭的思想，将通过智识的乐观主义引入某种重要的事物。

1998年写这些东西很合适。那年正值震惊世界的从墨西哥城到芝加哥，再到柏林、巴黎的著名运动的30周年。就相对更本地的事件来说（就我而言），则是正值巴尔的摩骚乱的大火及随后的马丁·路德·金遇害事件30周年[这之后我从布里斯托(Bristol)迁到巴尔的摩]。因此，这是个合适的时机，让我回顾这一代人经历的转变。

而且1998年也是正值著名的《共产党宣言》发表150周年，是联合国《人权宣言》签署50周年。这些事汇在一起，使我们有必要回顾所有这一切对当代现实的意义。马克思深刻怀疑一切有关权利的说法（认为这些是资产阶级的诡计），但如果没有某种最基本的作为人的权利存在，那么世界上的工人到底为何要联合起来？将《共产党宣言》与《人权宣言》中所表达的感情结合起来，可以提供一种联系全球化与身体这两种话语的途径。我希望，从整体上为我们这个特殊时代的政治斗争空间重新定义更精妙的术语。

（童昕 译）

第二章 产业和空间:对激进研究的辨析

安德鲁·塞耶（Andrew Sayer）

一、介绍

过去十年,国际层面和区域/次区域层面的产业区位理论和不平衡的空间发展研究都取得了巨大进展。理论方面,研究吸收和扩展了马克思主义的概念,同时还引入了制度经济学和产业实证研究的一些概念。最近很多研究者在这两种空间尺度上都从理论诠释转向实证应用。由此我们现在可以更清楚地看到理论如何在实践中发挥作用。不过,我在和凯文·摩根（Kevin Morgan）共同参与的电子产业和区域发展的研究中,对理论是否具有足够的解释力提出质疑。本章将简要作一剖析,利用这一研究中的实证案例说明几个要点。

对理论的不满足涉及许多不同的议题。不过,所有这些都同理论和方法中广泛存在的问题有关,因此我们不是批判,而是提出善意的批评。况且,在理论和实证中发现的问题总是一再误导产业和区域发展的实践。

在本章的第二部分,用完全抽象的词汇总结了所提的关键问题。第三部分是主体部分,结合我们研究中的例子,讨论与前述有关的特殊议题,作为这些问题和后果的实例。

二、理论、方法和导向性问题

这包括理论的内容、方法或理论在具体研究中的应用,以及研究中如何选取素材的一般导向和模式。尽管这些是紧密相关的,我还是将它们分开来阐述。

问题A:"伪具体分析"。指抽象与具体研究的关系:将具体问题简化为抽象形式,或迷信地认为某种暂时或偶然的社会形式是资本主义社会发展的惟一可能,结果忽视了未来多样的可能性。

我要举的例子是关于一种现实主义的阐释方法(见 Sayer,1982a,1982b,1984)。其特点是抽象理论孤立出研究对象的各个侧面;比如,在对资本积累的抽象分析中,实现剩余价值的必要条件。这样,它就从具体资本积累的各种可能形式中抽象出一种理论。发展的具体形式是许多过程和要素的综合反映,一些存在必然联系,而另一些只是偶然联系,每一个都可以从抽象理论中独立出来。这种偶然因素和必然因素的混合常常会导致混乱。经常出现的情况是,尽管特定的对象组合是偶然的,但在发生的时候,某种趋势却成为必然;比如,资本使用电力是偶然的,但一旦使用了,其行动就会受制于电力供应的范围和可靠性。而且,还有一个复杂的因素,人的权力和责任会因为他们学了新技术、对自己处境的理解发生变化,以及采纳新的组织形式界定权力和责任而发生变化;比如,工会具有的权力就是整体的,不可能分解到组成工会的各个工人身上。

尽管非常宽泛,马克思主义并没有垄断与理解具体现象有关的抽象理论。例如,我们看到,资本积累的具体形式是受技术发展影响的,其解释超出了马克思主义理论之外。不同理论渊源的结合是成功,还是杂合或内部不一致,这主要看怎么去整理。显然,发展的具体形式不可能直接从马克思主义或新马克思主义的抽象理论,或任何其他抽象理论中直接读出来。具体的系统包括偶然的联系,不可能反映在理论中,并得到预见,而是必须在实证中被发现。相反,理论也不能直接从具体形式中读出来。比如,某个不平衡发展的具体形式如果不通过忽略其他可能的形式或历史的特殊性,就不可能转变为理论模型或理想形式。不平衡发展的研究正是这样的。将发展的具体形式作为特定的一般化来阐释——通常违背作者的本意——作为模型或老套看法,那些不符合一般化的地方和历史特殊性发展类型则被悄无声息地抹杀了。有时,原始描述的一般化甚至不能准确反映所述对象,更别说其他现象了。

问题B:指空间及其过程识别,或准确地说是一系列特定空间中的过程的识别,如某种经济活动与大都市地区。空间和过程必须一起识别,因为彼此不能相互独立——但问题是怎么识别?因为对象发生所处的空间形式是偶然的,我们依据"空间差异"的原则将空间从抽象理论中抽取出来。比如,马克思对资本的抽象讨论是从具体资本所处的特定空间背景中抽取出来的。然而,在具体研究中我们必须考虑资本如何受偶然条件的影响,这不可能与其特定的时空形式分离。于是,正如萨克(Sack,1980)所说,抽象以后,空间和形式必须"重新结合"。不过,需要注意,任何物质过程,比如工业资本,必须有空间纬度,不是"非空间的",而是另一种空间与过程的结合,这种结合是通过识别某种像特定产业(比如基础工业和组装)一样具有差异性,以及更具差异性的区域类型(比如,边缘地区)实现的,这样看上去就可以从其中一个读出另一个。我们将会看到,这种识别的理论基础事实上很薄弱。

问题C:这个问题比较不同,而且和问题A和B之间的互动表现出令人瞩目的周期性特点。它与马克思主义者和其他激进研究的理论和政治优先性有关,这些优先性控制了对不同经济活动和人的关注。

也许这些优先性中最普遍的一种:有酬劳动优于无偿劳动,正在受到女性主义的挑战。另一个被忽视的是服务,可能也受到什么是"真正"的工作的性别偏见所强化。然而,即使在制造业研究中,某些偏见也是很明显的:

①偏向基本的标准化大规模生产和组装,忽视客户指向的小批量生产和项目生产(比如土木工程项目);

②略微偏向消费工业,而忽视生产者工业,或倾向于假设后者与前者没有差别;

③偏向操作工作,而忽视文秘和行政工作,忽视管理、研究与开发和市场开发(结果,劳动过程研究倾向于将工厂中劳动过程的多样性简化为单一的制造业中心环节,忽视了前端和后续的加工活动以及行政劳动过程);

④偏向身份等级的最下层;

⑤偏向衰落的地区,而忽视相对繁荣的地区;

⑥偏向更激进类型的工人和区域,以及冲突性的产业关系。

总的来说,这些偏见解释了为什么有这么多汽车工人之类的文献,以及最近的女性装配线工人的文献,而缺少关于文书、电话接线员或技术员的研究;为什么相对于受援地区和内城,我们对南方英格兰非城市地区所知甚少。即使在研究者打破了这种系统的偏好的地方,也是非常有限的,这种情况依然受制于剩下的优先性。比如,最近对女性工人的研究就主要集中于组装操作工,而不是餐厅服务或办公室文员(例如,Pollert,1981;Cavendish,1982)。部分情况下,这种偏见对于左派研究者来说是完全可以理解的,他们优先关注恶化的情况(尽管可能还未达到恶化的状态),但他们也有点儿受到偏见的影响——特别是,左派知识分子的"理想"或"现实"(这两个词哪个都可以)的工人形象。左派天然地关注工人优于管理者、经理和专家,甚至更激进一点,忽视保守的地区;然而忽视这些并不能帮助我们理解经济变化或支持受忽视群体的政治力量。目前由于阶级(以马克思主义的意思)之间内在的相互联系,我们不可能脱离其他阶级单独地理解某一个阶级。不过,一些偏见是作研究中的实际考虑导致的;比如,理解大规模产品生产比理解高度细分化的产品和服务要容易得多,而研究者对身份较低的群体的参与式观察会存在限制。

我并不想假装自己不受这些偏见的影响,但我相信这些支持了一种对现存社会的扭曲和过时的看法,因此无助于指导我们思考另一种可能的社会是什么样子。

三、对产业和区域发展的专门批评

上面提出了理论、方法和导向的三个基本问题,我们现在可以来看看它们如何在产业和空间的研究中造成更实际的问题。我对这个领域中的激进研究的批评考虑在使用理论阐释实证案例中的扭曲和遗漏,并且我希望澄清,这些问题往往相互重叠和彼此加深。

1. 忽视使用价值、技术和产品创新

许多作者(如 Rosdolsky,1977;Grossman,1978;Harvey,1982)已经指出,责难马克思忽视使用价值是不对的。然而,作为抽象理论,《资本论》(*Capital*)不可避免地将使用价值一般化,而不是采用其具体形式,强调其差异性。同样的问题也适用于新古典经济学,它甚至将价值与使用价值混为一谈。一旦涉足特定资本主

义工业的具体研究,显然特定使用价值和技术就会对资本的积累和不平衡的发展产生非常关键的影响。尽管不能希望抽象理论预言实际影响,至少应该引起我们对问题的重视,这样实证研究就不会将这些影响简单排除。我将详细讨论其中三种特别的问题。

(1) 劳动过程中的变化和技能降低(deskilling)

关于这些变化的许多解释要么假设生产的商品范围是固定的,要么就忽视其中的变化。结果,资本试图争夺劳动控制权的解释权重被放大了(Tomlingson, 1982, pp. 23-6; Kelly, 1983)。这并不是否认已经确立的阶级斗争在劳动过程中的地位,而是说一些作者(比如,Aglietta, 1979)将其拔高到支配或惟一造成变化的原因,这也许是因为这样的解释比别的看起来更"激进"。劳动过程往往因为可得的加工技术和(或)产品的性质变化而变化,而不是纯粹为了赢得对劳动本身的控制。事实上,如果新的劳动过程是制造新产品惟一可用的方法,而新产品的市场前景比以前的产品好,那么资本有时会用更易于控制的劳动过程替代较难控制的劳动过程。在管理者手中技术不怎么可塑;它能创造,而不是解决控制问题。因此,劳动控制相对劳动过程的增加可能是意外的收获,而不是得来不易的胜利;对资本来说,如果相对劳动的权重增长了,情况也与前面类似。换句话说,任何一方的权力都会受工作场所以外的产品市场变化的影响(Kelly, 1983)。

劳动密集化和技能降低不是导致利润最大化终结的惟一途径,也不是惟一可能的结果:产品差异化和经常资本的贬值也是可能的选择。所以新技术可能会,也可能不会削弱劳动对生产过程的控制,并且当这种影响确实发生时,新技术的存在可能是,也可能不是真正的引发原因。当然一种对工作组织变化的解释将所有原因都归于资本和劳动之间的历史斗争,听上去更激进——除非注意到这是如何造成生产发展最终必然带来劳动丧失和资本不可避免地使劳动技能降低的印象——然而,不管哪种情况,激进并没有使理论正确。

对技能降低的夸大受到布雷弗曼(Braverman)的精致但错误的《劳动与垄断资本》(*Labor and Monopoly Capital*)(1974)的影响;这种夸大似乎成了一种关于资本主义劳动过程中的平衡、改变引起净的技能降低效果的传统智慧。如果运用特定商品对劳动过程的历史进行理论和实证研究,长期的技能降低趋势似乎是有可能的。问题不在于此,而在于假设如果这是真的,那么必然使用于整个经济。

正如我们前面看到的,这只是一种想像,是从产品创新以及一些混合产业的定性变化中抽象出来的。但是它也部分地受到早期资本主义的影响,忽视无技能的大众,而只关注手艺劳动者,而最近的趋势可能忽视新兴的但不太符合传统观念中的工人的技能。新技术、产品和产业可能涉及重新获得技能,尽管长期来看,对任何产品而言,这些技能还会丧失,但新的产品又会产生。如果新的机器能弥补操作它所需的工人技能的更高成本,新的加工工艺(相对于产品)技术甚至不一定会带来净的技能降低。

不管哪种情况,"技能降低"的概念,更不要说"技能"本身,定义不清,经常在同一个分析中,有些时候用来指个人,有些时候用来指工作的内容。如果像近几年发生的这样,大量低技能劳动过剩,那么剩下的操作工作要么被降低技能,要么重新获得技能,但总的来说,低技能劳动岗位会减少;称这种情况为"技能降低"挺怪的。在电子产业中,技能工作(即使存在定义问题)的比重上升了,在不同层次上转向"多技能",避开了技能降低—重获技能的简单归类。

由于经济总体上不是必然由技能降低或重获技能占主导,因此必须从实证出发看待这个问题。有趣的是,我发现那些做了大量实证工作的人对是否存在一个变化的总体方向所持的怀疑大大高于那些只是阅读和接收布雷弗曼观点的人(见EITB,1981;Kelly,1983)。左派常常也不愿意相信技术能力可能会严重短缺,并阻碍发展。

(2)规模经济

从产品差异中抽象出来的问题也助长了对生产规模经济的误解。很容易从一些理论文献中获得这样的印象:规模经济是一种简单的现象或独立的变量,产品的最优规模不可避免地会扩大。通常,商业管理或经济文献引用的最优规模远远大于企业能达到的水平,比如汽车工业中,引擎厂最优规模的水平是100万台/年,然而这个水平从未被实现过(D. T. Jones,个人交流)。相信这些数据只会引起困惑,为什么这么多公司能在较低的规模水平生存下来——不仅是普通公司如此,领先企业也是如此。

有几个原因造成这种理论预期与现实之间的差距。一是对产品差异性的抽象掩盖了市场细分的程度,于是导致规模经济的局限,并使企业牺牲生产规模以进入更多细分市场。另外,企业并不一定非得让自己的产品同一化,它们可以通过变换自己的产品达到更有效的竞争(竞争的矛盾:有时最有效的竞争者是那些成功降低竞争的企业,而产品标准化作为一种成功的竞争手段却会因导致竞争加剧而降低企业的竞争力)。实际上,伴随战后长期繁荣终止而来的需求停滞已经提高了产品差异策略相对于规模最大化策略的吸引力。

进一步的问题来自将规模经济作为一种独立变量,而事实上它依赖于工厂内部的一系列可能变化的条件:比如机器的装备时间,维持大量仓储和协调各种数量的部件运行的成本,以及生产过程的组织方式。改变这些条件,最优规模就会改变,并且不一定总是导致最优规模扩大。事实上,近来在加工技术和管理技术中最重要的创新都是大大降低生产的有效规模。在技术方面,数控技术和计算机辅助设计和制造已经为像美洲豹汽车这样的小批量生产者提供了新的竞争优势。在制造方面,变化更显著,我们熟知的西方关于简单扩大规模促使生产盈利的想法已经被日本的"及时生产系统"的革命彻底颠覆,使其暴露出很多原先被隐藏的不经济的根源(Ohno,1982;Schonberger,1982;Abernathy et al.,1983)。这不是说企业不能因规模扩张而获利,而是说单纯依靠规模扩张本身不能保证生产率的最大化。最后,进一步的影响倾向于强化较小规模生产单元的增长,因为管理圈中日益形成共识——小工厂里的劳动关系对立较弱。

后面将讨论这些发展的空间结果。

(3)技术和社会劳动分工

另一个相关问题与企业交易中的非市场互动有关。企业内的技术劳动分工与企业间的社会劳动分工常常被截然区分。前者被事先规划,并受到管理的严格控制,而后者依赖自由市场,并受事后对市场信号反应的调节。然而,同这种将市场描述为"无政府主义"状态的论述相反,市场交易被设定在特定的买卖双方互动的背景下,从而在某种程度上锁定了双方的行为。这在产业间交易中最为明显,企业不仅发出订单,而且在分包管理中积极干预,以保证供应和质量。而且,生产产品和部件的企业之间的技术依赖将它们束缚于一个更加严格受控的关系中,而不仅是简单的市场交换。通过这些方法,主要企业(比如石油公司),在一定程度上能"遥控"管理其他公司的劳动过程,而不必牵涉正式的所有权关系。在一些情况下这可能会引起争议,技术劳动分工可以扩展到处于分离所有权之下的企业网络。事实上,如我所怀疑,这种产业组织变得越来越普遍,需要重新考虑产业集中的概念,因为一些按照营业额计算的"最大"的公司也不过是在管理其他公司的生产。

2. 引起误解的空间劳动分工的陈旧观念

理解空间经济最重要的渊源来自对不同地区因"空间劳动分工"而产生相互依赖性的认识。这可以以企业行为的空间等级的形式出现,也可以在更宏观的层面,在国家或国际经济中,将不同类型的生产或生产的不同阶段分离到不同的地区。结果,个别机构的表现无法脱离于这背景来理解,并且国家经济、区域或其他地点的特性可以通过考察其在国际劳动分工的地位来阐释。

但是一旦任何人假设这种空间劳动分工必然采取某种特定的内化于资本积累的形式,问题也会接踵而来;事实上这种假设导出了我在第二节中提出的对空间和过程的错误认知。我心中这种引起误导的陈旧观念可以追溯到个别作者的著作,尽管我所抨击的不是那些作者为大众所接受的最初立场——那些现在被看做左派"共识"的部分。通常,最初的争论和它们通俗化的版本往往显著不同:后者规避了很多作者最初的合理性论证。

可以区分出三个互相重叠而相似的陈旧观念:我所谓的"海默的旧观念";产品周期观念;新国际劳动分工(NIDL)议题。

(1)海默的旧观念

第一个旧观念可以追溯到海默关于全球不平衡的发展格局与跨国公司内部等级之间的关系的思想。相似的思想——尽管空间尺度不同——可以从韦斯塔韦(Westaway,1974)、马西(Massey,1979)和利皮埃特(Lipietz,1980)等的著作中找到。海默关于跨国公司的研究是广泛而有新意的,但他的局限在一些短文中也很明显,比如下面渗出激进意识的段落中所包含的思想:

> 大西洋的跨国公司的高层决策职位倾向于集中在发达国家中的几个关键城市,围绕这一些区域的次中心,将世界的其他地方限制在较低活动和收入水平上,也就是村镇的水平:在新帝国系统中,收入、地位、权威和消费格局将从这些中心地区放射到周围,并不断衰减,现有的不平等结构将得到持续。这种格局是复杂的,正如企业的结构是复杂的,但不同国家之间的基本关系则不过是领导—随从、总部和分厂而已(Hymer,1975,p. 38)。

空间与功能的关系还将在本章中进一步明晰。

既然商业是城市的核心,地理专业化就将反映企业决策的等级,从而一个城市或区域的劳动职位分布将依赖其在国际经济系统中的位置(Hymer,1975p. 50)。

默里(Murray,1972)所做的这些工作的贡献应当再次强调,它结合了两种相互割裂的理论渊源——工业区位和区域发展。但正是资本和区域、过程和形式联结的特定形式存在问题,特别是如果由此假设企业等级和区域等级之间存在相关性(见表2.1)。

表2.1 "海默的旧观念"(见正文),其中空间—过程关系采取A-B-C的形式

企业等级层次	区域类型		
	主要城市(如纽约)	区域首府(如巴塞尔)	边缘(如韩国、爱尔兰)
1. 长期策略规划	A		
2. 部门管理	D	B	
3. 生产、日常工作	F	E	C

通过对地理尺度进行某种修改和调整,可能造成相似的偏见;比如,利皮埃特增加了第四类区域,但他的原则与表2.1所示的很像。按照海默的旧观念,空间—过程关系采用A-B-C的形式。然而,D,E,F也是存在的。跨国公司总部处于不同的国家,企业等级相互交织,过去的不平等发展的格局的影响使这个积累模型不是很好。在国际和次国家的层次,以及大多数部门,发达国家完全主导了第2层和第3层,也就是F>E>C。

(2)产品生命周期理论和新国际劳动分工

在实践中,至少在考虑空间含义的时候,这两个理论是相似的。尽管国际劳动分工受到左派的关注,比如弗罗贝尔等(Fröbel et al.,1980)的工作,产品周期理论却很少被这些学者提及。然而,我相信后者有着显著但未被重视的影响。并且在这种情况下,所导致的错误偏见与早先讨论的产品差异性结合起来。如同对于海

默的旧观念,我的批评目标更针对关于这些理论的空间含义的教条化的流行版本,而不是弗农(Vernon,1966)原创理论论述本身。

按照理论,每种产品经历了一个从创新到标准化的循环,其中经济、技术和劳动力性别构成,以及产生区位发生显著变化。创新之后,企业开始根据初始市场的反应很快顺着"学习曲线"向下移动,接下来随着产品价格下降,从奢侈品转变为成熟产品,下降速度会放慢。创新和新产品开发需要紧密的管理、研究和技术参与,以及能够消费新产品的富裕市场。这就将区位指向(富裕的)母国的城市区域。随着成本的下降,生产移到海外搜寻新市场和廉价劳动力,于是到最后阶段,企业从海外生产基地向母国市场进口产品。

这个理论(或模型)当然有其内在逻辑,但也因此容易忽视其逻辑中隐藏的对所涉及的企业和产业及其外部环境的严格假设。不奇怪,没什么产品在任何情况下都符合这个模型。按照凯布尔和克拉克(Cable and Clarke,1981),手持电子计算器是较好的例子之一,尽管如此也存在一些重要的不符,比如最近产品创新就直接转移到第三世界国家,而没有经过母国生产的中间阶段。其次,正如海默的模型,产品周期模型和国际劳动分工理论预测区域和国家经济的一般性质可以从其在企业劳动分工中的位置得出。这是个吸引人的想法,但正如我们看到的,现实中却很少可行;尽管与这些模型有关的空间偏见,以及"空间劳动分工议题"是个有意思的研究方向,但我没发现它们对解释具体的现实有什么帮助。

第一个问题——关于对特定产品的未被承认的局限——体现在几个方面。其一是过高估计了产品生命周期后期阶段的非技术劳动密集型生产的重要性,并由此强化了"海默"对廉价劳动成本区位的偏见。没有原因说明为什么标准化技术阶段就一定是劳动力密集型而不是资本密集型,后者令廉价劳动力区位没什么优势。事实上,发达国家一直是海外直接投资青睐的地区,就说明了这一点。正如人们常常提到的,"跑掉的产业"仅限于几种特定的产业,如纺织服装工业和电子工业。即使在这些产业中,生产成本结构的变化也能很快改变跨国公司的区位策略。例如,很多美国半导体企业将组装转移到第三世界,特别是东南亚。这似乎支持了新国际劳动分工的思想——生产分散到发达国家以外。然而,最近由于生产的集成度提高,需要组装的芯片数量降低和组装的自动化程度提高,这些生产又回到发达国家(Rada,1982)。这种回流看上去缓慢,而且不平衡,因为企业之间的成本结构差异很大，不过一些重要的芯片生产商，比如 IBM 就从未将生产转移到海外。

另一个局限性在于真正具有完整生命周期的产品实例匮乏。特别是确认成熟和标准化的产品很难：产品看上去成熟的时候往往又被修改了，进入另一个技术变化过程中。并且实际上很难确定到底产品发生多大变化才可以被看做一种新产品。例如，乍一看，汽车已经是一种经典的成熟产品，然而其生产过程（比如机器人）和产品都在不断发生着技术革新（比如新的轮胎设计、火花塞、节能系统）。这些都不仅仅是表面变化，其成功或失败对产品的市场表现具有决定性影响。在电视生产的例子中，英国企业在 20 世纪 70 年代早期确实将它当做成熟产品对待（尽管他们没能将其生产分散到新兴工业化国家），但这更多是由于他们缺少研发投入；他们的自满与日本企业的持续创新形成鲜明对比，日本企业在生产工艺和产品上的创新彻底改变了这一产业的性质（Anrnold，1984）。所以具有反讽意味的是，尽管一方面产品生命周期理论明白地探讨了产品创新，另一方面它却因抽象单一产品的发展变化而低估了创新的作用，由此忽略了从一个产品到下一产品开发之间的有机联系。

（3）"分厂经济"的旧观念

这种对标准化生产重要性的夸大导致对生产，特别是加工工艺中的研发的轻视，并使人相信几乎所有"分厂"只是外迁的工厂而已——仅仅增加标准化产品的产能。我们将这种观点称为"分厂经济"的旧观念。然而，这并不能很好地说明现实，资本不会放弃令人激动的生产方法和产品，而只是在新区位复制现有的生产设施。我们在南威尔士和其他地方关于电力工程的研究显示，这种旧观念是不准确的。我们看到的大多数分厂生产的产品都有一定程度的创新（比如，为了符合当地市场独特的要求而进行的改进），他们使用的生产方法也有一定的改进。例如，国外的电信企业已经在不列颠建立过一些新的分厂，但通常它们都会生产新产品。然而，也许"分厂经济"的旧观念在 20 世纪 50 年代到 60 年代更恰当，那时生产和标准化产品更普遍，而正如我们早先看到的，产品差异化、新技术和管理系统要求我们重新考虑我们的假设。

另一个阻碍完全复制已有工厂的因素是资本国际化的格局转向"互补性"。这意味着跨国公司工厂之间的内部功能专业化，彼此整合成一个跨国的生产系统，而以前每个国家都有自己相对自足的工厂。这在汽车工业中已得到广泛关注，大量原件在不同国家之间形成复杂的跨境流(CIS,无日期),但对于电子产品、计算机之类的产业,这只存在于更大的尺度层面。这并不必然意味着在所有国家会卖同样的型号。在汽车工业里这实际上反映了大企业刻意生产"世界车"的企图,但规模不经济和对产品同质化的排斥已经引起反思(Jones,1983)。

和认为大多数分厂位于边缘地区,从事按部就班的标准化产品生产的错误观念相伴,人们还普遍相信这些分厂主要雇佣"缺少技术的""廉价女性员工"。当然这种情况很多时候是事实,并且考虑到性别歧视客观存在,女工比例高在一定程度上反映了较多的低技术工种,但问题在于把这种特定条件下的历史发展一般化是否科学。一些分散化的产业的确受制于寻找廉价的女性劳力,特别是那些面临衰退的劳动密集型产业,当企业遇到需求增长时,就多雇一些临时的操作工人,其中大部分为女性。然而,这种现象因大规模组装生产的重要性再次被夸大而被高估了。

(4)实践中的旧观念

在一般方法的层面,所有这些旧观念的基本失败处在于它们把有条件和特定历史背景下的情况当做一成不变的、放之四海而皆准的原理。它们由此综合了第二部分中的问题 A 和 B(伪具体分析和错误判定空间与过程),但表现为夸大大规模标准化生产及其劳动力重要性的问题 C 也很突出。

当应用于实践中时,这些旧观念由于夸大劳动密集型生产和廉价劳动区位的优势,忽视资本密集型和技术密集型活动及市场区位的重要性,而无法解释为什么大多数外国直接投资都位于最发达的区域。这也难怪为什么找东南亚电子产业的文献比欧洲和美洲的容易,而英国东南部在与英国其他地区比较时却总是被忽略。

这些旧观念还基于非常有限的企业实例,也就是特定的美国跨国公司。将它们的情况视作普遍适用,从而鼓励了一种"合成谬误"(Elster,1979),也就是没有认识到对个别个体适用的情形,并不自动适用于所有其他个体。

于是,我们看到资本国际化理论的魅力在于它认为可能从国际秩序中取消区域和国家经济存在的独特性。如果经济真由跨国公司所掌控,这也许有点儿道理。但正如在海默旧观念中所示,是否成功仍旧取决于如何描画企业结构,以及如何认定过程和空间。

显然问题在于将几个产业部门的情况推广到更多部门的经济环境。在我们的

第二章 产业和空间：对激进研究的辨析

研究中，我们力图基于其在企业等级中的位置而对国家和区域电子产业的特征进行更小心的推论。

尝试减少这些问题并不意味着放弃任何发现行为背后的逻辑解释的努力。尽管行为比模型假设的要复杂，但毕竟不是随机的，而是有一定理性的。实际上就是使用抽象因果机制和必要关系理解造成主体行为的原因的方法来理解。在我们讨论的所有例子中，资本积累的逻辑仍然存在，但在不断地适应劳动、技术和市场的变动，其中又有各自的动力机制。也就难怪结果总是出乎僵化、简单外推的模型想像。

让我们来看一个例子：在严格的企业结构模型的基础上，我们可以猜想R&D和市场功能应该在企业等级相对的两端，并且空间上相互独立。如果产品是大规模生产的，并且高度标准化，那么这两种功能应当是空间分离的。相反，产品不是标准化的，而是必须满足购买者的需要（比如，商业软件和客户定制的电子原件），那么R&D就可能与市场和售后服务在功能和空间上集成起来（事实上，如果仔细阅读有关产品生命周期的文献应该能注意到这种可能）。两种情况都是资本积累和竞争推动的结果，但效果因具体情况不同而表现迥异。如果知道具体情况，解释其中的逻辑并不难。事实上，这种解释的结构很普通，例如，我们知道炸弹有爆炸的能力，但是否爆炸却要依赖引爆时的具体情况。如果我们不知道引爆时炸弹所处的环境，比如是在水里还是玻璃里，我们也无法知道爆炸可能造成的结果。如果这些条件都知道，解释效果则并不难。从上面两个例子——资本积累和物理事件——中可以看到，要得到满意的解释需要注意从特定条件下总结得出的抽象机理（Sayer，1984）。这一步是我们防止第二部分中提到的三个问题最好的预防手段。

由于我们讨论的是社会现象，一些造成变化的原因会可能正是行为者采取行动的原因。他们的行动反过来又将预先设定特定的社会关系结构和其他物质条件（比如，购买行为预设了交换和商品生产活动）。但是这种不是物理原因造成的动因所具有的特点在于它是有意义的，是基于行动者对情况的理解。这种理解可能不完全对，但仍会产生效果。正是这种行动者对其所处状态的理解使得偶然性在社会科学中的意义大于其在自然科学中的意义。有趣的是，理解和学习——使知识成为可能的基本条件——也是使社会现象难于解释的基本原因，因为它们造成人们的行动可能不是一系列固定的反应。不管怎么说，这些原因既提供了解释也产生了问题：它能解释人的行动，尽管多变，但以日常的话语解释起来并不困难（使用其他语言的其他文化环境中的学者会发现解释同样的活动变得很困难，因为他们缺少相关的背景知识和行动者自己的理由。除非理解这些，否则人们的行动会变得很神秘。因此，与其说是个问题，倒不如用换位思考来认识）。

尽管行动者的理由并不建立在对情况的完全理解上，他们的理解对采取行动来说也够了。在某种程度上只是把握必然性的某种基本模式和抓住偶然机会的能力，包括自然的和社会的，学习大多就是对这种能力的修正和扩展。比如，工程师学习如何改善机器和材料内在的可靠性和操控性，经理学习特定的组织形式；事实上，如果没有对现实的具体认识，生产的物质加工过程很难智能化。

3. 空间和邻近性

与这些关于空间劳动分工的旧观念相联系的是一些流行的关于空间、距离和临近性的错误概念。最严重的——好在不是广泛流传的——是交通时间和成本的下降使区位不再重要，并令企业搬迁"不受羁绊"。然而空间效应是有两面性的；距离和空间的压缩使资本必须面对更多不同的运营环境，面对更多的竞争，也因此对区位的选择更加谨慎。就空间和距离而言，产业转移的现象代表了对空间的征服；但就空间差异化而言，这代表了增强的反应。某个"空间瓦解"的过程可能意味着另一个地区临近性价值的提升。临近市场以保证可达性依然非常重要，特别是对那些专业化的产品。一些在英国的跨国公司经营的比英国本地的竞争者好，就是因为他们能建立更大、更稠密的服务网络，他们能更接近客户（Sciberras et al., 1978）。从表面看，如果不考虑相应的地方化过程，这种生产和市场国际化的例子往往被作为"空间瓦解"的证据。

我们已经讨论了 R&D 和市场之间可能的空间关系，大规模标准化产品的营销与高度面向客户特殊需求的产品的营销之间的差别可以说明空间效果对所涉及过程的依赖。在 R&D 和高层管理之间，临近性仍然对产品创新具有重要意义。波士顿128公路和硅谷表现了这种地方化的顶级科研和管理能力的优势，欧洲公司在这些地区的直接投资也说明这些优势相对于金钱和资本更难以移动。

尽管分离常规的生产与 R&D 可能有"文化"的优势，因为两者使用的工人是不同的，但只要能把生产过程与开发过程之间的相容性达到最大化，也有将它们放在一起的好处；日本的家电企业就尝试过这种组织方式，IBM最近也在佛罗里达的个人电脑生产中效仿了这种做法(*Business Week*，1983)。CAD/CAM的应用也有助于提高各种生产阶段集成的经济性(Kaplinsky，1984)。

另一个促进集聚发展的因素是"即时生产"方法，因为它需要频繁地在工厂之间运送小批量的货物，并协调买卖双方的行动。这种方法已经开始在日本以外的地区得到推广，我们可以看到诸如通用、苹果、摩托罗拉、惠普、索尼和尼桑等一些非常国际化的企业也都在建立自己本地化的供应商网络(*Business Week*，1984)。

这并不是说企业的国际化程度就因此减弱了，也不是说对生产系统国际化发展的研究兴趣是被误导了——恰恰相反。这正反映了空间影响的两面性，及其对所涉及的过程的性质的依赖性。同时，毫无疑问，其他还有很多鼓励生产分散化的发展，比如生产管理的计算机化，生产过程的模块化等，更别说对大企业所造成的工人集体斗争力量的畏惧。

上述有关空间的讨论将我们带回了第二部分提出的三个问题：首先是在通过过程识别空间中需要注意的问题(问题B)；其次，僵化的认识格局以及简化的解释的危险性；第三，相对于不太受空间限制的大规模生产活动来说，比较忽视研究与开发、营销服务和客户化生产等活动。

4. 对民族—国家的忽视

资本和劳动不是影响资本和不平衡发展的仅有的因素——民族—国家也发挥着作用。尽管资本主义国家总是与资本有一定的联系(比如保证货币、保护产权)，但很多方面也存在区别，造成资本国际化格局的差异。其不同方面包括：①对境内外资本的净收支做出反应(比如收支平衡的问题)；②保护主义，如关税、资本流入的规制；③激进的国家主义和社团主义，如协调和资助研发活动、投资奖励、鼓励重建。

除此以外，不同国家的独特性构成了国际资本的差异化背景。各国的对外资的态度从完全的开放(比如英国)到极度的民族主义(比如日本或法国)各不相同。44关税保护主义看起来没什么理论研究价值，但对资本国际化的格局却产生了深刻影响——包括外国和国内的跨国资本。国家技术标准的差异也很重要。欧洲的保护主义成为日本在欧洲进行半导体产业直接投资的主要原因。美国和欧洲对进口管制的差异部分地解释了跨国机构在这两个国家和地区区位政策的差异。

国家之间竞争(以及合作)的格局非常复杂,因为个体投资的决策与民族国家所承载的利益和意义非常不同。比如,大多数发达国家都有支持发展微电子技术的项目,欧盟推出了一个广泛的项目ESPRIT,以达到追赶美国和日本微电子和计算机技术的目的。这些项目无不支持本国的资本。但这通常也包括境内的跨国资本;而且国内的跨国资本技术上可能还是依赖海外。尽管一国或整个欧盟的几个大资本会合作共同对付外来资本(比如日本)的入侵,但是每个企业的首要任务是对付其他的竞争者而不管竞争者来自哪个国家,结果企业很可能自发地与国外的资本合作而使这种联盟遭到瓦解。这种管制竞争的结果尽管看上去是无政府主义的,但国家差异仍然很重要。比如,英国电信的自由化就导致近年来外资远程通讯企业的涌入。

通常这种影响被看做无法用理论解释的外部干扰因素,干扰了自由国际市场经济的运行(理论解释较完备)。但作为实实在在的经济民族主义,也需要解释。10年前有过一场关于跨国公司和民族—国家关系的激烈讨论,尽管还有意义,但兴趣已经大减,不过雷迪斯(Radice,1984)最近又挑起了讨论。不论是学术上还是政治上,我们都有必要澄清在资本日益跨国化的情况下,"国家经济"或"英国电子产业"到底意味着什么。在考虑跨国公司及其母国和所在国关系的时候,需要认真思考资本家之间的竞争,以及国家政府之间的竞争,其背景就是不平等的发展以及国际技术优越性与依赖性的现实格局。

5. 忽视资本的社会或制度形式

有关资本深入的实证研究深刻反映出不同社会和制度(或者文化)背景下资本形态差异的强烈对比。考虑到资本与劳动的内在关系,这也同样适用于劳动。新的社会形态不会自动从特定的生产力中生长起来,而是在特定的文化背景下诞生、成长或衰亡。一些社会制度形式能够适应新出现的技术范式,而另一些则不能。尽管由于使用价值的影响,这些制度形式可能表现出非常大的差异,但是在抽象理论的层面这些社会制度形式的特殊性还是不得不被忽略。现实的差异会对工人的经验和政治觉悟产生很不同的影响,因此必须认真理解。尽管正如哈维所说,"资本家不论在哪里都表现的像个资本家"(Harvey,1982,p.424),但现实中这种观点往往产生有关政治觉悟的错误预期。现实的差别并不能仅仅被视为放之四海而皆准的关于资本—劳动一般理论应用于特殊现实时的微小误差。

在特定地区,资本的制度与社会形式和劳动相互作用,并相互适应,任何一方发生变动都会对另一方造成改变的张力。例如,传统的英国式管理与工作场所领班制就有着相互的依赖。英国经理显然有意识地与手工劳动阶层保持距离。他们通常在技术和社会创新方面都相对保守,并且由于较少参与工厂劳动而容易招致不满。这样的描述当然比较简化,但在大的工厂中确实可以广泛观察到这种现象。另一方面则是从工作场所控制转向工作场所领班制(至少在1979年以前),通过领班与工人建立沟通渠道。反过来,工作场所领班制的发展又有助于在工作场所重新建立管理的力量——这种相互作用不是单方面的。所以,尽管英国工人和欧洲其他国家的工人阶级相比,政治上不那么激进,但他们也许在工作场所的经济实力更强。这种相互依赖性可能在不同条件下受到挑战:提高劳动的经济和政治地位;劳动(由于竞争)的力量退缩,资本相对于劳动的权力增强;新产业的进入,形成资本的新的制度和社会形式;或者使用新的劳动资源,如女性或移民。

可能有人会将这种降低对劳动的依赖性的过程简单地归为"福特主义"、"泰勒主义"和"新福特主义",但尽管它们之间有一些相同点,并在时序上反映了资本的一个相对模糊的学习过程,但这些还不能穷尽资本的社会—制度形式的所有差异形态。

大资本与小资本、家庭资本和非家庭资本,以及不同国家的资本都有着根本的差异。例如日本资本的特点在媒体上就没有得到充分的思考,但大众传媒的肤浅考虑并不能减弱这种独特性的意义。更显著的文化差异(家长制度、工作狂文化、对质量的执迷)事实上造成了日本资本的独特性,尽管没有多少评论者意识到这种"文化特质"在多大程度上通过具有日本特色的管理和劳动关系被复制到具体的物质生产过程和生产关系中去(Schonberger,1982)。不过,显著的文化特质的确总有其物质基础:超常的高生产力不是通过简单的宣教或职前道德教育就能达到的。正如舍恩伯格所说,如果日本的成功只是文化特质决定的,而没有特殊的物质基础,那么日本的管理方法就不可能输出,并在广大地区得到成功。

这意味着,企业进行海外投资时并不仅仅扮演着技术和"市场力的传递者"(Murray,1972),也不仅仅是显而易见的实体层面的社会生产关系的传递者,而且还是特定管理方式、劳动实践和社会组织的传递者。由此,资本不仅仅评价劳动的工资差异,而且要考虑现有工作文化和传统的指标(比如缺勤率)以评价生产力水平的空间差异。劳动自身也相应地自我组织以面对新的资本的社会形式的挑战,而且目前必须这样做才能在资源最匮乏的状态下避免大规模的失业。

在英国,这种情况不仅表现在非工会或反工会的工厂越来越多(至少在一些地区——如中部苏格兰),还表现在单一工会制取代传统的多工会代表体制,或公司自上而下的工会组织形式。这种变化也显示了劳动组织如何自我调整,打破了传统的工会间的劳动分工,增加了跨工会的竞争。由此,深入的分析必须超越简化的一般性资本逻辑,要抓住资本和劳动的真实社会形式;这些不是无关紧要的细节,而是不平衡的发展与政治觉悟的重要组成。

四、结论

我想就前面的思考(或许是臆想)提出几点评论,作为这篇有着差异性和复杂性的论文的结论。首先,我批评了一些陈腐观念,不是因为其书生气的观点(只要想到陈腐观念就不难发现);而是因为它们似乎已经给我们理解和改变世界造成了系统化的误导。为了总体把握某种系统的状态,必须做适当的近似处理:这并不是让所有的研究者将大尺度的历史宏观叙事用于微观研究——两者之间的平衡是有益的。而且一些近似处理必须在后来更深入的研究中不断受到检视,反过来,深入的研究也需要时刻牢记所处的大背景。我并没有攻击抽象理论,而是警告不加区分的任意用于现实情况。

不过,从现实操作的角度来看,我们不能仅仅从多样性、距离性、尺度性和复杂性中得出抽象理论,社会和经济组织本身也会影响其本身。现实总是发生在高度差异化的环境下,由此我们要理解当地政治的反应,就必须理解当地的特殊性。如果我们从这些差异和特殊性中抽象总结,形成一些分类,然后又不假思索地投射回现实,那么显然我们会产生一种众生和谐生活的乌托邦幻想。

(童昕 译)

第三章 区域经济发展的制度主义视角

阿什·阿明（Ash Amin）

一、介绍

直到最近，区域政策还是以企业为中心、标准化、依靠优惠措施并受政府主导的。这无疑是拜 20 世纪 60 年代以来大多数受凯恩斯主义主导的发达国家区域发展政策所赐。这种政策依赖收入再分配和福利政策来刺激欠发达地区的消费，并通过向企业提供政府的优惠政策（从政府扶持到改善基础设施）鼓励它们向这些欠发达地区投资。看似矛盾的是，同样的原则也被用在了非市场国家的新自由化试验中，并在近 15 年愈演愈烈。新自由化崇尚市场机制，试图减少市场干预，特别是造成劳动力和资本成本上升的管制，转而通过政策优惠、培训、改善交通通讯基础设施和技术转移等方式扶持落后地区的企业家精神。尽管对于政府干预和平衡市场力量的必要性方面存在分歧，两种道路却在力图自上而下地在各种地区推行普适的政策方面不谋而合。这种共同点出于两者都坚信经济成功必然存在一系列共同的因素（比如，理性的个人、企业家精神的充分发挥、企业作为经济的基本单位，等等）。

这种"生硬"的方法（Hausner,1995）在持续提升落后地区的经济竞争力和发掘发展潜力方面表现欠佳。毫无疑问，凯恩斯区域政策有助于提高欠发达地区的就业和收入，但不能保证其生产力的增长能赶上富裕地区，更重要的是，它不能保证落后地区通过调动本地资源和发展相互依赖（通过优先发展外向型部门和外来企业）实现自主发展。而"市场药方"降低了对欠发达地区来说至关重要的金融转移支付，使这些地区脆弱的经济不得不暴露在更大范围内自由市场的冷酷竞争面前，并且无法逆转各种生产要素从这些地区流失，这些都可能对欠发达地区构成更大的伤害。简而言之,落后地区只能在依赖型的发展与不发展之间作选择。

针对这些失败,更加创新的政策制定机构开始效法存在较强的本地互相依赖的富裕地区的经验(如第三意大利、某科技中心、巴登符德博格等),探索其他可行的道路。这种替代道路是以挖掘地方内在潜力为核心,力图建立在更宽泛的定义上,提升本地的供应基础。它力图解开将富裕地区作为发展与复兴的外在依赖因素的老套路。这种方法没有一个统一的经济理论作为支撑,也没有关于必须政策措施的共识。然而,它在原则上却与正统的发展政策截然对立,青睐自下而上、因地制宜、长期的、大众参与的政策行动。从概念上说,就是反对正统的个人主义(例如无差别的经济人的中心地位),强调经济行为的集体或社会基础,因此这可以采用区域发展的制度主义角度来描述。

本章试图通过汇集文献中散见的政策行动和一些新的政策发展线索来构建制度主义的视角。这种新视角为基层政策开启了新的、富有挑战性的机遇。不过,没有长期稳定的区域宏观政策支持,特别是金融保障和收入转移支付的基础和国家乃至国际经济的持续发展,"新区域主义"恐怕也难有大的突破。本章第一节总结了制度经济学和社会经济学中关于经济活动和治理的基本原理。第二节讨论了在区域研究中应用制度主义思想解释经济竞争力中区位临近的重要性。这两节的目的是为了引出第三节——新政策的导向,不是基于少数地区经验的总结推广,而是对经济及其地域性的抽象概念化的一种先验假设。

二、制度经济学中的经济与经济治理

制度和演化经济学的兴起已经被广泛见证(Hodgson,1988;Samuels,1995;Metcalfe,1998),作为经济社会学的流派,它强调经济生活会受到更广泛的社会关系的影响(Smelser and Swedberg,1994;Ingham,1996)。不同于正统经济学假设经济运动总是指向均衡,并以理性个体或机械法则为中心,这两个流派把研究制度化的过程看做判定和阐释以非均衡、不完全和非理性为特征的经济形态的方法。从这个意义上说,有三个方面的思想特别重要。

首先,社会经济学带来了其著名的判断——市场是社会建构的(Bagnasco,1988),而经济行为是嵌入到人际关系的网络中的。因此,经济效果受到网络特征的影响,如互惠、信任和合作,或者相反(Dore,1983;Granovetter,1985;Granher, 1993;Fukuyama,1995;Misztal,1996)。例如,格兰诺维特(Granovetter)认为网络中的弱联系可能比强联系(比如强制的忠诚)更容易变动,或者说易于摆脱(比如基于和约的关系)。在学习新事物的时候,弱联系可以为相关的经济主体提供更多的合作和自由选择的环境;强联系,正如在很多犯罪网络中,将关系锁死在有限的选择中;而完全自主的和约则面临过高的搜索成本。同时,行动者—网络理论的兴起进一步推动了对网络权力关系的分析,强调其中的人与事是不可分的,产生不同特质的网络将行动者、组织文化、知识环境、机器、文本和脚本统统联系起来(Latour,1986;Tooby,1994)。

其次,与正统经济学中的理性主体模型不同,该学派回归演化和认知心理学(Cosmides and Tooby,1994;Plotkin,1994)以及经济学的行为主义传统(Simon,1959),认为不同的行动者—网络理性造成不同的行为和决策。例如,工具理性主义者或现实理性倾向于被动地对问题作出反应,往往行动遵照既定的规则。被动反应对于变化较少,可预测的环境一般来说足够了,但其内在理性无法应对快速变化的环境。相反,程序化理性则探询主体对环境的适应,涉及感知能力和更复杂的解决问题的认识过程。最后,后两种理性都关涉环境的差异(因此通常都是针对解决问题的),递归理性会搜索问题并假设环境可预期,并通过监测、试验、集体学习等程序化策略在一定程度上控制环境(Delorme,1997)。这样就可能形成一种有创造性的行动者网络去主动塑造环境,行动者具有思索和采取策略行动的能力(Orillard,1997)。

第三,通过对老制度经济学的再发现(Hodgson,1988,1998;Hodgson et al.,1993),提出经济受到持续的集体行动的塑造,使之成为一种波拉尼所谓的制度化过程,而不是一个机械系统或一系列个体偏好函数的集合。这些力量包括正式制度,如规则、法律、组织,以及非正式制度或隐含制度,如个人习惯、群体惯例、社会道德和价值。所有这些制度造就了现实世界中广泛存在的信息不对称、市场不确定和有限知识理性等条件下相对稳定的经济环境,限制了可能发生的情况、保证了共识,并指导个体的行动。这些还会对未来发展造成影响。正是它们对个体行为和网络持续的影响造成经济生活对路径和背景的依赖,或者从治理的角度,超越市场、企业和国家的更广泛的制度应该在寻求改变经济发展轨迹的政策制定中受到关注。

从这些制度主义的发展脉络来看,对经济的理解应当超越某种由原子式的企业和理性偏好驱动的市场,加上一套标准的规则的集合。相反,经济是一套具有群体影响的复合体,塑造着个体的行为,并且存在众多差异化和路径依赖的发展实体,受内在文化和社会制度的影响。由此,其对经济行为的影响也非常不同于正统经济学的解释(如完全理性、享乐主义、正式规则等)。解释因素的权重被赋予了被社会建构的并缓慢演化着的正式和非正式制度的影响;隐藏在网络和制度中的行动价值和理性;经济组织的网络构成,特别是其在知识信息扩散和经济适应能力的学习中扮演的角色;以及市场和国家之间具有更强的目的性和参与性的中介组织。

在这些原则的基础上,我们可以总结出一些与制度主义方法有关的经济治理的基本原理。首先,政策上倾向于采取行动强化关系网络,而不是仅仅关注个体本身。其次,政策的部分目标可能在于鼓励发言、协商,以及在行为逐步理性化的过程中形成一定的规范流程,以保证战略性的认识、学习和适应过程得以实现(Amin and Hausner,1997)。第三,强调在政策中促成一个包含大多数的独立的组织,毕竟有效的经济管制已经超越了政府和市场的范畴(Hirst,1994)。第四,对管制的中介形式的强调扩大为对建立一个有着广泛基础的本地"机构的稠密体"(institutional thickness)的青睐,其中包含企业支持系统、政治机构和社会公民(Amin and Thrift,1995)。最后一个关键的制度主义的原理是任何解决方案都是依赖于特定背景的,并且依赖于当地的发展路径。

三、区域发展研究中的制度转向

近年来,区域在全球化下的政治经济背景下被重新看做竞争优势的重要源泉(Scott,1995;Cooke,1997)。这种再发现部分来自对一些成功的获得快速发展的地区的研究,这些地区的地方特质对它们的成功贡献良多。不过这种再发现也来自制度经济学理论本身,特别是它解释了为什么地域临近性对经济组织是重要的。其中两个思想线索凸现出来。

一条线索——也许最接近主流经济学——来自对内生性增长理论的重新关注,承认了经济外部性和规模报酬递增与空间集群和专业化之间的关系(Porter,

1994;Krugman,1995)。克鲁格曼和波特认为相关产业的空间集群、技术劳动力和技术创新是增长和竞争力的关键要素。这些包括报酬递增、降低交易成本和与空间临近及企业间交易有关的经济效益,还有专业化的诀窍、技能和技术发展。

新经济地理为全球化下的地方集聚提供了有说服力的理由(降低交易成本、专业化经济、外部性等等),因而造成了相当大的影响,无疑也相当吸引人。不过,它还是不能解释为什么会有这些地方优势存在,而按照第二条以经济地理学者为主发展的思想线索,则认为优势在于地方社会、文化和制度安排中。准确地说,这些洞见来自制度经济学和发展经济学,关注临近带来的联系纽带,并认为这些是促成知识扩散和学习的重要原因(Amin and Thrift,1995;Sunley,1996;Storper,1997)。

其中一位领先的代表是迈克尔·斯多帕(Michael Storper,1997),他认为经济的全球化与本地化同时发生是因为地方的独特性,地方的"关系资产"或"非贸易的相互依赖性"才是地方的优势所在。其中,包括依靠面对面交流的隐含经验类知识,嵌入本地社会生活的日常惯例、习惯和规范,地方交流的传统,基于熟人关系的互惠与信任等。

这些关系资产能直接影响地区的经济竞争力,因为它创造了某种企业学习的氛围。相关的这一类文献被归为所谓学习型区域(Cooke and Morgan,1998),如硅谷、巴登符德博格和意大利产业区,主要分析地方的学习特点、产业专家、商业网络。按照麦尔伯格(Malmberg,1996)的看法,这些网络的互惠性、知识诀窍的分享、专业技术溢出,以及很强的企业支持系统,是学习能力的源泉,它能降低机会主义的破坏性,强化互惠基础上的相互依赖关系。

其他研究者(例如,Becattini and Rullani,1993;Asheim,1997;Maskell et al.,1998;Blanc and Sierra,1999;Nooteboom,1999)认为地理临近性在提供非正规化的资产方面起着特殊的作用。例如,马斯科尔(Maskell)等人指出信息和知识的隐含形式更适合面对面的传达,不仅是因为靠近有利于交流,而且交流需要高度的相互信任和理解,通常需要建立在共同的价值观和文化基础上。同样,一些学者(Becattini and Rullani,1993;Asheim,1997;Nooteboom,1999)区分了可以跨越本地网络(如大企业的研发实验室和培训课程)或正式制度化(如商业杂志和课程、教育培训机构、印刷出来的科学知识)的编码化知识和锁定在特定产业氛围或个别场所之中的非编码化知识(如特定工作场所下的操作技能)。这些研究者都认识到编码化的知识越来越能够普遍获得,而非编码化的知识却只能近距离传递,因为其独特性而形成难以复制的优势。

四、区域政策导向

新区域主义的两大脉络——"新经济地理"和"制度经济地理"——隐含了对传统地方经济发展政策局限的突破。焦点落在构建区域的财富(而不是个体的企业),因为经济、制度和社会基础被看做创业成功的前提。在我看来,其中产生了四个比较有创新性的领域。

1. 构建集群和本地联合经济

欧洲一些最有活力地区的经验显示改善一些普遍性的供给要素条件(如发达的交通通讯系统或专业化训练和技能劳动力),尽管这些均合理,但并不能保证区域经济的竞争力。然而,在一些像丹麦那样的小国,以及一些成功的区域,如艾米丽亚——罗马格涅、巴登符德博格和卡塔罗尼亚,政策往往围绕着支持相互联系的集群而展开。这种支持不仅保证国际竞争优势,而且有利于本地形成供应链上的专业化分工。

同时,政策关注建立集群内的联合经济。这包括通过鼓励社会对话和基于信息共享及知识交换,改善企业的创新文化。也包括通过推动买卖联系的项目、激励资源共享、合资合作、任务分配专业化等方式,鼓励企业间的互惠交换。最后,为了促进集体资源效益的最大化,可以有意识地建立特定部门组织(如商会、针对特定行业的服务中心)和其他支持机构(如大小企业的游说组织、特定功能的生产者服务机构、商业工会、地方政府、区域发展机构)之间的联系。

集群项目对区域发展机构来说已经不再新鲜。事实上,随着迈克尔·波特的思想通过他闻名世界的咨询小组——"监控者"(Monitor)被广泛推广应用到政策实践中,大多数区域似乎已经开展了多多少少的集群项目。不过,具有讽刺意味的是,与强调特殊条件和路径依赖的制度主义者相反,这些建立在本地特定条件下的产业集群的经验却往往被大量复制,甚或成了某种"专家"手册。集群项目成了标准化的模板,和以前的区域政策无异。很少有区域真正尝试深入体察本地独特的制度文化背景,由此发展出独特的产业策略。在某种程度上,这种失败根植于政策机构没有认识到制度中"较软的"部分才是核心,正如下面讨论的三个方面。

2. 学会学习和适应

新区域主义强调学习是竞争力发展的关键因素。事实上,有人声称经济成功的区域是"学习"或"智能"的区域(Cooke and Morgan,1998)。它们围绕特定产业的适应能力和早期预见新产业及商业机会的能力使其能根据现存和未来的机遇发展和保持竞争力。它们的力量在于"学会了如何学习"(Hudson,1999)。相反大量落后地区却苦于产业和制度的锁死效应,只能被动适应经济环境,阻碍了学习文化的形成。

令制度层面苦恼的问题是无法归纳出现成的有利于提升学习和适应能力的要素。然而,从一些成功区域的观察中,也能找到一些有利因素。其中之一就是"智力"人才和机构的数量与密度,从中能反映出劳动力市场可获得的专业技能,各层次培训与教育的数量和质量,学校与产业界之间的联系,科研活动的质量和多样性,以及在各种主体之间传递商业信息的中介机构(如商业媒体、商会、商业服务机构等等)。这些编码化知识的重要来源扎根于区域环境之中。很多落后地区缺乏这些条件,使得政策不得不适应低技能生产,或者单纯扩大大学或研究机构、科学园、技术培训项目,而没有建立起有效的相互联系。

另外,经济协会组织的质量也是学习与适应能力的重要来源,尽管其作用主要在于非正式信息、创新和知识的传播。经济中的协会网络有助于通过社会互动推动信息扩散,提高创新的经济效果。当然,过于强大的长期关系也有可能阻碍创新,造成封闭自满(Grabher and Stark,1997)。另一方面,经济主体处于竞争性的网络中,彼此之间常常通过独立的中介机构建立起松散和互惠的联系,互动中的学习就会得到增强。对于落后地区来说,政策挑战在于用经济主体之间平等互惠的关系替代原来等级化和相互依赖的关系(如大企业、政府资助、家族联系)。

第三,如前所述,研究开始关注理性行动与适应性的潜力。似乎基于准则、完全理性、被动接受外在环境的制度不能容纳学习和适应。而另一方面,基于主体对外界环境认知和行为阐释的过程理性则青睐逐步修正和适应。相比之下,反思理性涉及策略和目标监控行为(Sabel,1994),鼓励试验性的预期和行动,以期改变外在环境。简而言之,区域主体的认知结构是学习的核心源泉。很多落后地区盛行的命令和等级化的文化阻碍了其中大部分经济主体形成反思文化,结果阻碍了学习和适应能力的发展。政策制定中需要关注组织和管理文化的特点,以及区域主流文化对经济主体理性的影响。一个很重要但政策制定者较少考虑到的方面是,具备改变的能力是行动者—网络能保持对外开放,把握机遇和快速响应的核心。其关键在于为适应而演化的能力(Amin and Hausner,1997)。鼓励这种能力的发展,就需要努力发现潜在的不同可能性——如保持多样的竞争环境(例如冗余的技能和宽松的产业环境——见 Grabher and Stark,1997);非主流群体打破传统霸权所维护的既定秩序的程度;组织对内外影响的开放性;行动者—环境互动中可以灵活决策的范围;鼓励知识、专家和能力的多元化以保证新的发展契机不会被错过。

3. 扩大本地制度基础

最后一点揭示了需要广泛的制度变化以排除阻碍经济复兴的制度障碍。部分地由于认识到这个问题,越来越多的共识认为区域建设必须发动独立的政治力量。在欧盟,这一共识演变为有关"区域的欧洲"话语的核心,并由此导致对地方财政和金融自主性的推崇,以及扩大地方政府权力,建立区域共同体或议会。与经济发展相联系的地方政治力量和声音有助于社区自主决策能力的形成,并为其经济持续性负责。

不过,制度主义认为区域建设不能停留在简单的保证区域的政治独立上。同样——也许更重要——谁,以及如何决策也很关键。让我们回顾制度主义管制模式的两极,一边是通过独立的代表大会进行决策,另一边是人人参与的共享民主决策。由此,区域面对的挑战是找到代表多数并促进政府和非政府机构互动的公共空间。管制,特别是那些制度相对薄弱的区域,总是被控制在少数精英手中,结果制度僵化阻碍了创新和资源、机会的广泛分配,成为经济失败的根源。在一个日益全球化的世界,这些精英及其铁腕领袖无疑可以帮助一个区域挤进国家组织或国际组织(如欧盟或跨国公司),但却不能充分调动地区的发展潜力。这也是为什么区域主体的决策过程可能成为阻止制度从等级化、循规蹈矩型转向透明、包容和协商型的重要障碍,并妨碍建立一种基于对目标不断反思的策略发展机制。

最终,制度改革的过程必须超越区域政府机构的分权和民主化。欧洲许多富裕的地区也是拥有共享体制和积极的市民文化、自豪感和形成紧密的制度化的集体权益的地区——回到管制艺术的社会。其中，协作化的生活是积极的，政治受到监督，公共权威和领袖受到考察，公共空间为大众所分享，强调自立的文化和自我管理在地方社会中盛行。这样的区域拥有发达的"社会资本"（Putnam，1993），能保障经济利益，包括公共部门服务的效率；社会自主性和社会经济各个领域的开拓性；有利于经济协作的互惠和信任的文化；限制和避免社会冲突和瓦解的巨大成本；为潜在的经济创新提供社会信心和能力。

4. 社会动员

前面的讨论意味着拥有社会包容和社会赋权的区域文化通过允许多样化的社会群体和个人充分发挥各自的潜力，故更能鼓励创造。这支持了这样的观点，采用政策激励区域的企业家精神时，应当认识到政策的核心在于避免实施过程中将部分社会群体排除在外，特别是地区存在持续的结构性失业和缺乏企业家精神的问题时，这种情况对区域复兴造成极大的阻碍。在这样的区域，广泛失业与无法创造就业的经济增长使得难以通过改善区域经济竞争力（如产业升级、集群和经济协作）实现充分就业的目标。

欧盟当代的一个有趣的政策创新是以社会经济试验作为地方复兴的源泉。在德国、法国、比利时、荷兰、意大利和爱尔兰，越来越多的公共政策（如补贴和培训、司法便利、专业服务等间接帮助）支持第三方运行的社区项目，组织边缘群体提供和接受社会服务。比如支持雇佣辍学者的社区组织为低收入群体提供廉价住房，或者组织长期失业的人们合作提供家政服务或老人交通帮助服务。换句话说，解决边缘群体的问题与福利国家的改革结合起来，通过建立一些中介机构，为地方社区提供现实需要的服务。同时，这种中介机构既通过收费服务，也包含一些创新的、非金钱的交换关系得以维持（如服务优惠券或慈善服务），从而形成一些对政府和私营企业来说兴趣不大的就业"市场"。从长远来看，这是重建社会边缘群体信心和创造力的重要手段。

由此而来的政策含义在于区域需要将社会经济项目纳入到提升区域经济竞争力的努力中去。不过，重要的是这种支持需要较少的政府干预，赋予地方主体更大的自主权。例如，建立区域的（或城市的）"社会包容委员会"，吸纳地方各种组织的广泛参与。委员会负责审查地方服务需求、提出行动规则、募集和审查项目基金、与地方政府和其他经济组织共事,等等。地方政府和中央政府作为辅助协调机构,提供资源和法律支持,而不是直接干预地方发展的计划项目。

五、结论:回到宏观经济

新区域主义提出动员地方资源的解决方案。但其建立在非常广义的所谓经济和经济行为基础上。这种方法从新的产业政策和增强地方经济协作的努力出发,强调提升制度反思、学习潜力和社会创造性。

一定程度上,政策制定者普遍将内生区域发展的焦点锁定在新自由主义对宏观经济干预中违背市场原则向落后地区倾斜的发展政策的摒弃上。越来越多的人认识到国家和区域竞争力是通往繁荣的惟一道路,而依赖再分配是不够的。

这是一个危险的假说,因为制度主义者强调行动结果依赖特定的历史背景。上面提出的政策导向不可能适应所有的区域,而适应的地区也需要时间来付诸实践。这种政策导向特别适合存在某些经济复兴障碍的一些地区:脆弱的小企业创业精神;受外来企业控制,缺乏本地整合能力;缺乏多样化、创新和学习能力;依赖国家扶持、体制封闭。这些问题对于老工业区很典型。落后的农村地区则面临不同的问题,它们的制度基础可能比较薄弱,不能适应基于学习的产业集群和反思型目标监控的制度运行。简而言之,区域建设不可能对所有区域一刀切,而必须因时因地制宜。

一定程度上,很多管理责任都掌握在非区域主体的手上,如政府。没有适宜的宏观经济框架,区域经济实现持续增长是不可能想像的。在欧洲宏观经济政策趋于保守的背景下,区域间竞争将更有利于核心地区的发展。因此有必要采取一定的行动保证落后地区有充足的时间和资源施行逐步改革。

这里提议的改革还需要进一步探讨。不过,需要指出的是,在缺乏有利的宏观经济框架的情况下,要求这些地区进行长期全面的反省,追求内在的繁荣之路,似乎是不负责任的。

(童昕 译)

第四章 重塑经济地理学中的经济

奈杰尔·J.思里夫特、克丽丝·奥尔兹(Nigel J. Thrift and Kris Olds)

一、介绍

> 如果我有钱为我的家人买衣穿,我愿意,但我没有。去年我在圣诞前夕完成了全部购物,花了许多钱却没买什么好的礼物(Martha in Williams, 1995, p.5)。妈妈总是说她喜欢吻,所以她很大方地购买圣诞节礼物(Milly in Williams, 1995, p.5)。

当代经济的全部复杂性只有当我们走出所谓经济考察的"日常"领域之外才能看清。之后整个新世界就展现在眼前了。

以圣诞为例。现在,圣诞这一学术界持续追问的主题(例如,Bennett, 1981; Pimlott, 1978; Thrift, 1993; Miller, 1993; Restad, 1995),成了具有深刻经济意义的文化事件——或者说是具有深刻文化意义的经济事件。在英国正是这样。

1993年,同第三季度比,节庆因素对第四季度消费额外贡献了超过50亿英镑的销售额,这个数字自1960年以来一直持续上涨(A. Scott, 1994)。受益的经济部门包括饮料、烟草和"其他产品",例如体育器械、洗漱用品、珠宝、贺卡。更有甚者,据报道,1995年圣诞节前寄往英国的圣诞贺卡达到19.5亿张,1 400万火鸡被屠杀,5 250万圣诞树被砍伐(包括一些像蓝色诺德曼那样的新变种),500万株猩猩木被出售,20万儿童造访了伦敦谢尔符雷吉(Selfridges)的圣诞老人小屋。

几乎所有这些节庆消费都与圣诞节日传统的变化有关,特别是送礼习俗的日渐兴盛(Cheal, 1988; Belk, 1995)。当然,这种大规模互相馈赠的传统并非局限于英国。19世纪中期以来,圣诞就成为一种传统,综合了多个国家的习俗;"圣诞树来自德国传统,塞满礼物的袜子来自荷兰传统,圣诞老人的发展则来自美国,英国的贺卡,以及其他国家的一些元素"(Miller,1993,p.4)。这一传统从欧洲扩展到北美,再到世界的各个角落。由此,正如米勒(Miller,1993,p.5)所说,"到了20世纪90年代,我们面对的是一个超级的全球性盛大节日,不断积累的庆祝仪式,以及每个家庭必须为之支付的高额费用,而其他的很多节日却相形见绌了。"

我们很容易找到其他例证,作为最近才形成的超出经济地理日常领域的现象,也就是难以从社会、文化、政治或性等中区分出来的经济现象——如香水产业、博彩业、"宠物相关"产业(包括从宠物食品到狗窝和猫屋)、园艺产业、音乐产业、毒品产业。例子还很多。总之,直到最近经济地理学者还很难考虑到这类产业,以及由此产生的一些议题。这是因为经济地理学同更加活跃的文化地理学相比已经有些僵化了。但是现在决定性的努力正在为新的经济地理学开辟空间,补充甚至取代老的经济地理学。这一空间意味着包容、批判和使命感。这一空间不可避免地根植于过去的经济地理学传统——生产美好的东西——但将避免有时(仅仅是有时)损害它的恶习。

新经济地理学在三个方面有所不同。首先,它将是多元的。它不会局限于某种单一的描述方式(或者一种描述方式和它的对立面),而是一系列互相联系的描述手段。由此,这意味着它将奉行一种多元质性的"经济"时空,当然各方面并不是等量齐观的,但并不因此赋予某个方面绝对的可信性、核心地位、理论位序,或者虚构的"新世界秩序"。其次,新经济地理学对于外界的影响将更为开放,在探询经济发展的线索中,注重网罗社会科学和人文主义的洞见。但是,这种对于多元化和开放性的强调,并不意味着新经济地理学需要在政治上保持缄默。它将产生对立的描述,搜索批判性的解读,发现新的不同的实践。第三,新经济地理学有必要从弄清什么是传统所谓的"经济"中获得继续发展的动力。用理查德·罗蒂(Richard Rorty,1989)所推崇的话说,多元主义者的假设、新视角的切入以及对政治行动的使命感,造成了经济地理学者的"终极词汇"发生转变,"经济"、"市场"、"产业"和"工作"这些关键词前只有沉默、冗辞或有形力量。显然要围绕这些关键词建立统一的文化越来越困难,因为经济流派的分支越来越多。事实上,新经济地理学的任务之一就是帮助这些纷繁复杂的分支建立自己的定义,从而使其更加包容,并能不断融入其中。

第四章 重塑经济地理学中的经济

在本章中,我们希望能在三部分的论述中指出经济地理学词汇中的一些变化。第一部分简要介绍经济实践中发生的一些变化,由此对我们所指的"经济地理学"中的经济提出质疑。由此,第二部分提出这些问题已经改变了当代空间经济学研究的视角,可以分为四个"认识论的预设"。论文的最后对今后的研究方向提出了一些简单的见解。

二、主要变化

显然,传统所谓的"经济生活"正在发生重要的改变。我们希望通过问题化来解释这些改变,也就是新的实践引发新的思想再引发新的研究实践……如此循环往复的推理演绎。这些新问题不太可能是单一和固定的。通常都是多重和矛盾的,关于世界的"两难"论点往往就构成了真实的世界(Billig et al. , 1988)。这里,我们仅列举排名最前面的 10 个问题。其他作者当然可能选择其他问题。不过,我们相信大部分学术同仁会同意保留一个核心的列表,同时留有适当变化的余地。

1. 社会的崛起

第一个问题来自越来越多的经济问题涉及原先被看做经济以外的事物。近来的研究清楚表明现代经济有着异乎寻常的社会性质,主要表现在四个方面。第一,经济成功的社会基础日渐显著。由此,在国家的层次,一大群作者指出特定形式的商业模式要依靠从朋友关系到民间融资组织等各种社会联系才能成功。例如,凯(Kay,1993)记录了美国经济是基于一套明白的个人主义信条,因此青睐契约和像品牌那样具有公信的认可形式。相反,日本的经济是建立在集体主义的信条之上,因此依赖建立信任关系和共识(Hamilton and Biggart, 1992; Orru, Biggart and Hamilton, 1991; Whitley, 1991,1992a)。其次,越来越多的研究强调经济交往中通过个人交往的网络建立起信任关系的重要性(例如, Platteau, 1994a,1994b; Wong, 1991; Zucker, 1986)。这些研究不再将经济仅仅看做嵌入在社会关系中——一种经济社会学早期偏爱的比喻——而是将经济与社会看做相互交织,密不可分的。第三,对米歇尔·波拉尼(Michael Polanyi,1958,1966)研究的再发现,使得研究的重点转向了"隐含经验类知识",关涉人类知识中难以言表,但可见于特定技能之中的那一部分,的的确确成为很多企业、区域和国家成功的关键。第四,社会技能的打造,包括身体语言和对话交际,被看做建立客户关系中的关键成功要素,也成为当代职业技能的关键构成。从零售到银行职员,各种经济部门莫不如是(McDowell and Court,1994a,1994b)。

2. 市场

也许对社会关注的提升最好的表现是对市场的质疑(例如,Swedberg,1994；White,1993)。由于东欧事件、尝试建立欧洲统一市场、市场管制的增加,以及重新发现卡尔·波拉尼(Karl Polanyi,1994)有关市场内在性质的研究,市场内在的社会属性已经越来越明确了。由此,对市场内在社会属性的揭示改变了将市场看做中性舞台,任何纯粹交易都可以发生的观点,而是认为,如果没有复杂的道义观念和制度秩序作为保证,不仅无法开展交易,就连什么是交易的定义都无法确立。

市场的中介性质通过三种途径重新确立起来(Swedberg,1994):社会结构、文化和法律—政治。第一种途径主要关注通过关系网络建立起来的社会结构。第二种途径偏重主体如何通过共享的文化含义建构市场。而第三种途径则强调市场作为一个政治往来的舞台,其中的关键是产权、治理结构和交易规则。

3. 具象派的兴起

自从麦克鲁汉(McLuhan)和鲍德里拉德(Baudrillard)的作品问世以来,它已经成了某种专指与当代经济形式相关的意象意识的范例。通过媒体的行动和技术变化,意象成了自身意义的传递和表达,可以在生产者与消费者之间通过不同的渠道反复流转(Wark,1994)。尤其是,意象表达可以消除世界各地的符号、意义和身份认知的地域性,又重新赋予其新的地域含义(Larsh and Urry,1994)。但这个过程不再被简单看做文化霸权的载体(比如受大众媒体或美国主义的驱使)。而是被看做各种主流叙述(比如消费主义、基本人权和公民意识之类的启蒙概念)与本土思潮(如种族隔离、民俗维护主义、牺牲信念)的融合(Appadurai,1990；Smith,1994)。

4. 消费的兴起

具象派的兴起常常与消费相关联。消费当然是地理及其他研究(尽管大部分研究由文化地理而不是经济地理学者在搞）(Jackson and Thrift,1995)质疑的重点领域。消费提供了四种创新形式。第一，新的零售业态，从超市到大型购物中心，以及最近的仓储购物俱乐部和购物村(Wrigley and Lowe,1995)。第二，新的销售方式（如新的邮购直销和在营销中使用GIS）。第三，新的消费方式（如英国的消费星期天、新的赠礼形式、新引进的节庆，如父亲节和万圣节）。最后，围绕重新塑造各种新旧事物的社会和文化过程中形成的新的物质文化（如各种传统文化形式的兴起）。

5. 新智能技术的兴起

另一个质疑来自新的智能远程通讯技术的兴起。尽管不再引发机器取代人类的狂躁假想，但这些新技术仍然在几个方面受到质疑。第一，关注主体—客体的关系。机器的兴起造成人们重新概念化身体与自我（语言中增加了自我和其他描述主体和客体关系的新比喻和说法）。其次，机器更强化了信息的重要性。难怪信息成了现代经济理论和实践的核心，不是数字化系统模型，就是信息不对称模型(Stiglitz and Weiss,1991;Boisot,1995)。第三，智能机器带来由信息组织完成的新经济活动(Zuboff,1988)。

6. 多元混合

另一个质疑是针对经济学功能日益混合，很多传统想当然的概念划分都遭到冲击。什么是生产，什么是消费？什么是供给，什么是需求？什么是一个产业，什么又是另一个产业？什么是使用，什么是交换？如此这般的概念分类变得日趋模糊，充斥了整个经济学。弹性生产系统拉近了生产与消费，也形成了很多新的综合了市场与科层制的组织构架。线性的商品生产过程现在成了循环互动的过程，包括购买者驱动的商品链。一些作者认为是服务在推动生产(Lash and Urry,1994)，软件比硬件重要，等等。最终极的例子恐怕是生物工程产业，使用基因工程制造生命体，对人体的独立性也提出了挑战。

7. 经济学的性别属性

第七个质疑是关于性别。女性越来越多地参与有薪劳动，反衬出她们长期所从事的无薪劳动的价值,进一步引起针对正式经济和女性所从事的没有薪金的非正式经济之间界限的质疑,还有男性失业和传统角色受到挑战的问题(Crompton and Sanderson,1990)。同时,由于性骚扰,以及特定职业对职业性别(男权主义)的建构,使得工作场所中的性别问题也成为一个重要议题(McDowell and Court, 1994a,1994b)。最后,同性恋社群的兴起也得到严肃对待(Edge,1995;Mort, 1995)。

8. 信息化

上述变化伴随着信息化的兴起,那时由大量集体工人构成的世界已经成了过去。史密斯(Smith,1994)所谓的基于"独特个性化生活模式"的非正式和影子经济泛滥。这类经济不少依然被锁定在现有的正式经济的制度之下,并随着弹性生产系统的兴起,更加紧密地与之扣连。而其他一些则沦为贫穷者的生存之道,还有的成了刻意突破通常体系所建立的另类组织机构,就像 LETS、轮换信贷协会、信用联盟、社区发展银行之类的(Boothroyd and Davis,1993;Leyshon and Thrift, 1997)。需要注意,这类经济中,我们所指的劳动已经很难被单独分离出来,工作的跨主体性越来越强。史密斯所谓的"生活实践"常常覆盖整天,难以清晰划分工作与非工作的时段。

9. 时间和空间

我们正在见证对时间与空间理解和实践的巨变成了当代文献的必备用语:各种宏大叙事,"时空压缩"、"时空距离化"、"脱离镶嵌"、"全球化"和新的尚未成型的"超级空间",即不能局限于一个场所、环境的信息表达(Castells,1989;Giddens, 1990;Harvey,1989)。这些叙述虽然能够描述我们对当今世界的质疑的某些要素,但仍然是单方面的。它们编织了历史的残片,而没有考虑到历史所卷入的并行的变化是现在才被写下来的。而同时,面对面的交流并没有绝迹,事实上反而增强了,因为反思(包括通过别人更好地了解自己)已经成为经济活动的一部分(Lash and Urry,1994)。特别是,从事任何经济部门的人所依靠的"班底"(Collins,1981)依然需要依靠信任:"还远没到断定依靠熟人关系、面对面的交流、正直品质的世界已经失落的地步"(Shapin,1994,p. 414)。在醉心于新技术发展的同时,这些叙事还倾向于忽视这些发展是如何通过面对面的互动实现的，而不是其替代手段（Thrift，1994）。

10. 新经济话语的兴起

最后的质疑来自为响应所有这些变化而兴起的新经济话语。这些话语有三类。首先，在传统的经济学内，新形式的经济理论持续出现，如信息经济学，行为经济学和代理理论，使人很难简单抛弃正统经济学。其次，新话语在传统经济学的边界兴盛起来。如最近15年的演化经济学（Hodgson，1988，1993），各种生态经济学，以及所谓的理性选择或分析马克思主义（Carling，1992）的发展。最后，在主流经济学之外相对独立发展的新经济学，主要是非经济学家基于"真实世界"尝试发展的可持续性、新货币实践（例如，信贷联盟、妇女银行、地方贸易计划）、社区经济政策和族群投资策略。

三、改变的视角

还可以指出很多变化，但我们所指出的这些变化的累积效果已经足以显示出所有单一的质询之下潜藏着更为广泛的、关于如何看待现代经济的视角的变化；其中包含四大方面：一元主义的衰落、组织的去组织化、时间的多重性和东西方观念的消解。

1. 一元主义的衰落

当然，经济生活难得就经济是什么或如何运行达成固定的看法。不过，我们回顾从1870年到布雷顿森林体系的瓦解这一时期，它还真被赋予一种比较固定的看法。这是一个真理的庞大机器能够相对顺畅运行的时期，不论是基于马克思主义提供的一系列变量，还是基于新古典经济学边际算法的一系列变量。但现在，尽管市场获得了大胜，但这些机器都崩溃了。它们已经在理论上崩溃了，部分因为方法的多样性，甚至主流经济学内部也是这样；部分因为新形式的经济学带来的挑战，特别是那些根植于生态学的方法；以及部分因为引入非线性和混沌概念，人们思想上接纳了不稳定和变化的重要性（Appadurai，1990）。它们在实践上也崩溃了。媒体和远程通讯的大行其道制造了各种不确定描述的混战,难以显现调和的迹象。

因此,现在有很大一部分产业,从我们学者来看,难以从经济上予以承认,原因有三。首先,学术在这种产业中并没有什么特权。很多学术圈子外的知识生产,用以提供从管理圣经到研究分析宝典,再到内幕消息追踪的各种指导。用鲍曼(Bauman,1992)的话说,学术界不再是知识的立法者,只是众多竞争着的阐释者之一。其次,经济系统是高度实践性的。也就是在像电子远程通讯那样的发展的帮助下,经济系统采用奏效的方式服务于当时的需求。因此,经济系统是有序的,但不是传统理论所能简化描述的那个样子(Thrift,1996b)。第三,很多现代经济的协调机制并不囿于学术界的传统经济理论所界定的经济范畴。因此,这些理论可以废弃了。

显然,对于一个对象的单一化描述的所谓"经济"的故事已经失落了。由此,为了聚焦于围绕某个感念和理论传统的新经济地理,不论如何扩大定义,都是不能被接受的。

2. 组织的瓦解

关于当代经济视角变化的另一个方面在于如何描述经济组织。以前,这些组织被看做封闭的,好像蚌壳包裹着,同外界进行或多或少的交易。这种组织往往有着预设的目标。但是现在看来,对于在现实中存在的大部分组织而言,这种封闭的、有目的指向的组织模式其实是挺少有的。由此引出四点。第一,组织需要持续的优化来维护,并且常常会犯错误,出现低落甚至崩溃。因此看到的最多只能是局部片段。换句话说,组织总是临时的。其次,组织由此被看做处于行动中,"持续运动,除非只关注手头的目的,关注一般的局部焦点,而这部分是对优化过程中的反应,部分是顺从组织领域正式的、编码化的指令和先例"。换句话说,组织无时无刻都在被打算将非正式解决方案变成正式目标的行动者塑造成想要的样子。第三,组织总是被看做对外开放的,处理各种跨部门的事务。现代理论犀利之处在于刻画出这种难以规避的过程中的问题:存在交易成本。或者说,注意力集中到非常有限的成功的交易安排上,如产业区。结果我们仍然对可能存在的交易网络的结构知之甚少。第四,更多的关注投向新的工作过程,如团队和新的互动结构,承认组织环境非常复杂,对于一个组织来说不可能保持固定的策略,特别是在信息技术的推动下,企业必须快速作出反应。

3. 时间的多重性

现代经济学的第三个变化与时间有关。过去，时间被看做围绕现实的笛卡儿式的支架，一种自在的无所不在的标准坐标。现在时间被看做多向度的、差异化的，并由参与者所塑造："没有惟一的时间，只有渗透在我们日常生活中的多重性的时间"(Adam,1995,p.12;Parkes and Thrift,1980)。由此，经济被一再描述，而不仅仅只顺着一条时间系列发展，其中的意义和关系也不断被重新修饰。

> 当社会行动者回首过去的行动和决定，他们也顺带看到其并行的组织景观上的点和主体。并发性是行动的关键偶然性。在一个决策进程中不同方面和阶段的这些局部的相关性只是受到时间上的偶然巧合而形成；它们也由此造就了自身，创造出时间线，在很大程度上，控制组织行动甚至目标的实际操作(Boden,1994,p.191)。

4. 东西方主义信念的消解

现代经济的第四个变化是对东西方主义信念的消解。最突出的是日本和东南亚新兴工业化国家的兴起，不仅在理论上，而且在实践中指出了西方观念的局限性。同时它瓦解了西方自以为特殊的心理感觉。这一点在经济领域最显而易见。将西方与其他地区区分开来首先来自经典的东方/西方的对比：东亚和东南亚的经济成功是基于一种"礼物模式"，也就是建立在长期牢固的个人关系基础之上，依靠像送礼这样的互惠来维持。这些社会过程被看做与西方基于"商品模式"的不依赖人际关系的交易、合约和市场关系形成对比。但是这种对比现在被打破了。例如，卡里尔(Carrier,1995,p.94)回顾了大量证据后的结论：

> 在不同地区的工业资本主义社会生活中，身份、关系和交易偏离了商品模式，而在很多重要的方面与礼物模式类同(这种类同的断言并不是指认同)。不涉及人际关系的商品关系和交易在西方世界的确很重要，但是同样重要的是应该区分两种说法，一个是西方社会商品关系重要，另一个

则是在西方社会的建构中,商品关系的重要性被如此突出,以致我们忽略了其他的关系。

有趣的是,常常可以通过这样或那样的空间描述来概括讨论经济活动的新方法。我们认为可能这四种"分类设想"目前是并存的,依次出现时期更近,更多样化和更开放(图4.1)。我们认为每一种设想,依照莫尔和劳尔(Mol and Law,1995)的看法,是一组不同的形成地方性的规则,社会据以塑造自身,卷入不同的进程模式和不同的协调关系。其中第一类也是最常见的设想就是将经济看作一系列有边界的区域,其中不同的"经济"对象可以被各种地区性的政府识别、建构、调整(Miller and Rose,1990)。第二类将经济看做一系列互相联系并有所交叉的网络;经济对象是网络互动的结果(Grabher,1993;Hamilton,1991)。第三类将经济看做流;经济对象是持续流动的资本、人、信息、商品和其他类似的东西(如Castells,

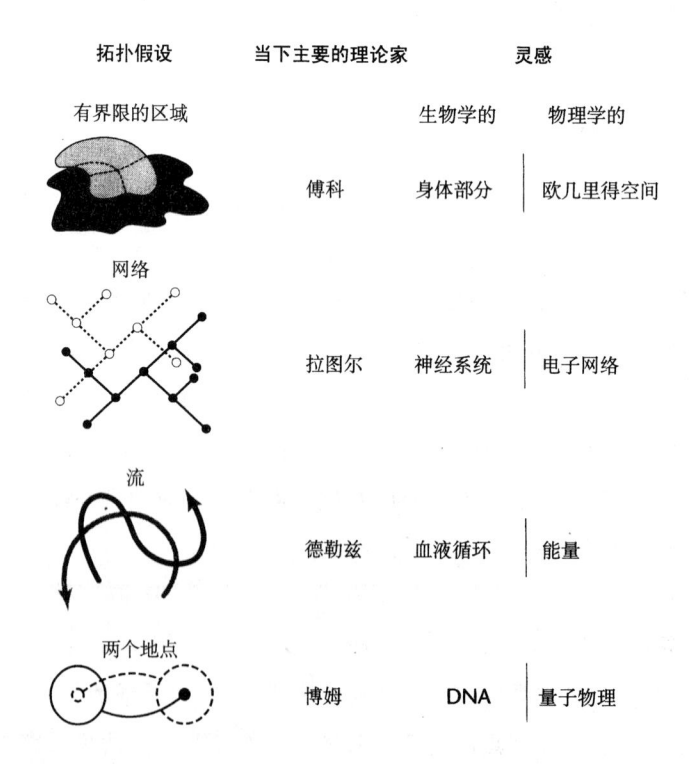

拓扑假设	当下主要的理论家	灵感	
有界限的区域	傅科	生物学的 身体部分	物理学的 欧几里得空间
网络	拉图尔	神经系统	电子网络
流	德勒兹	血液循环	能量
两个地点	博姆	DNA	量子物理

图 4.1 四种拓扑假设

1989;Lash and Urry,1994)。第四类将经济看做一体两面:经济对象具有波粒二相(Bohm,1980,1994;Virilio,1993)。经济总是虚拟的,没有当下的真实。

注意不能将这种分类拆开讨论,因为各种设想共存,并且彼此之间存在错综复杂的关系。但显然这四种设想产生了对世界极端不同的认识。

四、结论

> 费拉里博士考察了 240 个商业中心,测量"拖延程度(关于激励和规避的测量),接近圣诞的程度,以及消费者为何认为应该在这样特定的时期购物"。他发现拖延的动机是"工作接近时间底线和缺乏对职业相关特征(比如工作、业务责任)的勤勉品质,这些推动他们抓住最后的机会购物"。或者他们觉得需要"避免损害自尊,将延迟购物归于个人因素(如缺少能量、难以决断、厌恶任务),反映出他们确信自己的无能"(White,1995,p.6)。

对新经济地理学的勾勒只是刚刚开始清晰起来。但我们认为还是有可能看到影响未来的所有关键领域。为了方便起见,我们将之分成四类假设。

第一类研究假想基于一种有边界的区域。特别是,它采纳了多样但高度结构化的方法,处理民族国家、跨国公司、国际竞争、国际事物、第三波管制理论、政府之类的研究对象,大可以归入"国际政治经济学"之下。所涵盖的概念还潜移默化地影响到其他议题,如性别和族群,但依然可以看做最像"经济学"。

第二类研究假想基于网络。主要考虑决定经济行为的社会因素,包括的文献从自组织的公司网络、学习型区域、金融网络,到族群网络。这个领域也涉及不同类型网络之间的交织。与有界区域的结构化方法不同,这类研究采用实用主义、构成主义和人类学方法。

第三类研究假想基于流的拓扑假设。主要考虑文化对经济的决定性影响,特别是身体、自我和欲望之类的议题,考虑与不同经济过程(如金钱)有关的各种类型的表达和情感(从简单的视觉出发)。使用的方法包括符号语言学、话语分析法、肖像法和族群志方法。

第四类研究假想基于一体两面。这是数码地理的天下。包括把经济作为即时媒体事件来研究(例如,Wark,1994),以及对数码空间更加尼采式的研究,顺着普兰特(Plant,1994)、兰德(Land,1994,1995)还有其他人的传统,想像数码空间充斥着人造的魔鬼和怪兽。采用的方法有后结构主义以及凯特勒(Kittler,1990)以及谷姆布雷奇和法伊弗(Gumbrecht and Pfeiffer,1994)等掀起的对通讯物质性的分析。

不过我们觉得最有趣的还是在上述这些研究假想边缘交界的工作。例如,在国际政治经济与文化的边界形成一大批有关各种经济话语互相传递的研究,其中对话语的理解是福柯式的跨越个体和多机构的图像和声明的文档,提供有关特定主题的共同语言(例如,Leyshon and Tickell,1994)。

所有这些还展现了将"经济"作为一个稳定的实体越来越困难,部分因为我们称之为经济学的众多方法非常多元化,部分因为我们最终的语汇——用罗蒂恩(Rortyan)的话说——也在不断变化。最后一点特别值得强调。当前最突出的是我们以前所说的"经济"已经变了。我们已经从第一波的经济学批判,如麦克罗斯基(McCloskey,1985)或巴恩斯(Barnes,1994)说的那些用不同的隐喻描画的经济学,转向了第二波重构。其中的作者包括布雷南(Brennan,1994)、高克斯(Goux,1989,1990)和德里达(Derrida,1992,1995),从三个方面质疑整个西方交易模型的基础。第一个是自我的心理模型,源自弗洛伊德和莱肯(Lacan)。对此,布雷南(Brennan,1994)认为商品的繁盛禁锢了心智能量的运动,因此禁锢了生命和创意。第二个是对以西方为中心的叙事时序的挑战(例如,Thrift,1977;Bender and Wellbery,1991;Lloyd,1993)。德里达对是否存在一个所谓的当代的激烈论战就是一个典型的例子。第三个是巴塔伊关于过度支出的理论,以及他对Mauss关于印第安冬节所展示的整体经济的损失、不均衡和没有回报的支出的理论的评价,指出其中的交换可以不包含互惠。这三方面都挑战了所有有关生产、均衡和平衡收支的"严格"经济学——经典经济学中的决定因素——转而关注损失、过度、机会;一个开怀大笑者的动能、兴奋、诗意及所有"经济学"以外的世界。这个挑战正得到越来越多的应和,这意味着我们最终的语汇依然不是最终的,没有终结的词汇。

(童昕 译)

第五章 经济,愚蠢!产业政策话语和身体经济学

J.K.吉布森-格雷厄姆(J.K. Gibson-Graham)

很久很久以前,人们常常一起谈论公共话题并且很快乐。但是后来有人发明了经济学……经济学长啊长!它吃掉了所有的东西,没有人能逃得掉(Morris,1992,p.53,引用当时一个卡通片的用语)。

我看到电视上的男人们(商界名流、内阁大臣、左翼言论家)竭斯底里地谈论着经济:眨着眼睛、耸耸肩膀,时不时嘴唇一抖"让市场决定吧","作出艰难的决定","搭建平台","改革管理手段","提高生产效率"……那些对浮动汇率、减少银行管制或取消产业保护提出质疑的人被淹没在一片"生活在竞争的世界"和"加入全球经济"的热潮中。

在《痴迷与经济学》(*Ecstasy and Economics*)中,米格汉·莫里斯叙述了白种澳大利亚男人拜服"经济"的狂热。卑微地屈从在其上帝般的外表下,成年男人们带着正统基督教派的狂喜,涌向"对推理的痴迷"(Meaghan Morris,1992,p.77)。通过自诩更高的权力,他们不可理喻地获得了主导和权威。他们"谈论经济",并认为他们自己说着纯粹必然性的语言,不受政治和个人意图的羁绊。尽管挂着一副必然性的面孔,他们想当然地提出他们的经济"干预"将产生他们所期望的结果。

在20世纪80到90年代,澳大利亚是少数OECD国家中社会民主党(尽管是右翼)当政的国家之一,劳动党奉行经济干预和产业政策,将之作为国家纲领。最近,尽管未成功,克林顿政府承诺考虑很多霍克和基廷政府一开始就考虑的事:去工业化、缺少技术创新、不适合产业需要的劳动力,在快速变化的世界中不利的竞争地位。为了寻找成功干预促进经济发展的模范,美国的经济策略家们认为澳大利亚鼓励创新的途径可以满足克林顿"增长经济"的要求。这些美国分析家们不仅

包括中间和右翼民主党人,而且还有马克思主义和其他左翼政党,他们的话突然充斥了主流媒体的争论。

在12年的放逐之后(也许是一代人),美国的左翼终于可以在一间能够被监听的房间里"谈论经济"了。他们谈论经济的方式不同于几年前许可的那样,那时"产业政策"和"管理贸易"之类的词是不能进入国家层次的。尽管放松了限制,经济政策的讨论似乎还是完全一样,只能在狭小的空间里费劲地挪动,被无形的力量所钳制——这种力量似乎比政治现实还要有力,使讨论只能局限在狭小有限的空间内。

尽管左派和右派在所有事情上都存在分歧,但他们拥有对"经济学话语"的共识,确定什么能够而什么不能够提出来讨论。从右派的角度看,左派的提议可能是误导,但仍然不乏明智,可以考虑作为潜在的经济提案,反过来左派对右派的看法也一样。这并不是说,左派和右派都信奉相同的经济理论,遵照相同的社会概念。在他们提出的议案中,他们对经济和社会的理解常常存在很大差异,实际上他们所受的思想训练也非常不同。然而,好像有一种相通性,都表现出对服从与控制、傲慢与警惕似乎矛盾的留恋,从而塑造了经济情感的范围。如果左派的经济在实际运行和可能趋向上如此不同于右派,为什么他们又有着如此相似的情愫。为什么"经济"一方面超越了社会和其他所有的事物,这个超级怪物的统治必须受到遵从,同时,他又能被我们完全理解并操纵?进一步,为何充分理解并完全控制的能力受到质疑,反对哪怕是最微小的干预?为什么对鲁莽和傲慢的经济干预存在这样两种截然对立的屈从和自信?

当然,这些问题可以被踢回到提问者那里,也许有人希望知道我的态度,左派和右派尽管出发点不同,反映了他们或马克思主义或新古典的背景,他们对凯恩斯、后凯恩斯及各种发展政策的态度不同,但他们能集结在相同的"经济话语"下。我还能选择其他位置吗,除了窒息,哪还有合理或其他可能的选择?如果我回到他们的话语空间,"为经济话语积累新的选择",还有出现什么显著的创新?

积累的任务如此令人萎缩,我几乎不知道如何开始。但幸运的是我不必开始,因为我自己也是传承体系的一部分。事实上,我只是将自己置身于"经济话语"之外,关注另类的经济知识,尽管这些知识不太兴盛。接下来的内容可以看做对这种新领域的描绘,尽管还缺乏积累,并未成型。

第五章　经济,愚蠢!产业政策话语和身体经济学　　　　　　　　　　　61

一、躯体经济学

1. 需要治疗的疾病

厌食症在富裕的西方社会成了几乎成了一种流行病。传统制造业衰退的去工业化也成为工业资本主义国家面临的威胁。这两者之间有什么联系吗?

将这两者联系起来的是治疗厌食症的药物干预手段与对抗去工业化的产业政策手段。食物通过静脉注射输入厌食症患者体内,投资被注入到衰落的工业区,从而使机体从新获得生机。而劝厌食者参加家庭治疗计划,则与同萎缩的劳动力市场协商阻值工资攀升、改变工作文化一样是为了培养基本的生命力、卡路里和资本,从而促使躯体回到健康的状态。

对工业衰落地区持续 20 多年的投资政策收效甚微,但相关的经济反思却很少。相反,在人体领域却出现了激进的反思(例如,Bordo,1989;Gatens,1991;Grosz,1994;Kirby,1992)。女性主义者在考察女性躯体的社会建构中质疑了对阴蒂的集中关注。提出身体是流动的、穿透性的、非中心的整体,其中生理、性欲、心智、心理、社会及其他过程互相影响着,不存在某一个过程或区域比其他具有更特殊的意义。

促使这种反思的部分原因是将(女性)躯体作为受心智(或其他主导因素)控制的整体结构,而不是在"社会互动中物质化"的"物质信号的发生极"(Haraway,1991,pp.200-1)的社会影响。例如,与厌食症有关的身心扭曲被重新看做受社会状况影响的复杂过程,而不是通过内部调理和治疗就能恢复的。由此,心理医疗家哈雷特·福拉德(Harriet Fraad)将厌食症看做一种"女人生活中烦恼丛生的矛盾综合反映"(1994,p.131),像男人、老板、媒体以及女人自己对女性的预期。

当女性主义理论家已经开始批判将躯体单纯看做孤立个体,大多数"经济"学者还没有开始对自己讨论对象的广泛外在联系提起重视。事实上,他们倾向于将新对象的知识作为不相关的主题。而反过来,他们的主体性由作为客体的经济来确立:他们必须遵从它,尽管它受他们控制;他们能充分理解它,用理论和模型描述它的动态,尽管他们只能对它进行微小的调整。这些"经济"的老生常谈描述了我们对经济见惯不惊的被动关系。

在与经济既服从又操纵、拥有大量知识但缺乏行动的关系中，我们的政治影响力被瓦解和低估了。在现代主义人道理论的顶峰，我们使自己成为一个我们完全理解的世界的主人，同时又是奴隶。在经济语言所描画的世界中，我们努力刻画可能的另外世界，他们可以许可的另类主体性的存在。但是为了重新创造政治主体——这是20世纪末左翼社会理论争议的论点——有必要重新思考我们的经济客体。既然现代社会确立经济为中心，并以之为准评价其他的能力和可能性，有必要对经济进行重新剖析，就像女性主义将身体不再局限于其自然状态，由此引出别样的社会概念以及新的政治主体性。

2. 有机体学说的诞生：整体性隐喻和经济

像厌食症的女人被作为医疗干预的对象，经济政策和规划也将经济看做一个身体。一个有边界的整体，由不同等级的零部件构成，具有内在的生命力。躯体经济学是一种有机体学说，整体性的现代范式。

有机体的整体论源自将"经济"作为离散的社会位置而诞生。当亚当·斯密把社会劳动分工作为社会再生产最有效的途径时，他将"经济"的理论基础定为一种内在协调和自我调协的整体（Callari,1983,p.15）。通过个体类比，一个人为了生存而劳动生产，构成生产消费的一个单元，斯密看到社会由为自己劳动的"经济人"通过劳动分工组织起来，从而形成一条和谐的再生产道路，实现共同的福利。

没有专业化的情况下，生产者们像自成一体的原子一样，自己生产满足社区的需要；经济是一种大多数人分散从事的实践。然而随着专业化的提升，需要更高的社会一体化，保证再生产的进行。劳动力分工，以及由此带来的专业化反而促成了劳动的一体化。随着历史的推进，原先群众的事务变成了少数人的。破碎成了同一的另一面，取代了原先各自分散、自成一体的状态。分散的经济活动集中成为"经济"——某种我们今天话语中大家都认得，但定义各异的东西。

阅读某种马克思的理论较容易理出经济躯体的脉络。在各种版本的马克思主义中，资本主义经济或社会整体受到资本积累的推动。这种生命力塑造了整体中各部分的关系，通过金融、商业和产业资本的分工，保证了资本剥削劳动的剩余价值。社会劳动被经济循环累积的工业心脏抽取着，进入商品、货币和其他生产形式的血液循环系统中。随着血液的流动,滋养着整个社会机体,促进其生长。

作为资本主义经济不可见的生命力,资本积累成就了经济最高的逻辑和理性——它对自我保值和增值的追求。同时,对利润率、竞争或商业周期等的管制机制,可以看做保证机体保持平稳的措施。然而,最终对经济有机体的描述不会仅限于健康和平稳,还有生病和死亡。也就是资本主义经济所经历的危机,甚至最终的崩溃。当它最终走向灭亡,它会被另外的整体的有机体所替代,可能在资本主义瓦解的时候,社会主义会是一个更好的替代。

一些马克思主义理论尝试削弱这种决定论色彩,途径是扩大管制功能,将再生产作为资本主义存在的一种偶然而不是必然的结果。例如,法国管制主义理论和积累的社会结构理论(SSA)就指出政治和意识形态,以及经济规范、习惯和制度在经济管制中发挥的作用,造成生产和消费碰巧实现平衡。尽管这些研究压制了"经典"的马克思主义理论所强调的技术和功能性方面,但他们代表了将经济和社会作为整体有机结构的一部分来分析的基本框架。资本主义历时被描述为一系列这样的结构,经历成熟、健康、接下来患病死亡的过程。增长和再生产是资本主义故事一再描述的内容,显示了资本积累内在生命力的逻辑。

3. 比喻和掌控,有机体和干预

福柯将18世纪末作为一个转型期,并率先使用有机结构作为"描述方法":

> 相互之间的从属关系……彼此联系实现功能……按照某种建筑的内在或外在,包括可见和不可见的关系排列(Foucault,1973,p.231)。

男人的身体呈现一种受内在生命力控制的有机结构,这成了一种现代的认识,不言自明地广泛影响着物理、生命和社会科学的话语。现代经济学基于男人身体的理论,从男人的特点——劳动(对自然和死亡的反抗)或他的需要和欲望——中发现经济发展的真谛(Amariglio,1988,pp.5976-7;Amariglio and Ruccio,1999)。这些身体的精髓塑造了一个领域,其自身描摹了男人,是一种有机联系的经济的、等级化的、自我管理再生产的组织。

女性主义理论认为这是一种赋予了性别特征的身体,"用来代表现代社会的一切,并由此赋予事物潜藏的意义"(Amariglio,1998,p.586)。在现代性别的体制下,人和其他物种的特点被按照二元化的分类法区分开来,其中一个是占统治地位的,另一个则是被统治的、低贱的。尽管两个词存在,并相互联系。但性别的体制传达了一种对忽略其相互依赖性的默许——换句话说,就是人对依赖于他者之存在的现实的忽略——而臣服一词不能脱离其对立面(统治)而存在。

不难看出男人及其身体的故事是一系列性别对立的体现—如心智—肉体、理性—情感、人—自然、主体—客体、卓越—包容。然而有趣的是,性别体制也是一种殖民体制,能够将其他二元对立纳入自己的体系中。一旦我们在两个相关的词之间建立二元关系,性别就可以为第一个词提供某种整体性的、积极的、确定的、主导的、理性的、秩序的和主体性的概念,而为后者提供一种不完全的、负面的、不确定的、从属的、非理性的、无秩序的和客体性的概念。

这样就有可能理解男人就经济而言的统治与臣服之间的微妙关系。当人被至于二元关系的第一位时,他就是经济的主宰;但是当人(通常以社会的面目出现)被至于第二位时,他就臣服于经济,把它当做上帝。两种地位构成一个二元等级的整体。

在人的泛化建构之下,统治的(男性的)人类特征被作为普世代表,而臣服的(女性的)特征被外部化或压制了。相对于男性,它们被压缩为他者——女性或自然,被男性所给的定义所压制和忽视。通过性别体制的建构,男人成了创世者,代表基本的理性,其命运是自然、女性和所有非男人的主人和操控者(Sproul,1993)。他是了不起的知者,其思想代表和确立了所谓的"现实"。

由于具备了整体性、卓越性和理性的素质(可以读作"完美"),经济有机体有时被看做即使没有干预也能正常运行。某个角度来看,经济这个词总是有血有肉的。然而,换个角度,经济中所存在的理性标志着成功干预的可能性,但同时干预的需要和范围有是有限的。由此,经济可能需要自己的"起搏器"或"重新点燃"它的生命力;它可能需要"被推动"或者"上帝踢一脚"使之重新"转起来"。一些人也许需要掌舵,控制机器的速度和方向:

("基廷从他的舱中出现"):头号新闻,他已经抓住了缰绳,重新控制了方向(Morris,1992,p.24)。

一旦劳动党被选上,工人运动就产生一系列假设,认为已经掌握了控制经济的能力[一位名为克里斯·劳埃德(Chris Lloyd)的左翼工会研究者在接受柯伦采访时的评论,1991,p. 27]。

然而最终,这些干预受制于经济自身的逻辑和运行。

4. 心脏旁路手术

有机体经济带来特定的干预话语,建立起干预和控制者的男性主体地位。由此感情丰富的经济话语总是某种主人式的话语:经济的领域由经济理论划定,它的入口和通路已经被清晰界定,而系统则相互联系着。经济在他面前展现为他的统治领地,经济理论将男人构建为统治者。熟悉的身体的领域就是他的领地。

不难看到,躯体游走于经济和产业政策边缘,为生存而战。用活的躯体或机器的语言来表达,经济被描述为一个有机体(机器),其内生的成长(或机器功能)处于危险之中。诊断通常集中于两个关键的经济生理领域——流通系统的障碍和心脏功能缺陷。国家经济的动荡常常与健康的人体进行类比。经济和产业政策则被作为去除这些影响再生产的内部缺陷,并建立抵抗外部侵袭的免疫力。

用血液循环系统和心脏在保障机体再生产所需要的足够供应的作用来类比,可以用来传达特定的干预和控制学说。比如,近年来,大部分工业国家要求限制工资,因为工资增长超越了利润的增加,因而阻碍了经济增长。工资成了经济循环中的一个问题。美国工资削减,工会撤销,出现两轮工资调整,讨价还价在退缩。澳大利亚,联邦工资立法限制甚至得到工会的支持。

就组织化和相互联系的经济系统的观点来看,干预有着可以预期的(甚至必要的)影响,甚至帮助了澳大利亚接受真实工资的下降。在澳大利亚的工业现代化中,工资增加(与之相对的资本利润下降)被看做阻碍基金增值的障碍。国家产业落后被看做澳大利亚产品丧失国际竞争力的主要因素。按照有机体再生产的直接逻辑,特定的有针对性的干预对整体造成非对抗的和可回复的影响,削减工资被认为不仅解放了投资,增加了竞争力,还通过"减少进口需求"和"降低出口和进口替代产品的成本"解决了"当前的贸易赤字"。

当整体性作为中心,内部联系,等级化秩序,并受可以被人类理性重复认识的运动规律所控制,惟一的策略就是找到正确的处理起点(修补),然后整体就会自动恢复正常。削减工资被认为可以促进投资流入。这种治疗观点的基础就是将制造业生产看做经济的心脏。由此,系统生命的血液——资本——被有效制造出来,并输入到周身各个部门甚至最没有生产能力的部分。

考虑到经济发展和社会健康中的关键作用,难怪制造业投资长期依赖被左派所重视。美国 80 年代,布卢斯通(Bluestone)和哈里森(Harrison)的著作《美国的去工业化》(*Deindustrialization of America*,1982)集中关注国内制造业部门的投资流失,发现跨国公司的对外投资和在兼并重组中的无效花费是主要原因。在澳大利亚,缺少制造业投资多少也被归咎于采掘部门的盲目扩张或对投机的过度吸引。

在制造业为中心的话语背景下,显然经济内部功能的有机体概念——特别是一两个部分是核心,而其他是边缘的概念——指向了对经济的人为干预。在此,像其他中心论一样,增长的动力来自某个单一的经济区位的辐射带动。制造业被看做经济的驱动力,经济的其他部分(包括农业、服务业、政府和家庭)都被看做由制造业增长所推动的。这些其他的部门为资本主义社会再生产服务,但是却不能保证自身的生存——因为它们或者被认为不能创造剩余价值,或者被看做低生产率的部门,对增长贡献较少,等等。这些部门的增长被看做松弛的,对于一个紧张的经济体而言不需要花费太多肌肉的力量。

> 为了使就业向服务的转移是有利于发展而不是贫困化的,我们(美国)必须保持对制造业生产的控制力(Cohen and Zysman,1987,p.16)。

在引导资源和注意力的过程中,很多经济活动由此被归为次要地位。

事实上有机体概念提出了一种非常类似的政策优先等级。一些经济活动被看做对社会生存是非常重要的,因此有必要进行干预,其他的则被看做对社会而言是自然的。尽管人们都认识到儿童看护的工作报酬太低造成其经济的窘困,但是政策制定者还是一味强调如果我们不搞好制造业,我们就都会面临困境。

在自我维护、自我修正的有机体概念的支持下,战略家认为重振关键或领先部门的增长将保证整个经济的复苏。从这样的观点出发,效率原则就将干预的目标指向重点区域。当经济条件不好时,通过干预改善儿童看护中心就像给一个心脏病发作的病人贴上创可贴一样。

部分之间的相互联系及其内在逻辑使得头痛不一定需要医头。这演变成了一种逻辑,如果我们需要良好的儿童看护中心,我们必须从生产效率的提升或者削减工资入手。或者我们可以忽略或推迟解决这些细枝末节的问题,因为当心脏的功能健全的时候,这些毛病也会自动痊愈。

理性主义者信奉经济学家所反映的经济本身的秩序和效率的内在逻辑,因而保证所有这些说法的真实性。这些逻辑指出经济干预可以带来可预测和无矛盾的结果,并且定义了政策制定者与经济之间的关系就好像人与机器一样。由此你可以很容易得出工资削减可以改善总体的经济形势;而通过将这种观念与看似有力但并不完全的数据相结合,你就可以将这种计划兜售给整个由工薪阶层和经济信奉者组成的国家。

5. 关于生或死

合法的经济自我管理机体主义者认为干预必须最终服务于机体主义者所谓的组织化的增长。政策不仅受到机体比喻中所提倡的提纲挈领法的影响,也就是说存在一些原发动力影响和主导着整体和其他部分;政策也受到功能主义者的影响。经济被简化为一系列功能关系,受到资本主义再生产规则和要求的协调。由此无论干预得好坏,其影响必然延续"资本主义"和资本主义的阶级关系。这种无形的前提包裹了甚至是最左派的经济建议和分析。

有机功能主义将未来纳入了当前的基本轮廓。但它也预设了经济干预效果的多样性。社会作为一种有机体是一系列彼此一致的利益关系,其中所有部分都能受益于整体功能的健康发挥:

> 功能主义者已经在有机体比喻的基础上发展起来,其中不同的生理部位或子系统被协调整合到一个和谐、等级化的整体中。冲突从属于共同利益的大目标(Haraway,1991,p.24)。

当然,在澳大利亚,业界和有组织的劳工运动的利益被政界和工会领导称为有效和谐的：

> 澳大利亚需要持续的高增长策略以避免或减小经济周期振荡的影响。冶金工业和所有澳大利亚人在90年代不能承受国家经历低增长，或一两个剧烈的经济振荡的冲击(MEWU, 1992, p. 24)。

这种断言的外表之下得到共同"国家"利益的支持，从中很难感到任何"增长策略"——事实上是任何针对复杂整体的干预——会产生不均衡和矛盾的效果。

左派所投入的战略工会联盟如此轻易地就被引向战略功能主义，帮助推动资本主义再生产实践的实现，这个问题长期以来已经受到那些更关注经济运行不正常而不是再生产本身的人的关注(MacWilliam, 1989)。例如布赖恩(Bryan, 1992)认为澳大利亚的左派没有让业界支持任何形式的工资限制措施，因为这样只能促进积累过程和转移眼前的危机。

存在于有机体比喻中的生死对立为二元化的政治干预创造了机会。如果我不希望利用产业战略弥补和重构资本主义，我就不能颠倒分析，集中于趋向死亡的恶化前奏。大多数左派现在公开放弃了推动"革命"的千年目标，转为大谈机体病态的医治，机体功能主义者已经锁定了推动资本主义健康的新目标。为了创造就业和重建共同体，他们必须参与战略和实践去推动资本主义发展，资本主义再工业化和资本增长。很多左派愿意看到一个别样的资本主义，但他们面对一种单一的经济，不能允许这种接近的可能性。他们的选择是推动资本主义经济的健康，或者看着劳动人民和其他人边缘化和贫困化。这并不是一种特别有激励的选择，而它所立足的人本主义和有机体主义很少受到深刻质疑。

6. 超越生死

堂娜·哈娜维认为如果未来总是建立在过去所提供的可能性之上，那么"开放的未来"必然依赖于"新的过去"(Donna Haraway, 1991, pp. 41-2)。我认为这可能包含一种新的整体概念，抛弃了我们所熟知的有机体认识。哈娜维暗示有可能存在一种非连续性：

第五章　经济,愚蠢！产业政策话语和身体经济学

　　Simone de Beauvior 正确地指出,一个人不是生来就是女人。这使得后现代主义的政治认识论领域能够坚持一种与 de Beauvior 并行的文本:一个人不是生来就是有机体。有机体是人为构造出来的;它们是变化世界所造。

　　相似地,福柯提供了重新思考非有机和非类比人类的整体性的思路。他指出有机结构所信奉的抓住关键方法不能用于 16 世纪的话语,而人的身体的比喻在 19 世纪以前也没有成为"话语基础"(Amariglio,1988,p. 589)。因此,他在《事物的秩序》(The Order of Things)结论中指出现代意识和知识的功能化组织面临终结:

　　正如对我们思想的考古所展示的,人(man)只是最近的发明。并且可能快要终结了。如果那些安排正如其出现那样将消失,如果一些事件我们当时除了感受可能性以外不知道它将可能呈现的形态,也不知道导致它崩溃的原因,正如 18 世纪末古典思想那样,那么某人(one)当然能断言人(man)可以被去除,正如画在海边沙滩上的面孔。

　　为了寻找一个诞生于旧的但也许并非其表面的新的社会和经济整体,我有时回到经济变化的话语。当然,我这时告诉自己,这是在经济转型的话语中,由马克思主义政治经济学家在不同的社会科学领域制造了 20 年,我已经有了有机体经济的丰富经验。也许正是在这种背景下,我极有可能感受到一种浮现的整体性,不再受实在说和再生产的限制,或受人本主义干预的侵扰。也许我可能为超越过时但依然无法取代的社会主义"革命"的"进步"选择或具有人的面孔的资本主义找到基础。

二、演化的阶梯

1. 资本主义基因分析,有机发展的比喻

　　用福柯的话说,标志了现代的开始的不连续性带来了历史作为知识组织原则的兴起。随着历史而来的是对要素和整体之间、有机结构的生与死、类比结构的线

性因果的内部组织关系的兴趣(Foucault,1973,pp.218-9)。

当然在经济转变的话语中没有一致结构的次第序列关系。例如近年来,澳大利亚左翼产业政策的一个显著特点是推动所谓的新"产业发展模式"。这种模式不外乎后福特主义,一种关注中小企业和围绕弹性化、计算机技术、网络和产业部门、生产者、消费者之间的策略联盟的产业"范式"(Mathews,1990)。产业干预的目的在于创造一种充分的后福特主义的经济条件,防止阻碍性的工会限制、商业态度或身份障碍。新产业模式观念的实质是经济有机体和将资本主义经济发展看做某种有机结构,或"发展模式"(这个词来自 Lipietz ,1992)的顺序排列的熟悉隐喻,这些模式结构相近但又与过去有着质的差别。

在他关于起源和演化的"通俗科学"论文集中,史蒂芬·杰伊·古尔德讲了一个精彩的故事(题为"生命的小玩笑"),描述了现代马的竞争演化(Stephen Jay Gould,1991)。直到最近,马的例子常常被用来阐释物种沿着一个梯子向上发展,从原始到现代。每一个梯次都表现为体型增长、脚趾减少、牙齿结构更复杂。这种标准的演化过程,用古尔德的话说就是"开启了对演化过程图示化的最一般的误解"(Gould,1991 p.171)。阶梯隐喻描述了一种不可打断的演化过程。它将马的进化看做一系列递进的发展阶段,每一个都适应当时的环境。相似地,当前对 20 世纪资本主义发展的描述也是一系列递进的阶段,从前福特到福特再到后福特,将经济有机体置于一个递进的演化阶梯上(图 5.1)。

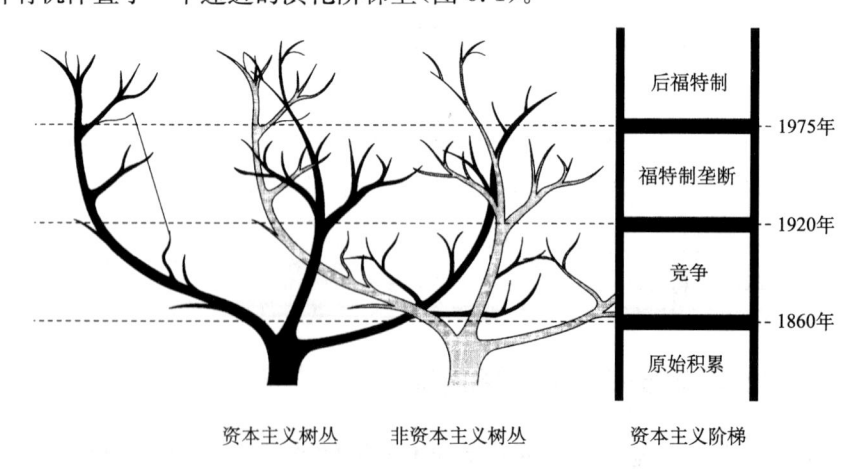

图 5.1 经济演化的隐喻

古尔德对化石证据的解读现在被广泛接受,导致了对阶梯隐喻和其中所蕴含的功能性适应的再思考。他认为灌木丛的隐喻可能更适合化石所反映的演化的真实情况:

> 演化基因分析非常像枝蔓丛生的灌木丛,马的演化历史实际上要繁复得多。当然,始祖马是演化的基础(如现在所知),当代的马是生存下来的某个演化分支。因此,我们能画出从共同祖先演化到某个结果的联系路径。但是现代马的演化路径实际上与其他分支交错缠绕……最重要的是,演化的路径并不是持续推进的,而是可能旁逸斜出的(Gould,1991,p.175)。

在经济重构的对话中一些实证研究同样质疑了经济发展阶梯的普遍性。比如塞勒斯和斯多帕(Salais and Storper,1992)讨论了四种产业发展技术动态在 20 世纪并行于不同的文化中。只有其中一种(毫不奇怪是在美国)与我们所说的福特主义一致。皮奥里和萨贝尔(Piore and Sable,1984)强调了北部意大利的资本主义经济出现的弹性专业化在整个福特时代都存在。经济社会学家和人类学家的工作指出产业结构、企业形式和发展模式的多样化通过不同的方式互动。我认为在资本主义发展中所广为接受的选择特定的模式作为"普遍的"或"占统治地位的",反映了有机体和演化阶梯隐喻的影响。

经济发展理论中正如生物学中"倾向于抹平迷宫般的演化路径,在肆意生长的灌木丛中从一个分支跳到另一个分支"(Gould,1991,p.180)(图 5.1)。在这个过程中,很多资本主义和非资本主义的形式与"占统治地位的形式"并存。这种散漫的边缘化大大地限制了对未来的愿景和政治交流,比如提出产业干预帮助步入后福特主义(被看做目前最适应、先进和有效的资本主义形态),因此使非后福特主义和非资本主义形态看来不太可能继续存在下去。

正如古尔德的故事所显示的,历史表述为次第行进的阶梯减少了经济的多样性。忽视其他分支和路径的存在,将发展看做演化的阶梯推动了单一资本主义的代表性。在最直观的表现中,发展阶梯将世界上的国家排列为一个发展次序的等级,并尝试用资本主义工业化取代"传统"经济形式。

现代达尔文演化论构建了统治的"自然性"观念。在 19 世纪初,将身体或种群(动物、植物或人)作为有着内在求生动力的有机体开始与自然统治联系起来(Haraway,1991,p. 42)。用经济的话说,统治被理解为资本主义和资产阶级对其他形式的经济的统治和剥削。经济演化朝向更有效率、更有竞争力,也因此占有统治地位的资本主义企业、技术和经济组织的形态变化。

在重新思考经济整体性时,也许我们可以放弃统治的霸权,正如一些女性主义者所做的那样。也许我们也能放弃将历史描述为顺序出现的称霸的结构,其中每一个都是一场适者生存之战中的胜者。最后,也是最重要的,我们可以放弃有机躯体经济,寻找一种如理查德·莱沃丁(Richard Lewontin)所说的"新的有机体概念作为具有决定性的相互影响的整体性"(Intereffective Totality of Determinations)(引自 Amariglio,Resnick and Wolff,1988,p. 499),或寻找某种社会水平的类似事物。

在"相互影响的社会整体性"(Intereffective Social Totality)中,每个经济过程可以被理解为由所有非经济过程所决定,并参与这种决定(Resnick and Wolff,1987)。享受特殊待遇的地点和项目就失去了它们作为动因的地位。缺少统一的理性和内在生命力,经济就会失去整体性和扩大再生产的义务。随着有机体风干的外壳脱落,我们可能窥见一个无限的大众区域,经济过程分散繁荣,不受发展的阶梯或组织增长的信念所束缚。

古尔德的叙述也许再次可以帮助我们理解:

> 谁听过啮齿类动物的演化?这是哺乳动物进化最成功的例子。我们最骄傲的例子没有成为我们讲解的经典范例,因为我们无法从成百上千存活的小物种中理出一个清晰的发展阶梯(Gould,1991,p. 180)。

我的类比问题是"谁听过当代西方非资产阶级的发展过程像封建制度或奴隶制度那样成为普遍的剥削形式,或者独立的商品生产成为自恰的轨迹?"阶级的历史上也有最好的生存故事。我们关注不同形式的资本主义企业发展(以及其中蕴含的资本主义剥削),使我们无法充分了解持续存在的众多非资本主义的剥削形式,在家庭、商店、小工厂、农场和社区(正如在图 5.1 中阴影部分的灌木丛)。我们的有机体比喻,使得在我们的概念中非资本主义阶层成为"资本主义"再生产附属。它使得资本主义被看做一种随着民族国家一同扩张的整体,而不是在不同的经济景观背景下多样化的非连续过程。对于演化阶梯比喻,非资本主义形式的剥削被看做过去占统治地位的原始形态,也许仍然存在于第三世界国家,但不是发达世界未来的社会形式。关注资本主义统治的社会主义者要么忽视这些非资本主义的形式的政治活动和阶级转变,要么将之作为大众和浪漫的革命基础。

2. 没有有机体,没有保证

有机体经济以资本主义阶级过程和主导经济形式为中心,经济政策话语裁减了经济干预的可能收益,以及所有关心阶级转变的政治目标的人的损失(Ruccio,1992)。发展的阶梯将后福特主义(或其他成功的资本主义形式)至于当代经济调节的范本地位,而限制了其他非资本主义形式同时发生的可能性,以及成功的社会主义项目和干预的可能性。

在所有限制所允许的可能性范围内,一些女性主义理论摒弃了将经济作为统一的资本主义实体的看法,强调家庭作为先进资本主义社会形式中的非资本主义生产的主要场所(例如,Folbre,1993;Waring,1988)。借鉴曾经的二元系统理论,其中的父权和资本主义被看做家庭和工作场所两种剥削形式,某些女性主义者提出了不同形式的家庭阶级关系(Fraad et al.,1994;Cameron,1995)。他们提出,不论是从其中进行的生产活动来看,还是从家庭成员处理剩余劳动的方法来看,家庭都是存在差异和变化的场所。

女性主义者尝试重塑"经济"以获取更深刻的内涵。它有效降低了资本主义部门在经济话语中的中心地位,同时并没有为经济理论建立另一个中心。它强调家庭多样的经济和剥削形式使得讨论非资本主义部门的多样性成为可能。一旦有了可能性,我们就可以开始了解发达资本主义社会形式不同的剥削。这种知识是多样化阶级政治的条件之一,没有这些知识则造成对这种政治问题的无知和障碍。

有机体和特定阶梯式马克思主义(或非马克思主义)经济理论的霸权阻碍了对非决定性的经济社会整体形成复杂、分散的知识。这些思想造成对"经济"简化有限的理解——导致大多数经济政策项目的失败,并往往和专横的干预和一刀切的处置联系在一起。由于这种观念的普遍程度,经济话语及其倡导的经济政策成了男人宣扬其理性和专权的舞台。不幸的是,台下藏着的是傲慢与失败。

尽管不受我们的操控,我们的整体性是我们不经意中造就的。也许我们能使它成为新阶级未来的愿景和行动的场所。

(童昕 译)

第二篇 生产的领域

导　言　质询生产

亚当·蒂克尔、杰米·佩克、特雷弗·J.巴恩斯、埃里克·谢泼德
（Adam Tickell, Jamie Peck, Trevor J. Barnes, and Eric Sheppard）

经济地理学自诞生之日起，在很长一段时期内都在尝试用各种方法来考察生产的地理布局。这点在早期对农业活动和工业活动的描述中可明显地看出。但自定量革命起（当时经济地理学家采用并发展了冯·杜能、韦伯、廖什、克里斯塔勒和帕兰德的古典区位模型），它就具有了不同的形式，对原材料直到最后制造出的产品和距离进行完整的分析，并对这些事情在哪里发生提出系统的解释。20世纪70年代马克思主义理论兴起后，它仍很强调生产。在这个研究中，利润和赢利动机被定义为经济变革的动力。它强调组织生产并不只是为了满足人类的需要，也不完全是对消费者需求的回应。相反，用马克思的话语来说，它代表了"为积累而积累"。尽管马克思主义理论在经济地理中已不再流行（哈维，第一部分），它遗留下来的思想仍然是经济地理学家理解生产布局的核心方法。第一部分的章节从不同角度，直接或间接地采用、拒绝或改变了马克思主义理论。马克思主义者认为利润驱动的生产位于资本主义系统下社会生活的核心。它的特性由拥有生产收入的资本家和出卖劳动力为生的工人间的根本分隔来决定（还有由地主和资源拥有者组成的第三群体）。社会的核心具有不平等的权力关系，引起"对大多数人而言是系统的镇压、社会和生态上的剥削、不平等的发展、缺乏权力和社会排斥，而对少数人则是巨大的财富、权利和自由"（Swyngedouw, 2000, p.44）。

以下的章节中，理查德·沃克（Richard Walker）的文章则最明显地体现出马克思主义。20世纪70年代期间，从绝大多数的西方资本主义社会的经济统计资料中可以很明显地看出，服务业的雇佣和产出已经超过有形生产。在某些观察家看来，如丹尼尔·贝尔（Daniel Bell, 1973）认为这是资本主义本身组织的一个标志性的变革，服务业成为发展的动力。沃克的文章对这个论点持批评态度，认为这是

对马克思主义思想的简化和错误的解读,认为有形生产是资本主义制度的基础,社会和法律的上层建筑建于其上维系社会的统一。因而,向服务型社会的转变会被看成是对根植于物质生活的社会联系的政治经济提出的一个挑战。沃克指出,这表明了对马克思主义分析本质和经济组织中服务业实际角色的误解,他主张服务业应被看成是生产过程的一个持续的组成部分。对于沃克来说,资本主义的关键特点就是它的动态性和革命性,导致它内部组织和生产形式的根本改变。但它也很保守,这样,社会的阶级分裂还会持续下去,即在掌握资本和不得不出卖劳动力的阶层之间的分裂。沃克指出,服务业增长明显是因为资本主义足够灵活,能够再创新来满足人们的需求,同时仍然非常保守地来保持社会的基本分隔不被打破。所以,沃克得出结论,服务社会的一些理论家关于生活水平和机遇改善的普遍乐观的看法实际上是误导,只有社会主义改革才能真正改善人们的生活。

地理学家使马克思主义式的分析认识到资本主义制度必然会导致"不平等发展",因为资本家和工人之间的关系不论是在实际地点还是在超地理空间范围内都是敌对的。与某些流行的自由主义解释相比,马克思主义者认为资本主义制度产生了一个必然的"不安定景观":一个地区的经济下降并不单纯因为坏运气、"次理想"选择或是"不合适"的当地商业风气。所以,一个合理的分析需要集中在经济关系和它们与不平衡的空间发展的复杂联系上。为了使利润率最大化,企业会不断适应(如果它们不这样,将不能与其他企业有效竞争),使资本主义制度成为一个具有高度动态、产业快速转变和区位剧烈变化的系统。资本主义制度是不稳定的,从属于周期性的生产过度和资本积累过度的经济循环中。在循环里,商品、仪器、金钱、工人和建设环境可能会不再有用,导致资本的"蒸发"。通货膨胀、失业、证券市场崩溃和产业能力的破坏是典型的后果。马克思主义地理学家强调这些蒸发通常发生在特殊的地区,资本家和政府都试图通过生产再组织和地理再布局,或者改变建筑环境(例如船厂旁的住宅或在废弃工厂中开设的零售业)来抑制或缓和危机。

20世纪80年代,英国的马克思主义分析越来越深奥,就像约翰·洛夫林(John Lovering)认为,地理学中的马克思主义理论:

> 是在一个非常普遍的程度上定位的,很少关注特殊的经验案例……这项工作除了一个含蓄或含糊界定的千年革命外,并未谈及补救的措施

(John Lovering,1989,p. 206)。

多琳·马西(Doreen Massey)的文章正是在这种背景下应运而生。马西从资本家与工人之间的冲突关系和利润动机的中心地位出发,但她坚持认为这些关系不同的地理空间有着多样化的表现。尽管表现出来的空间结构非常多样,新的结构也不断发展,但马西抓住了一条主要脉络,就是地理关系实际上反映了权力与控制的关系。资本主义社会的共同点是区域经济专业化的出现(比如产业组装、研发或金融服务)。对于马西来说,这不仅是生产效率或当地自然因素的问题,从更深的层次来看,这反映了权力的关系。核心区域通过明显地对金融、管理和政府决策功能的集中来积累权力和控制能力,而其他属于从属的经济、政治和社会地位,受到"外部控制"。

马西的文章研究了英国自 20 世纪 60 年代到 80 年代中期的经济地理变迁,利用经验证据来支持她的论点,即英国产业基础的衰落强化了现有的统治地理关系。尽管英国东南部通常受到优惠,伦敦市的重要性不断增长意味着东南部从某种程度上能确定自己在国际劳动分工中的地位,而英国的其他地区则总是受制于别的地区。

马西对英国经济重组的研究发生在英国开始慢慢放弃制造业的时期。英国的经济地理最强调要抓住"去工业化的地理"(例如,Matin and Rowthorn,1986;Marshall,1987;Massey and Allen,1988)。有人声称资本主义进入一个经济增长的新时期,涉及新的和不断变动的生产形式,这种看法受到怀疑主义的批判。在艾伦·斯科特(Allen Scott)的论文中没有这样含蓄。斯科特借鉴法国"管制学派"的理论工作,主张:①资本主义表现出持续的增长,间或有经济不稳定期;②这些增长依靠复杂的组织、文化和政治环境(例如,消费模式、政府行为、劳动关系、商业规范等)——也就是"社会管制模式"——得以持续(这个观念很大程度上也要归功于对资本主义社会的经济"基础"和社会政治的"上层建筑"的马克思主义思考)。管制学派的范例是"福特主义",发生在 20 世纪 40 年代末至 70 年代初的经济持续增长时期。福特制时期内,管制理论家假设一方面大规模生产和大规模消费间有有效的联系,另一方面在社会管制上建立起凯恩斯—福利主义模型。建立在流水线原则上的高度有效的工厂系统受到多方面的补充和保障:①政府来改善生活水平与社会福利(保证收入)和提高就业率;②提高实际收入并增加财政基础设施,为大众消费市场提供一个有形的基础;③经济政策对各种形式的"凯恩斯主义"广泛接受,从而对抗经济周期,形成更稳定的和可预见的市场环境。

  直到 20 世纪 80 年代,可以清楚地看出生产、消费和社会管制间有效的联系,但这个联系不再为西方国家经济的安定增长服务(Tickell and Peck,1992)。新工业化国家间的竞争加剧,利润率和劳动生产率下降,通货膨胀和失业率上升,不断破坏凯恩斯—福利主义社会社区的基础。北欧和西欧以及北美"阳光地带"的许多的经济地理学家很快就注意到本国经济在这个过程中(例如去工业化和失业)不利的一面,斯科特主要对积极的一面感兴趣——从旧的废墟中生成新的、灵活的经济。他主要是关注新生增长部分和与之相伴的社会管制形式,他受到"弹性积累"模式的影响很大。在将要成为福特主义接班人的这个新兴的领域,企业至少用三种方式来组织它们的弹性生产:企业内部、与其他企业间的联系、与工人的联系。而且斯科特认为,当弹性积累与相关的社会和政策组织互补时才能兴旺发展。例如,企业只能在当地劳动法规和劳动文化都允许的时候才能谈到弹性劳动。因此,灵活积累的经济地理与以前的福特制时期完全不同:对公司内部交易依赖的上升导致了空间集聚的更新趋势,这方面最生动例子在新兴的增长区域,即"新产业空间"。所以,马西试图突出区域权力联系的历史延续性,而斯科特强调流动性和路径改变的可能性。特别要注意的是去工业化理论是在经济衰落的背景下形成,弹性积累理论是在加利福尼亚快速增长的产业经济的非典型背景下得以发展的(Gertler,1992)。

  在彼特·迪肯(Peter Dicken)关于全球化背景下企业和政府间的关系的研究中,可清楚地看到资本主义制度经济性质的改变。迪肯是第一个关注全球经济相互依赖程度上升的经济地理学家,特别关注跨国企业(TNCs)的兴起。在他的文章中,他试图超越全球化讨论中明显的二元对立观点——拥护的一方声称全球化是刚出现的经济同质化趋势或"市场规则"的一种新形式,而反对的一方则贬低全球化过程的新颖之处和重要性。迪肯反对这些两极化的观点,他提出应该从理论和实证上对企业和政府间的联系进行更深入的研究。这包含三个主要部分:第一,必须要理解 TNCs 的本质和它们之间的联系。迪肯认为并不是所有的 TNCs 都表现为同种方式。每个都有不同的结构和战略,面对相同的困境会有不同的反应:

如何同时实现全球效率和地方响应。第二,要仔细地重新审视国际领域中国家的角色(在第五部分——社会的视野中也会涉及)。迪肯反复提出国家的各种各样的行为和战略,某种程度上充当了国家经济标杆。第三,迪肯认为国家和TNCs之间的联系是多方面且动态变化的,随着时间发生着重要改变。总的来说,迪肯注意到TNCs与国家之间权力联系的微妙之处。他坚持认为随之而来的世界经济地理不是事先设定的。迪肯反对公司"统治世界"这种夸大的判断,不过他指出,国家已经越来越难得到TNCs的认可。斯科特指出的复苏地方经济当然是迪肯描述的多样化的全球经济的一部分,但他怀疑"柔性区域"网络的说法能构成某种新的经济学范式。

尽管经济地理学已从早期的生产主义特性中前进很多,但仍然强调相关的抽象经济范畴,例如区域、国家和TNCs,这就意味着在某些方面,它的许多想法仍然脱离现实。例如,沃克和斯科特都强调劳动的不同形式,他们很少谈及人。像梅丽莎·赖特(Melissa Wright)这样的作者,更倾向于与吉布森-格雷厄姆(在第一部分)的主张达成一致,询问是谁填满由这些理论经济范畴制造出的"空虚空间"。在赖特对美国边境工业带中外资公司在墨西哥投资的组装企业的研究里,她集中研究经济联系中的各种各样的权力关系。她关注工作场所的社会关系建构的复杂过程,揭示出这些关系社会建构的本质,而不是组织单方面设定完成的。这篇文章写到一家在墨西哥的美国工厂的企业政策的经验研究,说明了性别和国籍是怎样使阶级分析变得更复杂。与沃克和马西一样,赖特受马克思主义影响很深,她认为这个观点必须要加以补充来帮助理解经验案例。结果她采取女性主义理论来表达存在于这些组装工厂中的占统治地位的各种各样的联系[在第五部分麦克道维尔(McDowell),第一部分吉布森-格雷厄姆的文章中也可看到]。第一,女工的劳动被认为天生就不如男工的劳动有价值。第二,墨西哥工人的劳动被认为比美国工人的劳动地位低等,甚至墨西哥工人要想进入管理层,就必须成为美国纳税人(加入美国国籍)。赖特的文章的特长在于将一个时期内有深度的访谈和独特的观察相结合。这使得赖特能与主要参与者之间建立信任关系,并反映出美国管理者对阶级、种族和性别的理解。

在阅读这些文章时,请考虑以下问题。所有这些阅读材料都受到政治经济学方法的影响。在何种程度上研究者个人的政治立场和"定位"——受到研究者自己的阶级、种族和性别的影响——左右了研究的过程和对研究内容的表述？这些表述仅仅是描述生产的经济地理变化，还是试图重塑我们对经济地理理论和政治上的理解？生产过程是否在当代经济地理中"丧失中心地位"，还是对这个过程的流行的分析方法发生了变化？这些文章的实证基础是什么？尤其是参与者怎样凭借经验证据和理论证据来构建他们的论点？一个具有不同的理论或政治出发点的人利用相似的证据会不会得到不同的结论？最后，也可能是最具有挑战的是，我们能不能区分出经济中"真实"的变化和我们对经济解释方法的转变？如果可以，那么该怎么做？

（卢洋 译）

第六章 存在一种服务经济吗？
资本主义劳动分工的转变

理查德·A. 沃克（Richard A. Walker）

一、介绍

"服务"和"服务经济"的概念很容易就被大家所接受。这个概念广泛流传,先进的经济已到达"后工业"阶段,"服务部门"已取代制造业成为经济发展的动力(Bell,1973)。对这些观点已经有许多研究(Stanback,1979;Stanback et al.,1981;Stanback and Noyelle,1982;Gershuny,1976;Browning and Singelmanm,1975;Singelmann,1978;Ginzberg and Vojta,1981)。但这个领域一直缺乏系统的分析工具。许多分散的现象任意指向一个含义过多的概念——"服务"。斯坦拜克和他的同事把这称为"错误的同质性概念"(Stanback et al.,1981,p.2;Singelmann,1978,p.24)。马克思把这称为"混乱的概念"(Sayer,1982a)。我们的任务就是根据马克思主义的资本主义理论来整理出"服务经济"的方方面面。

本文中服务这个观点首先是关于产出的理论。我们的分析从区分劳动的产品——服务和商品——开始。通常从个人的消费或"消费者服务"出发,认为消费者相对于物品更偏好服务(Fuchs,1968),而最近更多研究集中在"生产者服务"上(Stanback et al.,1981;Stanback and Noyelle,1982)。这些研究仍然把服务视为一种产品,只不过不是由个人消费,而是商业企业来消费。而斯坦拜克等人则意识到不应讨论"我们生产什么",而应讨论"我们怎么生产"。

因此,我们必须强调生产的问题。谈到生产进一步就要说到劳动的问题。货物和服务的差别取决于它们生产过程中的劳动的形式。但只有这点还是不够的,还必须要考虑复杂的生产系统,或是马克思所说的"集体劳工"。这就需要解决现代资本主义经济中劳动分工的途径。本文试图解剖劳动分工,关注生产和使用价值的循环中的具体劳动。这需要比新古典经济学贫乏的语言系统复杂得多的术语。

服务业也是经济发展的基础。在传统的术语中,有从第一产业(开采)到第二产业(制造)再到第三产业(服务)的转变(Clark,1940;Fisher,1952),或是从工业化到后工业化经济的过渡(Bell,1973)。这个论点有两方面:服务已取代货物成为经济的主要产出,服务岗位也取代了工业就业成为主要的工作职业。格沙内(Gershuny,1976)在区分两种解释方面做了很有价值的工作,把注意力引向职业结构的改变。而且,他证实不能武断摒弃传统的话语。

具体劳动和劳动形式领域的争论从没有停止过,并陷入僵局。问题不是某种产品与其职业的对应,而是针对劳动的两种形式的产出的使用价值和剩余价值的争论。格沙内指出一些职业对其他生产率的贡献。因此,我们必须从价值和剩余价值方面考虑生产性劳动。这对一些马克思主义的案例中保持连贯性非常重要,如生产的资本主义特性和经济发展及劳动分工变化背后的资本逻辑。但它也迫使我们重新考虑生产性劳动和非生产性劳动的问题,根据这个目的,我扩展了间接生产性劳动的概念。

后工业化的概念也带有社会学和政治上的寓意:后工业化社会的资本主义制度已被取代。社会变革不再必要,因为它已经发生。这种来源于后工业化经济理论一般见解的观点逻辑不清楚,无法区分生产(工业主义)和生产关系(资本主义),也无法区分阶级联系和劳动分工(Walker,1984)。贯穿全文的主题就是资本主义发展理论中所包含的劳动分工的进展。生产、活动和劳动类型会随时间而改变,但资本主义制度下劳动的目的还是一样的,产生并不断积累剩余价值。

二、什么是服务?复杂劳动分工下的使用价值和有效劳动

一般认为服务到处都有。显然,传统"产品"及其工厂正在成为昨日黄花。"服务"走上前台,意味着更加个性化的劳动,具有非物质性、传递信息和更多的个人满意度,与工业时代的生产、运输和组织有着不同的模式。这些观点没有仔细分析现代资本主义经济中的有效劳动。"服务"这个词企图包含银行、修理厂或旅馆如此不同行业所共有的重要议题。这些"服务"在工业主义语言中既不新鲜也不神

秘。因此,这部分就着重对具体的行为或劳动的任务进行解析,其所处的经济依然基于有用产品的生产、交易和消费,并且主要表现为商品和货物的形式。

1. 产品和简单劳动

"服务"的定义传统上与货物相对。尽管所有的货物都反映某种形式的服务,区分的关键取决于生产,而不是消费。因此,我们先从具体劳动和它的产品或使用价值入手。

货物和服务的不同主要是劳动方式与产品的不同。每种货物都是根据人类需要,由人类劳动生产出来的有形的实物。简单地说,它是切实的、不连续的和移动的。而有的劳动的产出相比之下不那么有形,比如一台演出或一个演讲,它通常不能被其他的工人再现,生产者与消费者间的交易也是独一无二的。

这还不是全部的差别。问题的关键在于生产出需要的结果的社会技术特性,以及由此而来的如何在对应的生产过程和产品之间划分一个明确的界限。一个不完全的例子就是理发,这是一种劳动的切实的产品——如果它是假发,毫无疑问它就是一个商品——但它与客户是一体的,这就使得它个性化,与众不同且不能重复。

大多数混淆是既有货物又有劳动服务的生产引起的。例如,饭店和其他卖食品的地方普遍被认为是服务业的一部分。但食物都是在厨房里做好的(尽管每盘都不相同)。预定座位是个性化的劳动,通常是整个就餐过程中能享受到的服务的一部分,因而是劳动服务。饭店生产混合了服务的产品。但麦当劳并不是这样,为了大量生产,服务已被排除掉。服务经济中包含快餐食品是很可笑的,他们打的是成功的工业化食品制备的旗帜。

货物物理性质的改变也引起了很多混淆,使得一些观察家把不存在服务的地方也算做服务。这部分也源于现代生活中不断增长的复杂操作,特别是通过电子信息技术的自动化控制。许多人对货物的概念还停留在机械时代。他们没有看到计算机程序以磁带或磁盘的形式存在,正如椅子是有形的货物一样。它由劳动生产出来,可继续存在,并有使用功能。它具有离散且切实的形式,并不像一个真正的劳动服务。这才是可触摸和无形的货物或可见、可掌握的东西与不可见的东西之间最根本的区别。

可能有人会说货物的信息方面会随时间的推移而增加,因而对文章内容的强调不应该超出文档的信息方面。我认为不应该混淆使用价值(信息方面)和物理对象的物质性,从而跳过生产过程中具体的劳动活动。

2. 生产和劳动分工

劳动分工是指复杂的生产过程和多样化的生产系统中形成的劳动差异性和特殊性。服务理论家们把经济分割开来,并贴上"货物部分"和"服务部分"的标签,而不是作为整体经济的各个部分。

在迅速膨胀的"生产者服务"中包含了太多的内容。生产者服务长久以来一直被理解成在复杂生产过程中为实现其他生产而提供的商品服务(Marx,1967)。这也被称为"中间投入",可能是货物也可能是劳动服务。生产者服务的增长并没有说明最后产出的特性。"生产者服务"暗指所有这样的投入都是劳动服务,虽然很多实际上也是商品。但即使是劳动服务,它们依然还是货物生产的中间投入,例如,雇用技术顾问来设计工厂。生产者服务的扩张不意味着服务产出的增加;仅仅是所有产品生产中的社会劳动分工扩展了。这也重蹈19世纪工业主义的覆辙,那时资本货物生产从消费产品生产中分离出来,形成独立的企业和行业(Marx,1967)。

这种扩张向两个方向发展。所有货物生产都需要某种劳动服务投入,所有劳动服务都是在货物的使用中产生的(Gershuny,1976)。例如,"健康服务"的扩张需要更多的医药和X光仪器,因此没有制造而只谈服务是没有意义的。是商品还是服务的生产占主导的问题导致了经济投入—产出矩阵的冗长研究。这个问题进一步引发了大量描述社会和细致劳动分工变化曲线的研究,试图预测我们社会正在发生的转向。

劳动分工的种类很混乱(Walker,1984)。社会劳动分工传统上意味着不同生产部门的劳动,比如洋铁匠与修鞋匠。而另一方面,细致的劳动分工是指工厂内劳动任务的细化。例如,在生产鞋的过程中的切割和缝制之间的分工。细致的劳动分工特指将与生产分解成连续或并行的步骤的过程(Marx,1967)。

这两种劳动分工之间的经典区别方法在面对中间投入问题时遇到困境。什么时候炼钢是一个产业,什么时候它又像在福特的福特河谷(Ford River Rouge)工厂中那样是汽车制造业的一部分？当单一的生产体系被细分为许多小工厂时，这种区别被打破了，这种情况目前很普遍。我们需要按照工作组的分离重新定义社会劳动分工，通常有劳动场所这个空间因素，并将细致的劳动分工这个词限定为工作组内的专业化分工(Walker and Storper, 1983)。

3. 流通

目前关注点一直在生产的使用价值。我们还一点儿都没有涉及流通：社会劳动分工中生产者和消费之间货物、劳动服务、资金和信息的流转。接下来我们介绍价值或抽象劳动等概念，因为特定的具体劳动需要转化为流通的商品价值。

市场里的每件商品都是劳动的产物，要用钱来交换。商品可以是货物也可以是劳动服务。商品既是有用的产品，也体现了用生产所需的抽象（社会必需）的劳动时间来衡量的价值。因此流通同时包含了价值和使用价值的流动。

不是所有的货物和劳动服务都如商品一样流通。市场不是交换的惟一方式。这引起了服务理论家无尽的困扰，他们总是混淆货物和劳动服务的区别与商品和非商品的区别。劳动分工有市场和非市场的组织与整合形式。因为如果我们把"市场"当做想当然存在的事实，那么我们就会错误地认为其他经济整合模式都是不正常的，或与过去割裂的。

市场是社会建构的制度，经历几个世纪才被建造起来(Braudel, 1982)。本世纪，市场交易越来越多地采纳企业形式的商业组织。大量的货物和劳动服务在企业内转移，并不需要任何价格形态、产权的改变或是资金的交易。一个公司选择通过市场或非市场途径供应自己所需是依其对成本和风险的战略而决定，但经常很武断。企业组织的增长与产出、货物或劳动服务的类型似乎没有什么关系。交易模式并不影响生产模式。

依我看，劳动分工的企业组织并没有取消价值规则。交易的统治模式仍是市场和内部复制市场的大公司两种，并不是要推翻生产活动中的（社会必需）劳动时间和利润率的均等规则，而是修改使之更完善(Harvey, 1982)。价值生产和流通仍在目前内部交易（非商品）与外部交易（商品）的秩序下。企业的首要目标是组织工业生产和流通，而不是去推翻它。

零售和批发贸易通常都算做是服务部分。大多数贸易包含货物。贸易活动远在产业变革之前就已在商业发达的地方快速增长(Braudel,1982)。批发主宰了美国早期的经济(Porter and Liversay,1971;Vance,1970)。零售在20世纪早期,大规模消费蔓延时期内发展最快(Stanback et al.,1981)。如今批发零售贸易的规模已经成为工业生产效率的指标,汇总了大量流通的货物和企业间的销售竞争。

由于零售通常包含额外的劳动服务,而不仅仅只是把商品移交出去,因而造成贸易与"服务"之间的混淆。售货员可能会为购买者提供信息、指导或是将劳动服务与产品一同打包——例如旅行社所提供的假期旅行套餐(Stanback et al.,1981)。但是如果销售劳动仅仅把产品从一方转移给另一方,提供交易便利或促销(例如广告),并没有增加什么产品或用途,就没有发生生产。这样的劳动完全是流通的一个部分。生产和产品、货物或劳动服务的形态并不是问题所在。

金融"服务"或资金的流通通常包括在服务经济中。金融是货物生产体制或工业系统中构成整体的一部分。货币体制的发展是市场交易制度构建的一部分。货币是作为商品交易的中介和交易价值的衡量工具。这个功能早于资本主义而出现。它还是商品生产过程中(劳动)价值增值的存储器,给货币掌控者拥有调配部分社会产品的权力。最后,它还具有资本功能,可投资于获利行为中(Marx,1967;Harvey,1982;Braudel,1982)。

总之,流通中大多数经济信息与物质、商品、货币和资本的库存和流动并行,共同编织了市场和组织网络的骨干结构。当然,信息并不只是原始的数据、"仅仅"反映"真实"的移动;它也是经济运行的分析知识。一般来说,信息生产和流通会比国家生产增长更快。然而,大量的信息首先属于工业经济本身,并不会形成一个自发的"信息经济"。

信息的流通就如资金的流通一样,很久以前就对贸易商很重要(Braudel,1982)。改进的通讯系统是工业革命和美国发展的核心(Pred,1973,1980)。美国电报电话公司(AT&T)是本世纪最大的工业企业。简言之,信息经济并没有什么新东西。

4. 消费

消费在关于生产和交易的讨论中鲜被提及。它的目的和模式应受到更多的讨论。一些服务理论家认为个人的劳动服务而不是货物更能满足人们的需要(Bell,

1973)。这种趋势并没有明确的证据。相反,消费者服务自从本世纪初期达到顶峰后出现下降(Gershuny,1976,Stanback et al.,1981)。实际上,19世纪是家庭和个人服务的黄金时期,20世纪则是以大规模产品消费为特点的(Gershuny,1976)。大规模消费的主要物品有房子、汽车和电器机械,还有它们的配件。这种消费模式对职业的主要影响是促进了销售人员、维修人员和消费信贷服务的增长。

正如格沙内指出的那样,产品和劳动服务也许是满足给定需求的替代品(Gershuny,1976)。一个人可以去听音乐会或买唱片,用真空吸尘器或由女仆来打扫,去一个法式洗衣店清洗衣服或用家用洗衣机和烘干机完成这项工作,看医生或自己吃药;结果都大致相仿,尽管不会完全一样。大批量生产的产品的成本在一定时间内取代劳动服务有很充足的理由。而很少有什么新的需求可以完全通过劳动服务得到满足,而长期趋势还不好说。

"消费者服务"的增长由服务理论家赋予了很重要的意义,是人力潜能发展的指标。他们的灵感来源于"需求的等级性",一旦人们更加富裕,需求的层次就会提升(Ley,1980;Bell,1973;Stanback et al.,1981)。这个理论没有历史学或人类学基础,远不是比如人们的收入增加,就会少吃马铃薯而多吃牛排这样琐碎的概念。人类的需求和满足它们的能力实际上是一种类似潮流变化的发展。并不存在一个排序表,能指示一个人收入增加其需求就会从一种转到下一种。贫穷并不能自动使人的基本要求得到满足,而富有可能使人性中所有的欲望都更加精细。这使得人类文化向琐碎化的方向发展并抬高了富有者行为的地位,而这种文化和行为并不必然代表先进文明的方向(Lebowitz,1977-8;Walker and Greenberg,1982)。

消费者产品的增长,包括商品和劳动服务,部分是由于从市场上购买的商品取代了家庭劳动。历史上,非资本生产向资本生产的转移是家庭市场扩张的基本源泉(Tryon,1917)。这个过程依然在急剧进行中,正如快餐外面的发展所显示的那样。在某种程度上说,没有新需求被满足;不过是换了种形式。当然,资本渗透通常也可以说意味着创造了新需求和满足该需求的新产品(Lebowitz,1977-8)。不管怎么说,本世纪消费产业的扩张是资本产业化成功的标志。

5. 组织和管理

通常服务理论会将管理也归为"服务",包括管理职业、总部或独立的"商业服务部门"等形式。因为管理劳动产生的结果不是"货物",而一般被认为是为生产提供的一种"服务"。但管理被认为是社会劳动分工中单独的一类,可归入其组织和控制的生产和流通中。由此它跨越了前面所谈到的各种劳动类型。

所有的工作场所,无论是生产整个产品还是只生产其中的一部分,都需要协调、监督和问题排解。当劳动进程的规模和复杂性增加,技术能力的因素就会显现出来。"管理"工作被认为是所有大规模和复杂的使用价值生产的一个普遍特色(Marx,1967)。它的存在与产品的种类是商品还是劳动服务并没有关系。

在现代资本主义经济中,各种工作单元依靠企业和市场互相联系。这也同样需要协调工作。企业管理与其他事情一样有它自己的目的,即节约流通的成本和时间,协调漫长的生产过程,并联接前后向的劳动投入以更有效地发展生产和销售(Chandler,1977)。随着资本的集中化,企业管理得到快速成长。不过,这类劳动也不是什么新玩意儿(Chandler,1977;Poter and Livesay,1971;Pred,1980;Braudel,1982)。

绝大多数的"商业服务"是管理劳动分工的扩张。随着管理的增长,这类工作通常会集中到相对独立的工作场所,也就是所谓的总部。总部内有许多管理工作的分工,例如有律师部门和会计部门。特殊的管理还可从市场上的其他公司获得。"商业服务"的成长主要归功于以前存在于大企业内部,而现今独立出来的部门(Fuchs,1968)。

这种现象似乎产生一种矛盾:管理本身并不是生产,但却能以简单的商品生产的形式变成一种中间投入。这也没什么大不了,与消费者服务类似,就像医疗,把商品作为投入来进行生产。许多商业服务表现为劳动服务的形式,但也有一些是商品的形式,例如计算机软件。不管怎样,其中包含了大量的信息内容,但这并不会改变生产的形式,流通的模式或是劳动投入的管理目的。当管理的规模扩大,管理投入的供应就会变成一种工业生产,形成有大量办事人员的"内勤部门"。

到目前为止,我们完全从有用价值的生产和流通的组织角度来看待管理。然而,资本主义管理还包括另一方面:剩余价值的生产和积累。剩余价值生产的基础是阶级权力、剥削和劳动控制;管理的这个功能渗透到所有先前的考虑中(Braverman,1974;Edwards,1979;Marx,1967;Walker and Storper,1983)。类似地,经济利益的计算由管理者来决定。实际上,劳动存在于资本服务里。但这没有形成服务经济。

三、发展和生产性劳动：劳动分工的动态变化

目前的讨论还是对现代资本主义经济的静态分类。然而，如果不涉及服务理论家提出的有关变化的合理的议题，讨论就会停留在缺乏历史发展性的结论上，从而断言工业主义依然占统治地位（并将永远如此）。如今所需要的是对引起新型劳动和产品增长的资本主义发展进行评估。这需要将重点从具体劳动行为（使用价值的生产和流通）转向抽象劳动（剩余价值的生产）。我们仅考虑不同种类劳动的有用性，而不是它们产生价值和剩余价值的能力。为了回答为什么劳动分工会发生改变，我们必须聚焦在剩余价值的获取和积累的资本主义逻辑上。马克思主义价值理论必须足够灵活以包含生产性劳动的再分配。必须坚持的立场是抽象为剩余价值的生产和流通的生产关系在推动生产性力量的发展，而不是相反，并且这仍然是工业系统的核心。

1. 大量剩余价值：建立在生产性劳动上的大厦

一开始我们可以说资本主义工业没有被超越，而仅仅是扩张、深化及完善。正如前面已经阐述的那样，"服务"的绝大多数是工业经济中商品生产的传统行为。很大程度上，"服务经济"理论是一个骗局。尽管学习创新和改变的能力很重要，但不能丢失关键的内在一致性：所谓"服务"行为的成长依赖于工业系统的生产能力。消费水平上升，产品丰富。商品的大量生产和消费使得大量劳动从事于批发中心、零售点、复杂的销售和运输。商品流通过程中利用大量金融组织可促进交易、缩短时间和空间、提升资本积累。金融大厦里专业化的金融衍生产品也在发展，从出租企业到二手抵押市场。经济信息通过产业创造的交流渠道传递。大量的经理人员统治这个系统，从他们所监控的剩余价值生产中获得回报，和他们并肩而行的还有那些各方面管理投入的专家。

总而言之，一个巨大的上层建筑矗立在现代工业造就的价值和财富之上。这个上层建筑通常被称为"服务经济"，并被看做一种自为的力量，但没有工业基础，它必然会崩溃。

基础和上层建筑的概念引出了生产性劳动和非生产性劳动的区分这个古老的问题。简单化的区别方法在多年的争论中已经受到猛烈的抨击。马克思是第一个区分生产劳动和流通劳动的人，他希望保持他的剩余价值理论的基本假设前提的一致性：价值在被另一个人评估之前，首先必须被某个人先生产出来的，也就是说，其中涉及阶级剥削。换句话说，与表面的资产阶级意识形态相反，没有生产，"钱是不能生钱的"，而"纯粹"的商品交换并不创造价值（Bradby，1982）。正如我们这个时代通常所认为的，管理并没有创造利润，信息并没产生新价值，没有转化为劳动中实际应用的知识的科学也没产生新的使用价值。但马克思主义的正统观点同样不能令我们满意，难道所有的生产性劳动就仅仅限于敲敲打打这类行为？问题在于如何从价值的角度区分生产性和非生产性劳动，并结合前面讨论的各种有用劳动。

我认为这个问题的答案在于一个结构性的方法。那就是价值联系处于有用劳动联系的层面之下。价值联系抓住了资本主义系统的某些关键特征，特别是在经济的某个环节中雇佣有薪劳动来生产价值和剩余价值的必要性。但我们并不指望能从如今的职业分类中严格区分生产性劳动和非生产性劳动，就像不可能从日常价格中分辨出价值一样（Dominic，1983-4）。因此，任何试图把一个复杂的、辩证的和结构性的劳动分工清晰的分成一个个生产性劳动和非生产性劳动的努力都是徒劳无功的。

由此，用简单的经济基础与上层建筑的概念来纠正服务理论的倒金字塔概念，依然只能是对现状部分正确的刻画。我们需要再考虑一下生产性劳动和非生产性劳动的关系，梳理清楚工业基础下生产能力的来源，其中许多都存在于"上层建筑"里。这并不是一个完整的结构性分析，但至少第一次认识到生产性行为包含宽广的范围，其中包括从最直接的生产到最间接的生产。

2. 剩余价值率和资本积累：间接劳动对总体生产率的贡献

资本主义工业化被等同于提高劳动生产率，或增加相对剩余价值和降低流通成本和时间。所有这些都增加了资本积累的速度（Marx，1967；Harvey，1982）。在增加劳动生产率和加速资本积累的过程中，强调的重点从直接劳动转移到间接劳动。结果商品生产中的"手工"劳动缩减为全部社会劳动的很小一部分。这在 19

世纪从手工工场制造到工厂"机械加工",或是20世纪初期从机械化到电气化的生产组织革命中都得到充分体现。无论如何,它都是"服务经济"现象的症结。

第一类劳动是直接花费在产品上的工作,无论是商品还是劳动服务。它是手工劳动。然而,如果引入时空中的生产复杂性,直接劳动的范围要比想像的大得多。

第二类劳动包括了与直接劳动有一定距离的工作,车间作业或是与第一劳动最接近的地点。通常有两类,第一类包含车间内特定的辅助劳动。这些工人并不转移或组装原材料,他们的作用是缩短直接劳动花费的时间,提高协调性和工作强度,并监督生产数据。第二类是预备劳动,这组工人为第一劳动开辟道路。简短地说,第二劳动就是把第一劳动从额外的任务中解放出来,使得生产过程更平稳并具有竞争力(服从社会必须劳动时间的要求)。第二劳动的出现体现了劳动分工对提高第一劳动工人生产率的贡献。

第三类劳动包括很多种,有的通常并不被看做是生产性劳动:贸易、管理、广告、银行、出租、某些交通和通信、保险等。这些都与直接生产有一定距离,但对复杂生产系统的总体协调、提高资本积累速度和经济的长期生产率还是有所贡献的。

这些活动绝大多数是流通劳动。通常将它们视为"非生产性劳动"是对流通的狭隘看法,认为流通是简单的交易,只是资本的转移。没有新的使用价值产生,没有价值增加;所有这些只是使存在的价值以货币的形式"实现"。这忽视了流通在生产过程中和生产力发展中的作用。流通中的劳动是资本主义成长的重要杠杆(Harvey,1975b)。

首先,更好的商品流动通过把工厂联系到一起,扩大市场、降低成本,从而改善开展第一劳动、第二劳动和补充劳动的环境。货币和信息的流动对产品移动的作用也一样。但在这我们只涉及简单剩余价值率。第二,资本更好的流通会加速积累过程,具体表现为对价值(销售额)更全面的再认识,更快速的周转和更低成本的流通。反过来说,产生大量的投资基金,有利于生产的持续发展,在新技术支持下的更快速的投资、在R&D方面投入更多的资金、营销和组织增长,等等。长期来看必须要解决劳动生产率的增长和剩余价值率的提高。

知识生产和工人再生产是最难处理的种类:它们与资本主义生产和流通间功能上的联系前面都已经强调过。从这个角度,它们相当间接地有利于直接劳动。

科学和其他形式的探索有助于企业采用和工人学习有用的知识。教育帮助工人确定目标和解决问题。医疗保健保证工人正常工作。这些全是各种劳动的前提条件,随着时间的推移这些前提条件还为劳动生产率的提高开辟了很多途径。

前面所提到的每个间接劳动都从属于进一步的劳动分工,以提高劳动生产率。然而,间接劳动的现象不需要突破这个范围就能说清楚。

最后,不是每个对生产率有贡献的因素都可以包括在前面的分类中。整体要比各部分的总和大得多。社会劳动的发展以不可预计的方式刺激了所有的人类集体事业。其中一些有损狭义的经济生产而有益于资本。

3. 使用价值和剩余价值:劳动对象的改变

到此我们已经勾画出劳动生产的物质产品和及其使用价值的静态图景。现在我们必须要考虑间接劳动、劳动生产率的变化基础和生产创新或商品生产基础的转变之间的关系。剩余价值的生产仅需要劳动使用到有用的产品上,与它们的属性无关。由于产品创新是获得竞争优势与利润的基础,因此可以预见资本家会不断地引入新的、大家没见过的商品和劳动服务。

工业革命改变了农业生产/手工业生产遗留下来的物质投入。本世纪这个过程一直持续,正如船身木材让路给玻璃纤维,桥梁里的钢铁让路给混凝土。管道的铜让路给塑料。工业化还改变了生产出的使用价值的种类。在这我想强调的就是工业主义如何从自身发展中创造了新需求,作为自己产品创新的动力。再考虑从农业到工业的改变——历史上的相似之处总是被服务理论家利用。农业经济曾经是加工最重要的市场,但工业经济很快追赶上来,成为最大的市场(Lindstrom,1978;Pred,1966)。如今间接劳动可能是工业主义的着眼点,而其中大多数产品开发(包括生产的方式)都是直接的。例如,美国钢铁公司的发展需要计算机来帮助管理账目,反过来,计算机又产生了对集成电路、塑料、阳极射线管等的需求,而不是对钢铁的需求。与之相似,银行对货币管理有很大的需求,通信和数据处理仪器来完成它们的金融功能(Hamelink,1983)。

难道这不意味着从制造到某种"服务"或"第三类"经济的改变?产出的内容以三种方式改变。产品的使用者越来越多地是从事间接生产的人,产品的使用价值越来越强调"信息"。产品的原料转变到"无实质"的东西,如纸张和印刷、电流脉冲和磁盘驱动。然而这些改变没有一个不是在服务于工业经济（以制造业为基础）。

此外，有一点常常被遗漏掉，就是投入的劳动越来越多地采用商品的形式，一旦劳动服务出现在生产的新领域，就会为商品所取代（Gershuny，1976）。换句话说，"上层建筑"的部分持续的成长为形成工业"基础"一部分的商品需求。最基本的影响是工业商品原料和使用价值内容的改变，但劳动作为生产可销售产品的使用（主要是商品）和剩余价值还是与以前一样。用钢铁水泥生产汽车和大坝的工业基础并没有什么神圣的。它们也会像亚麻一样最终消失不见，或像小麦那样，因为是必需品而大量种植，但只占用很少的现代劳动力。工业可能会越来越集中在用于通信和管理方面的微处理机和光学纤维上。但因为这个基础会不断的有新产品补充，很难看出商品生产或货物生产的趋势会总体上消失。

四、结论

以上的评论分为两方面，都是要驳倒常见的服务理论中不足信的分析。我们第一个要提供的是看看有多少所谓的服务"新经济"可被传统的资本主义工业所理解。我们认为经济基础结构相当一致，即使劳动的特定分支在一个生产率更高、更复杂、地理上更分散、更垂直一体化的工业系统中规模出现膨胀。此外，我们反复强调当前行为的历史渊源，为的是纠正把当代混同为新事物的倾向。美国有许多人长期以来都在从事非基本生产的工作。实际上，美国制造业员工从来未超过工人总数的27%。美国与其他的发达资本主义国家有着长期"服务密集型"经济的关系（Singelmann，1978）。

另一方面，工业资本主义的形式也不断增多，这点我也不想否认。争论的第二个方面因此提到改变的力量。这在资本主义的历史上一点儿也不奇怪。我们需要准备面对一个不断迷失方向的工业世界。我们的祖先给我们同样的忠告，但总是被自认为代表现代化的新一代人所忘记。新人通常比绝大多数的知识分子更追求和接受资本。它只关心人力劳动创造出来的剩余价值；人力具体的目标和产品不过是达到这个目标的手段。

资本的革命力量形成了社会劳动分工的动态变化。正是这一点，而不是其他产品或产品形式的变化，才是"服务经济"争论议题所在。焦点是竞争优势——通常是资本积累——自从上个世纪就从直接生产者领域单纯的生产效率转移到间接劳动者领域,间接劳动者增加了社会劳动的生产率并加速了资本的积累。在这个过程中,"间接"经济成为生产的焦点,把自己作为增长的引擎。

为了理解这些表面上相互矛盾的结论,我们需要一种灵活的思想模式,同时能看到变化与不变。过去的两个世纪里一直都把资本主义看成是生产的一种模式。它建立在财产私有制、从出卖劳动力的工人身上榨取剩余价值,以及带有价值特征的商品生产和流通的基础上。它仍然是一个工业资本主义系统,物质"商品"、机械化和工业系统这些生产的特征还是占统治地位。它仍然还是一个企业金融的资本主义系统。事实上,这些"常量"在不断重组中也发生改变,不过在日常生活的掩盖下仍然可以认清它们。这也是给当今资本主义增添形容词的好理由,例如"信息化"、"电子化"、"全球化"和"间接生产"。但这些必须基于见识的理论,不能曲解马克思主义理论的精髓和洞见。"服务"理论的概念如此被误解以致在今后的分析中要被抛弃。

关于经济变化的社会含义和人类解放可能性的政治争论依然在继续,"后工业化"理论很难在其中有所建树。不断提升的技术水平、劳动分工的改变和资本主义文明下得到发展的人类潜能创造了社会改变的历史可能性(Block and Hirschborn, 1979)。20世纪不会因为与19世纪一样存在工薪阶层和工厂生产,就会产生和19世纪一样的革命运动。后工业化理论家的美梦在现实中有一定的基础。作为历史的消费者,田园诗般的未来并不会被盛在银盘中端到我们面前。如果存在一个启蒙、无阶级、人性服务的新时期,它不会不经过斗争而取得。我们必须在资本主义文明下的特定的武器、政策和想法所造成的混乱前景面前保持清醒。你会看到里根时代人们对于自由的乐观前景的预期比丹尼尔·贝尔写《后工业化社会的到来》(*The Coming of Post-Industrial Society*)的时候减少了。唉,只要文明被资本和它狭隘的、剥削的动机所限,就无法保证它会变得更先进——甚至被挽救。

(卢洋 译)

第七章　不平等发展：社会变迁和劳动力空间分工

多琳·马西（Doreen Massey）

一、不平等发展

如果从更大范围内考察社会经济的结构和动态过程，"不平等发展"概念的内涵就绝不仅仅是指在某些地区比其他地区拥有更多的工作机会，或者在某些地区比其他地区拥有更好的工作机会。尽管根据工作机会的数量和质量来比较地区之间发展平衡与否很有意思，同时这也是很重要的方法，但这种比较方法本身没有将不平等与导致这一后果的、更为深层次的社会组织的结构联系起来。为此，必须依照构成社会的基本"构建单元"（这里指资本家）来定义"不平等发展"。我们认为社会是由各个不同的阶级构成的，本文关注的核心也将紧紧围绕经济系统中各个阶级之间的种种关系，因为阶级结构从根本上是由阶级关系决定的。

"关系"这个词至关重要，而且比"构建单元"更为恰当，因为事实上社会阶级不是由一个个彼此独立分离的"构建单元"所组成，而是通过各种联系用非常精确的方法构建起来的。对资本家进行定义时可以将其与产业工人进行对比得出；反之亦然。对社会不同阶级的定义都可以通过彼此之间的对比实现，用经济学术语表述就是：可以根据整体的劳动分工不同，对各个不同阶级进行辨认。正是社会中一组组的关系结构决定了社会的经济结构，因此，任何一个有关"不平等发展"的概念都必须涉及其中一个重要元素——各种社会经济关系的空间结构。生产关系空间结构的不平等决定了各个地区处于主导或者从属地位，这正是本文所要关注的。

资本家和工人这两个团体/阶级是通过他们之间的关系互相定义的，超越了显而易见的资本家和工人的个案。即使在今天这个所谓"知识型社会"里面，也不可能存在从事只需要"精神"或者"智力"而不需要体力劳动的工作；如果所有的劳动不再需要监督和管理，那么就不可能存在专门负责监督管理的工作岗位；如果没有制造业专门生产零部件，也就不可能有组装业的存在。因此，一个经济系统中各种不同功能由于彼此需要而紧密结合在一起。这些是形成社会劳动分工以及贫富、权力差距的基础。阶级之间的不平等不可能只是集中在某一个小点上，而最终是表现在空间分布上的。因此，空间组织被认为是任何追溯有关"不平等发展"起源的重要因素之一。

一种研究方法是将生产关系组织的空间结构概念化。有一种生产关系的空间结构是指单个公司内部的情况，即总部及其各个分部在地理上的分布。具体到某个公司的情况或许会有所不同，例如分公司的自主权大小可能会有所差异，但此处所指的是经济从属关系（对投资的控制、管理和协作、监管的等级层次等功能）在空间尺度上的延伸。随着资本主义生产的发展尤其是企业在地理空间上的扩张，使得管理层级变得更多而且愈加复杂。另一种可能是空间结构的安排本身是出于企业战略需要，一个典型的例子是企业的研发（R&D）部门和生产部门在空间上分离。还有一种可能是企业生产某种产品，根据产品各个部件生产所需要的技术不同而将产品各个部件放在若干个不同地理位置的工厂生产。在这种情况下，这若干个工厂的关系取决于企业自身而非外部市场。当然，纯粹的外部市场关系也是需要在不同的空间上发生联系的，而且控制与被控制的关系也可能体现在空间上。人们往往可以很容易就看到大企业和小企业之间存在不平等关系，但是由于其他因素的存在，一些貌似平等的市场交易结构中也存在着不平等。例如在英国，处于垄断地位的零售商（高度集中）长期以来都保持着对最终消费品生产厂商（通常非常分散化）的支配地位。

然而，理论上空间结构的种类是无限多的。事实上，后面部分会指出，目前经济变化在空间上的特征还会演变出很多新的种类。本文此处强调的是对生产关系的空间等级秩序的分析。无论从哪个角度（包括公司的内部结构、经济所有权关系，以及劳动技术分工）对这种空间关系进行分析，都是围绕权力的大小、控制与被控制地位来考察。随着资本主义社会的发展和演变，包括公司的内部结构、经济所有权关系以及劳动技术分工等诸多方面也在经历着系统的变化。

所以，所谓的区域之间或者区域内部关系从本质上看，都是生产关系在空间上的拓展，无论是具体到某个特定地区或者是在国际范围，这都是成立的。从某种程

第七章　不平等发展

度上看,这种区域之间或者区域内部关系又是社会不同阶级/阶层所拥有的权力、地位大小不同而造成的,而根本上又是由劳动分工决定的。某些地区由于承担了某些特殊的专业化职能,因此就很自然地拥有了对整个经济发展的控制权,但也可能就一直处于从属地位。当然,一般情况下,这两种情况往往会混合在一起。

但是在社会中,某个群体在社会等级结构中的地位只是部分地取决于其工作的表现。一个阶层的地位更多是决定于其在整个生产关系中的地位。公司总部以及各个分支往往位于不同的区位,而这种空间分布本身就决定着这些区位的社会构成。同样,企业的R&D部门与生产车间往往位于不同的区位,企业的投融资部门也会与直接生产部门分开。

回到讨论的主题,诚然,如果一个地区提供的全都是拥有很高社会地位的白领职位,而另一个地区只能提供低收入的体力劳动职位,那么这中间的确存在发展的不平等;但是,这并不包括"不平等发展"概念的全部,而只是反映了其中的要素之一。因为独特的职业或社会群体的分布本身或许是地区更为基本的不平等结构的一个体现(Massey,1984)。

因此,我们马上可以得到两个新的启示。首先,如果正如我们以前所说的那样,劳动分工在空间上的延伸是由两方面互相决定的,那么,一些地区的社会职能特征决定了另外一些地区的社会职能特征。如果一个地区拥有了所有的控制权(假设最极端的情形,控制权是这个地区惟一拥有的职能),那么其他地区都是被控制因而处于从属地位。很显然,这将能够带来很多政治和政策方面的启示。其次,这意味着只要将以上因素都考虑进去,如果要想对某个地区或者国家进行全面深入的了解,就必须分析其在一个更广泛的劳动分工中的功能关系,另外还要将这个地点放在一个更广阔的生产关系系统背景下考察。换句话说,必须要在整个资本主义经济结构的演化背景下对"一个地方"的特征进行定义。

因此,任何一个空间结构内部都是存在某些内在要素的,这些独特的因素结合在一起,处于一种可以互相影响的紧张状态中。所以,我们也可能从中得到一些启示:不同的空间结构对地区的影响也会各异。但是同样重要的是,必须指出有些结论是不能从空间结构推论出来的。第一,虽然可以从生产的空间结构得出整个生产关系中的职能分工,但是这并不意味着某个社会群体就一定在担负那些职能。因为后者决定于一系列随机的关系,而这种关系只是偶然地与空间结构的逻辑相关。第二,每个社会阶层都会承担某种社会职能,而通常情况下衡量某个社会群体的社会价值是通过比较他们的社会地位或者物质收入水平,但社会职能的分工并不最终决定社会阶层的社会价值。第三,空间结构本身对于企业各个部门的空间布局并没有给出任何有用的信息。再有,在后面的内容中也将会看到,虽然空间结构的各个要素之间没有什么必然的联系形式,但是所有要素都可能会彼此影响。

最后,所有的空间结构互相重叠交织共同组成劳动力空间分工的基础。到了20世纪60年代,一种新的劳动力空间分工在英国逐渐占据主导地位。企业总部进一步向伦敦集中,研发和技术部门则在英国的东南部汇集(当然也有部分分布在其他地区),而生产部门在当时则更多的是位于英国东部和南部以外的地区,这和现在的情况有很大的不同,现在企业的生产部门在英国遍布各地。这种新的劳动力空间分工是由一系列的变化引起的,这些变化通过不同的方式影响着经济的各个方面。劳动力在产业部门之间的迁移、空间结构的重新组织和新的空间结构的发展等都对此具有促进作用。众多空间结构的组合最后在全国范围内形成了一个新的劳动力空间分工态势。本文后面论述的问题之一就是这种情形随后有了多大的改变。

二、最新的趋势

经济和空间结构历经20世纪60年代到70年代的重新组织之后形成了一个全新的劳动力空间分工形态。其结果是与随后发生的在经济和政治方面的转变相一致的(见 Massey,1984)。在那个时期,包括空间的重新组织以及国家和区域政策都致力于实现"现代化"。而如果更加广义地理解这种形式的现代化,那么种种努力的本质都是为了使"福特制"以及在"福特制"生产方式下的社会关系能够延续下去。

过去的基础产业,比如煤矿业以及造船业都"合理"地衰亡了,导致了很多工作岗位的丢失,并在一些"边缘"地区增加了大量的剩余劳动力。制造业里面一些采取旧的生产方式的行业面临生产能力下降以及技术变迁的挑战,就业人数开始缩减,尤其是在有卫星城的大城市和19世纪就发展起来的老工业区男性熟练和半熟练工人大量失业。采用新技术的产业如电子业的就业机会开始增加。R&D 和技术类职业的需求增长明显,尤其是在英国的东南部;主要为妇女提供的加工组装的岗位则是在全国都有增加,并扩散到英国北部地区。日常消费品产业增长缓慢,但的确也是在增长的,尤其是那些被大资本控制的企业,仍在继续它们在全国长期扩张的道路,这其中就包括在边缘地区专门为妇女提供的特殊就业岗位。在服务业中,公共部门的就业增长最为迅速。但是,按照传统的分类方法,社会地位高的职位集中在东南部(主要是伦敦),社会地位和收入水平稍低的职位则较为分散,而地方的专业和非专业的权威职位以及在医疗和教育领域的职位在空间上分布更为均衡。最后,在私人部门的服务业中,生产者服务业增长最为迅速。而高社会地位的专业性和技术性较强的职位仍然集中在东南部地区。

某些制造业行业中企业的分支工厂的进一步分散化是和技术变迁紧密相关的,而且是伴随着生产过程中劳动分工的大幅细化。在其他制造业行业,如服装业企业往北部和西部转移是因为在全球日益加剧的竞争下,国际劳动分工发生变革,服装业企业不得不为了降低劳动力成本而做出这样的举措。服务业也存在相同的情形,服务业总体上是趋于分散的,但是也仅仅是其中能够批量生产的部分离开了东南部。在整个世界都发生改变的情况下,试图在英国内部进行空间的重新组织来求得生存,最后被证明是失败的。对于那些面临来自第三世界国家的巨大竞争压力的制造业部门,仅仅在英国内部进行产业的空间转移是不够的。

从20世纪70年代开始,在英国占据主导地位的经济和空间结构逐步调整,这次调整和以往大不相同。不仅仅是更大范围内的经济背景已经今非昔比,就连政府主导的政治和意识形态方面也有了改变。虽然很多与以往貌似一样的进程仍在继续,但是却以新的方式或者节奏在进行,这些方式又互相糅合在一起,与过去迥然不同,而且各个进程之间的平衡关系与过去也非常不一样。

其中的很多重要变迁只需要可以通过简单的描述就可以发掘出来。从1966年开始,制造业中的就业人数就在持续下降,到20世纪80年代初的衰退时期,这种趋势变得更加显著,这种情况直到后来才有所好转。从地理角度看,这种就业持续下降的情况的影响对不同地区而言是截然不同的,除了在英国的东南、西南以及东部地区,其他地区的就业机会下降得相当厉害。就业从制造业大量向服务业转移的部分原因是制造业的迅速衰弱。但是,服务业就业机会的迅速增长从本质上也有了新的变化:从1970年以后,服务业就业的增长主要集中在私人服务部门。

不仅仅制造业和服务业的地理特征不同，就是服务业内部，公共和私人服务部门的地理特征也截然相反。从20世纪70年代末开始，伦敦和东南部地区的私人服务部门就业就在不断增长，伦敦逐渐成为世界城市也是这种现象的重要原因之一。

到了20世纪70年代中期，制造业就业的分散化趋势开始走向终结。面对制造业越来越快地走向衰落，人们逐渐放弃了通过投资降低劳动力成本以及地理迁移的方法来阻止这种趋势。暂且不论20世纪60年代和70年代初期的区域政策效果如何，制造业随着潜在的投资逐渐枯竭而逐步衰落。因此，很多原本可以促进就业进一步走向分散的就业机会本身就不存在了。

但是即使制造业从南部和东部向其他地区扩散的进程已经趋于终结，北部和西部地区作为分支工厂的所在地并始终处于从属地位的状况却并未改变。现在的情况是，企业的分支工厂正在以新的方式进入，而且主要是通过国外直接投资到达这些地区。最为重要的是，这种处于从属地位的状态正逐渐从制造业部门向服务业部门转移。然而，虽然现在服务业各个部门的行为不完全一致，但服务业作为一个整体依然继续向英国的东南和西南部集中。其中，公共管理部门和国防部门的就业在减少；包括教育和卫生等各种服务部门的就业继续增长，并在全国范围内更为均匀地分布；商品流通业和专业化及科技服务业变得更加集中，前者是增长逐步趋缓，而后者的增长依然在加速；另外，至少部分地区的事实可以证明，包括保险、银行、金融以及商业服务业正在变得更为分散。最后，20世纪80年代末，出现了一些新的变化，尤其是更多的企业开始走出其创业初始地而向新的地区扩张。一些服务业部门先于地产开发商重新发现了内城某些地点的价值；另外，同样是这些服务业部门，改变了南—北增长差异的传统格局，使增长扩展到北方落后的农村地区。

三、空间结构

如果从空间结构以及劳动力空间分工角度看这些变迁模式，可以得到哪些新的发现呢？

从整个英国的职业结构层面来分析，20世纪70年代末期发生的变化趋势似乎加速了很多原本就已经正在发生的变迁过程。管理和专业人士阶层作为经济中

第七章 不平等发展

活跃的人群在继续膨胀;训练有素的熟练工人数量快速减少,而半熟练工人和无技能的工人数量则在缓慢下降。虽然有一些变化的端倪出现,例如有部分高收入阶层也逐步进入到一些内城区,但是社会结构的空间特征基本上仍然继续以往的发展趋势。最为明显的是,职业经理人、管理人员、专业人士以及技术人员继续向国家的东部和南部集中。

更广义地说,劳动力的空间分工看上去具有相似性。但是,自从20世纪70年代末之后,劳动力的空间分工的结构平衡已经有了一定程度的变化。可以用很多方式来解释这种变化。

首先,只要继续将制造业作为考虑对象,北部地区仍然很大程度上处于"分厂地位"。而且,在20世纪80年代,北部地区的这种从属地位确实又进一步加强了。但是,从某些方面看,这种从属地位的本质有了一些变化:空间结构的划分有了不同。很大一部分北部地区的分厂是被远在英国之外的跨国公司总部所控制。而且,虽然这些分厂仍然只是负责整个产品生产中的某个环节,每个工厂也都需要从位于其他地区的分厂获得投入品,这是企业层级得以建立的基础,但是,这种层级作用的方式却可能在发生改变。例如,如果"即时生产体系"(Just-in-time Systems)被更多的企业所采用,那么20世纪60年代那种企业的各个分厂孤零零地分布在各处的现象将不复存在。越来越多的情况是,企业逐渐要求零部件供应厂房能够就近布置(Oberhauser,1987;Schoenberger,1987)。

换句话说,北部制造业的"分厂地位"依然保持,虽然有一些证据显示这种地位正在通过两种方式发生转变——而这种转变的原因就是空间结构的形态正在发生变革,而分厂是附着在其上的。工厂将更加受制于英国以外的企业总部(一般被认为是负面影响),但是却可能为地方换来更大的技术乘数效应(通常被认为是正面影响)。但需要指出的是,以上这种可能性都应该被认为是非确定性的。因为几乎所有断断续续的证据都是来自于汽车产业,而且汽车业过去就是福特制的实行者。117

第二,仍然是20世纪80年代末,在福特制时代曾经被认为是关键因素的"垂直一体化"对企业的重要性有所下降,取而代之的是垂直分散化或者"半一体化"结构更被人们所认可(例如,Christopherson and Storper,1986)。虽然在英国尚未出现比较系统的证据,但是从制造业某些职能的变化特征可以看出一二。因此,制造业企业内部原来以技术特征为基础的劳动分工被新的社会劳动分工所替代。曾经作为企业内部关系的情形也变成了纯粹的外部市场关系。

　　如果这些变化正在发生,那么在英国构成了劳动力空间分工的基础的某些空间结构特征也将发生变化。其中的一个关键因素是南北地区之间部门分工的变化,南部通过集中在这里的金融、技术以及专业化服务业企业控制北部的技术分工等级被打破了。这种变迁也缘于经济中各个部门相对重要性的变化,特别是相对于制造业而言,服务业部门的重要性持续上升,另外就是电子产业的相对重要性一直在降低。

　　过后我们会发现,真实情况比这要复杂得多;但是我们对此需要有一些更深入的思考。北部和南部的部门分工再次出现的含义是很深远的,将可能促进东南部地区的新一轮的自主增长。伦敦和东南部地区存在控制性职能是商业服务业也集中在这些地区的重要原因,因为最终必须由总部来处理各种关系。而且,商业服务业的存在是其他企业建立和成长的条件,尤其是对于小企业而言更为重要。伦敦的存在确保了在东南部地区比其他地方更容易获得风险投资(Mason,1987)。甚至高房价(经济增长和高收入人群集中的结果)也意味着筹集启动资金更加容易。高收入继而又导致了进一步的需求增长等。由于金融和商业服务业已经成了经济中的重要的增长部分,这又进一步强化了这个循环。在电子产业,企业倾向于集群而居是为了两个目的,一是为了能够在技术上参与,二是为了能够接近高质量的劳动力市场。随着垂直分散化和半一体化的发展,有迹象显示高层次活动逐渐趋于集中的态势是由于市场关系变得更为重要,以及由此带来的融入重要社会网络的需要(Christopherson and Storper,1986)。

　　如果这种想定的情形是正确的,那么将会有进一步的影响,因为这将进一步强化英国南部和北部经济方面的割裂。在全球劳动分工和空间结构中,北部和南部地区都已经被锁定,只是锁定的方式有所不同。从一方面讲,在英格兰的东南部是大都市地区,其中伦敦作为世界三大重要城市之一而居于这个地区的中心。几个世纪的事实表明伦敦作为世界金融城市远比作为英国的金融城市更为称职。如今,更加确切的说法是整个东南部地区在扮演这个角色(Leyshon and Thrift, 1997)。东南部地区的金融和服务业部门作为整个经济中始终保持增长的部分变得日益国际化。伦敦和东南部地区总是作为全球服务业企业进入英国的第一站,而且往往是惟一一站(Daniels,1988)。伦敦及东南部的部分地区的经济在很多方面更多是与世界的其他国际化大都市发生竞争和联系，而不是与英国本土其他地区。与之相反的是，北部地区的工厂却与欧洲类似地区甚至在一定程度上与第三世界国家的类似工厂发生联系和竞争。进入北部地区的外商直接投资将这个地区带入了世界生产网络体系，而不是全球金融体系。

英国北部和南部地区以不同的状态进入变迁中的国际劳动分工网络不仅仅是与空间结构和竞争系统有关，与劳动力市场的状况也是紧密相连的。东部和南部的精英阶层正在逐渐成为全球劳动力市场的一部分——确实，有无海外经历已经成为职业晋升的条件之一了。

但是，北部和南部地区也存在联系，其中的一种联系方式与伦敦跟世界其他地区的经济联系相当类似。伦敦是作为总部地区而存在的，即使现在南部的经济发展不和北部地区发生联系，南部地区的经济发展依然受伦敦支配。而且，越来越多的迹象表明南部地区新兴的和高速增长的服务业部门正逐渐向北部扩张（Leyshon, Thrift, and Twommey, 1989）。这种试探性的相对分散化有很多种不同形式，包括在一些部门中出现内生增长。但是更重要的方式是原来位于东南部的大型企业通过新建新的分支企业或者收购本地企业的方式扩张进入北部地区。

所以，建立于20世纪60年代的劳动力空间分工在英国很大程度上似乎仍然继续维持其主导地位。但是从20世纪70年代后期开始，空间结构的某些方面逐渐发生变化。像以前一样，以空间结构为基础生成的劳动力空间分工最后将变成一个混合体（Massey, 1984），但是从70年代后期开始，这种混合体的平衡和组成成分都开始发生变化。相应地，对本地的一些影响也有了转变。如果可以根据现有的证据简单地作一个总结的话，80年代后期产生的一些后果似乎是促成本地劳动力市场分化的原因。最后，结果也体现在地区之间关系的变化上：伦敦以及东南部地区的经济与世界金融业和商业服务业的空间结构的一体化进一步深化，而北部地区的经济则嵌入制造业企业的全球网络中。东南部地区已经走上了自我累积增长的道路，而北部地区仍然受制于位于伦敦的总部，当然，这种受制方式正在变得日益复杂。将本地和区域经济发展通过不同的方式和资本主义生产的结构演进相联系是一种能力——这种能力超出了仅仅将不平等发展视为表面化的经济空间分布——建立在空间结构概念基础上的方法提供了这种能力。

四、社会结构的地理分布

空间结构这个概念提供了分析地区之间经济关系的方法,同时也提供了方法来分析掩盖在资本主义社会中任何特殊形式的不平等发展下的生产关系的地理。另外,这个概念本身也是考察社会结构的地理分布即各个阶级的地理分布的基础。

如果生产关系中的场所是理解阶级定义的重要(尽管不是惟一)方面,那么这些关系的地理以及其中包含的展现空间结构的场所就将界定阶级的地理。这并不是必然联系,但只要阶级以任何一种方式基于生产,那么这就是一种可行的方式。

在这里,我们将研究一些典型的案例。在英国经济里较为活跃的人群中,增长最为迅速的职业群体包括职业经理、管理人员、专业人士以及技术人员。我们将集中关注这个群体中处于较高层次的那批人,用社会上的一般语言描述就是:相对而言具有高收入、高社会地位且从事非体力劳动的阶层。关于这个群体的精确定义和特征的争论到目前依然存在,在这里就不详细展开。现在的问题是,通过对生产的空间结构分析,能否加深对这个群体以及这个群体的地理分布的认识。

首先需要声明的一个事实是,这个群体又包含了很多不同的子群体,而每一个子群体的劳动分工基础又是独特的。职业经理人与技术人员、专业化工人是截然不同的(Massey,1984)。公共部门和私人部门也有所不同。他们都占据着劳动分工的不同部分。

出于同样的原因,他们在生产的空间结构中占据了不同位置。而且,他们也确实有着不同的地理分布。这个群体都集聚在英国的东部和南部地区,但是职业经理人更加集中在伦敦,而且有着非常明显的等级秩序,最高层次的位于首都中心,稍低层次的则分布在周围。有证据显示科技人员在大都市区的集中程度要低一些,科技人员更加广泛地分布于东南部的低度城市化地区及其城市周边(Massey,1984)。这些独特的地理分布也是英国社会经济中各种不同的控制战略的体现。

而且,这个群体的不同元素和特征是一直在变化的。20世纪60年代和70年代早期,公共部门和制造业经历了一个"大就是美"的时代。拉希和厄里(Lash and Urry,1987)认为这是在英国形成了被他们称做"服务业阶层"的一段时期,而且他们强调这个时期的公共部门基地的重要性,它是追求威尔逊(Wilsonian)式现代化的产物。现在，人们不再强调要建立复杂的公司管理层级，而是更加重视"弹性生产"以及如何促进小企业发展。但是这些都并不意味着社会中的控制被削弱了，或者民主被削弱了，然而，纯粹管理阶层的数量增长日益缓慢可能正反映了重点的转变。类似地，20世纪60年代典型的科学家往往在企业的巨大的R&D实验室工作；而到了80年代后期，科学家更加可能在一个规模较小的企业工作，当然也就在一个更小的实验室工作，而且现在的研发人员还可能参与管理，甚至拥有企业的股份。科技研发阶层的特征似乎正在变化，而且他们的空间结构也在发生变迁。过去，技术人员在企业中虽然也是精英，但是往往被淹没在企业的层层结构中，根本上依然是企业的"无产阶级"，但是现在的情形是，企业的技术人员开始利用其具有垄断性的技术知识获取企业的所有权和控制权。与商业有关的私人部门尤其是金融业中的专业化从业人员群体的增长速度是最快的(Thrift, Leyshon, and Daniels, 1987)。但是，所有这些群体都是不平等的社会劳动力分工的产物，它们的共同点是都参与并拥有经济中战略层面的权力和控制地位。

但是，以上这些丝毫没有说明在这个多变的空间结构中，社会中哪个群体将占据那些精英职位。劳动分工本身而言都是偶然的，是无法预测的。但是，即使就其中的一项特征而言，只需匆匆看一眼这方面的统计数字，都可以发现那些职位中男性的比例具有压倒性的优势。原因当然是多方面的，但是却不能简单地从阶层关系或者对人力资源的需求方面给予解释。考克伯恩(Cockburn, 1985)认为新的生产方式的设计和发展一直是阶级社会中相当关键和有力的推动力，她证明了这个机制：男性劳动力（与普遍意义上"劳动力"不同）为获得支配权而斗争这件事一直以来都是生产体系中的一部分。她仔细考察了三个行业，最后在报告中写道："在这个三个新兴产业中我们发现妇女担当的角色都是简单的：她们都是操作工。她们只是负责按下按钮或者键盘……但是在技术管理、技术应用开发以及技术的维持和服务这三个工作地点却看不到女性的身影。"(p.142)

这个群体的另一个特征就是拥有一定程度的工作自主权，尤其是对工作进程的控制权(Massey, 1984)。这同样导致了一些后果，其中之一就是导致部分人超长时间的工作。如考克伯恩分析的那样，"家庭就成为了第二位的。拥有这种工作就预示着不可能照顾小孩，事实上是不可能照顾任何人，而且最理想的状况是有人来照顾你"(Cockburn, 1985, p.181)。并不是由于阶层结构或者劳动技术分工导致了妇女就不能成为技术人员或男人不能待在家里做家务。实际上却是作为技术人员的男人以及这个事实本身对其社会功能性质及如何实现产生了影响(Murgatroyd,1985)。

但是,即使某个偶然的空间结构(例如,社会中到底是哪个群体真正占据着那些职位)在近几十年没有什么大的变化,其他特征却都有了变化。尤其是这个群体在英国的相对特权包括收入和社会地位都有了相当程度的提升。

但是,讨论中又加入了新的偶然因素。因为,空间结构本身并不能给出影响劳动分工的各个要素的地理分布。之所以说这个因素是偶然性的,是由于它依赖于一整套其他的偶然性,而这些偶然性并不是由空间结构本身决定的。东南部地区周边集中了很高比例的精英、白领阶层,它为说明以上各种特征之间的相互作用提供了一个精彩的例子,另外,它还证明了空间形式和社会形式互相交织且互相影响。事实上,这个地区的经济增长是很多因素共同作用的结果,这些因素包括:临近伦敦这样一个具有控制中心和国际联系中心地位的城市,希思罗机场的存在以及便捷的通讯条件,另外,集中于此地的国防部门及研究机构为电子工业的最初发展也奠定了基础。此刻,这些行为的结构表明,一个地区一旦在最初形成了规模,那么将很有可能通过集群化的扩张而实现增长。当然,这个地区之所以经常被研究还由于这个地区本身拥有某些"特权"。

接下来的问题在于:为什么?劳动分工的发展为这些群体在地理上分离提供了可能。是这些人通过努力奋斗获得了很高的社会地位,但这种高社会地位使得他们倾向于居住在远离工厂车间且能够显示其社会地位的地区。但是,这并不能解释为什么某些地区能够代表社会地位,也不能解释为什么远离生产车间就能够显得社会地位较高。这些地区必须具有一些"高级服务设施",因为这些地区必须首先具备能够被那些人群选中的机会(包括"高收入"、"高流动性")。当然,事实上这些优势并不是天生的,而必须是依靠后天去建设的。

那么东南部地区周边的吸引力到底在哪?有相当多的证据表明这主要源于其自我标榜和阶级构成。前文已经论述过,这个地区主要是利用某些象征着"上层阶级"符号装饰自己而获得自我定位(Thrift,1988)。这是标明某个地区社会地位的有效方法。第二,这又引发了另一个问题,就业的"城市—农村转移"指的是真正的城市—农村吗?看上去似乎更像是就业从工业(指制造业)转向非工业部门,更加

第七章　不平等发展

确切的说法应该是远离制造业生产车间及其有关的社会环境。20 世纪六七十年代,来自私人部门的中产阶级和来自伦敦内城公共部门的上层阶级都进入多克兰德地区,当然了,这两种情况是相当不同的。这种人口的迁入使得该地区发生了翻天覆地的变化。第三,我们需要在一个更加广阔的背景下对这些特殊的群体进行考察。西南部地区能够具备如此的吸引力,还因为这个地区还吸引了其他很多种类的人群,而这部分人群也在一定程度上帮助形成了这个地区的基本社会特性乃至独特吸引力。这些人群的范围包括中央政府的雇员乃至整个文化产业的从业人员。当然,他们的存在是和首都伦敦密切相关的。

但是,如果像本章第一部分所述,空间结构是由可以互相决定的要素组成的地理系统,那么在总体劳动力分工条件下出现某些职能在此地集中的现象是应该有其他含义的。最明显的是,一些特殊职能在某地群集的必要条件是另外一些地区的相应职能被剥夺——在这个案例中,英国的北部就是相应职能被剥夺的地区。确实,这个群体在东南部地区集中,而且他们的收入相对上升可以用来说明南部和北部地区割裂的另一个更为显著的指标——工资差异。在国内不同地区,收入在后 10% 的人群的工资水平差异并不大,而各个地区收入在前 10% 的男性非体力劳动者的工资水平差异则是相当显著的,东南部地区收入在前 10% 人群的工资水平要远远高于国内其他地区(Massey,1988)。而且,这种空间集群本身具有社会效应。最明显的是,这种情况导致了在东南部地区的该类劳动力变得稀缺,因此又反过来促使这部分人的工资提升。然而,与此同时在北部具有相同技能的劳动力(数量要小得多)仍然维持着较低的工资收入,他们无法找到工作或者在经济上无力搬迁到南部来找工作以提高其收入。在这种情况下,最初的空间集中在动态的累积中进一步强化了南部地区业已存在的收入优势。而且甚至将南北地区的一体化发展过程打破,在这个群体内部造成了地理上的不平等。使得前者始终处于低收入水平状态中,即使想迁移也不能实现;而使后者在劳动力市场上处于更加强势的地位,一边提高工资要求,一边频繁地变更工作,房价的持续上升伴随着这些人财富的增长。

劳动分工的变迁(包括技术和社会属性方面)包含了特殊的社会意义和影响,这也使新的空间结构得以形成,这种空间结构的区位分布最终又进一步塑造了相关群体的社会特性。

五、不平等的再发展：长期再生产

不平等发展的结构是在不断发展和演进的。20世纪60年代见证了一个新的劳动力空间分工的形成，70年代之后基本的空间结构又发生了一些变化。但是有一点是很清楚的，虽然变化在继续，但在一个较为彻底的转变过程中是存在一些阶段性回合的。换句话说，经济的阶段划分和区域划分——即不平等发展的形式之间是存在某种关系的。而且似乎可以很清晰地看到，始于60年代中期的向新的劳动力空间分工的转变过程到今天依然在继续。如果把这种变迁的开始看做试图树立现代化理念中的技术统治论或者社会民主论的一部分，那么随着70年代后期经济和政治形势的变化，这将是永远存在的，而且可能正在被进一步强化。

上文讨论的那些变迁过程最后使得各个地区有了纷繁复杂的变化。产业需求和地理表象一样，都在发生持续的改变。就后者举例来说，最近的证据似乎表明在北部和西部的一些地区不再像20世纪六七十年代制造业鼎盛时期那样有大量女性劳动力剩余。之所以出现这种情况，是因为在当时这些地区的女性被看做"不成熟的"劳动力，因此很脆弱且容易受到伤害。但是现在的情况是，由于这些地区的女性多年来没有就业以及对找工作丧失信心，另外加上新生一代男性几乎没有组织工会的经验，甚至连工作经验都没有，以上种种现实情况使得这些地区的男性劳动力市场彻底失去了过去作为工团主义核心的地位；相反，现在这些地区倒有可能变成全新的劳工关系的试验场。按照过去的判断标准，这些地区的男性劳动力现在也极有可能被视为容易受伤害的剩余劳动力。

"地理表象"和"产业需求"总是相互作用。"一般过程"也必须在特殊条件下以某种具体形态实现。本文最后两部分所讨论的新的空间结构及其社会形式是在原来就有的空间结构和社会形式背景下才出现的，而且彼此都对对方有影响。大量的白领、高收入从业人员涌入东南部地区的城市周边改变了原来居住于此地的工人阶层的生活期望。这种人口的流入，使得他们有可能有了新的就业机会或者单纯从房价上涨方面受益；但另一种结果可能是原居民逐步被边缘化。高收入阶层的集中会对其社会地位的特征产生某些影响，当然也会对那些低于平均收入的人群产生影响。同样是依靠固定的收入（如来自政府），但是在伦敦或者东南部地区

第七章　不平等发展

的情形和北部地区却非常不一样。在伦敦或者东南部地区，除了能够更强烈地感受到不平等，而且有可能没有愿意提供帮助的组织，物价高昂而且很难找到便宜的房子之外，还会感受到金钱总是遥不可及。平均来说，东南部地区是最富裕的地方，但同时也是最不平等的地方。

"劳动力空间分工"不是一个用来解释任何形式的不平等发展的概念，它和其他有关劳动力分工的概念是类似的。从一个更长的历史尺度看，不平等发展的原因及其形式都会随时间而变化。当然，这也不意味着要一直把"劳动力特性"作为决定性因素来考虑。事实上，产业区位的模式并不能简单地用一堆"因素"来解释。需要考虑更多的参数，维护资本家的积累是其中的重要参数之一。通过哪种途径形成一个新的劳动力空间分工取决于很多条件。两个世纪以来英国的不平等发展的特性发生了改变，其中特别重要的原因包括：英国经济与国际劳动力分工的关系发生变化，经济部门结构发生变化以及技术和产业组织的主导模式发生变化。所有这些因素整合在一起，才能影响空间结构发展的类型，彼此间的平衡，以及形成最后广泛的劳动力分工格局。而且，正如我们已经认识的那样，它的内涵还远甚于此。除了维护既有的资本积累，不平等发展的形式还影响到各个阶层之间的权力之争并在更为广泛的政治层面得到反映，包括对资本积累的必要条件是什么的政治解释。例如，从20世纪70年代后期开始，英国施行相应的战略，结果使得英国在国际劳动分工中扮演特殊的双重角色：集世界金融中心和低成本生产基地于一身。这一点以及特殊阶层分化的出现，是隐藏在现今英国不平等发展之下的最为重要的因素。

（潘峰华　译）

第八章 弹性生产系统和区域发展：北美和西欧新产业空间的兴起

艾伦·J. 斯科特（Allen J. Scott）

本篇文章将会审视生产组织形式和当代资本主义空间经济的动态之间的关系。我将特别要寻找能够解释北美和西欧工业系统里最近发生的深刻改变的区位含义。这些改变首先发生在福特制大生产的重要性下降，大量制造活动建立在较少刚性、较高适应性（也就是弹性）的技术和制度结构方面。同样，改变也发生在被法国管理学派称为"资本积累体制"的一系列更广泛的转变中（cf. Aglietta, 1979; Lipietz, 1986）。简单来说，我们可以认为福特积累的传统霸主地位已逐渐让位给弹性积累体制。弹性体制处于稳固的支配地位，大量的新产业空间也历史性地出现在经济景观中，目前这些已经引起了分析者的关注。

伴随着这种现象的发生，目前情况变得相当复杂，因为旧的体制并没有完全消失，新制度也没有普遍占据优势。此外，每种体制所特有的地理格局有时会以无序、混乱的方式相互交叉。尽管引起了内在模棱两可的分析困难，福特制旧的产业空间和弹性积累的新空间，在最纯粹和最清楚的描述中仍然形成截然对比；这些对比反过来又代表每种体制工业化和区域发展不同模式。

在随后的讨论里，我将展开以上关于积累体制改变的讨论；我将简短地描述弹性生产下新的地理特点，我还将为区位和空间变化理论的修改提出一些准则。

一、从福特制到弹性积累

所有资本主义经济行为的核心存在于以积累为支配性逻辑的商品生产制度中。这个制度马上成为资本主义的通行特点，尽管它也受到不同历史时期各种各样不同具体形式的影响。为了说明这一点，我们只需对比历史上早期系统出现的一些小插曲:19世纪中期的古典工厂生产时期,建立在煤炭、钢铁和化工原料基础上的重工业形式,一直到世纪之交或直到20世纪六七十年代都占有统治地位的大规模生产阶段。这样的时期形成的积累或多或少有些特殊的体制,当然不会包括现实或想像的理论中可辨别的所有可能性;当商品产出有保证,经济剩余被占用,新的投资再投入到生产领域时,每一种这样的体制都代表一种特殊的社会技术联系。这种联系是具体的,而且在占主导的工业体制中体现出每种体制的细节特点和动态。

没有哪种积累的体制能长期运转,而不遇到各种各样的危机和紧张的局面,有的时候危机还会威胁到它的存在。严重的威胁可能来自于一些必然或偶然的情况,如阶级斗争、生产过剩、长期经济衰退、外国竞争等。无论如何,随着积累体制成为维系自身运转的工具,一个相互交织且互补的社会现象的网络就形成了。这些现象由大量社会政治联系所组成,范围从已确立的消费模式,到公立或私立教育,再到联邦选举的政策法规和商业行为的规范。因为这些都是帮助积累体制去适应形成危机的内在和外在的环境,所以这种联系在总体上被称为社会管制模式。我们接下来考虑资本主义历史上和地理上的特殊状态,分析积累体制和相应的社会管制模式间的相互联系。需要注意的是,我并没有故意隐藏功能主义的观点,一个给定的积累体制要求形成一个相应的社会管理模式,因为这是它能生存下去所必需的。但我们可能会有相反的想法,积累体制长期持续是因为已有合适的管理手法。正如利皮埃特(Lipietz,1986)指出的那样,原理上对任何给定的积累体制都有许多不同可能的社会管理模式。

福特制的积累体制在20世纪20年代到70年代这段时期非常兴旺。它是那段时期工业化的统治类型,但其他的类型(比如包括手工生产行为)也还存在。福特制主要的物质基础与汽车、资本装备和消费者耐用品的大规模生产情况相契合。这些部门的经典形态突出地表现为在流水线方式的专业化劳动分工和标准化产出基础上实现大规模生产的内部规模经济。从本质上来说,福特制系统的关键在于将工作分解而导致降低劳动技能的要求,同时把人类操作纳入到整个机械化生产结构中,通过控制工作的动作和节奏将操作者的自由性降到最低。这样的情形过去与一个刚性的劳动系统相匹配,表现为细分的工作种类急剧增加,每个工作都有明显的分界,以及明白清晰的工作规章。这种体制的历史地位得到了巩固,所以一个独特的与之相符的社会管理模式也逐渐出现。这种体制最为成熟的表现就是，社会管理模式由凯恩斯经济方针指导的宏观经济政策和福利国家带来的社会稳定机制共同组成。管理将通过一种社会契约来加强（以国家为中介），其中工会提供管理上对车间生产控制和全部的生产策略的妥协，以换取工人阶级分享部分生产利润的保证。

发展到顶点时，福特积累制在地理上使北美和西欧的一系列著名产业区联系在一起，代表地区有美国的制造带和欧洲的产业区，从英国的中部地区到法国北部，比利时、荷兰到西德的鲁尔，还有许多不同位置的边远区域。这些区域是具有推动力的区域中心，有错综复杂的投入产出联系，密集的上游生产系统。同样的区域还包括数不清的大城市增长极，提高当地的产业基础并容纳大量的雇佣工人。这些增长极内出现了住宅区，活跃的集体消费过程，社区发展，通常由计划干预支撑的社会再生产，来维持整个社会经济体系的活力。在被称为产品周期模式的稳定技术变动下，挑选出来的劳动过程定期经过不断整合并降低其技术要求，逐渐变成可以在分厂中推行的生产惯例，继而分散到外围区域。通过这种方式，核心与外围地区相互依赖地运作，但关系并不平等。

福特制和其相关的大规模生产系统曾经运转得非常好。战后的长期繁荣一直持续到20世纪60年代晚期和70年代早期，彼时，这个系统开始遇到很多危机，直到现在也没有完全克服。20世纪70年代早期，核心地区资本突然大量外移，留下了大量的失业工人和公共收入受到严重影响的城市。来自日本和新工业化国家的激烈竞争严重打击了北美和西欧核心区域的大规模生产地区。不断上涨的滞胀加剧了危机，引起工业生产率降低，失业率增加，公共支出若还要保持凯恩斯主义的福利中央集权模式就需要国家财政相应的改变。在20世纪70年代晚期，福特制积累和凯恩斯福利集权制的社会治理模型的整个体制开始在很多方面出现松懈。随着英国的撒切尔主义和美国的里根主义的上升，行政部门新保守改革项目进一步推进。面对福特制（至少是它的典型形式）越来越难以执行，北美和西欧的政府开始摧毁凯恩斯福利集权，因为这个曾经有助于管制体系的工具现在只能让全部危机雪上加霜。

在这些事情引起的真空中，一个可供选择的资本积累体制的大概轮廓开始成型，在20世纪60年代和70年代早期还羽翼未丰，到了70年代晚期和80年代就开始趋于成熟。特别是,一大批新生产活动的弹性形式如今出现在(或是重新出现在)所有先进的资本主义社会的中心,这些形式彼此之间在技术、劳动过程和产品方面都有显著不同,不过它们还是拥有许多基本的特点。与大规模生产行为的刚性结构不一样,这种生产的新模式具有快速改变生产布局和步骤的能力。通过计算机技术的使用,这种能力大大提高。它们通常位于极易改变的外部联系和劳动市场联系形成的网络中。出于同样的原因,它们从外部购买一些原本要内部供应的服务和产品,有时这样做会导致企业个体规模缩小。此外,很多具有这些特征的产业部门出现了企业家行动的强有力的复苏,以及市场竞争的重振和活跃的技术创新。

这类弹性生产行为是贯穿工业资本主义历史的一个反复出现的现象(Sabel and Zeitlin,1985)。然而,正如我们将要看到的,它们的现代表现拥有许多独特和新奇的特点。现代弹性生产活动的发展早期阶段开始于二次世界大战后,然而直到近年它才赶上大规模生产并成为发达资本主义经济的统治核心。皮奥里和萨贝尔(Piore and Sabel,1984)称这个转折点是"第二次产业分水岭",其他的评论家如科恩和齐斯曼(Cohen and Zysman,1987)、拉希和厄里(Lash and Urry,1987)、陶立戴和莱特林(Tolliday and Zeitlin,1986)用各自不同的方式指出了这个历史上的分流。位于新的资本积累体制核心的新弹性生产部分的激增得到了社会管理模式重大改变的支持。凯恩斯福利集权制大规模瓦解,社会生活私有化程度加深,产业生产和劳动市场的经济竞争焦点重新被点燃,(美国)政府购买军事和航天仪器激增,这些改变的很多方面还在实验阶段,无疑它们的最终程度和形式尚不确定。然而,它们在过去的十年中给城市和区域发展的布局带来了很多重要的改变。

二、弹性积累和工业化格局

新的弹性积累体制在工业部门里有三个显著的特点,分别是:①主要针对,但并不仅限于终端消费的手工艺复兴和强调设计的工业产品兴起;②各种类型的高技术产业和相关的投入供应商和相互依赖的分包商;③服务功能,最特别的是商业服务。下面将主要讨论这三点中的前两点,因为它们与新产业空间联系最紧密。显然,服务功能本身也非常重要,并且终将在分析中有所参考。由于对其他地区(尤其是日本)最近的经济情况还有待了解,评论将限定在北美和西欧的例子中。

最近出现的现代资本主义弹性生产的一个普遍特征就是广泛分解的社会劳动分工的趋势,由此产生许多专业化的下属部门。这个过程反映了内部经济让路给生产结构的外部化,以适应更高的弹性需求,并导致了区位趋同和再聚集倾向的复苏。相关的主要理论渊源在近两个世纪的经济思想中都可找到痕迹。这个渊源开始于18世纪的史密斯(Smith,1776),经由19世纪的班巴吉(Babbage,1835)、马克思(Marx,1967)和冯·波姆-波克(von Bohm-Bawerk,1891),在20世纪的马歇尔(Marshall,1920,1932)、杨(Young,1928)、科斯(Coase,1937)、施蒂格勒(Stigler,1951)和威廉森(Williamson,1975,1985)笔下又重新出现,意大利又有了产业经济的一个分支,以贝卡蒂尼(Becattini,1987)和布鲁斯科(Brusco,1982)为代表。这些学者详尽的调查提供了对劳动分工、生产交易结构、外部经济的形成、马歇尔式"产业区"(也就是空间集聚的生产综合体和它们依赖的劳动市场及其嵌入的社区)的出现等问题的深刻见解。

我并不会试图把以上列举到的学者提出的数不清的理论分析问题都作解答。无论如何,感兴趣的读者可以在别处找到这些问题全面的论述(A. J. Scott,1988a)。而是大致概括一下推论的结构,其内部错综复杂的特性可以很快被第二轮思考所填补。这个结构/构架建立在这样一个假定的基础上,即经济情况的改变会引起生产的高度不确定性和不稳定性,还会使最终市场竞争加剧,公司的内部规模经济和范围经济瓦解,整个生产系统有强烈的水平分工和垂直分工的趋势。这种分解大大地增强了资本和劳动部署的灵活性,因为它允许生产者之间由外部交易联系控制的松散的、快速变化的联盟这种方式结合和重新组合。以这种方式,外部规模经济变得更深、更宽,最特别的是市场也在扩张,使得越来越多的专业化服务和中间投入品供应商可以在整体的生产系统内部找到有利润的专业化市场。此外,新的产业细分部门一个接一个地出现,引起了社会劳动分工的持续扩张,可称之为动态垂直分离的一个过程。一个生长的生产综合体历史性的出现,其内部结构变得更加多样化。只要外部经济扩张,个别的生产者就可以在综合体的组织结构中以更低的价格有更多的选择;综合体因为其内在的降低生产成本的动力而持续扩张。

伴随着外部经济,也有与其相抵消的缺点。当社会劳动分工向前发展,内部建立的交易结构急剧增多,这就引起了特定成本的上升。这些成本包括直接的花费,

第八章 弹性生产系统和区域发展

如交通、通讯、信息交换、搜寻、扫描等,还有因为资本在整个系统中流通速度变慢引起的间接金融损失。生产者空间布局越分散,成本也相应的越高。随之而来的结果是特定类型的生产者因为相互交易的成本提高而倾向于向共同的引力中心会聚,从而在整个经济景观中形成特定的经济活动汇聚的节点。近几年来即时配送系统的不断增长,集聚的趋势更加突出(cf. Cusumano, 1985)。因此,通过外界规模经济(一个非空间现象)趋于集中的区位调整最终变化为集聚经济的特殊的空间模式。

与生产体制灵活性增加相应的是劳动市场的灵活性也在提高。关于这点将简要概括两点。第一,雇主将一些劳动成本外部化,进一步强化了生产的垂直分离(首先归因于生产和交易的不稳定性),从而遏制内部工资和福利支出的抬升。这个战略对于那些拥有一个技术好、工资高的核心团队,但同时又不定期的需要大量低技术工人的雇主特别有利。雇主经常会把这样的工作外包给二级劳动市场的分包商。凭借这种手段,他们有效地设置了报酬水平可能溢出的边界;否则,就可能出现从高工资到低工资部门流动的现象。这种结构响应的其中一个结果是加深当地劳动市场的二元化。第二,存在弹性生产组织的地方,通常会伴随着当地劳动市场的高度流动性,正如例子所显示的,高速的周转,众多的兼职和临时工作,很大比例的政策上的边缘工人,如劳动力移民、妇女和儿童(Boyer, 1988; Brusco, 1982)。换句话说,雇员试图调节有工作的人的数量,以便对生产的消长尽可能敏感,同时通过分化劳动力防止对此形成有效的抵制。而当地工作岗位和工人增加,信息和搜寻成本下降、可供选择的工作数量上升也可助于弥补工人个人工作不稳定性的弊病(因此阻止了劳动的外迁),这也强化了当地劳动力市场的流动性。因此当地劳动市场形成了强大的集聚经济,并与生产的组织结构带来的集聚经济相结合。

尽管大的多厂企业也受到最近工业弹性化模式的影响,但这些不同的结果与以中小企业占主导的部门的关系特别密切。因而,降低自产/外购比例的战略和寻求流动的劳动力的做法已明显地成为现代企业领域中的大势所趋。甚至大规模生产部门也没有逃离这种压力(cf. Abernathy et al., 1983; Cohen and Zysman, 1987)。许多部门的生产商还大范围地实验机器人、工人质量轮岗(和其他的新福特劳动实践),增加外包和即时配送系统等以帮助提高灵活性。近年来,大规模生产行业的管理也成功地打击了原来由强大的工会组织下的工人保护的刚性工作规则和权利。大规模市场上日趋深入的产品差异化竞争,以及以弹性生产综合体为核心的世界体系内的新增长中心所形成的劳动市场规范和实践,也反过来被引入传统的大规模生产地区,这些都促进了灵活性的提高。

三、新产业空间

我们已看到弹性生产系统的出现和扩张刺激了大规模的(尽管也是挑剔的)生产再集聚。我们会问,再集聚在哪发生?发生的情况能刻画到多精确?它独特的地理形式是什么?

前面指出的新的弹性生产活动的显著特点是在它们发展的早期,即20世纪50年代和60年代时期,很难出现在福特制特大规模生产的旧中心地区。它们不需要这些中心所能提供的特殊的投入和劳动力类型,并且对具有各种不同地理环境的要求也相对较松。此外,旧中心的工会力量和相应的工人阶级的政治化程度较高——导致了工厂和当地劳动市场较为僵化——在很多方面都形成了对新的弹性生产不利的环境。可以说至少在一定时期,当新体制进入到现代资本主义中时,区域的机会是很多的。结果许多代表新体制的生产商开始寻找未被以前大规模的制造活动和福特制的雇佣关系的历史经验所影响的区域(cf. Scott and Angel, 1987;Scott and Storper, 1987)。在这样的环境中,新的和试验性的生产的社会技术结构可以在当地阻碍最小的情况下建立起来。这点非常重要,既要避免僵化,还要使弹性能够制度化。

因此,过去几年中,许多新的产业空间涌现在资本主义的版图上。这些空间是一个双重过程的产物,将现代弹性生产系统逃避旧的积累中心的趋势与提升外部化水平导致区位内聚的动态结合了起来。

通常说来,这些空间包括:①旧制度区域内的一些飞地;②更重要的是,一系列曾经是资本主义工业化的边远地区。

前一种包括许多大都市地区,依靠手工业获得新生的内城,例如有服装、家具、珠宝、皮革制品,还有电影产业的洛杉矶(Storper and Christopherson, 1987),还包括这些大都市的一些郊区,有的是高技术产业综合体。像著名的波士顿西部郊区的128公路产业带(Dorfman, 1983)。在所有这样的飞地中,企业通常试图把传统的男性劳动阶层排除在外,反而会雇佣不熟练的体力劳动者,优先考虑雇佣新移民和妇女(cf. Morgan and Sayer,1985)。

第二种包括北美和西欧的各种各样的阳光地带和第三发展带。这些地区曾经是福特工业化时期旧核心地区的边缘或半边缘地带。它的经济很大程度上依靠农业、贸易和小规模工业(某些例子中由分散的分厂组成),城市相对不发达。在许多例子里(如上面的美国阳光地带),那些地区拥有一种与大工业和大的全国工会无关的社会文化环境,因此它对要逃避旧产业中心区域拉力的产业部门有特别的吸引力。这些以前的边缘地区或半边缘地区现在形成了许多具有弹性积累体制的新产业空间,尽管每个例子的成长模式有很大不同,但大多正以罕见的动力增长,创造了强劲的集聚经济。为了弄清楚新产业空间的相似和不同之处,我们简要地考察一下意大利、英国、法国和美国的例子。

在所谓"第三意大利",建立在高度灵活的手工艺产业基础上的当地生产综合体在过去的二三十年内有很大的扩张(Bagnasco,1977)。这部分包括意大利的东北部和中心行政地区,如 Emilia-Romagna, Marche, Tuscany 和 Veneto。在战后福特制积累的兴旺期,第三意大利显然处于一个围绕北部的大规模生产综合体和 Mezzogiorno 的分散的分厂形成的地域系统的偏僻一隅。这个地区的产业基础由手工业产业集群组成,这些活动分布在中小城镇形成的密集网络中。如今,这个基础构成了现代意大利经济最具活力的部分之一。它最大的优势在于许多专业化的手工艺企业集聚,在短期生产中,生产设计密集型、产品差异化很高的产品,并具有高度适应性的组织和劳动市场联系。这类集聚有代表性的例子是阿雷左(Arezzo)的黄金首饰产业、博洛尼亚的机械产业和高性能的汽车生产、卡皮的针织品工厂、普拉多(Prato)的羊毛纺织、萨索洛(Sassuolo)的陶瓷和马彻(Marche)地区的家具与鞋业生产中心(cf. Russo, 1985; Solinas, 1982)。与美国阳光地带相比,第三意大利的许多市政当局在政治上是左翼的。尽管如此,当地管理部门往往青睐"非垄断"的手工艺产业,大规模生产地区的两极分化也不存在。在此基础上,这个地区的业者近些年来很兴旺——即使在20世纪70年代的危机中——通过与专门的营销组织合作,他们已创造了数不清的国际化专业市场,并占统治地位。在许多方面,从第三意大利的当代工业化中学到的知识与从日本学到的一样重要。

在英国和法国,集聚的高技术产业综合体只在剑桥、格勒诺布尔、蒙特皮勒

(Montpellier)、索非亚安特波理斯(Sophia Antipolis)和托鲁斯(Toulose)等一个个孤立的中心繁荣着。与第三意大利一样,这些综合体倾向于组成小的、内部彼此联系的企业,但在某些例子中还是关注大的有推动力的企业。总的来说,这些综合体的规模(以及内部差异)与美国相比要小得多,因为英国和法国给高技术产品提供的国内市场比较小。自20世纪70年代以来,英国和法国有两个主要的郊区技术极,发展很快,一个是伦敦和雷丁之间联成一线的M4走廊地区,另一个位于大巴黎地区最南部的科学城。尽管它们临近主要的都市地区,这两个技术极都被大片的半农业地带所贯穿,有着未被破坏的开放空间,远离早先的积累中心。在这种环境背景下,生产和当地劳动市场活动建立在电子、计算机、生物技术、软件发展等部门的基础上,其他的一些高技术产业如今也进入了演化的加速阶段。最近几年,法国的区域政策制定者在国家技术极的发展中起到格外活跃的作用。许多还试图刺激选中地区的集聚经济,通过政府资助区域技术创新,给创新企业很高的补贴等手段。

最后,美国阳光地带的高技术产业的集聚格局也可分为孤立的城市地点和郊区技术极。前者比如阿尔伯克基、奥斯汀、博尔德和科罗拉多斯普林斯,每一个都代表了新的高技术产业发展过程的一个特别阶段。后者著名的例子是橘郡和硅谷,这两个无可争议地是世界上的高技术产业综合体最密集和最具活力的地区之一(cf. Saxenian, 1983;A. J. Scott, 1988a)。这些有代表性的例子都具有生产过程垂直分解和劳动市场极度不稳定的特性,不只是次要工人这样,许多有技术、有知识的骨干也这样。在别处发表的研究中,我曾指出在多方面繁荣发展的劳动市场的核心,社会劳动分工的加深促进了生产商和分包商相互依赖,密集布局,橘郡和硅谷就是在这样的基础上持续发展的(A. J. Scott,1988a;Scott and Angel,1987)。反过来说,这些产业综合体已成为城市快速发展复兴过程的功能上和空间上的中心。

类似的弹性工业化和再集聚现象在挪威南部、丹麦、佛兰德斯、德国的巴伐利亚州和符登博格,瑞士的贾拉地区、西班牙东北部、葡萄牙中部和其他一些地区都有发现。这些地区一部分是在手工艺生产复原的基础上增长,其他的则成为高技术产业发展的中心。还要再次强调的一点是,每一个这类地区都代表了一种独特的社会、政治结构,这意味着每一种都有一个独特的发展轨迹。差不多在每一个例子里都能发现一个共同的结构运动的支撑系统。据我们所知,这些动力主要来自社会劳动分工、外部经济的形成、劳动市场刚性的消失和生产的再聚集。此外,这些最早开始弹性工业化的地区往往会因其丰富的和内生形成的空间优势而持续加速前进。以这种方式,以上提及的一些例子中的区域机会又消失了,因为弹性生产部门中的企业发现越来越难摆脱在北美和西欧的新产业空间的一些特殊地区存在的、不断加强的集聚经济。每个特殊空间都成为向两极化演变的生产综合体、地方劳动市场和社会生活的地点,其中每一个因素(包括教育机构、居住地区、当地政府机构等)都或多或少地影响当地地域的再生产。毫无疑问,关于每个综合体的起源都有有趣且详细的历史解释,例如,在硅谷的早期发展阶段,肖克利、特曼和斯坦福大学的重要性各是多少;然而,这样的解释永远不能解释随后而来的长期发展模式,在任何一个例子中,这些情况都有许多不同的逸事,因为它们都是独有的例子。有理论意义的问题是每个地方性综合体的内生活力都来自内部相互联系的生产商和相应的地方劳动市场的集聚。

新产业空间在最近的20年内领先并以越来越快的节奏发展。它们发展的目标是选择性地拓宽更具竞争力的产品的市场。例如,第三意大利的设计密集型产品如今横扫全球,美国军用和民用对高技术产品的需求持续上升。我们不能忽视这个细节,即这些情况在历史上看是可逆的。市场会萎缩或让路给外来竞争;可能会出现生产技术和工作组织的显著再综合和惯例化;区域性的去中心化和分散可能会破坏集聚的过程;曾经繁荣的产业群体可能会陷入停滞并衰败,正如它们以前在资本主义经济和社会发展进程中出现的那样。

四、走向理论综合

现代资本主义生产系统在过去的20年间明显不再按照刚性的福特产业结构发展,而是更多地按生产组织的弹性模式发展。伴随而来的积累体制和社会管理模式的改变也被卷入到演变的趋势中。地理上表现为对现代资本主义的区位基础不完全但很显著的取代。

当这些事情在危机四伏的20世纪70年代蓄势待发时,好像又产生了一个相应的城市和区域理论的危机。关于空间发展形式旧的解释与福特制积累体制,还有与福特制同性质的凯恩斯福利国家治理都不能描述根本的现实;一个可选择的、能吸收新出现的资本主义社会特征的理论结构没有出现。几乎没有形成一个与现实情形相符合的新理论。人文地理学对这种尴尬处境的一个明确回应是对普遍的理论工作不抱希望,而是彻底转向经验调查,大量的案例研究,执著于当地的意义却忽视了全球性和普遍性的意义。这种反应完全能够理解,它还提供了许多新的视角来分析当代资本主义在中观和微观层面的详细运转情况。然而,又出现了一种强烈的需求去重新考虑把资本主义社会的逻辑作为一个整体这个宏观问题。一个特别紧要的任务是要更彻底全面地调查弹性积累的形成、特征和历史过程和伴随的社会管制模式,只有把这些弄清楚,我们才能有效地解释目前最现实和详尽的地理结果(cf. Harvey and Scott, 1988)。我希望以上展开的争论随着弹性生产组织在现代资本主义中加深、扩大,提出一些可能有效的手段来使人文地理的理论工作和实际经验工作相协调。

同时,我们还需要对北美和西欧当前空间经济共同存在的冲突和令人困惑的交叉提出有意义的思考。这些交叉很大程度上起源于陈旧的福特积累体制和上升的弹性积累体制的并存,产生了旧的产业空间和新的产业空间在广阔的国际劳动分工上的叠加,形成了一个错综复杂的格局。不管这个系统将来演变的路径可能是什么,可以肯定的一点是,如今资本主义生产的蓝图已和20年前的大不相同。在上述讨论中,我提出了思考这些改变的纲要意见。关于概念的填充,经验分析和重新评估还有待更详尽的研究。

(卢洋 译)

第九章 全球—地方紧张局势：
全球空间经济内的企业和政府

彼得·迪肯（Peter Dicken）

当我们努力地去理解经济活动的组织与再组织的重大改变时，发现经济地理学是令人激动且具有挑战性的。不但改变的进程面临困难，而且发生在不同的，但有联系的地理范围内的过程间的相互作用也变得越来越复杂。我想在"全球—地方联系"这个空间背景下构建我的观点。这远不是一个经济过程发生的地理尺度的问题。更根本地说，它是一个权力存在于哪里的问题，它也是企业和政府面临的核心问题。

由于当今世界经济结构的不确定性，使得这些过程的分析和解释变得更加困难。弄懂现状当然要比弄懂历史更困难，因为我们并不真正知道我们身处何地。纵观历史，每个时代的观察家都在争论他们本时代的"独特性"；如今也不例外。但从定义上说，我们并不知道哪些目前的发展和变化是持久的而哪些又是短暂的。目前对经济行为在全球范围内的组织发展的解释和它们对企业和政府的含义存在大量的不同意见。争论的核心是我们向经济全球化的方向发展（或已经存在），而不仅是经济国际化。罗伯特·赖克（Robert Reich）的观点是：

> 我们正经历一场变革，在即将到来的下个世纪里，政治和经济会被重新安排。将没有民族产品或技术，没有民族企业、民族产业。不再有民族经济，至少我们已经开始理解这个概念。（1991，pp.3,8）

当赖克含蓄地表达出赞同我们如今正在向全球化经济进发，而不是一个已经全球化的经济的观点时，赫斯特和汤普森（Hirst and Thompson，1992）对此持怀疑态度。基于对这两种结构的典型类型的比较——一种全球化经济和一种全球范围内的国际经济——和对贸易、投资和政治重组的经验趋势的分析,他们推断出,"我们并没有拥有完整的全球化经济;我们只是用国际化经济和国内政治对此回应"(Hirst and Thompson,1992,p.394)。赖克和赫斯特、汤普森都以不同的方式同意企业和政府之间的关系发生了重大的改变的观点。斯托普福德和斯特兰奇(Stopford and Strange,1991)强调可从企业与企业间、政府与政府间和企业与政府间这三方面的相互作用中发现相互依赖的关系。

本章的目的就是要从不同学科的大量文献中回顾关于全球—地方的争论的背景下,跨国公司(TNCs)和政府间复杂的相互作用。着重要强调的一点是"全球"和"地方"并不是固定不变的范围;它们代表了一个复杂的相互作用的辩证连续体的两个极端。

一、企业—企业间的竞争:跨国企业的变化

跨国公司如今重组了它们的行为,包括:①在复杂的内在化和外在化的网络联系的再联合中重新协调制造链的功能;②跨国甚至是在全球范围内重新组织制造链的地理分布;③对制造链中的核心行为的再定义和自身的再定位,特别强调下游、服务功能。这些发展反映了跨国公司的本质被高度嵌入相互作用的网络,在网络中相互竞争,并使用不同的竞争战略。这些战略本身是企业内部和外部与跨国公司相互影响的制度(包括政府)安排下的竞争的权力关系的产物。

直到最近,许多商业和管理的文献提出了一个跨国公司发展的过分简单的模式。实际上,总是有大量不同的跨国公司战略和各种各样组织上的协调和地理布局作为补充(Perlmutter,1969;Bartlett and Ghoshal,1989;Martinez and Jarillo,1989)。

巴特利特和格沙尔(Bartlett and Ghoshal,1989)确定了三种不同的组织模式,每一个都有独特的结构、行政和管理特点。他们的多国组织模型是具有分散的自主联盟和简单的金融控制系统,并结合非正式的人际协调。公司全球范围的经营活动都是其在各国国内业务的组合。每个企业的国内部门都有相当大的自主权;每一个都有显著的"地方"定位。他们的国际组织模型包括更多的正式协调,并由公司总部和海外的分支机构所控制。在多国组织中,分支是半独立的业务,而国际

组织把它们的海外运作看成是国内企业控制的附属物。因此,国际组织型企业的子公司更依赖知识和信息交换的中心,母公司则更好地利用正式的系统来控制它们的附属公司。而他们的"经典"全球化组织模型建立在资产和责任集权的基础上。当地单位的作用就是组装产品并销售、执行总部的计划和政策。因此,海外分支机构很少能自由创造新产品或制定战略,甚至对现有产品和战略无法作微小调整。这三种典型类型模式中的每一种都是在特定的历史时期内发展的,而不是连续的一个模式替代另一个模式。每种模式都在或多或少地存在,从而体现当代世界经济中跨国企业发展的多样性。

尽管我们还可以继续辨别跨国公司的形式,但跨国组织不断出现新形式,不可避免地会取代一些现存的形式。巴特利特和格沙尔认为这三种典型组织类型的每一种都有独特的长处,但每一种也都有各自的矛盾。因此,全球组织型企业利用了规模经济与集中的知识和技能。但这暗示着本地市场条件被忽略,当然本地学习的可能性也被排除在外。多国组织模型更多的地方化指向可满足当地的需求,但它的分散降低了效率,也阻挡了内部的知识流和学习流。国际组织型企业"可更好地与母公司的知识和能力平衡,但它的资源配置和经营系统要比全球化企业效率低些,也没有多国组织型企业敏感"(Bartlett and Ghoshal,1989,pp. 58-9)。

正如巴特利特和格沙尔指出的那样,在混乱的竞争环境中,企业,尤其是大企业面临的困境是它们必须同时拥有三种能力才能达到全球规模。它们需要有全球化的高效率、多国适应的弹性和同时在全球范围内学习的能力。复杂的全球化组织的一个关键特点是它们整体性的网络设置和灵活协调的能力。企业内部(企业内部的关系网络取代了等级制的管理体系)和企业外部(企业间相互建立的复杂网络)都具有这种能力。

这些当代生产组织模型的主要特点是它们强调了生产网络中各式各样的外部联系。从国际范围来说,人们越来越关注战略联盟,而如金德尔伯格(Kindleberger,1988)所见,这并不是什么新现象。

这些联系通常是多边的,而不仅是双边的;是复杂的,而不是单一的。在过去,风险合作是传统等级化企业开展国际商业组织的惯用形式,是他们的竞争策略之一。如今争论的不同之处在于,不但传统的风险合作变为企业战略的核心,而且,存在较大争议的是,新形式的风险已经嵌入一个更松散的网络结构,或者说企业网络(Reich,1991)。这个观点主要是西方视角。日本商业组织长期以来都嵌入在跨组织联盟的复杂结构中,以水平和垂直的系列(日本式企业组织)为代表(Gerlach,1992;Eli,1990;Helou,1991)。

在各种有关国际商业组织新模式的观点中,我们面临的主要问题是从臆想和猜测中区分出实际发生的(或以后可能发生的)事实。当我们转向经验观察的现实世界时,摆在我们面前的是无法梳理出全面的数据,甚至数据完全缺失的现实。我们惟一可以采用的变量是外商直接投资(FDI),不幸的是这个数据中排除了绝大多数非股权的联系和活动,而这些数据已变得非常重要。然而,尽管存在局限性,FDI的数据给全球范围内的跨国公司行为变化和模式提供了一个虽然不全面,但是很重要的指标(Dicken,1992a;Dunning,1993)。

在20世纪80年代,FDI显著增长,远超过60年代。朱利叶斯(Julius,1990,p.6)评价到"60年代FDI增长速度是GNP增长速度的两倍,80年代它已是GNP增速的四倍"。不仅是FDI的增长速度比GNP快得多,而且它也比同期世界出口的增长速度快得多,尤其是1985年后更为明显(UNCTC,1991)。这个数据显示了FDI在全球经济中已成为一个很重要的整合力量,远超过贸易之类的传统指标(Julius,1990)。实际上,因为跨国公司占了跨国贸易很大的一部分(绝大部分是公司内部交易),它们在全球的重要性也更加引人注意。另一个显著的趋势是服务业的大规模国际化,许多也是由FDI驱动的(Dicken,1992a)。

从空间上可以确定一些重要的FDI发展趋势。

(1) 地理来源多样化。不仅包括工业化国家,而且还包括许多新兴工业化国家(NIEs),比较有名的是东亚地区,还包括某些拉丁美洲国家。

(2) 尽管美国仍然是世界最大的FDI输出国,但日本现在已经是每年FDI流出最多的国家。不过,日本"泡沫经济"的破碎引起了日本FDI的大幅收缩(并且区位也发生了变化)。

(3) 交叉投资主要集中在工业化国家之间,并且跨国公司越来越渗透到国民经济中(Julius,1990)。总体上说,跨国公司(包括国外的和国内的)在主要经济体中的重要性都显著提高,FDI在全球的分布主要集中在欧、美、日三角区内。

(4) FDI日益集中于工业化国家内意味着转到发展中国家的份额仍然很低:"二战"前超过60%,而如今世界总共只有18%左右。即使在发展中国家和地区,

FDI 的分配也极度不平衡：亚洲的新兴工业化国家和某些拉丁美洲国家，10 个国家就占了流入发展中国家和地区 FDI 的 75%(OECD,1993)。

(5) 前苏联和东欧最近的政治发展也给外国公司跨国投资带来了机会。

当我们从 FDI 转向跨国公司的其他活动，就不得不面临经验数据严重不足的问题，只能依赖案例研究和零星证据来补充。最惊人的是，绝大多数战略联盟都是建立在竞争者之间的。莫里斯和赫格特(Morris and Hergert,1997)在 1975 年到 1986 年间分析的 839 个协议中发现，其中 71% 以上的情况是两家企业在同一市场中。此外，尽管联盟并不限于特定的企业规模或种类，但无疑在大型跨国公司的国际经营中更为普遍。莫里斯和赫格特的研究中，绝大多数的联盟发生在欧盟国家企业间(31%)或欧盟和美国企业间(26%)。还有超过 10% 的联盟是在欧盟和日本企业间建立，美国和日本的企业间占 8%。

有关全球经济中特别重要的动态网络的实证研究甚至比传统的风险合作研究还少。在有限的案例中，最著名的是意大利服装企业——贝纳通(Elson,1989)和美国运动鞋公司——耐克(Donaghu and Barff,1990)。

很清楚，真实的跨国发展状况是某种跨国公司组织形式的谱系，是有计划有目的的全球管理与无计划的偶然方式运作并存的多样化的发展轨迹。在这个谱系中，伴随着组织协调和制造链地理分布的战略决策，复杂的重构发生在从全球到地方所有的地理尺度上。集中或下放决策权，抑或以某种特殊方式集中或分散企业功能的决策都是值得探讨的(Stopford and Strange,1991)，总部内部和总部与分支机构之间公司内部权力争斗的结果，对目标有不同的影响。解决方式主要依赖统治联盟的区位和特性。所有在全球尺度经营的企业，面对这种对立的局面，都必须作出决定：到底是完全的全球化还是对地方差异作出响应。

二、政府与政府间的作用："竞争政府"的出现

讨论了先前定义的相互影响的三个关系的其中一个要素——企业与企业间的竞争之后，现在我要讨论第二个因素：政府间的竞争。这里，我特意避开有关政府性质的讨论，而接受政府行为竞争性的一面是有其政治、社会和文化根源的。我的基本观点是当代经济中的政府必然是一个竞争政府，他们的问题是面临"如何调整

适应全球市场竞争优势的转移"(Cerny,1991,p.183)。在这方面,政府具有某些企业的特性,像企业一样来制定战略从而获得竞争优势(Guisinger,1985)。实际上,政府和企业都被锁定在获得全球市场份额的竞争中。特别而言,政府竞争提高各国在国际贸易中的地位并争取扩大贸易份额。它们竞相吸引生产性投资来建造国内生产基础,反过来又增强了它们的竞争地位。特别是,政府努力创造、获取并保持本国处于制造链中较高附加值的环节。

所有的政府在它们的经济运行中都扮演一个关键的角色,尽管它们使用的具体方法和这些方法的组合上有很大不同。尽管存在高度的偶然性(没有两个政府的行为是完全一样的),但基本政策立场还是有规律可循的。达伦多夫(Dahrendorf,1968)区分了两种典型的政治经济:市场理性和计划理性。他把后者等同于社会主义主导经济的政府。约翰斯顿(Johnson,1982)在他对日本经济增长的重要研究中,认为将这些指令经济描述为计划—意识形态系统更好,他使用计划理性这个词来形容东亚的经济,比较著名的是日本和稍后领头的新兴工业化国家和地区,特别是韩国、中国台湾和新加坡。

最近,亨德森和安玻鲍姆(Henderson and Appelbaum,1992)提出了第四种典型类型:市场—意识形态,是对里根和撒切尔"新权利"政府的概括。通常,这种简单化的类型需要一个"善意的警告",正如亨德森和安玻鲍姆指出:"这四种概念(市场理性、计划理性、市场意识形态和计划意识形态)应被看成是典型类型;实际存在的政治经济以多种历史上偶然形成的方式组合。对于任一特殊的社会,都会有一种概念处于统治地位,形成其政治经济的主要特征"(1992,p.20)。

由此,没有理由不认为许多当今全球经济背景下的政治经济紧张局势是在市场理性/计划理性占据不同空间的竞争政府间冲突的反应。当然,这个日本与许多西方经济之间(尤其是美国和欧盟)郁积的——时而激发的——争论就处于其中。美国与欧盟间各种各样的贸易摩擦和关贸总协定的乌拉圭回合谈判内更广泛的国家间磋商也是如此。

政府的地位并不一定是固定的。这方面,最典型的就是近年来市场—意识形态最盛的美国所面临的扩大政策干预的压力。特别是从强调自由贸易向追求公平贸易的转变,而"公平"的定义是由美国来下的。这种改变从1974年的美国贸易法案中就可明显看出征兆,到1988年的综合贸易竞争法案就已经很清楚了,尤其是所谓的"超级301"条款,是专门针对美国认为的不平等的、受限制市场而制定的。1974年和1988年法案的不同之处在于现在的条款是针对整个国家,而不像以前仅针对特定产业。在高技术部门,这种战略政策的改变更明显,处于一国未来竞争地位的中心。根本原因是由于在一个不完全竞争市场中,政府必须支持它们的主导企业(Encarnation,1992;Ostry,1990)。奥斯特里(Ostry,1990)指出这个争论基于两点:"一国或某企业获得的'第一推动优势'是通过取代外国竞争对手得来的……这给企业和国家带来巩固和扩展它们的竞争优势的机会"(p.60),而外部化和溢出又会提高国内经济其他部分的竞争力。

在美国这样的市场理性/市场—意识形态的经济内,各种各样有特定地理维度的利益团体(主要通过特定产业和工会的游说)给战略政策的选择带来很大压力。韦德和盖茨(Wade and Gate,1990)分析了美国众议院1987年对格普哈特修正案的投票及1988年综合贸易法案,显示出贸易政策历史区域分工的改变。"尽管北大西洋和五大湖的传统产业中心仍然是最受贸易保护的地区,曾经盛行自由主义的南方现在也比以往任何时候都更有需要贸易保护的情绪。历史上就有受到贸易保护的西部,特别是西北部,已取代了南部成为议会自由贸易主张的核心区域"(Wade and Gates,1990,p.297)。

市场理性政府(和市场—意识形态政府)的一个特点是它关注经济的管制结构。这种国家在过去10~15年间显然不再把特定部门当做竞争的武器。塞尼(Cerny,1991)敏锐地观察到,撤销管制的过程非常复杂;提出撤销管制实际上可能是以不同形式或在不同的地理或政治尺度上重新实行管制。

每种方式——从市场理性/意识形态政府对贸易、产业和外国直接投资政策的分散使用到计划理性政府的连贯使用——反映了竞争政府在全球经济的动荡环境中为了维持运行而采用多种不同的方法。政府像企业一样探索竞争策略,尽管它们的策略工具有所不同。企业和政府的竞争性行为的另一个相似之处是企业,尤其是跨国公司不断增加的与其他企业合作的倾向,而许多国家也显露了同样的合作倾向。如同企业一样,政府间的国际合作可包含从简单的双边协商到超国家的自由贸易区的复杂协作网络。尽管在全球经济中有许多超国家的自由贸易区,但大多数没什么实质作用,只剩一纸协定罢了。不过这些团体是有歧视性和防御性的。它们试图在保护的框架内为国内生产者创造跨国市场,以获得贸易和投资规模优势。由此,它们会创造或转移贸易,而后者可能使生产者受到非成员国的刁难和抵制。

近些年来全球经济最主要的发展是加强了"全球三角"中两角的超国家经济整合,而且第三角将来也可能会有相似的发展。这种跨国经济整合增强的趋势是将来竞争政府运行的一个方面。但存在一些相反的政治压力,强调地方或区域(国家级以下的)的概念。特别是随着欧洲整合的势头增强,对地方/区域政治和经济的自治要求也更高。"区域的欧洲"有时比民族国家的欧洲更受欢迎。转向"地方经济",甚至是"地方政府"的见解源于从福特制转变到后福特制弹性积累的新发展以及新产业区的出现(Moulaert and Swyngedouw,1989;Moulaert,Swyngedouw and Wilson,1988;A. J. Scott,1988b)。

这些看法一方面鼓吹超越国家的整合,另一方面建议更高程度的地方经济自治,不过并没表明国家已不再是一个重要的全球参与者。正如哥特勒(Gertler)谈到的,需要"恢复民族国家":

> 需要指出的是,与全盘自由贸易的理想相反,国家仍然会保留一些权力,市场不会完全彻底地"开放"。尽管国内有更多微妙的权力来协调社会和经济政策,加剧的竞争会增加国家支持的创新系统的重要性。因而,很难断言跨国自由贸易区的增长会破坏国家的特殊权力。(Gertler, 1992,pp.270-1)

三、企业与政府间的相互作用:动态的谈判关系

国际互动的第三个要素是企业与政府的相互作用。这并不像看起来那样简单,因为在国际尺度上企业与政府间相互作用的实际过程和形式与企业与企业间的相互作用、政府与政府间的相互作用紧密缠绕在一起。例如,大部分美国与日本的摩擦实际上就是企业间、政府间以及被认为是代表政府的企业间的争端。这种情形与20世纪60年代很相似,那时美国跨国公司的行为被认为是美国对外政策的一个延伸,正如今天把日本企业的行为(尤其是在美国的)看成是日本统领世界的战略的一部分。跨国企业和国家间的关系是一种斗争与妥协的混

合。跨国公司寻求全球利润或全球市场份额,从而试图有最大自由来根据企业的最优区位来布局生产链的组成部分。与此同时,政府希望本国得到最大份额的增值活动。结果是企业与政府间的关系不可避免地变得非常复杂(Gordon,1988;Pitelis,1991;Stopford and Strange,1991)。

企业与政府的相互关系不尽相同,这取决于是一个企业与其母国的关系,还是与东道国的关系。但这并不意味着前者的联系一定融洽而后者的联系一定有冲突。实际上,许多企业与政府间激烈的冲突是由于政府害怕其"国内"的企业转移到海外经营,或企业声称母国政府并没有提供足够的支持来应对国外竞争。因此,状况十分复杂。

与赖克(Reich,1991)或欧米耶(Ohmae,1990)相比,我的观点是尽管某些企业在全球范围内经营,但一个跨国公司国内的环境对其如何经营仍然是非常重要的。跨国公司并不是完全游离的;所有的跨国公司都有一个可辨认的本国基础,这个基础保证每一个跨国公司都深深地根植于其国内的环境。当然,一个企业的国际经营越广阔,它就越有可能具有另外的特征。不过几乎没有跨国公司把它们的最终决策经营活动从起源的国家(甚至通常是社区)中转移出来。实际上,许多流行商业评论中关于企业与国内基础之间不再有任何实质的联系的说法是夸大其词了。当然,正如组织结构发生改变,正如等级制度被"压平",正如网络形式变得越来越重要,事情不再像从前那么简单。然而,尽管跨国公司经营了许多年,但福特本质上仍然是一个美国企业,ICI帝国化学工业公司仍然是一个英国公司,西门子还是一个德国公司。正如斯托普福德和斯特兰奇(Stopford and Strange,1991,p.233)指出的,"无论这个国内企业的经营涉及多大的全球范围,其心理上和社会上仍'从属于'它的国内基础"。

这并不是说跨国公司必然对它们起源的国家保持"忠诚"。根植过程的性质很复杂,国家的经济福利也不再必然与国内企业的表现相匹配(Reich,1991;Tyson,1993)。但我的观点是跨国公司是由一个根植的复杂的历史过程生成的(Dicken and Thrift,1992),在这个过程中,国内基础的认知、文化、社会、政策和经济特性起了绝对重要的作用。因此,跨国公司承载了这些特征,并与其经营所在国当地特殊的环境相互影响,形成新的特征。而关键在于国内基础的特征依然占据主导地位。

这并不是说同一国家背景下起源的跨国公司就一模一样,事实当然不是如此——但相似性多于差异。国家依然是汇集独特制度和实践的"载体",并影响跨国公司的性质。惠特利(Whiytley,1992a,1992b)比较商业系统的研究就很说明问题。惠特利是要反击"经济理性主义者"的这种观点,即"竞争市场选择商业组织的有效率形式,而将无效率的摧毁……基本的市场压力使得企业要在国际市场的竞争中成功地存活下来必须要趋向于类似的有效组织、实践和战略上来,以'适应'特定的技术和市场规则"(Whitley,1992a,p.2)。与此同时,惠特利发展了"商业系统"的概念,将其定义为"等级化市场联系中制度化,并且在特定条件下更有效的特定组织安排"(1992a,p.10)。

惠特利的分析建立在对东亚和欧洲的商业系统详细的多方比较基础上,有助于解释企业结构和行为的国际变化,比如日本(及其他东亚地区)与盎格鲁-撒克逊和欧洲大陆的商业系统的不同。它加深了对政治经济系统典型类型的讨论深度。这些概念帮助我们澄清企业和其国内环境间的复杂关系,还有对企业和政府间经济联系冲突的理解,阐明了对于本国企业不同的政府态度,包括"国家冠军"观念(Amin,1992;Reich,1991)和韩国财阀与日本系列这样不同组织形式的基础。特殊商业系统主要(尽管不是绝对)在国内组织,是不同国家起源的跨国公司间的区别持续存在的根本原因之一。

我想谈到的企业与政府间相互影响的第二个方面是企业对政府管制结构的响应(Dicken,1992b)。对于跨国公司来说,政府管制政策有两个最关键的方面,第一,获得市场和(或)资源(包括人力资源);第二,企业在特定的国内(或超国界)管辖权内经营的规则(Reich,1989)。显然跨国公司一直努力排除限制其自由定位的管制壁垒。跨国公司希望最终解除所有进入的壁垒;在当地经营而能自由输出资本和利润;自由输送重要的原料、零件和经营服务;自由流动的劳动力市场。当然,全球经济中存在许多不同的管制结构,跨国公司要克服、回避或颠覆这些结构。实际上,管制机制约束了跨国公司的战略和经营行为。

但实际情况并没有这么简单。管制结构真实的存在可能会被认为是跨国公司的机会,利用政府间不同的管制规定在有差异的地区间转移活动——这就是监管套利(Leyshon,1992)。跨国公司挑起政府间的竞争,使政府努力以更优惠的条件获取或挽留跨国公司的投资或经营活动(Dicken,1990;Encarnation and Wells,1986;Guisinger,1985;Glickman and Woodward,1989)。更普遍的是,跨国公司对政府管制存在某种模棱两可的态度(Picciotto,1991;Rugman and Verbeke,1992;Yoffie and Milner,1989)。例如,皮西奥托(Picciotto,1991)指出:

> 跨国公司减少国际协调而积极支持政府,因为它们可利用管制差别和漏洞……尽管跨国公司迫切要求足够的国家管制协调,但它们拒绝任何强化国际政府组织的尝试……在保证给予外资国民待遇的最低纲领上,跨国公司是最坚定的民族国家捍卫者。它们利用国家间的差别,包括政治上和经济上的差别的能力,使它们获得竞争优势。(1991,pp.43,46)

皮德勒斯(Pitelis,1991)提出跨国公司与国家间的关系应在一个竞争与合作的框架下分析,认为"竞争与合作的程度主要取决于是跨国公司与母国政府的联系还是与'东道国'政府的联系,除此之外,还要考虑这个政府是'强大的'还是'软弱的',是发达国家还是欠发达国家"(p.142)。无论竞争还是合作,跨国公司与政府关系的本质都是公开或隐秘的讨价还价(Doz,1986;Gabriel,1966;Kobrin,1987;Poynter,1985;Stopford and Strange,1991)。正如尼克松指出的,"这个过程主要取决于 FDI 引发的各方主体的参与成本和收益的范围、性质和分配"(Nixson,1988,p.318)。然而帮助我们理解这些复杂关系的形成过程的理论和经验研究还没有什么进展。斯托普福德与斯特兰奇(Stopford and Strange,1991,pp.134-6)批评了目前国际联系和国际商业文献中关于讨价还价过程的研究。当然,企业与政府内部不同的利益集团也都试图去影响更高级别的谈判立场,因此讨价还价本身是无数的协商和交易过程产生的复杂结果。

实际上所有与跨国公司与政府间讨价还价关系有关的研究都集中在联系的一个方面上,即跨国公司与东道国政府间的联系。在这种情况下,结果受三个彼此相关的因素的影响:①各自对对方掌握的资源的需求;②限制各方将潜在的讨价还价能力转变为控制资源的能力的因素;③参与者的谈判地位。要重点强调的是讨价还价过程和结果会因所涉及的生产链的环节不同而不同。对双方来说,拥有稀缺的、高增值环节的一方讨价还价的筹码要高得多。最后,正如加布里埃尔(Gabriel)阐述的那样:

接受国最终付出的代价受以下因素的影响：①各自争取投资机会的外国公司的数量；②外国贡献的独特性（相对于当地公有或私有企业可能提供的）；③国内对贡献的需求程度。外国投资者的接受条件取决于：①对投资机会的普遍需求；②东道主国家与其他国家相比，所提供的独特投资机会的吸引程度；③相应国家的事先承诺程度（例如，确立的市场地位）。(Gabriel,1966,p.14)

当然，问题是整个过程都是动态的；讨价还价关系随时会发生改变。在绝大多数关于政府与跨国公司讨价还价的研究中，通常的看法是在最初的投资决策之后，讨价还价的决定权从跨国公司转移到东道国政府。这种情形在发展中国家以自然资源为基础的投资中最为常见。不过，这种关系不一定适用于技术变化迅速的部门抑或已经形成全球一体化操作规范的地区(Kobrin,1987)。即使对跨国公司与东道国联系的研究目前也还远远不够，文献中关于跨国公司与母国间讨价还价的案例就更少了。

四、结论：重新审视关于全球—地方的争论

贯穿全文的主线是，在一个不稳定的竞争环境里，企业与政府作为竞争机构都面临深刻的全球—地方对立。而"全球"与"地方"并没有精确的定义，对企业和政府有不同的意义。对于企业而言，全球—地方对立表示到底是要"全球化"还是"地方化"的问题，或是"全球—地方化"两方面结合的问题。在这种情况下，"地方的"通常意味着"国家的"；讨论议题在于国际企业国内部分的自主性。以民族国家的角度看来，全球—地方有不同的问题。一方面是来自某些超国家组织的压力，另一方面是地方追求更高自主性的压力。当前欧盟内部关于"从属性"的争论就反映了这种情况，地方政府要求更大的自主性。但国际企业与国家的相互作用将全球—地方问题扭结在一起。对于国际企业来说，根据国家边界划分的、暗含市场范围与要素差别的全球政治地图，企业在追求全球战略的时候必然面对地方差异带来的压力。对于国家来说，国际企业是导入全球化力量的一条主要渠道。

跨国公司与政府（无论是什么层次的）之间的关系显然是一种权力关系。一般

来说,跨国公司与政府间相对的权力关系已经发生转移,但形势却远不是想像得那么简单。从交易过程的复杂性和偶然性看来,很难对跨国公司与政府间相应的"权力平衡"作一个概括。无疑在很多方面,特别是金融政策领域,政府已越来越不能随心所欲地决定他们的货币汇率了。由于电子贸易技术的发展,全球金融系统的发展已使政府金融政策处于高度投机力量的干扰之下。过去几年中许多不明智的决策,给国家带来巨大冲击。相反,斯托普福德和斯特林奇的观点是:

> 政府作为一个团体实际上已丧失与跨国公司讨价还价的能力……接下来企业作为一个团体是否将提高其对生产要素的讨价还价能力?争论变得很复杂,因为单独一个企业的力量可能因为竞争加剧而下降。新的竞争者改变了规则并提供给政府新的讨价还价优势。需要把影响普遍政策的力量和强调特定交易的力量区分开。(Stopford and Strange, pp.215-16)

"特定交易"的问题与本章中讨论的"真正关乎地方"的问题有重要关系,地方社区或区域目前正与全球经济的剧烈动荡作斗争。在全球体系下,地方社区所面临的问题是除非在非常特殊的环境下(例如,掌握了惟一的或稀缺的能源从而提升了自己的力量),讨价还价的力量太弱小。通过生产系统的组织变革(特别是网络组织和关系的增长)将会自动提升当地经济机会与福利的想法只是一个空想。

关于供需关系的改变(包括企业内部与外部)会提高地方整合的观点,既有正面的证据也有反面的。正如麦格拉斯和胡尔(McGrath and Hoole,1992)指出的,全球汲取资源的发展远没有停滞。但可以确定供需关系进入了一个更强调长期紧密关系的层面,而这个层面建立在高度的相互信任基础上,地理区位临近也会有助于供需关系的发展。不过,企业更青睐于从设计到最终生产的各个阶段与一级供应商密切联系。对于任何单一企业而言,这种一级供应商的数量很少,地理分布上也不平衡。所以,并不是每个地方的经济都有希望参与到新的一体化网络中来的(Amin,1992;Amin and Malmberg,1992)。

最后,因为跨国公司与当地制度之间的力量很不平衡,地方机构除了提供一个有吸引力的商业环境,或努力激励当地企业融入跨国公司的网络中去,也没有别的事情可做。尽管国内政治系统是集权还是分权会有影响，但所有有效的讨价还价力量不是存在于地方层面而是存在于国家层面上，或像欧盟那样超国家的层面。因此，在此条件下，当地经济的前景受到国家政策的影响与受到当地的影响一样多。在全球与地方的关系中，从权力的角度看，关键的相互作用仍是在跨国公司与国家的层面上；在这方面，"关乎地方"是一个重要的问题，但需要在一个更广泛的政策框架下来解决。

（卢洋 译）

第十章　政治的重新定位：美资墨西哥工厂中的性别、国籍和价值

M. W. 怀特（M. W. Wright）

研究企业决策的改变也是考虑形成社会关系和那些影响权力、地位和价值观模式的文化建构的理解过程。举例来说，当把重点放在降低劳动力成本和增加员工生产力时，企业的决策者通常以某些相关的特性，例如民族和性别以及劳动技能、内在能力和战斗能力将不同地区的人力资源分类来显示一些特征。这些将一个地方的劳动力的内在特点与另一个地区所在的人力相比较的方法揭示出了人力资源在工厂内部的社会建构过程中是如何被理解和评估的。

在本章中，我的论点在于假设作为一个团体，企业经理们拥有联接生产特定价值产品的特定人员的社会力量。然而，他们在一个资本主义企业等级结构中的权力并不独立于其他社会关系力量，如性别和种族，这些都有助于在具有特殊联系的人群中形成等级差别。在详细阐述这一假设时，我试图举例说明跨国公司的经理们如何建立联系国家与性别的不同的模式，在有价物品的生产中确立雇员的身份。关注这两类社会特征并不意味着其他特性不是值得探索的工作场所的问题，如年龄、种族、健康等。更确切地说，通过聚焦于国籍、性别和价值的相互联系，我认为有价商品的生产是一个社会过程，交织于不同价值人群的社会结构中，并且这一过程对企业的内部结构有影响。

马克思对劳动价值理论进行批判，而后结构女性主义者非常强调对隐藏于业已存在的社会身份及其差异背后的生产权力，这两者之间的学术对话诱发了这个观点的形成(Joseph,1998)。通过对资本的批判，马克思揭示了商品制造与将人等同于没有生命而只是特殊价值载体的观点之间的内在联系。资本主义商品的价值取决于将人看做是价值的能力。但是，跨学科的女性主义学者的研究已经表明，严格的阶级分析需要限制探讨制造产品价值的人与产品价值本身之间复杂的联系

(Kondo,1990;McDowell,1997;J. Scott,1988b)。他们强调衡量企业工人的价值取决于如何解释作为社会主体之一的工人阶层的意义。工作本身是和其他很多因素有关的,如性别、种族等,一个人的工作价值往往还和其工作之外的其他特征有关。

因此,在本次有关跨国组装厂重新选择区位的政治研究中,我将把马克思主义者和后结构女性主义者的研究方法相结合,考察人所拥有的价值的变化如何能使企业经济从其产品的价值中得到体现。打破对人及其产品价值认识的历史窠臼就够了,至少我认为以我所述的案例,说明了他们将工厂从墨西哥迁回美国的高昂成本是有道理的。

论证的资料来自 1993 年和 1994 年我在"水上墨西哥"(Mexican on the Water,MOTW)的出口加工厂为期 10 个月的人类学研究项目。这个厂代表了美国跨国公司在墨西哥的区位特征,MOTW 生产摩托、船和其他水上运动工具,在亚洲、欧洲、南美和美国都设有加工厂。MOTW 在出口加工业发展之初就在华雷斯城(Ciudad Juarez)开厂。它是最早在出口加工中雇佣男工的,至少比当局发现需要补偿地方劳动力市场女工短缺问题早 10 年。在 1992 年所作的访谈中,MOTW 的总经理解释不用女工的原因时说,"这是个工具店,女孩不合适。我们的产品是男人的产品,我认为男人,不管这里还是别处,更能理解这种工作"。然而在 20 世纪 90 年代早期,MOTW 开始涉足电子加工,并开始雇佣女工。这种转型对 MOTW 的经理是一个挑战。

在 MOTW,我研究了经理面对他们认为缺少质量观念的工人如何提升质量的挑战。这种挑战包含了性别和国别的含义。这些经理需要为特定的美国男性市场生产产品,这是 MOTW 产品的质量定位,也是他们评价产品的目标。而MOTW 的经理们尝试将他们的目标输入给当地的工人,在他们眼里,当地对男性价值的看法是相反的。显然矛盾之处在于,他们雇佣墨西哥的女人做特定的工作,因为这些雇员总体上被认为"勤劳"、"耐心"和"驯服",适合电子加工业(Salzinger,1997)。同时,这些妇女被产业界广泛看做"廉价"、"不专业",不值得费力去训练(Wright,1997)。雇佣这些工人标志着 MOTW 从有目的地选择男性劳动力转向录用一定比例的女工。这种转型对 MOTW 产品、人所赋予的价值和传统产生负面影响,并最终导致企业区位决策的调整。

第十章 政治的重新定位

一、理论对话

当探讨MOTW开始雇佣女工是基于什么考虑时,我是基于马克思主义对资本主义环境下价值的社会建构的批评。资本,如马克思所言,并不关心生产什么东西,而是关心物品中蕴涵的价值。这种价值只能用特定条件下同类的劳动来估价。

马克思主义学者发展了马克思对资本主义劳动价值理论的批评,强调理解这一点不仅是关于商品的价值构建,而且是关于生产商品的人的价值构建。正如大卫·哈维(David Harvey)所说:

"需要理解的矛盾是劳动力的自由和不固定收入如何被客体化,固化在产品中,并反映为相互交换的比率。"(1982,p.23)

基于此,哈维促使我们思考人类活动和思考中表现出来的千差万别的能量为什么能被理解成某种相似的价值,从而可以定量地反映在无生命的产品中。由此,这个过程将人变作了客体。女性主义学者戴安娜·埃尔森(Diane Elson)强调这个问题涉及"力图理解为什么劳动采取这样的形式,其政治后果是什么"(1979,p.23)。

这些马克思主义者的思考成为我分析的思想渊源,这里我感兴趣的问题不是为什么墨西哥妇女的工作获得如此低的报酬,而是为什么廉价劳动力会被假定为女性墨西哥的形式。墨西哥妇女劳动是如何被固化为廉价商品的?这种转型的危机在哪里?

尽管我根据马克思主义批判思想在心里提出了这些问题,但我并不是完全按照马克思主义的角度去回答它们。女性主义学者认为用任何实物为劳动力定价都是通过不同种人的不同特点的劳动力来定价的(Hanson and Pratt,1988;Pratt,1990;Rose,1993)。这些女性主义者促使我们考虑为什么女性和少数民族劳动力处于价值体系的不利的地位,在长期的工业传统中总是获得低报酬,他们工作中的技能也很少得到承认。

将这些女性主义者的看法放在一边,我特别推崇一类女性主义研究探讨哈维

(Harvey,1982)和埃尔森(Elson,1979)提出的两难问题,与MOTW的一些情况有关。特别有趣的是朱蒂斯·巴特勒(Judith Butler)的对唯物主义的后结构主义观点:她认为主体的社会建构并没有终结(Judith Butler,1993;1997)。相反,建构起来的主体对生产过程继续作出贡献,特定主体的身份既是产品又是生产者。主体是一种繁复的生产效果,并不必然只朝一个方向运动。于是,尽管我们将墨西哥妇女的社会建构看做美洲出口加工低质量生产的真实标准,我并没有将这种构建看做生产过程的终点。相反,作为低质量的化身,生产质量低,可以从她生产的东西中发现她自己。换句话说,不仅她自己被标做低价值的典型,她还将其他东西也烙上了低价值的标志。在MOTW生产高质量的船用配件的历史上,她作为廉价劳动力的形象也印刻在了所有她生产的物品上。当努力失败时,他们宁可撤离生产线,也不能冒贬值的风险。

在后面,我将把在一段时间中观察和对话访谈中得到的材料列出来。人类学提供丰富详尽的细节,描述经理解释作出节约成本和改善市场价值的决定背后的信息。在我调查的企业中,我有一个办公室在管理区,我可以无限制地参加会议、看文件、与雇员交流。通过对话和更正式的访谈,我的受访者透露出关于工厂评价人力资源的非常政治化的商议过程。而我关注的是经理如何描述他们的劳动力,用他们评价人及其产品的方式理解影响他们决策的企业内部结构。

二、打造美式风格

虽然MOTW只是位于墨西哥的美资子公司,但是公司文化却始终强调MOTW是一个美国式的企业,而且所有的MOTW产品,无论是在何处生产,也必须达到美国标准。一名该公司官方传记的撰写者这样描述这家美国公司的发展过程:出于爱国主义,公司在美国面临战争期间生产大量的汽车和船舶;然后就专注于为全美国生产体育用品;再后就是全力应付日本企业在全球范围内的咄咄逼人的攻势。公司的总经理斯蒂夫(Steve)这样解释:"从本质上看这是一家美国公司。"我将从该公司生产设备的空间布局开始,观察这家墨西哥子公司的美式风格。从公司生产的空间关系可以看出,他们非常坚定地维持美国式生产体系并确保墨西哥工人能够生产出达到美国标准的产品。

第十章 政治的重新定位

　　MOTW拥有两个工厂,分别是车间Ⅰ和车间Ⅱ,每个车间都有自己独立的生产经理、工程师以及由美国人亲自领导的监督小组对42条生产线和800人左右的墨西哥员工进行管理。人力资源经理、材料经理以及工程经理负责两个车间的具体工作,并接受总经理的领导;而总经理的主要工作是和客户以及其他公司的高层进行接触。在MOTW里面,管理区域和生产区域是严格分开的,两者中间有一道坚固的木门相隔,并且有一名保安看守,防止工人未经允许就闯入管理区域内部。在这个被保护的管理区域中,几乎所有人都说英语。正如车间Ⅱ的生产经理罗杰尔(Roger)所说:"这是一个美国公司,所以很显然你可以想到,公司的管理层主要使用英语交流。"相反,生产区域完全是一个西班牙语的世界,在生产区域有MOTW大多数雇员在工作,然而但他们却只会使用西班牙语一种语言。

　　但是,经理们解释认为,尽管绝大多数MOTW的生产一线的员工都是墨西哥人,但是企业始终是美国企业,工人的生产完全由美国人控制。"这儿是企业管理的中枢位置",公司的前任总经理在向我描述公司的管理区域的时候说道,"公司的所有一切都被这儿所掌控。"在任何时候这儿的负责人都得是美国人,公司的政策不允许墨西哥人拥有比美国人更高的职位:"你将看到这儿的高层雇员都是美国人",车间Ⅰ的经理伯特(Burt)如是说,"我们生产的是美国标准的产品,所以我们需要对此有着深刻理解的雇员。"

　　公司的政策要求MOTW的所有的管理层人员必须是美国公民,或者是拥有美国绿卡并且居住在美国的人。所以,任何企业雇员如果想要获得被提升进入管理层的资格,首先就必须申请美国的绿卡和居住权并且要向美国政府缴税。因此,一个墨西哥国籍的员工想要被提升进入管理层就必须成为美国公民。在这种规则之下,企业里墨西哥籍的员工就不可能获得比美国人更高的职权。即使一个美国人和一个墨西哥人在企业里拥有相同的头衔,但是美国人会获得更高的工资,而且美国人必然是那个墨西哥人的领导。在这样一些企业,成为美国人是得到升迁的前提,而墨西哥国籍就意味着较低的社会地位和权力,如果能够了解在这些企业里存在由于国籍不同而形成的劳动分工现状,那么将有助于制定更好的个人职业生涯的策略(Wright,1998)。

　　当我问公司的总经理斯蒂夫今后公司会不会出现墨西哥籍的经理时,他回答道:"如果今后我们试图把产品打入墨西哥本地市场,那么这是必然的。但是只要我们还是只把船只卖到美国,那么这种可能性微乎其微。"在 MOTW 公司的内在逻辑里,MOTW 员工的国籍和其产品的市场竞争力之间是存在紧密联系的。尽管根据马克思的理论,产品中包含的人类劳动是无差别的,而且是抽象不可见的,但是企业的市场营销战略将劳动力的身份直接标明,强调产品的国家背景,例如在产品上贴上"美国制造"的标签。MOTW 的产品都被统一标明"美国制造",在美国市场上出售的船只以及发动机都是在美国完成最后的组装。斯蒂夫以及其他经理都认为必须保证目前 MOTW 工厂中的生产过程不会损害 MOTW 产品作为"美国制造"的形象。任何产品中蕴涵的劳动力都是不可见的,但是劳动力的社会身份本身是产品价值的一部分。正是这个原因,对于 MOTW 的经理们而言,MOTW 的产品中有任何墨西哥女性劳动力参与的痕迹都是相当危险的。

三、看不见的 MOTW 妇女

尽管一味追求产品的"美国化"是来自美国方面的要求,但产品的品质最终是由产品的生产过程来保障的。在 1992 年我第一次造访 MOTW 的时候,当时的总经理鲍勃(Bob)带领我走过汽化器的组装地区,这儿占据了车间Ⅰ里面的一个大房间,他把这个地区称为"心脏"部分;然后又经过了"电脑数字控制"区域,这也占据了相当大的一块空间。我们可以看到工程师们坐在电脑或者办公桌前,之后我们又参观了绘图区,这里的设备即将被置换。在秘书的刻意安排下,我见到的所有员工都是男性。直到第二年我再次来此地进行人类学研究时,我才看到了女性员工,此时女性员工占到了一线生产工人总数的 35%,她们的工作隐藏在男性工人的身后。她们总是倚着角落或者靠着后面的墙壁组装点火开关、喇叭、传动装置以及燃料系统等。她们另一项工作是理顺并切割仪表盘上面所接的各种金属线路。1994 年我又特意问了当时车间Ⅰ的经理伯特(Burt)为什么当年的总经理没有让我参观女性员工的工作区,他说道:"鲍勃为我们的汽化器和加工过程感到自豪。我们是第一个拥有这种生产过程并且获得成功的美资墨西哥工厂……我们有女性员工专门负责电子部件的组装,但我们出名并不是因为她们。"

通过这种空间安排和布置,男性和女性员工的工作场所被严格地区分开来,这样就可以成功地将女性员工"隐藏起来",并且远离 MOTW 生产的"心脏"。这种

第十章 政治的重新定位

空间安排显示并包含了管理者将 MOTW 定义为一个"男性的工厂"的思路,这样的结果就是女性被安置在防尘的车间里而不被人们所看到,她们只是为机动船只的生产做一些辅助性的工作。现在的总经理斯蒂夫解释道:"我们将自己当做工具设备商店。在我们这个产业里,人们普遍相信男性比女性能够更好地完成工作。这是毋庸置疑的。"

在 MOTW 中,这种解释具有普遍性和代表性,他们认为 MOTW 中的墨西哥妇女:①特别适合从事没有技术含量的低档电子部件组装工作;②特别不适合从事工程、高技术的职位以及任何被认为需要高强度体力劳动的工作(Salzinger,1997)。然而从 1993 年开始,已经有女性员工在 MOTW 从事组装的工作了,到 1997 年 800 名一线工人中大约有一半是女性员工。这种转变来自于对墨西哥女性的另一种看法的形成:她们在从事那种单调但是需要精益求精的工作中具有天生的优势。车间Ⅱ的经理罗杰尔在 1994 年和我有过一次交流,他认为:"这儿正在发生着变化。车间Ⅱ的主要工作内容是电子部件的装备,我们用了 3 年时间逐步完成了这一转变。这促使我们现在雇佣更多的女性工人,因为她们更适合这种工作。"斯蒂夫说:"我认为我们公司决定将电子部件的生产组装部分安排在这儿原因就是墨西哥的女工拥有在电子部件组装方面的工作经验。另一个原因是这儿的劳动力成本远远低于欧洲或者美国。"人力资源部经理罗撒拉(Rosalia)解释了为什么 MOTW 积极招聘这么多女工来从事电子部件的组装,她说道:"女性能够很好地完成电子部件的组装工作,因为她们更有耐心并且手比男性更为灵巧。"

对于 MOTW 的经理们而言,女性员工比例的上升给他们带来了一个两难的困境。尽管公司的生产一线员工男女结构从原来全部由男性组成变成了也包括一部分女性员工专门从事电子部件组装工作,但是公司的最终产品没有变,依然是男性专用的产品。当我问斯蒂夫 MOTW 的顾客是否知道产品的电子部件组装是由墨西哥女性完成的时候,他这样回答:"当然不知道,我的工作之一就是确保他们无法发现这个情况。"墨西哥籍女性员工的社会特性使得其非常适合从事电子部件的组装工作,但是这并没有改变她们不能作为 MOTW 产品的生产者的尴尬状况。如果要说与以前有什么区别的话,就是现在的经理比以往更加重视产品生产过程中的质量控制。现在,他们不但要保持产品的美国标准,还必须保证产品的男性化特征。

这种挑战源于 MOTW 产品自身的社会属性和墨西哥女性员工的内在价值属性之间存在不可调和的矛盾。首先,社会建构过程从来不会终结。为了使 MOTW 的产品被看做是达到了"美国标准"以及"男性化"的,那么"墨西哥标准"和"女性化"就会是永远的对立面。MOTW 的经理总是努力地解释他们的产品是有别于一般的墨西哥电子企业的产品,他们强调 MOTW 的产品与一般的诸如电视机生产线生产的产品相比,拥有更为卓越的品质,而且他们会一遍遍地重申那些由墨西哥女工生产的产品往往品质低劣并且价值很低,而相反 MOTW 的产品是由男性工人生产的。

其次,与第一个问题紧密相关的是,认定墨西哥女工不适合生产男性化产品也导致了一些生产效应。如朱蒂斯·巴特勒(Judith Butler,1993)所认为的那样,没有办法指涉一个人而同时指涉其制造的产品。可以说,在劳动力的例子中,没有办法指涉某个人的劳动力(也就是用来换取工资的)而不进一步涉及她或他的劳动的质量。所以,墨西哥女工被认为天生适合从事电子部件装配工作而且劳动力的价格低廉,虽然她们的存在为资本创造了更大的利润,但由于她们没有技术,这样就注定了她们只能提供价值低廉的劳动。他们的诀窍就是一边利用廉价的墨西哥女工,但同时又不让这种行为危及产品的价格。在 MOTW,就意味着他们必须保证无法在 MOTW 产品中找到任何有关墨西哥女工的痕迹和证据。墨西哥女工的价值在于其在廉价的同时又能够很好地被隐藏在高质量的 MOTW 产品背后而不被人发现。

在接下来分析 MOTW 的仪表生产过程之后,才使背后的复杂性逐渐变得清晰。在这个案例中,我们可以看到 MOTW 在处心积虑地防止墨西哥女工的渗透,无论是在生产过程还是产品的形象方面,墨西哥女工的这种渗透会危及 MOTW 作为男性化公司的品质和声誉。

四、仪表

围绕着 MOTW 寿命短暂的仪表生产线所发生的一系列事件显现了一个重要矛盾:即 MOTW 希望利用廉价的低层次的工人生产高质量的产品。MOTW 的经理们从一开始就为这个事情费尽心机。仪表是关键的生产过程,对船只的安全乃至外观设计方面有着举足轻重的影响。本来仪表是在美国本土生产的,经过总经理斯蒂夫的努力,于是将它转移到墨西哥来生产,据他自己的描述,这个结果是他通过"浴血奋战"才击败了来自中国分工厂的竞争对手而得来的。现在的问题是墨西哥工厂能否完成这个任务。斯蒂夫向其他人保证,在他的监督和管理下,仪表一定会达到标准。"我是下了军令状的",他这样对我说道。

MOTW雇佣年轻的女工从事该工作。罗撒拉解释道:"年轻姑娘手巧,这个工作需要处理很多精巧的电线和细小部件。"但是,对这些年轻姑娘是否具有工作经验却并没有严格限制。"我认为她们不会长久地在这儿工作",罗撒拉继续说道,"大多数会很快离开,她们需要成家。她们不具备学习和接受训练的素质。这就是在电子部件组装部门里的现实情况。她们不属于那种真正渴望学习并且不断提高自身能力的工人。"

MOTW安排了玛丽,一位美国女性,负责监督管理这批"没有技能"而且不思进取的"女孩"生产这些对质量非常敏感的仪表。MOTW中还有另外一个女性管理者负责监督喇叭以及点火装置的组装,这部分生产集中在车间Ⅰ的后墙位置。但是玛丽是第一位负责监督管理"关键"部件生产区域的女性。和其他的美国管理者一样,她是墨西哥裔美国人,会说两种语言,并且拥有类似的管理经验。来这儿工作之前,她在一个美国人投资的服装企业工作,在那儿她作为管理人员工作了21年,刚刚退休。斯蒂夫解释聘请玛丽的原因是:"她拥有管理缝纫女工的经验,并且名声不错。我们清楚这儿的电子部件装配工作将主要由女工来做。""我喜欢具有挑战性的工作,"玛丽在向我描述为什么她放弃之前帮助女儿照顾小孩做"全职外婆"的原因时这样说道,"我的家庭崇尚工作"。1993年夏天,玛丽重回工厂。"他们告诉我,我将负责管理一个敏感区域,需要保证产品的质量。和我以前的工作一样,我需要和年轻的女孩打交道。"

她的工作是管理35名女工人,其中绝大多数都是20岁左右的女孩,她们将负责仪表生产线的运行。仪表的生产过程中需要非常辛苦而且仔细地监测生产线,几乎有一半的女工负责某些环节的监测。她们或者测试产品的功能,或者检查产品上色是否均匀,或者作产品耐用性测试等等。整个生产流程是这样的,首先是一个自动卷线机将铜质电线紧紧缠绕在一个轴上,经过电流测试后会被放在机架上,之后再连接更多的电线并测试,最后接上刻度盘。刻度盘盘面的印制是一个精细的工作，需要手稳而且能够专注于细节的人来完成，整个过程只需要两个工人即可。两个人负责仪表的封装，在仪表打包被运往佐治亚的工厂完成最终组装之前还需要一个最终的测试。

仪表的生产区域是与工厂的其他部分隔离的，位于一个安装着防尘大门并且没有窗户的屋子，外面的人根本无法看到里面的工作情况。"我想即使你能够在工厂里行走一圈"，罗杰尔说，"你也发现不了那些女孩的存在。"而且玛丽已经明确向那些女孩规定，在没有得到允许的情况下不能擅离岗位，而且每个人去洗手间的时间必须错开以保证任何时候最多只有一人离开这个工作区。所有生产仪表的工人穿着统一的没有男女分别的制服，而且女工必须用发网把头发包好——这些制度对该工作区极少数的男性工人影响很小。男性工人用发网就像戴帽子一样，只需要包住头的上半部，而女工们却需要把发网一直拉到脖子处。玛丽解释了这样做的原因："所有人都被要求佩戴发网，男性员工只需要保证发网在脑袋上部即可，而为了防止女性员工的头发沾到染料或者被卷入电线，我们最担心发生这样的事故，因此就必须要求女性员工将发网拉到脖子处。"

MOTW 关注的女性特征不仅仅是长头发或者短裙，还包括身体的其他部分。玛丽描述了公司有关女性外表的规定："女性员工不能涂指甲油……而且我们不欢迎已经怀孕的女工来这儿工作。这儿的气味对她们的健康会有坏处。"事实上，和很多美资墨西哥工厂一样，有一种政策是在被默默执行的，即拒绝雇佣怀孕的女工并且会鼓励已经怀孕的女工尽快离开。虽然这种行为违反美国法律，美国法律是明文禁止歧视怀孕女性的。"我们都清楚我们不愿意雇佣怀孕的女工，这是所有美资墨西哥工厂的惯例"，车间Ⅱ的经理罗杰尔非常赞同公司这样的做法，他说道，"我们不想雇佣怀孕的女工，因为这对公司以及她们个人都没有好处。"

最终结果是，进入 MOTW 仪表生产线的年轻女工们不得不接受工厂对她们在头发、指甲、服装乃至子宫方面的强制要求，而且这也进一步强化了在 MOTW 中，劳动力分工的社会等级结构仍然是传统的性别模式。在 MOTW 的工资体系中，从事电子部件装配以及仪表生产的女工的工资水平是最低的，而与之对应的是拥有最高的人员流失率。汽化器生产的管理人员拉蒙（Ramon）说道："从事电子部件组装的女孩对 MOTW 而言是很重要的，但是从个体的重要性而言，不如其他男性员工。我们需要和这些女孩一起工作，并且努力希望留住她们。女孩们进入

MOTW并获得了一些工作经验,但是很快就会因为需要成家而离开这里。"总之,培训她们是一种浪费。现在的观点是认为女性员工不值得培训,而且还认为女性员工离开企业是由于其自身的原因,而不是由于她们的工资太低或者公司没有为她们提供培训激励,这其实体现了美资墨西哥企业一种普遍的观念:女性劳动力是很不值钱的。

玛丽不得不在工作中接受这样的观点,即培训电子部件装配部门的女工是没有意义的。"他们留给我一屋子的没有任何经验的女孩,却指望她们第一次工作就不犯错误",她说,"这就是问题之所在,他们要求拥有美国产品的质量标准,但却不给我们充足的时间。"斯蒂夫解释道:"我期望通过一个缓慢的过程,可以使产品达到美国的质量标准。这是一个美国的企业……玛丽的职责就是实现这个目标。"

五、女性浸染

1994年10月份,在生产了3个月之后,几乎2/3的仪表都有质量问题,而更加糟糕的是,此时公司正在为假期季节的到来而准备,因而仪表的需求量很大。斯蒂夫几乎每天都会接到客户——位于美国佐治亚的最终产品的组装工厂——的电话,讨论有关仪表的质量问题以及如何解决该问题。然后他就马上约见玛丽以及玛丽的上司罗杰尔开会。"我们正在输出墨西哥品质的产品",在某次会议上他这样说道,"必须马上改变这种状况。"

玛丽认为问题出在现行的技术体系不合理以及员工缺少必要的训练。"在两个月之内熟练掌握技术需要学习太多的东西",她在一次会议上这么解释。用罗杰尔的话说,为了使产品能够达到美国的质量标准,就必须采取下列措施。罗杰尔继续强调仪表产品的重要性,而玛丽则希望通过加班加点地工作使事情回到正常的轨道;但是10天之后,结果并没有好转,仪表的品质仍然达不到美国标准,更严重的是,由于缺乏足够可用的仪表,佐治亚的组装厂已经有接近100多工人暂时停工。"我不能让佐治亚的工厂停产!"他郑重地表示。到现在,玛丽及其领导的员工已经是每周工作6天,偶尔甚至达到7天,每周平均工作时间已经高达50~60小时。在这样紧张的气氛下,加班持续了一个月,最后不得不放弃。因为在某一周之内,有超过一半的员工辞职,于是MOTW不得不雇佣新的员工并进行培训。一位

18岁的女工,已经在MOTW工作了6个星期,她说道:"我们在这儿工作等于是一种自杀行为……他们经常对我们大声地呵斥并告诉我们这儿不对或者那儿不对。但是,他们却几乎没有给我们时间去学习该如何进行操作。"

玛丽向斯蒂夫请求获得更多的时间让员工们来学习提高,并且要求减少工人的压力。"现在我手下的新员工数量比老员工更多",她说,"教她们该如何正确地完成工作并且恰当地处理各种问题实在是太困难了。"斯蒂夫表示已经不可能给她们更多时间。"在这个关键时刻",斯蒂夫说道,"我们没有更多时间。"他以及其他经理们不断地强调,墨西哥女工是能够在只需要少量培训的情况下就可以加快工作的,他们认为这种工作对于女性而言是比较容易的。正如伯特所说:"这些女孩们一直在从事电子部件的组装。"

老板拒绝给予更多的时间用于培训员工激怒了玛丽,她决定采取措施自己来解决问题。在不得不安排加班的情况下,她对整个仪表生产区域的工作制度作了部分的调整,增加了工作的弹性。"我必须采取措施,否则所有人都会离开。"她告诉我。在没有获得经理许可的情况下,她马上放松了对穿着工作制服的要求。每个员工仍然需要穿着工作服,她不反对女工穿着男性员工工作服,因为一些人认为穿男性员工工作服更舒适;她还同意女工可以不带发网,前提是她们的头发必须已经被拉到脑袋后面。"戴着发网很难受",她说道,"几个小时之后你就会很想把它扯掉。"她为周六加班的员工提供咖啡以及点心,并且允诺周末加班的员工可以获得一周之内某个半天的假期,只要提前和她把时间确定好。为了使工作环境变得轻松一点,她允许员工带录音机来听音乐,并且放松了对去洗手间以及喝水的有关限制。

在接下来的几周之内,员工流失率逐渐下降并稳定下来,而且产品质量开始好转。玛丽很乐观地说道:"你不能要求这些孩子每周工作6天或者7天而没有任何休息……事情正在逐渐好转。"

虽然她们没有从困难中彻底走出来,但是危机似乎暂时地获得了缓解。佐治亚的工厂恢复了正常的运转,投诉电话也少了很多,因为客户对仪表的检测通过率明显上升。玛丽也不再被突然召去开紧急会议。斯蒂夫告诉她:"你的措施起到了作用。"但是,随着产品质量的稳步提升,他很快又改变了主意。

在某天召开的私人会议上,人力资源经理罗撒拉警告斯蒂夫,仪表生产区的情

第十章 政治的重新定位

况已经逐步"失去控制"。她担心玛丽随意改变员工出勤秩序有可能破坏公司按时上班的出勤制度，并且可能将墨西哥的懒散风气带到专业化的美国公司管理系统中。"这里不是墨西哥血汗工厂"，她说道，"她不能为了方便就随意改变这里的制度。"

斯蒂夫决定在下个周六玛丽来换班的时候找她谈一下有关公司出勤制度的问题。"我同意罗撒拉的观点，我们必须坚持公司的制度。我们需要像一家美国公司一样地遵守规则，我不认为这是很好的应急措施。"当他周六早上前往仪表生产区和玛丽见面时，被当时的场面震惊了，"我以为我来到了一个墨西哥节日舞会现场"，他说道，"惟一缺少的就是Pinata"①。

斯蒂夫打开防尘门进入与外界分隔的仪表生产区之后，发现女工们一边大声说话，一边随意地走动，没有丝毫的工作状态。音乐声从一个放在工作台顶部的塞满东西的盒子里传出来，旁边还有一个空的点心盒。而玛丽，他说道："就像一个墨西哥老奶奶。"在他眼中，一个美国管理者变成了软弱的墨西哥女人。在下周二的室内工作例会上，斯蒂夫发出了如下警告："我不知道她在那里干了些什么，但是我看到那些女孩们随处走动。而且她们想把小孩带来上班……都不知道那些女工们究竟有多少个小孩。"

而玛丽这样解释当时的状况："斯蒂夫来这儿是准备批评我在改变出勤时间之前没有请示罗撒拉，但是当我告诉他有一个女工请求带小孩来上班时，他几乎心脏病发作。"事实上，她并没有同意那个女工的请求。

在例会上，对仪表生产区域的关注已经从产品质量转移到管理方面，很多人担心现在来自美方的经理已经逐渐失去了对墨西哥女工的控制。他们坚信产品的品质肯定会因此而受损。伯特说他们不能忍受仪表生产间被墨西哥人控制。罗杰尔提出了有关女工涂指甲油的问题。"部分女工涂了指甲油"，他说道，"我们只需要和总部打个电话就能够知道紫色指甲油是怎样进入仪表的。"他们还讨论了如果不强制女工戴发网的潜在危险性。罗杰尔相信，头发会掉入颜料之中，他说："当然，如果我们在里程表上贴上'墨西哥制造'的标签，那么这将不会成为一个问题。"他们又继续讨论了关于允许女工穿着男性员工工作服的影响。另外，他们对允许工

---

① 译者注：pinata是一种装饰球，外观上像动物或星星，里面装有糖果。

人在工作区不受监督地随意走动的合理性表示怀疑。最后他们一致认为,如果继续放纵下去,那么玛丽同意女工带小孩来上班只是一个时间问题。"这是有可能发生的",斯蒂夫说,"我们公司并没有开展日间托儿所业务。"伯特最后总结会议的时候说道:"困扰我的事情是我们不知道她们在那儿鼓捣什么东西。现在,这的确是个问题。"

整个会议过程中,没有人提及现在的产品质量正在逐渐提高并达到了客户的要求。经理们现在担心仪表的质量并不是由于害怕产品无法通过质量检测,而是害怕墨西哥女工参与产品生产的事实被泄露出去。他们看到女工在工作场所随意走动以及制服的穿着要求被放宽等现象,于是认为产品生产过程中的管理存在缺失。由于缺少必要的管理,结果会使得产品达不到设计标准,最后可能彻底沦为由缺乏训练的墨西哥女工生产出来的产品。斯蒂夫的话表明了他们的这种想法:"我不想看到的情形是,当有人参观我们工厂的时候,发现一群墨西哥女孩在车间里随意走动……我将听到这样的议论,我们在墨西哥的生产就是依靠她们这群女工,然后我们的产品就完蛋了。"

他们最后的决定是,问题的根本在于玛丽还不够"美国化",以至于无法保证工作过程达到"美国标准",并且她没有很好的纪律性,最后使得工厂里女性的影响力超出了合适的范围。最后,一致决定要罗杰尔去和玛丽进行一次严肃的交流,告诉玛丽现在的状况以及她的处境。罗杰尔用尽量委婉的语言告诉玛丽需要"代表美国公司"并且要在工作过程中达到像"美国的职业雇员"一样的标准。他说:"我告诉她,我们现在很担心产品的品质。"

玛丽非常生气。她说:"我告诉他(罗杰尔),'我和你一样都是美国人。'我对他说这样的话感到难以置信。我知道事实上他是在说我达不到他们的标准,意思就是我现在是他们常说的所谓'墨西哥化'的管理者。"之后很快玛丽就被降职了,理由和罗杰尔给她的考评表上填写一样,即"不够专业","没有很好地履行职务"以及生产的产品质量不过关。另外,公司决定安排玛丽参加得克萨斯大学艾尔帕索分校(University of Texas El Paso)的管理培训,每周三个小时,而她还必须坚持每周加班。他还拒绝发给玛丽常规的工资补贴。玛丽降职之后就和其他的墨西哥籍的管理人员的等级一样了,她成了惟一一个在另一个管理者监督之下的美籍管理人员。玛丽很不情愿地参加了培训。"这是一种侮辱",她说,"他们安排我去接受训练是对我的羞辱。就我所看到的,我觉得他们才是很不'美国化'的。你知道的,他们一方面要求产品的质量要达到最高标准,而另一方面又不愿为此付出代价,甚至连员工的培训时间都不能保证。然后却又反过来责怪墨西哥女工不能胜任现在的工作。"

对玛丽进行了降职并且减扣工资的处罚之后,有越来越多的证据显示玛丽根本不愿意改变她的态度,于是经理们决定解雇她。当我问罗杰尔为什么经理们更加关注玛丽的管理风格,而对在玛丽的管理下产品质量显而易见的提升却视而不见时,他说:"我们需要高质量的产品,这是千真万确的。但这是一个长期的过程……我们是一家美国企业。我们生产的是达到美国质量标准的产品……玛丽根本无法理解。"在玛丽离职后不久,仪表生产线就被运回了美国本土的工厂。玛丽当时实行的方法、有关制服、指甲油、发网等的规定以及关于 MOTW 是否要开展拥有日间托儿服务讨论等都彻底消失了。那些不愿被换到其他电子部件装配岗位的女工会被劝退。最后,这条生产线彻底给了外面的工厂。"这样的结果看上去很糟糕",伯特说,"失去整个一条生产线说明我们在某些方面犯了严重的错误。"

玛丽将公司告上了法庭,最后获得了一些欠薪。斯蒂夫认为,不管公司里出现怎样的混乱局面,他对最后的决定不会有任何后悔,他说:"我宁愿失去整条生产线,也不愿意输出质量低劣的产品。"

六、结论

很显然,在这个仪表生产线迁址的事件中,一个关键问题是 MOTW 产品的生产过程中,明确区分工人的国籍和性别的价值到底有几何?这种计算围绕着 MOTW 的经理们处理的这个两难问题,某种程度上哈维(Harvey,1982)已经描述过了,如何将墨西哥女工的旺盛精力转化到具有明显男性特征而且达到美国质量标准的商品中呢?换一种问法就是,如何才能利用廉价的劳动力生产出高质量的产品?只有我们把 MOTW 中墨西哥女工的廉价劳动力地位看做社会建构的结果,才能理解经理们雇佣这些年轻女工的时候所面临的困境:经理们一方面看中她们灵巧的手指适合那些工作,另一方面又认为没有必要对她们进行任何训练。经理们知道他们招进来的工人总是 MOTW 以前没雇过的。如果我们修正哈维的两难问题来解释埃尔森(Elson)的问题——劳动力如何学习他所从事的工作——那么我们就能看到墨西哥妇女吸收了相互矛盾的制度。一方面她代表不被采用的工人,体现了 MOTW 在出口加工业中的优越性。另一方面,她成了 MOTW 的一员因为她天生就能组装电子产品。

墨西哥妇女被历史性地建构为非 MOTW 的雇员,又为公司提供有用的服务,因其具有额外的生产效果。在此过程中用巴特勒的观点,我们可以说墨西哥妇女被物化为廉价劳动力不是一个孤立的事件,而是与价值如何物化为 MOTW 的产品及其企业交织在一起的。墨西哥妇女通过 MOTW 对自身的否定实现了在 MOTW 中的价值。她们所带来的无价值的阴影反衬出她们的价值所在。在 MOTW 中,墨西哥妇女与公司产品和人的价值之间的关系是劳动力定为男性的——在美国系统中生产美国男人的产品——来解释的。任何在他们眼中反映墨西哥妇女的能量,比如电视,不能具有与 MOTW 相比的质量,其中揭示了美国精神改造墨西哥的劳动力的努力,使之成为拔尖的工具厂。

雇佣女工的决定体现了企业希望保护劳动不受廉价墨西哥女性工人影响的延续。尽管 MOTW 的行业扩展到电子组装部分,但是经理仍然强调汽化器组装、机械工具等职位都是由男工承担的。女人在内间没有窗户的屋子里工作,外人不容易发现。她们的活动受到严格监控,服装、生理和个人卫生习惯都受到控制。这些管制就是要使这些女工融入工厂,而又不会使现实生产过程受到女工因素的浸染。如果使用女工的秘密能很好地被保守,也许他们可以保持产品的价值。斯蒂夫保证他的管理团队能生产出合格的仪表,同时不会让客户知道产品中有墨西哥女人生产的部分。这样墨西哥女人的劳动就替代了美国男人的劳动。

问题在于玛丽违反了这种管理传统。在强调需要用更灵活的方式训练女工时,她仿佛瓦解了保护 MOTW 的美国系统和男性统治系统的工作场所。由此,她破坏了这一工作场所对质量的认识。她声称如果要求提高质量,女人也是需要培训的。事实上这是实现目的的惟一途径。但她的上司没有看到学习是要花时间的,只看到墨西哥女工们的工作场所乱了套,而她们的美国上司被"墨西哥化"了。他们传统中将人的价值与 MOTW 的价值联系起来的格局被推翻了。

MOTW 的案例反映了资本主义首先是一种局部现象。其背后可能有一个全球的维度,但资本主义表现出来的工作是被认知的各种不同的资本主义主体的个体，他们只能在地方的背景下被描画和理解（见 Gibson-Graham, 1996）。仪表质量的评价说明了这一点。尽管佐治亚的总装厂对仪表质量的满意程度提升了，但 MOTW 的经理却更不满了。两边的经理都认为产品的质量等于产品的价值。然而，他们评价的标准是不同的，结果一方认为有价值的，另一方却不这么认为。仪表的价值在于谁来评估和评估的人如何认识人和产品的价值。

最后，人类学方法的好处是持续考察企业行为的变动。由于我只访谈了 MOTW 的经理了解为什么他们作出特定的决策，我怀疑我用人类学观察资料描述的这种故事是否真的能具象化。无论是与否，我总是听到这些决策是基于预算和墨西哥工人缺乏技能的事实。出口加工厂不能按照预期发展时总会有这类解释。当然，存在一些争论，正如 MOTW 的例子所展示的，其中价值、劳动、墨西哥人和妇女这些概念的交织共同解释了 MOTW 所发生的一切。

（潘峰华 童昕 刘儇 译）

第三篇 资源的世界

导　言　人造自然

特雷弗·J. 巴恩斯、埃里克·谢泼德、杰米·佩克、亚当·蒂克尔
(Trevor J. Barnes, Eric Sheppard, Jamie Peck and Adam Tickell)

"资源"这一术语令人想起在中学地理课或社会学科课的教科书上出现的一些照片：加勒比海种植园中一串串垂下的香蕉；科威特沙漠中喷涌着的一口油井；加拿大某条蜿蜒在森林一侧的河流中顺流而下的大批原木；位于印度尼西亚繁茂的热带植被中种植着稻米的陡峭梯田。

这些资源形象地展示了自然给予我们开采的原料，如同早期的经济地理学家所看到的一样。事实上在19世纪末期，随着经济地理学本身的制度化，这门学科实质上研究的是资源领域的地理学。苏格兰地理学者乔治·奇瑟姆(George Chisholm)出版了第一本经济地理学的英文教科书《商业地理手册》(*Handbook of Commercial Geography*, 1889)，书中对于自然界中已被发现的各种资源、地理分布以及相关的自然条件作了十分严谨的说明。在奇瑟姆看来(Chisholm, 1889, p.1)，资源生产的背后是"一个重大的地理学事实……这个世界不同的地区生产不同的产品，或在不平等的条件下供应相同的产品"。因此，掌握全球各地不同的自然条件成为了解资源的必要条件。正是由于这个"重大的地理事实"创造了资源生产的拼贴景观，被奇瑟姆和他的后辈称为经济地理学。

随着20世纪制造业的重要性不断增强，经济地理学的研究重点逐渐从资源的性质转移开来，但这并没有被完全舍弃。甚至在20世纪30年代末期，在亨利·福特(Henry Ford)大力倡导他的流水线技术从而为更普遍地进行大规模生产铺平道路之后(参见 Sheppard and Barnes, 2000, ch.1)，美国地理学者理查德·哈特向(Richard Hartshorne)还是指出，地理学的基本单元主要是由其自然资源基础所定义的区域。在哈特向看来整个世界是由不同经济区域构成的拼贴景观，各个区域是由关于资源生产的一些相互连接的基本元素构成的综合体，而资源生产的

代表就是以家庭农场为基础的农业(难怪哈特向在美国中西部度过了他所有的工作生涯)。

170   然而,随着20世纪50年代末期英美经济地理学中区域科学的出现,哈特向的区域主义被推到一旁,而在此过程中对于资源的研究也被人们所忽视。一方面,这是由于空间科学总体上所支持的理论解释与奇瑟姆和哈特向对于资源研究的定义中的独特性描述(所有具体的数字、地图、列表、论据和类型学)相违背;另一方面是由于一些一般区位理论的假设,尤其是在"模型传统"(Plummer,2000)中所提出的一些假设,强有力地冲淡了经济地理学中关于资源的研究。为了做到简单易懂,区域科学所钟爱的便于操作的数学方法和简化的基本假设是必不可少的。其中一个很有名的基本假设就是均质平原的假设,它假设了一个不受资源差异所影响的无限宽广的平坦的地表。这样一个假定除去了对资源进行认真考察的必要性,所以这些考察仅仅被视做一些让研究复杂化的因素,对于这些因素的分析也就变成了虽然被允许却又是通常被无限延期的。

具有讽刺意味的是,在20世纪70年代中期,是马克思主义将资源重新放入了经济地理学的议程中。表面上看来,除了持有辩证唯物主义的哲学观点——人类社会依赖于物质环境,马克思似乎并没有太多地阐述与资源和环境有关的问题。马克思研究的焦点在于19世纪工业资本主义的黑暗的魔鬼工厂,也就是查尔斯·狄更斯对于科克镇的描述中所出现的景象,"自然被拆解了"。然而大卫·哈维(David Harvey,1974)在他刊载在《经济地理学》(*Economic Geography*)上的著名论文"人口、资源和科学本身的意识形态"中改变了上述观点。哈维紧随马克思之后,指出资源和自然本身并非独立于社会之外,其意义只有特定的社会和经济强权赋予的,资本主义下的情况就是一个例子。就像史密斯和奥基夫(Smith and Okeefe,1985,p.80)后来说的那样:"在马克思看来,自然与社会活动是相互关联的。他的意思是在物质上和思想上都是这样;整个地球的表面充满了人类活动的印记。"

因此,奇瑟姆和哈特向所坚持的关于资源是自然赐予人类的早期论点不得不为另外一种观点让路,这种观点强调的是资源的社会建构、附带的矛盾冲突、权利争斗和政治。尼尔·史密斯(Neil Smith,1984)甚至提到了这个貌似矛盾的名词"人造自然"。当然,使用"人造"这个术语时需要十分谨慎。这并不意味着资本主义的社会关系要违反热力学法则,制造一个根本不存在的事物。相反地,这代表着当资本主义登上历史的舞台,它改造了先前存在的自然(有时被称做"第一自然")。自然本身仍旧存在,但是对它的开发、利用、思考和表现形式完全不同了。在克罗农(Cronon,1991)之后,卡斯特里(Castree,1995,p.20)提供了一个十分有用的例子:"'自然的'区域……对于美国中西部地区的理解不能限于'第一自然'这个传统概念,而单纯地将它们理解为一些先前存在的自然草原。事实上……必须将它们视做由外界因素构造出来的自然环境,它们经由数十年高强度的、受利益驱动的改造而成为现今的样子。"这样一来,哈特向所说的自然的经济区域,包括他的出生地美国中西部地区——"玉米地带"、"肥猪地带"、"牛奶地带"——都不再是天然的了,而只不过是一些被深刻铭记了社会关系的产物。"第二自然"这一术语通常被用来描述"自然"生态系统是怎样被资本主义深刻塑造的,即使这个"自然"生态系统看上去极为原始和淳朴。

认为自然资源是人造的社会事物而不是简单的天然事物这一观点是贯穿这五篇论文的中心思想。这一马克思主义者提出的见解现在已经根深蒂固。然而,关于应将哪些成分纳入社会这个范畴下的争论仍然存在:是按照古典马克思主义者的观点,只包含阶级关系,还是包括其他像性别、种族、忠贞或环境论述一类的重要因素? 这个问题没有固定的答案,它很大程度上取决于资源本身的独特类型和背景,一些在下列事件后发表的相关论文给出了相应的表述:19世纪末白令海峡的海豹猎捕(毛皮)业;20世纪初期的西班牙水利工程;20世纪70年代委内瑞拉、伊朗及尼日利亚地区的石油开采;后殖民地时期冈比亚进行的稻米及蔬菜耕作;当代秘鲁的咖啡生产。这些论文中的另外一个争论在于资源本身在多大程度上具有独立于社会关系的能力。一种对于保守的马克思主义者所持立场的反对意见是他们让社会因素显得过于重要;也就是说,自然显得十分具有可塑性,可以在资本主义的指挥下显现出任意的形态。但是,难道自然对于人类的任何破坏都不会做出反抗吗? 自然不会通过挫败我们要控制地球生物物理环境的妄想来回应人类的干预,哪怕只是为数不多的几次吗? 每一个作者都尝试用不同的方法在不同程度上给予自然以自主性,能够超然于普遍的生产关系之外的能力。

诺埃尔·卡斯特里(Noel Castree)仔细研究了从19世纪末到20世纪初的白令海峡海豹猎捕(毛皮)业,得出的结论非常接近于马克思主义者对于自然和资源的阐释。北太平洋一带的海豹猎捕活动在1870年左右开始制度化,而到1911年在这一地区海豹已经濒临灭绝。仅仅由进行海豹猎捕的几个主要国家签署的一项条约就将这一生物从灭绝的边缘拯救了回来。卡斯特里提出了这样的疑问:我们应该如何解释海豹猎捕业的这种危险情况?他给出了两种选择。正统的经济学把这一危机归因于市场失灵。因为海豹皮毛的生产不需要任何成本且它不属于任何个人——在经济学上它属于公共物品——用于调节商品分配和使用的一般的价格机制在这里不适用。在收益大于成本的情况下,具有理性思考能力的利己主义资本家会掠夺这一资源直到它殆尽,从而产生了哈丁(Garrett Hardin,1986)著名的"公地的悲剧"。按照这种解释,是商品本身的特殊性质破坏了市场的运作并引起了这一问题,与大范围的制度无关。相反,马克思主义将责任完全归咎于巨大的社会系统——资本主义。马克思主义者指出:正是罪有应得的资本主义社会体制破坏了它所创造的东西。特别值得注意的是,卡斯特里将猎捕海豹业的破坏性的冲击追溯到了社会阶级关系,即资本家的剥削和以利润、资本积累为名进行掠夺的必要性。追随着古典马克思主义者的路线,卡斯特里在论文的结尾处,在他称做"自然的意识形态"的部分加入了一点小的创新。这一新的论点是:既然诸多的例子已经证明资本主义的社会关系如此具有破坏性,它为何不做出最后的致命一击让海豹彻底灭绝。在卡斯特里看来,关于"保护"的讨论("上升为意识形态的自然")的出现使这原始的、纯粹的资本主义社会关系变得模糊,使得结果不再如此具有破坏性。值得注意的是,这里所指的社会关系仍在起作用,但它们的定义不再如此狭隘。卡斯特里的特殊贡献就在于他拓宽了社会关系的范畴,将"上升为意识形态的自然"加入其中。

172　　卡斯特里认为海豹本身没有任何自主权。事实上,作为对认为马克思主义过于以人类为中心的批评的回应,他指出:"完全'为自然说话'是不可能的。"相比之下,埃里克·斯温多夫(Erik Swyngedouw)对于1890~1930年间西班牙水利工程的分析虽然也是从一个马克思主义者的角度出发,但却提出了一个更加伟大的想法:那就是水资源具有抵抗甚至是战胜破坏它的社会势力的强大力量。这在某种程度上是由于斯温多夫为马克思主义理论提供了新的论据——由堂娜·哈娜维(Donna Haraway)和布鲁诺·拉图尔(Bruno Latour)这些来自其他科学领域的研究者所提供的概念观点。他们工作的重点在于研究自然和社会之间的关系,他们

导　言　人造自然

将这一关系描述为一个杂合体;换句话说,也就是一个解不开的社会与自然相互影响相互融合的混合体,令人很难明确地找出社会与自然的分界线。通过一个辩证的阐述,斯温多夫给予这个杂合体一个马克思主义的表象。自然与社会不是内在一致而各自独立的一体两面,而是通过多方面、持续变化的流互相联系起来的整体(Harvey, 1996)。但是不那么具有马克思主义特征的是,斯温多夫认为:作为资源的水,无论是江河流域、湖泊、蓄水层还是水分循环,它具有足够的能力使自身独立,因为它与逐渐形成的社会现代性建立了复杂的联系。对于斯温多夫来说"现代性"是一个关键术语,而对于那些尝试通过彻底改变19世纪晚期及从那以后的西班牙水利,从而突破保守顽固的社会观念的一些政治、经济和文化运动来说,"现代性"一词也起着关键作用;通过建造一系列的水坝、运河和灌溉计划,传统西班牙的田园社会被推入了20世纪。但由于旧的政治卫道士的抵抗以及这些工程任务本身的艰巨性和水自身的特性,这一过程十分艰难。现代性的建立需要无数的社会关系与实体的地理关系相结合,只有这样,西班牙水文地貌的重建才有可能进行。这并不意味着自然资源在一边,而社会在不相干的另一边,而是需要将它们结合起来,形成"社会自然"的杂合体。

杂合体的概念也存在于米歇尔·瓦特斯(Michael Watts)关于石油和金钱的那篇著名的论文中,尽管没有具体出现这个名词。这篇论文描述了20世纪70年代在"高度吸引"(石油和人口富集)的发展中国家委内瑞拉、伊朗和尼日利亚出现的石油业繁荣,其中尼日利亚尤为壮观。这篇论文写作的出发点也是对马克思主义的感悟,在叙述"黑金投机"时,他将形形色色的事件和实体——石油本身、百万城市计划、军事政变和绑架、政治与金钱、弗洛伊德与西姆内尔——等融合在一起形成了一个混合物。如此的壮观!这就是瓦特斯的主要思想。石油以及随之而来的巨额资金并不是孤立的,它们通过成为更大的社会故事的一部分而得到了丰富的内涵。这个故事的基本轮廓是众所周知的。"石油输出国组织"(OPEC)在20世纪70年代早期开始小试牛刀,导致石油价格在一年之内变成原来的4倍,并在10年之内将石油输出国组织成员以石油为基础的相关产业的收益变成原来的10倍。尽管如此巨额的金钱输入应该带来相应的发展和繁荣,但是事实并非如此,取而代之的是混乱、腐败、严重的社会不平等现象和动荡("社会崩溃")。尼日利亚是一个十分极端的例子,瓦特斯将它与一个骇人听闻的堕落腐化联系了起来。石油收益变成了"魔鬼的粪便"。瓦特斯在文章中写道,在尼日利亚,石油收益——就像社会力量、国家腐败和堕落、盲目的野心和幻想一样——已经腐蚀了社会,将它所接触到的一切事物变成粪土:用石油收益作表面粉饰。为了说明事情的原委,瓦特斯借鉴了马克思和一个20世纪早期的马克思主义货币理论家——乔治·西姆内尔(Georg Simmel)的理论。他们对于资源的观点是相同的:货币必然被嵌入处于不断折射、中转和改造中的社会关系网中。所以,当委内瑞拉、伊朗或是尼日利亚这样的石油输出国家组织成员国被不义之财淹没的时候,这些不义之财使这些国家不可避免地变得污浊不堪。瓦特斯的论文从更加普遍的意义上说明了像石油这样自然赋予的财富资源,其本身的意义并不大。这正是为什么奇泽姆(Chisholm)详尽的区域资源禀赋表格并不能令人满意的原因。资源只有在被植入了一系列社会关系之后才会具有意义。同时我们再次发现,像石油这样的自然资源绝不简简单单是天然的,有时甚至不是一种资源。在尼日利亚,石油是一种反资源,它带来了畸形的社会发展、社会混乱和政治伤害。

在20世纪80年代初,米歇尔·瓦特斯曾是政治生态学(Watts,2000)的倡导者。作为发展中国家的农业研究的一部分,政治生态学频繁地提出这样一个符合当地普遍理论的观点:社会关系是了解许多生态问题的关键,尤其要强调的是陆地上的能源与资源所有权的不平等关系。瓦特斯随后的研究,以关于石油的论文为例,保留了政治生态学的普遍的穿透力,虽然它实质上与生态学并无关联。朱迪斯·卡奈(Judith Carney)所写的那一章更具有政治生态学传统的典型特征。她最重大的贡献是通过将性别——在其他论文中被忽视的主题——合并进来,从而开拓了学科的疆界。卡奈在她研究冈比亚的稻米和蔬菜耕作业的案例中指出:性别是社会的重要成分。社会关系具有性别特征的特性有力地限定了被生产出来的资源、资源的生产方法以及它们潜在地实现全国发展的有效程度。她的研究揭示了援助在后殖民地时期带来的意外影响。在英国殖民主义统治下,男人们在丘陵地区尝试进行单一栽培,耕作花生这样的商品作物;而女人们在河谷的沼泽地里耕种仅供家庭用的稻米和蔬菜。作为对家庭贡献的"回报",女人被赐予部分家庭田产的控制权(在某种体制中被称做 *kamanyango*)。女人们可以控制田产的使用方法,可以积攒部分收入。然而,其他的家庭田产则受支配于 *maruo*,也就是由家族的男性家长严格控制的田产。在殖民主义末期,出现了一系列奖励灌溉业的援助

导　言　人造自然

计划,在沼泽地区尤其盛行。然而,由于在重建田产的所有权、家庭收入和控制权等问题上的性别矛盾,这些计划不得不有所妥协。男人们提出田产是 maruo 而女人们坚持田产是 kamanyango。这一矛盾导致女人们放弃了她们的工作,进而减少了土地产量最终致使稻米自给自足的国家目标破产。所以,卡奈的观点是,在研究社会关系的变化如何引起资源供应的改变的过程中,必须十分认真对待性别这一变量,就像对待其他代表社会差异的变量一样。

沃特莫尔(Whatmore)和索恩(Thorne)的理论进一步偏离了传统政治经济学,取而代之的是他们研究布鲁诺·拉图尔的著作(斯温多夫也曾研究过)。拉图尔与行动者—网络理论(ANT)有着特殊的联系。这一复杂理论的核心主张是:事件是通过在一个更大的网络中"征召"或"招募"大量的实体或要素,并让它们共同运作来产生想得到的结果而发生的。这一结果可能是路易斯·帕斯特(Louis Pasteur)对于炭疽杆菌的确定(拉图尔最喜欢的例子),也可能是咖啡通过公平贸易由秘鲁农场主的手中出口到英国的咖啡馆(沃特莫尔和索恩所研究的案例)。然而,说服主体们("行动者")一起运作总是十分困难的,而且最终的成功往往得不到保证。帕斯特和咖啡的公平贸易都是再三挣扎着维持它们各自的网络,打开类似受污染的有盖培养皿或巴西咖啡田的霜冻等等的破坏性"行动者"。因此,这样的网络本身常常就是一个巨大成就,需要许多资源、辛勤劳动和富有献身精神的努力才能完成;而这些都不是天然的,就像沃特莫尔和索恩所指出的网络如何扩大一样。仅仅由于帕斯特在巴黎的路德乌尔姆实验室里鉴别出了炭疽杆菌并不意味着这一知识将马上与巴斯德杀菌技术一起成为世人皆知的常识。同样,只因为 1964 年一群热心的年轻人聚集在伦敦,讨论如何通过施行公平贸易来减轻发展中国家的贫穷状况,并不意味着就有必要为此事在当时形成一个像现在一样包括从拉丁美洲到非洲的大量农民的网络。为了实现地理上的接合,"远程行动"需要一整套人和事物之间的调节关系。遵循着拉图尔的思想,沃特莫尔和索恩指出,简单明了的谈论相对长期或是牢固的关系链,比起作出自然与社会之间、本土与全球之间或是中心和外围之间严格的地理区分要好得多。从更为普遍的意义上来说,他们的主要目的是突破政治经济学认为社会优先于自然资源的想法(以及跨国工业化农场优于简单的小农的想法)。社会并不总是能够得到它们想要的——网络是不稳定且脆弱的——而且总有一些超出社会希望的结果。为了实现目标还需要人类以外的事物，这些事物从复杂的机器到简单的工具，甚至是天气和咖啡豆本身，无一例外。想把一切都归到社会关系的范围是狂妄自大的，在地理学上看来甚至是幼稚的。

英国文学批评家雷蒙德·威廉斯(Raymond Williams,1976,p. 184)曾说过，"自然这个词也许是语言体系中最为复杂的"。因此，资源这一词也一定是经济地理学中处于社会与自然之间最复杂的术语之一。这一术语所引起的曾在论文中出现的疑问有：在定义一种资源的过程中，自然扮演了怎样的角色？在我们论述的核心部分所做出的以社会为基础的定义中，自然是否被排除在外？如果仍然存在于其中，是以什么形式存在的呢？我们所说的"资源是由社会来定义的"，这句话的真正含义是什么呢？社会为什么一定是处于优先地位的？更进一步地，像堂娜·哈娜维和布鲁诺·拉图尔这样并不是经济地理学者而仅仅是关心他们所研究的科学以及物质世界的科学研究者，他们的工作成果是怎样施压于经济地理学者研究资源的方法的？有关资源的具体研究的论文中所使用的各种混合理论产生了怎样的实际影响？特定观点的采用又如何改变了这些研究？

（陈秀欣　译）

第十一章 自然、经济及理论的文化政纲：1870～1911年白令海峡的"反海豹战争"

诺埃尔·卡斯特里（Noel Castree）

一、介绍

近几年，用马克思政治经济学的观点来理解自然资源问题的一系列研究方法有了迅速的发展。尽管"红方"和"绿方"的思想存在着显而易见的对立（埃克斯利曾作出很好的总结，见 Eckersley,1992,ch.4），一些作家最近还是尝试创造了一种独特的研究环境问题的马克思主义方法。更具体地说，他们是通过回归到马克思的著作原文来完成的。艾尔马·阿特维特（Elmar Altvater,1993,1994）、泰德·本顿（Ted Benton,1989,1991,1992）、赖纳·格仑德曼（Reiner Grundmann,1991,1992）、大卫·哈维（David Harvey,1993b）以及詹姆斯·奥康纳（James O'Connor, 1989a, b, c）的工作都是尝试在古典马克思主义的知识范围内通过对生态更为友善的方法，丰富我们对于尼尔·史密斯（Neil Smith,1984）所提出的"人造自然"的理解。早期的（也是现在知名的）解释马克思对于自然的理解的原创性包括两方面。第一，它们表明对于马克思来说，自然不是与社会分离的，而是在一个"有创造性破坏的"资本主义体系中由社会创造的。因此自然和社会的双重性融入了劳动的过程，而劳动过程正是以资本主义生产"第二自然"（Schmidt,1971;Smith,1984）为核心的社会与自然联合的闪光点。第二，它们表明与这一物质改造过程同步的是，自然也是通过话语被制造出来的。特别的是，史密斯（Smith, 1984）对于他所说的"自然的意识形态"的剖析阐明了对自然的表达是如何被用来隐藏或者粉饰自然在资本的手中被疯狂的物化（参见 Fitzsimmons,1989;Redclift,1987;Williams,1980）。总的来说，这一对于人造自然的物质上和话语上的双重关注对于一项有跨度的批评性研究项目给出了详细说明，在这项研究中"主要分析的问题变成了……自然是怎样被（再）造出来的，谁控制了这一

(再)制造过程,尤其是(再)制造的时间和地点"(Whatmore and Boucher,1993,p. 167)。最近关于马克思主义和自然的生态友好的评论通过提供一种对于资本主义所具有的独特的产生环境问题的倾向的理论解释,以及给予一种对于这些问题在社会中产生的相应影响(见 Castree,1995)的正确评价丰富了这一研究。然而,这些抽象的说明是需要由更加细节化的历史—地理调查来补充的。除了很少的一些情况(例如 Harvey,1993b)以外,这一具有生态思想的马克思主义方法浪潮对于人造自然和人们用于理解自然和环境的表达所具有的霸权几乎置之不理。换句话说,我们需要做的事还有很多。

在这篇论文中我采用马克思主义对于一个严重的自然资源问题的形成和解决方法从物质和话语两方面进行了解释。这一问题就是持续了 40 年(1870~1911 年)的北太平洋地区的海豹(*Callorbinus ursinus*)几乎遭受灭绝性破坏的事件。我主要的目的在于强调马克思主义政治经济学对资本主义暴力进程中的这一事件从物质及话语方面所起到的批评作用。在描述这一海豹危机的起源之后,我尝试分别用新古典主义和生态马克思主义的观点来解释这一事件。我希望通过揭示前者的缺点来指出后者的敏锐之处,在当今流行的以市场为基础的环境方法的前提下这一对比显得格外鲜明。在研究了环境受到的物质上的污染之后,我从话语的角度以批判的观点重新考虑了这一海豹危机。特别的是,我着重强调了激进的美国环境保护者所提出的"自然"的构建,这一观点对于保护海豹是至关重要的。我不仅尝试说明了这些构建的效力,也尝试说明他们虚伪的意识形态的一面:他们的成功依赖于让一个已经将自己出卖给多罗西·琼斯(Dorothy Jones,1980)所说的"奴役的世纪"处于边缘的普里比洛夫阿留特民族继续保持默不作声。然而,在利用了马克思主义者的批评来解释这一海豹危机之后,我用指出这一批评的局限性作为结束。就像堂娜·哈娜维坚持的那样,仅以理论为依据的判断永远是片面的,这些判断的优势也正是他们的盲点,往往造成了斯帕克(Sparke,1995,p. 1066)所描述的"对于恰如其分的批评的(不)可能性所提出的随需而变的概念"。

二、"反海豹战争"

北太平洋的海豹有三重不平凡的意义。第一,在 19 世纪中期,它可能是地球

第十一章 自然、经济及理论的文化政纲

上350万种动物中数量最多的海洋哺乳动物。第二,它们每年从白令海到加利福尼亚海岸中北部的迁徙规模仅次于巨大的鲸类。第三,不管它们有多大,海豹群只在一些小型岩石上繁衍生息:普里比洛夫群岛(Pribilof Islands),占总数的80%,还有俄罗斯的卡曼德尔岛(Commander Island)、库页岛外的罗本岛(Robben Island)以及库里尔(Kuriles)北部。这个以一年为周期的循环从每个夏初开始,从这一物种的主要产地——普里比洛夫岩石海滩外几公里处出发。在4月和6月初之间一些强壮的个体到达目的地,它们是成熟的雄性个体,有7~8英尺长,400~600磅重。在6月,许多个子小些、体重轻些的受孕雌性也到达目的地了,然后它们很快被那些"海滩主人"锁进"闺房",数量可达上百头。这些雌性生产后代,照料它们的幼仔,并在海里寻找食物,然后等到发情期再孕育后代。在七八月份那些新生的尚未成熟的雌雄海豹在这里做短暂的停留,然后在10月份大多数海豹——包括新生的小海豹——离开它们的巢穴,开始一个长达2 000公里、耗时6~8个月的椭圆形路线的迁徙,在这一过程中它们是几乎是不上陆地的。

在俄国皮毛商人1787年从浓雾弥漫且冰天雪地的白令海上发现主要的两大普里比洛夫群岛之前,普里比洛夫的海豹几乎未被人类发现过。虽然不像北太平洋海獭(在18世纪末期它们被过度猎杀直至灭绝)的皮毛那样好,但每平方英尺密集了300 000根毛发的海豹皮毛很快被公认为是可以用来制作极佳的披肩和上衣的绝好材料。经历了早期毫无节制的杀戮之后,1805年商业性猎捕海豹最终在俄美公司的控制之下得到约束,在此之后经过一系列的尝试和错误,对于海豹群的管理得到了相对的成功。然而,俄国在1867年向美国以720万美元的价格出售阿拉斯加州的同时也放弃了普里比洛夫群岛,从此之后对海豹的管理进入了一个新的危险动荡时期。

美国国会赋予财政部对岛屿的控制权,条件是财政部将对海豹的惟一猎捕权租赁给某一私人的公司。1870年,在考虑了10多个投标之后,财政部与刚刚成立的美国商业公司(American Commercial Company, ACC)签订了长达20年的租约,这个公司是由多个对商业性海豹猎捕业感兴趣的旧金山金融家组成的。租约中指出,每年猎杀的海豹总数应不超过100 100只,且只可猎杀没有哺乳能力的雄性海豹,只可在六七月份和九十月份进行捕杀。该公司以每年向政府支付55 000美元的租金和每捕获一只海豹向政府缴纳2.625美元作为回报。对于海豹的捕杀

和数量的监控是在一个财政部代理机构的监督下进行的,这个代理机构需要对海豹群负法律上的责任,一个代理机构通常负责几年。从经济角度来说,ACC租约对于公司和政府来说是个双赢。在1872~1889年之间,这一公司每股股票发放的年均红利多达每百元面值股票对应46.5元红利。整个租期每年商业性捕杀数目92 020只,公司所出售的1 840 364张皮毛获得了大约2 780万美元的收益。美国政府从中得到了600万美元(大大高于在岛屿上投注的成本),再扣除猎捕者的工资、全公司一般费用和运输成本(大约200万美元)之后,公司的净收益为1 810.214万美元或可换算为每年100万美元。布施·库柏(Busch Cooper,1985,p.114)将这恰当地描述为"即使在'强盗贵族'的年代,这一成功炙手可热"。

这一成功比较容易解释。从19世纪70年代开始,欧洲和美洲的上层社会乐于花大量的钱财购买皮毛大衣和披肩,因为它们已成为代表中产阶级时尚的最高级形式。在租约期间,兰普森公司(C. M. Lampson Company)(普里比洛夫生产皮毛的主要目的地)在伦敦拍卖行皮毛的平均单价为14.67美元。稳定的市场、对海豹种群的垄断控制和相对微小的成本,使得这个公司发展壮大。然而这一成功也有着不好的一面。1889年,政府代理查尔斯·戈夫(Charles J. Goff)提交了一份关于海豹数目令人担忧的报告,因此财政部派出了一位特殊调查员——亨利·埃利奥特(Henry Elliott)。埃利奥特曾被认为是北太平洋海豹方面的专家,因为他曾在1872年为财政部作了第一份关于此事的调查,他当时所做出的具有影响力的对于这一种群数目的估计指出大概数目为470万只,而这个数目最终被证明是严重伪造的。令人担忧的是,他在1890年做出的估计几乎是之前的20%,而且他将这一种群濒临灭绝归咎于ACC对于雄性海豹的过度捕杀。

当1890年普里比洛夫租约结束时,这一租约被北美商业公司(North American Commercial Company,NACC)得到,这一公司利用与哈里森政府的亲密关系击败了ACC更高的投标。新的租期仍是20年,但政府方面的税额增加到每年租金6万美元,每只皮毛9.25美元。每年可捕杀的配额被削减并由财政部代理每年制定一次。然而令NACC和财政部沮丧的是,海豹数目仍在持续递减。在NACC的租约期间,年平均商业性海豹捕杀量只有1.7万只,与ACC比起来是个巨大的落差,在1910年这一数目低至1.35万只(Riley,1967)。然而,NACC在租约期间获得了高达45%的收益率,总值为439.091 7万美元。尽管捕杀的配额被削减了,在欧洲和美洲毛皮外衣仍是供不应求,这再度证明了商业猎杀海豹是一项如此持久而又有利可图的事业。

但是,这一种群数量的递减是不可忽视的,到1890年为止这一问题的真正根源已变得显而易见:海上的猎捕海豹业。考虑到商业猎捕海豹所带来的显著的利润率,美国的垄断现象并不会持续太久,而从19世纪80年代早期开始,在维多利亚、不列颠哥伦比亚和晚些时候赶上来的日本出现了更具实力的猎捕海豹舰队。数目再一次变得无法准确计算,但罗格斯(Rogers,1976)还是大概地估计出了如下结果:在1872~1911年间(其实主要是1885~1905年间),伦敦市场大约出售了131.1万只在海上猎捕的海豹皮毛。这一数目已大大超过了NACC在它的20年租期内(Riley,1967)的大概36万只皮毛。

但是仅仅从数字上并不能对海上猎捕海豹业所带来的影响做出真正的度量。在海上枪击(和矛刺)海豹是效率极低的行为:通常的结果是受伤的海豹在被重新发现之前已经沉下水面,或是负伤逃跑而稍后死亡。即使采用保守的方法,得到的估计是:在海上每成功捕获一只海豹,要损失另外两只。以此为基础,可以估计出,海上猎捕海豹的死亡数量总数应该在400万左右。结果,难怪到1910年这一种群的数目就仅剩几万,而且如果不采取行动,海豹就将濒临灭绝。

人们在早期曾对于阻止海豹种群数目的减少做出过一些努力,结果导致了地缘政治关系的紧张,进而引发了有名的"白令海危机"。解决这一海豹问题需要多边合约:1911年的北太平洋海豹协议。签订这一协议的先导事件十分复杂,确定最后的统一性文件的谈判也同样不那么容易。不去考虑令人担忧的海豹洞穴中极低的种群数目,在威廉·塔夫脱(William Taft)领导下的新的亲善的美国政府、即将到期的NACC租约以及来自一个新兴却具有影响力的美国保护主义运动的压力,它们偶然地结合在了一起,共同鼓励美国政府解决这一海豹问题。在国务卿查尔斯·内格尔(Charles Nagel)的帮助之下,美国、英国、加拿大和日本终于在1911年进行了会谈。最后达成的条约被称为"历史里程碑"(Busch Cooper,1985,p.152)和一项"辉煌的契约"(Gluek,1982,p.179)是有道理的。它不仅仅是第一个保护海洋野生物种的国际多边合约,更是一项非凡的令各方都十分满意的合约。所有的海上海豹猎捕都被禁止(土著居民的猎捕除外),只允许以陆地为根据地的海豹猎杀。因此美国、日本和俄国开始保护他们的岛屿对于海豹的所有权。作为对于加拿大和日本放弃他们在海上捕杀海豹权力的回报,他们将得到美国在普里比洛夫捕获海豹数目和俄国卡曼德尔捕获的15%,同时日本将其在罗本岛屿的猎捕数目的10%提供给其他三个国家作为补偿。在10年之后海豹数目得到了一定的恢复,并且在接下来的几十年中(关于普里比洛夫海豹管理的历史参见 Roppel and Davey,1965),在合约限制下的海豹猎捕业成功地取得了比较丰厚的利润。

三、经济学和生态学:两种学派

那么,我们应该怎样对这一资源问题及其解决方法做出合理的解释呢?两个学派的方法,即正统方法和批判方法,都可以用在这里,有趣的是:它们都是在海豹危机发生的同一时期成型的,并在一个世纪以后变成当前十分重要的解释环境退化问题的方法。接下来,为了说明后者也就是马克思主义政治经济学比前者即新古典主义所提倡的自由市场方法更加有效,我将分别用每种学派的方法对这一海豹危机和它的解决方法作出阐述。

1. 一出公共物品的悲剧?

19世纪70年代,在远离阿拉斯加的一块大陆——欧罗巴——产生了一种新的理论观点,这一观点被用来解释经济行为的所有方面:这正是新古典经济学。在一个多世纪之后的现在,正是这一观点,或者至少可以说是它的一些核心规则,仍在资源管理和环境经济学中起着重要作用。通过这一理论框架我们可以看到,北太平洋海豹所遭受的近乎灭绝的灾难正是哈丁(Garrett Hardin,1986)所说的著名的"公共物品"问题的典型案例。而且这一问题最终的解决方法大大肯定了新古典主义方法在环境问题上所提供的解决之道,也正是埃克斯利(Eckersly,1993,p.1)所定义的"自由市场下的环境保护论",这一理论指出通过定义关于自然资源的财产权和定义相应的市场可以保护自然资源。那么,我就从用这一理论来解释海豹危机开始吧。

新古典主义方法的核心内容是个人效用函数也即个人满意程度的最大化。经济活动被看做独立自主的各个个体之间的一系列自主的行为,他们带着商品或是服务来到市场或买或卖,而他们对于商品的偏好程度受到资源稀缺性的制约和影响。在一个"理想"市场里,每个个体都可以通过理性的决定来达到个人福利最大化。在这些假设条件下,随着时间的推移,自由市场最终可以实现社会福利最大化,或是帕累托最优,后者被定义为个体福利总和的最大化。这样看来,正是由于所谓的"外部性"的存在,海豹危机视为"非最优"或是"无效率"的案例。外部性是指某些交易带来的影响妨碍从事经济活动的个体自由追求达到目标。在资源管理中,这些外部性蕴涵于一个用于解释各种环境问题的模型,即"公共物品"模型。在这里我们就不必详细复述那个模型了(McCay and Acheson,1987)。简单说来,哈丁(Hardin)的"悲剧"在三个假设下成立(Berkes,1985,p.200)。第一,获得自然资源的途径对所有人都是完全开放的;第二,人们都是自私的利己主义者;第三,资源开发的速度大于资源更新的速度。在这样的条件之下,开放的获取途径保证了人们不必用自己的资源支付全部的成本,因为他们可以将很大比例的成本转嫁到别人身上。这就是所谓的"市场失灵"的一种情况。这种非故意的情况产生的结果,被埃尔斯特(Elster,1986,p.24)称为"加总谬误"结果,"被认为是对所有人免费的资源,令使用者们相互竞争以获得占有更大份额的资源,但这无论对于他们自己还是对于资源和社会整体都是有害的"(Ciriacy-Wantrup and Bishop,1975,p.713)。

初看之下,公共物品模型表面上可以完美地解释这一海豹危机,这主要有两个原因。首先,海豹是一种"不固定资源":也就是说,由于它们一直是移动着的,它们并没有领土或是法定的分界。其次,也正是由于这个原因,它们变成了一种不被任何人排他性占有的"公共物品"或者说是可以"开放获取"的资源。就像斯科特·戈登(H. Scott Gordon,1954)等资源环境学家后来指出的那样,得到某种水产的权力与全面对其进行管理的责任的分离使人们产生了对其过度开发的动机。"公共物品悲剧"的进一步恶化是由于每个海上捕杀者都知道,如果他们将一只海豹留在水中那么它将会被其他人窃取,从而那部分利润也就被别人窃取了。就像麦克沃伊(McEvoy,1986,p.10)说的,"在一个竞争的经济中,不存在给那些有自制力不去使用公共资源的人好处的市场机制。"最终的结果就是新古典主义所说的"外部性"或是科斯(R. H. Coase,1960)所说的"社会成本":个别参与者努力将自己的经济利润最大化所造成的结果就是资源的过度开发,甚至是资源耗尽,结果是每个人都有损失。由此可以看出,海豹事件是一个早期的具有戏剧性的案例,这个开放获取问题的经典案例已经使大多数20世纪商业性渔业苦恼不堪。

然而，实际上更加吸引热衷于公共物品分析方法的人的是它的解决办法：1911年的海豹协定。这个让我想到了"自由市场的环境保护论"，公共物品模型与这一理论有着密切的联系。公共物品的悲剧有两种解决方法。一种是政府干预，通常是通过税收、补助金、制定资源使用的规章制度，也就是庇古（Pigou，1920）的福利经济学方法。另一种更自由主义，也就是将问题中的资源变成个别资源使用者的私有财产，通过"看不见的手"这一机制，这些使用者将把这一资源管理得正如社会全体所期望的那样好。后者正是"自由市场的环境保护论"的独特之处，也就是顺着科斯（Coase，1960）的思想脉络发展起来的当代正统环境研究方法的一个重要研究分支。这里，像埃克斯利（Eckersley，1993，p. 4）说的，"环境的外部性不被看做是由'市场力量'或是利己主义的行为产生的，而是由于缺乏对公共环境财产做出明确的、全球性、可转移和可实施的财产权的定义而产生的。"通过制定这一可执行（也许可交易）的公共物品的财产权，可以从理论上将排除外部人管理的困境，将外部性内在化，从而使市场恶魔变成市场救世主。私有化的结果再次从理论上证明了环境退化会被阻止，帕雷托最优终将实现。

诺顿-特里夫斯和桑德森（Naughton-Treves and Sanderson，1995）最近指出的，易耗资源产权界定通常难以执行：个人可转移配额（Individual Transferable Quotas, ITQ）的操作过程中出现的问题可以说明这一点，在国际渔业尤为严重。因此1911年协定的成功似乎是一个惊人的甚至是反常案例。说它"反常"有两个原因。首先，这一协定并没有配置一个类似ITQ的系统，而是使得海豹成为美国独自拥有的具有排他性的财产，而这一私有化的可能依据是海豹与其他大多数商业猎捕的水生物不同，它们有时移居到陆地上。其次，与自由市场环境保护论的劝告相左的是，在1911年之后海豹并不是被某个私人公司或个人所拥有，而是被一个公共体也就是美国政府所占有。然而，当猎捕在1916年重新开始时，美国将海豹业当成纯商业来运作，完全是以一个私人企业的身份来行动。考虑到这些，这一协定有力地说明了自由市场方法的成功。这个方法不止拯救了海豹。通过补偿加拿大和日本海豹舰队的损失和四个国家公正地共享海豹贸易利润这两个创举，它满足了新古典主义的规则：社会福利在各种条件下尽可能地得到最大化，在这一案例中条件则是杂乱的地缘政治学的资源冲突。最后，这两个点共同支持了自由市场环境保护论者极力宣扬的思想："市场"通过负面的反馈机制来自我纠正，在这一反馈机制中一旦出现外部性因素,人们就会作出反应,采取恢复经济最优性的行动。简单说来,市场通晓一切。

2. 资源开发的政治经济学

到现在为止情况还算不错。我认为公共物品方法、自由市场环境保护论和它们的新古典主义规则本身比那些对于海豹危机不充分的、不具洞察力的估计以及它的解决办法要好多了。然而,我们可以利用另外一个在白令海争论时期产生于欧洲的理论传统来看这一问题,它是由政治经济学家卡尔·马克思(Karl Marx)的理论衍生出来的。以马克思的理论为基础,这一新生的从环境角度关注马克思主义政治经济学的理论提供了一个对于此次海洋事件及其结果的更加全面而基础的解释(比较 Roberts and Emel,1991)。所以我现在也转向这一学派。

生态马克思主义的核心思想是"自然"是在资本主义社会关系内部"产生"的(Smith,1984)。这并不代表就可以得到"社会创造了自然,甚至创造了每个原子"这一可笑的结论:毕竟没有海豹就没有猎捕海豹业,海豹当然是在欧美各国进行大肆开发之前就存在的。这一核心内容实际上有两层含义。第一,自然资源只能通过历史和地理上特定的社会评估成为资源。第二,它说明那些资源在物质上是被人力所占有的。所以,自然并不是完全不同于社会而原始地存在着的"第一自然",环境—社会的二元论是通过劳动力这个将二者捆绑为一个联合体的媒介而互相融合的。就像史密斯(Smith,1984,p.18)指出的,"与自然的关系在字面上是十分荒谬的,因为安置自然这个行动本身就需要与自然有一定的关系。"总体说来,马克思主义者对于环境的基本观点就是,只要"第一自然"通过劳动被带入马克思所说的与社会的"新陈代谢"的体系,它就失去了它的第一性和原创性,变成了一个在社会里生产的"第二自然"。

当然,在经济学中这些都属于常见的理论范围,但是最近马克思主义者所关心的是资本主义增长中的生态学方面。生态马克思主义的前提是经济上和生态学上的转换是同一枚硬币的两个面。这一观点来自于马克思的一个有名的论点,这就是劳动同时具有具体和抽象的双重性,就像商品在世界市场上可以同时交换使用价值和交换价值一样。就像阿特维特(Altvater,1993,p.188)说的,这一观点"创造了同时把握价值交换(价值的形成和稳定)和物质能量交换(劳动过程、人与自然之间新陈代谢的相互作用)的经济过程的可能"。正是此时,"生产"的负面效应,或者像马克思所说的,对自然的"创造性破坏"变得特别重要,因为最近生态马克思主义者理论研究的基本观点是经济组织所具有的资本主义原则有破坏他们自己资源基础的倾向。对于这一论点曾有三个著名的陈述。第一个是詹姆斯·奥康纳(James Oconnor'1989a,b,c)的论文,他指出资本主义过度盘剥环境,肆意地对待环境仿佛它们是可以无限使用的。第二个是泰德·本顿(Benton,1989,1991,1992)的主张,他认为资本积累以价值最大化为目标,会导致经济活动"自然调节的意外结果",或类似酸沉积、臭氧层破坏等生态危机。第三个是阿特维特(Altvater,1993)的具有说服力的双重论点,他认为对于未来的忽视通常导致资源的过度开发,而将个别商品从它原来的生态环境中转移和提取出来常常是以牺牲其所属的生态系统为代价的,其成本由于无法估价而被隐藏。

  这些观点贯穿下面的论述。下面我将用马克思主义的视角来解释这一海豹危机,说明从自由市场抽象而清晰的角度来看一个财产权问题得到的成功解决,对于马克思主义来说却是一个由于经济配置的故有破坏性导致的地缘政治学危机。我用一段自由市场方法没有记录的海豹开发的史前史来开始这一段说明:资本主义社会关系突然闯入世界上某个还处于欧洲及美国东部经济权力中心外围的地区。随着阿拉斯加州的转让,北太平洋被卷入与那些经济中心紧密的联系中,开始有数以万计的海豹毛皮被运往东部。这一点值得深入剖析,因为它算不上是"正常"的、注定的或是必然的过程。它是由两股力量促成的纯粹的历史偶然事件。第一,就像马克思说的,资本在追求利润或大卫·哈维(Harvey,1982)所说的"空间固化"时,像"摧毁一切万里长城"一样突破重重障碍[①],这一观点在北太平洋地区显得尤为正确,在一个如此偏僻和边缘的地区,利润仍是第一位的。第二,北太平洋地区的海豹贸易完全依赖于欧洲和美洲东部的出口市场,在这些市场里,文化的独特性和社会创造性的有效需求对于使海豹皮毛成为一种珍贵的"资源"所起到的决定性作用得到了突出地体现。对于史前史的阐述就先到这里。到19世纪80年代末期的"白令海危机"发生的时候为止,阿拉斯加离开俄罗斯以后的海豹贸易已经建立了近20年。但是与新古典主义的假设相违背的是,这一贸易不能被抽象地理解成

---

  ① 译者注:"摧毁一切万里长城"语出《共产党宣言》。

第十一章 自然、经济及理论的文化政纲

是完全平等自主的个人福利最大化的行为。这些个体们处于特定的社会关系中，而这些社会关系将他们放在世界不同侧面的不同结构地位上。在欧洲和美国东部，消费者的追求是已成为成品的海豹毛皮外衣。而在北太平洋，生产者并没有按照普遍的"满足偏好"来制造商品，而是在使自己的利润最大化：而这些对于如何理解海豹危机的产生给了人们不同的暗示。到1890年，由于远洋猎捕海豹业良好的发展，海豹贸易开始依赖于生产和竞争之间独特的社会关系。前者导致了公司股东大量剥削由管理人员和体力劳动者在普里比洛夫劳作所产生的利润，而大多数纵帆船所有者曾经都是渔夫、水手或是季节性地从维多利亚、日本港口和西雅图、旧金山招募队员的零售商，而现在他们都成了小资产阶级分子。因此产生了一套工人（他们被"垂直地"按等级、"水平地"按种族区分）、小资本家和大资本家之间复杂的社会关系。当然，这一竞争关系导致了各国远洋猎捕海豹者之间的竞争以及远洋猎捕海豹者与商业公司之间的竞争。在他们独有的地理和时间条件下，这些生产和竞争关系由于是出于积累的目的而被积累的逻辑所巩固，说明了海豹猎捕业是一项会导致影响现实中人们及现实环境的严重的人类经济和生态问题的冲突过程。下面将对这个问题进行详细的阐述。

市场理论提出了一个抽象的"针尖经济"，其中既没有空间也没有时间。但是在现实中，资源过度开发的空间和时间因素在理解它的发展过程中是十分关键的。

首先，要使得生产发生，就像哈维（Harvey，1985b，p.43）说的，资本"必须表现出它是在自己特有的意想中以物质景观的形式被创造的"。换句话说，生产这个综合体必须有特定的地点并且在地理上是固定的。当然，普里比洛夫成为海豹事件中的一个地点，而维多利亚，像其他美洲和日本类似的地方一样，是完全不同的地方，作为一个港口，它在19世纪80年代和90年代的快速发展主要是以远洋海豹猎捕业为基础的。正是这个有差异的生产地域，连同问题中三个国家的国土边界，提供了海豹事件中竞争的主要动力。90年代海豹数目递减的原因不简单是偏好最大化的个体们产生了经济上"无效率的"外部性，而是为了奋力保护各自关注的真实利益和潜在的经济剩余的份额，而形成了根据地理形成的各个阶级支持者之间激烈的竞争。当然，最后还有海豹。公共物品模型背叛了它的新古典主义基础，只在环境退化影响到经济结果的时候才关心环境问题。然而，马克思主义的方法将重点放在这一退化的系统化上，不认为它只是良好运转的市场打的一个嗝。重

要的是，马克思主义方法指出了这一退化的不合理，从而对资本主义资源开发准则从生态学角度提出了批判。由这一观点出发，在海上对海豹无节制屠杀是一个经济评价模式的可怕后果，若非被审视过，这一经济评价的"正常"机能可能会导致海豹种群的灭绝——事实上，美国政府甚至一度宣布，如果远洋猎捕海豹业不被立即停止，最后的整个海豹群将会被全部屠杀。当然，1911年的协定扭转了这一结局。然而，我们不能将这个里程碑式的协定看做是市场"自我纠正"能力的一个范例，而应该对它做出更加具有批评意义且冷静的评价。首先，这一协议远不是一个对于海豹种群递减的自动反应，而是多年艰苦外交斗争的产物，其间由于美国、英国和加拿大行政部门的变更和其他国际问题被用做海豹谈判中的交涉筹码，这一外交努力曾一再受挫。

第二，值得铭记的是这个协议成功保护了资源是一件多么不寻常的事：它的成功仅仅是由于海豹的生态学特性：海豹不像其他的易耗资源，它们在岸上栖息因此可以被计数并准确地搜集。总之，对于这个海豹危机的传统解释和决议并不充分。一个由于缺乏定义明确的财产权而引发的"公共物品"问题当然曾经存在于北太平洋地区，但是这一问题的根源在于一个资本主义的资源开发模式，这个资源开发模式空间和时间上的动力及社会生态学上的结构更为本质和危险，超出新古典主义自由市场观念可以理解的范围。

四、关于自然的话语的生产

许多绿色和平主义者都会在很大程度上同意马克思主义的批判观点，将它作为取代目前流行于环境政策中的放任主义的广泛斗争的一部分。但是由于马克思主义通常被认为太过以人类为中心，它不能公正地尊重和保护"自然"本身，因此他们在一定程度上还是会放弃马克思主义的观点。然而，马克思主义对此有一个有力的回应，认为以任何直接的方法来"替自然说话"都是不可能的。以马克思主义的观点，有关"自然"的语言表达更多地代表了其所处的社会条件，而不仅仅是自然本身。这正是史密斯(Smith,1984)谈到的"自然的意识形态"，说明有关自然的话语表达既是由社会生产的又是与特定的社会目标相联系的。在这里海豹事件十分有趣，拯救了海豹的1911年协议的制定受到新的保护主义者游说的影响，类似当前的绿色号召。接下来剖析一下保护主义者的煽动及其影响。

1911年签订的这一协议中并没有提及暂停陆地猎捕。反而，随着远洋猎捕海豹业被禁止，普利比洛夫的猎捕应该继续，但是要遵循美国海豹毛皮委员会所制定的准则。这一部门的主席是由大名鼎鼎的生物学家、斯坦福大学的校长戴维·斯塔尔·乔丹(David Starr Jordan)来担任的，并由生物学家和海豹专家组成。它遵循著名的逐步改良宗旨：资源应该被高效节约地利用，并且如果可能的话，用一种可再生的方法利用（见 Hays, 1959），这受到了例如乔治·伯德·格林内尔(George Bird Grinnel, *Field and Stream* 的编者）那样有影响力的人们的支持。出于这些原因，全权负责海豹部门的内格尔(Nagel)秘书谨遵这一委员会关于猎捕的建议。然而，除了这些保守主义者，内格尔还受到来自一个新的激进的由威廉姆·霍纳德(Willian T. Hornaday)领导的基金保护主义组织的压力，霍纳德被多尔西(Dorsey, 1911, p. 34)称为"文字斗士"。霍纳德是一个野生动植物作家，曾经在布鲁克林动物园工作，也曾写出一些十分有名的文章，例如写给大众的《我们正在消失的野生动植物》(*Our Vanishing Wildlife*)。除了亨利·埃利奥特(Henry Elliott)，他没有别的"导师"。就像斯蒂芬·福克斯(Fox, 1981)说的，作为对维持性保护的补充和竞争，激进保护主义的出现在很大程度上是一个美国世纪之交的新现象，因此霍纳德的坦率直言对于海豹的保护代表了一种较之在前人在政府派系里看到的形式更加激进的环境思想和政治的形式。

这个新的激进的环境保护主义很快证明自己是一股不可忽视的力量。通过与保护管理理论者结成联盟，霍纳迪和埃利奥特(Hornaday and Elliott)在1910年制止了内格尔发布一个新的20年的租约和买断普里比洛夫的经营权。然而，签订了这一协定之后，霍纳迪被美国政府仍然试图继续陆地猎捕海豹的做法所激怒。在一段有代表性的霍纳迪质问内格尔的话中他说道，"美国的总统……或者美国参议院，是否曾有那么一刻，让你在这血性的屠杀交易中掌握实权？没有！一千遍也是一样，没有！你也知道这一点。"而他的异议是十分有根据的。海豹的管理仍是一项不严密的科学。由于误差幅度不确定，海豹毛皮委员会所建议的持续猎捕海豹是具有很大的潜在风险的。虽然霍纳迪强烈反对所有的海豹猎捕，但他意识到虽然他不能停止这些猎捕，他至少可以给这一种群提供一个喘息的空间来让它们恢复。正是这一点使保护主义者产生了极大的影响。通过激烈地游说新的美国议会中的民主党议员,霍纳迪和他的同盟成功地得到了一个 5 年期的陆地猎捕海豹的暂停法令。这是一个大胆且危险的举动,因为它破坏了多国协议的声誉,并且因此给了加拿大和日本一个脱离此协议的借口。然而,幸运的是,这些并没有发生,虽然这一法令遭到塔福特(Taft)、内格尔(Nagel)和乔丹(Jordan)强烈的反对,由于在 1916 年海豹猎捕重新开始时海豹的数目有了大幅度的增加,证明了中止捕猎法令在保护海豹种群的长期发展上起到了至关重要的作用。

关于自然的话语的生产在这里是至关重要的。我这样说因为正是保护主义者们一系列强有力的、包含激情的话语表达影响了一些国会议员的意见,使得他们支持这个 5 年的中止期。此外,我下面会指出,这是一个有效的"自然的意识形态",它的成功依赖于对其社会构建性的掩饰。通过语言的繁复倡议、无数的信函和官方的及通俗的出版物,霍纳迪和他的同事们制作了一系列普里比洛夫海豹的形象展示,可以被称为是"对最野生的自然的展示"。在这一展示中,海豹作为野生、质朴及庄严的动物且是"自然秩序"的一部分,不应当被人类商业污秽的阴谋所玷污。

这一展示并不是单纯地反映"自然",而是积极地用一种有趣的方法将自然构造出来。保护主义者意在保护海豹,于是就让它们受到足够的重视使得猎杀它们变成不可思议的行为。当然,这样来说明"自然"是话语构建的结果并不是否认海豹的真实性,而是想让人们将注意力放在文化批评家所说的"表达的物质性"上。话语是积极和能动的,并不是仅仅被动传递,因为一页的口头语言和题字也可能有改变世界的能力。在海豹事件中正是如此,保护主义者为海豹代言,而他们中大部分从未到过那里,从未见过真正的海豹。由此保护主义者使用了斯蒂芬·格林布拉特(Stephen Greenblatt,1992,p. 23)所说的"高超模仿机器",在他们的语言表达中声称是完全"反映"自然的真实情况,而掩饰了这个自然其实是被人为构建出来的。那么,这其实是用或多或少天真的经验主义语言伪装起来的真实的政治游戏。但它很有效,因为正是它所传递和表达出来的真实感,使最激进的保护主张得到成功。简而言之,当在经济过程中导致海豹的过度开发行为已经发生时,有关"自然"的话语表达对于保护海豹起了关键的作用。或者,像格林布拉特(Greenblat,1992,p. 6)说的,"表达不只是产品,还是生产者,它可以决然地改变产生它的力量。"

然而这一成功仍有黑暗的一面,而此时马克思主义所持有的关于自然的语言

第十一章　自然、经济及理论的文化政纲

表达总是被置于社会中且被控制着的观点变得特别的适用。生态马克思主义者认为自然的语言表达可以具有防止环境遭到经济过度开发的至关重要的物质性和有效性，就像它在海豹事件中起到的作用一样。换句话说，"自然的意识形态"并不一定总是被引向开发的结果。但是马克思主义的观点也承认，由于这些意识形态是为了达成十分特殊的目的，它们隐藏的问题也许跟它们暴露出来的一样多，即使它们被用来达成保护环境这样积极的目的。在普里比洛夫海豹事件中这一点尤为重要：由于保护主义对于"最野生的自然"的诠释很大程度上忽略了一个完全依附于美洲海豹经济并将自身出卖给历史学家多罗西·琼斯（Dorothy Jones, 1980）所说的"奴役的世纪"的阿留申民族。

除去关于普里比洛夫的几千字的描述，霍纳迪和他的同事们——像美国政府和其他 1911 年协议的签订者——对于普里比洛夫岛的阿留申人的描述少之又少。包括普里比洛夫的别名——"海豹岛"，暗示这个地点的定义是根据其被野生海洋哺乳动物所占有的名字。而普里比洛夫群岛也是普里比洛夫的阿留申民族的家乡，没有这一民族的劳动美国海豹交易根本无法兴旺起来。阿留申民族是 18 世纪末期被俄国人强制从狐狸岛运到普里比洛夫的。其中一部分是奴隶，一部分是工薪劳动者，他们被留在这里主要从事猎杀、剥皮和用盐腌制海豹的工作。当美国在 1867 年购买了阿拉斯加州，他们的农奴身份就被废除，因此阿留申人凭借他们的劳动得到分别由 ACC 和 NACC 支付给他们的工资。但是这一向外表公平及自由的工资劳动力系统的转变隐藏了更加黑暗的一面，使得对于阿留申人的待遇成为有名的美国土著关系丑闻。

确实，阿留申人领取到的工资与美国一般工人相比是不相上下的。但是他们的工资是用银行存款来支付的，而不是现金，并且他们被强迫在公司的商店以高价购买有限的商品。公司确实被要求向他们的阿留申工人提供学校教育和住房，但是他们的学校教育是以白种美洲人的模式开展的，并且不鼓励使用阿留申的语言。同样，提供"免费"住房也使得阿留申的传统 *barabaras*（草皮覆盖天棚，半地下的住所）遭到了破坏，取而代之的是难以加热且加热成本高的木质建筑。除了这些与公司之间的联系，阿留申人被在岛上具有无上权力的财政部所监视。岛内和岛间的行动都被严格地限制。未经许可的船只和游客都不能擅自离开和上岸。工作的模式和公共行为都被通过财政上的处罚加以严格限制，有"不适当的"行为就会被扣

除工资或是被征收罚款。简而言之，虽然工资是"可以接受"的，但阿留申人实际上是被俘虏的民族，在没有任何可接受的自由和平等标准下被管制和约束。

意料之中的是，由于没有机会和能力提出他们的要求和申诉，普里比洛夫的阿留申人的情况很少被外人所知。

因此保护主义者是在忽视那些被卷入海豹经济的人们的生存条件之下，通过他们的诠释帮助海豹种群使得它们不致灭绝。我认为，这一点对于现在的情况有一定的暗示。在现代的绝大多数时候，北美的激进环境保护论重复这一对于社会生活环境的抹杀行为，而这些社会生活环境也被构建成纯粹的"自然"景观（见Willems-Braun，1997）。

五、结论：文化政治学理论

在意识到"人造自然"是一个双重过程、其中物质关系和话语表达都起到重要作用并相互纠缠之后，生态马克思主义的方法揭示了对于海豹开发的复杂的政治经济学观点，这被放任主义的环境保护论所忽视，且生态中心主义也只能触及一部分。环境问题起因于并最终应当回到人类自身的实践领域：在社会利益和政治议程之外是不存在"自然"的话语表达的。但是即使考虑到马克思主义方法的有效性，它仍必须对于它自身的盲点和难点提高警惕。这一点使我回到普里比洛夫的阿留申人的问题上。在过去的几年中，一些后殖民地时代的批评家已经将人们的注意力转移到肖特和斯塔姆(Shohat and Stam，1994)所说的西方批评理论的"掩盖的认知论"上，也就是他们在尝试理解世界时隐含的假设。在这一点上马克思主义因其欧洲中心论而受到了特别的攻击，也就是它将欧洲的批评思想范畴强加于不一定适合的非西方环境中(Serequerbehan，1990；Slater，1992)。在普里比洛夫这一事件中，马克思主义的观点有效地将我们的注意力指向一个剥削且破坏生态的政治经济学事件中的阿留申人和海豹。但是，在这样做的同时，这一观点将阿留申人的问题定性为一个阶级问题，而阶级定义的主要特征是他们在社会生产关系中的地位。结果我们重新发现了阿留申的阶级主体性，并因此揭开一段隐藏了很久的剥削和冲突的历史。这些话语分析是十分重要和必要的——因为阿留申人遭受的剥削无疑是出于某些显而易见的阶级原因，并且他们进行了频繁的抵

第十一章 自然、经济及理论的文化政纲

抗——但是他们的抵抗没有收效。我认为这有两个原因。第一,对于阿留申人的民族征服胜过阶级剥削。他们所遇到的这些孤立和压制主要是与他们的"非白人"身份和与种族歧视紧密相连的经济体系有关的。第二,马克思主义使我们恢复主体能动性和警惕剥削——就像汤姆逊(E. P. Thompson)为英国工人阶级所做的那样——后殖民地时代的批评家却故意强调了"恢复"这个词。就像斯皮瓦克(Spivak,1988)在他具有争议性的论文"部下能说话吗"中提到的,恢复的"部下"发表的意见是很难的,因为这些意见往往是被掌权人安排好的。在这种情况下,我们对于一个世纪之前的普里比洛夫的阿留申人主体性的理解几乎只能依照居民署的文档,这是被岛上的主流文化所过滤的。换句话说,我们所接触到的历史档案已经浸透了排斥阿留申人的权力关系。出于这两个原因,如果试图充分重建普里比洛夫海豹开发历史的各个方面就不能仅仅基于马克思主义观点来展开。

(陈秀欣 译)

第十二章　现代性和杂合性：1890～1930年自然、复兴和西班牙水景观的生产

埃里克·斯温多夫（Erik Swyngedouw）

　　我在规划某些地理事物。(Klaus Kinski, the film *Fitzcarraldo*, Directed by Werner Herzog)

　　国土的水文调整是西班牙作为工业社会的重要的结构性组成部分。(Ortí, 1984, p.11)

　　西班牙无疑是近年来水源危机最严重的欧洲国家。从1975年起，对水的需求量逐渐超过了水的供应量。尽管加大了地下水的汲取量并提高了地表水的利用率，问题仍在急剧恶化。最近从1991～1995年影响了西班牙中部和南部的大部分地区的干旱，导致了激烈的政治争论，尤其是第二次国家水文计划的筹备之时恰逢周期性雨水供给减少（MOPT, 1993; Ruiz, 1993; Gómez Mendoza and del Moral Ituarte, 1995; del Moral Ituarte, 1996）。

　　水的政治和生态重要性并不是最近才在西班牙凸现出来的。自上个世纪至今，围绕水的政治、经济、文化和工程问题涌现出的种种紧张局面和冲突始终是西班牙社会发展的重要组成部分。尽管伊比利亚半岛（图12.1）上水源的重要性吸引了大量学术和其他方面的关注，水政治的中心地位、水文化和西班牙几个世纪以来社会和生态互相影响所产生的当代水的地理和生态所扮演的重要角色仍然没有被充分发掘。在西班牙社会演变的过程中，如果不是参考水地位的变化，我们几乎无法理解今天西班牙的社会、经济和生态景观。"水景观"的杂合性特征清晰并明确地呈现于西班牙面前。西班牙几乎不存在从来没有受到人类干涉的江河流域、

水循环或者循环水流；如果不同时理解水文的转化及其过程本身的变化，我们就无法理解任何形式的社会变化。我坚信在发掘水文政治和工程作为西班牙现代化进程的中心角色的过程中可以阐明西班牙社会的社会自然构建。

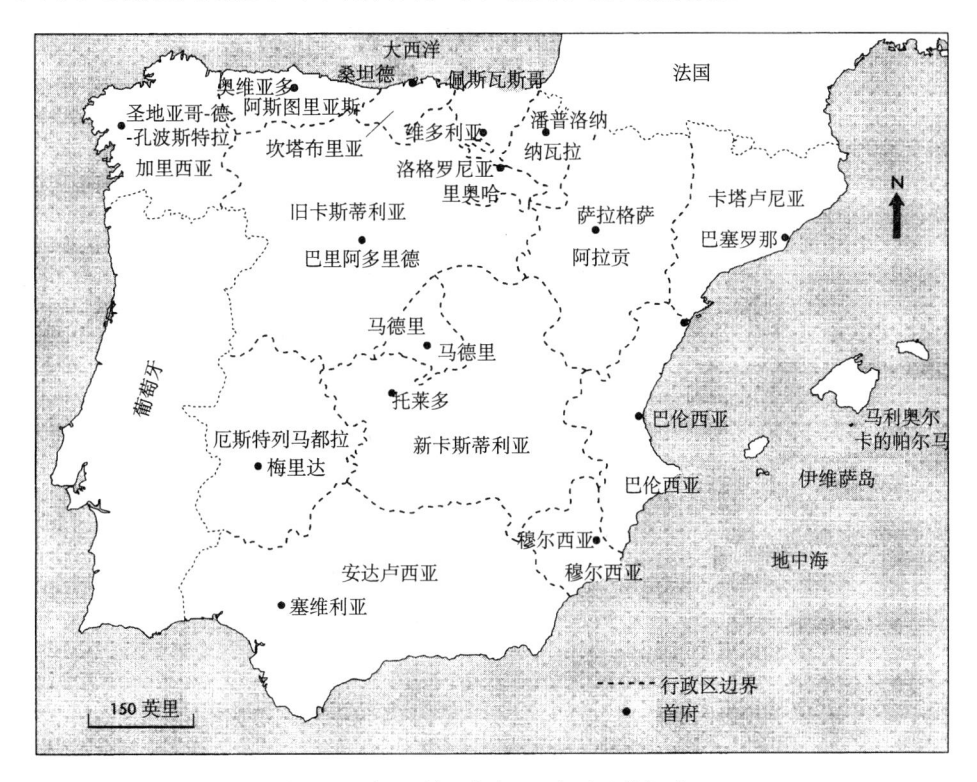

图 12.1　伊比利亚半岛、西班牙及其行政区

我打算将围绕西班牙水资源的政治生态过程放在尼尔·史密斯(Neil Smith, 1984)所定义的"人造自然"的背景下展开分析。特别的是，我将从环境角度和政治经济学角度论证西班牙的喧嚣的现代化过程和它当代的情形是来自于历史空间生态的转换。西班牙的现代化无疑是一个地理工程，这一工程在这个世纪西班牙剧烈的空间转换中显得十分特殊。在这一转换中水和水景观起到了十分关键的作用。我认为，这一过程固有的通常被认为是"现代化"的矛盾和压力是通过自然和社会的转换来表达的。"现代的"西班牙环境和水景观是拉图尔(Latour,1993)所说的"杂合体"，一个具有一半自然性和一半社会性的事物表象[哈维(Harvey, 1996)所说的"永久性存在"]，并且这一外观包含了历史地理关系和过程的多样性。

本章主要分成两部分。在第一部分里，我提出了一个理论和方法观点，指出水资源研究中使用的传统方法的缺陷，传统方法趋向于将水循环分成离散且独立的各个方面并分别进行研究。传统的水文学、工程学、地理学、政治学、社会学、经济学和文化研究等各个方面对水资源的分析是支离破碎，这造成了一个特殊的水文意识形态，而这一意识形态已经逐渐无法对于缓解伴随着当代水资源实践(Ward, 1997)而日益增加的问题提出有创造性的解决方法。我的基于政治生态学传统的观点，来自于生态历史学家、文化批评家、社会科学家、社会理论批评家和政治经济学家们最新的研究。虽然在主流观点范围内进行研究的研究员们嘴上声称将水文循环看做一个复杂的多面的全球性网络，并且包括了自然及人类因素，但是他们并没有摆脱自然、社会的二元论，他们只是继续将整体分成孤立的各个部分(作为回顾，见 Castree, 1995; Demeritt, 1994; Gerber, 1997)。我主要的目的是通过强调自然和社会是交互的来将被一直被分离的各个部分整合到一起。

在本章的第二部分，我深入挖掘了20世纪初西班牙现代化进程(1890~1930年)在水利行动和争议中的表现。第一部分中提出的基本概念有助于构建一个让水资源贯穿于社会自然关系的网络，从而将现代性重新塑造为深刻的因地制宜的工程，而不是连贯均一、无可争议的一个模式。如果社会性和自然性不可分离，而且在社会和物质环境的生产过程中以不断改变的方式纠缠在一起，那么相当模糊的"人造自然"的观念也许会变得更加清楚。总之，我尝试证明社会自然性是如何在历史上被制造出来从而被用来产生一个特殊但是固有的动态的地理结构。

一、关于杂合体和社会自然：流动、过程和辩证法

当代的学者们日益认识到自然或是生态条件和过程并不是脱离社会过程而运转的，实际上现有的社会自然环境永远是复杂的先前故有的自然性和社会性的结构变化的结果。例如，大卫·哈维(Harvey, 1996)坚持认为纽约这个城市没有什么特别不自然的事情。城市区域、地方或是其他任何社会空间过程或条件的结果都存在于一个交织着的同时具有人类、自然、物质、文化、机械和有机性质的过程网络。种种支持并维持社会生活的过程，比如水、能量、食物或计算机，总是用无限种方法将社会和自然结合在一起，然而同时，这些杂合的社会自然的"东西"充满了矛

第十二章 现代性和杂合性

盾、压力和冲突。他们是可以增生扩散的物体，被堂娜·哈娜维称为"数字有机体（cyberorgs）"（Haraway，1991）或被布鲁诺·拉图尔称为"半客体（quasi-objects）"（Latour，1993）；这些杂合体是半社会半自然的——因而具有历史根源并且是人造的——客体/主体，包含并表达了自然和社会，并编织了无限维度空间的网络。例如，如果我想要考察杯中的水并发掘出它的网络，"我将经过从本土到全球，从人类到非人类的一个连贯过程"（Latour，1993，p.121）。将会讲述许多关于社会群体和阶级的故事或是传说，以及制造了具有特权和排他性、参与和边缘性的空间的有力的社会生态过程；化学上的、物理上的及生物上的反应及转化；全球水循环，全球变暖；资本、诡计和策略以及水坝施工人员、市区用地开发者以及工程师的知识；从河流到市内水库的通道、地方和国家之间地缘政治争斗。总之，水资源包含了社会自然作为一个杂合体的多重故事。地下和地表水流、输送管道以及运河，这些所有构成喷泉、水龙头和灌溉水道的水源根系是对于一个有着深深的相互连接关系的社会自然的暗喻。

发掘这种杂合网络在现代化过程中的构建和繁衍将引出物质和话语上的建构主义观念。在《政治经济学批判大纲》（*Grundrisse*）和《资本论》（*Capital*）中，马克思坚持了社会发展本着一定的自然基础而进行。任何唯物主义方法都必须坚持自然是社会生活新陈代谢的基础的观点。社会关系在自然环境代谢过程中运转并通过这一过程运转，而这一代谢过程反过来改变社会和自然并产生变化了的或是新的社会自然形式（Grundmann，1991；Benton，1996）。"自然"（作为一个历史产物）提供基础，而社会关系创造了自然和社会的历史。当然，古典马克思主义的雄心不止于重建历史社会自然转换和矛盾的辩证法。他们还强调在资产阶级科学和社会中"自然"这个概念的意识形态，就像他们主张通过发掘潜在的社会生态过程（Schmidt，1971；Benton，1989）来揭露"事实"一样。然而，通过关注劳动过程的本质，许多马克思主义分析家重蹈了他们批评的问题的覆辙。尤其是通过将自然描述为社会关系尤其是劳动关系演变的基础，他们为社会生活的物质基础作出了辩护，同时将自然过程归入一个脱离了社会生活从而脱离了历史的领域。

我赞同拉图尔（Latour，1993）的观点，认为将事物截然分为自然和社会两方面的过程是出于一种概念上和语言上的建构，这种建构将世界分成两个独立但是密切相关的领域——自然和社会——而两者之间存在辩证的关系。那么，这一辩论就变成了一个关于这个辩证关系的性质、含义以及是否存在区分自然和社会的实体论基础的争论。这个辩证法理论的形式如下。人类面对具有内在动力、原则和规律的自然，又扎根于有着自身组织原则的社会。这给双方都带来了痛苦的结果。自然和社会之间的辩证法变成了一个外在事实，也就是说，自然与社会这两个分离的领域之间通过物质、意识形态及语言表达的实践来沟通的循环关系。结果就是这种动态遭遇制造出相应的事物（客体或主体）。

相反，尼尔·史密斯（Neil Smith, 1984, 1996）坚持认为自然是生产过程的主要部分，换句话说，社会和自然对于彼此都是非常重要的部分并且共同在这一联合中制造了永恒[或者类物性时刻（thing-like moments）]。"人造自然"这一概念借用并重新解释了勒弗布尔（Lefebvre, 1991）的观点，提出社会自然本身是一个历史地理过程（因此时间、空间上是十分特殊的）。这一概念坚持社会和自然的不可分离性并将社会自然这一联合体解释为一个过程。简单说来，社会和自然都是人造的，因此都是可锻造可变形的并且可能被打破的。虽然史密斯坚持认为所有的自然包括社会的自然都是一个历史地理过程（Levins and Lewontin 1985; Lewontin, 1993），但他并不认为所有的非人类过程都是在社会中制造的。相反，他认为由于新的"自然"（"自然"的不同形式）的产生是跨越空间和时间的，关于某些原始自然（勒弗布尔理解的"第一自然"）的理解就变得越来越有问题。正是这个历史地理过程促使哈娜维和拉图尔讨论杂合体的数目和半客体（quasi-objects）的繁衍。事实上，从人类历史的最开始，日常生活的客体或主体变得越来越社会自然化，只是这个过程随着现代化进程而加速。

如果我们提出一个与外在循环关系相对的内在关系的辩证观点（Olman, 1993; Balibar, 1995; Harvey, 1996），那我们必须坚持超越自然与社会二元结构，发展出一种新的包含事物内在变化过程的辩证统一的语言表达方式。"事物"从一开始就是杂合体或是半客体（quasi-objects）（既客体又主体，既物质又语言，既自然又社会）。我这句话的意思是，"世界"是一个永久的新陈代谢的过程，在这一过程中社会和自然过程在一个社会自然的历史地理构建过程中联合在一起，这一社会自然过程的结果（历史的自然）包含了化学上的、物理上的、社会学上的、经济上的、政治以及文化上的具有高度对抗性但同时又密不可分的特点。每个人和事物都是一个介体，具有一半的社会性和一半的自然性（但是没有具体的分界），这一介体内

第十二章 现代性和杂合性

化了一再重新界定和塑造每个人和事物的多重对立关系。

图 12.2 概括了这一观点。所有的成分对于其他成分来说都是不可减少的,而它们的构造起源于生产过程中盘旋产生的多重辩证关系。因此,这些成分总是包含于"事物"的构造中并且永远不可能处于它自身的制造过程之外。总之,上述的观点是一个以过程为基础的认识,在这个认识中一切都不是固定不变的,或者说固定不变只是瞬间的现象;任何事都不能被完全地记录,因为处于流动中的事物永远在被破坏和创造、联合和分离。这一独特的辩证观点还坚持处理关系的运作和结果中的非中立性,由此过程和变迁都具有政治意义。这一观点还将类别区分(自然、社会、城市、种族、水等)看做是物质的话语实践行为灌输的结果,其本身也会在社会自然的生产过程中被创造性地破坏。

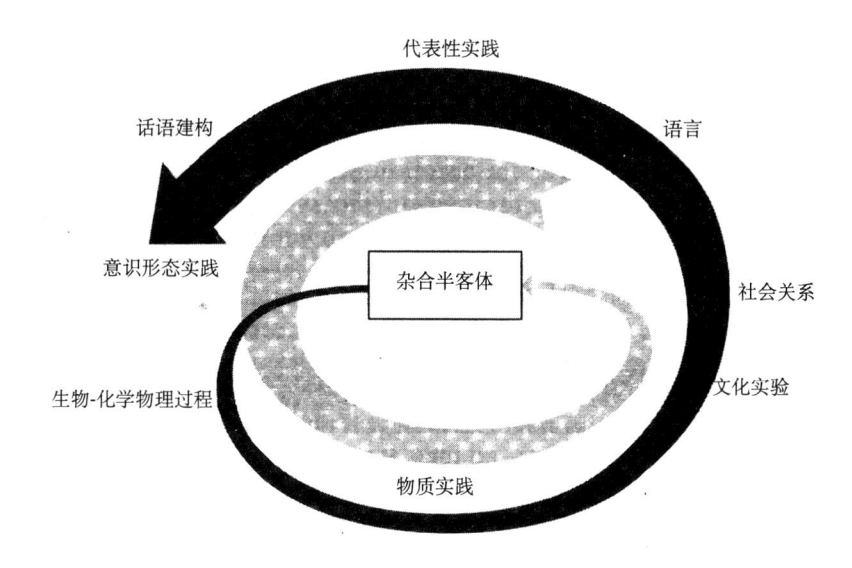

图 12.2 杂合性:社会自然的生产

上述的观点将指导我对于世纪之交现代西班牙水景观的叙述,这是一个独特的现代化话语出现的时代。这个现代化动力深入整个西班牙社会,直到今天依然是主要的社会、政治、文化及科技争论和实践的支撑框架。围绕着图 12.2 的多重叙述将被编织在一起以重建话语的、意识形态的、文化的、物质及科学的实践中记录的权力关系,正是通过这些实践西班牙水景观得以创立,并重建为一个反映了西班牙有争议的现代化进程及记录了权力关系的社会自然空间。

二、人造自然：水及西班牙的现代化

我不应该以分析根据现有的水文数据和自然流域得出的西班牙水资源地图作为开头。这样一个主要内容当然是重要的，但是以此为优先会使我们忽视前面讨论的主要原则。事实上，这些物理状态和数据并不是绝对的、稳定的和天然的本质。正相反，西班牙现代化的历史是一段重新定义及改造这些物理属性的历史。更甚者，西班牙的水文特性很久以来就被烙上了社会实践、文化含义、政治和经济意识形态以及工程的烙印。而 19 世纪末期，当代西班牙的社会自然生产过程开始加速。从那一刻开始，西班牙——有点落后、有点不情愿、几乎是被迫的——将它自己推入了一条加速的现代化轨道。当然，由社会自然变化引起的现代化总是发生在已构建的历史社会自然条件下。我将不时地提到并强调这些条件。为了说明人造自然的概念，并阐述西班牙的现代化进程是如何发展并保持为一个深入的地理工程，可以通过解析西班牙现代化中的水利工程这个例子详细阐述。现在这个国家有差不多 900 个水坝，其中有 800 多个是在这个世纪建造的（图 12.3）。任何一条江河流域从被引流、管理、设计和改造过。在这个世纪，水在西班牙民族国家生命中成为了一个强迫性的主题，而对于水的追求持续不衰退（del Moral Ituarte，1998）。从这个世纪之交开始，水很快成为民族政治、社会经济和文化争论中的一个主要议题。

三、现代化作为一个地理工程：人造的空间/自然

19 世纪末期，殖民地贸易和国内农业相结合成为西班牙社会经济发展的支配形式。后者主要是以南方大片旱地作物的庄园文化为基础，庄园经济采取贸易保护主义态度。1880 年之后（Carr，1983）国际贸易自由化加深，1898 年西班牙丧失了最后殖民地，这些导致了社会经济环境恶化，社会冲突加剧，强化了农村业已尖锐的社会紧张状态（Fontana，1975；Garrabou，1975）。传统农业社会精英面对新出现的现代化农业和工业精英，他们对庄园政治经济和意识形态的垄断地位提出挑战。两极分化和对立加剧了城乡的阶级斗争。

第十二章 现代性和杂合性

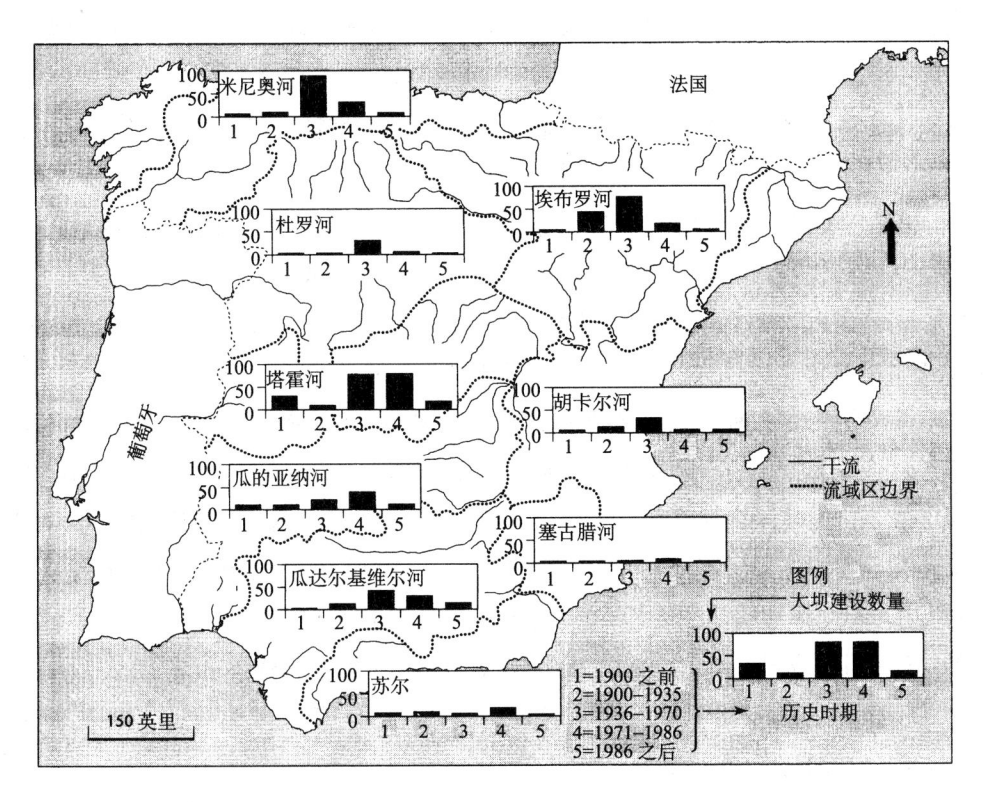

图 12.3 西班牙各流域区(流域行政主管)大坝建设演化

主要集中在卡特罗尼亚和巴斯克郡(Angoustrures,1995)的工业化进程,加剧了城市、乡村的分隔,强化了长期存在的地区间冲突,并导致日益高涨的地方自治要求。包容并解决这些压力的改良需要一个能包含最广泛的社会群体的现代化工程以复兴国家意识。这一复兴被明确赋予了地理重构内涵,将主要的环境变革、社会经济重建及道德复兴结合在了一起,构成一套复兴主义的意识形态话语。德来福(Driver,1998,p.37)总结道:"西班牙被描绘为一个新的世界秩序的一部分,在这一秩序中西班牙人必须与他们的自然环境和地理空间相渗透,从而不被国际市场通过经济竞争重新安排世界的行为所毁灭。"

这一国家地理工程将会围绕水利、农业的关系展开。西班牙的"地理问题"成为解释社会与文化及经济委靡的理论线索和行动纲领。倡导这个现代化复兴运动的主要领导者之一是华金·科斯塔(Joaquín Costa,1846~1991),他是知识分子所提倡的激进的复兴主义的最卓越最著名的代表人。作为阿雷根一个贫穷的农夫的儿子,他是一个自学成才的知识分子,其大量有影响的著述涵盖了政治、社会改革、教育和农业水利政策等其他方面。他与贫穷和西班牙社会经济学及政治瓦解坚持不懈的斗争将他推向当时争论的最前线(Ortega,1975;Carr,1983;Pérez,1999)。1892年,他在著作中指出国家组织的水利政策应该是一个"能够重写祖国地理及解决复杂的农业和社会问题"(Costa,1892,p.88)的民族目标。科斯塔认为,塑造一个新的地理,将国家内在运作的改革融合在一起,将有助于减轻社会压力并为前现代主义者和受欢迎的小规模生产为基础的发展提供基础(Ortí,1994)。实现这样一个动用资源并教育人民的雄心勃勃的工程要一种特殊的却是广博的地理知识。就像戈麦斯·门多萨和奥尔特加·坎特罗(Mendoza and Cantero,1987,p.80)说的:"真正的爱国精神是复兴主义工程的根底,并且这一爱国精神正是由于对国家地理现实的准确了解产生的"(作者的翻译)。1918年,另一个知识分子的领导拉斐尔·阿尔特迈耶(Altamira,1923,pp.168-69)在著作中指出对于西班牙地理的描述提供了关于爱国精神的宝贵一课,而1916年阿左林作出的结论是"爱国精神的基础就是地理"(Azorín,1982,p.512)。以这一观点出发,解决民族问题的惟一方法就是通过解决土地问题——领土的物理性质来解决。

这个将西班牙地理重建作为现代化的一部分的工程把果断的政治策略、特殊的意识形态、科学实证主义的自然探究、技术至上的工程任务以及一个扎根于传统田园文化的大众基础结合了起来。科斯塔和他同时代人(作为回顾,见 Pérez De La Dehesa,1966;Tuñon De Lara,1971;Ortí,1976)研究中的大量证据可以证明这一点。这一民族的革命——当然不是这个国家特有的——受到空间和环境改革的影响,这个空间和环境改革是以保护小农为中心的,通过公共水资源管制,推进教育和科学技术知识传播,使得一直处于边缘的小资产阶级和新兴资产阶级的联盟跨入一直被贵族地主中坚分子所掌握的国家机器的控制中心。同时,重建或者通过"内部殖民化"使更多的人拥有土地,从而鼓励了发展,并集中政权力量,团结具有改革思想的知识分子、部分工人运动和新兴资产阶级形成较为统一的改革团体,以共同面对传统的保守力量(Ortega,1975)。这个地理工程使平时看起来不可能成为伙伴的各方团结起来,而同时将更加激进的左翼革命者和"顽固的"保守派排除在外。的确,这个散漫的改革联盟中许多压力和矛盾通过改造西班牙水利环境

第十二章 现代性和杂合性

得到升华,并提供一个话语媒介来将一直互相排斥的社会团体结成一个联盟,从而不必引入阶级或是其他易引起冲突的社会术语(Nadal Reinat,1981)。

四、水作为西班牙现代化动力的关键

Los Pantanos o la Muerte![西班牙语:誓与水坝共存亡!](Pérez,1999,p.504)

如果西班牙地理"再造"成为现代化的基调,那么水和水利工程就是它的主要工具。科斯塔成为了这个波及范围广泛的通过地理再造推动社会现代化运动的主要倡议者和象征之一。他的"水利解决办法"通过允许社会和土地改革以及鼓励文化解放而成为鼓舞发展的基础(Ortega,1975)。他的著作被许多社会团体多次引用来捍卫民族水利计划和"内部殖民化"方式的土地改革政策。这个复兴主义项目被明确地表达为"通过水利纠正国家地理问题"(Gómez Mendoza,1992,p.236)。对科斯塔来说,水利政策使得国家的经济工程、不仅仅是农业还包括整个西班牙社会经济生活得到了升华。出于灌溉目的的水利建设被认为是传统关税及进口限制政策的一个进步,这项水利建设是被干旱地区的庄园土地拥有者所支持的(Torres Campos,1907)。总的来说,以水利为基础的复兴的必要条件是不平均的降雨分布和西班牙河流系统的不连贯特性,使这个国家好像"非洲的缩影"(de Reparez,1906)。因此,信仰复兴运动者强烈的现代化过程不仅要求对于自然的模仿和使用,还要求对于自然的创造:"通过制造一个贯穿全国的水利枢纽系统——一个由水坝和灌渠构成的国家网络来增加沃土的数量"(Gómez Mendoza and Ortega Cantero,1992,p.174)。主要改革主义评论家及知识分子里卡多·里卡维亚(Ricardo Macías Picarea)在"解决国家问题(El Problema Nacional)"中(1899,pp.318-20)将这个水利任务总结为一个国家发展的必要策略:

> 有的国家……可以通过选定重要工作的方法来计划和发展,通过这样一个水利政策独立发展成为文明国家。西班牙就是其中之一……而事实上西班牙文明的农业是严格受制于这个无情的困境的:或者拥有水或

者灭亡……因此,水利政策是必须的;这要求所有的民族力量都向着这一巨大的事业努力……我们必须敢于重建湖泊,创造真正的饮用水内陆海,增加大型湿地,建起大量的水坝和库区,开发并保存半岛上的降水不让一滴水随便流入海洋。

这个要求集中所有民族力量的爱国任务融入了后来成为国家发展的集体神话的化身和代表的水利工程。这一工程受到改革主义地理乐观精神的支持和鼓舞,正是这个乐观精神代替了西班牙世纪之交的社会及政治悲观主义(Ortí,1984,p.18)。拥有充足水资源这一水利上的乌托邦不仅会产生"生态和谐",还会为社会和谐秩序作出贡献。一个新的水利地理的产生将会缓和西班牙乡村不断增长的社会压力,而这个社会压力表现出敏感的阶级形式并且是由稀缺和不平等的环境冲突所产生的。依照阿尔方索·奥尔蒂(Alfonso Ortí,1984,p.12)的观点,这个为了达到"水利再生"所进行的物质干涉的神圣力量建立了"一个神话般的力量,一个集体幻想以及不同意识形态愿景的调和"。这一特殊重建形式符合于立志按照资本主义收益性原则来改造社会和空间的新自由主义资产阶级的生产主义逻辑。这个重建的目的是将西班牙推入欧洲现代化进程中去。

五、国家作为社会环境的主导者

"修水利等同于统治。"(Costa,[1892] 1975)

如此雄心勃勃地通过地理工程来重建西班牙的观点使得协同动作和集体管理成为必须。改革主义愉快地接受了国际金融市场的开放和19世纪在西班牙繁荣的干旱大庄园(主要是南部和中部)的保护主义的消亡。到1880年为止,贸易自由化使农场主受到美国小麦出口扩张的冲击而陷入深深的危机。因此传统有田地的资产阶级在经济上被削弱了,但是他们在国家及地方权力中的影响并没有削弱。这个控制权维系了一个坚固的贸易保护主义经济政策框架。

然而中央政府的干预创造了一种有利于现代化、竞争性的灌溉农业的自然条件(Ortega,1975)。对于将"重建祖国地理"(Costa,1892,在del Moral Ituare 的文

第十二章 现代性和杂合性

章中提出的，1998, p. 121）使国内经济复兴以及"使人民获得新生"[la raza]（del Moral Ituarte, 1998, p. 121）的水利工作来说，这是基础。对于科斯塔（Costa, 1975）来说，这个水利政策是西班牙失去在美洲的影响之后，将罗素理想与一个小型独立且民主的农民社会结合在一起的田园发展观点，从而找到了西班牙在欧洲社会空间构架中的定位。以一个小资产阶级意识形态为基础的田园理想将成为自由主义国家的精髓，并走上民族欧化的路线（Nadal Reimat, 1981, p. 139; Fernández Clemente, 1990）。

对于水的日益增长的需求和对于更加公正有效的灌溉水分配的要求使得必须对水的法律地位和使用权力进行改革。西班牙的自由主义革命（大约在 1811~1873 年）试图进行（反）封建制度改革，以促进资本主义所有权形式和商品流通的发展，这也延伸到马尔克尔·德默德（Maluquer de Motes, 1983, p. 76）所称的"解除水的世袭性"问题。对于水的领主权的存在阻止了日益增长的水资源生产活动的发展。虽然解除土地和水的世袭性强化了它们的私有性，但是世纪之交日益增加的政治及经济自由主义危机使国家不能将"最后一滴水"用到极致（Gomez Mendoza and Ortega Cantero, 1992, p. 174）。于是，面对私有和商品化的失败，改革主义者倡导集体精神[用 Alfonso Ortí (1984, p. 14) 的话来说是"幻想"]。后者暗示只有在全国范围内通过公共和社会化协调，才能保证必要的水供给。这个集体和政府领导的但具有生产主义现代化的观点最终也将包含政府领导的"伟大水利工作"（Ortege, 1975; Villaneuva Larraya, 1991）的建设。总之，改革主义者求助于政府——在尝试以自由主义击败封建势力的努力失败之后——作为大规模动员国家自然资源资本的代理。此外，对于科斯塔来说，通过水利发动机展开的生产主义现代化事实上巩固了西班牙的自由主义状态。简而言之，与其北面的欧洲其他国家并行的，以自由市场为基础的强烈的生产性的国民经济的积累过程，使得西班牙国内改革不得不在双重矛盾中进行。国家机器中的权力关系的改变需要首先有利于一个由小资产阶级、工厂主和现代化工程师组成的更现代化的联盟；其次，要有利于政府支持的革命性社会改革，从而使重大水利工程成为西班牙现代化的基础。这两个任务当然是相互依赖且互相矛盾的。强大的传统力量努力维持对于主要国家职能的控制，并防止了新兴的小资产阶级和中产阶级政治权力加强。这些传统保守分子牢固掌控的力量阻碍了社会经济现代化中的许多努力和尝试。反对力量和传统派的阻力联合在一起,意欲阻滞国家领导的现代化,导致20世纪前20年中更加激烈和公开的社会对抗。这些最后将为独裁政权铺平道路。

尽管不少复兴主义者文献中包含集体主义表述,但它仍是导向进入国际资本主义市场的工程。虽然这个国家需要对水及森林资源进行中央控制,但可以在基本是私有和市场主导的土地所有结构的基础上做到这一点(参见 Fernández Clemente,1990)。科斯塔和他的同事的水利议程尽管蒙上了革命主张的阴影,但仍然是一个与经济及文化保守派和贸易保护主义分子抗衡的改良主义发展路线。总之,围绕当时的水利争论存在两种受到不同社会群体和同盟者支持的资本积累形式。这两种形式的社会、政治及生态上的结果和启示有着本质的不同,虽然它们都有着共同的有机主义的世界观。一方面,传统保护主义者坚持贸易保护主义态度和现有政治权力关系的延续。另一方面,复兴主义者推崇更自由化的观念,要求加速经济现代化,对现有政治权力关系进行大刀阔斧地改革。关于土地所有权和其中水资源的作用的问题是围绕着谁将拥有并支配那部分土地和相应水资源的问题展开的。对于主要依靠小资产阶级的复兴主义者,水利路线是必要前提,面对有限的实现积累的可能性,国家是惟一能够一方面产生所需的投资基金,另一方面抵抗来自大庄园主的强大且持续的反对,将改革继续推行下去的力量(Ortege,1975,1992)。同时,部分旧势力精英中的支持者可能在改良主义路线中得到保护,因为这个路线并没有威胁到他们作为土地所有者的基本权力,却通过反对城市工业资本主义精英和工人阶级运动的高涨保护了农村的权力。这一点正是支持天主教群体抵制社会连带主义模式的核心所在。

六、自然的净化和改造:作为社会自然生产者的水利工程师

无须质问现有阶级结构和社会秩序的社会和政治基础,制造一个支持信仰复兴运动者的渴望的现代化水景观的水利干预很大程度上是以尊重"自然"规律和条件为基础的。后者被认为本质上是稳定的、平稳的、公平的及和谐的,这个水利工程任务主要在于"修复"被"打乱了的"西班牙不稳定的水文循环平衡。这个努力需要一个重大的科学工程计划,首先进行的是理解和分析自然的"规律",然后,通过运用这些领悟到的规律来修复"先天"和谐的自然发展。当时这个国家精神上的、

经济上及文化的"混乱"和"不平衡"与西班牙不稳定的水文地理的"混乱"是相应的,而两者都需要修复和重新恢复平衡(按照自然的规律)以创造一种和谐的社会发展。其中两种思路被编织在一起:一个由水利科学家组成的特殊团体,即工程师团体(Villaneuva Larraya,1991);另一个是不断变化的陆地水循环科学管理观点。而这两种观点都与世纪之交水文问题在社会政治议程上日益突出有关联。

工程师团体成立于1799年,是(并且一直是)对公共建设工程发展和执行负责的专业集体。它是一个高度精英化、知识化、"高度文化"、由男性主导、社会构成均一且排外的社团主义组织,而这个组织在最近几个世纪中在西班牙政治和发展(Mateu Bellés,1995)中起到了领导作用。决策结构是等级化的,且所有的管理和制度实体,如"公共工程联合顾问委员会"(Junta Consultiva de las Obras Públicas)、水利部、各省总部和各种专业委员会都是完全由工程师们控制的。与当时兴起了山岳学及江河流域结构和动态的科学表述一脉相承,工程师团体赞成以"自然的"综合水体为基础而不是以历史和社会形成的行政区域为基础开展工程(图12.4)。自然的地理区域划分取代了传统的国家政治行政划分,迫使领土以国家山岳学结构为基础进行重新安排。而后者被工程师们描绘为水文干预的至关重要的规划单元。卡诺·加西亚(Cano García,1992,p.312)简洁地对这个科学观点作了总结:"依据伟大的山岳学分界原理重新组织陆地分界,代表了我们这个学科(工程学)所作的贡献,同时,至少在最初,它表明了对于传统政治划分的摒弃,突出了其他观点和概念的重要性。"

水文划分定界的历史一方面被灌输了复兴主义者的影响,另一方面受到来自于水文学和山岳学的科学观点的影响。尝试将政治领土的组织"自然化"的努力是现代化者挑战现有的社会和政治权力构成的策略的一部分。一个新的领土等级的建立和对它的掌握可能允许他们绕过许多传统的反对力量实现自己的幻想。形成江河流域主管权威的复杂历史和他们与其他领土组织的政治形式,尤其是国家政府的关系,漫长而复杂曲折。"自然"与权术交织在一起,而关于自然的科学论述被策略地用来为对于水资源管理的控制权所进行的权力争斗而服务。

江河流域将成为新的标尺,使得现代化者可以用来破坏或侵蚀传统的省级或国家政权。因此,关于领土组织的斗争反映了传统势力和改革者之间的政治权力争斗。主张江河流域管理的将成为复兴主义的根基,而传统分子仍坚持现有的行

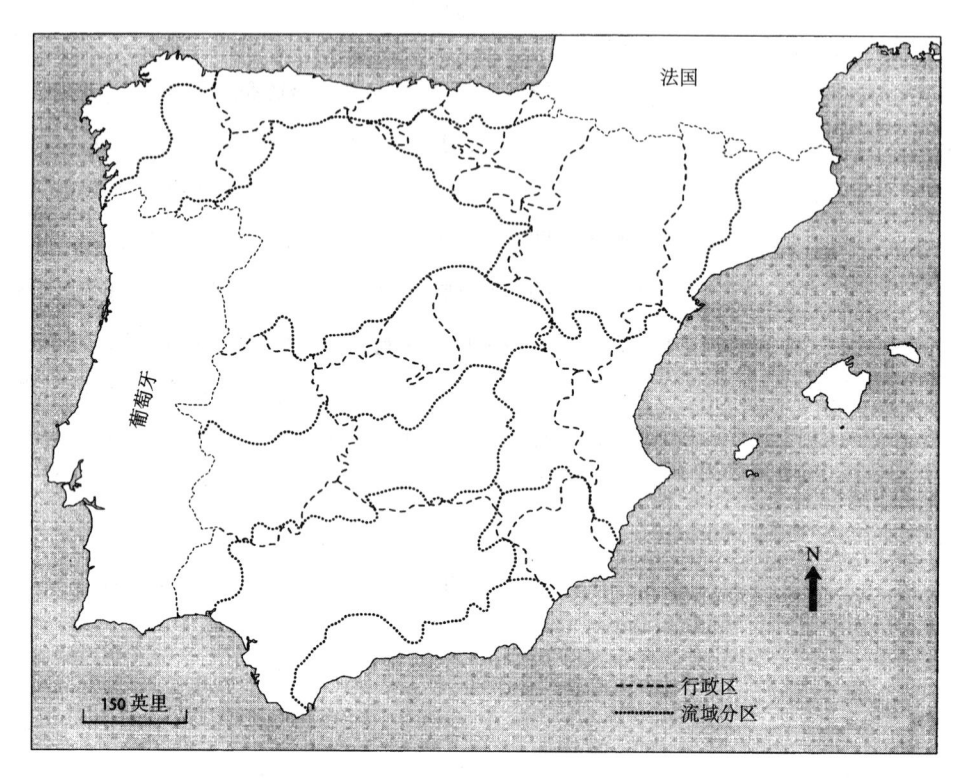

图 12.4　西班牙行政区与流域分区的边界

政领土权力结构。因此复兴主义的工程师们将自然化的江河流域与他们的政治计划合成一体。将江河流域作为操练组织、计划的控制和权力的基本地理单元，并且通过重建水利景观挑战传统势力（及其行使霸权的地域尺度）。事实上，国家治理层级的重新划分和不同治理层级之间的耦合成为统治和权力斗争的主要舞台之一。由于传统国家行政层级更多控制在传统势力手中，现代化者试图抓住水文划分并将其发展为掀起水利革命的关键制度。水文划分曲折的历史记录了这一斗争。他们的行政和政治组织的不稳定性反映了传统势力的强大。这个问题在佛朗哥专政之后才得到解决，而此时水文学梦想及其承载者——工程师们，却与新的法西斯主义政体（Gómez Mendoza and Ortega Canrero，1992）结成了联盟。

1926 年之后，在普里莫·里维拉（Primode Rivera）的专政时期，现在的区域水利委员会作为负责按照 1879 年水法案的规定管理水资源的区域自治组织才开始逐渐建立起来（Giansante，1999）。10 个区域委员会中的最后一个直到 1961 年才建立(图 12.4)。在 20 世纪前几十年被证明是不可完成的事情终于在专政下得到了实现。从那时开始他们的名字反映了他们负责的江河流域而不再使用以前的行政地域命名。另外,他们获得了特定的政治地位,参与者包括政府、银行、商业议院、省级职权等,在每个阶段,工程师们作为知识权威和国家机器中的政治精英团体,成为复兴计划的领导者和发动者。复杂动荡的管理机构和权力结构以及建立江河流域政权的努力持续进行着,但 20 世纪 30 年代以前一直缺少真正的实权,反映了早期现代化者没能从根本上挑战现有的权力传承和等级体系(Mateu Bellés,1994,1995)。直到 20 世纪 20 年代末期,尤其在佛朗哥时代,改革主义者的计划才逐渐实现。

七、结论

总之,复兴主义者的议程首先主张了重建西班牙的财富应该以对于法律的了解和自然平衡为基础;其次,这一重建要求对于这个国家的地理以及尤其是它的"气候和水文条件的不平衡"(Gómez Mendoza and Ortega Cantero,1992,p. 173)的缺点进行改正;第三,由于这一计划的范围和重要性,这个地理修正计划只能由中央政府来实施。这一水利计划被视为解决世纪之交的西班牙社会问题的办法。如果没有这一点,社会压力必然会被加强,从而斗争甚至是内战,都有可能会发生。具有讽刺意味的是,唯意志论的、有力的以及独裁的水利工程师们对于一个唯意志论的强加改革的计划的追求预示了西班牙法西斯主义(Falangist)的意识形态。后者将从 20 世纪 20 年代开始兴盛。虽然世纪之交的争论指出了对于重建西班牙的渴望,但是保守主义的力量阻止了这一愿望的真正实现,而且随着社会压力的加强,更加动摇了一个已经高度分裂的社会。产生于这场混乱的中央集权的法西斯主义政权最终完成了一个新的地理、一个新的自然、一个新的水利工程,这些是在世纪之交复兴主义者们拼命主张却没有成功的。

这些至今还体现着西班牙现代化的过程的半客体和杂合物,表达了现代化为何是一个深刻和必然的地理工程,在这个工程中自然和社会的交织转换都成为媒介,传达出通过新造水景观而具体化了的权力地位转换关系。正是编织着物质的、语言的、意识形态的和表达方式的紧张和冲突的旋涡与常常令人困惑的、深刻差异的和不断变化的权力斗争关系决定性地塑造了接下来一个世纪的西班牙水景观。

  我试图重建多样的和常常矛盾的描述，这些描述跨越了很大范围，涉及表面上互不相干的事物，如工程、政治、经济、文化、自然科学、神学、意识形态和话语言论，通过这些塑造出混乱的处于调整中的社会物质空间，而新的社会环境景观将从中显露出来；景观同时是自然的和社会的，他们反映了历史—地理的斗争和社会力量的可变性，并且使社会空间改变的流动性和动态性内部化。本章所讨论的地理条件是伴随着生产过程的结果而重建的，在这个过程中，自然和社会以一种不可分割的方式互相渗透，造成一种物质、表达和象征活动糅合在一起的杂合的半客体。从事地理学就意味着发掘和重建"人造自然"的过程。当然，这种观点也同时提出了一系列问题，诸如谁控制、谁操作以及谁有权力制造什么样的社会自然。自然和社会在这一过程中的交织确实有着及其深远的政治意涵。正如哈佛大学一位生物学家莱沃丁(Lewontin,1997,pp.137-38)断言：

  建构主义者对于组织和环境的看法认为这些是人类活动的结果……重塑世界是所有活的生物体的普遍特点，是与他们的自然性不可分离的……我们必须决定我们将要生活在一个什么样的世界，然后努力去管理这个变化的过程，使之尽量趋近于我们的设想。

（陈秀欣 译）

第十三章　石油如同金钱:魔鬼粪便与黑金意象

迈克尔·J.沃兹(Michael J. Watts)

一、介绍

魔鬼送给情人的黄金,在它离开以后就都会变成粪便。(Freud,1995,p.174)

我将石油称为"魔鬼的粪便"。它带来很多麻烦。……石油并没有给我们带来任何利益。……我们在魔鬼的粪便中沉没。(Juan Pablo Perez Alfonso,founder of OPEC,1976,cited in Karl,1982,p.316)

总而言之,金钱仅仅被看做是一堆经太阳晒过的没有臭味和水的粪便。(Ferenczi,1950,p.327)

黑金[石油],对于经济起飞的作用是不可思议和至关重要的。(Amuzegar,1982,p.814)

黄金自身就充满了问题,首先是它神秘的由来。它来自于地球的内部。……黄金是直接的财富,它制造了腐败……它可以意味着灵魂的堕落……它令肢体和心脏枯萎;它是没有味道的,但它是"魔鬼的粪便"。(Gille,1986,pp.258-9)

1975年，OPEC的创始人、前委内瑞拉石油部长佩雷斯·方阿索（Perez Alfonso）写了一本名为《我们沉没在魔鬼的粪便中》的书（*Hundiendonos en el excremento de diablo*）。佩雷斯认为，石油是第三世界国家的黑金。像黄金一样，它带来无数的财富，它是一种非常强大以致最终无法控制的力量。如同炼金术士世界里的黄金，石油是"地球的力量在地下制造的"纯净的果实（Gille，1986，p. 258），也是一个灿烂的凶兆。在佩雷斯看来，石油作为大自然的恩赐，经过一个不可思议的过程转变成金钱，也成了腐烂的、有毒的粪便。像是委内瑞拉患上了"易饥症"：一种伴随着周期性疾病的过度的食欲，它令整个国家的调节机能发生混乱。事实上，对佩雷斯来说，石油出产——在委内瑞拉被看做是"散播石油"——带来了一个虚弱和堕落的社会，社会由于这些粪便的堆积变得颓废、退化（Coronil，1987；Karl，1997）。"是恩赐还是诅咒？"这是一个委内瑞拉评论员关于委内瑞拉石油遗产的讨论的开篇词（Izard，1986，p. 205）。石油极大地增加了这个国家的欲望和消费能力，但不断地摄取石油只会带来随处可见的污染。石油，就像是魔鬼的馈赠，变成了粪便。克罗尼尔（Coronil）对于石油经济活跃时期的委内瑞拉作了如下的描述：

> 委内瑞拉已经失去了对自己的控制，深受石油的毒害，浪费使资源成了废物。……国家和个人常都常用粪便一词来表达日常问题……"somos una mierda"，"es que este es un pais de mierda"（"我们都是屎"，"这个国家就是由屎构成的"）。（Coronil，1987，p. 233）

同时，委内瑞拉的石油财富正在浪费、腐败和衰落等方面面临着激烈的争论，伊朗人，或者更确切地说是伊朗国王沙阿·巴列维（Shah Pahlavi）的以石油为基础的"伟大的文明"的愿望和设想，被一场伊斯兰教以复兴正统穆斯林的革命和独裁的道德秩序中止。在距加拉加斯数千公里的地方，石油成为这个世界上最强大的君主政体崩溃和严重衰落的一个重要原因。

石油财富，作为一个经济和社会变革中至关重要的因素，被证明是一个好坏参半的事物。

二、黄金国：石油财富的意象、表现和幻想

> 意象不是一些图像的集合，而是以这些图像为媒介的人们之间的社会关系。（Debord,1978,para.4）

> 石油制造了一种彻底改变了的生活的假象，不需要劳动的生活，没有代价的生活。……这种关于石油的观念极佳地反映了人类通过侥幸的事件获取财富的永恒梦想。……在这个意义上，石油所带来的只是一个神话故事，并且像其他神话故事一样，是一个谎言。（Kapuscinski,1982,p.35）

对于很多评论家和批评家来说，20世纪70年代石油所带来的好运预示着少数特权者获得极大的财富。而旁观的西方人则非常惶恐，石油价格的飞涨超出了控制，迅速提高，仅在1973～1974年就翻了两番，并且在1980年油价第二次爆发时达到了顶峰。石油输出国组织国家的政府收入在1970～1980年间增长了10倍以上。在第一次油价爆发的五年后，13个石油输出国组织中的9个国家将它们接近50%的国内生产总值（GDP）用于国内投资。国库表面上看来非常充裕。

于是，伊朗和委内瑞拉进入了充满盲目雄心壮志的时期——"伟大的文明社会"。加汉戈尔·阿姆泽嘎（Jahangir Amuzega）生动地将其描述为"激情的幻想"，一种陶然的状态。在这种状态下，国家的计划者被石油带来的光辉所蒙蔽，一味地相信石油财富可以解决一切问题（Amizegar,1982,p.827）。黄金国最终被找到了，它就是油井。

从一开始，石油经济活跃就是一种意象，伴随着新的社会关系图景（Debord,1978）。伊朗国王预言，10年后，伊朗会达到与德国和法国相同的生活水平（Kapuscinski,1982,p.53）；20年后，他更加夸大地说，"我们将会超越美国"（Shah Pahlavi,in Zonis,1991,p.65）。在前面提到的伟大的文明社会时期，伊朗国王看到的是物质无上繁荣的世界，成千上万的电车载着优越的工人们出入工作场所，并且一周只工作3天。委内瑞拉的财政部长看到大量的货币涌入国库，"远远超过了我们的预期"（cited in Karl,1997,p.2）。无限的金钱产生了无限的野心，这被畅销

刊物称为"法老精神"。例如,在20世纪70年代,根据公共投资(项目投资的数额超过1亿美元)排名的全球前20位的国家中超过3/4的是石油生产国。沙特阿拉伯和伊朗每个国家都有超过100个项目投资总额超过10亿美元(Gelb,1984,p.33)。而最终这些巨大的项目平均投资都超出计划的109%。

所有的事情都是有可能发生的,甚至是战胜自然。例如,沙特阿拉伯积极地促进国内的小麦生产,在最不适宜的沙漠环境下种植小麦。在大量的农业补贴下,沙特阿拉伯的小麦每吨价格在1050美元。而美国的小麦,品质要高出很多,在国际市场上每吨的价格低于150美元(Chaudhry,1989,p.128)。

当然,日常用品价格的上涨也超过了正常的状态。在20世纪70年代,一些日常用品的价格上升幅度每年超过了20%。在一个更长的历史背景里,16世纪美国黄金和金条价格的上涨与四个世纪后石油价格的暴涨在某些方面极其相似。在1503~1660年,大约有价值4.5亿比索的贵金属流入西班牙,极大地刺激了经济的发展。塞维利亚在短时间内,依靠制造业的繁荣以及暴涨的开销和借款,发展成为一个国际城市(见Braudel,1973;Wallerstein,1974;Anderson,1984;Vilar,1984)。金银带来的财富大约持续了150年,随之而来的是通货膨胀、债务和一个颓废的卡斯蒂利亚国家。石油价格上涨的一些表象与此非常相似。这两者对于当时的重商主义者和资本家来说都是世界经济的重要方面,而且都对国家的中央集权化和国家建设产生影响。

当然,这其中也存在着根本的差异。这两种不同的货币形式是嵌入到有着巨大差别的政治经济背景中的,并且有着不同的用途。绝对数量、持续时间和价格上涨的频率也有着明显的分异。虽然如此,金钱的暴增及其所带来的危机,即使根植于其历史和文化特性,也都通过大量的货币注入到社会中,给改变社会生产方式创造了机会,并且可以让我们进一步了解金钱在社会、文化和政治中的作用。石油作为理想的黄金财富,强有力地表明了西蒙尔(Simmel,1978,p.175)所看到的金钱在"具体的社会功能"中的特殊作用,冷漠的资本主义的具体表现。石油财富的这种巨大作用,首先,反映了边缘资本主义国家的社会关系;其次,一些传统社会中金钱的增长反映出金钱本身是一种"可怕的平均主义者",它的苍白和冷漠能够"掏空事物的灵魂"(Simmel,1978,p.414)。

三、石油货币的含义

　　石油几乎和货币一样。(Robert O. Anderson, Chairman of AROC, cited in Yergin, 1991, p. 13)

　　货币的三种属性——假想、象征和真实——与其三种功能相一致：作为价值尺度，货币是假想型；作为交换的媒介，货币是象征型；作为储备手段，货币是真实型。(Goux, 1989, p. 52)

　　多样的功能和表现形式令讨论货币的起源变得非常困难。为了简化这种复杂性，在这一章中我会对两个受到广泛认可的理论系统进行探讨。第一个来自于马克思对于货币功能的讨论：货币的功能是一般等价物、价值尺度、交换媒介以及社会权利。但是与高克斯(Goux, 1989)的看法一样，我认为这些功能是货币的象征型、假想型和真实型不可分割的三个方面。货币既是商品之间的客观关系(参见马克思的论述)，也是文化编码的符号系统，以及一种自我表达的交换规则(Smelt, 1980)。特殊的文化、社会和历史形态使这些属性得以表达，并且会发生巨大的变化，使得在资本主义和非资本主义社会中货币含义的多重性都会上升(Zelizer, 1989)。但是，这种异质性之下存在一个普遍的假设，货币通常是一个抽象概念，并且用来描绘资本主义社会的特点，这种特点被西蒙尔(Simmel, 1978. p. 251)称为"现代精神"。第二个理论系统直接来源于西蒙尔的《货币哲学》(*The Philosophy of Money*)(1978)。议论的中心主要有三个方面：第一，复杂性上升而且更加抽象的货币体系与从礼俗社会到法理社会转变相协调；第二，货币主导地位的增强表现为一种抽象性和契约型的发展方向，它是一种对于客观、抽象的社会关系的反映；第三，货币在促使人类生活增加可预见性、官僚化和定量化的同时，促进个人自由和社会交换的增加(Turner, 1986)。对于西蒙尔来说，货币在具体化、陌生化和物质化的现代社会状态下代表了人与人之间的疏远。

　　一方面，货币是象征型、假想型和真实型的综合体；另一方面，在西蒙尔看来，货币又同时具有综合性和分裂性的效果。我试图继续这两个具有广泛性的问题的讨论,因为在20世纪70年代它们在石油经济被货币充斥的情况下无计可施。因此,货币出现了石油租金的形态。在这里,我把焦点主要集中在尼日利亚这个国家上。货币作为租金具有两个特别的意义。第一个意义在于,石油货币,作为货币的一种形式,必须在它作为国有财产的一种特殊形式这一问题上理论化(Haussman,1981)。换句话说,作为石油开采所创造的财富的所有者,国家要协调石油开采(使用税、佣金、国有企业)并且转变成货币的过程中特殊的社会关系。国家所有权的改变在控制着国家机器的统治集团的政治改革中发生。货币作为租金的第二个意义来源于抽逃资本和投机资本的主导优势,它是货币价格飞涨和特殊日用品流通的基础。换句话说,我想讨论的是由于货币(或者日用品)的膨胀而产生了一种特殊的拜金主义,它是以抽逃资本和投机行为为基础的,而不是生产资本。石油货币被伪装起来,看起来似乎是天生的,这和财富的创造来自于工业积累是不同的,在工业积累过程中,劳动力、投资、生产和货币有着直接的联系。归根结底,与财富的增值相协调的资本形式塑造了经济形态、独特的社会和文化结构以及拜金主义本身。

四、迈达斯的触摸:伊朗和委内瑞拉吸纳石油货币及其带来的现代化

> 陈旧的社会主义已经结束。陈旧的、陈腐的、终结的……我比瑞典人获得的更多。哈!瑞典的社会主义!甚至连森林和水域都没有国有化。但是我有……我的白色革命……相信我,在伊朗,我们要比你进步得多,而且我们不需要从你那里学任何东西。(Shah Pahlavi, interview with Oriana Fallaci, New Republic, 1 December 1974, pp. 17-18)

> 实现工业化是我的决定。其他人希望放慢前进的脚步。但是我们必须利用现在的时机,使委内瑞拉从不发达的境况中挣脱出来,将它推进21世纪。(Interview with President Carlos Andres Perez, cited in Karl, 1997, p. 351)

世界上有大约30个国家净出口石油,它们在区域、范围、石油禀赋、对石油收

益的依赖和经济结构等方面有着显著的不同(Watts, 1984)。那些土地和劳动力资源匮乏但资本盈余的产油城市或沙漠国家(科威特、沙特阿拉伯),与类似于伊朗、委内瑞拉和尼日利亚的这些面积广大、人口条件优良、经济多样化并且拥有稳固的国内市场经济的国家相比,有着根本的区别。在这一章里,我将结合后面所说的"石油输出国"(Gelb, 1984)的改变,分析石油货币。这些以石油为国家经济基础的经济体在20世纪70年代投资了很多目标远大、但却经常是损失惨重的国家主导的建设项目,消耗了大量的石油收入。10年之后,这些国家都同样陷入了恶性通货膨胀、经济发展停滞、结构性收支平衡问题、周期性的货币贬值和大量的外债所构成的困境。

对于讨论的目的,石油输出国家具有如下共同的矛盾特点:

- 对于石油这种国际化商品的依赖。所有的交易都是通过美元(石油就是货币)进行,并且石油政府作为地主和企业家,是国际化的(也就是说,通过对于石油收入单一依赖性的增长,扩大其对世界市场的依赖)。

- 产油国石油行业的飞地特征,即与非石油部门缺乏联系。石油产业并没有成为社会生活组织中主要的决定性部门。因此,它对于国家经济的影响主要是土地所有权关系(石油开采过程中的社会关系)和收取石油租。如何识别一个石油国,"不是是否拥有石油资源,而在于花的是否是石油美元"(Haussman, 1981, p. 75)。

- 通过石油部门的国有化使得石油货币直接进入国库(通过税收、租金、特许权和销售收入等形式),这是一种很强的中央权力。石油所带来的收益对于国家来说是一种独立的税收来源,被授予了一种非常程度上的政治和经济自治权(即国家"凌驾"于市民社会之上;Katouzian, 1981)。

- 石油收入集中于中央,通过政府投资("整个系统……取决于国家支出的规模和战略";Katouzian, 1981, p. 246)将公共部门(财政支持)置于核心地位,并且国家在这一程度上被植入到市民社会中。国家,换句话说,在"留住"货币资本(石油租金)中占据主导地位。

委内瑞拉的民主行动党卡洛斯·佩雷兹(Carlos Perez)(1974~1978年)政府和伊朗巴拉维政府都在很大程度上将石油视为国家步入现代化的车票。在委内瑞拉,"现代化委内瑞拉"的最重要的标志是位于圭亚那城价值520亿美元的工业综合体。在伊朗国王眼里,石油是现代化的象征;1974年在德黑兰他发起了一项以他的名字(Shahestan Pahlavi)命名的、具有里程碑意义的市区计划,不是简单地集中了世界上最大规模的服务活动,而是再造"波斯波利斯"(Costello,1981,p.170)。这两个例子都体现了政治上极端的中央集权。在伊朗,其形式是独裁的国王下面由国王的党派支持,这个权力集团的组成包括家族、高层官僚和那些交出了国家政治权力以此换取石油货币的工业和金融资产阶级。在佩雷兹统治时期,一个政府执政团体维持了国家所有权,但又积极地促进了国内资产阶级的发展,"那些大制造业厂商、商业农场主、建筑承包商和房地产投资者以及进出口商,他们是大规模投资基金的来源"(Petras and Morley,1983,p.26)。

佩雷兹政府实施了两手战略:产业部门国有化(铁矿石、石化产品)并大量投资上游产业部门(钢铁);将国外投资引导至下游非石油经济活动(Coronil and Skurski,1991)。伊朗国王通过占有大量伊朗私人存款——这些人基本上是一个小圈子和党派内部的——的国家发展银行,使得石油货币在重工业和资本部门流通循环。而那些小规模的市集经济却被排挤,并且收入的差距急剧增加(Imam-Jomeh,1985)。

尽管强调的重点不同,但是根据经验仍然存在明显的宏观经济的规律性。首先,石油货币给国家支出和国有企业带来了快速的增长和扩张。换句话说,其中相当大的一部分货币资本,通过在行政部门和国防装备上的支出,被截留以供国家用来再生产。第二,公共投资计划和大量的耐用消费品、资本商品的进口,刺激了城市建设的迅速发展。第三,非贸易商品的需求增加,促进了汇率的升值(因此长期刺激了进口)。第四,像通常一样,在高贸易壁垒下,实行进口替代战略,从而推进本地的工业化。第五,非石油部门发展滞后(被称为荷兰病),尤其是农业。最后,存在"过渡支出"的趋势,确切地说,就是难于缩减国家的超额投资,需要通过通货膨胀和附加借款来完成建设项目。

在委内瑞拉和伊朗,20世纪70年代都是一段快速城镇化、工业增长和社会变革的时期。这两个案例都表明了投机资本的作用,并且通过租金、补助金、贪污等形式实现石油收入的再分配。大量的公共石油货币被私人挪用和出口;根据皮特拉斯和莫利(Petras and Morley,1983,p.15)的统计,1977年委内瑞拉流失大约23亿美金用于在佛罗里达南部购买房地产!石油货币的创造总是意味着国外银行账户存款的增加。类似的犯罪行为已逐渐成为一种正常的,并且在某种程度上可以接受的社会现象。对于大众阶层,通货膨胀、房地产投机、管理混乱和生活消费的提高(特别是食物),构成了石油时代生活的真相。伊朗国王伟大的文明社会,如卡布辛斯基(Kapuscinski,1982)所说,实际上是"巨大的不平等"。在第一次石油价格飞涨的几年里,两个国家都面临着收支平衡上的赤字,并且欠下了大量的债务。

在这种背景下,石油价格飞涨中三个相互联系的因素为我们掌握石油美元的形式、功能和意义提供了有利条件。拜金主义和追求金钱的激烈行为,表明人们都幻想不通过拼搏而获得财富,这里面很多都是明显和公开的违法行为。石油成为金钱和社会权力的同义词。另外,虽然社会特性存在地方化的特点(伊朗独裁和高度中央集权的国王统治、委内瑞拉复杂的政治契约和联盟、强有力的寡头官僚机构),石油国家在形式上均表现得如同收租者和财富的再分配者。国家看起来似乎浮在社会之上——它代表权力的来源,而石油就是权力——而当国家通过支出来同时发展和收买政治妥协时,才进入到社会中。最后,国家协调公共石油财富与个人石油财富之间的矛盾。国家以租金的形式分配石油金钱,同时垄断石油货币作为生产资本的投资。自相矛盾的是,国家既是发展的主要阻碍(发展应当被理解为一个系统化的资本主义积累过程),而同时国家又是促进发展的机器,在这种条件下,贪污之风盛行。

那么,如何考察在社会、文化和政治三角关系中构建起来的石油资本主义中金钱的流动轨迹呢?在本章剩余的部分里,我将集中讨论另一个石油输出国家——尼日利亚。

五、繁荣的悖论:尼日利亚的石油货币

> 石油是粗劣的或者污秽的,因它所发生的一些行为也是如此。石油是不稳定易挥发的,对它的期望也是如此;石油是一种逐渐减少和耗竭的资产,它所带来的对于政治权利的错觉也是如此。[Festus Marinho,尼日利亚国家石油公司经营主管,《非洲守护者》(*The African Guardian*),1990年3月5月,p.19]

尼日利亚被称为非洲的得克萨斯：面积广大、民风剽悍，目前来看，石油储量丰富。在10年里，石油大量输出，同时资本流入国内。在产量最高的时候，尼日利亚东南部的红树林沼泽地区每天产油200万桶，每桶以41美元的价格出售。如同在伊朗和委内瑞拉一样，石油价格的暴涨带来了大量的额外收入，足以在非洲国家中带来经济基础的革命性转变。尼日利亚选择了资本主义道路，并且采取了雄心勃勃的进口替代工业化战略，为此建立起道路、银行、电力、资本商品和一个发展挂帅的国家政府。而他们得到的是社会的混乱："没有人说得清的大量的外债，大量的无法运转的昂贵设备以及军事专政"［《经济学家》(The Economist)，3 May 1986，p.3］。石油价格的暴涨带来了消费和国家建设的快速增加；货币和商品流通加快，并且世界各地声名狼藉的推销员将各种各样的商品兜售给各个阶层的尼日利亚人，即使这些商品他们根本用不到。从马匹到立体音响各种商品的大量出现体现了非洲人的某种拜物教心理。

尼日利亚于1960年获得独立，当时还是一个以出口花生、棉花、棕榈油、可可和橡胶为主的农业国。其经济体系完全是地区性的，包括三个半自治地区，每个地区都以一种商品出口为主，同时拥有其自己的国外市场，而联邦中央的权力被严格限制。区域性经济体的划分也受到种族和宗教的极大影响，由此而导致现在由北方使用豪撒语的穆斯林掌握的政权是一个非常脆弱、容易破裂的国家。在20世纪60年代国家独立自主的表面之下，隐藏着地区之间在政治部门、公共契约和国家资源等方面的恶劣竞争。事实上，这个脆弱的联邦国家在1966年爆发内战陷入分裂，并为军政府所把持，它占有了该国20世纪70年代的石油货币。

石油收入通过尼日利亚国家石油公司(NNPC)直接进入国库，它使得中央(联邦)权力不断集中，并且使这种权力的影响不断向外扩散。联邦收入在20世纪70年代以每年26%的速度增长，并且扩张性的国家行为使得进口(资本商品从1971年4 220万元增加到1979年3.6亿元)和城市建设(建筑业在20世纪70年代中期每年增长超过20%)大幅增加。国家政府将大量的投资用于工业发展和基础设施建设——制造业产出在1970～1982年每年增长13%——但是区域之间以及社会各阶层之间对于公共资源的激烈竞争导致了无法想像的腐败和行政混乱。腐败现象和政府无秩序行为在20世纪70年代的军政府统治下受到严格的控制，但是到了1979～1983年，沙加里(Shagari)担任总统的民主政府期间，这些现象迅速地增加。沃里、波特哈考特和雷国斯这些城市在这一经济繁荣时期扩大了两倍(有些甚至是三倍)。消费品价格上升,农业衰落,实际汇率稳步上升以满足进口增长的要求。尼日利亚是一个单一部门的经济体;轻而易举地从一个油类经济(植物油)转变成另一个油类经济(石油)。

1981年经济繁荣的崩溃使得尼日利亚这个以石油为基础的资本主义国家遭受到其结构性弱点的严重打击。外汇危机——1981年的贸易逆差达到120亿元——与巨额的外债交织在一起。1982年,总统和他的顾问们谈到需要牺牲和节制:他们说繁荣的20世纪70年代已经成为幻象。很快地,在1983年他们就被一次军事政变所取代。到1984年,经济繁荣的时期已经过去,节俭成为当时的口号。1986年,尼日利亚与国际货币基金组织和世界银行一起制定了结构调整计划(SAP),这是一剂苦药。经济萎缩,奈拉[①]贬值,汇率从1.12美元贬值到10美分,产业工人的真实工资水平也大幅度削减。货币供给不足,公众的不满情绪扩散,1988年和1989年反抗结构调整计划的暴乱就清楚地反映了这一点。

从1973年以石油欣喜症和大量财富开始,15年之后,以资源短缺、巨额债务、城市劫掠和街上尸横遍野而结束。在这一时期里,石油货币检验了尼日利亚的经济和政治,就像一次钡餐,映射出尼日利亚政治经济体系的新陈代谢。

六、奈拉权力:国家退化和迪克(Dikko)事件

> 石油是一种资源,它会麻痹人的神经,模糊人的视力,使人堕落。……看看石油国家的部长大臣们,他们的头抬得多高,气派多大。(Kapuscinski, 1982, p.35)

> 如果你还没有了解到奈拉的力量,大婶,你真失败。金钱可以让你买到任何东西,甚至是正义;而大婶回答说:"噢,是的,你一定已经准备好在这里公然行贿了,或者是自毁前程。"(Emecheta, 1982, p.10)

[①] 译者注:奈拉是尼日利亚货币。

斯坦斯特德(Stansted)机场,1984年6月5日。英国海关官员和苏格兰海关反恐小组根据伦敦中心区的一个诱拐事件的情报,截获了两只邮寄到拉多斯外务部的木箱,它们正要被装载到一家私人特许的波音707飞机上,据称这架飞机上装载了4吨食品设备。在一只箱子里面是一个自称是皮革制造商的以色列人和一个尼日利亚外务部政治部门职员。另一只里面,是一个叫做"卢"夏皮罗医生的以色列麻醉师以及阿哈吉·乌马鲁·迪克(Alhaji Umaru Dikko),尼日利亚沙加里执政时期(1979~1983年)的前运输和航空部长,他已经有很重的毒瘾并且被镣铐锁起来。根据其中一只箱子散发出的药物气味,海关官员强行打开第一只木箱,结果发现了迪克被管子压住喉咙。当夏皮罗医生,以色列军队的预备役少校,从木箱里出来见到了阳光时,听到:"我说先生,我们现在在做什么?"(*Africa Now*,August 1984,pp. 11-15)

迪克是尼日利亚的"头号通缉犯"(*West Africa*,16 July 1984,p.1433),他在1984年早期军事政变开始从尼日利亚逃亡,在拉多斯躲藏了一些日子之后来到贝宁边境,在那里他抛弃了莫西迪斯然后在一个乡下的树丛里轻易地穿过了边境逃脱追捕。随后,依靠庇护人他在英国找到了住所并且在伦敦西部"舒适地生活着",他成为一个对于新军政权的直言不讳的批评家,倡导通过圣战来推翻布哈里军政府。传言声称迪克已经储备了3 000万美元来筹建一支军队推翻军政府(*Africa Now*,August 1984,p. 14)。迪克以及其他高层政治家和被流放的百万富翁——最有代表性的包括约瑟夫·维亚斯(Joseph Wayas,前尼日利亚参议院主席)和武器商人艾斯亚库·艾布拉希姆(Isyaku Ibrahim)(*The Observer*,24 June 1984,p. 12)——被指控的乌云下来到英国,并且确定无疑挟带着大量的贪污和非法财产。估计迪克个人就拥有14亿美元的财产,这个数字触目惊心(*Daily Sketch*,23 January 1984,p. 1)。

尼日利亚政府否认任何关于诱拐事件的消息,即使被捕的以色列绑架者已经供认自己受雇于尼日利亚秘密警察部门的事实。尼日利亚的引渡条例给英国保守党政府施加了极大的压力,他们被要求将尼日利亚的流犯们遣返回国,使之在法庭上依照恢复公共财产法律(即所谓的第三号法令)接受审判。绑架事件给公众带来极为糟糕的影响,从而在英国社会中导致了巨大的公众压力,与此同时,尼日利亚将军对前总统沙加里的尼日利亚民族党中坚分子的指控,制造了非常紧张的外交

第十三章 石油如同金钱

气氛,在这种环境下,英国和尼日利亚之间的"特殊关系"受到了严重的危害。

表面上看像部 B 级电影和间谍小说,而我认为,实质上是石油美元所引发的政治冲突。乌马鲁·迪克(Umaru Dikko)是石油经济繁荣时期尼日利亚政治的典型人物,也许比任何被捕的人都能代表贪污成风的第二共和国时期(1979~1983年):粗鲁的和好斗的公务员及国家管理者、腐败的政党及领导集团的政治家、贪婪的寻租者,通过他们,公共部门可以轻易地找到将国家石油收入转变成个人财产的方法。20 世纪 70 年代石油收入的大幅度上升极大地提高了公共部门的数量以及它们在国家收入中所占有的分配比例(在 20 世纪 70 年代后期共有 850 个联邦和国家的国有企业和单位),但是石油租金在国家机构之间的划分与区域、种族和宗教有着密切的关系。由此产生的结果是联邦石油美元的剧增使得在能够获得巨额利益的国家部门和资源之间的竞争不断地加深和强化。尼日利亚政治学家克劳德·阿克(Claude Ake)很好地总结道:政治就是为了获取国家财产的凶残的竞争。在这个意义上,尼日利亚公共部门就成为通过一种不稳定的、脆弱的契约网络和同盟来制造政治允诺的工具,这种契约网络和同盟关系可以利用租金(进口许可证,合约)的分配以及表面上看来联邦和国家层次的雇佣岗位无止境的膨胀而获得。[215] 在这个程度上,政府对于项目的投资数额越大(并且只看重眼前利益)——例如在阿布甲(Abuja)投资了数十亿联邦资产的钢铁项目——它们的政治吸引力就越大,这是它们利用货币平息选民不满的方法。只有了解了这一点,我们才能够理解为什么在石油经济繁荣时期,灌溉工程或者国家支持的教育事业建设上面的支出会如此的膨胀,比撒哈拉非洲的任何国家都要高出 300%~400%。

中央集中(国家)的石油货币以及高度分割的、区域化的阶级结构(在这种阶级结构之下,北方的穆斯林维持着或者尽力维持着其不稳定的统治)相互交织,导致了我们所看到的特权阶级贪得无厌的受贿、腐败以及伪装民主的霍布森比例。奇努阿·阿奇比(Chinua Achebe)在《尼日利亚的危机》(*The Trouble with Nigeria*)中彻底阐述了这一事实:"尼日利亚毫无疑问是世界上最为腐败的国家之一"(Achebe,1983,p.42)。不只因为尼日利亚的公务员在面对石油收入不断涌来时如此"不计后果和无耻"的行为(Achebe,1983,p.43),而且显然没能对作恶者作出有效的揭露和惩戒。

在第二共和国时期,1979 年第二次由经济繁荣导致了欺诈和寻租行为的盛行,在这种环境下,国家资源被无情地掠夺。尼日利亚在石油收入中由于1979～1983年间的欺诈行为和石油走私(*New African*,April 1984,p.11),"损失"了167亿美元;在一个私人瑞士银行账户上,"发现"了20亿美元(超过GDP的10%);并且政府官员们稳步升迁,他们的政绩立刻就被陈列到联邦审核者面前(所谓"石油门事件")。特殊军事法庭在1983年12月政变之后建立,对统治者和高层政客们触目惊心的贪污行为进行起诉。官员拉尔(Lar)在四年里聚敛了3 260万奈拉的财产;阿他州长(Attah Governor)在卡瓦拉(Kwara)州立法机关选举政府安全人员的投票中通过非法的行为贪污了200万奈拉(*West African*,2 July 1984,p.1373,23 July,p.1511)。军事官员在搜查卡诺(Kano)州州长巴金·祖沃(Bakin Zuwo)的家时发现,在他的卧室中堆积着装有数百万奈拉的纸箱。马克思对于金钱的看法是,"每个人都在他的口袋中以某一种形式掌握着社会权力"(Marx,1963,p.986ff)。

食物价格飞涨、政府高官的腐败、囤积资产以及商业投机都是掠夺国家石油货币的具体表现,当然其中的大部分都流出到国外。资本外逃不仅造成了投资资金的短缺,并且由于腐败和寻租行为使得国家基本职能丧失。换言之,汇率水平的严重高估,使得国民经济遭到了严重的扭曲,但是却凸现出国家机器是如何由于这种公共盗窃的传统而造成职能丧失。尼日利亚国家机构官僚政治的无效率和政府管理的混乱是非常典型的。电力和水成为稀缺的国家资源;中央银行和联邦金融机构经常无法提供基本的国家收支账户的数据;蔡森·曼哈顿(Chase Manhattan)受雇试图计算尼日利亚巨额的公共债务。这种状况与"发展挂帅的国家"截然相反;公共部门完全无力为系统化的资本积累打造基础(反而是软弱和腐败的"强盗"资本主义)。

在这一点上,乌马鲁·迪克在被麻醉后置于木箱中作为这一可悲的绑架计划的一部分,有力地表明了尼日利亚由于石油货币而导致的政治经济浮肿现状的两个特点:第一,国家政府是资本积累的媒介,也是障碍物;第二,奈拉带来了权力(借用尼日利亚小说家布基·埃赤塔(Buchi Emecheta)的著名小说的题目),其一般过程按照马克思的描述,即是"社会权力变成私人权力的过程"(Marx,1974,p.133)。

七、石油萧条：资金缺乏以及"强烈的国际货币基金组织争论"

> 石油激起了人们强烈的情绪和希望，因为石油是一个巨大的诱惑物，它代表着安逸、金钱、财富、权力。石油虽然有着强大的力量，但它还是有弊端。(Kapuscinski, 1982, pp.34-5)

1984年4月，尼日利亚总司令滕德·艾德邦(Tunde Idiagbon)通过全国广播宣布，尼日利亚边境将要关闭。同时，所有的货币都将从流通中撤回。汇率修改使流失海外的数亿非法奈拉失去价值，让那些在民间消费高涨时期不择手段攫取了大量不义之财的个人以及在银行体系之外持有大量货币的人说出真相，并且遏制大规模的货币伪造。中央银行从流通领域撤销了53亿奈拉，而只发行了24.5亿新币，因此产生了巨大的货币短缺。在大城市里，货币短缺以至于贫穷的工人需要步行上班，食物也要平均分配。货币短缺对于尼日利亚的最大打击，是在这个时候，有传闻说政府正在和国际货币基金组织对一项借款进行谈判，其中包括货币贬值的条款。第二次石油经济繁荣5年之后，尼日利亚背负着巨大的外债，并且币值急剧下跌，国家几近破产。第二次石油经济繁荣已经结束，40%的石油收入接近1 010亿美元，都被耗尽了。

"石油经济繁荣的其中一个影响"，沙加里经济顾问团主席埃多泽(E. C. Edozien)在1982年说，"就是使得重建必要的自我牺牲和自我节制精神变得困难"(*Wall Street Journal*, 2 August 1982, p.12)。人们"对于政府的期望太多了"。但是为什么需要自我牺牲，为什么那些没有机会利用石油获得任何好处的广大农民、工人和非正式的业者需要节制消费呢？为什么货币，被吹捧的奈拉可以随意地来来去去，而且其价值会蒸发掉？经济繁荣的希望和雄心是如何变成了希望的幻灭和经济萧条的残酷事实？在经济繁荣的高潮期，世界银行将尼日利亚划分到中等收入国家，到20世纪80年代末，则重新被划分为"贫穷国家"。直到1985年尼日利亚还被认为处在"石油经济繁荣时期"(*West Africa*, 26 August 1985, p.1735)。

第一个残酷的事实发生在1981年9月，石油价格下降了30%。1982年价格继续下降,但是国外的借款由于国家大选的逼近而继续增加。1983年4月,尼日利亚与国际货币基金组织协商借款20亿美元,但同时要接受苛刻的条款、货币贬值、货币供给紧缩、政府开支缩减以及放宽汇率和进口政策。计划在1983年实行了一年,但是三个主要的因素导致计划没有任何进展:货币贬值、贸易自由化和石油补贴。到9月,执政党陷入僵局。三个月之后,沙加里政府在军事政变中被推翻。

布哈里军政府强调纪律、节俭、自信和保守主义。和他之前的沙加里一样,布哈里继续与国际货币基金组织商议对策,但是停止了货币贬值和补贴。尼日利亚政府官员害怕货币贬值导致的通货膨胀和取消进口许可制度所带来的不稳定的政治影响(即主要政治支持者的潜在利益)。贸易自由化会限制制造业部门发展。结果,布哈里决定在国内实行节俭计划,并将44%的外汇收入用于偿还外债。尼日利亚利用石油交换进口货物,而不是向私人银行借款。面对石油价格的下跌(从1980年每桶41美元到1985年的每桶十几美元)以及严峻的通货紧缩,布哈里在纪律和爱国、自信的名义下实行独裁统治。1985年8月他就被另一场军事政变所推翻。

新的巴班吉达政府上台以后便面对着石油价格的大幅下跌;油价跌落到每桶10美元以下(1986年尼日利亚石油收入为65亿美元,而相比较1981年为250亿美元),并且宣告他意图打破与国际货币基金组织之间的僵局(Biersteker,1988)。巴班吉达采取一种特殊的方法使得国际货币基金组织贷款给尼日利亚:于是在1985年10月便开始了"强烈的争论"。它包括了很多讲演、街头游行和在报纸和新闻媒体上的广泛讨论(例如见,Ekpo,1985;ORC,1985;Usman,1986;Phillips,1987)。善于表达的中产阶级以公开的民族主义为名批评货币基金组织;为了蝇头小利将尼日利亚给出卖了。事实上,不管巴班吉达政府试图改变国际货币基金组织贷款类型的事实如何,不久之后就产生了广泛的对于贷款的反对声音,并且不断地扩散。国际货币基金组织所要求的货币贬值、贸易自由化、抵制通货膨胀的方法被发表出来,并且受到学生、工人和理论界的强烈批评。问题的关键在于是否要在债务和奴役下生活。

围绕经济紧缩所建立的同盟关系只是一种粗略的伪装,导致了对于削减石油补贴和货币贬值的强烈反抗。同时也形成了广泛的对于任何形式贷款的强烈反抗情绪;借来的钱会像以前一样迅速地消耗掉(Lubeck,1992)!在普遍的抗议和罢工环境下,尼日利亚政府在1985年12月中止了与国际货币基金组织的条约。然而两周以后,年度预算报告中声明国家经济直接采取国际货币基金组织的计划:确定"真实汇率",石油补助削减80%,大范围的私有化。六个月后,巴班吉达宣布了两年内的结构调整计划(SAP):按照大众媒体的说法,虽然艰难但是这是"尼日利亚自己制定的"计划。然而,一年之内,奈拉的汇率从1.12美元跌到20美分。到1987年1月,巴班吉达政府与国际货币基金组织签订了一份6.5亿元的贷款合同,并将之前提出的结构调整计划完全废除。实际每月的最低工资从201美元降低到16美元(Watts and Lubeck,1989)。

贬值瓦解了西蒙尔(Simmel,1978)指出的纸币发行的前提条件:社会内部的信赖和社会稳定。我认为,国际货币基金组织的争论反映出西方长期以来关于货币秩序如何可能实现的争论,特别是货币到底作为国家行为的一种工具,还是作为社会信任的象征(Frankel,1977,p.86)。

八、严肃的货币

> 如果金钱是将我和人类生活及社会联系在一起的纽带,那么是什么将我和自然及其他人联系在一起,金钱不是联系一切的纽带吗?它的断裂会使所有的关系断裂吗?那么它不成了普遍的割裂方法了吗?它是割裂的工具,也是黏合剂,它是社会中的化学力量。(Marx,1975,p.377)

将石油货币比喻成魔鬼的粪便表明了一种拜金主义倾向,其中各种各样不可思议的特殊力量都试图获取这些肮脏的财富。在这个意义上,它直接表明了马克思对于拜金主义、金钱的模糊性质和金钱就是富庶的看法;在资本主义社会里,金钱产生金钱,他说,"就像梨树和梨的关系一样"(马克思,转引自Parry and Bloch,1989,p.6)。

但是在西方漫长的历史思考中还存在着一个广为流传的母题(至少从亚里士多德开始),认为金钱有着黑暗和阴险的一面,是罪恶和思想混乱的来源;简单来说,金钱是恶兆。

马克思认为金钱是商品经济的上帝时,也继承了这一思想线索,而在西蒙尔看来金钱是"道德标杆"的破坏分子,"将黑白混淆"(Simmel,1978,p.72);"荣誉与罪恶、才能和美德、美貌与灵魂都可以用金钱交换"(Simmel,1978,p.256)。对于乔叟来说,金钱是污秽的,对于狄更斯来说,金钱是恶心的呕吐物,对于埃德加·艾伦·波(Edgar Allan Poe),黄金就是死亡。对于黑格尔,金钱是一个"畸形的体系",需要"不间断地看管并且向野兽一样来喂养"(转引自 Shell,1982,p.154)。在时间与空间的交错下,金钱观有着特殊的文化背景,正如本章所表明的,它们有着很大的区别。但是这些看法之下隐含的是一种强烈的认知,认为金钱会腐蚀社会基础,金钱像酸一样溶解社会纽带,金钱是一种邪恶的黑暗力量撕破社会的外皮,令欲望、贪婪和疏远蔓延。

但是,相对地,存在另一种看法,认为需要辩证地看待金钱的威胁(它与西蒙尔的观点有联系,同时也是马克思观点的延伸),金钱增强了个人自主权、信任、理想、可度量性以及带来社会交换的广泛发展(Frankel,1977;Simmel,1978;Martin,1986)。以金钱关系为主的社会"强调个人主义,并且一定程度上更关注权利、自由、平等"(Harvey,1985,p.4)。与其只看到金钱冷漠阴暗的一面,应该也看到金钱也制造了如艾米利·马丁(Emily Martin,1986)所说的"最强烈、清晰和激昂的直接感觉"。马克思和西蒙尔都认识到金钱能够同时实现两种功能——一体化和分散化,这在社会、文化和政治关系中产生了复杂的、对立的趋势。马丁(Martin,1986)对中国台湾和美国进行了细致的比较,认为过去金钱的主要作用是使社会整体化,而后来则导致了社会的分崩离析。

我意图表明在资本主义国家工业化过程中,石油货币的输入提供了一个观察点,从中可以反映金钱是如何同时将社会导向整体化和分散化。就此而论,金钱的象征、文化和社会政治意义使得金钱的运作存在一定的社会局限。石油货币——作为社会权利、政府腐败和堕落、盲目的雄心和幻想——腐蚀了社会,使得它所触及到的一切事物变成垃圾:石油货币就如同经过抛光除臭的粪便。石油货币提供了打开社会黑匣子的方法,而社会结构则提供了入口,让人们了解金钱一方面是建立社会关系的中介,一方面又提供了体验这些社会关系的基本途径。这是非常复杂的过程。

(李智 译)

第十四章　改造沼泽、赋予环境性别：
性别对冈比亚耕地变迁的影响

朱迪斯·卡奈(Judith Carney)

近十几年第三世界国家环境变化速度在地区研究和政治生态学研究中受到越来越多的关注，在社会经济的层级和权力关系对于土地利用的调节和管理的研究方面，已经形成了一定的研究框架(Blaikie and Brookfield, 1987; Bassett, 1988; Zimmerer, 1991; Bryant, 1992)。但是，政治生态学的观点用在第三世界国家的公共所有权制度背景下，反击哈丁(Hardin, 1968)的搭便车理论，这个理论将环境退化归因于公共财产资源的滥用。对于哈丁论点的挑战过分强调了土地在政治生态学分析中的作用而忽视了其他方面的重要因素。在本章中，我认为通过对劳动力的概念剖析，可以使我们更好地理解公共财产所有权与第三世界环境变化之间的关系。

人口增长和随之产生的优化土地资源的压力，经常被用来解释公共财产资源是如何导致环境变化的。但是第三世界环境资源迅速融入世界经济，特别是近十几年，引出另一种不同的看法，环境改造通过将新的价值赋予土地资源，带来了不同形式的收入，这又反过来使公共财产资源发生变化。结果经常导致资源集中，而不是土地的私有化(Berry, 1989)。土地的稀缺可能是人为造成的，以此来实现对劳动力的控制，并使家庭成员之间获得不同的利益。

在过去的 25 年里，我致力于调查冈比亚沼泽地环境变化的形式。水利计划在政府政策中占有重要的位置，其目的在于增加出口农产品的多样性，同时增强食物自给能力。但是强化家庭劳动模式以适应全年耕作计划的做法引起了无法调和的性别冲突，使得当地社区在新型的灌溉农业生产上还是重新回到公共财产制度。

对冈比亚沼泽地变化的分析表明环境改变、积累策略和女性劳动力之间的相互关系对于改变公共财产制度的作用。在冈比亚,土地由私人管理使用,但是个人没有所有权。大多数土地使用者享有独立的使用权,就是说,个人有权利享有利用自己的劳动创造利益。社区土地使用靠大家庭来集体管理,可以排除社区成员以外的人使用。这一政治生态分析,考察了冈比亚妇女对改变沼泽公共财产管理模式的反抗。

我利用几个案例来研究沼泽地改造的两种方式:灌溉农业计划和园林计划。两种形式的沼泽地改造都始于殖民地时期,当时英国殖民者想在花生和主要经济作物以外增加出口种类,同时增强粮食自给能力。这些计划由于在粮食和蔬菜种植方面劳动力的性别区分而失败,而传统上这些是由女性劳动力完成的。只有独立以后,成功地执行了灌溉农业计划,男性劳动力才和他们的妻子共同从事稻米的耕作。但是男性的参与预示着他们对剩余产品的控制,而女性则失去了土地。非政府组织为了应对在稻米耕作计划中的女性经济地位的衰退,在农村女性群体中推广灌溉园林计划。园林计划增加了乡村妇女的收入,但是同稻米计划一样,同样面对着性别冲突的问题。追踪灌溉农业形式的发展轨迹,可以了解到公共财产体系中的圈地过程,这一体系允许妇女作为劳动力拥有土地但是却否认其拥有对所创造的利益的充分主张。

本章通过关注公共财产体系中的劳工权利,提出两个问题。第一,公共财产制度中新的收入来源常常导致重新制定家庭和社区利益获取和控制的规则。第二,规则的重新制定受到妇女的挑战,她们不断增强战斗性以表达她们的政治要求。这种在公共财产制度中的"利益之争"可能为考察第三世界女性们在环境和经济变化中增长的斗争性提供一个批评性的视角。

本章建立在之前的一些对冈比亚沼泽社区的研究基础之上,分成五个部分。第一部分介绍冈比亚沼泽地的环境状况,研究区域范围和有代表性的沼泽农业形式,同时还有妇女劳动力的生产行为。接下来的两个部分回顾了环境和经济变化的历史,在这些历史中,女性使用沼泽地资源的权利发生了改变,同时包括在国家环境与经济危机下当今政策的改变。最后是两个有关描述经济变化和土地集中过程以及女性反抗运动之间关系的案例。本章的结论分析了沼泽改造如何使女性获取资源越来越困难。

第十四章 改造沼泽、赋予环境性别

一、冈比亚沼泽地的环境条件

冈比亚是一个细长的带形国家,24～50公里(14～30英里)宽,接近500公里(300英里)长,从河流谷地一直逐级抬升到高原,海拔高度一般在100米(325英尺)以下。高原占据了整个国家的大约1/3,降水是农业的主要水源(Carney,1986,p.21)。降水主要集中在6～10月,大约有800～1 000毫米(31～43英寸),农业主要以粟、高粱和花生为主。和其邻近的萨赫勒地区的国家一样,冈比亚降水的年季变化和季节变化都很大。例如,从20世纪40年代到80年代,年平均降水量下降了15%～20%,并且年内降水呈现双峰形状(Hutchinson,1983,p.7)。8月份中期有两周的干旱期,它增加了高地地区农业生产的不稳定性和对于低地农业的依赖(Carney,1986,pp.25-30)。

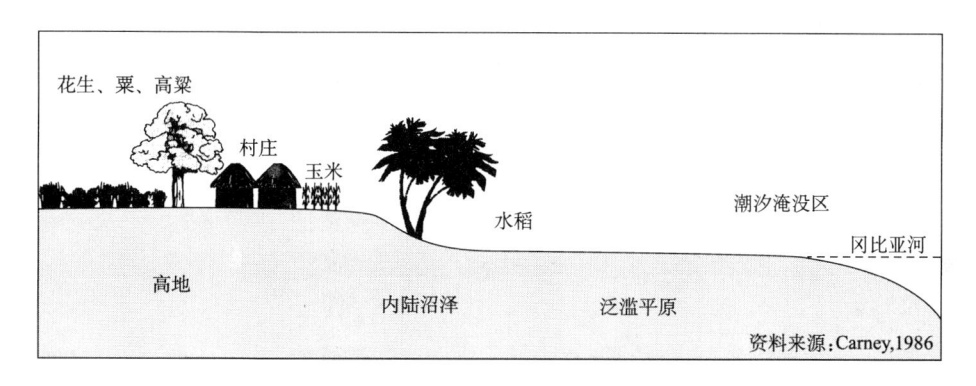

图14.1 农业生态区划:冈比亚中部

低地对于理解降水不稳定的西非苏达诺-萨河连(Sudano-Sahelian)地区人们的生活和生存方式非常重要。低地环境实行复合的土地利用种植计划,并可方便地利用其他形式的水资源,因此,农业生产方式受降水的限制较小。冈比亚的低地占据了国家土地的近70%,为农业提供了另外两个有利的环境条件:①河流及其支流塑造的冲积平原;②多样的内陆沼泽地,可以积蓄高水位的地下水、自流井或者偶发的周期性洪水(Carney,1986,pp.20-21)(图14.1)。在低地地区农业生产可以延续到干旱季节甚至全年,主要种植水稻,在水稻收割之后则利用剩余的水分种植蔬菜(Dunsmore,1976,pp. 208-11;Carney,1986,p. 82)。

虽然冈比亚有很多低地沼泽,但并不是所有的都适合于发展农业。河岸的沼泽地受到海水潮汐的影响,永久性的盐碱地大约从入海口上溯70公里(42英里),季节性的盐碱地则超过250公里(150英里),具有全年生产力的土地只有冈比亚河流域剩下的150公里(90英里)(Carney, 1986, p. 33)。此外,适合农业生产的内陆沼泽地,还依赖于水分情况和地下水储量。因此,虽然冈比亚拥有超过100 000公顷(247 000英亩)的低地沼泽,但是只有1/3能够被用来发展种植业(ALIC,1981, p. 19;GGFP,1988-91;CRED,1985,p. 127)。

低地地区的农田生产是冈比亚农业系统中的关键部分,能够在特定的小环境中实现农业的多样化,并且降低干旱气候所带来的生存危机。然而,沼泽地农业需要合适的水分条件,同时也需要适宜的土壤和地形条件。在冈比亚,妇女们掌握着这方面的重要知识,她们至少从18世纪早期就已经开始从事沼泽地的农业生产,并且了解数百种在不同小环境下适合种植的作物(Jobson, 1623, p. 9;Gamble, 1955, p. 27;Carney,1991,p. 40)。沼泽地农业知识的累积,使冈比亚成为西非当地野生稻驯化的第二大中心,这一地区的种植业至少已经有300年历史(Porteres, 1970,p. 47)。

二、性别、环境和经济:历史回顾

虽然低地沼泽和生产活动传统上由妇女们负责,但19世纪中期之前,男性和女性通过多种劳动分工,共同参与到高地和低地耕作中。男性协助稻田清理土地,而女性们则在高地上播种谷物(Weil,1982,pp. 45-46;Carney and Watts,1991, p. 657)。奴隶制度的废除以及"商业的合法化"将冈比亚通过商品生产融合到世界经济之中。到19世纪30年代,花生的种植在高地地区广泛发展起来(Carney, 1986,pp. 77-78)。英国在冈比亚直到19世纪末的殖民统治通过税收以及相关的财政政策,促使花生成为当地主要依赖的经济作物,从而导致了农业用地的专业化以及劳动力的性别分异。这些变化在种植水稻的曼丁卡(Mandinka)民族中表现得最为明显,曼丁卡民族是冈比亚最主要的种族并且是沼泽地上最重要的农业生产者。

第十四章 改造沼泽、赋予环境性别

到 20 世纪末,曼丁卡民族中男性对于花生的种植更加重视,从而导致了在家庭生活中,粟和高粱的生产逐渐萎缩(Weil,1973,p. 23;Jeng,1978,pp. 123-24;Carney,1986,p. 92)。因为女性们需要在低地地区通过种植水稻来补偿高地上谷类种植的短缺,所以劳动力的性别分异逐渐形成了空间隔离,经济作物的生产主要由男性负责集中在高地地区,而女性的农业劳动则主要是在低地地区种植水稻,作为三餐的主要来源(Carney,1986,pp. 89-91)(图 14.1)。农业土地利用的专业化和伴随着 19 世纪商品生产的劳动力性别分异,为理解 20 世纪在冈比亚沼泽地区曼丁卡民族内部性别斗争提供了背景。

20 世纪初沼泽地环境引起政策关注,当时殖民当局开始记载沼泽上进行的各种不同的农业实践(Carney,1986,pp. 126-27)。其目的是要改善家庭生活的食物状况,并且生产稻米为不断增加的移民劳动者提供食物,这些劳动者的周期性流动造成高地地区花生生产的扩张。到 20 世纪 60 年代,沼泽地开发工程达到顶峰,水稻种植面积扩展到 26 000 公顷(65 000 英亩)(Carney,1986,p. 178)。但是这已经达到了女性承担生产负担的极限。殖民政府无法说服曼丁卡男性们在水稻种植上发挥更积极的作用,导致进一步的沼泽稻田开发只得终止(Carney,1986,p. 139;Carney and Watts,1991,p. 660)。1949 年殖民政府又试图通过实现大范围的灌溉计划以促使种植更多的水稻,这就是今天的加哈里·帕彻(Jahaly Pacharr)计划。殖民开发公司(CDC)的计划与之前的沼泽地区改造水稻田有一个重要的差别:从女性水稻生产者手中租用 30 年土地使用权(Carney,1986,p. 126;Carney and Watts,1991,p. 666)。这项计划失败了,原因在于其灌溉系统设计得非常拙劣,同时男、女劳动力都对支付工资的工作不感兴趣;但是 CDC 计划还是值得注意的,它使得独立以后的沼泽地区开发计划在灌溉系统和劳动力性别冲突两方面都被给予足够的重视。

冲突的核心在于家族中的男性家长和村子里的精英主张传统的土地使用"规约",以减少女人们在水稻耕作中所主张的土地和劳动权利,或者用曼丁卡民族的说法,个人土地使用权(*kamanyango*),应当让位给土地的产出由男性家长控制的形式(*maruo*)。20 世纪 40 年代殖民地发展政策促进了沼泽地生产力的提高,家庭中的男性家长和村庄里的精英分子开始质疑女性的土地使用权。殖民地政府接触到的一个案件当中,曼丁卡男性认为"如果妇女们标记了土地并且将它分割,它就会成为'妇女们的财产',所以当丈夫去世或者和他的妻子离婚以后,妻子就可以继续持有土地,这显然是错误的。妇女们不能拥有土地"(Rahman,1949,p.1)。妇女们对土地的占有受到明显的挑战,男性宣称女人的土地使用权会令沼泽地不利于居住。曼丁卡民族对于财产获得和使用权力的两种看法表明了争论问题的关键。冈比亚农村的土地由公共所有,但是存在多种使用权关系。普遍来说,家庭的土地归家长所有,并且不能够脱离居住社区。但是家长又有劳动职责和耕种权利。所有有劳动力的家庭成员都要按照习俗在家庭的土地上劳动,为家庭生产。男性家长的劳动义务,传统上在高地地区种植粟、高粱、玉米或者花生,这些可以用来交换谷物。家庭中的水稻的生产传统上由曼丁卡女性负责耕种。因为这些粮食生产是为了家庭的生存,因此是由男性家长控制的,他来进行分配(*maruo*)。

另一种非常重要的土地使用权关系影响着家庭占有的土地。为了给家庭生存提供劳动力,年少的男性和所有的成年女性都会得到一部分属于他们自己的家庭土地。这种土地权利被称为 *kamanyango*(个人土地使用权)。只要这个人还是家庭的一份子,那么他或她就可以控制这块土地并且享有其产出。个人使用权利为次级家庭成员通过耕作获得现金提供了途径,因为他们掌握着粮食生产的权力并且可以决定如何使用它们。个人使用土地在冈比亚是一个重要的问题,冈比亚的农村社会实行一夫多妻制,男性和女性的预算都是分开的,传统上说,女性们有义务令他们的子女健康生活,丰衣足食。

19世纪和20世纪早期花生生产的扩张,使食物种植迅速地向沼泽地区转移,导致雨水灌溉为主的土地大规模转为 *kamanyango* 土地,而无论男性家长是否这样称呼这些土地。而女性们种植水稻的低地地区则是相反的过程。由于殖民地的水稻发展计划开辟了更多的土地供耕种,女性们的个人使用权利遭到男性家长一再的抗议,他们认为这些土地应该属于 *maruo*。通过声明开发过的水稻田属于家长,男人将谋求生存的责任抛给女性,从而将他们从传统的责任中解放出来。因为女性承担了大量的工作负担,男性对于生活的责任——要么自己耕作,要么购买农产品——减少了(Weil,1973,p.23)。妇女们的劳动权利在独立以后的灌溉农业计划下逐渐地被侵占,但是这种巨大的落差,促使农村妇女们为改善她们恶化的境地而采取行动。

三、环境和经济危机：政策变化

1965年独立以后，冈比亚高地地区降水量减少，并且环境退化，大量的外国援助流入帮助其发展（1968～1988年），政策向推进沼泽地改造的方向转变，并且实施了国际货币基金组织的结构调整计划（1985～）。这些变化形成了独立时期的积累战略和农村家庭的性别冲突。

冈比亚独立之后，高地地区环境资源退化，经济脆弱。长时间的单一农作物出口经济形态产生的结果，在传统的花生生产基础中非常明显，森林覆盖面积曾经非常大，但是在殖民时期森林退化非常严重（Park,1983,p.4;Mann,1987,p.85）。单一依赖一种商品花生来满足粮食的进口，在独立后的几年里带来了极大的不稳定；每年花生出口价格都在持续地波动，但是在整个20世纪80年代，其价格的上升速度低于进口食品价格的上升速度（FAO,1983,p.4;Carney,1986,p.254）。农民们由于花生收入减少，而加强了对土地的利用——即，减少休耕的面积或者取消休耕。其结果导致了土地的加速退化，特别是在北岸地区，这一地区主要出口塞内加尔花生市场。随后的国际发展援助给危机的沼泽粮食产区带来了更加剧烈的变化。接近4 500公顷（11 115英亩）河流沼泽地被用于灌溉农业计划，而另外1 000公顷（2 470英亩）内陆沼泽用于园林计划（Carney,1992,pp.77-78）。虽然只影响到低于10%的沼泽地区，但是这些土地利用的变化的影响是深远的。

到20世纪80年代，由于灌溉农业计划而被忽视的妇女们对经济基础的贡献，导致非政府组织（NGOs）将她们作为在内陆沼泽地区发展园林计划的帮助目标。政策强调在20世纪80年代的债务危机中园林业需要被强化，并且1985年国际货币基金组织制定的结构调整计划可以改善外汇收入和债务支付。经济结构调整重申了冈比亚的在花生生产上的比较优势，并且倾向于改造沼泽地水分状况以发展园林业（UNCTAD,1986;Government of the Gambia,1987;Landell Mills Associates,1989;Harvey,1990,p.3;McPherson and Posner,1991,p.6）。

过去20年里各项政策使沼泽地逐步商品化，并且使环境资源的使用和获得方式发生了变化。由于灌溉农业计划在乡村社区中提供了新的收入来源，妇女们获取更好的土地以取得收益的权利受到了挑战。接下来的两个部分，回顾了两项促使沼泽地改造后的政策变化,阐明习俗如何阻止妇女们获得生产性资源,而她们又是如何对这种变化进行反抗。

四、"干旱预防"经济:灌溉水稻生产的发展

1966年,从英国殖民地独立一年之后,冈比亚政府在中国台湾的协助下,制定了沼泽地开发战略——将周期性的泛滥平原改造成灌溉农业区。这一计划在经历了1968~1973年萨赫勒地区的干旱之后不断接受来自国外的资助。这一发展计划的原理是通过鼓励国内粮食生产促进进口替代。粮食进口每年达到9000吨,而包括花生在内的国际商品价格的下降也使得外汇储备严重减少。1968~1973年的萨赫勒地区干旱,使得殖民地后期的灌溉农业计划重新受到重视,并且动员国外资本投资河流开发以及灌溉农业(UNDP,1977;CILSS,1979;Franke and Chasin,1980,pp.148-51;Derman,1984;CRED,1985,p.17)。作为一种减少灾害对农业系统造成危害的方法,农业灌溉计划也带来了对进口技术支持、机械、零件和投入品的需要。在冈比亚灌溉农业计划中,"干旱预防"战略将目标设定为水稻,它的进口替代作用已经由独立时期政府评定(Government of the Gambia,1966;CRED,1985,p.22)。从20世纪70年代到80年代中期,世界银行、中国内地和国际农业发展基金会(IFAD)继续实行中国台湾的发展战略,在超过4000公顷(9880英亩)的沼泽地上实行农业灌溉计划(图14.2)。

尽管与资助国家和地区之间存在着意识形态上的差别,但是所有的发展战略都注重明显的简单的过程,将增加产量的绿色革命介绍给男性家长(Dey,1981,p.109)。由于每公顷土地开发的花费在10000~25000美元,并且过去农业生产和土地利用中的性别问题仍然存在,这项计划没能够实现他们的技术许诺,并且对于进口的依赖更强了(CRED,1985,p.273;Carney,1986,p.275)。生产的目标要求两种作物的生产,因此农业生产可以转变为全年生产。虽然男性家长接受这种新的生产方式的培训,但是只有妇女们加入到她们丈夫的农业生产中,这种方式才能够实现。通过让男性管理技术以提高产量,资助国希望鼓励男性参与;然而,他们不经意地将剩余产品的控制权也交给了男性。

图 14.2 冈比亚的灌溉水稻项目

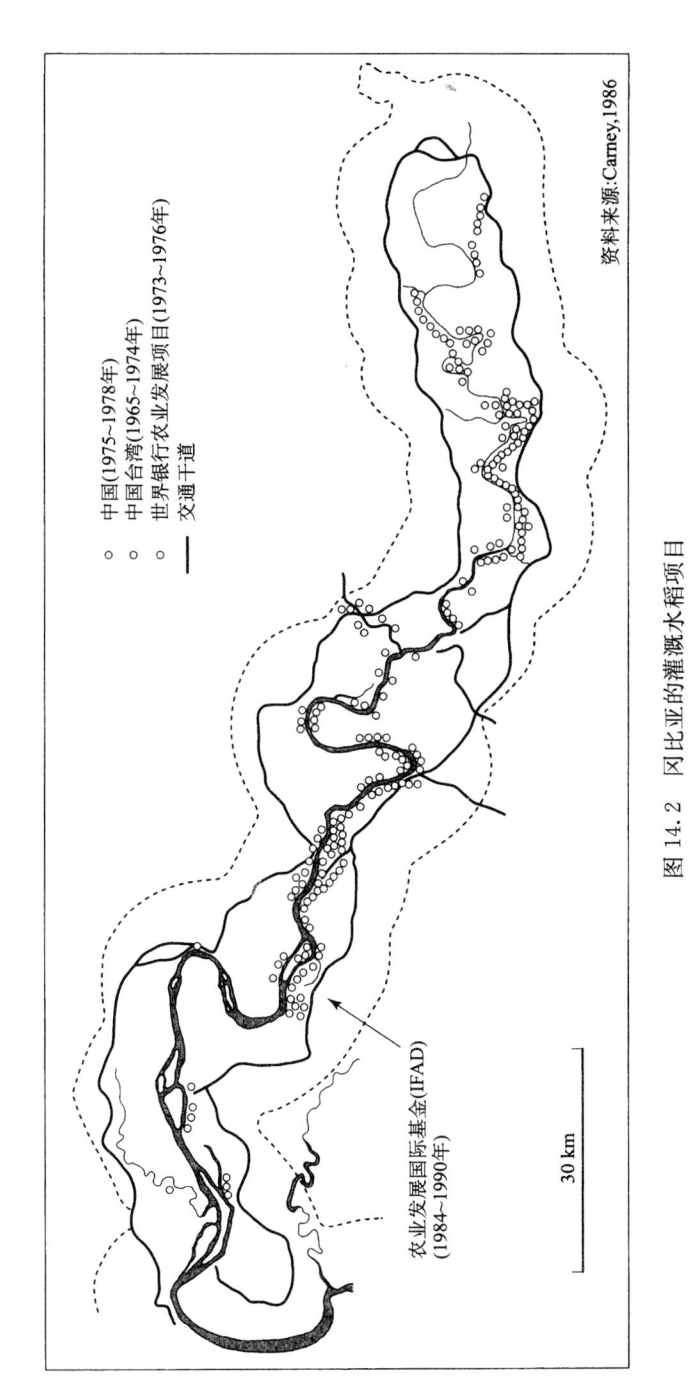

对于市场剩余的管理证明性别冲突是计划的关键,家庭成员的工作责任被假定是增加的。男性家长可以在习惯的范围内向女性提出要求,但是灌溉农业意味着这种要求要用于全年劳动者。正如家长所说的家庭生活基础都来自于一个农业季节,当产品可以给人们带来市场剩余时,从来没有女性在两个耕作期内承担劳动的先例(Carney,1988,pp.341-42)。灌溉农业计划整合了水稻生产,但是收入还是依靠女性劳动力的有效性。

妇女们对于土地使用权的改变和将传统的个人占有的沼泽地用于灌溉农业计划提出争辩。"发展"意味着将女性劳动力转入到水稻生产中,但是却没有带来任何收入。男性家庭首领和乡村精英对于惯有的土地所有权的解释旨在确保女性对土地的耕作劳动只能属于 *maruo*,这种权利只是让女性们在土地上进行劳动,然后他们创造的利益都将作为剩余产品被男性占有。资助国对于冈比亚家庭生产体系的无视,注定了他们失败的后果。

女性农民通过三个主要的途径,反抗失去对生产性土地的控制和增加的劳动压力:①将个人所有生产活动置于未开发的沼泽地之上,这样可以使她们得到少量的剩余供出售;②当遇到无法种植的沼泽地时,同意家长要求的在灌溉农田上旱季的劳动义务,以交换在雨季对于相同土地的使用权来进行个人所有的生产活动;③按照灌溉计划全年工作,但是在种植季节要求与她们的劳动相应的报酬(Carney,1994)。除了第一个以外,其他两个反应都需要增加女性的劳动。第三种形式更明确地反映了女性越来越远离对于资源的获取和使用权力,并且女性劳动力变成挣取工资的工人。

这项计划强制推行一年两熟的耕作方式,给家庭劳动力带来了巨大的压力,而按照 *maruo* 的土地使用分配方式很难解决这个问题。之前的计划常常会满足妇女们对于全年自始至终生产活动的报酬要求。因为发展计划已经将各地可利用的沼泽地整合起来,先前存在的个人所有土地走到了末路。性别冲突贯穿于整个计划中,妇女们反抗将她们的权力一点点地侵蚀,对于她们大量的工作提出利益要求,并且寻找重新界定个人所有权的途径。然而种族划分、阶级和灌溉计划中各种土地利用类型的差异,形成了冲突解决的基本模式,其中第三种模式是曼丁卡大部分妇女在失去土地个人使用权以后最主要的反应形式(Carney,1994)。虽然如此,很多家庭中妇女们对于土地使用权的要求或者是对整年劳动报酬的要求都不能得到满足,从而导致妇女彻底拒绝在家庭土地上进行劳动。

这些无依无靠的女性通过两种经济手段来获得收入:组成工作团体承担计划中的运输、除草和收割等劳动任务,并且到高地耕作地区从事个人生产。通过组织团队来寻找工作,妇女们制定出她们每天的工资率,并且利用花生种植土地的有利条件,寻找报酬更高的工作(Webb,1989,p.66)。但是她们在高地地区寻找工作的努力并不总是成功的,因为这与年轻的男性要求个人土地所有权形成了竞争。女性们因此付出了更大的努力从非政府组织那里寻求支持,发展乡村蔬菜园林获得收入(Carney,1986,p.311)。

概括地说,沼泽地发展政策最初是在河流的冲积平原上实施的。因为这些地区技术进步,男性家长重新定义了女性们以前的耕作权利和利益,以获取她们的劳动力,增加她们的劳动负担。灌溉农业的发展同时破坏了女性获取收入的来源,而使得男性家长获得额外的剩余价值。而女性的知识体系、农业专家和谷物耕作之间的联系被打断了,参加项目的家庭总是不能赶上农时,也无法即时采纳农业技术建议。到20世纪90年代,剩下的是低下的生产率、倒退的生产和进口替代战略的失败。

尽管国家—农民、男性—女性之间的冲突不断,政府的政策仍然是发展灌溉农业。冈比亚政治官员和他们的外国顾问都在寻找灌溉农业部门更有效的结构调整。人们也探讨了灌溉农业中选择其他耕作安排的可能性,而农民也更加"现代"了,可以要求跟他们签订灌溉土地契约(Carney,1994)。由于政策评价越来越关注债务偿还和比较优势,早期小规模的计划就被整合为更大的耕作单元,以便采用集中灌溉和管理(CILLSS,1990)。粮食作物,也像水果和蔬菜一样,需要用来增加外汇。在20世纪80年代,国际发展援助团体通过在未开发的土地上为女性发展园林计划,来挑战男性对于灌溉计划的控制地位。"女性在发展"是非政府机构和多国资助人关注的焦点,其目标是要通过改善季节性的沼泽地,为女性提供获得收入的机会。当种植模式转变成出口生产,商品化就被引入到内陆沼泽地,而这对于女性则是消极的影响。

五、比较优势和园林业的发展

1968～1973年萨赫勒地区干旱之后不久,冈比亚政府在内陆沼泽地推行了经济改革,国内取得的国际援助和收入增长成为关注的焦点。在20世纪70年代,政府鼓励乡村妇女在靠近首都的城市周围和北岸地区种植洋葱,以此来增加家庭收入(Ceesay,Jammeh and Mitchell,1982)。以后的10年里,女性经营的蔬菜园成为国外援助的主要方向。到20世纪90年代,非政府机构和多国援助共开发了超过340个小规模(0.5～2公顷,或1.1～4.9英亩)和中规模(5～15公顷,或12.3～37英亩)的蔬菜园(Smith,Jack and Singh,1985;Nath,1985;Sumberg and Okali,1987;Giffen,1987;DeCosse and Camara,1990)。个体种植业者以及刚刚从事蔬菜种植的妇女群体,不断加入到新兴的园林业部门,使得园林业迅速扩展,如今已经超过了1 000公顷(2 470英亩)(Carney,1992,p.79)。

冈比亚沼泽地区园林业市场的繁荣,来自于近15年来各项政策的相互融合。伴随着国家的独立,冈比亚开始开发其原始海滩以吸引国际旅游;到20世纪90年代,超过100 000名欧洲游客在11月到翌年4月期间到冈比亚海滩度假,飞机只需要6个小时(N'Jang,1990)。原来的洋葱种植计划成功地将本地生产与旅游部门联系起来,同时唤醒了国外援助投资扩大蔬菜种植来满足旱季旅游业的需求。同时,这些发展还使国际援助对于妇女发展计划(WID)越来越重视。冈比亚实行的WID计划是由非政府机构倡导的,他们认为冈比亚女性有种植蔬菜的传统,这也是解决妇女们经济限制问题的有效手段。

使多样化的沼泽地农业向园林业转变的政策,还在1985年得到了国际货币基金组织委托管理的结构调整计划的支持。地理位置上的临近使得政策制定者积极利用冈比亚的比较优势,将其作为冬季水果和蔬菜的供应地,并且对于这些新鲜农产品降低关税并免除出口税(UNCTAD,1986;Government of the Gambia,1987;Jack,1990)。到20世纪90年代园林业经营扩展到国际机场附近城市周边的雨灌地区,并且利用凿井抽取地下水。无一例外,这些计划的管理和操作,都是由国家、高级政府官员、定居的黎巴嫩人和印度地主完成的,并且产品都面对欧洲市场。同一时期,对妇女园林业生产和海岸地区(Ceesay,Jammeh and Mitchell,1982;Government of the Gambia, 1987; Barrett and Browne, 1991, p. 244; Carney, 1992, p. 78; World Bank, 1990)市场的国际援助(欧洲经济共同体、伊斯兰发展银行、联合国发展计划和世界银行)也不再增加。尽管受到了很多国际援助,但是冈比亚妇女园林计划仍然以农村为中心,在内陆沼泽地的小范围区域(0.5～2 公顷,或者 1.2～4.9 英亩),并且以本地和地区市场为导向。

虽然强调将内陆沼泽地转变成园林的计划开始于 20 世纪 70 年代,但是冈比亚妇女从事蔬菜种植已有很长的历史。她们从 15 世纪中期就已重视在干旱季节生产蔬菜。虽然殖民地时期的园林计划主要针对男性,而他们的失败使得蔬菜种植落到妇女们的手中。妇女仍然是农村的主要生产者,她们利用干季早期残留下来的内陆沼泽地的水分种植西红柿、羊角豆、酸模和芙蓉等作物。

国外援助从 20 世纪 80 年代开始支持水井建设,这促使了内陆沼泽地区蔬菜种植的发展。混凝土构造的深水井彻底改变了冈比亚干旱季节的园林业生产状况。蔬菜种植不再像接受援助之前,是一个季节性的活动。妇女们的乡下菜园得到了非政府组织的资助,从而可以在整个干旱季节,甚至是整年里进行生产。

水井的挖掘带来了可靠的水分供给,这是非政府组织实现农村发展战略的中心工作,旨在增加妇女的收入。通过促进乡村菜园发展而激起妇女们对商业蔬菜生产的兴趣,非政府组织为那些在过去的沼泽地发展政策中被忽视的妇女们制定了新的发展计划。然而,保护女性获得改良的乡村菜园的政策安排,在不同的社区是不同的,并且要依靠当地土地的可用性,也包括沼泽地的使用历史。因此,在农村社会非政府机构援助的菜地上,妇女们可以全年种植蔬菜以获得现金收入,或者拥有旱季的个人土地所有权,并且以雨季种植的商品作为回报。一旦取得土地,非政府机构会资助挖掘水井并且将土地用金属网围起来(以防治土地受到家畜的危害)。这些工作完成之后,妇女们还可以借到蔬菜种植所需的种子和工具。

这是一个劳动密集的过程,在干季种植蔬菜每天需要两次浇水——每次大概需要两个小时,除草、防虫,每周还要将大量容易腐烂的产品运输到集市上。但是在人均收入 130 美元的农村,只要付出努力就会得到报偿(World Bank, 1981)。施罗德(Schroeder, 1992, p. 4)的报告指出,北岸乡村女性蔬菜种植者干季的总收入大约在 67～256 美元之间,这比她们从事花生种植的丈夫的收入要高出一半。收入的差别成为当今北岸蔬菜园性别冲突新的根源。

虽然如此,对于可选择的收入来源有限的女性来说,种植蔬菜仍然有很大的吸引力。机构调整计划使得政府部门的职员减少了10%,并且将男性劳动力引入到园林业生产中,妇女们基本上还保持着对菜园的使用权,因为首都有大量国外援助代表,保护着她们的权益。在冈比亚和塞内加尔边界地区的土地,由于土地退化而导致了花生减产,这成为北岸地区园林计划中潜藏的性别冲突的基础。和花生一样,大部分蔬菜产品通过边境流入到塞内加尔,在那里有古老的园林业进口和出口网络,对于蔬菜的需求也更加发达,价格也更高(Mackintosh,1989,p.15)。非政府组织对于内陆沼泽地的改造导致了新的收入来源,这与其妇女发展目标存在矛盾。

非政府组织在北岸社区的资助计划改变了内陆沼泽地的状况以及管理原有种植和劳动模式的社会关系。水井的建设,则使得原来受到控制的蔬菜生产季节得以延长。农作物的生产不再仅仅被限制在每年水稻收割以后的时间里;蔬菜可以在整个干季种植,甚至是全年,因为跨国之间的买卖补偿了水稻生产减少所带来的损失(Schroeder and Watts,1991,p.62)。

北岸的园林计划非常有效地增加了妇女们的收入,但女性支配自己的收入和获取蔬菜种植土地的权利也逐渐面临着危机。施罗德的研究表明,男性将过去自己应该承担的责任推到了女人身上,并且通过借贷不还侵占女性的收入。而且,在很多社区中的男性土地拥有者,利用在蔬菜园中种植经济林(例如芒果和橘子)来和女性们竞争对蔬菜种植土地的使用权。由于种植了林木,5~10年之后,树阴便会遮盖住植物生长所需要的阳光。树木的种植促使土地利用方式从蔬菜种植转变为果树经营,从而使得男性土地所有者可以收回改造过的土地,以实现他们以后数年里的林木经济计划 (Schroeder,1992,p.9)。

通过与非政府机构达成的关于妇女蔬菜园口头协议,土地所有者勉强同意了妇女们对于个人所有土地权利的要求。但是这些权利只在有限的几年里适用——并且要求妇女劳动力在附近成长初期的果林中负责灌溉。长期来看,男性利用种植经济林木取回园地的个人所有权,而对于妇女却不可能。施罗德(Schroeder,1992)指出在果树种植中产生了性别冲突:因为遮住了蔬菜,女性们砍掉了芒果树和橘子树,故意在果林中放火以毁坏林木,并且组成代表团到当地政府诉诸法律。

从前被女性用来进行生活必需的谷物生产的北岸内陆沼泽地,越来越成为商业化的蔬菜园。但是这一过程是在经济发展机会有限而环境破坏严重的区域发生的。非政府机构希望能强调在沼泽地发展计划的第一阶段忽视的性别平等问题，而第二阶段的发展预示着女性们的长期利益依然受到威胁。

六、结论

单一农产品出口经济的结构失衡以及食物短缺使得冈比亚政府在后殖民时期开始注意沼泽地的开发。殖民时代的沼泽地发展模式影响了后来沼泽地的大规模开发，其间国外资本的流入恰逢萨赫勒地区干旱使得开发受到重视。在过去的25年里，基于农田灌溉计划的沼泽地开发使得冈比亚农业生产方式从季节性转变成全年性，农产品多样化，产生了谷物生产剩余，并且给农村地区带来了新的收入来源。

但是，灌溉农业许诺的收获需要依靠农业家庭根据灌溉农业性质调整劳动力配置的能力——需要全年内承担工作任务的劳动制度。由于对于劳动力的要求建立在有限的雨季这一背景之下，家庭为基础生产系统的制度机制在调整全年内的农业生产劳动力上是不健全的。对于技术上改良的沼泽地，采用maruo核心是为了让女性在灌溉农业中承担更多繁重的工作。因为承认父系家族的土地所有权，并将开发的土地定为maruo，结果在实际生产中，男性可以顺理成章地占有女性劳动创造的产出。

女性们反抗父权制度，因为它剥夺了她们的权利。她们很清楚这些获得和控制环境资源的制度并不是传统的法律条文，而是她们在与丈夫、男性社会活动家、国家和援助机构之间斗争和谈判的结果(Berry,1986,p.5;Okoth-Ogendo,1989,p.14)。这一认识在过去25年里赋予沼泽地新的经济价值的农田灌溉计划并越来越强烈。冈比亚女性并不仅仅向男性争取语义上的kamanyango的权利——她们的行动，反映出她们已经认识到湿地耕作的商品化在侵蚀她们在家庭和乡村社会中的经济、社会地位。

两个灌溉农业的案例说明了妇女们为了争夺资源获得权的各种途径。水稻种植计划中争论的中心问题是，通过要求季节性的土地个人所有权来获得部分剩余价值；以稻米形式支付的全年劳动力报酬；当劳动力报酬被剥夺时，拒绝在家庭灌溉土地上劳动,并加入到当地劳动市场中以取得更好的劳动报酬。但是,女性们斗争所产生的每一个结果,都导致女性们劳动负担的加重,但却没有相应报酬的增加。

妇女状况因为蔬菜计划而得到了改善,这一计划中妇女们得到了季节性或全年性的个人所有种植权。但是女性耕作者发现她们在菜园农业中的收入被她们的丈夫以新的途径占有,而她们的丈夫,在一定情况下,拒绝向他们的妻子偿还借款,并且也不支付任何家庭消费(Schroeder,1992)。此外,对果园收入的逐渐重视,也预示着女性们的个人所有耕作权利只能继续维持有限的时间——与果树成熟所需的人工浇灌时间相同(Schroeder,1992)。尽管收入增加,而且斗争愈演愈烈,女性们的蔬菜种植收入在长时期内仍然是不稳定的。

这些研究案例表明,冈比亚改良的沼泽地正处于土地集中过程中。土地集中的原因并不是绝对的土地稀缺和人口过剩,而是对家庭劳动力短缺和灌溉农业新收入机会的响应。水田定为 *maruo*,反映了对女性土地利用权利的限制如何造成了人为的女性劳动力投入短缺。这种情况通常是由于禁止女性个人土地使用权和剥夺她们的工作报酬而产生的。因此土地集中包含了开发的土地从妇女们能获得剩余产品的多种权利,变成众多女性劳动者生产的剩余产品被一次剥夺。

在描述冈比亚沼泽地土地利用策略的社会和历史变化过程中,本章讨论了环境改变之外更多的因素。在乡村家庭中调节土地获得和使用权利的社会关系方面也是如此。同时在冈比亚沼泽地上的积累模式,主要依赖于通过"解除"妇女们获得灌溉土地的个人权利以及提高妇女的劳动强度的新的强制规定来实现的。但是女性们正在为她们被设定的新廉价劳动力角色而不断反抗。

(李智 译)

第十五章　营养网络：食物的另类地理

萨拉·沃特莫尔、洛兰·索恩
(Sarah Whatmore and Lorraine Thorne)

卡尔·马克思或费尔南德·布劳德所说的资本主义并不是马克思主义关于资本主义的全部。它是一个广泛的网络，但并不能完全包含整个世界，而是由几个基点作为利益和权衡中心。一步一步地跟着它走，没人能穿越那条把本地和全球分开的神秘界限。(Latour,1993,p.121)

关于"正在缩小的世界"和"地球村"的空间想像，是描述当代资本主义无限范围和总体脉络的时髦标志，并且已经成了一门正统的社会科学，就是众所周知的全球化(Featherstone,1990;Sklair,1991)。这样的认知并没有比它所描述的制度综合体好多少，将一种特殊的现代地理学想像成为永恒。这种想像把全球化看做是表面的殖民化，就像墨水浸染开一样，逐渐染上地图上的每一点。这种空间想像通过一些分析手段，如"全球商品系统"(Friedland et al.，1991)、"农产品政体"(Le Heron，1994)和"供应系统"(Fine et al.,1996)，充斥了关于农产品的政治经济学研究。在最激烈的争论中，全球化被说成是世界经济管理的政治谋略，被资本主义制度团体所操纵着，包括跨国公司(简写为 TNC)、金融机构和管制基础设施(Mc-Michael,1996,p.112)。但是这种空间想像中，有关农产品的最强有力的说法必定是乔治·莱泽(George Ritzer)的关于"麦当劳化"的观点。他创造出这个词，用以描述一种基于快餐业的社会合理化过程，他认为这过程"不仅给餐饮业带来了革命，也为美国社会乃至全球带来了革命"(Ritzer,1996,p.xvii)。这是社会科学取得的最大胜利，诱人的销售冠军在餐盘上为世界提供服务。

有些市场确实已经延伸到世界每个角落。我们想强调的是这种延伸使得追捧这种市场的企业和官僚机构变得既强大又脆弱,这种市场活动被织入平凡的社会生活,成为"本地"的一部分,而且与其他地方相比没有什么太大的差别。传统的全球化,不管是上面所说的更严格的还是更平民化的定义,最严重的结果是根除了社会主体性以及把全球经营看做系统的逻辑过程,而不是一个部分的、有争议的过程(Amin and Thrift,1994)。跨国公司和联合调控机构被放大为制度的巨型怪兽,其尺度和规模都超出其本身所在的社会环境,同时其他社会主体的生活实践和环境在这样一种宏大的景观下被低估和掩盖。但正如恐龙怪兽的命运一样,规模并不意味着一切。

那么我们要说的就是,无论是从它们脱离特定背景和场所的角度来说,还是从它们在某种意义上有着广泛的尺度和范围的角度来说,这些公司和机构本身并不存在所谓的"全球"。它们能触及的范围取决于特定地点的人、物品、编码和活的东西的复杂交织以及在全球范围内维持这种交织的联系。这种过程的联系和格局不能简化为逻辑单一的或在社会冲突之外或之上的决定性利益。这种差别是系统与网络的差别;分析中转向对全球化作为失败的社会和空间想像的批评,这种转向在地理学和人类学中特别显著(Strathern,1995;Thrift,1996b)。

这些苦心经营的批评有两个互补的影响,对于我们的目的尤为重要,一个与重新审视政治经济学相关,一个与认识时间—空间关系相关。对于第一种情况,经济社会学和制度经济强调了具体化和常规化的组成市场、公司和调控机构的社会实践,而不是倾向于把这些制度体系看成抽象的存在(马克思主义和新古典主义),或是某些历史目的论的产物(Underhill,1944;Thrift and Olds,1996)。经济制度和实践不被认为是某些分离的、不太具有决定性的活动"圈子",这些圈子与其他公民阶层或政府管理"圈子"存在某些接合;而被认为是深深扎根于社会的、随处可能发生的(Smelser and Swedberg,1994;Murdoch,1995)。对于第二种情况,后结构主义者的思想解构了简化的几何景观——巴恩斯(Barnes,1996)称之为政治经济学的"启蒙的观点"。把当今世界想像成单一的栅格状表面,从而使制定放之四海而皆准的综合理论成为可能。相反,批评家指出多重的、局部的社会生活空间—时间配置的同时性,既是"全球的"又是"本地的";而社会制度、过程、知识都是有条件的、与特定背景相关的、需要检验的、不完整的(Thrift,1995)。

这样的批评,尤其源于制度经济学的理论,已经被农业政治经济学的工作所采纳（Goodman and Watts，1994；Whatmore，1994）。虽然还是有点"格格不入"，但这样的工作标志着人们开始理解全球化是局部的、不均匀的、不稳定的；是一个社会试验过程而不是决定性的逻辑推断过程，包含许多各自独立、变化、可能性的空间，可以被分析辨别而且有其政治意义。在这里我们想拓展这些批评的界限，特别是与空间识别相关联的部分，使之成为探索被传统政治经济学遮盖了的另类的食物地理的基础（相关讨论见 Arce and Marsden，1993；Cook and Crang，1996）。

题目中的短语"食物的另类地理"标志着我们正努力用两种（至少）不同的视角来看世界。我们从行动者—网络理论（ANT）的地理含义开始，这个理论我们都已在别处探讨过（Thorne，1997；Whatmore，1997）。就像开篇引言所说，这涉及了一个精细的拓扑的空间想像，与跟踪关联点和流向线有关，而不是局限于固定的表面和边界（Thrift，1996b；Bingham，1996）。我们尤其深入探讨了布鲁诺·拉图尔（Latour，1993，1994）和约翰·劳尔（Law，1986，1991，1994）的工作，以此详细描述对全球网络的认识，是一个表象的秩序（总是在建造中）而不是系统的实体（总是建造好的）。我们随后会探讨一些展现这种认识的分析的和政治的空间，所举的例子是一个咖啡公平贸易网络的案例。这个案例研究展现了不断变化的农产品生产与消费的社会环境条件，它与工业化的食品公司共存，但其中在某些方面会存在制度价值与实践的对立或反抗。

一、全球网络还是"远距离操控"

> 本地和全球这两个极端，没有处于它们之间、我们叫做网络的那个交易秩序有趣。（Latour，1993，p.122）

拉图尔和劳尔的工作和他们各自关于"杂交网络"和"订货模式"的观点，为我们提供了重建权力关系的概念方法，这种关系在空间上从扁平的、殖民化表面的全球化，变为远程控制的网络延伸。这样一来，关键的问题不再是"本地"与"全球"尺度类别上的区分，而是跨越这些尺度的不同长度的流向线所表达的连接性的区别。将这个问题用 ANT 理论来表述，就是"远距离操控"的条件和属性是什么？这就取消了给予某些社会制度（特别是跨国公司）全球经营活动的优先性，而且意味着把常规的社会学上"宏观—微观"和"结构—主体"的二元性映射到"全球—本地"关系中。我们的想法建立在早期地理学家对ANT的空间维度的说明以及用此分析作为彻底的相对过程的权力（Murdoch, 1995; Murdoch and Marsden, 1995）和认识社会生活构成中非人类力量的活跃部分（Thrift, 1995, 1996b）。

全球化正统观点激发了一个无法抗拒、无所不包的世界意象，其中资本主义机器无休止地运转着，而ANT理论质疑了全球触及的真实性，将它看做吃力的、不确定的，特别是"远距离操控"的试验过程，劳尔举了葡萄牙人在十五六世纪通过占领印度香料之路来努力扩大欧洲贸易范围的例子来说明这个概念（1986）。要达到这个成就要求葡萄牙人完善当时复杂的航海体系，用劳尔的话来说，不仅是社会控制的问题，而且：

> 如何管理远距离控制的所有方面。如何通过里斯本的一小群人的安排影响到地球另一端的事情，从而收获惊人的回报，才是最重要的。（Law, 1986, p. 235）

劳尔的"远距离操控"的案例研究以"遥控"的技术暗喻为中心，试图将网络动态引入传统的地理核心（传送者）和外围（接收者）的二元结构。这种暗喻的意义不局限于他这个特定案例。"遥控"的烙印体现在他更广泛的ANT理论研究中。比方说：

> 异质的社会技术为从一个中心调控远距离事件创造了可能性……[其中]中心是一个监控和代表外围的地方，并计划如何在外围活动。（Law, 1994, p. 104）

很不同的是，而且对我们来讲更有前途的ANT的空间展示，是拉图尔关于"网络延伸"的观点。回想德鲁兹和瓜塔里（Deleuze and Guattari, 1983）的绘图法，"延伸"的想法不仅考察了"远距离操控"的过程，而且突破了"核心"与"外围"的两极化观念。这些一般化的空间，像"本地"和"全球"一样，把一些描述地表地理的几何词汇神化了。在地理拓扑词汇中非线性的关系显得无意义。而这里,一个网络在空间—时间上的能力代表着社会实践发生的同时性和网络中不同点的竞争力;大量的流动而不是单一力量的作用线。按照这些说法,ANT 被最深刻地理解为"本质上既非本地的又非全球,而[只是]有一定长度、或多或少的联结"(Latour,1993,p. 122)。

这暗示着,ANT 的大小或者说尺度是网络延伸的产物,而不是"全球"或"核心"操控者——也就是我们之前所说的"巨型怪兽"——的某些特殊属性。况且,与全球范围经营相关的力量,必定被理解为诸多反应因素行动与竞争的社会复合体;并不是一个个人或组织的属性,而是试验中包罗的一群反应因素(Callon and Latour,1981;Murdoch and Marsden,1995)。那么,这个网络的延伸是怎么实现的呢?ANT 理论发展的结论是说,网络延伸需要动员大量并且错综交织的部分——或者叫中介物,以此来维持一个更远距离内相连的网络。这样一来,它的关注点就转向了描述这种中介过程,这种描述给社会学研究带来挑战。就像劳尔针对他的葡萄牙案例所说的:

> 如果要理解这些远距离操控,那么就不仅需要发展一种能够同样有效的解决社会、技术、科学以及其他问题的分析方法,虽然这很重要。同样必要的是这种方法能够将这些方面很好地相互结合。(Law,1986,p. 235)

讨论人之外的网络中介物很重要,这是除了人类主体以外的整个传统社会主体性理论(包括其他社会网络理论)的基础。注意,一些特定身份和背景下的人作为重要的中间人,在网络中很远的点之间编织联系的流动主体;比如,劳尔的葡萄牙案例中的水手们,或者今天公司的管理精英们。但是,ANT 强调,其他主体可以发动技术上或"自然的"资源推动社会网络的运转,从而延长了网络的触角,使网络的联系更加复杂。拉图尔称这些主体为"不变的发动者",比如金钱、电话、计算机或者基因库;即固化特定的社会—技术能力以及维持着持续的联系格局,这种联系不仅包括从本地到全球,甚至从人类到非人类。看上去,在日常生活中它们增生扩散的越多,这些"事物"已经在社会理论中越被隐藏起来,只为我们留下了对惊人的社会实体(如跨国公司)的敬畏感。而考虑这些事物,"人们可以整体跟踪一个组织的成长,完全不需要改变层次,也不需要找出'超越一定背景条件的'理性"(Latour,1993,p.122)。

现在应该很明显了,从"全球化"到全球网络的变化作为理解"远距离操控"的条件和属性的基础,不是一个小步骤。由于它比拉图尔和劳尔(和卡伦)的先进些,它需要三个主要的、互相补充的理论因素:杂交性、总体性、持续性。

通过加长网络的想法打破全球—本地的二元性,是与通过杂交打破自然—社会二元性的交叉联系在一起的。就像将全球—本地的差别用来简化过程和实体,不是自己被限制在任意特定的空间尺度内,同样社会和自然分离的存在论纯化了生活的混乱的异质性。杂合性代表了落在人类愿望的被动对象和社会科学的想像以及自然科学范畴青睐的自主的外部力量之间的一种状态。紧随米歇尔·塞尔斯之后(见 Serres and Latour,1995),拉图尔指出这些半客体的中间态是"像自然一样真实,像话语一样描述,像社会一样集体,[及]像事物一样存在"(Latour,1993,p.89)。

回到葡萄牙的研究,劳尔表明了主体的成员是如何随着网络延伸使者(包括文件、设备和特定形式的人)连接起来的。比如,一个叫做"Regimento"的文件简化和记载了利用星星导航的方法,使得航海者能够越过北欧航行的封锁。设备包括"carreira",一种为运送货物和避免抢劫而设计的船,还有"一种简易黑匣子",古代天体观测仪。相似地,具有非常专门的技术或具体社会经验的人,比如航海家、水手、商人由于远距离操控而处于不断迁移之中。

这个例子引出并说明了我们理解网络延长过程的第二步,基础的关系,或者说社会主体的整体的概念是远距离操控的特点。因此,在劳尔研究葡萄牙的时候,"文件、设备和人"的重要性是使得它们互相保持原位。"正确的文件、正确的设备、正确的人一旦合理地被发掘出——放到一起就能创造出一个互相确保持久力和忠诚的整体方案"(Law,1986,p.254)。不过在这个早期的案例研究中,这个概念完整的社会主体含义相对不发达。是劳尔随后的工作,尤其是杂合共体的观点(Callon and Law,1995)使得在网络延伸中非人类主体的积极性更好地被发掘。对于拉图尔,这些主体是网络发挥整体能力的关键部分,"因为它们把我们互相连接,因为它们在我们手中流动,而且通过它们的循环确定了我们的社会纽带"(1993,

p.89)。

至此我们已经对杂交性和整体性做了概述，它们作为网络调节过程的必要辅助，使网络联系能维持很远的距离。同样重要的是这个网络如何随着时间增强并且稳定的，或者用 ANT 的术语来说，它们如何变得持久。在劳尔的《管理的现代性》(Organizing Modernity)这本书里，他改编了福柯的"话语实践"的观点，以此提出一种将网络持久性概念化的方式，叫做订货的模式。订货的模式既是叙述性的"描述世界的方式……过去是这样，或者说应该如此"，又是物质性的"在网络中表现出来的和具体化的、非语言的方式"(Law,1994,p.20)。他表明了组织如何执行多重的"订货模式"，这影响到了主体在全球网络中的参与方式。虽然这些组织的格局或者习惯是多样化而不是单一的，劳尔声称"在给定的时间和地点，网络中只有相对少数的组织模式可能被例示"(同上，p.109)。换句话说，长距离网络的持久性需要社会组织在网络所有节点都坚强，使得特定时间和地点的社会和环境实践的局域网络整合为整体的商业网络。

二、公平交易咖啡：另类网络

在这样的背景下，食物的另类地理就可以定位于政治竞争和个人、公共机构和联盟的社会主体性之中，使得不同的局部知识和策略利益通过同时在空间和制度上加长的网络联合起来，并且强化了环境和社会的根植性。这样的网络与正统全球化的公司和国家的网络并存，有时在时空上与它们重叠；有时占据不同地点并且建立断断续续的联系；有时明确地试图挑战相关的环境与社会实践。在这个食物的例子里，劳尔所举的葡萄牙人的例子，"设备、文件和专业人才"包含了比传统农业政治经济更宽泛的物质范围。这些包括将特定的农业和饮食知识所体现的技术形式；农产品—食物的法定注册，从专利品到健康标准；身体的标准，从人的胖瘦到工业化的动植物。

用这一系列的观点，而且避免结构主义的偏见（分隔宏观—微观，并且把前者具体化）去研究，我们认为，除了其他多地点网络联结的被动主体，将文件、设备和生物（包括人）组织起来的订货模式，是可能并且存在的。在这个案例研究中我们讨论这样一个格局，它明确导致一个另类的商品网络产生，我们定义为一种连接性的订货模式。在这种模式中,商店被告知有关合作、联盟、责任与公平性的事宜,但与新自由主义定义的这些术语截然不同(Barratt-Brown,1993)。这是一种给予边缘的、被抛弃的和被忽略的人或非人类事物权力的订货模式。在这种赋权中暗含着的是,"有些网络配置会生成一种效应,只要别的因素相同,就会比别的网络持续时间长"的认识(Law,1994,p.103)。因此,连接的模式不仅显示了、还尝试着把一种社会的、有时是环境内涵的回报效应具象化。

植根于为减轻"第三世界"贫困的非政府组织活动,过去 25 年中公平贸易"运动"在英国发展起来。慈善组织牛津饥荒救济委员会在 1964 年建立了一个完全自己拥有的贸易公司,同时其他组织逐渐在联合市场上的成熟的贸易公司(比如,平等交换贸易有限公司)或是教育机构[比如,成对交易(Twin Trading)与第三世界信息网络]中出现。最近成立的英国公平贸易商会(BAFTS)由达成一致的公平贸易原则的商会组成。其他组织并不交易但是以发起运动和游说的方式提供支持(比如第三世界发展运动)。这里要说的是英国的公平贸易组织形式多样数量繁多,而物质产品交易只是活动的一部分。公平交易的制度、交易和技术有助于揭示某些由农产品—食物的分析模式的杂合网络中的关键问题。特别的是,它显示了所谓的另类的农产品—食物网络(或者它们的"远距离操控的能力")如何在全球范围与那些"主流"商业网络并存。正是网络巩固的模式(使之持久)在公平贸易的订货与资本主义商业网络之间存在差别,并且为食物的另类地理创造了经济和政治可能性。

在这个案例研究中我们讨论了一个由四个英国公平贸易组织组成的杂合网络和一个秘鲁的咖啡出口协会,更详细一点来看,这个网络中还有很多其他的主体。在 20 世纪 80 年代后期,"牛津饥荒救济委员会"、"成对交易"、"特雷德卡夫特(Traidcraft)"和"平等交换贸易有限公司"聚到一起,创立了一个叫做直接咖啡(Cafédirect)的联盟,生产、进口、销售同一品牌名的咖啡,提供磨好的和冷冻干燥的咖啡。这四个合作伙伴在英国四座不同城市里——分别是牛津、伦敦、泰晤士河上游的纽卡斯尔和爱丁堡。早些时候,直接咖啡这个杂合网络运行时没有中心办公室。然而,合作伙伴有分派的责任,比如一个组织负责采购,一个组织负责管理整体销售,其中一个组织"成对交易"作为运作核心。1993 年联盟以私人公司名义登记,最近确定了一个主管,合作者现在变为"利益相关者"。直接咖啡是英国得到

第十五章 营养网络

公平贸易商标的第二个公平贸易产品，根据公平贸易基金会（一个最初由几个贸易机构——包括牛津饥荒救济委员会和特雷德卡夫特——建立的，最近被赋予慈善性地位的独立机构）确定的准则，宣布了产品作为公平贸易的合法性。因此，直接咖啡网络的产品是从它自己的杂合形式中获得的制度合法性。

直接咖啡的南方合作者是小规模的农场主，在品牌中阿拉比亚（Arabia）的那部分，他们的树长在哥斯达黎加、秘鲁和墨西哥陡峭的山坡上，而在罗伯斯塔（Robusta）那部分中来自坦桑尼亚和乌干达类似的生产者那里。在这个案例中我们把讨论限定在直接咖啡在秘鲁的部分合作者，叫做出口合作组织（CECOOAC-Nor），位于秘鲁北岸的奇卡来约。出口合作组织是北安第斯山脉的9个独立的咖啡生产合作组织的中心合作组织。它们都是在20世纪70年代军事政府通过土地（Agrarian）银行支持农场主合作的时期成立的。但是在20世纪80年代后的政府放弃了支持，银行倒闭了，使得农场主易受到商业银行的利率和商业贸易商（comerciantes）的采购策略的威胁。

20世纪70年代，合作组织能够向他们的成员提供包括医疗和教育在内的服务。后来，由于合作组织增加了新的经济负担，这些赡养服务就开始衰落了。1989年国际咖啡协议的瓦解使情况更加恶化。在相对混乱的政治、经济和社会环境中，在北安第斯山的小规模咖啡生产者被纽约的可可、糖和咖啡交易（CSCE）打垮了，它们调节着咖啡的前途和关键市场，因为对于这些强大的贸易商来说获得贷款并不是问题。

1990年出口合作组织第一次销售产品给一个公平贸易组织，这在它的生存中是一个重要事件。买家是一个属于曼科斯·海夫拉（Max Havelaar）的烘烤机厂家，这是一个基地在荷兰的主流咖啡烘烤机的杂合网络，作为支付公平价格的交换条件，要把曼科斯·海夫拉的商标印在咖啡的包装上。接下来是跟直接咖啡的买卖，合同由直接咖啡买家和对纽约每日市场价格密切注意的出口合作组织出口管理者共同商定。公平贸易买家和商业经销商的主要区别是前者支付最低保障价格（即使市场价格突降也能保护农场主）和在CSCE价格超过最低保障价格时增加一个标准的追加金额（通常为10%）。CSCE因此成为公平贸易和商业咖啡的杂合网络的众多一致性之一（图15.1）。其他一致性包括接受进出口管理部门的注册管理，才能使货物获许通过。

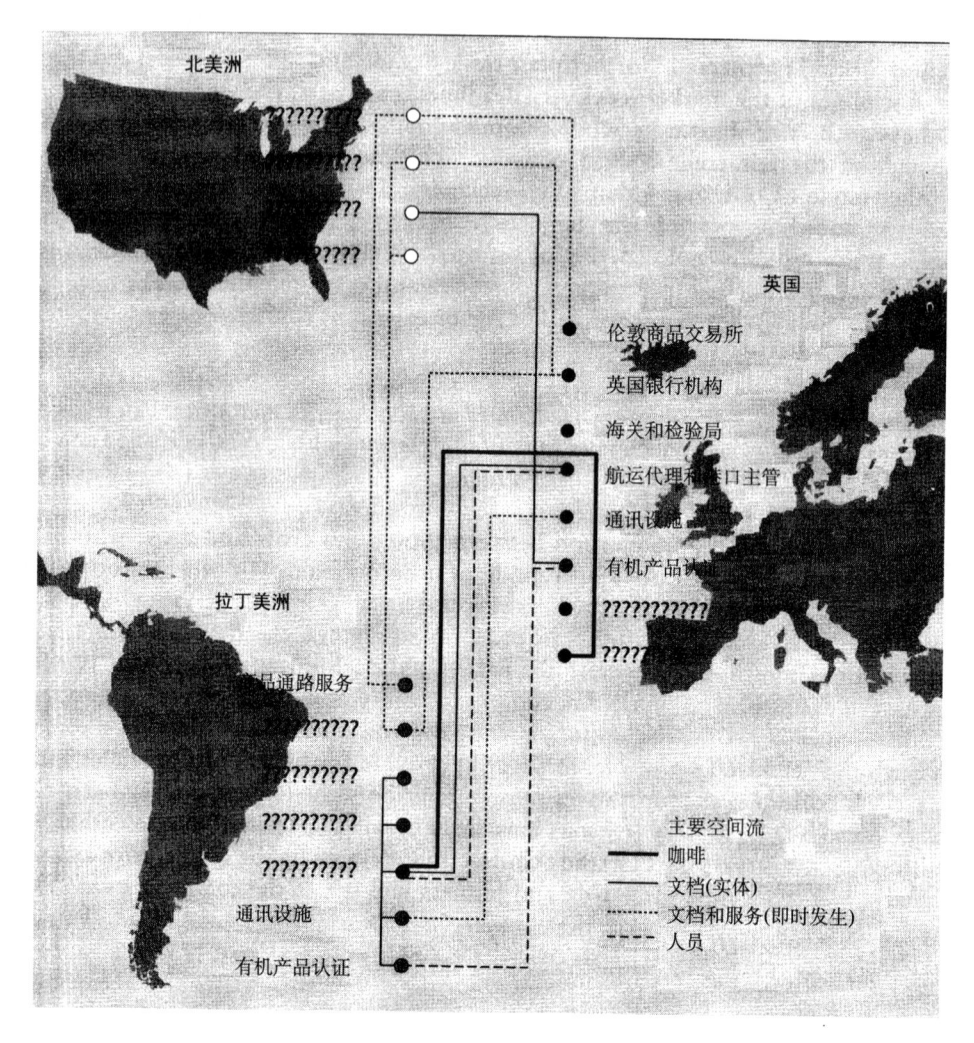

图 15.1 网络"延伸":公平贸易与商业咖啡网络的并存空间

直接咖啡通过国际金融系统(虽然会因为其他原因在秘鲁银行发生出款延误)支付给出口合作组织。股票交易、海关关员、银行职员都是公平贸易杂合网络的参与者,他们的计算机、电话和传真机也是。就像公平贸易和商业咖啡网络之间有一致性因素和空间一样,也存在着一个一致的企业订货交易模式——注重实效、存在投机性和算计(Law,1994,p.1)。北方公平贸易组织的"第三世界"合作者不是与市场规律完全隔绝的——到货期限、合同、质量状况的要求都是一致的。然而,虽

第十五章 营养网络

然企业的订货模式在整个公平贸易杂合网络中都存在,它却被另外一种订货模式,即连接性所调节和再衔接。直接咖啡的交易联系和作为整体的公平贸易网络的社会主体性,依赖对连接性的订货模式的动员能力,这与成本最小化、自利的新古典主义经济理论完全不同。直接咖啡的产品包装使得连接性的表达更为明确。

> 这是一个公平贸易的产物。你付给直接咖啡冷冻干咖啡的大部分钱直接到了拉丁美洲和非洲的小规模咖啡农场主手里。公平贸易意味着咖啡种植区域能够投资于健康保障、教育和农业。

这样的话在种植咖啡与消费咖啡的人之间建立了一种联系。连接性作为一种订货模式,建立起"公平"的具体行为,而不仅仅是一种慈善活动,公平贸易活动让农场主得到"公平价格",消费者"得到优质咖啡"。为了使巩固网络,公平贸易机构必须同时保证有效的联结性以及杂合网络的公平性。但是事情更为复杂,因为网络中的另一个因素——咖啡——充满着影响整体网络的变数。为了给顾客提供直接咖啡"优质的咖啡",合作组织必须提交最好质量的咖啡豆。如果低质量的咖啡(可能是降雨、"农药"、发酵导致的),它就不符合由合作组织出口管理者和直接咖啡消费者所达成的合约,农场主就会将咖啡卖给商业贸易的采购商。如果市场的价格很高,商业贸易的采购商也会为低质量的咖啡支付一个好价钱,而且是以现金支付。当CSCE的价格高的时候,比如说,巴西的咖啡收成被霜冻给毁了,农场主卖给合作组织也不会有很多收益。在这样的环境中,企业订货模式和连接性之间的压力就变得很现实,例如仓库可能收不满货。

在每一个杂合网络的联结点上,都存在着不稳定性和不确定性,所以合作组织深入程度的增强对于公平贸易网络的重要性就和通过市场策略和教育运动或者消费者的支持同等重要了。网络巩固表现为既是本地的又是全球的过程(图15.2)。"加强"社会和环境中生产者联合的习惯需要基础服务的改善——农业上的、医疗上的和教育上的。连接性的管理模式的第二个关键方面在这个案例中也很明显,通过有机耕种方式来测试网络中人类与非人类因素之间的相互作用。利用养殖蚯蚓(ombrices)减少化肥使用和培育覆盖物,也就是与遮阴树木间种而不是烧荒,使

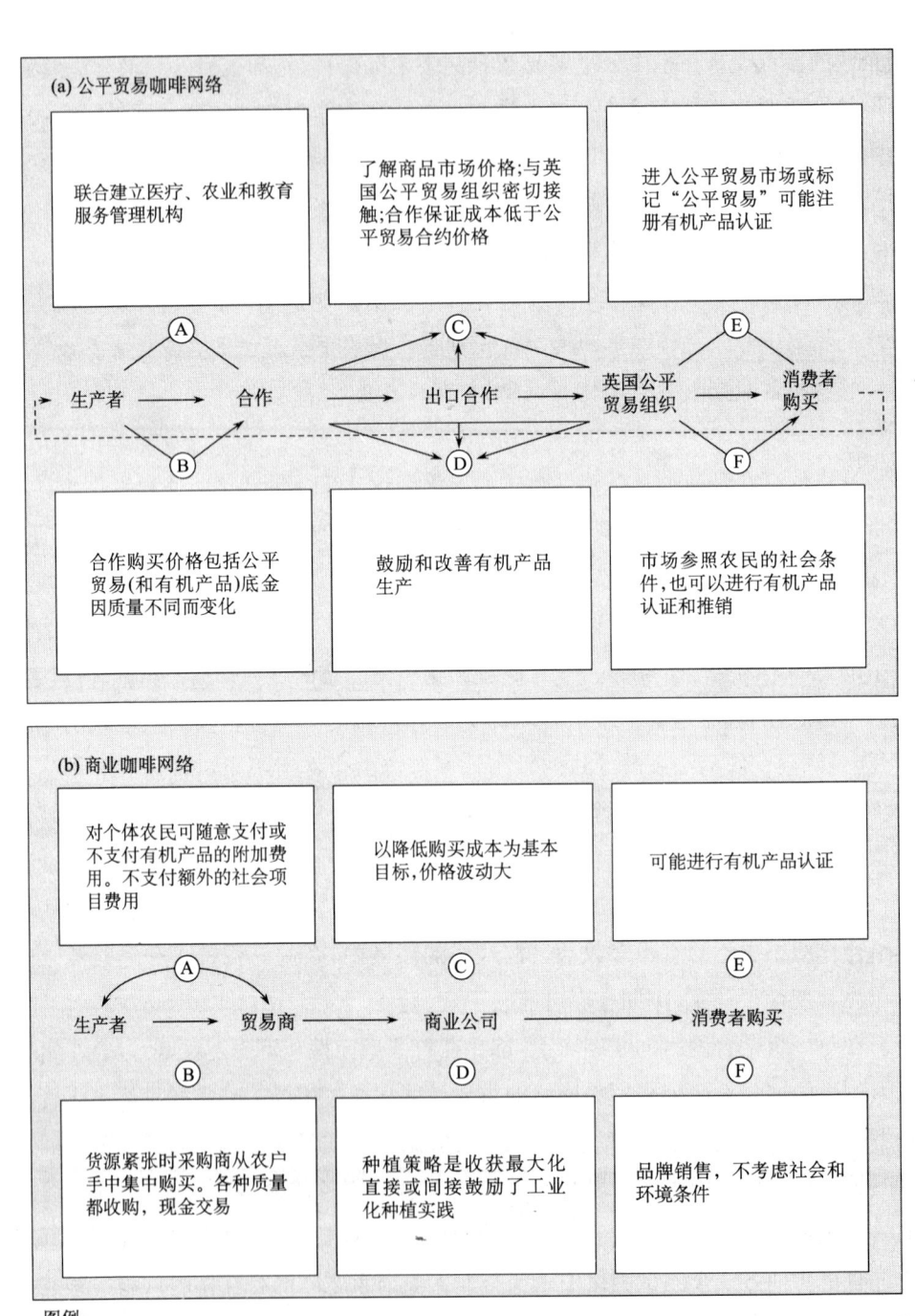

图例：
A=底金　B=购买策略　C=与商品市场的关系　D=评判　E=认证　F=推销

图 15.2　网络"强化"：公平贸易与商业咖啡网络所表现的不同的订货模式

得咖啡种植更少破坏环境。有 6 家合作组织具有有机作物改良联合会（国际 OCIA）颁发的有机证明，包括杂合网络在美国、德国和英国的其他参与者和地点。整个有机证书的颁发过程现在由欧盟管理（另一个公平贸易和商业网络共同面对的条件）。环境植根性问题是与强化另类的食物网络相关的重要组成部分，在制度和技术方面都同样充满活力。

这个对公平贸易网络的简单描述只是部分的，因为还有其他生产组织卖咖啡给直接咖啡，因而实际情况比这个例子传达的具有更大的异质性。况且，它是用来举例说明另类的食物地理是如何利用很多并存的参与者和空间以延长它们可触及的范围。然而，需要区分的是，它们如何通过为在"公平"框架下的非等级制关系建立连接性的订货模式，来加强原本是商业网络中的"被动"因素——生产者与消费者——之间的联系的。

三、食物的另类地理

> 那么，对这些圆滑的、已经充斥了不满的旧世界，能有什么彻底的办法吗？当然，把它们彻底翻过来；推翻它们，革它们的命。现代人一下子发明了整个系统，彻底的革命将终结这个系统，而革命的实行也将同样彻底的失败。（Latour, 1993, p. 126）

将现代社会生活网络延长为系统的和全球整体的尝试产生了大量没有认识到自己偏见的对于全球化的虚幻认识（Thrift, 1995, p. 24）。对于拉图尔，这种社会理性的无情逻辑掩饰了"一个简单的分类错误，将数学的一个分支与其他分支混淆了"（Latour, 1993, p. 119）。尽管"本地的"和"全球的"对于平面几何来说很有效，但它们对于网络和拓扑学却没有什么意义。虽然拉图尔自己的写作风格对某些人来说太傲慢了——这种分类错误可不简单——它不能忽视比喻和语言的力量在塑造经济中的重要性，和科学一样，有助于我们对世界的理解（Mirowski, 1995b; Barnes, 1996）；一种以多种方式获得生机的力量。从某种意义上说，有些词汇深入个人和集体的社会认同和实践中，既在公司管理者之间又在对抗的政治运动中采用。另一种意义上，它们融入了权威的课本和法律、科学手段里，甚至植入植物与动物(包括人类)的躯体中。

在描述一个对全球网络的另类认识中,我们重点从 ANT 理论中学到了,网络与系统不同,是不能自我维持的;它们依赖于成千上万的人、机器、编码来形成这个网络。它们是整体的,就是说它们的长度和持久性是交织在有关系的参与者的能力和实践中的。它们是杂合的,在社会实践中将人和设备和其他活物以一个复杂的、可错的方式结合起来。它们是有条件的,在特定的场所占据着大量的节点和位置,而且将它们自身的摩合力(文化的和环境的)加入网络活动中。而且,最后一点,即使它们是全球的,它们也是部分的,包围着表面却不覆盖它们,无论能延伸多远。

我们的研究从关注可预测的空间社会结构演变,转移到考察网络行动者构建的空间,其中行动者采用某种订货模式发起改变网络的特定理性、技术和代表设备、活物(包括人)和物理属性。除此之外,同全球化填满的空间不同,这个研究探讨的空间—时间具有多种不同长度和持久力的交错网络的共存性,比方说咖啡的商业和公平贸易在制度空间和地理空间上的许多一致性。跨国公司的出现不再独特,因为它们具有强大的全球范围内的经营能力。通过发掘维持这些联接在远处的不说话(或不可变的动力)却存在的东西的角色,我们可以开始在同样前提下讨论关于食物的"另类的地理",与在巨大的"资本"景观中黯淡的幻象不同,区别恰在于通过公平贸易网络中联接性的订货模式表达的政治竞争和社会主体性,包括直接咖啡、出口合作组织和 3 000 个小咖啡农场主。

(李智 译)

第四篇 社会的世界

导　言　引入社会的世界

杰米·佩克、特雷弗·J. 巴恩斯、埃里克·谢泼德、亚当·蒂克尔
(Jamie Peck, Trevor J. Barnes, Eric Sheppard and Adam Tickell)

　　阅读这一部分文献的方法是，了解每一章都是针对特定的经济社会背景，诸如政府的作用问题、性别关系问题以及资本和劳动的地域组织问题等。这些文献已经远远超出了上个世纪60年代到70年代的经济地理学家们狭窄的市场观（这种观点只看到了市场力量作用下的供给和需求曲线，对价格信号的理性反应等），开始深入到经济的社会架构当中，研究经济的制度机理和政治格局。本章的作者分别以不同的方式，拒绝了把"经济"或"市场"看做相互隔离的原始存在域的观点，在这种原始存在域中，功利主义和最大化行为总是最普遍的法则——正如传统的（新古典）经济学教材所提到的那样。但这仅仅是阅读本部分文献的一个起点，正如被当代经济地理学广为认可的观点所述：自行调节的市场是一种抽象，它几乎不能告诉人们任何有关现实市场运作的规律。任何有关"现实世界"中对市场的深刻认识，都必须充分考虑那些塑造市场的社会关系及行为模式。事实上，经济关系也是一种社会关系，经济结构和过程不可避免地要嵌入到社会和制度实践与规则当中。例如，流行的性别次序和政府管制模式并非单纯地"扭曲"完全市场的功能，而是它们本身就是市场赖以构筑的重要基础，也是市场运作的方式。经济地理学不仅全面反映了市场竞争的基本原理，如寻求最低成本的区位，而且也是一系列彼此交叉的社会、政治及制度过程相互作用的复杂结果。正如奥斯卡·王尔德（Oscar Wilde）所言，从来就没有纯粹的市场，而且市场永远也不是单一的。

　　接下来的文献会指出经济地理学的社会和政治架构方式。每一章都从不同的角度考察了各种各样丰富多彩的、持续不断的空间差异形式，在这些空间差异下，社会和政治关系使得经济过程、结构与实践逐渐成型。每位作者都提出了一些不

同的策略,来挖掘和说明"社会"在经济地理学形成过程中的作用。值得注意的是,本部分并没有保守地局限于主流经济学的相关理论,而是广泛地涉猎了社会学家、人类学家、政府理论学家和管理科学家的社会理论,借此获得灵感。卡尔·博兰尼(Polanyi,1944)的著作《大变革》(*The Great Transformation*)在本部分多次被提及。其余论述则涉及经济社会学、城市社会理论、管理和组织研究、女性主义理论和政治经济学等诸多相关理论,例如奥尼尔(O'Neill)关于政府在经济地理学中的作用的论述,就参考了政治社会学家克劳斯·奥非(Claus Offe)、鲍伯·杰索普(Bob Jessop)和佛雷德·布洛卡(Fred Blok)等人的观点;而哈德森和桑德勒(Hudson and Sadler)则以对安东尼·吉登斯的社会行动理论的批判为切入点来展开讨论。

如果20世纪70年代的经济地理学对当时制造业的蓬勃发展及相关的区域发展问题还没有太关注的话,那么近20年里经济地理学的视野则实实在在地越来越全球化了。因此,现代经济地理学囊括了各种各样的问题,如服务业、消费、可持续生态发展、政府重组、企业营运、社会再生产和福利改革等。在此过程中,各种流行的经济学概念也得到了极大的拓展和充实。经济地理学的核心命题曾放在寻找"空间区位"的系统化模式上(Lloyd and Dicken,1977),而今这些概念的边界日益松弛,空间经济的概念得以转变,以前对市场和制造业的有限关注也逐渐被更为复杂和综合的概念所取代,如社会嵌入性、社会管制、基于社会架构的经济等(Lee and Wills,1997)。因此,现代经济地理学越来越多地要求把经济和"非经济"的属性整合起来,寻求更丰富而有力的解释。比如,在一个支持性的信任关系氛围和制度化行为的模式中来定义企业战略,就必须揭示本地就业体系的性别特征,或者考察金融、环境及劳动力管制的动态变革带来的影响。

芬彻、麦克道尔和奥尼尔十分明确地指出,这绝不是单纯地在原来的经济地理学研究框架内"添加"社会的、政治的和制度的变量而已,而是对原有研究框架作根本性的重新思考。例如奥尼尔的研究一开始就谈到了如何理解政府和市场不可避免地相互牵绊的问题,虽然情形可能千差万别。无论从历史还是逻辑的角度来说,"市场"都是优先于政府"干预"的,但是,这两者之间的关系总是持续不断地相互耦合与共进。政府在构建和管理市场过程中的复杂而连续的作用,诸如保护私有产权、调整工作条件、防止垄断的形成等,对于市场运行和政府战略都是相当重要的。实际上,制定政策的过程并不能简化为一个"灭火"过程:政府在其中只是一个作壁上观的"旁观者",偶尔参与进来协调一下市场"失灵"。政府与市场是同一条船上的蚂蚱,彼此的边界并不固定,而是相互渗透和流动。市场并不是自行构成与自行调节的现象,从某种非常重要的意义上讲,市场恰恰是社会和政治共同构建的结果。

下文所表达的社会的世界观,与正统思想对市场力量和经济过程的理解差异很大,尤其是在全球化时代。斯多帕和奥尼尔提出,"全球化对话"使得经济力量的出现像天气一样是自然而然、无法控制的,进而变成一个永久的神话。传统的观点认为,市场的无限扩张已经超越了地球范围,因为它排斥和超越了其他所有"地球上"的因素,比如那些可能对政府行为或本地政治运动产生影响的因素。在这幅讽刺性画面的背后(这幅画面尤其符合新自由主义的政治利益),是更加复杂和混乱的现实。斯多帕试图超越正统观念对全球化的误导,从概念上剖析那些"地域化"的、依赖于地理邻近的或者特定地方的资源和关系的经济活动以及那些非"地域化"的经济活动。通过深入分析全球化的流动特征,斯多帕提出了几种典型的公司结构以及针对不同的地域化和非地域化形式而导出的政策主张,他认为这种综合的图景远比"全球化与市场同质"的简单表达更为丰富,更能体现全球化的多样性和细微的差别。全球化的过程绝非某些商业著作的评论所谈到的加总化过程,它不会自然导致成本和费用的下降,或带来节约和流动,然后坐等更便宜的区位(参见 Dicken, Part Ⅱ)。

斯多帕所描述的异质组织形态需要更为宽泛的政策选择,它超越了新自由主义的通用方案,如减少管制、降低税率、削减成本、推进私有化等。面临本地企业自由流动造成的重新寻找区位的威胁,有些地方的政策制定者可能没有多少选择的余地。另外一些地方则出现了本地关键产业部门的地域化,也就是说,这些部门嵌入在本地网络、关系和资源的联系中了。这样,本地面临的政策选择与挑战就同那些被"全球化"了的地区有所不同,后者已经变成了一场有关争取还是保留本地就业与企业的争斗了。从政治视角的市场规则背景(flat-earth)来看,全球化的实现过程实际上是相当困难的。

一国经济的构建方式直接决定了其政治化道路以及制定和表达政策问题的方式。事实上,正如哈得逊和赛德勒(Hudson and Sadler)所言,在某些地方、某些时刻,经济的脆弱反而为新的政治动员形态创造了基点。他们的研究显示,在很多单一产业地区,阶级政治在本地的重新配置会导致工厂倒闭和大规模失业的威胁。从这种意义上来说,政治认同并非根据生产工人的立场来决定,而是在本地水平上的再造,它往往对本地政治与发展战略的构成产生深远的影响。他们还指出,本地经济财富并不是由要素禀赋或生产率水平先天决定的,而是政治和制度关系的函数。两位作者把重点放在了社会的创造性战略上,而这种战略是社会对经济变动的反应,即使有时候可供选择的就业机会之供给非常有限。通过文中的讨论,两位作者揭示了地方使阶级分析变得越来越复杂的方式。

20世纪80年代的几篇文章,如哈得逊和赛德勒对工厂倒闭问题的回应、芬彻对本地性别关系的描述,都把传统阶级分析的局限当做了他们研究的出发点。这里有必要回顾一下,最早把社会问题引入经济地理学研究的是20世纪70年代末80年代初对产业重组浪潮的研究(Lovering,1989;Sayer,Part Ⅰ),他们把定义特征放在了对工场社会关系的解释上。在这些研究当中,资本—劳动关系(阶级关系)强调的是技术变革、工作的重新设计和产业关系,并为理解不同形式的资本主义产业重组提供了优先切入点(Bluestone and Harrison,1982;Massey and Meegan,1982)。他们认为,本地化的产业机制不可能变成无止境地寻求成本最低的生产区位,而必须同时考虑当时对劳动力的控制,例如避开工会势力过于强大的地区,或者招募"生手",或者寻求更温驯听话的本地劳动力供给。

20世纪80年代中期,上述框架下的研究开始逐渐减少对经济变革中"阶级中心论"的讨论(Massey and Allen,1984;Gregory and Urry,1985)。在斯哥特和斯多帕(Scott and Storper,1986b)主编的文集——《生产、就业、地域》(*Production, Work, Territory*)中,"生产中心论"明确无误地得以保留;不过哈得逊和赛德勒的极具影响力的文章也被刊印其中,编者对它的按语是"分析现代资本主义区域发展的最可行的出发点,是把生产系统当做技术、社会和政治关系的联结来考察"(Scott and Storper,1986a,p.301)。

斯多帕指出,作为一个出发点,对生产关系的述评为区域发展理论奠定了最有说服力的基础。例如,对于经济地理学中的"解释性中心"很难得达到如此大范围的一致意见。在与《生产、就业、地域》(*Production, Work, Territory*)同时出版的文集中,迪尔和沃科(Dear and Wolch,1989)提出,分析"再生产与包含广泛社会关系与实践的地域"之间的联系同样很重要,这种地域"保护和保持了资本主义社会的基本结构"。这本文集收录了芬彻的著述,分析了集体和公共服务的生产问题、劳动力市场重构的性别问题、重新组织福利系统的问题、志愿部门的变革形式问题、政府的管制措施等等。为了深入研究社会政治、政府和社会再生产问题,沃科和迪尔的文集有针对性地拓展了"经济"的概念,由此打破了经济地理学的既有边界,这样做的目的并不是为了使他们提出的仅存在于资本主义的狭义需求条件的"特别经济现象"成为功能主义的合理化,而是为了发展一套更为宽泛的理论,用来解释地域景观同不可预期的空间与经济、政治和社会文化背景的互动之间的随机关系(Dear and Wolch, 1989, p.4)。

芬彻的文章探讨了"社会再生产服务"的组织方式,如同儿童保育和老年人看护一样,这些组织方式影响着劳动力工资市场的参与模式和联系方式。通过考察当地政府同当地劳动力市场的联结关系,芬彻认为,服务交付的地理不均性质影响了劳动市场的空间结构。而且,本地经济创造的就业类型(经济学家称之为"劳动力需求"),并不仅仅是生产的技术要求的函数,而是反映了不同的男女群体对"恰当"工作机会的理解。正如麦克道尔所言,工作机会不会自己"在那里",等着谁来做,而是就业制度的设计和功能必须充分考虑性别差异(Wright, Part Ⅱ)。在这种场合下,社会关系——尤其是性别关系,代表的就不只是劳动力市场的一幅多姿多彩的背景,而是这些市场过程被社会化。因此,经济不再是一个游离的逻辑和机制体系,它的逻辑和机制不可避免地受到社会、政治和制度联系的影响,所有的市场都被嵌入到这种社会、政治和制度背景之中,而这种嵌入过程的多变本质,又直接导致了经济发展的空间不均衡。用芬彻的话来说,市场运作方式的地方化差异同地方政府的结构现象联系起来了;用斯多帕的话说,就是企业之间非贸易的相互依赖和制度形式。

加深对经济活动的社会属性的理解,并不意味着简单地用"模糊的社会背景"分析来取代"坚实的经济原理"分析,而是要求克服二元论的差别。这也是为什么大批当代的经济地理学者吸收了经济社会学和制度主义传统并开始强调社会经济学过程在本质上的统一,"引入社会学"不是为了扩大经济地理学的分析边界和实证范围而一时兴起的冲动,而是承担了对经济与特殊经济推进的持续的、递归的认识。最关键的事情不是发展出一套唯物主义和经济主义少一些的经济地理学,而是把社会经济学的敏感性及其伴随的扩大化视野,引入到解释经济现象的复杂性、多样性以及地理分布的不均衡性问题上。正如麦克道尔最初对商业银行产业的观察是从包含了工场中的性别关系的日常经营活动开始的,并非某些人考虑的"坚实"的经济现象,如利率设置、管制改革等。她在这项研究中发现,就业中的性别关系,实际上受到了产业结构的决定性影响。商业银行的运作机制反映、再造和重新生成了性别关系。

在阅读这一部分文章的时候,有几个问题值得思考。这些作者们讨论社会和经济学问题的切入点是什么？是企业、全球经济、本地政府、产业、政治事件还是政治运动？每一章分别从何种意义上超越了经济地理学视角对市场关系的狭义理解？哪些制度、社会关系和政治关系跟经济地理学的形成与发展有关？带来什么样的经济影响？这些关系可以量化吗？例如,政府干预经济的程度如何？更严重或是更微弱的性别就业制度是怎样的？这些文章在什么样的意义上可以确认社会角色的作用——来自社会能动者,如政策制定者、公司、工人以及工会领导等人的那些深思熟虑且意义重大的干预？

(梅丽霞 译)

第十六章　找回经济地理学中定性的政府

菲利普·M. 奥尼尔(Phillip M. O'Neill)

一、介绍

一般认为在过去的 20 多年里,政府力量对市场的干预过多,这被看做是资本主义积累的本质发生变化导致的直接后果。反过来,这种本质的变化,又是被强化和扩张的资本流通所驱动的。本章将提出三个命题来说明上述政府观的不足。首先,本章认为把政府当做一种具有中心化结构和目标的完整组织的概念是错误的。政府是一个与不同的时代(垄断资本主义、福特制、后福特制时代,等等)巧妙结合的概念,但是这些时代的划分对于分析当代经济变迁并不能提供多少帮助。本章提出,深刻理解当代经济变迁,可以把政府描述为一个范围,在这个范围之中,复杂的、异质的政府手段与非政府机构和主体(包括国外的)相互叠加,在有关积累和分配的目标中形成无法调和的竞争。

其次,本章对以下政治话语提出质疑,即认为市场能够超越政府手段成为一种单独的、私有的存在。这里,我们提倡一种定性的政府观。这种观点认为政府在创造、管理和引导市场方面,包括在国际场合,起着不可或缺的作用。因此,有关政府干预程度的观点是苍白无力的,关键的问题应该放在政府决断形式的本质、目标及其后果方面,而不是担心政府干预的程度问题。

第三,本章发现,作为权力削减的结果,政府控制宏观经济的力量正在受到侵蚀。例如,新自由主义的核心观点就是一套极力提倡资本主义、自由经济的言论,认为市场交易在不受政府约束的条件下才能兴盛。他们认为,正是因为没有政府干预,生产资源的最优配置和最优分配结果才得以产生。类似地,另外一些有关当代经济变迁的理论如全球主义、管制理论都认为国家—政府结构及其力量正在不断地被空心化。简言之,资本家被看做能够积聚起某种力量,使政府以他们希望的方式,怎样做以及在哪里,来改变分配结果。随着国家政权组织集团的瓦解,政府主导再分配的机会越来越少了,因为政府行为改变了方向来支持国内资本在日益激烈的国际竞争中的积累。在这场竞争中,政府仅剩的一点分配地位也被流动的投资项目议价出卖了。政府的定性结构可以避免这种分配可能性的固定观点。因为资本主义不可能在没有政府参与的情况下运行,并且积累过程中的每一步都不可避免要面临分配问题,因此政府一直就在参与资本主义的分配过程。

本章主要分为四个部分。第一部分,回顾经济地理学对政府的认识,主要参考三个理论背景:新自由主义、全球化及管制理论。第二部分,通过改变我们以往描述政府的方式,并把焦点集中在政府手段与资本主义过程的互动上,由此打破了政府与市场的界限,有关积累与分配的问题也变得不可分解。第三部分,应用上述观点检验了在国际经济交易日益增长的背景下,政府在新阶段的作用。最后一部分,考察了分配带来的影响以及为了获得更加理想的分配结果而产生的新的政府干预机会。

二、政府—经济关系

在经济地理学的框架中理解政府角色的一个主要困难就是寻求下面这个问题的共同答案——政府在做什么?一方面,许多经济地理学者认为,作为过去20年国际资本自由流动的结果,全球经济一体化已经出现,它超越了国家—政府的控制(Martin and Sunley,1997)。另一方面,一些实证研究显示,国家和政府在管理与促进国际资本流动方面起到了十分重要的作用(Leyshon,1994;Martin,1994;Hutton,1995;O'Neill,1997)。看起来,要想在实证研究的基础上总结出当代政府不断变化的作用,面临的最大问题是,总有某些关于国民经济的案例研究刚好与作者特定的政府观相匹配。比较一下赫德森和威廉斯(Hudson and Williams,1995)认为英国政府受到限制越来越多的观点,和韦伯(Webber,1994)描述的积极而有目标的东北亚经济以及恩德维克(Enderwick,1997)讨论的新西兰政府,就可以发现完全不同的政治色彩。

1. 新自由主义

新自由主义者认为,自由运行的私有市场是最有可能实现产出(技术效率)最大化和福利(分配效率)最大化的手段,并且最易于调整(动态效率)。新自由主义者把政府看做实际生产过程的"外部人",他们相信,只有在市场失效的情况下,即商品或服务不是以可接受的价格得到供应的时候,才需要限制私有经济以增进公共福利。然而,即使在这种情形下,新自由主义者仍然指出了政府在矫正市场失效过程中产生的责任问题,这是一种两难困境。他们认为,公共管制的动机不是为了最大化公共利益,而是为了给他们自己及其他保证了他们地位的利益集团寻求排他性利益(或者租金),这种观点被写进了公共选择理论(Stigler,1971),代表了新自由主义者对公共服务的原则与公共物品的存在试图发起的攻击。新自由主义者的言论主张政府干预应该减少到最低程度,而且政府干预容易导致腐败,这导致政府分配行动的发展受挫。

按照新自由主义的观点,没有政府干预就是市场,市场失效从来不会在纯粹的市场本身内发生,因此,市场失效只能是政府的失效(参见 Hayek,1948)。这种主张的政治后果是开始解除管制,因为人们认为现代政府无力管理好社会的或是私有的经济,只有通过解除管制和私有化,才能使经济增长的预言重新得以实现(Francis,1993)。这种对政府分配职能的明显取代表明,不仅新自由主义的主张改变了许多国家的积累战略,而且这种理论本身已经成为主导的分配手段。需要指出的一点是,新自由主义主张的"无为政府"理论从头到脚都是模糊的。在政府问题上,新自由主义是一种自相矛盾的理论。因此,有关产品、金融和劳动力市场的地理学试图建立一种在性质上完全不同的政府行为观。新自由主义是一种政治话语,它实际上推动而不是减少了政府干预(Hirsch,1991;Bonnett et al.,1990;Tickell and Peck,1995)。

2. 全球主义

国际化以及后来的全球化,被经济地理学者和其他领域的学者们描绘为资本主义不可抵挡的趋势,这种趋势对政府的作用也产生了重要影响。在 20 世纪 70 年代和 80 年代,一般认为国际资本是被无国家属性的跨国公司所掌控的,他们的目标就是把资本和消费者市场渗透到每一个国家和每一个地区。这类分析的依据是国际劳动分工理论(Fröbel et al.,1980),他们所获得的特殊利益跟全球范围内的事件也是一致的(例如,Thrift,1986;Dicken,1992a;Chase and Dunn,1989)。罗斯和特拉赫(Ross and Trachte,1990)以一种偏激的观点建议全球化的资本主义主宰全球的经济,这将导致国家—政府的裂解,使得本来就十分贫乏的资源,被迫从寻求合法性目标(尤其是社会福利)转变为追求资本在全球业务中的积累性目标。

与全球资本主义不可阻挡的崛起相同的是古典马克思主义形式的政府。这样的政府是服务于主导阶级的一种组织单位。所谓的主导阶级便是国际资本组合的掌控者。我们可以举出两个反例来辩驳这种观点。第一个承认政府通过自治的政府成员及其工具来维持足够的经济权威,以达到产生"不均衡"的经济和政治空间的目的(Dicken,1992a,1994)。政府仍然能够提供国家内部"各个地方具体(location-specific)"的供给与需求条件,这些条件不是对全球资本组合流动的被动反应,而是能够吸引外国投资的条件。当然,有大量证据表明,凯恩斯的宏观经济管理能力已经受到了全球化过程的侵蚀,但是这并不能说明国家—政府就成了多余的东西。事实上,政府正在开发一些新的能力与结构,以充分发挥政治和经济的力量,甚至跨越多个不同政府的地理边界。

第二个对全球资本主义的崛起与国家政府作用的削弱的辩驳是建立在把全球化当做言论还是证据(把全球化当做一般趋势的证据)的区分基础上的(Cox,1992;Dicken et al.,1997)。越来越多的人认为,全球化语汇的兴起是基于构建国家经济战略中为了达到某些强制性目标的应用,这些战略包括重塑工作现场、争取民众对国家和地区经济改革的支持等。为了某些明显的目的,这些语汇不可避免地把政府描绘成一个被削弱了权力的组织。但是,在全球化主义强调的政府作用减少与定性政府观强调的政府作用转移之间存在着明显的不同。如果政府作用的转变真的是定性的,那么,到底是什么东西发生了改变?出现了什么样新的政府能力与结构?是什么引导了它们的形成和改革?在接下来的讨论中,我们将通过说明管制理论的不足来回答这几个问题。

3. 管制理论与空心化的政府

最近的管制理论对政府问题的态度引起的一个主要反响,就是后凯恩斯福利政府的理想化及其作为历史准绳对后来的政府作用的定位。特别地,管制理论认为战后的政府承担了一个保姆的角色——缓和福特时代留下的危机,安抚资本主义市场的掉队者。佩克和蒂克尔(Peck and Tickell,1994)指出,凯恩斯政府的衰败是造成当代经济危机的一个根本性原因。由于稳定的可作为替代的管理秩序尚未出现,这个危机就一直持续下来。在这种背景下,国家—政府同时受到了国际经济势力的强迫和国内经济积累需求的驱动(Tickell and Peck,1995)。类似地,杰索普(Jseeop,1994)也提出了,国家—政府作用的空心化是当今时代的一个特征。杰索普还指出,当国家—政府为了保证供应而放弃了对需求的管理的时候,跨国界的政府工具作为新的管理者就出现了。国家—政府层面的活动被看做是为由全球化经济趋势驱动的(Jessop,1994),这包括为了支持跨国合作与战略联盟的新立法的制定、对货币和信用体系的改革、技术转移的规则、贸易管制、知识产权协议以及对跨国劳动力转移的管制等。与此同时,根据杰索普的观点,投资政策被转移到各地方政府,导致了新的跨国区域集团的形成。剩下一个多余的政府,只能参与开发工作实践及其他能够促进国际竞争的措施。这种情况被杰索普称之为熊彼特式工作福利制政府(Schumpeterian Workfare State)。

杰索普关于空心化政府的暗喻,其实是一种政府作用的转移而非衰退,其中不同等级的政府之间出现了一些复杂的新关系。如果不考虑最本原的概念,那么空心化的暗喻在文献中的应用已经非常普遍了,它代表了政府作用衰退的普遍情形。这个暗喻代表了对国家—政府的极端瘫痪,与杰索普论述的转移关系完全不同。

把这些管制理论的曲解先放在一边,那么,管制理论到底在何种程度上对于政府过程及行为提供了一种永久性的解释? 管制主义者蒂克尔和佩克(Tickell and Peck,1995)是矛盾不定的。当然了,他们应用管制理论有效地解释了政府在构建社会规则过程中的作用,这些规则在福特时代是极其稳定的治理方式。但是,他们也承认,管制理论基本不能解释转型的关键过程(Tickell and Peck,1995),但是这些过程在至少近20年来正是国家—政府最为关心的命题! 管制理论不足以说明政府在引导社会从一个稳定的经济状态过渡到另一个状态中的作用,除了把它们描述为危机的间隙。

这其中的不足主要源于管制理论总是试图用它自己的形式、它的历史、它的治理方式来总结经济状况。而且,累积性的危机被管制理论描述为一种单一的、完整的事件。管制理论不可能提出非相关事件的多维视角,包括不同的增长和繁荣周期、不同的治理方式。也不容许渐进的、战略的、国家主导的经济重构与转型,例如自20世纪60年代开始的划时代的东亚经济变迁。而且,管制理论潜在地否认了政府工具在运作过程中可能出现的冲突和张力,不认为这是常态事件。

此外,作为凯恩斯—福特式政府管理社会与经济结果的理想化(也有点怀旧)观点,管制理论倾向于把成功的积累同成功的分配结果合并起来。它设想,把国家积累过程管理得井井有条,才是保证政府合法性的最重要的强制性工具。这种观点与很多政府理论,如克劳斯·奥非(见 Offe,1984)的观点,都是相反的,并且也被大量的实证研究结论否认掉了。例如,巴克希等人(Baskshi et al., 1995)指出,虽然在凯恩斯—福特制时代英国成功地积累了大量资本,但是在那样的背景下,政府对于种族与性别政策的历史(却不尽如人意)。社会的服从从来就不是通过长期经济增长得来的,国民收入也从来不会自动就公平合理地分配到每一个社会团体的身上。

有些观点认为管制理论中本来就缺乏政府理论。首先,从管制理论对现代政府形式与功能的理想化的方式来看;其次,从英国经验所观察到的证据来看,赫顿(Hutton,1995)认为这个经验是不寻常的。管制理论没有认识到,国家的经济战略必须持续不断地管理和协调,因为这些战略也是持续不断地依赖于积累和分配的。对于政府过程,我们需要更抽象的理论。这需要考虑多方面的政府经验,把政府置于积累的过程之中来考察。同时,也需要对正在进行的分配过程的本质进行更为深刻的理解,以此来避免对政府定位的削弱,在这个定位上,政府能力被限定为依据过去的经济发展情形,通过福利援助来进行收入转移。总而言之,我们需要的是一种能够说明如下问题的政府理论:①政府起作用的方式;②政府如何稳定和转变积累的体制;③政府在各种地理尺度上如何运作?不是简单地说政府怎样受到地理尺度的限制;④政府如何参与再分配过程。

三、定性政府

本章提出"定性政府"这个范式是为了提供一种理论定位,从而否定了私营领域完全自由运作的市场的可能性,强调政府在私人生产和消费中不可或缺的作用。布洛克(Block,1994)提出,定性的政府观排除了用"干预程度"来评价或测度政府作用的方式。无论何时何地,只要有商业交易发生,就会有政府的作用。这种新的政府观的起点,就是拒绝接受把政府作用当做经济活动中的政府干预的观点。它坚持认为政府一直都在构造经济当中起作用,因此,把政府排除在经济活动之外是毫无意义的(Block,1994,p.696)。

有关定性政府的概念最早源自卡尔·波拉尼的历史性著作(Karl Polanyi,1944)。波拉尼指出,一方面,工业资本主义从来就不是一个纯粹的私有化过程;另一方面,经济制度毫无疑问是由政治创造的。他揭秘了后封建主义社会中自发产生的自由市场关系的神话。恰恰相反的是,正是日益重要的现代政府为资本主义关系的运作构建了关键的条件,这些关系包括排他性的产权,建立在神圣不可侵犯的合同基础上的法律制度,国家大市场的建立(通过行政体系、货币体系以及通用标准,如食品额纯度、重量及其测量办法)以及其他国家市场的渗透,尤其是通过帝国主义的渗透(Block,1990;Cerny,1990)。国家理论学说者们从波拉尼那里总结得来的基本主张就是,在一个自由放任的环境中,市场不可能自动运行。

布洛克(Block,1994)系统地总结了关于政府的各种观点,提出了定性政府的范式,并且提出四项原则。其一,经济是市场、政府作为和政府管制三方力量的混合,由此得到一个必然的结论:架构经济的方式有无穷多种。其二,尽管经济绩效依赖于市场,但是市场也受到政府的约束和管制,不可能在一种完全自由放任的环境中运行。其三,资本和政府都不可能同时或者单独达到目的。其四,我们必须认识到,任何有关经济的一致观念都源自我们的文化信仰(至少是盎格鲁传统的文化),正是这种文化导致了计划与市场的二分法,反过来,又产生了对多种经济形式的存在的否认。这就是在马克思主义的认知逻辑里,经济的意识形态力量使得特定的经济制度安排成为自然而然且不可避免的事情。

上述原则与布洛克(Block,1994)提出的"旧的政府观"截然相反。各种各样旧的政府观都认为政府是处于一种外在于主流经济的地位(理论上的)。例如,理想的(或规范的)公共财货政府认为政府有义务提供公共物品或服务,如有关种族或政策的问题,这些都是私人市场无法有效且普遍提供的。宏观经济稳定要求政府通过干预来调节总体市场,尤其是消费者需求市场,促使私人市场的均衡(或市场出清)点向着完全就业的方向移动。

当然,市场仍然是汇总个人商业偏好的最佳方式。与此同时,政府的参与也是不可缺少的,只有这样市场才能有效率地运作。在所有的经济中,政府有一些共同的作用,包括维护产权体制、管理地域边界、为确保经济合作而制定立法和执法框架、提供基础设施、保证劳动力的生产和再生产、控制宏观经济形势和保证经济系统的合法性。表16.1列出了定性政府在构建和维护现代经济中所起到的作用,说明这些庞大而复杂的策略在所有西方政府中都是相同的。

表16.1 定性政府在现代经济中的作用

A		保护产权体制
		i. 保护私有产权
		ii. 承认机构(制度)产权
		iii. 生产资料的所有权及其使用的基本原则
		iv. 自然资源开发的基本原则
		v. 知识产权转移的原则(个人、居户、机构及代际之间的转移)
B		管理地域边界
		i. 提供军事力量
		ii. 通过控制以下方面来保护经济
		• 资金流
		• 物流
		• 服务流
		• 劳动力流
		• 无形资产流
		iii. 提供担保

续表

C	促进经济合作最大化的法律框架	
	i. 建立伙伴与合作关系	
	ii. 保护知识产权	
	iii. 治理下列对象之间的重复经济关系	
	• 家庭成员	
	• 雇主与工人	
	• 地主与佃户	
	• 买者与卖者	
D	保障社会合作的计划	
	i. 维护法律与秩序	
	ii. 承诺国家形象过程	
	iii. 其他强制性战略	
E	提供基础设施	
	i. 提供下列系统	
	• 交通与通信系统	
	• 能源与水供给系统	
	• 废物处理系统	
	ii. 安装并提供通信设备	
	iii. 搜集并传播公共信息	
	iv. 土地利用规划与管制	
F	开创和管理金融市场	
	i. 金融机构的设立与运作	
	ii. 确定报酬的支付方式	
	iii. 信用规则	
	iv. 保护最后贷款人的利益	

续表

G	创造和管理产品市场
	i. 企业的市场力量的管制
	ii. 自然垄断的选择与管制
	iii. 战略性产业促进与保护
	iv. 提供公共物品
	v. 提供那些不可能得到公平供应的物品
H	劳动力的生产与再生产
	i. 民主计划与管理
	ii. 提供普遍的教育和培训
	iii. 工场条件的控制
	iv. 工作报酬的管理
	v. 提供社会工资
	vi. 提供儿童看护服务与管理
	vii. 退休金的管理
I	宏观经济趋势的控制
	i. 财政政策
	ii. 货币政策
	iii. 外部可行性
J	其他合法活动
	i. 消除贫困
	ii. 保护公共安全
	iii. 市民权
	iv. 收入与福利分配
	v. 城市与区域发展
	vi. 文化发展
	vii. 社会化
	viii. 改善环境

到目前为止,有关定性政府的研究讨论的都是政府在做什么。其实对于定性政府的结构与机制,同样需要加以考虑。奥非(Offe,1975,1976,1984)在政府参与资本主义过程的问题方面提出了颇具见解的思路。他的研究有两个要点:第一,他一直在寻求对解释经济危机有用的理论,这种解释要求能够同时考虑政府的权威与合法性的一般性问题以及考虑政府如何实现财政与福利目标的职能问题;第二,奥非质疑,政府到底能否找到解决资本主义生产的矛盾的办法? 他认为,政府参与不是公关部门影响各社会团体的问题,而是在社会与经济利益代表了政府利益的过程中,政府直接参与到其他部门和机构中间,如各政党、贸易联盟、公司等。这一点并不足为奇,社会动荡与政治抵抗同时威胁到了资本积累和政府的合法性,因此被看做是不断地在内部化。政府则采取各种手段来管理和分配资源,这些手段不仅有助于实现经济增长,而且照顾到了公平的呼声。奥非认为,政府既不是仲裁者,也不是管制者,更不是对资本主义不加批判的支持者,而是深深地陷入它自己的矛盾之中。资本主义是不受任何限制的,它要求政府维持积累的过程,保护私有资源。其结果是,劳动力、私有权和商品交换的再生产过程被永久性的政治干预所管制和维持。因此,政府就是由一系列行政、立法、官僚及强制系统组织而成的,这些系统不仅构建了政府与其他社会群体之间的关系,而且对这些群体相互之间的关系产生了深刻的影响。此外,毫无疑问,不同的政府拥有不同层次的权力。这意味着,政府之间的差异跟现时的经济条件关系较少,而跟政府创建或强化其组织的能力、雇佣适合的人选的能力、吸引政治支持的能力,尤其是通过支持企业的项目来促进社会事业的项目的能力(Skocpol,1985)关系密切。这些能力从根本上而言,取决于对于治理和政府作用的历史性态度。也就是说,政府之间在性质方面已经形成了差别,并且在影响政府手段的普遍的、历史的结构之下,这种差别还将一直维持下去。

四、国家—政府与超越国家的尺度

这一节讨论日益增长的国际市场交易对政府的影响。有的学者认为,国际贸易强化了国家—政府的结构与地位,而不是削弱了其重要性(见 Cerny,1979)。全球化市场的兴起改变了政府的角色,大量证据显示,全球化市场本身正在受到政府加盟的转变,而政府的加盟创造并促进了跨国家的治理机制与结构的运转。例如,政府通过国际结算银行(BIS)来谨慎地监控国际金融贸易,通过国际标准化组织(ISO)的运作来监控贸易品的质量和安全,并通过世贸组织(WTO)来治理国内产品市场。因此,国家—政府,包括在很多场合下的地方政府和区域政府以及各发展机构、工业部门、金融手段等的加入,在建立长期治理机制的跨国联系方面正在起到越来越重要的作用。所以,这里出现了一个矛盾,即一体化的全球市场的兴起,带来的是对政府作用的强化和重新架构,而不是褫夺政府地位。

国家—政府的作用也体现在把国际区域主义当做成功的国际集团的趋势。海(Hay,1995)指出,伴随着这种趋势出现的,是一群超越国家的组织,如北美自由贸易协定(NAFTA)、关税同盟(GATA)以及欧盟(EU)等等。与杰索普认为超国家组织的出现是政府空心化过程的结果的观点不同,海指出,强化超国家权力组织的趋势受到的制约来自于"政府之间讨价还价的事实……受到保持国家合法性基础的紧迫性的驱使"(Hay,1995,p.403)。换句话说,在全球政治战场上,国家—政府部门寻求的是国家利益而不是国际利益。海同时也指出了,具有讽刺意味的是,超国家组织无法干预资本流通,除非这些组织是由一组极具活力的国家权力组成。更为重要的是,全球资本流动之所以需要政府组织,就是为了在没有混沌政府的条件下持续积累。

为了坚持超国家战略,国家—政府设计了多种方法来强烈抵抗全球化主义削弱政府权力的形象以及国内市场日益高涨的抗议。一般地,国家—政府开始强化其被国民看做"国家"的那一部分权力,逐渐通过强制性的战略来获取社会大众对国家经济变迁的认同,使国家积累战略的重新建设获得合法性。这些战略是建立在先前存在的国家形象基础上的,包括已成为历史的各种政府政策,诸如处理移民、外国投资、体育、艺术、教育、通信等事业。不足为奇的是,这其中很多政策是错误的,因为在新的运作领域,面临新的问题,政府需要承担相对而言更新的角色。并且,新的政府行为并非以必然产生更多可接受的分配结果为目标。这里的主张是,越来越开放和一体化的国内市场并没有威胁或者削弱国家机器的运行及其有效性,而是需要政府转变性质。严格来说,这种性质的转变并不是可以选择的,因为它之对于成功的积累过程是极为关键的,如果没有压力的话,它对于保持合法的分配结果也是举足轻重的。总之在调整的过程中,产生了政府领导人不太喜欢的

第十六章 找回经济地理学中定性的政府

一些问题,需要对观点、管理结构与文化以及有关政策进行更多的试验(Cerny,1990)。当前时期可以看得见的一些调整趋势包括,从微观干预转变为宏观干预,从保护特定的产业和细分市场转变为建设国际竞争性条件的市场,鼓励创新与竞争(包括公共部门)的企业文化以及政府开支向着经济效果最大化而非社会福利最大化方向的转变。不足为奇的是,各国都会有大量激进的群体对这种分配趋势持不满意态度。

以这种方式来考虑超越国家的尺度问题,会出现两个疑问。第一个考虑的是政府在从超国家领域转变到国家边界内部的生产和消费活动中的作用问题。政府不仅创建了对于成功的积累而言十分关键的基本竞争条件,如贸易规则、知识产权、汇率稳定性等,而且它把这些条件同超国家尺度的政府手段结合起来,形成了稳定的国内与国际资本流动,带来了令人期待的分配结果,这些结果在很大程度上取决于政府对共同目标的支持以及执行共同的管制和标准(Hirst and Thompson,1996)。

第二个问题是由塞尼(Cerny,1990)提出的,他认为国民经济在贸易、金融、信息流以及通信方面的开放性导致了一个"超载的政府(或'负重的政府',overloaded state)"。超载的负重来自于全球经济不景气的传染、国际背景下私人和公共经济目标的结合以及那些为了保护对国民经济管理而言十分重要的政治合法性的斗争。举例而言,为了保护合法性而受到普遍制约是持续已久的公共财政缺口,它吸收社会储蓄,却激化了收支的不平衡。另一个制约来自于集中的劳动力管制制度与企业降低单位劳动成本的措施之间的矛盾,这些措施包括减少劳动力人数、采取新的倒班制度、直接外包等。第三个约束源于政府对那些亏损经济部门的保护和重建,比如通过直接补贴和微观经济改革的方式予以扶助。塞尼总结出,随着国际化的纵深拓展,"政府干预的总体程度将会上升,因为政府将陷入到促进、支持与保护这些日益宽泛的社会与经济活动之中"(Cerny,1990,p.230)。不过,塞尼(Cerny,1990,p.231)也指出了,"国内财富与权力的再分配将变得越来越困难和复杂,而这却是社会民主福利政府的核心。"

所以,资本主义持续不断的危机最大程度地增加了政府干预的必要,而不是减少了这种必要。但是,政府似乎主要干预那些与资本分配结果有关的积累过程,这正是新自由主义者的核心主张。"超载的政府"不得不从十分紧张的公共财政预算中拨出预定的福利资助来帮助解决分配问题。相比之下,重构主义的主张认为,政府及其国家机器与生产和消费过程之间是与生俱来的关系,不能让政府置身事外,当一个旁观者、管理者,或是不受欢迎的入侵者,仅仅从积累过程的意义上为确认和操作分配结果提供机会。

五、关于分配的主张

因为资本主义不可能独立于政府行为而存在,也因为资本主义过程本质上就是利益分配的过程,所以政府一直跟再分配活动有关。认为世界经济一体化是一个自然而然的现代资本主义趋势并且势必导致政府权力削弱的观点,其实不过是再次声明一种强制性的说法,来阻碍或否认经济重构对特定社会群体的利益。本章主要提出三个命题来证明这个主张,说明定性政府范式的分配机会。

第一个命题是,政府及其国家机器是由争夺分配权的一系列斗争组成的(Offe,1976,1984,1985)。重要的是,尽管政府被牵绊进资本主义生产与交换过程,政府的主要动力仍然是保持其自治地位和对阶级纠纷的仲裁权、去商品化社会生产的维护者。因此,政府绝不是因为它是资本主义的仆人而对成功的积累感兴趣;成功的积累当然事关政府自身的存在与利益,但这并非政府依赖经济增长获得纳税收入,尤其是为了再分配利益的最低理由(O'Connor,1973)。于是就发生了斗争,政府开始扶持财政活动来兑现对选民的承诺,而资本家却极力抵制这些可能降低其竞争优势的政府管制,他们要的就是从劳动力那里榨取剩余价值,尽量减少给消费者的分配。因此,政府陷入了两难的困境,到底是保护资本积累过程(这就必然要求尽量减少政府干预),还是成功地寻求合法化目标(这就必然要求尽量加大政府干预)?换句话说,政府同时陷入了商品化与去商品化的困惑之中。

从这个推理可知,当政府及其国家机器拥有了组织经济活动的权力的时候,政府在市场内部的再分配行为往往受到资本代言人的反对,他们认为经济领域应当是"自由不受侵犯"的(Offe,1976,p.395)。另一方面,政府作用的"自然"领域被看做包含于社会体系之内的,例如可以带来"体面的生活"的教育、医疗、福利体系(Offe,1975,p.256)。这些资本代言人认为,政府职能受到国家税收的资助,应当是在依赖于积累的再分配过程发生以后。例如,企业所得税的征收是以企业每一财年的净收入流为基础的。因此,如果政府依靠过去的经济发展情形来接受其分配地位,就往往会在经济滑坡的年度遭遇财政危机,因为那时候对分配的要求提高了但是税收却下降了。所以,政府在上述两方面同时获得成功的能力并非在任何时刻都可以奏效。

第二个命题是,在经济重构期间,政府作为一种强制性的手段发挥着极其重要的作用。这一点必须加入到对定性政府及其内在的分配职能的认识当中。全球化对保守党人展现了一幅引人注目的景象,尤其是在那些认为当地劳动力需要默许国际资本与世界竞争压力的党派中间。这种观点表达了传统国家的社会民主战略与积极的微观经济政策。关键在于,建设市场经济的观点是理性的、自我组织的、自我管制的,并且独立于政治氛围的。这是一种规范陈述。反过来,与这种观点相一致的,就是认为只有作用最小的政府、不干预主义的政府、守夜人式的政府才能实现经济绩效的最优。这样一来,政府就陷入了产生分配结果的经济重构论中心。

第三个命题源自杰索普(Jessop,1994),认为既然全球化过程不可避免地要牵涉进政府组织的扩展,那么全球化就为政府干预分配结果提供了更多的机会。越来越多的证据显示,全球资本、货物、服务、思想以及人员的流通,都需要超国家组织与机器的作用。反过来,这些超国家组织与机器又依赖于国家—政府的合法性与权力。只有国家—政府才拥有领土自治权来处理社会问题,包括国际化过程中不可避免出现的社会冲突。很明显,国家—政府在这里所使用的国际化话语十分关键。最后,地方与区域权威都没有机会来寻求自己的国际化利益,除非国家—政府把超国家组织与国家领土"缝合"起来。对国家—政府在全球化过程中正在起到的越来越重要的作用的认识,将在那些经常遭受胆小甚微的解释,即认为地方经济的灾难主要来自不可阻挡的全球资本主义的解释的地方,是改善利益分配的结果。

六、结论

考虑定性的政府为鼓励旨在获得更优的分配结果的政府行为提供了新的机会。这包括认可政府的自治权;认可政府在治理私人市场方面的重要作用;认可政府不是一个与社会同质的单位,而是作为一个与社会不断互动的对抗性领域而存在;认可全球化过程不是一个单一的资本主义逻辑,尤其是当资本逃离坍塌的凯恩斯—福特主义国家经济空间的时候尤为如此。对定性政府的认识,包括否认空心化的政府观,即认为全球化使得国家—政府成为宏观经济管理的冗余的观点;否认再分配遵循积累过程的逻辑,因为再分配的程度其实依赖于积累过程的成功。最后,定性的政府观并不是说把政府带回来。深入的研究表明,政府从来就没有离开过。最关键的问题在于,当商业贸易日益全球化的时候,我们如何看待在最近若干年里处于经济危机中的政府。对定性政府的新的主张,将为政府干预经济过程提供更多潜在的机会,使政府更成功——尤其是在以分配结果来判断成功的时候。

(梅丽霞 译)

第十七章　全球经济中的地域、流和等级

迈克尔·斯多帕(Michael Storper)

一、全球化与经济发展制度

最近几年来,横跨各个国家和地区的商品、服务、信息、资本以及人员的流动日益增长,带来了经济活动日益"全球化"的观点。这些现象真的意味着地方在当代经济变得毫无意义,而仅剩下资源在公司等级间的流动吗? 这些资源并不植根于某个国家或某个地方,因而也就不会受制于当地的国家制度。尽管很多评论者认为地域政策,尤其是国家——政府的政策,在全球化经济中的作用越来越重要,然而权力的制衡仍然向着有利于全球化组织、网络、实践及其流动的方向倾斜。因此,控制经济发展过程中关键变量的地点,既包括狭义上的正式决策与资源配置,也包括广义上的影响——从地域化的机构,如政府,转变到去地域化的机构,如企业内部的国际化等级或没有边界的全球化市场(Gilpin,1975;Ohmae,1990;Reich,1990)。等级与市场的完善,犹如管理制度与交易结构,超越了地域障碍、特异性和各地之间的摩擦(Julius,1990)。

当然,还有另外一种大量文献都提到的观点,即认为组织和市场是由政治和商业制度调整形成的。如"日本模式"与"日本型企业(J-firms)"及"德国模式",诸如此类,就是完全不同的促进资本主义发展的模式(Albert,1993)。在很多产业部门,这些建立在地域基础上的从制度上组织起来的生产体系之间为了争夺世界市场份额而相互竞争。

这两种观点在针对全球化的两个主要的学科——经济学与政治科学中,以多种方式相互照应。其中,经济学中的很多观点认为经济发展正在去地域化;与此同时,政治科学中也出现了一大批学者,他们认为各个地方发展模式的差异性跟当地

制度有着密切的关系。政治经济学家和政治学家开始考虑全球资本主义对民族—国家控制的边界的影响(Carnoy,1993),奇怪的是,他们并没有仔细考究全球资本主义到底是什么。结果,经济全球化的理论含义与实质影响仍然是模糊不清的。

在本章中,我将概略地论述经济发展的地域化与全球等级的兴起及其流动之间的矛盾和冲突。发生冲突的原因是基于这样一个假设,以地域为界限的政府及其他机构,有能力与等级制的全球商业组织相抗衡,并且政府从总体上影响了那些与经济活动的地域化相伴随的发展过程。因此,地域化就成了理解全球化的政治学与经济学之争的一把不可或缺的钥匙。

用经济学术语来定义地域化

地域化的经济发展跟经济活动的区位或位置之间有很大的差别。在我们的分析中,地域化的经济是由依赖于地域特定资源的经济活动构成的。这种"资源"可以是仅出自某一个地方的特殊要素,或者更复杂一点,只能从某种特定的组织内部或企业—市场关系中获得的要素,包括地理邻近性,或者说地理邻近的关系比其他方式能够更有效地产生这种特殊要素。如果能够产生外溢效果——经济活动中的正外部性,那么地理邻近关系也能形成有价值的特殊要素。因此,地域化总是跟经济生活中所特定的相互依赖密切相关。邻近性也可能成为有价值的特殊要素,尤其是当这种要素对企业在正常情况下的有效运作十分必要的时候,企业无法替代他们,无论是通过功能的内部化,还是在没有邻近性的条件下发挥外部联系。我们这里讨论的要素有可能是硬的——如劳动力、技术,也可能是软的——如信息、互动的传统、基于特定关系的技能等。当我们的研究日益深入的时候,我们就需要提出基于特定关系的要素这样的概念(Asanuma,1989)。

如果一项经济活动的生长能力植根于某种特定的要素(包括资源和关系),而这种要素在其他地方都无法获得,也难以重新创造或者被其他地方模仿,那么这种活动就是完全地域化的。区域的替代是不可能的,可行的区域数量非常之少,这使得区域市场都是高度不完全竞争的市场。上述有关地域化的定义并没有涵盖到所有集聚、本地化或城市化的情形,而只是这些情形中具有区别性的一个子集。

二、主流经济学对全球化的主张及其失语

如前所述,有关全球经济中的企业行为、市场结构以及制度影响市场和企业的方式的研究,已是浩如烟海、汗牛充栋。但是这些研究中也有很大的漏洞,因为它们都没有清楚地论述地域化的问题。

1. 我们是谁? 市场 VS. 等级

在 20 世纪 90 年代早期的美国,有关全球经济中的国家经济的争论就很好地说明了这个概念的漏洞问题。争论的一端,人们认为发展导致的投资将流向那些拥有最适宜生产要素的地方,这在全球经济中意味着高水平的劳动力("符号分析者")、良好的基础设施等(Reich,1990)。这种观点暗含着认为外商直接投资的重要性与流动性以及要素的所有权——即企业的国家性,这个判断并不重要。认为区域和国家的作用就是开发适宜的要素供给以吸引高度流动的投资。但是,从我们的定义出发的话,这个观点没有对生产要素是否为地域化作出任何说明。因此,这个观点既可以被解释为对没有地方观念的全球化的认可,也可以被看做是把全球化当做地域化的经济结构对资本的吸引。

争论的另一端则认为,所有权的属性——企业的国家性十分重要(Tyson,1991)。出于政治考虑,企业有必要把所有对于国家安全而言十分重要的技术集中在本土生产,大型跨国公司一般都把核心技术活动放在母国进行生产。即使没有安全方面的考虑,技术外溢的存在也意味着一个国家开展创新和研发过程必须有其他能力的补充。这两个观点听起来都十分合理,但是它们都没有谈到全球化的问题。一方面,这种主张没有解释为什么大型跨国公司仍然在母国从事主要技术活动,又是为什么要素/市场—引资的观点对此问题却意见相左(参见 Amendola, Guerrieri and Padoan,1992;Carnoy,1993;Patel and Pavitt,1991)。结果,我们仍然可以认为,投资越来越趋于流动,而跨国公司仍然植根于母国经济的现象,都是一种短期的、并非必然的情形。另一方面,虽然这种主张谈到了基于技术外溢的相互依赖对于最重要的创新形式十分关键,但是它没有说明,除了安全方面的原因以外,为什么外溢需要地方化于一国经济?换句话说,对于技术外溢的地域化,这种

观点并未给出任何经济上的理由。所以,有关"我们是谁"的争论并没有告诉我们,在全球经济当中我们到底是谁。

2. 商品贸易

商品贸易的显著增长展现了一幅经济正在全球化的景象。当企业开始进行全球化的职能分工的时候,产业内贸易就被看做是全球化的证据。一个可能的原因是,伴随着产业内贸易出现的是拥有大量商品和知识投入的全球垄断的供给结构(Ernst,1990)。那些主导供应链的大企业,因为规模经济及其可用于全球市场的特定要素而从进入壁垒中受益。然而,这种观点从本质上而言,也没有说明任何有关地域化的问题。即使是高度垄断的全球供应结构,也可以反映为:①一种内部化的要素供应结构,而这种情形完全可能是去地域化的(Dicken,1992a);②企业的一种努力,即企业试图优化其获得生产要素的渠道,以获得全球供应结构的投入(Reich,1990);③企业的另一种努力,即企业试图优化其获得地域化生产要素的渠道(正好符合了我们的定义标准)。问题在于,如果没有一个针对特定问题的概念工具,那么现有证据就不能揭示任何问题。看一看经常被引用的外商直接投资问题就知道,它们作为产业内贸易和企业内贸易的工具,就因为同样的概念缺失问题而模糊不清(cf. Julius, 1990)。这种观点解释了跨国公司活动的兴起,也理清了世界分工的发展脉络,但是却没有说明全球化和去地域化问题。

3. 全球商业等级

有关全球商业等级——管理全球供应体系的组织的研究已经很多了。在20世纪60年代和70年代,研究的热点从"多国公司"、"跨国公司"甚至"跨国本土化公司",转移到了管理全球生产体系和"实时"投资体系的组织上以及伴之而来的对生产投入、资本、信息和市场营销等方面的控制和运作(Balance, 1987; Dicken, 1992a; Glickman and Woodward, 1989; Ohmae, 1990)。

在20世纪70年代末80年代初,人们对于这些组织的可能性是极其乐观的。福特汽车公司宣布了制造"世界汽车"的计划;通用汽车在电信事业及其他基础设施方面投资100亿美元,他们不仅想要构建全球范围内的供应和市场协调网络,而且致力于打造全球范围内的并行工程(如创新和知识生产)。有些评论家认为,这些计划是全球资本"超级流动性"的表现,因为企业总是从假设可以替代的区位之中寻求最佳位置。

这种分析方法很重要,因为它提出了一种跨越全世界的生产体系的概念,包括了在那些缺乏特殊性的不同区位之间企业内部贸易的投入(Fröbel, Heinrichs and Kreye, 1980; Hymer, 1976)。如果这种理论成为主流,可以预期的是,中间品将获得极高的世界市场份额;但是事实并非如此,这一点从表 17.1 中可以看出。同理,我们可以预期在某些产业中,国际外包将变得十分重要,问题是,我们无从获悉这些外包到底是从可替代的地区还是地域化的地区生发出来的。再进一步,我们可以预期,终端产品贸易可能是那些可替代地区将中间品外包的结果,而非地域化的外包、知识生产及要素的结果。统计数据还没办法验证上述结论。

有趣的是,试图构建世界范围内的、地区可替代的外包系统带来的结果是混乱不清的,因为协调这些组织变得比原先设想的要困难得多。福特和通用已经大幅削减了其早期野心勃勃的高度地域化战略(Morales, 1994)。但是仍然有一些管理学的文献认为,这种战略是很多同时涉足制造业和高级服务业的企业的终极目标(Caves, 1982; Dicken, 1992a; Ohmae, 1990; Vernon and Spar, 1989)。看起来,这种机会似乎只是受到某些特例的制约,例如,大规模的组装和装配业务,包括一些低水平的企业和依赖于特定的人力和物质资本的产业以及全球外包的高度可替代性地区。但是这些措施并非必然地从总体上给当代资本主义带来超级流动性的去地域化。实际上,这些措施很可能构成一种相对温和的经济过程的一部分(Carnoy, 1993)。

有关知识和技术创新时代的全球商业等级的讨论也是如此。大量的创新都需要巨额投资,为了获得可观的投资回报,即使那些最大的企业也纷纷试图垄断全球市场的收益(Dunning and Norman, 1985; Krugman, 1990)。一旦这种知识被开发出来,它立即就会变成全球范围内最领先的产品或者工艺技术。这取决于企业当时拥有的无可匹敌的、排他性的特定要素,并借此获得短期的超额利润(Grossman and Helpman, 1991)。这些要素固有的特点驱使企业将其内部化。然而,这就意味着去地域化吗?不一定。企业特定资源的产生只能是在使用互补性地域化资源的过程中,也就是说,依赖于特定地域的资源在企业核心区位的流动,只有这种核心区位才能使企业通过技术先导性向国际市场渗透。因此,企业可以通过知识产权来获得特定的要素,然后作为一个全球化的、垄断的供应体系的基础,逐步远离那些接受它的地区(Dosi,Pavitt and Soete,1990;Patel and Pavitt,1991)。这种解释符合了高技术产业中外商直接投资(FDI)的实际情况,他们的企业内交易往往在其总投资中占据相当高的比例(表17.1)。

表 17.1 所考察产业的全球化模式　　　　　　　　　　　　(%)

考察的产业	贸易				直接投资				合作协议		
	最终产品(销售额)	中间产品(销售额)	国际外包(全部采购)	企业内交易(全部贸易)	资金流(gfcf)	AFF销售额(gfcf)	M&As(ops)	股权(ops)	开发(协议金额)	生产(协议金额)	营销(协议金额)
医药	10	8	10~30	70	50~70	40~50	52	48	38~68	13~29	19~41
电脑	26	14	20~60	50~80	30~40	50~60	43	57	50~70	15~28	17~32
半导体	20	n.a.	10~40	70	15~25	20~25	39	61	n.a.	n.a.	n.a.
汽车	21	13	25~35	50~80	15~25	10~20	33	67	24~48	39~66	9~20
消费电子	55	30	10~40	30~50	20~35	20~30	39	61	24~40	35~62	12~33
有色金属	21	21a	30~50	30	20~35	15~25	45	55	n.a.	n.a.	n.a.
钢铁	27	35~45b	15~25	5~10	5~10	15~25	72	28	n.a.	n.a.	n.a.
服装	25~30	25~30c	10~40	5~10	15~20	5~15	n.a.	n.a.	(limited)	n.a.	n.a.

说明:数据来自 OECD,Industry Division Compilation (1993),部分数据由实地调查资料计算而得。其中 gfcf:毛固定资本投入,ops:海外合作伙伴,AFF:所有外资企业,M&As:兼并收购。

　　a:粗铝;
　　b:铁矿石、焦炭、废铁;
　　c:纺织品。

然而,同样的风险促使企业冒险并花费巨额成本与别的企业建立战略联盟,其中的事态仍然不太明朗,很多企业参加联盟仅仅是为了获取其他企业的经验,避免陷入伴随而来的技术锁定(作出错误的、代价高昂的有关企业特定要素的选择)的风险(Mytelka,1992)。这种经验从何而来？或许来自于那些企业去地域化的、完全内部化的能力,但是也可能正好来自于他们所根植的那些地域背景。显然,开发先进的技术与知识,尤其是企业特定的知识,并且外人获得这种知识将面临重要的法律或经济进入壁垒,那么掌握这种知识的企业就成为当今世界最主要的开发力量。全球商业组织一直在寻求这种力量,这是对当代经济的主要影响。但是,对这种力量的寻求,仍然没有解释和区分全球经济中产生技术与知识的地域化和去地域化问题,而只是更多地解释了对知识与技术的联合供给。

事实上,作为对以前把国际企业当做垂直一体化的世界商业等级的一种替代,人们开始把企业看成是一系列全球联结中的中心结点。这种全球联结从所有权到战略联盟,包括跨国投资、技术和生产的伙伴关系,联合研究与开发等(Mowery,1988;Mytelka,1992)。这很可能成为一种新的商业组织"联结",它对经济发展过程的影响几乎不曾为我们所察觉。但是,这种全球化企业的模式并不能证明,经济过程的去地域化已经重新启动了地域在复杂的、由组织内部和组织之间相互联结起来的全球商业等级中的流动。

4. 外商直接投资

直到现在我一直没有谈到有关全球化的分类问题,主要因为这个概念十分模糊不清。外商直接投资(FDI)是一个包罗万象的类别,主要是指企业附属业务的国际投资。FDI带来了产业内贸易、产业间贸易和企业内贸易,但却减少了商品贸易,这导致了在大型市场方面主要为本地服务的终端生产能力,也就是所谓的"区域"或"三角"区位模式。因此,FDI可以是贸易的一种工具,也可能是对贸易的替代。它反映了一种通过企业内贸易来控制国外市场的企业战略,反过来,它也反映了企业通过战略联盟和本地贸易来插足中间品投入的需求。FDI可以反映商品、知识产权或者技术的全球供应寡头垄断,反过来,它又反映了外资企业希冀通过与那些扎根于外国环境的商品和技术开发企业建立联系的意图。统计数据基本不能说明经济发展过程的地域属性。

另一种观点认为,全球经济正在去地域化,向着有利于全球商业组织的方向发展。这种观点与公司的权力有关。人们已经正确地观察到,世界最大的全球企业正变得越来越大,他们对资本的诉求越来越高。对此有些人提出评论,认为资本正在集中化,因为目前世界上最大的前100家和前500家企业比他们过去的20年都要大许多,这些巨头组织在跨越地理边界方面的力量也越来越强大。他们的投资安排能够改变市场,决定什么样的技术得到开发,对国家和地方政府产生什么样的重要影响(Harrison,1994)。

从这个意义上讲,权力很可能对我们所定义的地域化产生影响。不过我们需要验证这个结论。全球化的悖论之一,从不同国家的企业相互渗透的意义上来说,就是许多产业中的多种市场结构在过去30年里的集中程度降低。市场上参与竞争的企业比只有国家或地区企业组成市场的时候多得多。尽管就世界水平而言,往往是前10位或前20位的企业控制了许多产业的绝大部分产出,尤其是技术密集型产业。全球化企业组成了一个小型俱乐部,特别是在那些具有较高的进入壁垒的产业中,结果这些企业就受困于竞争的战场。它们并不是直接地控制世界市场,正如那些主要的汽车、电脑、服装和化工企业所证明的那样。

FDI突破了地域边界,将大量资本、技术和人力资本转移到不同的产品市场、R&D项目上,这种能力是相当惊人的。这些企业可以通过改变供应结构的决策来显著地改变市场的发展,而且他们可以跟当地政府讨价还价,以达到特定的目的。但是,如同戴维兹(Davids)面对全球化的歌利亚(Goliaths)一样,不能简单地以为因为存在全球化,就可以想当然地设想国家和地区的姿态。因为前文已经谈到,全球化的企业是服从于复杂的地域化的。

5. 分类的贫乏

在传统的分类中,对于全球化的争论一般分为:外商直接投资、商品贸易、全球商业等级以及对商品、知识和技术的全球供应结构等。这种分类似乎本能地体现了经济力量的去地域化。但是,更进一步的观察发现,这种概念上的分类并不足以解释地域化和去地域化的问题。奇怪的是,这么重要的地理过程仅仅是贴上了一个地理术语的标签——"全球化",只是把全球化当成了一股资源的流动,完全没有考虑到经济发展过程中地域之间的互动。

三、重新构造问题：地域和流动

为了搞清楚地域化和去地域化到底会对全球经济产生怎样的影响，我们可以假设两种极端情形，一种是完全去地域化的"流动并可替代的纯经济"，另一种是完全地域化的"相互依赖而又具有特殊性的纯地域经济"。为了形象地说明两种情况，接下来我们将集中讨论组织（企业）、要素、市场和地方这几个问题。

1. 流动并可替代的纯经济

想像一下全球供应体系完全被垄断的极端情形。资源在企业内部和各地之间流动，不需要对任何特定的地方有任何特定的依赖。这种要素——不论是商品还是信息，在许多地方都可以产生，构成了一个真正的（几乎）基于区位生产的完全"市场"。这种经济可能是两方面情形发展的结果。一方面，这些经济活动在大多数地方都得到了良好的开发，使得必要的生产性资源具有较高的遍在性，很容易获得，但是由于历史的原因，这些活动被交通壁垒或者各地差异化的偏好分隔开来。随着交通技术的进步、偏好的标准化以及生产规模的扩张，这些地方开始向全球商业组织开放；全球商业组织开始从蕴涵着巨额潜在利润的区位选择和无所不在的市场中牟利，但是，他们也受到了缺乏地方特色及本地相互依赖的制约。另一方面，全球商业组织不断改进生产过程，通过对产品实施标准化、对生产工序实施程序化等措施来降低对本地稀缺的特殊要素的需求。

在这两种情形之下，一种纯粹的全球化流动形式成为可能。至于这种流动是通过市场形成的还是通过等级形成的，无关紧要。例如全球化企业可以在本地采购，然后通过全球商品贸易网络销售出去。同样地，至于这种流动的主体是中间品还是终端产品，也都无关紧要。上述讨论考虑都是产业组织理论分析的问题，只是全球资源流动、要素的最优化利用及产能优化所采取的不同方式而已。对于纯粹的流动性经济而言，最关键的条件是区位能够提供生产要素，而这种要素能够被其他地方潜在的替代。

实际上，这种没有特殊性的、区位可替代的、完全弹性要素供给的情形在现实情况中可能无法根本找到。但是在有些部门中，尤其是在某些制造业和消费者服务业当中,这些条件是非常接近于现实情况的。低工资、低技能、低沉没成本的制造过程;几个特定的高度标准化的耐用消费品制造业(沉没成本较高,但是模块化和通用设备使用较多);特定的消费者服务业,其中的集中生产可以跟地方运输配送系统联结起来。

我们可以想像一下全球化过程中的这种纯粹的市场景象。大量的当地经济,以一群相对较小的企业为特征,在全球市场上你争我夺。购买商拥有完全信息、高度发达和柔性的市场营销网络,几乎可以从一个地方的某种产品同时转向另一个地方。因此,相对于文献中经常暗含的"垄断=全球化"的认识,等级之于流动经济学的定义,就不再成其为必要了。不过,在现实中,这种转换能力跟市场规模有关,也跟从不同的可替代资源中协调供应有关。

流动经济潜在的政治后果一直困扰着对全球化的评判(参见 Harrison, 1994)。流动在这里不是被当做世界范围内资源优化的方式;他们的基本观点是:经济发展总是依赖于政治经济学,所有的东西都是从劳资之间的收入分配、到通过一些地方化的机构来纠正大范围的市场失效,如国家—政府。去地域化的流动经济的到来,可能会减少一些操纵国家—政府的机会,这样做就会取悦于私人部门,并因此在分配和效率领域产生一系列不太理想的后果。

2. 相互依赖而又具有特殊性的纯地域经济

完全地域化的经济活动必须满足一些跟前述完全相反的条件。地域化的基本条件是,这种经济活动依赖于当地特殊的资源,而这种资源的供给基本上是无弹性的。稀缺自然资源的经典例子就是一个完美例证,但是它们与生产活动基本无关,因为在生产活动中,"资源"被看做投入要素,如劳动力和技术。我们知道,对于大多数作为投入的劳动力和技术而言,很难找到功能相当的替代品,即便如此,劳动力和技术仍然是与产品高度相关的(差异是惟一可接受的概念)。在许多情况下,投入要素可以通过多种渠道获取,或以各种价格很容易地生产出来。在这种情形下,地域化就不太明显了。反之,如果资源不太容易获取,也就是说,资源具有稀缺性或者其供给无弹性十分明显的话,那么,在生产的地理条件限制下,不仅会形成本地化,而且会形成地域化。

考虑到"劳动力"和"技术"的特殊含义,地域化就变成了当今世界经济中最显著的现象。某些劳动力的素质仅仅因技能的不同而不同。在许多情况下,工人们进行非常规的判断,这种判断的成功与否取决于工人们怎样解释那些与他人相关的不确定性条件,或者对于工作而言在那些未经编码化的传统与行事方式十分关键的地方。前者侧重于对创造力或惯例的要求,后者侧重于既成的传统习惯。在所有的情形下,劳动力的素质以一种特定关系的方式形成,它们形成并嵌入一种关系体系之中,而不论这种关系是人与人之间的,还是具有特殊限制的、不完全编码化的游戏规则(Asanuma, 1989)之间的。这些技能不仅具有本质上的差别,而且就中期来看,它们的供给往往是无弹性的(Amin and Thrift, 1997)。

同理,技术也是如此。如果我们所谈论的技术不仅指硬件技术,还包括缄默知识,尤其是那些表面上不断变化和未知科学前沿领域(如高技术)的缄默知识,或者是当产品具有较大差异(很多低技术产业,或是对时尚变化要求很高的工业和服务业具有这种特征)时,围绕变化机制发生的那些不确定的变动所导致的缄默知识。这时,它有可能牵涉到要素特殊性和供给的无弹性(Dosi et al., 1990)。

这有可能掩盖了生产中的关系程度及各地特殊的要素。许多生产体系采取了纷繁复杂的外部企业间交易和内部企业内交易的网络方式。有时候,为了在有限的地理距离间传输这些交易,人们给出了各种标准化的经济理由。在这种情形下,地域化就成了生产中必要的邻近关系带来的结果,而地理邻近限制了生产区位的数量。然而,随着时间的推进,这些成本壁垒随着交通技术的进步而不复存在,或者随着交易活动本身的变化而发生本质上的变化,形成了更大规模、更高风险及更低成本的地理覆盖范围。

但是,成本壁垒并非生产体系中产生邻近关系的惟一原因。许多关系,如购买商与供应商企业之间的关系、研发企业与生产企业之间的关系、企业与劳动力之间的市场关系,也会以一种高度依赖于地理边界、交易背景(通常是地区或者国家范围内)的方式而被结构化下来。渐渐地,当不成文的游戏潜规则(惯例)、正式制度及知识的传统形式被建立起来,并且不再依赖于生产者的工厂设施,也不再依赖于在不确定性条件下如何与其他企业进行互惠交易的解释的时候,上述关系就变得越来越专门化了。换句话说,区域和国家生产体系变成了组织与个人之间相互依赖的枢纽,而这些个人则具有关系型的要素特殊性特征(Amin and Thrift, 1997; Storper, 1997; Storper and Salais, 1997; Saxenian, 1994)。当然了,这种相互依赖必须具有一定意义上的效率,比方说,它是一种降低成本的要素,还是一种有利于促进创新的要素。

因此,地域化不同于地理邻近,也不同于地理集聚,尽管集聚有时候也可能对地域化产生影响。比如,关键资源如劳动力和技术的稀缺性和特殊性使大量厂商聚集到一个地方,资源的不可替代性使得这些厂商无法搬走,这时也会形成地域化。当生产的交易结构把厂商们聚集到一起的时候,生产体系的主要变量就成为关系特殊型的,并对生产效率产生重要影响。

从为工业总产出提供独一无二的、效率最高的可能性区位的意义上来说,几乎不存在纯粹地域化的工业,所以就会出现本地化的全球供应垄断体系。但是,从为工业生产的关键部分提供可能性区位的意义上来讲,地域化的条件还是能够较广泛地找到。有些高品质的产品,如包含了较多技术创新含量的产品,或是对产品的快速变革和差异化要求很高的产品,或是那些高度专业化的服务等,就是例证。这样的地域化有两种迥然不同的形式,一种形式关注的是服务于本地化偏好的业务,其本地的供给结构与本地独特的需求结构相匹配。这里有一个有趣的例子,即在本地化的供给结构满足了一国或全球市场需求的地方,就会存在其他地方的竞争者进入该市场的可能性。在商品出口贸易中,不管是产业内还是产业间的出口贸易,都会出现这种形式的地域化。它跟所有权是不同的(就是说,定义表明,没有任何规定要求地域化的要素所有权必须是本地化的)。实际上,在大多数情况下,跨国公司在母国和其他国家的特定地区拥有核心业务的,也同时拥有国民所有权(Patel and Pavitt,1991;Tyson,1991),但是也有大量反例,如索尼对哥伦比亚图片公司就拥有所有权。所以说,地域化超越了传统话语体系对全球化的争议,例如"我们是谁?"

四、全球化的机制

需要明确的一点是,全球资本主义正在受到流动经济和地域化经济之间的互动所产生的结构化影响。长久以来,人们对资本主义的国际化的考察,是把它简单地当做流动的强度来实现的,很少考虑到地域对它的影响。从全球化运作的经济及其子系统的角度而言,全球化被认为具有某些性质上的根本差异。也就是说,全球化不仅包括了资源在国际的流动,而且还包括支持资源在国际流动的经济系统,正如本章所定义的那样。如果全球化的确是通过地域化的经济组织来逐利的,那么我们就需要找出证据,不仅要从越来越强的国际资源流动中找证据,而且要从越来越弱的地域化过程中找证据。

生产体系的地域化

	高	低
生产体系的国际流动 高	第一类 具有要素特殊性的企业内贸易 　　FDI的中间产出 　　为地域核心服务的中间品市场 产业区 企业间和产业间贸易	第二类 国际劳动分工(如程序化的制造业) 国际市场(如消费者服务业) 没有地域核心的企业间和产业间贸易
生产体系的国际流动 低	第四类 国际竞争程度较低的为本地特殊偏好服务的生产	第三类 基本服务部门中不通过大企业等级体系进行传输的本地商业

图 17.1　地域化和国际化

图 17.1 以框架的形式描述了一些可能存在的互动效果。其中,横轴代表的是经济活动的地域化程度,纵轴代表的是伴随这些经济活动产生的资源在国际流动的水平。其中,第一类表示的是同时具有高度地域化、高度国际化、特殊的且不可替代要素的经济活动。但是有些关系并不会受到地域化的限制,例如在高技术生产体系中,即使企业有一部分重要的地域化业务,他们仍然会参与中间品投入的企业内贸易和全球市场营销网络的企业内贸易。中间品投入可以用成本考虑来解释(在这种情况下生产体系的这一部分是高度去地域化的),或者说因为企业正在进入其他地域化的专长领域。另外一些例子都是些不太知名的产业区,他们的生产体系都是服务于全球市场的。在复杂的社会分工中,企业间和企业内贸易都可能被嵌入高度地域化的国际商品链生产当中。外商直接投资也是一种实现上述过程的方式。

第二类描述的是地域化程度较低而国际流动水平较高的情形,并包括了地域上分散的商品链,在这些地方没有不可替代的区位(技术标准已经达到相当高的开发水平)(Fröbel et al.,1980;Hymer,1976)。它同时包含了以国际市场为导向的产品分销体系,例如很多消费者服务业。必须注意到,这种分类法将形成企业间、企业内、产业间贸易和外商直接投资。

第三类由低度地域化和低水平的国际流动组成，这意味着，基础服务部门的本地商业不是通过大企业广泛分布的等级体系来提供的。在这一框架中，我们发现过去的工业区位在很大程度上依赖于交通运输的壁垒，但却不是真正意义上的地域化；如今我们会发现，影响工业区位的最主要因素是较低的规模经济，而不再是交通运输壁垒。

最后，第四类描述的是高度的地域化体系和较弱的国际联系。其中的本地化，并非单纯因为那些本地生产体系服务于外地时所产生的无法克服的成本壁垒，而是因为不可替代的本地要素才形成地域化，例如为满足本地特殊的偏好而进行生产的工业。

对全球化的一种漫画式观点认为，发达资本主义以第二类取代了第三类生产体系。随着交通运输壁垒的大幅度降低、商品和服务配送规模的提高以及贸易方式的变革，这样的情况确实发生了。许多制造业的产品，不管是耐用品还是非耐用品，以前都是在封闭的区域经济中生产的，战后都被转移到国家生产体系中来（尤其是在欧洲），而现在却都转移到全球商品链中，至少在部分程度上是国际化的商品链（Vernon and Spar，1998）。

另一种更为极端的情形是第四类变成了第二类，即以前是地域化且几乎封闭的生产体系，后来变成了国际化的商品链。这种变化十分显著，因为随着国际化的深入，很多地方的中产阶级的生活方式和消费偏好都发生了巨大的变化，先前各地特殊的消费偏好逐渐消失，随之消失的还有为本地要素特殊性的经济理由。当需求被重新定义的时候，人们的需求可以通过别的产品来满足，也可以利用任何其他地方都能找到的要素来生产，而不会产生地域化的核心。对这一系列变革至为关键的，不是交通技术的变化，也不是规模的变化，而是实质上的产品替代——需求的方式成为主要的因果机制。

许多复杂的分析也把注意力放到了从第一类到第二类生产体系的转变上，这是一场从生产的"国际化"到真正的"全球化"的变革。现在可以看出，其中的意图不是说有高水平的国际流动，不论什么类型的生产体系，就其本身而言，他们并不会把这些生产体系转变为去地域化的流动经济；其真实意图在于，区位之间的可替代性在增加，而地方特殊的要素对于竞争性生产的重要性却发生了戏剧性的下降

(Dunning,1992)。

另外两种情形似乎也成了当今时代的特征。其一为从第三类和第四类生产体系转变为第一类,而不是第二类。先前地域化程度很高但国际化水平不高的情形,随着企业在全世界范围内销售产品的能力的提升,在不改变其依赖于特定区位的特殊要素的情况下,生产体系的国际化水平也不断提高。这就要求企业不断满足那些超出了本地边界的产品需求。这种情况在战后欧洲的许多工业区中的确发生了:许多其他地方也想要购买本地质量很好的产品,依赖于特定区位的特殊要素开始允许这些区域通过下游产品的国际化来满足更广泛的需求,却不是通过产品本身的国际化来实现(Bianchi,1993)。

或许更为重要的是从第二类向第一类生产体系的转变。从高水平的国际化和较低程度的地域化,转变为地域化程度和国际化水平都不断提高的状态。战后的大批量生产工业,曾经看起来似乎会走向更高程度的标准化以及生产区位的可替代性;但是随着人们对产品差异化的要求越来越高,加之建立在不断更新的产品基础上的技术学习,使得生产中依赖于特定区位的特殊关系型要素再一次延续了它的存在。

事实上,我们现在能够注意到的基本趋势是,很多产业部门具有第一类和第二类同时存在和正在进行的发展特征。后者是在对消费偏好与技术正在进行标准化时发生的,而前者是在技术学习、产品差异化以及新的生产部门、材料和工艺发生分离的时候发生的。所有这些变化都会带来区位的特殊性,并且也是依赖于特定区位的关系型要素相互作用的结果。正是这种特殊的关系型要素带来了地域化。这种形式的地域化跟前四种生产体系具有本质上的差别,因为它不是"由封闭而形成的传统"的结果,而是在贸易和交流中形成的地理高度开放的背景下,由某种可称为对关系型要素进行再创造的过程所产生的结果。

贸易、投资、交流以及生产中所形成的人际关系网络的全球化背景的形成,有可能是全球化最为透明的一个方面。随着交通和通信技术的历史的和长期的进步以及现代组织"科学"的发展与扩散(这两种变化都是发生在日益全球化的政治贸易新秩序背景下),全球化经济正在被建构为一种为越来越多人所接受的、各种交易的"网格(grid)",就像一种新的关于商业、投资和企业组织的全球化混合语言。但是矛盾恰恰在于,正是这种全球化的网格或者新的语言体系导致了第二类和第一类结果。在前一种情况下,它打破了基于偏好、运输和规模的壁垒;在后一种情况下,它打开了建立在"本地化知识"的高级形式基础上的新的产品市场;它巩固了市场,带来了令人不可思议的产品差异化可能,以致市场重组,新的专业化和地域化劳动分工重新出现;它通过各种方式加剧了竞争过程,激励学习新的技术,这要求企业成为新的全球供应寡头,并根植于当地特殊的关系型要素。问题的关键在于,全球化和地域化并不单纯是流动的地理问题,也不仅仅是技术和组织能够决定的,而是在某些情况下依赖于生产体系及其产品发生改变的方式,而这种改变是由地域整合催生出来的新的竞争模式所导致的。

总结一下,我们可以从纷繁复杂的各种因素中筛选出四种主要的地域—组织动态。第一种情形下,地域之间关系的开放性,会把先前存在的地域特殊的要素置于一种新的全球主导地位。在第二种情形下,这些要素会因为其他产品的替代而发生贬值,这些产品现在正在渗透本地市场,但这并不是一个直接的经济过程,而是一种惯例上的中间过程。在第三种情形下,地域的整合允许达到较大规模的经济规模和组织,降低了本地特殊要素的重要程度,并形成去地域化和广泛的市场渗透。在第四种情形下,地域整合至少在某些关键的商品链要素方面,跟产品的差异化和非标准化相互匹配,因而有必要重新创造地域特殊的关系型要素。

五、等级、管制与竞争:制度的两难选择

政府部门对限制性的地域施加权威,但它们是通过压力——不论是政治压力还是经济权力——在该领域超越边界的扩张来实现的。至少在经济事务中,战后的大部分时间内,国家—政府的经济权威以及支持这种权威的实质性权力,在国家领土范围内是相当强大的。经济过程的全球化似乎削弱了这种强大的权力(如果不是正式权威的话)。那些控制了特殊而又重要的国际资源流动的全球商业组织,在很多情况下似乎是去地域化的,并不直接依赖于政府所能有效管制的过程,无论是区域政府还是国民政府。

然而,正如我们所看到的,仅仅凭借大规模国际化流动的存在,并不能直接导出生产性活动已经去地域化的结论。同样地,我们会发现,仅仅是地域化的存在,也不能证明地方和国民政府就能够对经济发展过程施加强有力的控制(Carnoy,

1993；Dunning,1992）。地域化对于一个强有力的政府角色而言,是一个必要但非充分条件,因为地域化本身有可能包含了等级的内涵,这些等级反过来又融入了更为广阔的背景。现在,我们试图找出地域化经济和流动经济之间复杂的相互作用以及它们融合治理生产体系的等级、市场和网络的方式。各地政府部门为了确保经济发展,现在都不得不正视这些相互作用及其影响。

以不同程度的地域化和国际化流动为背景,图17.2显示了若干种不同的治理生产体系的方式。如果治理生产体系的权威是被大企业组织内部化的,治理方式

生产体系的地域化程度

生产体系的国际流动水平		高		低	
		等级	网络/市场	等级	网络/市场
低	网络/市场	有地域核心的企业内贸易	地域核心体系(尤其是在高技术产业中)	具有国际分工的全球供应寡头(制造业或服务业)	被全球寡头封闭和控制的供应商
	等级	全球供应寡头,战略联盟	产业区	中间品较少的全球供应寡头	封闭的专业化供应商或转包商
高	网络/市场	国际化程度较低的本地冠军企业		通过特许经营或品牌战略实现垄断的全球供应寡头	
	等级		满足特殊偏好的本地化生产		基础服务业中的本地商业

图17.2 等级、地域和流动

就被看做"等级";如果是通过大量主体间高水平的外部联系实现对生产体系的治理的,没有任何一个单独的主导者,也不存在极少数的几个主体占据主导地位的情形,那么就称之为"网络与市场"。它们代表了两种具有根本性差别的决策力的轴心,而不论是集权还是分权。

从图17.2的上半部可以看出,对于具有高水平的国际流动的生产性活动而言,有证据表明,地域化和去地域化同时存在,因此高水平的流动并不必然意味着去地域化。而且,各种各样的制度安排,对生产体系的主要动力,即投资、技术或知识机制和它们的国际化流动,同时产生着影响。举一个例子,许多全球高科技企业管理着大量的企业内供应链,与此同时它们又嵌入一个或更多的地域化生产体系当中,在这些体系中,网络和市场关系占主导地位。这些企业的权威,在考虑国际化流动的时候比该产业地域核心中的其他企业要绝对得多。在某些其他产业中,全球化供应寡头是高度地域化的,它们通过等级化的关系来实现本地业务的推进,但是在国际市场上它们不得不与其他类似的寡头厂商竞争,或者进入某种为扩大市场或特定投入供应商的战略联盟。其中的矛盾在于,当这些寡头厂商对本地供应商或合作伙伴施加强大的压力的时候,就它们对本地特殊的关系型要素的依赖程度而言,这些地方的政府对企业具有强大的、潜在的讨价还价力量。

产业区一般在其核心地带具有十分明显的地域化网络关系特征,并且在全球化的市场网络影响下,制度安排与国际市场网络对产业区至关重要。我们凭经验可知,政府能够在支持这些地区的竞争方面发挥重要的作用。

当然,有关全球化的一个典型图景是,全球供应寡头控制着它的投入和世界范围内的市场(Hymer,1976),这些寡头们都具有低水平的地域化和高度的等级化。在某些制造业和消费者服务业中,这种现象可以看成是一种趋势。那些封闭的被全球寡头控制的供应商几乎没有地域化,在其销售关系中不得不服从于全球寡头企业强大的等级(如亚洲的半导体总装企业和发展中国家的服装企业)。全球供应寡头如果很少有中间投入品,地域化程度也很低的话,那么它们也很少采取企业内贸易和外商直接投资,它们的国际化是通过全球市场销售来实现的(Dunning and Norman,1985)。另一方面,封闭的专业化供应商或转包商通过网络或市场来开展国际化业务,就像他们与本地供应商之间的交易一样,其相互作用的程度取决于他们的产品被购买企业替代的程度和性质。

图 17.2 的下半部是在国际化流动水平较低的情况下，各种地域化及其治理方式之间的组合。例如，主导了某个市场的本地冠军企业，可能会以等级的方式来治理他们的地域化生产体系，这种情况下的国际化程度比较低；而其他为满足本地特殊偏好进行的生产，则有可能通过那些传统的本地企业间的非等级体系来完成。他们可能出口部分多余的产品，但这只占全部产出中非常小的一部分。全球供应寡头并不能永远保持高水平的国际化流动，它们的垄断地位也可以通过对知识产权和无形资产的控制来获得，比如知识和品牌，但一般都是通过特许经营的方式来实现；因此，流动水平很低而等级程度很高的时候也能实现对生产体系的治理。

关于生产体系中的地域和流动问题，本章仅仅列举了各种复杂的制度安排中的一部分可能情形。小企业有能够占领巨大的市场、网络甚至地域化或者全球化的等级的权力；大企业也可能必须服从于别的大企业或者他们未能控制的市场，而不论其业务范围是地域化的还是全球化的。

政策问题

当今世界经济中，伴随着上述通过高效的、人们所期待的地域化或流动方式来实现生产体系的治理的过程，出现了诸多两难的困境，这些问题不仅困扰着受地域限制的政府，同时也困扰着各地的私人企业。

最突出的问题显示在图 17.2 的右边，其中地域化的水平较低或者不断降低，这意味着本地的区位替代可能性越来越大。对于那些被限制在某一个地域的政府，总是存在着"逐底"的竞争，这导致各国政府争相把越来越多的公共利益转移到私人部门。在美国，战后常规制造业的历史就是这样的，这些工业不仅得到联邦政府的资助，而且 20 世纪 40 年代末通过的塔夫脱-哈特利法案还迫使政府对企业主作出巨大的制度性让步，使得各地的工会困难加大。最近，各州政府和地方政府都热衷于执行这项命令。有证据表明，欧盟国家也有类似的趋势，再推广一些，北美和东南亚也是如此。而且，这种趋势也不再仅限于制造业了。公司总部意识到他们可以通过要求政度的让步来保留其在纽约的区位，例如，20 世纪 70 年代及以后他们就是这样做的。好莱坞的电影制片公司为了拍摄电影希望搬迁他们的区位。那些常规化管理下的公司，如消费者服务业和零售部门，现在也经常以搬迁为借口来要挟政府让步。

当经济活动的地域化十分明显的时候,企业对政府赤裸裸的要求就会稍微收敛一些,因为这时候他们没有很多可替代的区位选择,至少在短期来看没有。但是,有些生产性活动是地域化的,并不意味着这些企业就永久扎根于当地了。全球化的公司不仅在全球范围内寻找单个区位,而且建立起了多区位经济。从某种程度上而言,这些地域化的经济不能被这些企业所替代,因为企业嵌入当地就是为了获取这些地域化体系的技术或知识专长。企业因多区位经济而进行分工,这些多区位经济在功能上都是特殊的。这时候,全球高技术企业仍然在很大程度上依赖于发起国的地域化资源(Dosi et al.,1990)。但是,我们可以设想一下,如果企业投入没有花在前沿性技术知识的开发上,那么随着时间的推移,这些全球企业可以开发出平行地域来,正如20世纪70年代大批量生产企业开发了平行组装线或加工工厂一样。东南亚政府也有一些成功的经验,他们帮助企业建立起地域特殊的关系型要素,企业在别的地方因这些要素而受益。这里存在一个矛盾,即政府参与了某种竞争性的内生发展过程,这种过程反过来又在地域化的地方创造出了新的资本流动形式。

第二个问题在于,当主要的等级化全球商业组织与不同的地方经济打交道的时候,可能经常会产生摩擦,如企业试图融入某些地方环境时所遭遇的规则和早就存在于当地的关系型要素之间,就可能产生不协调。当然,随着时间的推进,这些问题的本质会逐渐清晰起来,跨国公司也不再需要为解决这些问题做出承诺。这些问题并不是什么技术难题,而是一种本质上难以解决的关系难题。这里,我们可能会联想到某些企业的转包政策,本来转包是为了节约成本,但是在当地承包商的软磨硬施之下,企业只能获得总体上的中间价格(Dunning,1992)。

第三个问题考虑的是地域化发展过程中的外溢。之所以会存在地域化经济,部分原因就在于,经济活动之间存在知识和技术的外溢,并且一个地域化经济的发展轨迹是受到这种外溢的深刻影响的。但是,那些主要忠诚于特定的地域化经济体之外的企业,或者具有高度国际化分工的企业,可能不太在乎削减这些外溢的决策,因为在地域化的分工中,邻近更容易产生外溢。这并非外国企业独有的问题,各种跨区域、跨地域的企业都会遇到这种问题。

因此,我们得出一个必然的结论,即只要存在地域化的技术外溢,就会有一个高效率的针对既定技术政策的基本原则,即使从全球化生产的角度来看也是如此。如果外溢不存在,或者外溢不是地域化的,那么,技术政策就变成了单纯地把技术成果从一个地方转移到另一个地方,通常这样做的总成本是相当高的(Grossman and Heloman,1991)。问题在于,在目标地区所制定的这种政策,不但是本地化的,而且是全球化的,因为大多数企业都是在各种不同的社会制度和传统背景下运作的。所以,这些政策必须被"翻译"过去,而这些全球商业组织也必须想方设法去协调各种复杂背景下的矛盾。

(梅丽霞 译)

第十八章 西欧老工业区反抗工厂倒闭：保护地方还是背叛阶级？

雷·哈德逊、戴维·萨德勒

(Ray Hudson and David Sadler)

20世纪五六十年代，英国东北部的传统工业中大量工厂倒闭，其中最重要的煤矿产业，并没有受到那些直接或间接地遭受大规模失业的工人们的抵抗(Husdon,1986)。相比之下，20世纪70年代后期及80年代早期，仍旧是在这块相同的土地上，却爆发了一连串运动以抵制工厂倒闭和大规模失业。相关决策受到了普遍的质疑，尤其是在那些传统工业（当时大部分是国有企业），如煤矿、钢铁、造船和重化工业等就业最为集中的行业中，这些行业大多是当地工人就业的主要甚至惟一来源。抗议运动主要发生在那些受到倒闭威胁的工厂和地区（村庄或城镇），他们就指望着工厂来增加就业和工资收入。更重要的是，这些抵抗运动不再局限于这一个特定的地区，在其他"老"工业区，如苏格兰、威尔士以及大西洋西岸的法国洛林和北加莱海峡地区(Nord)、西德的鲁尔工业区、比利时的瓦龙地区等，都爆发了类似的运动。英国东北部的工人抵抗倒闭运动还只限于那些受到直接影响的工人、工厂、村庄和城镇，而在其他地区，抗议运动变成了一场波及广泛社会集团的狂潮，运动的规模从一个地区的某个产业发展到后来席卷全国。有一些运动，在偶然的联合下，通过各种复杂的方式来保卫地方和阶级利益，结果他们就因保护地方利益而结成了互补性的而非竞争性的社会集团。恐怖活动接连出现，借用法国20世纪70年代隆维地区的一句运动口号来形容这些恐怖活动的目标，那就是：保卫"生活、学习与工作"的权利！尽管他们实现这种目标的方式与程度各有千秋。在他们看来，在日益国际化的生产和贸易背景下，当地的资本重组和工业生产的重新布局将使得这些地方变成无利可图的地区，到那时候这些运动就不仅仅是简单的地震波迹象,而将深刻地改变人们对影响他们日常空间生活的这块土地的共同依附程度,与此同时,也将深深地影响那些积极参与运动的工人、家庭、朋友和他们的邻居。怎样认识这些发生在特定时间、特定地方的抗议运动呢?要给出令人信服的答案,就不能不考虑到紧迫的现实,在我们深刻理解英国东北部地区的抗议运动的同时,不能忘记当前存在的针对工厂倒闭的抗议和斗争。

对上述工业地区的历史地理发展的考察提供了一些前验性的线索。这些地方大多是:①"单一工业"的专业化城镇,这些地方的工厂的地理分布较为集中(不像纺织产业,就业人群在总体上比较分散),因此工厂倒闭也较为集中;②这些地区的公有产权比例较高,或者是政府在国家和超国家层面上的参与程度较高,因此关闭工厂的决策一般都是"政治上"透明的;③与20世纪60年代相比,到70年代末,通过再工业化项目来提供"选择性就业岗位"的承诺基本上流产。但这些仅仅是一般性的迹象,还不足以解释各地群起的基于地域的保卫地方运动。

目前大量研究关注人们对地方的依附感和资本主义的不平衡发展,但这只是冰山之一角。例如,很多有关民族主义及各国政府的"假想社区"的争议(Anderson,1983),还有一些关注(如语言的差异性问题)在突如其来的工业萧条面前如何保卫特定的村庄和城镇的问题,其实根本没有什么相关性。本章中更充分的理由认为,上述分析倾向于用地域(国家)与阶级之间的关系来讨论问题(Hobsbawm,1977),而事实上,这一连串运动的本质特征在于地方与阶级的融合(至少在某一时期)。以往人文地理学著作对于地方依附感及相关问题的研究(Tuan,1977),大多把分析的焦点放在村庄和城镇的空间尺度问题上,而没有考虑人们生活的社会背景和结构,人们赖以建立共同目标的社会集团和阶级意识,包括人们对所生活的地方的意识和认同。与此相反地,马克思主义传统对资本主义的空间发展不平衡的各种讨论,强调的是那些难以觉察的结构的偶然的决定力(例如,Sayer,1982b),但却往往忽视了人作为理性主体的作用,这些理性主体能够影响结构限制的变迁,也可以通过其自身的行为不断复制。另一些更复杂的研究则强调明确资本主义社会及其伴生的空间不平衡发展的结构之边界(例如,Harvey,1982),类似研究的一些较早的版本(例如,Carney,1980)就机械地引导出了保卫地方的政治组织形态,这些形态从资本主义生产模式的内在逻辑中外在地显现出来,而不是潜在地把人们还原为结构的承受者,或是"文化的愚昧"状态(Giddens,1981,pp.71-72)。

为了进一步了解各种旨在保卫"生活、学习与工作"权利的地方运动的实质、特征及其政治内涵,我们需要一种更为复杂的理论方法。这种方法须当更精微地解释人们对于地方的知识和情感之间、行为方式与社会现实之间以及资本主义社会空间不平衡发展之间的联系,以此来解释不平衡发展过程本身的演变过程。这种方法把人看做主动的、有意识的主体,他们对于个人和集体利益的理解、认识利益的方式以及那些在任何时刻都客观地开放的机遇,都有着理性的意识,而这些意识取决于塑造了他们所生存的社会的深层结构力量。把资本主义社会的空间模式与地方整合起来,将在社会中赋予人们对创造重要的理论空间的设想以丰富的意义,这些理论空间主要为了揭示不平衡发展的再生产过程中人类行为的意识与意义。在创造这种理论空间的同时,政治空间也被潜在地创造出来,从而人们开始改变他们所生活的社会。

一、资本主义社会再生产

1. 主体与结构

在资产主义和马克思主义两种思潮中,不乏各种鼓吹性的理论,其中,吉登斯的"结构主义理论"(Giddens,1981)成为一个有用的切入点,他接受了马克思对于资本主义社会本质特征的核心观点。虽然资本和劳动之间的结构关系具有决定性的重要地位,但这并不意味着资本主义社会的实际发展就是以此为轴心的。简单地说,我们不能仅仅认识到资本和劳动之间的根本性冲突关系,还必须认识到资本和剩余价值之间的竞争。而且,我们还需要认识到工人阶级内部各利益集团之间的竞争,例如不同部门、行业和工作岗位之间的竞争。

此外,另一种不容忽视的可能性,就是资本与工人阶级集团以及其他社会集团之间的矛盾。后者有可能是外在于,也可能是内在于资本主义社会关系的社会集团,他们通常是建立在生产以外的某些特别事件或角度基础上的,如性别、种族、对自然环境生态系统的关注等。社会组织的直接基础可能并不是一个阶级问题(从直接导致生产中的资本—劳动关系的意义上来说),但是,这些社会集团实现其目标的能力是以其阶级地位为前提的(Wright,1978)。本章指出,社会现实与资本—劳动关系的阶级结构之间的关系十分复杂,而且总在相机变化。

第十八章 西欧老工业区反抗工厂倒闭

吉登斯的中心观点是建立在主体与结构之间的关联基础上的,包括了两个相关的问题:系统与结构的区别问题以及结构的二元化问题。他总结了以下几点(1981,pp.26-27):

> 结构与系统是有区别的。社会系统是由各种关系模式组成的,包括行为者与集体之间的关系,而后者在时空中不断地被复制。社会系统因此由情景现实(structure practices)构成,而结构只存在于那些社会系统的生产和再生产反复出现的时空当中。结构只有一种"虚拟"的存在。结构化(structuration)理论的一个基本前提就是结构的二元性,指的是社会现实的递归本质。结构既是构筑社会系统的现实的中间体,也是它的结果。结构的二元性把生产同社会交互作用联系起来,就像其他任何地方的有知识的社会主体的相机实现一样,带来了社会系统在时空中的再生产。

就这样,吉登斯揭示了置于(不同)时间和空间中的社会交互作用与社会再生产之间的联系,并且强调了个体行为者在追求个体和集体利益时,产生了资本主义社会中基于资本—劳动关系的"组织的基本原则",反过来又被这种原则所塑造和影响。他们把这个过程看做惯例,看做理性行为人的想当然的行为要素。不论我们是否感知到这些,或者与表象恰好相反,结构关系不会恒常不变(或者只是随着时间的改变而变化,当资本主义社会联系中的生产力量不断发展并达到某种关键性的节点的时候,资本主义将极为神秘地更新和改善自己)。问题的关键在于,结构关系在日常生活当中的生产和再生产是惯例化的、社会化的。因此,批评社会理论的一个核心任务就是揭示那些被看做想当然的东西,通过推论来展现"现实意识"的真实背景⋯⋯在多元化的社会生活环境中"知道怎样前进"(Giddens,1981,p.27)。正是对日常生活治理规则的合法性的不加质疑甚至无意识地接受,构成了资本主义社会结构再生产的基石。尤为重要的是,对工薪劳动力的合法性和去特定地方工作的习惯性接受(容忍),已经成为这些社会的基本特征,而且也成了资本—劳动阶级结构再生产的基石。

吉登斯分析的另一个要点是主体与结构之间的关系。我们的目的在于,当这些社会主体以理性的方式行事的时候，就必须承认，作为一种惯例，他们参加社会交往的原因，部分的原因在于他们不了解情况，部分则在于他们的行为将产生意料之外的结果。而且，在指出"在不了解情况的条件下和不可预知的后果中，主体的知识能力总是有限的"（Giddens，1981，p. 28）以后，吉登斯在结论中指出了资本主义政府政策的张力与后果之间长期的隔阂。

2. 地方与阶级

在各种冲突与纷争之下，资本主义社会同时分裂为几个不同的集团。但是作为社会，它总是能够以足够的内聚力把各种集团组合起来，这样资本主义社会关系才得以不断再生产。这些社会阶级集团是怎样形成的？建立在什么样的基础之上？阶级与其他社会力量之间的平衡如何波动？以及资本主义社会怎样才能相机复制？这些问题只能通过建立在理论基础上的实证调查才能回答。不过，资本主义政府，尤其是资本主义国民政府，在调和相互对抗的阶级和利益集团之间的关系方面起着举足轻重的作用（Jessop，1982）。

实际上，从一开始，资本主义社会就是由竞争性的国民政府组成的（Anderson，1983）。从资本主义生产模式的起源开始，对现实阶级利益的定义就包含了地域的因素。更一般地，在资本主义社会中，社会阶层形成及资本和劳动的分工的历史过程中，一个十分重要的变量就是地方的影响。基于特定地理区位的共同利益，在结构化定义的阶级边界内部或其边缘，就会形成不同的阶级集团。因此，经由对特定地方（可能是一个工厂、一个社区，或者一个国家）的依附感统一起来的空间、地方以及社会集团的组织，在现实中就持续不断地、并且几乎毫无例外地在社会阶层的形成与组织的历史过程中起着举足轻重的作用。

这样，有关空间区位的差异性在阶级分析中就不再是可有可无的附属品，而被看做在定义阶级利益时具有潜在的决定性作用的因素。正是吉登斯的论著中对地域依附感在实际阶级形成中所具有的潜在主导作用的重视，使空间的差异在阶级分析中变得有意义。吉登斯虽然着重分析了资本主义社会在时空构造中基本分析的必要性，但是却没有讨论各国政府间的空间非均衡发展、他们的地方依附感及其资本积累过程，而这个过程，我们现在正在重复。空间区位分析不应当继续被看成是当一个阶级内部形成各种集团时用来区分各集团的手段。一个新的出发点，应该是意识到阶级利益、组织以及资本主义的现实,都与特定的地理区位密切关联,至少部分相关。当全球化生产中的资本战略日益积累的时候,资本的优先权使之迅速化解了各地工人的反抗力量。

从这个角度而言,资本与劳动之间、资本之间以及不同工资水平的劳动力集团之间,一个重要差异(也可能是竞争的可能性基础)就是区位及对地方的依附感。类似地,国家层面或超国家的地域单位也可能构成跨阶级利益的基础。必须承认的是,对特定地域单位的依附感及其识别的机制,可能会随着地理尺度的变化而变化,即使所有这些都是构成了"想像的社区"的因素,最关键的还在于"它们被想像的方式"(Anderson,1983,p.15)。

"想像"这些社区的方式,是建立在这些地方的日常生活惯例基础上的,最生动的例子就是那些单一工业的城镇(例如,Williamson,1982;Douglass and Krieger,1983)。因此,我们不会奇怪有些地方劳动阶级内部基于地域的斗争愈演愈烈。值得称奇的是,许多马克思主义的论著在对待资本主义发展不平衡的问题上,虽然接受了把资本看做竞争性资本的不同观点,但他们仍然倾向于用一种乌托邦式的眼光,把工人阶级看成是跨地理边界的统一的、真实的阶级利益的存在。在深层结构的层面上,这种阶级利益的统一体,毫无疑问地确实存在于资本主义社会。关键在于怎样解释为什么那些相关主体没有看到这一点,他们对自己的利益有着各自不同的感知,而这些会成为资本主义不平衡发展的核心的社会组织与实践的基础。

二、保卫地方:资本、劳动与政府的策略

当资本通过重构活动来化解危机或者进一步实现其自我扩张的时候,我们急需一种恰当的理论来明确主体、结构、对地方的依附感以及阶级之间的关系。正如哈维(Harvey,1982,pp.425-31)所言,贬值是而且必定是有具体的地方背景的。这个命题的有效性,在整个资本主义的历史过程中已经被工人集团所意识,但是在从长期扩张阶段到资本主义经济在过去10年里的萧条(例如,Mandel,1980;Frank,1980)的转变过程中,这个命题却未能得到充分的认识。正是这种转变加之人们越来越清醒地意识到,通过政府的区域政策来推动再工业化,在60年代可能有效,但在80年代的"老"工业区却是强弩之末,不再有任何成功的可能了,由此

就导致了大规模的反倒闭运动。从工人、家庭以及那些依赖这些人的人们的角度来看,惟一可行的办法就是通过斗争来保卫他们的工厂、煤矿、社区和区域。尽管他们明白,罢工有可能失败,失去的就业机会可能再也找不回来,成功的代价可能是关闭某些工厂或煤矿,可能会危及其他一些工人集团、他们的社区、他们的地方。以这种方式来接受资本主义的竞争伦理,承认其合法性,在此基础上为地方利益而斗争,而不是简单地提出几个宽泛无用的问题,例如为什么在付出如此巨大的社会成本的条件下还认为工业重构是必要与合理的?工人的行动对再造资本主义基本的结构关系产生了十分明显(尽管是无意的)的影响。工人集团们开始相互竞争,为了能够在劳动力市场上把他们的劳动力卖出去,在地方市场上把他们的地方卖出去,有时候他们便形成了跨阶级的地域联盟(Robinson and Sadler,1985)。换句话说,企图组建大范围的阶级联合的想法,虽然广为认可,但是在某些特定的地方,在那些本地化的、在空间上被划分成一个个社区的地方,却不得不服从于更为紧迫的想法,即生存和工作的需要。

　　欧共体国家近年来各地此起彼伏的反对钢厂倒闭的运动说明了人们保卫地方的方式之多。在这个过程中,工人们对于地方和阶级的认同感在不同的时间与地点偶发地相互组合,资本家与政府则在关闭钢厂和重组生产的过程中各自寻求自己的利益(Hudson and Sadler,1983a,1983b;Morgan,1983),随着钢铁生产的全球积累模式与国际分工格局的变化,西欧钢铁生产商试图通过倒闭、裁员来恢复竞争力与盈利,至少避免血本无归。在钢铁工业的历史发展中,当地工人工资和就业的主要来源就是钢铁生产。无论是在国家层面还是超国家层面,欧共体国家的政府介入程度都很高,这意味着当地大规模的失业可以看做透明的"政治"决策过程,而不仅仅是经济过程或市场力量的简单结果。对于地方——人们祖祖辈辈生活、学习与工作的地方的强烈依附感,随着人们意识到大规模失业后再不会有类似的就业机会而逐渐变得鲜明起来。因为这个原因,人们采取了各种措施来抵制大规模失业。这些抗议活动变成了工业化重组过程中的高潮,钢厂的分离加速了钢厂的倒闭,或者更确切地说,抗议运动使工人自己出现内部分化,一个工厂,或区域,或国家,为了自己的生存,只好以牺牲别人的生存为代价。

　　最典型的例子是1979~1980年间英国东北部为了保护康塞特钢厂(Consett Steelworks)不被关闭而发起的抗议运动的失败。这场运动仅限于康塞特城本身,没有得到该区域内的其他钢厂或英国东北部其他钢厂的支持。工人们提出,"保护康塞特"运动的惟一理由是当地的钢厂还能盈利,关闭钢厂是"一个送进坟墓的商业错误"(J. Carney, cited in Hudson and Sadler, 1983a),言外之意,这个钢厂还应当继续开办下去,倒是英国钢铁公司(British Steel Corporation, BSC)的其他几个钢厂可以关闭。在抵抗运动的整个过程中,并没有出现过任何同意或者反对钢厂倒闭的决定性原因,BSC也没有削减产能,没有减少它们与英国中央政府的政治战略关系。运动开始的时候得到了全国钢厂工人的统一支持,正如70年代末法国洛林和北加莱海峡地区抗议工厂倒闭的运动得到了全国罢工运动的支持一样。但是后来事态却发生了变化,许多工厂孤立作战,最后导致各工厂之间为了生存而相互内讧。这时,法国政府支付了差别化的遣散费,在受到钢厂倒闭影响的地区重新配置资源以吸引新的工业和替代性就业。在瓦解钢厂及地区的工人抵抗运动的过程中,政府起到了十分重要的作用(见 Hudson and Sadler, 1983b)。总而言之,各地钢厂的工人们为了保护各自地方的利益,最终却都陷入了与其他地方的工人们争夺就业的竞争。这种工人运动形式与法国和英国钢铁工业中工会组织的历史是分不开的,尤其是英国,带有极强烈的厂间斗争和区域沙文主义倾向。虽然70年代后期英、法两国钢铁工业中都出现过临时性的或历史偶然的工人运动联盟,这极易导致一种误解,即认为各地工人集团间抗议工厂倒闭的争夺只是一种非典型的特殊情况。但是,事实恰恰相反,工厂与工厂之间的争夺越来越成为一种常态,并且从地区之间到国家之间、到跨国公司之间,无一例外。

正如钢铁工业近代史所揭示的,欧洲各地工人集团间的争夺逐渐变成了抵制工厂倒闭的惟一途径。为了反抗工厂倒闭,跨越阶级边界、吸纳更大范围的社会集团与利益集团、组成统一战线、抵抗倒闭的运动,逐渐形成了工人地域联盟的基础。例如,本地的零售业和各种私人企业中生于斯长于斯的那些小资本家们开始意识到生存的威胁,这表现为当地购买力急遽下降,同时带来大量失业,这时候,那些工人联盟就被组织起来。一旦被组织起来,工人联盟就逐步发展、分化,当保卫地方和地域特定的共同利益超过了敌对的阶级关系的时候,工人联盟就变成了各地为保护自己的工厂不被关闭的抵抗运动争夺赛。我们可以举三个例子来说明这个现象。

第一个是法国洛林地区抗议钢厂倒闭的工人运动。强烈的地域认同感,即认为自己是洛林人的认同,来源于该地区在历史上曾被英国和德国轮换统治。当地的资产阶级意识到了工厂倒闭带来的威胁,就先发制人地组织起来反抗倒闭,甚至早于当地钢厂工人和工会的行动。一个名为APH(Avenir du Pays Haut)的组织,打着保卫洛林地区的经济的名义就成立了起来。这个组织在扩大抵抗运动的社会基础中扮演了十分重要的角色,直到1979年2月,钢厂工人自发组织暴力抵抗运动,直接威胁到了法国政府当局对暴力运动所采取的控制方式的合法性。从那以后,APH就逐渐远离了反倒闭运动(Hudson and Sadler, 1983b)。

第二个例子是苏格兰拉文斯克来格钢铁厂(Ravenscraig Steelworks)的保卫运动。1982年的秋天,钢铁厂情景黯淡,人们在质疑BSC能否继续运营旗下的五家大型垂直生产综合企业。一场声势浩大的抵制工厂倒闭的工人运动旋即发动起来,参与者不仅包括钢铁厂的工人,也包括了苏格兰其他工业部门的很多工人集团。而且随着运动的日趋白热化,强烈的民族主义情绪和对苏格兰这块土地的共同依附感日益高涨,使得这场工人运动超越了阶级利益和社会分工的社会化意义,涵盖了广泛的社会基础,得到了各种社会阶层的广泛支持(例如,Smith and Brown, 1983)。一个不能不提的因素是苏格兰议会十字党的游说,苏格兰众议院提交的一份报告甚至带着浓浓的火药味,极力强调了拉文斯克来格钢铁厂对于苏格兰经济的重要性。如此广泛的社会抵抗,如此强大的运动势力,到最后终于保住了拉文斯克来格钢铁厂,但是BSC公司却不得不为此每年支付1亿法郎以保持拉文斯克来格钢铁厂像个钢铁厂的样子,这种状况一直持续到1985年。尽管现在看来这场运动的胜利只是暂时的,但是1982~1983年间苏格兰保卫拉文斯克来格钢铁厂的胜利说明了,在特定条件下,地域联盟能够达成一种共识,即关闭工厂的决定是一种政治决策,而不仅仅是狭义的经济决策(Sadler, 1984)。

第三个例子更加复杂,这次那些个体工厂、地方主义者和民族主义者也都参与进来了。这是有关德国钢铁业巨头赫什公司(Hoesch)决定关闭位于西德鲁尔区东部的多特蒙德炼钢厂(Dortmund)的故事。运动的起因于60年代赫什与一家荷兰钢铁公司——胡哈文(Hooghoven)的合并以及随后在80年代初合并业务的破产。对多特蒙德炼钢厂即将倒闭的担忧,直接导致了一个跨阶级的联盟——城市钢铁工人同盟(Burgerinitiative Stablwerk)的形成,人们试图要求赫什公司保留多特蒙德的炼钢厂,而不是把精力都放在伊墨顿(Ijmuiden),而让多特蒙德的炼钢厂沦为一个轧钢厂。到了1981年,这场抵抗运动广泛的社会基础很快地就解散了,部分原因在于,运动的要求从最初的保卫钢厂不被关闭,到后来转化成了要求提供其他就业机会的条款;争夺钢厂关闭的运动最后都集中于多特蒙德的炼钢厂和炼钢工人们。西德重建钢厂(包括其他主要钢铁集团)的计划,造成了一种充斥着大量不确定性的氛围,而赫什与胡哈文的分家,则再一次激起了工人抵抗运动的复苏和转向。到了1982年12月,在结束了与荷兰的联系以后,德国金属联盟(IG Metal Union)多特蒙德分部获得了新的机会,西德钢铁工业的全面国有化保障了多特蒙德钢铁厂的前景。(尽管金属联盟的国家层反对国有化,最终地方与国家之间还是达成了妥协,政府以购入钢铁公司股本的方式来提供财政资助。)因此,随着运动的不断演变,地方的内涵也在不断演变,从最初跨阶级的抵抗运动,变成了仅仅关注多特蒙德的钢铁工人本身,最后在一份全国性的解决方案面前戛然而止,保留了多特蒙德的炼钢厂,也含蓄地保卫了西德各个工厂的共同利益。

　　类似工人阶级组成跨阶级的地域联盟来抵制工厂倒闭、保卫自身利益的运动,在欧共体国家不胜枚举。事实上,越来越多的证据表明,历史上形成这种地域联盟以保卫地方利益的过程,已经成了资本主义社会的一个痼疾,空间不平等发展的再生产已深深根植于社会现实,而这种社会现实对于这种再生产是十分关键的。工人阶级内部的各种集团积极参与了不同空间尺度的地域联盟的组建,被这些组织团结起来,以各种各样的方式与资本主义政府斡旋。三个不同空间尺度的例子足以说明这一点。在国家的尺度上,那些要求特定工业部门国有化的跨阶级联盟的形成,其实依赖于他们对某些共同利益的感知,如资本、劳动力或者政府的某些因素。例如在英国,煤炭、铁路、钢铁工业的国有化,都被看成是为了满足这些复杂多变(最终又相互冲突)的利益(Hudson,1986)。值得一提的是,后来关闭这些国有化工业中的工厂的决定,几乎都受到了最强烈的反抗与争夺。在地方的尺度上,跨阶级联盟的形成,在于人们希望通过公共投资项目来建造一些新的厂房、工厂、道路、商业中心、住宅等,以促进老工业区的现代化,提供新的资本盈利机会和就业,改善生活条件,这些变成了资本主义社会的周期性特征,尤其是在20世纪60年代尤甚。这是当时的工厂倒闭方式不同于70年代末80年代初的一个显著原因。举例来说,这些联盟可遍及于50年代以后的苏格兰、威尔士、英国周边地区(例如,Hudson,1986),到后来遍布欧洲(Hudson and lewis,1982)和美国(Clavel,1982),

尽管他们都可以追溯至两次世界大战之间的年代(Carney and Hudson,1978)。

与此同时,就各区域之间的安置政策而言,最一般的情况是,考虑区域总体生产状况和集体消费情形(如选择"增长点"、"增长带"),通过上马新的公共部门投资来刺激各区域之间的地域分工。出现这种情况主要有两方面原因,一是各地竞相争夺增长中心的命名,二是那些得到了命名和没得到命名的地方之间的分界线。因此,政府政策的颁布与实施,正式发布的旨在缩小各区域间在就业机会和生活条件方面的差距的目标,都预示了地区内部联盟的加速瓦解,因为各地的人们都只关心自己所在的那个特定地方的利益了。类似区域内部增长点的政策,英国的新城可能是最突出的一个案例了。英国新城开发区成立了未经选举的自治机关,它越过了当地以民主选主的权威组织来执行控制的各种政治势力网络,拥有高度的自主权。在这种情况下,该自治机构本身就成为当地组织抵抗运动的中心(Robinson,1983);在其他地方,在组织当地权威和政治主张同盟、争取在附近再建一座新城来保证新的就业、更好的生活条件等方面,该机构多多少少也发挥了一些联合作用。

最后一个例子发生在20世纪70年代的英国,是前面早已谈到的区域内部和区域之间的竞争的预兆。中央政府的宏观经济政策越来越依赖于市场的调控机制,地区和城市政策的范围被削减到只是一般规模的一部分,以压缩政府开支,政府退回到作为政府本身的角色边界内。这时候,越来越多的跨阶级联盟开始在地方政府(城市、县乡、区自治会)周围组织起来,以保护当地经济(见 Cochrane,1983)。各地争夺就业的现象初现端倪并且颇具启发意义,他们开始游说政府建立"企业区",可想而知,这必然对其他地方的竞争对手造成压力。尤其是那些提供就业的部门,如英国钢铁公司(BSC),它的高速增长与扩散以及伙同政府对各地的产业衰退粉饰太平,使得一种相似的竞争模式在各地争相吸引这些新企业的过程中逐渐成形。

总之,资本主义社会中社会运动的"常规"模式,与各地社会集团为增进他们的地方利益而进行的长期的地域间的竞争不无关系。这并不是说,地域取代了阶级成为社会运动的新基础,而是说,对特定地方的认同感、依附感,逐渐开始融入阶级形成的过程中。地方与阶级自发地联系起来,成为社会组织运动的复杂基础,对资本主义社会内部空间不平衡发展的再生产产生关键性的影响。所以,保卫地方的运动,作为保卫或者促进各地特定利益的运动的意外的结果,对这些作为资本主义的社会的再生产而言,就变得极为重要了。

三、惯例化、打破惯例与资本主义社会再生产

吉登斯结构化理论中的一个关键词是惯例,他认为这是资本主义社会中大量社会关系理所当然的特征。基于这种主张,社会关系的再生产是惯例化的(Giddens,1981)。那么对于资本主义社会再生产而言,最重要的事情就是常轨化的惯例——"去工作",这往往导致家庭和工作场所在时间和空间上的分离。略微不同的说法是人们通常可以接受与自己阶级地位相符的工资劳动(不管什么级别的资质),于是便接受、认可并且再生产出那些具有决定性的劳资结构关系的主干。

因此,一个必然的结论是,当这些人们开始陷入失业的时候,当他们一直信奉的正常的惯例被打破的时候,尤其是考虑到在资本主义社会中,能挣到工资与维持生活之间如此密切的关系的时候,他们可能开始怀疑他们阶级地位的合理性。打破惯例对个体工人层次的影响是极其深刻的,但是与充分就业时期的少数工人受到的影响相比,这种惯例在资产阶级的账单中是极受欢迎的,比方说伸出手指,以失误或缺陷为由,就炒了某些工人的鱿鱼。打破惯例在整个地区造成了大规模失业,各地政府或资本家制定的地方特殊的、单方面的、然而也是不得不采取的竞相压价决策,导致成千上万的工人失去了工作,工人们只能理智地期待对资本家账单的处理,寄希望于那些受到负面影响的人作出不同的反应。这种集体经历且同时施加的打破惯例,使得那些被裁员的工人们质疑让他们陷入如此被动和束手无策的阶级地位的合理性,他们承担了但却无法有效控制决策的成本;即使没有提出这些疑问,作为蓝领工人,他们至少也会为了工作的权利而斗争。而且,人们可能希望,对那些在极大程度上决定了他们就业来源的产业中(如煤炭、钢铁),抗议这种强加于人的打破惯例的运动势力在当地能足够强大,这样当相关产业都被国有化了的时候,一般都是服从政治逻辑而非市场逻辑,资本主义社会政治与经济领域正常的分离就被打破了,其结果是政治与经济的再次联姻。

吉登斯(Giddens,1981)曾经指出,我们可以从惯例化设置的日常生活当中,通过分析受干扰的环境来了解大量内情。他列举各种各样的例子来说明工人阶级日

常生活中的威胁受到了怎样的抵抗,尽管他们并不必然采取一些方式,比如直接质疑他们的阶级地位合理性的方式。地域集团不是质疑劳资结构化关系的合理性,尤其是蓝领工人阶级地位的合理性,而是为了争取就业而采取的斗争,后来转变成了要求与其他地域集团分享劳动力市场提供的就业机会的争夺赛。因此,一个工厂或矿山内部不同的工人集团之间经常会为了不同水平的遣散费以及要不要关闭工厂而发生冲突。不同地方(一国内部的各个区域,或者不同国家之间的各个区域)的工厂之间,也会经常为了劳动力市场提供的蓝领工人就业机会而产生矛盾。而且,在特定的情况下,这种争夺就业的竞争,可能拓展其社会基础,从单纯的受到直接影响的工人集团,拓展为广泛的跨阶级联盟。虽然从总体上来说,我们接受吉登斯对机能主义社会理论的评判,该理论假设所有社会主体都是正常一致的,但是,就工人阶级采取各种方式来保卫其蓝领地位的这件事情而言,基本上没有任何证据可以证明吉登斯"那些在社会尤其是大规模社会中处于下层地位的人们,在被双方自愿的意识形态紧密控制的程度方面,比作者设想的要少得多"的观点(1981,p.67)。人们是否愿意接受作为蓝领的阶级地位,这是另外一回事,然而一旦他们接受了,就会对资本主义社会的再生产产生十分重要的作用。

特定地方的工人集团(及其联盟)为了就业而采取的这种斗争通常会表现出一些特殊的特征。它同时包含了两方面内容,一边是为了获得新的工作机会而争夺更多的政府资源份额,一边是拼命保护"原来"的工作机会。事实上,这已成为当代资本主义社会的一个固定特征,并且以多种方式把政府也搅和进来。一个诊断症状是识别各种不同的空间问题(如内城问题、区域问题、国民经济或工业发展问题),因为各个不同的集团(集团)都要求对他们的地方给予特殊的待遇,因此政府的各种空间政策不仅仅被解释为对资本需求的机械反应,或表现为对(结构化定义的)工人阶级的错误意识的预期,而且是这些地区的工人阶级集团投入到为了增进他们自己的社会福利而开展的运动斗争所要求的。而且,这也不是工人集团具有永久性目标的一场斗争,而是为了尝试重新定义政府活动为保护特定地方工人利益所采取方式的合理边界。当工人阶级对其利益的认识与资本家或相关政府对他们的利益的认识相一致的时候,我们认为这些空间政策采取资本主义社会中最为有力的手段是正确的。20世纪60年代英国部分地区的区域现代化进程(英国东北部、苏格兰、威尔士等地),和同时期被英国工党中央政府看做区域强化的政策以及后来在1979年该政策被英国保守党废除,这些事件都可证明上述观点。

然而,政府参与这种增强的实际结果,却强化了各地工人集团与其政治党派代表之间为争夺新的就业的竞争,有时候甚至是一种跨阶级的联盟。而且,这种竞争在跨国公司的治理结构中,在日益扩张的全球劳动力市场上,在新的不断演进的国际分工的生产区位上,正在愈演愈烈。各个地方为了吸引资本到他们最期望的地点,为了保卫他们在本地生活、学习与工作的权利,只能痛苦而又四分五裂地相互争斗,最后把自己廉价地卖给了资本。

四、结论

对西欧老工业区(及其他一些地方)深深的依附感是建立在日常生活的惯例基础上的。20世纪70年代以前出现的那些保卫生活、学习与工作的权利的运动,反映了人们对作为他们就业与工资来源的单一产业的高度依赖,他们期望随着传统工业的消失,引入新的就业来源可以提供哪怕只有一点点的就业就会。这些工人运动通过各种复杂多变的方式跟地方和阶级联系起来,具有明显的特征,总是以牺牲其他地方的利益为代价来促进一个(我们的)地方的利益。但是,不容忽视的一点是,作为保卫地方特定的利益的基础,这些偶然的地方—阶级关联显然与劳动的地域分工传统紧密相关,同时也跟早期的资本主义积累周期密切相关。毫无疑问,这种由历史地理学和老工业区的资本主义发展凸现的、单一工业地的、直接关系到后代的生活、学习与工作的文化传统的物质基础,和那些曾经和正在被不断变化的国内与国际分工以及区域之间超速流动的投资的削减,使得这些地方对于当地的居民而言是极具内涵的地方,但是对于资本而言,却仅仅是另一块可提供利润空间的土地。

各个地域集团之间为了保卫各自的地方利益而展开的各种形式的竞争,实际上却意外地双倍强化了资本作为主导和决定性的社会关系的霸权地位。不仅是那些得到工人阶级的授权,为了获得出卖劳动力的机会而相互斗争的蓝领工人,而且包括那些没有机会出卖劳动力的人(这种情况在资本主义社会完全有可能出现),二者同样被合法地组织起来。从这种意义上来说,空间不平衡发展并不只是资本主义发展不可或缺的一部分，它使得工人阶级作为理性人，而非消极被动的文化受骗者，为了维护自己的利益而不断地复制他们作为劳动力的阶级地位，尽管这种结果并不是他们想要的。

（梅丽霞 译）

第十九章　在劳动力市场和本地政府中的阶级与性别关系

卢斯·芬彻（Ruth Fincher）

本地劳动力市场和本地政府对生活在城市社区中的居民和工人体验自身阶级和性别角色产生了重要的影响。它们相互之间并不是独立的。本地政府在当地提供公共交通和幼儿日托等服务，使人们有能力从事家庭以外的有偿工作。这样，本地劳动力市场的空间范围就可以由劳动力市场中能够获得社区服务的人群的实际情况来定义。此外，有偿工作的时间和对工人的要求都会影响现有公共服务对那些工人起作用的范围。强调这一点是十分重要的，即在人们的日常生活中，有偿工作的可得性和社区服务的可得性是绝对相关的。很多分析将劳动力市场的生产与社区服务的社会再生产割裂开来，显然是不行的。

这一章的宗旨就是揭示出一些在本地劳动力市场和墨尔本本地政府中出现的特征以及阶级和性别关系构建的含义。结构如下：首先，讨论本地政府的实践和本地劳动力市场的性质如何构成人们的阶级和性别的体验。其次，详细阐述墨尔本本地劳动力市场的特征，提出在都市区不同的地方，人们阶级和性别体验的异同。第三部分探讨了墨尔本政府需要优先考虑的一些议题以及这些议题如何受到联邦社会政策变化的影响。

一、阶级和性别关系

理论上通常将阶级的形成——从阶级结构中清晰地划分出不同的阶级集体的过程——描画为关于社会中阶级地位的正式图谱，资产阶级、工人阶级和中产阶级各有多少人（Wright，1985）。阶级形成程度基于阶级结构的不同，但绝不会完全独立于它。阶级形成的过程和阶级结构的图谱表现为阶级关系;在有偿劳动场所、社区和家庭中人和人之间有各种社会关系,从中他们体验到阶级(资本主义社会中资本和劳动之间的不平等关系),即使他们并不有意识地给这些体验挂上什么标签。

影响阶级体验的大部分环境具有制度特征,一定时间和一定地点上人的差异并不直接反映阶级基础。哈维(Harvey,1975a)长时间关注阶级结构的这些特征,列出了一些如劳动力分工、消费习惯和一定时间、一定地方的权利关系以及制度的和意识形态的移动障碍(Harvey,1975a,p.362)。本章寻求识别已有的性别分工或者将墨尔本通过阶级结构正在产生的工人阶级进行分组及其所体现的阶级关系的种类。

在当代资本主义社会,有偿劳动的阶级关系不断变化,很多人都关注到这点(Massey,1984;Massey and Meegan,1982)。他们包括传统劳动阶级内大量人员的临时工制度、脱离社会以及边缘化等,如男性制造业工人表现的那样。新阶级关系似乎正在出现,主要体现在女性兼职工人的群体内以及在她们和其他有偿劳动力之间。目前,广泛接受的观点是劳动能力的再生产主要集中在家庭内部和社区中,家庭成员既是有偿劳动的工人,也是家庭和社区的工人的事实,并且这个事实将阶级关系带入了家庭和社区。阶级关系在日常生活中广泛存在,并有大量的阶级结构的分支。阶级关系、阶级形成以及影响它们的阶级结构的方式,是深刻的空间现象;可以通过空间结构的利用和再生产来限制或者促进它们。

目前,性别关系是男性和女性之间的社会构造关系。我猜想分析家认为阶级类别理论上高于性别种类,这就将性别关系看成是阶级结构的某一种形式,这将性别关系称做阶级结构的一种形式;其他人则因为平时日常经验而支持社会建设中性别角色优于阶级角色的观点。这种观点并不仅仅是将性别添加到阶级之上,或在历史唯物主义观上再附着一个女权主义,而是提出扩展生产模式的概念,即将劳动力生产建立在一个与生产和生活方式的生产平等的基础上(Livingstone et al.,1982,p.9)。

这种概念的混合强调了男性和女性在有偿劳动中及在家庭内部和社区内的行为不是分割的,而是互相关联的。在最简单的层面,到达工作场所和工作的时空要求限制了人们在别处活动的机会。但是,一个方面的社会关系影响另一方面的社会关系的情况就不那么直观了。例如,在一个严格等级化的有偿工作场所,职位存在严格的性别隔离,会对一个在其中从事有偿劳动的工人的家庭内的任务和责任的分配和承担上造成隐含的影响。

二、本地劳动力市场

阶级和性别关系的构成如何受到不断变化的本地劳动力市场的影响？首先,考虑本地劳动力市场如何具有不同的特征；其次,在特定的背景下,这些特征如何鼓励特殊阶级和性别关系的形成；第三,经济和其他关系中的变化如何改变阶级和性别关系以及最近这些明显的变化将采取什么形式。

本地劳动力市场将经常表现出不同的特征,这与其内部特殊的产业和职业部门有关。与以制造业为主的地方经济相匹配的劳动的性别分工和劳动过程,不同于以个人服务业和旅游业为主导的地方经济的劳动分工和劳动过程。在经济重组时期内,本地劳动市场的特殊经济基础非常重要,可以决定其命运：许多资本主义国家,传统的制造业中心自从20世纪70年代以来遭到了巨大的打击,关于美国东北部和英国北部的去工业化的研究文献近年来日益增多。同时,传统的制造业中心和占统治地位的男性全日制劳动力,在当前的经济环境下,经历了非本地化的过程,出现了其他的生产形式,具有不同工作特性的其他社会群体也在寻找工作岗位。特别是女性参与有偿劳动的数量在增多,这与大量的兼职岗位的出现有关系。

特定的就业部门和工作方式的重要性并不能够决定社区、区域或者是国家的阶级和性别关系。如果能够决定的话,我们就可以在经济基础类似的地方找到一样的社会关系。相反,持续的经济变化与形成于经济、政治和社会相互作用的历史传统相结合,在一定的地方包括常驻居民,也包括外来移民。马西(Massey,1984)认为,过去经济和社会关系的层面,暗中促进和影响一个区域的当前的环境。同样重要的是,本地居民和工人的集体行动在一定程度上能够改变本地环境,不管与外生变量是否相关。

在制造业社区中,最近的经济增长带给现有阶级和性别关系的挑战包括：①传统制造业提供的就业岗位减少,导致依赖这些工作机会的年轻人失业,与此伴随的是曾经在全日制工厂工作的中年男性失业的情形越来越多,虽然,制造业的下降并不意味着服务部门就业的增加(Murgatroyd et al.,1985,ch.1),但女性兼职尤其在服务类工作中的就业大大增加,有人预测某些区域内有偿就业中劳动力性别特征将发生变化;②整体劳动力的特性也有变化,由传统上以男性劳动力为主导(通常以男性为中心)向兼职方向发展,有偿工作的性别和劳动特点变化,将会使以传统方式组织的有偿劳动力的构成发生变化;③在家工作增加,大量的工作在家中完成,并且这种趋势在增加。

以制造业为基础的社区所形成的大都市与住宅郊区并列,郊区内零售业和办公楼高度发展,似乎在这些领域兼职的女性数量更多。由于柔性积累增长,生产获利的方式在不同的社区和家庭中变得不统一和空间分散,因此,当前成为消费的主要场所的郊区居民住宅区也成为新的生产区位(Nelson,1986;Harvey,1987)。新的社会关系在新的劳动者群体以及根植于本地环境的就业形式中形成,而以传统方式谋生的比例在下降,这一变化十分显著。男人和女人做不同形式的有偿工作:他们在工厂、家庭以及社区中的相互关系因为这个而不断变化。工人阶级的新联盟将要形成,旧的或许会消失。

三、本地政府

本地政府在此解释为政治关系的一个方面,与政府的本地实践有关(见 Fincher,1987)。因此本地政府的研究包括与国家机器和政策有关的社区矛盾的研究以及相关的地方国家机器的研究。很明显,本地政府与阶级和性别关系有关,可以影响它们的形成和变化。下面将分析本地政府在有偿劳动和社区支持中影响阶级和性别关系的方式。

首先,除了当地就业机会的可得性以外,本地政府为在有偿工作中依赖公共服务(儿童和老人)的人们直接提供(或通过盈利公司或慈善团体间接提供)公共服务,还影响了这些人参与到有偿工作中的程度。如果没有适当的日托和学后托,或者是照顾老人的家庭保姆,那么那些可能陷入家庭事务无法自拔的劳动力就不能从事有偿工作。其次,本地政府通过创造直接的就业项目,能够指引项目参与者通过新的方式获得工作,并且降低了本地特定人群的失业率(例如女性和年轻人)。第三,本地政府通过改变本地居民和劳动力人口的性质改变了社区就业和公共服务需求的性质。经典的例子就是绅士阶层的引入,本地政府和主要开发商结盟,在内城工人阶级社区旁的滨水地区开发奢侈的写字楼和昂贵、高密度的住宅。

大量的国际文献论述了从20世纪70年代中期以来在发达资本主义国家中福利政府的重组,同时显示了中央政府在人员服务上的财力支持和责任感都在下降(见 Mishrah,1984;Dear and Wolch,1987)。这些下降在一定程度上具有地方影响,引起本地服务供应减少或者改变服务人员的供应,本地政府也被卷入其中。一般的儿童日托和老人家庭护理的供应会允许更多的妇女(特别是传统的家庭主妇)参与有偿工作,或者在从事该项工作中拥有更灵活的选择。支持人们参与有偿劳动的人员服务供应下降,加之日托等服务成本的不断增加,很可能将妇女从工作岗位中逼退出来,降低了他们走出家庭选择工作的机会。

尽管本地政府通常被看做是公共服务的供应者和进行公共商品和劳动力资源再生产的机构(见 Fincher,1987),但是在小规模的尺度上,本地政府公共机构也被囊括在就业创造计划中。英国社会党的市政当局在这方面做了杰出的工作(Boddy and Fudge,1984)。正如这些以及其他计划所体现的,本地政府的活动对于阶级和性别关系的性质具有一定影响,如同劳动力市场中的活动一样。本地政府可影响劳动力市场的可达性,本地劳动力市场又产生了对某些形式的公共服务的需求。本地政府通过发展本地就业计划,成为本地劳动力市场中的一个角色;本地企业能够提供社区服务来支持人们参与有偿劳动,或者是以雇员福利的形式,如工作时间的日托服务,或者是其他商业化的服务。

四、墨尔本的本地劳动力市场

这部分描述了澳大利亚、墨尔本当代劳动力市场的特征,引出了关于来自墨尔本东部和西部郊区劳动力资源的本地阶级和性别关系的假说。墨尔本本地劳动力市场体现了很多全国性的趋势。这些趋势使得澳大利亚与其他发达资本主义国家十分相似:它的劳动力市场的特点是某些雇员在有偿劳动中不断被边缘化。下面介绍澳大利亚当前的劳动力市场的特点。

①从20世纪70年代中期开始,失业人数迅速增加。此次失业并不是在不同的社会和经济群体中平均分布,而是与劳动力性质有关。年轻人、非英语移民者及

女性面临了较大的失业比重,这当然与他们在特定行业中的就业集中度有关,这些行业的就业岗位在减少。

②从1966年开始,全职和兼职的有偿劳动职位变化出现不同的趋势。从1976年开始,男性全职劳动者的比重在快速下降,男性兼职劳动者的比重在上升,但是并不能抵消全职就业者比重的下降。从1966年开始,女性就业者的比重开始增加,90%从事兼职工作。已婚女性就业数量的增长在此次增长中作用较大。

③从1973年开始,新增就业一半以上是兼职工作,其中大部分是社区服务和零售业。很多此类工作被女性抢去,说明了澳大利亚劳动力市场的重要的性别隔离。

④劳动力市场进一步分隔,特别是在墨尔本和悉尼,与劳务移民的新特点相关的另一趋势就是不再在乎他们是否具有英语背景。

⑤在家工作人员的数量构成了澳大利亚有偿劳动力市场的很大比重。

墨尔本不同的地区在一定程度上展示了这些全国性的特点:就业数量的增减,类型的变化以及发生在都市区的不同地方。20世纪60年代初期,墨尔本的郊区化带来了大量的工作岗位,制造业就业在远离西郊传统制造业基地的东部增长。1966~1971年间,东部郊区混杂了商业就业的增长,内城在20世纪80年代初期也获得了一些就业岗位。

在一定时期内,东部就业岗位增长比重对每个行业来说都是最大的。在就业区位和居住区位上,存在一些不对称的特点。工人居住地的外迁速度要比工作岗位的外迁速度快得多,工作岗位仍然倾向于集中在环型郊区的中间。新办公室坐落在东部郊区的中间,最近集中在都市区的东部以外。与西部相比,东部郊区就业岗位不成比例的增长造成了大都市区的一个主要困难,这里劳动力流动相对独立。对于那些没有汽车的人们以及那些热衷于就近工作的人们(传统的女性和蓝领工人),这种变化都造成一定的困难。

墨尔本劳动力市场的地理区位在阶级和性别关系中出现了怎样的变化?首先,制造业工人以前集中在墨尔本的西部。因此,传统产业中制造业岗位的下降以及新制造业岗位在别处出现(除了劳动力市场接近西部郊区的工人),将会不成比例地影响这个区域的传统的、男性主导的工人阶级。或许随着男性脱离工厂车间中的集体劳动和女性集中于孤立的、长期家务劳动,工人阶级实践越发边缘化。在男性掌握工作岗位的家庭和社区中,如果男性从工作岗位上退下来,势必造成阶级地位和性别角色的紧张。

其次,在墨尔本东部区域外,制造业劳动力比例下降,服务业、教师和专业工作的比例上升。在东部区域内,存在相对稳定但较小的制造业人口比重,零售业、教师、服务业有比较稳定且较大的就业比重,专业的和管理层的岗位存在更大的劳动力分隔。在别的地方,女性主导着服务业和教师等职业。

在东部,不论男性还是女性,就业比重以及失业比重分别大于和小于西部的情况。从事兼职的女性所占比重更大。可能由于家庭迫切需要双份收入来承担住房抵押贷款,所以女性就业比重逐步增大。但是,例如兼职服务部门、教师岗位等就业很可能更少地属于工会控制的部门,大多数工作岗位将变成临时的、合同制,而非工资制、永久以及退休的职位。总之,我们发现墨尔本东部和西部的有偿劳动力趋势呈现不同的风格。阶级和性别关系的某些变化符合劳动力变化趋势的假设。当然,这些是一般的预期。墨尔本不同区位和工厂的阶级和性别的简单状况,没有通过列出职业和产业部门数据被充分展示出来。有关的其他要素的特殊组合将由具体情况决定。但是,伴随本地劳动力市场变化的一个制度的特征是本地政府使城市具有不同的阶级和性别关系,现在我们就来考察这一点。

五、本地政府内的阶级和性别关系

对本区域内社会和经济再生产模式的主要贡献者就是本地政府。尽管它并没有完全控制公共服务的可得性、可接受性,或者岗位中的投资,但是,本地政府能够影响经济和社会的机会。例如,本地政府可能提高或者是降低联邦基金在建立儿童日托中心的可得性;他们可能启动本地创造就业计划,或者忽视这个可能性。对本地政府收入和支出模式的一个描述解释道:"某些议员可能在政府功能之外决定收留那些无家可归的人"以及"并不是所有的市政当局都充分利用他们的本地权利"(City of Camberwell,1987,pp.2,5)。本地政府也是本地社会和政治实践的一个场所,它或许是改变本地阶级和性别关系的一个渠道,通过利用本地主管机构和本地州政府的资源,帮助人们维持有偿劳动的社会支撑网络。即使本地社区的参与者反对,本地政府也可能将这些参与者纳入具有新的阶级观点的新群体内。

在墨尔本,本地政府花费在构建更好社区网络和更好就业期望中的费用是相当不稳定的。市政当局内外部花费的差别更容易标示,而东西部之间的差别则不容易描述。花费在教育、健康和社会福利上的数额,部分依赖于本地人口的年龄结构(年轻人口、儿童以及贫困人口的数量)、收入和就业水平等因素。

从1983年开始,联邦劳动部接受了增加儿童日托场所的主要职责,这与近十年来儿童托管主要是家庭负责以及指导学前学校进行儿童托管不同。20世纪80年代中期,基本策略是增加儿童日托场所的供应。政府关注点是扩大本地儿童日托中心场所。家庭日托服务在维持着,但是并不被重视。尽管引入了非盈利资金以及非政府的日托中心,但政府资金不支持私营部门和盈利的儿童日托中心。

20世纪80年代中期开始,联邦政府在儿童日托工作的焦点开始从质量标准控制、扩大供应等方面,转移到狭隘的成本控制上。以前,联邦津贴建立在有资格机构的协议工资基础上,根据给定的人员标准,提出建议费用的上限(White,1986)。与资金削减水平一起产生的是一个新的系统,这个系统建立了一个每周费率的上限,超过部分得不到联邦资助。与培训水平和人员经验有关的服务质量,不再纳入州政府和中心的评价标准。如果中心要控制它们的成本,就必须雇佣工资更低廉的员工(更不熟练),或者向高收入的家长收取额外费用,以此来弥补服务成本的增加。接下来,联邦政府指出,家庭日托服务(更便宜,但是长期遭到关于缺乏质量控制和剥削服务人员的批评)应该靠进一步增加儿童日托场所的措施来改进。

联邦政策变化的含义是,中心质量要根据用户支付能力来调整。公立儿童中心或许就变成了为更高收入人群提供日托服务的地方。而家庭日托服务以及不太正规的日托机构可能适合低收入人群。增强标准的责任将落在本地和州政府的肩上,无疑要不断被督促、游说:日托服务的维持和扩张,已经被纳入了政治竞争的领域。当然,更重要的是将这些见解和建立儿童日托服务的工作场所的阶级和性别关系的分析结合起来。作为政府资金战略支持的家庭日托,也剥夺了女性外出工作的可能,因为女性外出工作会减少在家照顾孩子的时间。

联邦政府从当前高水平的儿童日托承诺中撤出,不可能促进本地政府重新投资该项服务。儿童日托供应的"社区管理"模式作为与联邦政府撤退相匹配的方式出现,必须谨记莫布雷(Mowbray,1984)的评论。他认为基于社区的和自我管理的战略,就是将公共服务供给的负担压在了社区的身上,实际上彻底地将负担压在了女性和"家庭"的身上：它们通常采取保守的战略。他们在支持或者是执行增加女性参与就业方面没有任何作用。政府对照顾老年人的供应也能说明这一点。

最近 20 年，澳大利亚联邦政府已经打算鼓励社区照顾年老者。然而，对非制度化的老年照看服务，已经成为经济和人权运动的理由：一些分析家解释了联邦政府 1956 年家庭护理资助项目和 1973 年住家看护权益政策，指出与支付家庭护理费用相比，政府更希望鼓励社区和家庭自行护理(Kinnear and Graycar, 1982)。家庭，越来越表现为"隐藏福利服务"，特别是在公众眼里，社区护理变得比制度护理更加受支持(Kinnear and Graycar, 1983)。护理提供的成本同家庭日托一样，都是隐性的。

政府一直很关注社区护理，将其看做是照顾老年人最合适的形式，但毫无疑问，政府对此的财政支持却远远不足。"社区"将自己承担老年居民护理的成本和负担；实际上，这意味着"家庭"有责任，反过来这意味着家庭中的女性将成为护理者。最近的一份对澳大利亚家庭护理的调查显示，在家庭里对老年人的照顾回应了跨洋研究的发现，即家庭护理通常与女性护理是同义词，几乎很少有来自配偶或孩子以及家庭其他人员的支持(Kinnear and Graycar, 1982)。家庭里照顾老年成员的生活方式发生了一系列的变化，护理者最大的问题是休闲活动大大减少以及工作表现的恶化，同配偶和兄弟姐妹关系的恶化，睡眠模式的变化等。令人惊骇的是，调查发现，50% 以上的被访问的护理者都是女性，为了提供此项护理都放弃了有偿工作。"当前的社区护理的概念建立在传统的性别角色的基础上，现实中继续了这种性别的劳动分工，这为整个政府提供了一个可行的且廉价的护理模式"(Graycar and Harrison, 1984, p. 6)。

如今，照顾老年人还存在很明显的本地空间差异，获取家庭成员的照顾也具有一样的特点。尽管联邦政府在服务的提供上财政投入巨大，影响了整个澳大利亚，但还是存在本地差异。豪(Howe, 1986)指出了不同类型的供应者(公共、私人或志愿部门)在当地的存在表明了服务的可得性。非制度的服务，如社区护理，毫无疑问由本地政府提供，供给上潜在的可能性也和政府有关。市政当局的服务范围和质量有赖于本地政府财力和政治意愿，并从更高等级的政府获取资金。本地政府提供给制度外居民的护理服务尤为如此。

同儿童日托服务供给趋势相同，社会经济越发达的地方，所获得老年人社区护理服务也越完善,联邦政府的政策也加剧了这种情况。这种情况下阶级和性别对于有儿童或者是老人需要照料的工薪劳动者的含义并不清楚。收入水平高和工作稳定的人并不保证被赡养者需要的服务都在本地获得;这有赖于服务供给中介和组织的决策者。本地委员会为本地居民供给这些服务的人给予了高度的优先权,即使那些居民并不是有关的说客;别的委员会需要被不断地激励,保持确信老年人的护理需要委员会的支持。然而,清楚的事实是城市所有的区域和收入群体内,都是女性承担起照顾被赡养者的主要责任。布雷南和奥唐纳(Brennan and O'Donnell,1986)关注儿童日托的情况,金尼尔和格雷卡(Kinnear and Graycar,1982)关注了老年赡养者的情况,他们发现女性是家庭成员中经常从事不安全、报酬较低以及更加灵活的工作的人,主要是为了满足照顾这些被赡养者的需要。为有偿劳动力提供服务的联邦支出以及鼓励基于"社区"护理的政策,似乎正在加强这个现实。

此外,存在一些群体,他们缺少获得公共服务的门路。例如,在整个澳大利亚,非英语移民更少利用政府支持的儿童服务设施(Pankhurst,1984)。这主要归因于信息获得十分有限,儿童设施的开门时间与区位对倒班的人来说并不合适。最近的调查已经打破了移民家庭喜欢非正式护理的虚构假说,暴露出工人所表现的焦虑,这些人的孩子被独自扔在家里,或者他们不得不做更加复杂的儿童护理安排,但是这个安排不断地被打乱(Pankhurst,1984)。似乎即使在正式日托场所相当多的地方,也主要是中等收入、讲英语的澳大利亚人光顾。移民女性几乎没有办法利用讲英语女性社区控制的儿童看护服务机构。参加这类的儿童看护中心必须能撰写书面申请和经常参加会议,这些都要求英语和写作技能(Loh,1987)。墨尔本西部传统的工业化郊区的工人民族种类多种多样,所提供的儿童日托的阶级和性别关系也反映了这个特殊的情况。

本地政府提供的儿童日托和老年赡养服务,支持了成年人参与有偿的社会工作,这些服务的空间分布很不均衡。如何解释这个不均衡的问题是十分有趣的:为什么有些地方政府能够提供更好的服务,而有些却非常依赖私人或非正式的供给呢?除了假设服务水平与需求平衡或者个别官员的一时兴起,英国马克-罗森等人(Mark-Lawson et al.,1985)提出了另一种解释。他们将女性进入本地政治圈的历史与社区支撑服务联系起来。墨尔本的地方差别可解释为政府提供的赡养老人和看护儿童的护理机构的可达性的差异。如果这些日常服务机构被赋予"用户买单"的特性,就会变得难以负担。女性作为传统的"护理者",于是就难以获得可靠的就业:她们的家庭、社区和工作环境联合起来改变了她们的阶级和性别的体验。

六、结论

本章说明了墨尔本本地劳动力市场的特点和本地政府对影响都市区不同地方的阶级和性别关系的联邦社会政策变化做出的反应。本地劳动力市场和本地政府作为两个制度特征来构建本地已有的阶级和性别关系,劳动力市场容易被看做追求利润的企业和公私部门的大官僚机构的领域。相应地,本地政府作为社会再生产的集体消费品的供应者,更多关注当地设施。有两种方式会使事情变得更加复杂,我想要把他们找出来,作为进一步研究的关注点。

首先,本地政府(the local state),远远不仅是本地劳动力社会再生产的惟一的场所,对一些地区就业人员的阶级和性别关系有直接的影响。英国的讨论特别说明了政府在城市企业区和自由港的形成过程中的行为,鼓励了就业机会的重新分布。本地政府在本地就业计划中的举措,如英国大伦敦委员会,能够改善一些区域内人们就业的经历和有效性。到目前为止,这些举措还都是在小规模范围内实施,对基于就业的社会关系的整体特性并没有多大影响。但是,本地就业计划,特别是基于社会有效生产概念的计划,能发现很有趣的现象,即不同工作场所的工作经验会促成不同的阶级和性别关系。澳大利亚的动议中也存在一些提示,政府分支机构做了特殊的努力来改善女性的就业机会和工作经历。政府在本地劳动力市场中的涉入程度以及将一些工作场所改造成更利于形成更好的阶级和性别关系的场所,这些都是在研究本地政府中不应该被忽视的东西。

第二点与第一点有关。提供给有被赡养者和为了参与有偿工作而需要此类服务的成人的社区服务,不仅是工作场所的问题,也是一个服务供给利用的问题。服务被生产,也被消费。问题的另一面以儿童托管可得性的下降为标志,这说明女性出去工作的机会被剥夺,她们以非正规的方式承担着照顾工人孩子的任务。这种情况的两个方面似乎存在一个性别轴,女性必须要照顾别人,女性工人在非常困难的条件下还要从事照顾的工作,这个轴需要被解释和描述。无论在本地政府的制度中还是在其衍生物中,阶级和性别关系在任何地方都是相互存在的。

(任宝 卢洋 译)

第二十章 思考就业:性别、权力与空间

琳达·麦克道尔(Linda McDowell)

一、介绍:组织、空间与文化

本章通过对一系列文献的对照,突出反映了薪资就业不断变化的组织和分布,尤其是女性的就业问题。很多分析指出,当今英国有一种十分明显的、并且可以经验论证的"女性化"就业倾向。在使用这个词语的时候,我特别强调是大量而非个别数目的女性进入薪资就业。我还想提到的是就业向服务业部门的转变,其中越来越多的就业机会和岗位是建立在据称女性更为擅长的服务和看护工作基础上的,正如许多组织理论家和管理咨询家所观察到的那样,管理结构与实践具有日益女性化的趋势,与此同时等级的重要性逐渐降低,更加强调的是感性与合作的管理风格。公众和学者在这个问题上的观点不同,有的人十分赞同非等级制、女性管理者对工作场所的同情与关心以及其他本质上的女性化特征。事实上,对女性化特征如此热情洋溢的评价和赞美,使得一位过分热心的宣传者甚至为当代女性冠上"新日本人"的组织理论的光环(Helgasen,1990)。如果这些评论都是令人信服的话,倘若仅仅强调女性在劳动力市场上数量的增加,而忽略其工作环境与条件的话,那么,我们的确可以认为在20世纪末期女性进入了成功与权力的新时代。

伴随着声称组织日益女性化的经验证据出现的,是有关服务型经济的理论研究的迅速蔓延。其中一个显著的趋势是被人们称之为"文化转向"的趋势,它强调把工人和工作场所看做物化在社会建设中的能动力量。工作场所不只是男人和女人们一起完成生产的地方,而是通过工作场所或组织构建起劳动者自身主体性的途径。就业在这里变成了一个主要的影响因素,特别是有关组织中的性别问题,把工作看成是感性劳动力和情感管理的问题以及物化的重要性问题——即把男人和

女人看成是在工作场所相互影响的,具有不同高矮、外形、肤色、性别取向和特征的人。

在这个尖锐而重要的章节中,我想要引入一种特殊的地理学视角,假设工作场所的区位及其基础设施——地点与机器设备的布置,厂房及其周边环境的外观与内部布置,也会对就业和工人的社会结构以及结构化的权力、控制与支配之间的关系,产生影响并反映这种影响。本章也受到一些地理学、建筑学和城市社会学的研究的启发。这些研究之间的联系将社会学和地理学想像联结起来,关键概念是表现,尤其是在那些关于身体的新的理论研究工作中,将身体作为承载文化意义和进行文化分析的对象。自戈夫曼(Goffman,1963)以后,社会结构主义在几十年的研究里,富有成效地用"舞台"和"表现"来理解工人的日常行为与相互影响,这在早期的部分有关性别之角色的女性主义研究中也有反映。最近,女性主义学者提出了一种基于心理分析的观点,把性别本身当做一种表现(Butler,1990)。塞内特(Sennett,1977)考察了工作场所和街道等基础设施,他发现在现有环境中,公共空间正在减少,他使用了"表现"这个概念来解释公共和私人空间的变化格局。把问题的焦点放到城市中那些文化上被铭刻然而被不同主体占据的空间上,不管是内部空间还是外部空间,公共空间还是私人空间,将是一种融合各种不同的理论、学科和研究方法的途径。

二、男人的工作,女人的工作:20世纪80年代与90年代的就业变革

与其他发达工业国一样,英国薪资就业的本质和区位在过去20年里发生了翻天覆地的变化。这些变化的影响是如此广泛,以至于帕尔(Paul,1988)认为薪资就业是20世纪末最主要的尚待解决的问题。人们以为战后的正常就业会是属于男人们的全职的、发工资的就业,这仅在1945～1975年间的30年是如此,到现在却变成了例外情况。现在看起来,似乎越来越多参加薪资就业的人群是女性,当今世界已经变成了一个女性就业的世界,虽然大多数女性的就业是不连续的、间断性的甚至不确定的。

从20世纪60年代中期到80年代末期,这种翻天覆地的变化不仅发生在英

国,也发生在其他发达工业国家,看起来好像要埋葬人们对于永久性就业的信仰。在80年代,发达工业社会中薪资就业的本质与结构、组织与回报、工作任务的类型和工人们以及工人们劳动的场所,都发生了不可逆转的变化。战后数十年时间里相对稳定的终生就业制,使许多男性工人曾经长期为一个雇主干活,在同一个场所劳作;这种方式现在一去不复返了,取而代之的是胡言巧辩以及具有机动性的、重构意味的、临时工的、两极分化和女性化的社会现实。西方工业国家中的制造业就业的减少,自20世纪80年代以来已明显持续了20多年。现在越来越多的人发现他们只能在服务业中找到就业,如从理发到理财。这些新的就业机会非均衡地分布在各个地方和人群当中,所谓的新,是仅就其将主宰新经济的意义而言。老工业区也遭遇了这种就业下滑的压力,但是美国南部和西南部的阳光地带、英国布里斯托尔的金三角、伦敦、剑桥等地区,却实现了就业的增长和地区的繁荣。

有一段时间,帕尔的有关就业性质发生了改变的论文似乎表现得过于沮丧而低迷,到了80年代,服务部门的就业实现迅猛增长,这个事实似乎打消了他的这种悲观。尤其是英国的东南部的经济,经过80年代中期以前的一阵低迷之后,实现了加速增长,当时人们普遍相信,金融服务产业的扩张将为英国经济的未来提供新的保证。各种新的工作,基于对资金的拥有、控制、移动和获得,带来了新的高工资与中产阶级的就业机会,被誉为"新服务阶层",或者新文化阶层(Savage et al., 1992;Thrift,1989)。这是被大众文化称之为"雅皮士"的新群体。提到"雅皮士",毫无疑问,就不能不包括金融服务产业中的专业员工,实际上"新服务阶层"的标签是限制性地特指那些从事文化产业的职业群体,如营销、广告、公关、电视和收音机的生产商和销售代表、杂志记者、时尚作家、艺术总监和文艺演员等。一些辅助性的职业,如社会工作者、医疗工作者,等等,通常也会包括在这个新的阶层之内。

这个中产阶级群体在横扫80年代的英国的社会经济变迁中十分关键。人们认为,他们的工作态度跟以往的旧的资产阶级和老的制造业中的工人阶级差别很大。对于这群新的中产阶级或者说新文化阶层而言,工作就是娱乐;事实上,当生产和消费的社会关系日益融合到一起的时候,工作和娱乐之间是很难区分的(Du Gay,1996)。做事风格和表现的问题,拥有诸多彰显"地位"的物品——法国标致汽车,古驰皮鞋,位于内城的贵族化公寓或住宅,用那些地产业主的话来说就是"快速提升"——所有这些都显示出这个群体是一个与众不同的新阶层(Thrift,

1989)。值得一提的是,这个群体也具有明显的空间内涵。跟地理学家们对去地域化的研究相类似,菲舍斯通(Featherstone,1991,p.44)提出,新文化阶层"就某个具体的地区或社区而言经常缺乏归属感";尽管另外一些理论家认为这些群体正是全球化城市中导致内城房地产市场的贵族化的主要力量,他们会对本地产生特殊的影响(King,1993;Sassen,1990)。

但是,这种对新文化阶层毫无批判的语调,在一片对消费业的欢呼声中,却受到了处于寒冬季节的经济学界的质疑。哈维(Harvey,1989)不止一次提到过,"后现代"向消费主义的转向,是"后期资本主义的文化泡沫"。慢慢地、确定地隐藏在表面之下的阶层分工与剥削的实质以及对审美和生活方式的强调,实际上掩盖了新服务业中就业的不安全问题。服务业的泡沫在80年代末迅速膨胀。从1990年到1992年,英国和美国发生了经济衰退和服务业就业的"下滑"。于是,帕尔出版了他的第二部悲观的评论:《成功以后》(*After Success*)(Pahl,1995)。在书中,帕尔提醒金融家、商人、律师和文化工作者等职业群体注意经济现实的严峻,当实际价格下跌的时候,失业率不断升高,而房地产市场也遭遇了前所未有的危机。许多在内城区或港口住宅区购买了贵族化住房的人被负资产套牢,因为他们的房产价值已经跌落到贷款能够保证的购买水平以下。这时候,一种新的有关财产贬值与就业下滑以及减压生活方式的优点的观点浮出水面,它强调通过减少消费来适应企业下滑状态的个人选择,这种观点开始逐渐取代了80年代不可一世的对"贪婪就是好"的胡乱吹捧。

但是,即使是在最繁华的年代,服务业中的就业增长也并没有给所有人带来繁荣。虽然有些要求员工受过较好教育的工作岗位薪水很高,但是对于大部分服务业部门的就业而言,其薪资水平是相当低的,很多时候都是服务部门底层的临时工——也许称之为"伺候"比称"服务"更贴切。而80年代的美国,需求增长最快的职业包括零售助理、辅助看护、家庭老年人照看者、看门人、卡车司机、男女服务员等。当时英国的情况极其相似。这种情况的结果是收入最高的人和收入最低的人之间的收入差距越来越大。对于那些位于收入分布排名最后10位的人们来说,这10年带来的不仅是绝对收入的降低,也是他们从就业收入中所得份额相对的降低。

当收入的两极分化越来越严重的时候,就像60年代制造业下滑时出现的情形一样,80年代英国再次出现了就业从男性转移到女性的趋势。1966年以后的10年,制造业的显著下滑导致了大量失业,在这些失去的工作机会当中,73%是由男性从事的工作,只有27%由女性从事;同样的10年过去以后,私人部门的服务业导致了女性就业增长了125%,而男性在服务业中的就业却减少了44%(Dex,1987)。在接下来的15年里,制造业部门下滑的趋势有所缓解,但是男性工人的就业下滑趋势却仍然持续。这样一来,到了20世纪90年代初,男性工人的薪资就业数量只有350万人,比20世纪60年代初期的就业水平还要低。而同期女性工人的就业数则为300多万人,其中还不包括女性因更适宜从事兼职工作,其全部工作时间相应减少(McDowell,1991;Walby,1990)。这些数字反映出英国战后的劳动力市场上女性行为的转变,为了适应就业结构的重构以及可信赖的避孕方式和新的消费方式等社会变革,越来越多的女性走进了工厂。到了90年代初,超过一半的女性和近乎60%的已婚女性参与经济生活,而在1951年,这两个数字分别只有1/3和1/5。

不过,劳动力市场的女性化并非毫无差异的过程。正如工作机会越来越差异化,工作条件与回报也各不相同,女性作为薪资劳动力也正在变得越来越具有差异化特征(McDowell,1991;Phillips,1989)。尽管有一小部分受过良好教育的女性能够进入并获得职业机会的全职工作,但是大多数薪资女工获得的都是位于劳动力市场最底层的兼职工作。所以,产后女性能够返回工作的比例,依她们从事或愿意从事的工作类型而异。与其他职业群体相比,职业女性和准职业女性(后者包括教师、卫生与社会工作者和图书管理员等)更愿意返回工作岗位,甚至返回全职工作。这些女性中的很多人就业于公共部门,那里对于上班妈妈的要求极为灵活,很多时候允许她们兼职。另一方面,对于私人企业中的女性经理人和管理者而言,她们愿意返回工作岗位的比例相对较低一些,这部分反映出私人部门中兼职就业的苛刻机遇。作为一个特殊群体的职业女性,她们比女性经理人和管理者或秘书和清洁工的就业流动程度都要低(Dex,1987)。

这些趋势带来了诸多的有关薪资差异的争论,认为女性劳动力的差异化程度已经越来越高了。在整个20世纪80年代,女性获得教育认证的比例逐渐提高,她们成为新的职场主力军。年轻的女学生们在毕业考试中的成绩也越来越好,以至于到了20世纪90年代初期,20~24岁的男学生和女学生获得学位的比例基本没有差别(分别为11%和10%),尽管他们在各个学科的学习中依然存在显著差别。这就是女性在中学、大学和职业考试中的胜利,伴随而来的却是男性的就业不足,这个问题也引起了公众和学者的关注,人们开始调查"失败的男人"以及那些对于稳定就业不抱希望的年轻男性(Campbell,1993)。

教育部门和劳动力市场上出现的这些现象,导致女性进入职场的数量越来越多,而这些职场曾经是男性特权的阵营。有的时候,女性在职业中所占比例发生了戏剧性的变化。例如,司法、银行、会计、制药和医疗等职业。在1991年,几乎一半的进入英国司法部门的新人为女性,而1975年这个数字只有15%;在银行部门,1970年只有2%的女性会计能够顺利通过银行的最终考试,但是到了90年代初期,这个数字已经达到了近1/3;在1975年,只有7%的新注册会计师和6%的注册公共财政会计师为女性,但是10年以后,这两个数字分别提高到了25%和36%(Crompton,1992)。只不过,尽管女性在高端就业中的比例提高了许多,但是很少有女性在公共或私人部门的职业生涯中做到了高层主管。虽然到了90年代,英国的女性部门经理人比例已达到了1/4,但是高级管理人的比例仍然只有1%或2%。

三、对结构和工厂变化的解释

现在我想从经验研究转换到理论研究,考察一下有关就业、组织变革与文化以及性别的分工等方面的理论文献。在一个充斥着投资和商业银行业的社会中,这些因素对基于不同性别的招聘、提升和社会交往的方式产生着深刻的影响。我想简单地提一下这么多年来影响了我对性别和权利问题的思维方式。我想指出,最好不要采取某一种单独的方法或者仅适用于某一学科的方法,要理解为什么有的人能够成功地成为商业银行家,就需要综合运用各种不同的理论方法,研究职业隔离和劳动力市场的细分,工作场所的文化,有关工人的身体健康,工人的服装劳保,就业的成功、组织结构和意义以及既有环境对男性和女性在各种场所和地方如何表现他们自己所产生的影响等。

在一份有关保险行业中不同性别的管理人员及其就业问题的实证研究中,克福特和奈茨(Kerfoot and Knights, 1994, p. 124)提出,"金融服务部门仅仅是实证研究的一个样本而已,并不是调查的本质目标。"我以类似的想法开始研究伦敦的商业银行,我的着眼点不在于利率波动的精确性,也不在于解除管制和恢复管制的手段,甚至也不是20世纪80年代和90年代影响了大批城市银行的一系列丑闻,而是那些在城市银行工作的男性和女性员工的日常生活。当然,这两者是不可分离的。金融服务业的特殊性,90年代初期伦敦城的特殊性以及当时的环境、舆论甚至每个商业银行的文化,都会影响招聘原则和职业机遇的性别差异。在这个有关职业的性别隔离的调查中,经济社会学家所强调的"嵌入性"和地理学家所强调的"区位"也是不能忽视的方面。

有关社会和文化制度的嵌入性、企业、个人工作场所等问题的研究,现在已经成为经济社会学领域的一个主要研究方向(Zukin and Dimaggio, 1990)。波迪尔(Bourdieu, 1984)则用了"化身"来指代组织规模中的类似过程。大体上,在有关国家和地方因素影响经济变迁的方式问题上,地理学家已经开始借助于经济社会学的分析方法,而不是有关组织文化的研究。因为,经济社会学的分析方法不仅考虑到了工业的区位及其在国家和地方的政治及金融管制系统中的地位,而且针对新产品、新场所以及新的劳动力招聘方式的文化意义提出了一些新问题(Schoenberger, 1997; Storper, 1997; Thrift, 1994)。经济社会学主要研究权力问题、市场和企业—政府关系的社会影响问题、社会网络问题以及组织文化问题。它对传统的观点如"理性经济人"提出了挑战,认为嵌入到社会背景和特定制度中的不仅仅是经济行为。就像所有的社会关系一样,经济决策不仅受到效率获利润的影响,也受到传统、历史、阶级、性别利益以及其他社会因素的影响。这在商业银行业中尤为明显,这里有各种复杂的家族利益网络,各种社会精英分子的关系网络,各种把银行高层与其他英国企业高层甚至保守党联系起来的网络。

共同的社会消费和文化背景决定了英国的经济战略与目标。正如祖金和迪马乔(Zukin and DiMaggio, 1990, p. 17)指出的:

> 文化背景限制了经济理性。它禁止或限制一些神圣的物体与关系(如人类、身体器官或身体亲昵)在不同宗教群体之间的交流……文化,以信仰和意识形态的方式,通过想当然的设想,同样以正式的规则制度的方

式,禁止自利行为的发生……并且规定了哪些人能够合法地加入他们的群体(例如,自利的个人、家庭、阶层、正式组织、同种文化的民族等),文化提供了将不同的战略应用于不同的阶层交流的原本。最后,规则与结构化的理解控制了市场交换,致使人们的行为方式具有制度上和文化上极为特殊的一致性,即使他们可以通过欺骗的方式来除掉这种一致性。一方面,文化构成了经济自利的社会结构;另一方面,它又限制了市场因素的自由运作。

到了20世纪80年代,保守党政府做出了一项成就性的工作,即取消了长期的限制,开创了一种鼓励城市中全体市民都参与新文化设想的环境。一种个人主义的意识形态——人仅仅受金钱利益的刺激——宣称解除对被政府束缚的自由市场的管制,保障经济的效率与增长,受到了广泛的支持。这些主张如何迅速渗透到各种经济制度的言论和实践当中?这个问题到现在仍然是经济社会学家和人类学家没有搞明白的研究命题。特别地,作为城市制度的一部分,商业银行是这些新文化设想得到成功的宣传和传播的主要场所。在80年代迅速扩展的新服务和新文化阶层的所有中产阶级职业中,银行家正好是这个时代的化身:个人主义的典范,以利润为核心的"雅皮士"。

四、工作中的性别隔离

无论是经济稳定的年代还是发生剧变的年代,就是20世纪80年代那样,女性向某些经济部门和就业岗位的集中,都呈现出社会分工的一种持续性特征(Scott,1994)。面对这种持续性,这种失去性别特征的就业,这种不受任何其他社会属性妨碍的劳工力量,几乎都从各种研究中消失了,除了那些视野最为狭窄的研究;而工人们的生活经历则根据其性别、种族、年龄和家庭状况这些资料获取而已,这已经成为有关就业和组织研究的新的关注点。

在20世纪70年代和80年代,主要的观点是从"劳动分工"方法的角度来开展研究的(Fröbel et al.,1980;Massey,1984),这种方法认为,工人进入劳动力市场的时候,具有十分明显的性别特征。在发达国家和新兴工业化工作,女性都被看做是廉价劳动力的后备队,对于那些寻求高额利润率的流动资本而言,这些女性具有很大的吸引力。"劳动分工"法慢慢开始关注女性就业问题的时候,他们认为女性的家庭责任是她们成为后备军的部分原因,但是他们没有分析女性陷入越来越窄的就业范围的原因,虽然劳动力市场已经变得越来越女性化了。关于女性的职业隔离,人们注意到了,但是却没有给出足够合理的分析。在主要的马克思主义阵营中,女性主义学者以父权制理论给出了解释,应用马克思主义的剥削观点,不论是否概念化为与资本主义同时出现的隔离体系,还是作为资本主义生产不可分离的一部分(Beechey,1987;Walby,1990)。这一系列公开的女性主义著作,与地理学中的劳动分工学派有着最为紧密的联系。最近,汉森和普拉特(Hanson and Pratt,1995)的论文因为研究地理问题而受到广泛的关注,他们考察了为保持性别隔离、居住区位与性别差异在找工作行为中的影响,这个研究加深了人们对于这个问题的理解。他们提出了"空间牵制"的概念,以女性的家庭责任为由,解释了性别差异。

解释劳动力市场上的性别隔离问题的第二步,是认识到职位和工人本身被社会实践结构化了,因此他们服从于某种特殊的性别特征。但是,职位并不是等待被塞满的投币口,工人们进入劳动力市场和工作场所也不是带着固定的、不可改变的性别特征;相反,这些特征都是可商议的、根据工作情况而异的。正如斯科特(J. Scott,1988a,p.47)提到的:

> 如果我们通过搜集描述"女性工人"的活动、需求、利益和文化等方面的数据来书写女性就业的历史,就为女性和男性之间自然而然的对比留下了空间,也使得女性和男性之间固定的分类差异更加具体化了。不加分别地就接受这种基于性别的分类("女性工人"),这使得我们的工作已经太晚了,而这种性别分类本身也需要重新思考,因为它的意义跟它的历史直接相关。

工作并非性别中立的——工作机会被创立出来,可能适合男性去做,也可能适合女性去做。构成并维持工作的社会现实被结构化了,以此来体现社会认可的、多种多样的男性和女性特征。这种联想看起来似乎对于典型的"男性化"职业是不言自明的,想想看那些男性重体力活中的英雄战斗和同志情谊就知道其缘由(McDowell and Massey,1984)。现在人们同样相信,女性职业如秘书工作,也是具有不言自明的女性化职业特征的。但是别忘了,随着时间的演进,后者已经改变了她们的性格属性(Bradley,1989)。人们正在为了"性别"意味越来越不明显的工作和新的就业机会而相互争夺和协商,以此来建立他们的性别代码。

五、性别化的组织:工作岗位性别特征的塑造与重塑

促使我思考金融服务业中不同性别的职业的结构及其维持情况的一个重要动因是组织理论,尤其是最近的组织理论研究开始把注意力转到组织过程中普遍存在的性别问题,以及它与权力结构发生关系的方式(Acker,1990;Hearn and Parkin,1987;Pringle,1989)。在这篇文献当中,有一种从"组织模式中的性别"到理论化的组织本身的转变。前者把组织看做是一种环境,其中不同性别的人相互影响,并且性别中立的地方会因性别差异而对男性和女性分别产生不同的影响;后者嵌入到具有性含义的社会关系当中,并被这种性的社会关系结构化了。在这些研究当中,性被定义为一种社会的结构化过程,其中包括欲望、幻想、愉悦和自我满足。因此,围绕性折磨问题产生的,并不仅限于也不是主要限于性关系及其相关的政策内涵。最好把研究的焦点放在权力、支配以及设想适合某种性别的行为与性行为的方式上,从广义上而言,如对管理实践的影响,对工作评估的组织逻辑、晋升的程序和工作的特殊性等(Acker,1990)以及工人之间的日常社会关系。

越来越多的人意识到,男性使组织实践被结构化的方式,跟一般人所持有的观点,即认为工作中的性别问题具有女性工人的定义特征,恰恰相反。正如阿克(Acker,1990,p.139)指出的:

> 他们(组织)的性别特征被工作所模糊体现的特征部分地掩盖了,抽象的工作与等级呈现出来的是没有实质内容的、普遍的工人。这个工人其实是一个男人:男人的身体、性别及其产生的关系,薪资就业被归结到工人形象当中。男性的体能与阳刚之气,在组织过程中更受欢迎,使得女性被边缘化,导致了组织中长期的性别隔离。

第二十章 思考就业

最早的有关组织是怎样充满了男性化力量与阳刚之气的探讨，总是想当然地归因于社会建构的男性化，却又通过详细具体的研究揭示了另一种女性化特质（Kanter, 1977; Marshall, 1984）。尽管男性化就业模型的中心性（该就业模型是建立在终生就业、全职和持续就业的基础上的）和薪资就业在男性认同的社会建构中所起到的作用十分重要，都已经十分明确了，研究的焦点仍然是放在这些结构和设想是怎样把女性排斥在外的方式上，而不是男性被固化在工作场所的各种方式。例如，普林格尔（Pringle, 1996）在她的有关秘书与老板之间的关系的研究中提到，阳刚之气与理性的融合，使男性被看见的机会虽然减少了，但是仍然占据着支配性地位，也使女性的定位次于"其他"人，最后她只能接见女性客人。

男性的体征和阳刚之气的性征也必须保证可见和查询，这种现实导致了女性分析中有关职业的性别问题的重要转变。男性开始进入女性主义的研究领域，并且渐渐地进入了以前性别问题的重要性经常被忽略的组织社会学领域。不仅是制度的正式结构，而且日常生活的非正式结构都激化了女性的弱势地位。男性的权力在很多组织的微观机制中得到了潜在的强化，例如在工作场所的讲话和笑话，"男人之间很幽默、相互取笑，同志情谊得到增强……而女性之间比较笨拙，尤其是面对男人的进入、竞争、折磨、胁迫和厌恶女人的情况的时候"（Collinson and Hearn, 1994, p. 3）。

男性特征及其组织在工作中的扩展，与男性权力、男性话语权以及基于性别的社会现实，带来了有关女性影响的学问的深刻变化。他们是理解复杂的性别主观性的部分原因，也是理解他们的建构方式的部分原因，这些方式因地点而异：如家庭、街道、工作地点。有些女权主义学者，尤其是关于有色的女性主义，试图揭穿隐藏在早期的女权主义学者背后的关于"女人"的假设。他们批评了那种白色的、以英格兰为中心的、中产阶级的女权主义观点，越来越多的研究转向谋求种族、阶级和性别的平等方面。此外还出现了同性恋研究，例如研究女同性恋的女权主义学者巴特勒（Butler, 1990）发现，异性恋的"规制虚幻"强化了男性和女性两方面的自然差异。同样地，随着男同性恋的研究从20世纪80年代中期开始显著增多，一种占据支配地位的异性恋男性主义的结构及其主导性开始显现出来，并排斥了其他形式的男性主义（Kimmel, 1988）。在最近的有关性别的研究中，总体而言，"组织社会学"派提出了多元化男性主义的主张，指代各种出现在不同空间和时间的男性主义形式。

六、自我常规化

　　福柯强调建构工作中的自我,这使得越来越多的人开始关注他提出的"常规化"概念。范围很窄的社会认可的性别身份及行为方式,正受到一系列结构的强化和管制,这些结构保持着主导地位,并且从属于特定的社会关系。这些结构与机制不仅包括制度性的要素和上述社会认可的影响,而且包括自我监督以及福柯称之为"毛细管力量"的影响。这种利益开启了一种新的方式,把有关制度性利益与权力关系的研究,同微观社会实践联系起来(Foucault,1979)。这里,劳动力分析专家及其他社会科学家所讨论的主观性利益的无限扩张是至关重要的。

　　面对女权主义、后现代主义、后结构主义,人们提出了一些新的方法来思考理论、政治及主体。对自由理论宣称的理性主体的普遍性的质疑,导致了一种新的对各种学科内的行动与知识的位置和情景的强调,这里的行动与知识概念跟经济社会学中的嵌入性不无关系。这些观点中的一个主要因素是对现代人信心的挑战,这种信心就是认为个体性是建立在单一的、独特的、不变的主观性基础上的。相比之下,现在人们认为,自我通过生命周期而处于一个脆弱的建构过程,身份的多样性也正通过制度环境下日常活动的符号全能化而得以建立起来(Giddens,1991)。

　　伴随着服务业部门就业岗位的物质性变化出现的,是理论研究对于体能、性别表现以及监督战略的重视。与制造业中的就业相比,服务业就业的一个主要特征就是,劳动力及工人们体现出来的绩效也是一种产品,而这种产品跟制造业生产出来的产品完全不一样。服务被人们交换、销售、购买、使用,然后生产商和消费者从这些产品中得到服务——有可能是一次修脚、一场报告、一条法律建议等,它们都不能从生产和交换它们的工人身上分离开来。服务业涉及服务提供者与消费者之间的人际关系及其相互影响。总体而言,服务业中涉及业务交流的中介过程较少,而制造业中的这种中介过程就十分常见了。在服务业的相互影响中,工人的身体成为职业看护和飞行照看中的"被管理的心脏"(Hochschild,1983);越来越多高档餐馆推出的统一的快餐服务联盟,或者个性化的签单服务(Leidner,1993);银行咨询员的迷人微笑,或者一位穿着得体的男经理的职业化建议(Kerfoot and

Knights,1994)——所有这些,都需要一种能够体现出来的、看得见的表现。有些特殊的工作或禁令可能需要特殊的服装或制服,如美容美发或者珠宝行业的工作。为了创造出一种特殊的、通常具有明显的异性恋特征的形象,并且同时适合男性和女性的形象,很多时候这种对服装的要求都是相同的。雷德纳(Leidner,1993)把这种类型的服务业工作称为"交互性的工作",它们对员工的面容、个性、情感以及他们的体力和智力都有特殊的要求。有时候要求他们必须比其他工作更加自觉地控制他们的身份。

七、工作中的身体

重新思考把就业看成是一种物化的表现的观点,跟本章开始的时候提到的就业世界的重构现实切合得很好。20世纪90年代最重要的一个方面是,个体对劳动力及特殊工作的依附方式发生了改变。越来越多的工人期望获得一份非连续的、间断性的具有连续合同的职业,而不是终生从事一种职业。工作,曾经被认为是具有(相对)确定性的、表现个人身份的主要特征,尤其是对男人而言,现在却成了一种流动的、多元的、不确定的表现。除了这些不确定性,女性也越来越多地出现在工作场所中,其中的一个最显著的、在当今英国持续不断地对就业进行结构化的特征是,这里的工作场所仍然是一个公共领域,仍然有男人和男性主义。正如某些女权主义学者指出的,西方启蒙社会及其体现的社会结构、事件发生的实际区位,构成了各种存在方式以及建立在一系列二元论基础上的"合理的"行为。波迪尔(Bourdieu,1984,p.468)谈到:

> 高(卓越的、高位的、完美的)与矮(丑陋的、低小的、谨慎的)之间的对立,精神与物质的对立,精练(提炼的、优雅的)与粗糙(粗笨的、庞大的、粗鲁的、残忍的)之间的对立,轻(微妙的、灵活的、敏捷的、熟练的)与重(缓慢的、厚重的、迟钝的、费力的、笨拙的)之间的对立,自由与被迫之间的对立,宽广与狭窄之间的对立,或者换一个尺度,独一无二(稀有的、不同的、显著的、例外的、单独的、新颖的)与普普通通(平常的、陈腐的、普通的、微小的、常规的)之间的对立,辉煌(明智的)与黯淡(模糊的、灰色的、平庸

的)之间的对立……所有这些对立之间的网络构成了平凡生活的矩阵,人们发现已经准备好了承受,因为在所有这些的背后,是整个社会的秩序。

而且,他还指出,"回到支配者和被支配者之间的最根本的对立的现实上,他们获得了意识形态的力量,而这种对立被劳动分工烙上深深的印记"(Bourdieu,1984,p.469)。

在当代西方社会,上述二元论使得薪资劳动力的表现被结构化了。它们把女性定义为弱者,将她们声称为自然的私人世界从男人的公共世界中分离出来;作为一个公共空间,这种男人的公共世界被描述为离自然世界要多远有多远。抽象的权力符号,尤其是金钱,成为地位与文化的标志。而自然世界具有动物性,文化以及文明世界中的就业可以通过人性来区分。这是一个理性的、客观的世界,其中的行为与决策都要受到既定的传统规则的约束。在现代工业社会,工作场所是通过理性的、官僚主义的社会秩序来区别的,它是一个不受情感、个人特点或特征的影响的空间,也是一个最终符合文化上的男性价值观的空间。因此,女性的就业仍然被排除在外,因为,正如很多评论家指出的——有些人同意,另一些人反对——女人之于自然,正如男人之于文明。女人,就像自然一样,被认为是能力旺盛却又不可靠的,如同万物的自然法则的一部分,女性的体力而非其智力,其实不适合公共空间的冰冷现实。在工作场所体现出来的社会结构中,女性实际被淘汰出局,因为她们无法获得在工作场所有价值的文化印记,或者即使获得了这种文化印记,她们也无法进入理性的官僚主义工场。正如杨(Young,1990,p.176)所指出的,工作场所中特定的化身(非涉身)概念的理想化,意味着女性在工作场所的缺陷中受苦……因为许多男性认为这些女性处于一种不太合适的性别环境中,也因为女性的服装、举止、言语等等,打破了男性官僚主义的空洞的完美。

八、工作的场所与空间

上述文献对于有关性别、就业、权力与组织问题的研究都是十分深刻的,但是它们似乎都忽略了区位的重要性。发生在新的组织结构与工作场所中的事情得到了强调,但是却忽略了新的行为方式发生的地点。工作场所的行为同时受到工场环境的布置与设计的影响,而这些环境依城市本身、空间、地方以及其中个人配置的规模而异。不同的社会行为的意义,区别女性主义和男性主义的特征,都是建立在被判断为合适与否的物理空间之内的。

拉希和厄里(Lash and Urry,1994)指出,伴随着激进的经济变革出现的,是工业区位的空间与结构的转换。工业化经济中制造业产品的生产与交换,导致了专业化产业空间和工业化国家的制造业心脏地带的出现。同样地,商品信号的生产与交换——如文化产业和广告业就是例子,而金融产品中的期货和衍生工具就是更为清楚的例子了——导致了后工业化空间的出现。即使如此,如果从对受空间限制的原材料的依赖或者对当地市场的依赖的角度来讲,20世纪后期经济中的产品和服务所受到的地域限制是越来越少了。当服务的配送变得越来越重要、生产者与消费者之间互动的质量也成为产品的一部分的时候,能获得合适的员工(通常是年轻的、漂亮的、受过良好教育的、能够从事高端服务的)与合适的互动区位就成为最重要的事情,这种互动的区位必须是在宜人的环境中,能够强化商品信号的区位。事实上,在大多数战后的工业经济中,建筑与城市规划本身就成了文化生产的一部分,包括了它们的产品和表现。

文化产业在大城市的经济中所处地位越来越高了(Sassen,1990;Zukin,1995)。就像金融服务业在20世纪80年代和90年代的扩张一样,全球化城市成了重要的文化投资区。从博物馆到大学到广告产业,这些产业都是都市生活"唯美化"的一部分。祖金(Zukin,1995)已经发现,在纽约,至少城市空间中对为新的中产阶级重建的工作场所和娱乐设施,就从部分意义上重新定义和修复了内城区。通过建筑本身及其间的自然缝隙,就像通过实际监督机制和电子控制一样,那些不受欢迎的、"危险阶层"都被排除到内城区以外。

除了这些强调外观的明显变化,城市景观的最佳工作,就是把建成区的物质生产、符号意义与外观形式以及物质与社会实践都联系起来了。这种物质与社会实践有可能受到物质与符号形式的便利或限制。景观最终是一个社会固定的表达方式,特别是它的阶级与权力制度。建筑"代表、传播和转变着具有制度嵌入性的权力关系"(Zukin,1991,p.21)。它们不仅是语言、意识形态、权力关系的符号代表,而且构成并影响了相同的观点、信仰、社会关系与结构以及外表与实际情况之间的差别。当权力和阶级的关系得到了城市学者的新"学派"的强调的时候,人们对现有环境反映和影响性别关系的方式的注意就减少了(Colomina,1992)。撒森(Sassen,1996,p.91)观察到,公司文化受精确的概念和专家的支配,使之在企业巍峨耸立的大厦的核心树立权威:"公司大厦的垂直网格充满了跟美国城市的水平网格同样的中性和理性。"这种中性和理性跟把女性排斥在工作场所之外的结构具有相同的特征。

九、结论

我认为,那些关注就业的组织结构与现实中的性别问题的社会学和文化方面的著作,可以和城市研究、建筑、地理、文化研究以及城市社会学方面的著作相并列。其中城市社会学认为,既有环境不仅是社会活动和人们在日常工作场所互动的容器,其中人们在日常工作场所的互动正在成为社会学家和人类学家越来越感兴趣的问题,而且也是对这些行为的积极反应。当地理学家对这个问题主张了很久,并不断取得一些成绩的时候,社会与空间过程也在发生相互建构。一个事件或一项活动发生的地点决定了它的形式,反之亦然。城市的既有环境,不管是平方英里的空间划分及其周遭环境,还是个人建筑及工场的布置——从橡树板材的会议室和老式的拥有开放空间的贸易与交换室,到新型的电子交易室——无不传达着有关物化的阶级和性别属性的强有力的信息。

(梅丽霞 译)

第五篇　循环的空间

导　言　从距离到联系性

埃里克·谢泼德、亚当·蒂克尔、特雷弗·J. 巴恩斯、杰米·佩克
(Eric Sheppard, Adam Tickell, Trevor J. Barnes and Jamie Peck)

空间和距离的重要性的讨论和经济地理学本身都是老生常谈了。其持续性反映了一个古老的地理学提法——在地方上发生的事物不但取决于在当地的状况，也取决于当地和其他地方的联系；即取决于地点和位置。在早期"商业"地理学许多研究中，如在拉塞尔·史密斯(J. Russell Smith)的重要著作《工业和商业地理学》(Industrial and Commercial Geography)中，更多的注意力放在了贸易特征以及影响它们的交通基础设施上。它们寻求解释地方如何相互联系以及联系性如何取决于地方之间移动的便捷程度(与距离相关)。区位理论的转型以及20世纪60年代定量经济地理学对"科学法则"的追求将距离当做解释经济活动地理现象的主要变量。区位理论普遍假设一个均质的平原，意味着地图上不同地方的差别仅在于距离，而资源或人口的不平衡分布则被简化忽略。空间相互作用理论试图预测地方之间的人流或者物流如何与它们之间间隔的距离相联系。当空间分析学者将许多实证的思考倾注到经济距离、社会距离和欧几里得距离的不同意味着什么时，他们的理论典型地使用欧几里得距离①作为相对区位的表征。这意味着欧几里得距离成为区位特征以及空间流的决定因素。这一因果联系在经济学里的"新经济地理学"内仍旧是关键的。

在最开始的反驳空间分析中有一个批判是马克思主义经济地理学家明确提出的，认为对欧几里得距离的崇拜是错误的。马克思主义学者认为经济与社会距离并不和欧几里得距离完美契合，其原因就在于距离本身也是一种社会产物。尼

---

① 欧几里得距离是指两点之间的直线距离，用英里或公里计算。

尔·史密斯(Neil Smith,1984)称之为"空间的生产"。正如马克思所提到,资本家为了获得投资回报,必须将商品运输给远处的消费者并等待现金回流。而商品跨空间运输及资金回流的速度和效率决定于相关经济活动的相对区位以及通信技术的效率。于是资本家与政府投资于建成区和通信基础设施,以期加速商品与资金的空间循环并进一步提高收益水平。从这种经济距离在经济中产生的角度看来,认为欧几里得距离是区位与空间相互作用的一个外生给定变量的命题就可归结为"空间盲目崇拜"——即将社会建构(相对区位)与世界的自然特征相提并论。

在讨论自然资源(参见第三部分的介绍)的自然性质时,空间由社会生产的结论引领马克思主义以及后马克思主义的经济地理学者讨论距离在经济地理学中的重要性。如果距离是社会产物,那么它是如何独立成为一个特殊的解释变量呢?毕竟,如果说在某个地方的经济活动取决于与其他地方的联系性的话,那么联系性就可理解为社会经济过程的原因。近几年对于距离重要性的怀疑态度已经广为传播,而一些人则开始提出全球化与通信技术使得欧几里得距离变得几乎无意义的观点——即,我们现在就生活在地球村中。弗朗西斯·凯恩克罗斯(Frances Cairncross,1997)称之为距离的消亡。

在反思这些讨论的同时,格雷厄姆研究了电子通信在塑造距离与联系性,乃至地方与空间中的作用。他从概念角度比较了三种范式:技术决定论者认为电子通信使得空间与地方无意义;协同进化的观点认为电子的与地理空间是相关互构的;基于行动者—网络理论的"重组"观点强调技术、空间和地方以及社会生活的关系连接。他在赞成最后一种说法并联系自己研究的基础上认为,尽管空间和地方被逐渐改造,但它们并不会如同具体的或瞎说的概念一样消失掉。城市依然是伴随着通信基础设施的集聚的地理实体,对比以前的交通技术条件,其地理特征远超过技术幻想家们所设想的连续程度。尽管电子通信技术带来了空间加速的潜在可能,但是距离、空间和地方依然重要。

以下三篇文章证实了20年来经济地理学如何更多地关注于地方的得失和地域性,而非联系地方的相互依赖性。然而尽管其核心为地方,但它们强调地方为与外部更广阔世界的联系所塑造。哥特勒(Gertler)和邢(Hsing)探寻了外国直接投资(FDI)的国际流动对本地产业集群的动态影响。FDI通过作为全球生产或生产组装线的一部分的分工厂之间的企业内投资联系了不同的地方(Dicken,本书)。

它们承接了资本流、控制(通过分工厂)、影响(通过母国治理)以及理念(技术、劳动者习惯与信念)。哥特勒寻求拓展产业区的研究,提出此类区域的成功凭借了他们与其他地方的联系性,而不仅仅是本地的条件。他指出产业区通常包括了跨国公司的分支机构,而这些跨国公司在任何特定产业区的有效运作取决于他们的来源。他提出分厂的运作反映了总公司所在母国的制度环境,其环境与产业区所在的主国的相差甚远。他的结论基于他自己对加拿大安大略省的德国分厂的研究,而他的观点受到了主流著作的启发。他批判性地思考了区域的繁荣取决于其发展本地学习文化的能力这一命题。集聚到当地的企业带来了在母国制度环境下发展起来的文化规范与习惯。其国家制度环境与产业区所在地的背景的不同对集群的成功来说,可能与任何基于学习的区域发展战略具有同等重要性。

邢研究了中国南方的工业化城市。在关注了中国特色的地理与政治背景的基础上,她也总结出地点与位置的重要性,只是方式不同。中国中央政府倾向于将发展的权责下放到地方政府,在全球化的外部环境中寻求发展道路。这意味着在这样比较集权的社会中,本地条件也是很要紧的。然而与她这个观点同样重要的是有些本地分厂的中国台湾老板和当地中国政府官员通过礼物互换来润滑进一步投资与增长的文化亲和力。尽管她冒着将中国文化理解为某种特征的简单化风险采用了礼品交换的人类学视角,但她通过广泛的访谈了解到尽管中国大陆曾长期封锁,但与海外中国人的紧密关系是吸引新投资的依托。在这个案例中,文化邻近性并不是由国家制度,而是由长期的种族、家庭和文化网络等的生成空间所塑造的。

普拉特(Pratt)关于在温哥华的菲律宾保姆的研究关注了移民—地方之间的一个特殊的但同样重要的相互依赖关系,并采用了一种新方法来解读联系性的文化尺度。对她的访谈资料采用了后结构主义的话语分析方法以及一种女性主义对亲密的、设身处地的、自我反思的知识的方法论策略之后,她尝试描述与化解认为女保姆们在温哥华劳动市场作为移民就业的话语。她理清了这些讨论中的地理现象——界定了在加拿大及加拿大的菲律宾社区中,菲律宾国内工人在某处作为家庭成员以及为之工作的家庭的雇员、作为女管家而非保姆、作为旅客和拥有房产的移民者的情况。她认为这些纷繁芜杂的地理现象曲解了那些菲佣的生活状态,但也为菲律宾人和他们的移民组织提供了对抗这种误解的办法。

这三个研究涉及空间之间的联系如何塑造不同地方的经济地理现象,但并未尝试对发生联系的过程进行概念化。实际上,这个问题仅得到了有限的关注,因为经济地理学者仍关注着经济活动的地域性。交通地理学只是开始慢慢转出传统的区位理论;通信地理学若不是因为近来电子通信以及新经济得到普遍关注,也是类似地死气沉沉。然而许多经济地理学家转向行动者—网络,作为概念化联系性的方式。行动者—网络能够把握"流的空间"的复杂性与流动性,以及有关联系性的空间结构所具有的偶发性与多变性(Graham,Whatmore and Thornes,本书)。其他学者认为对流动性的关注弱化了对信息结构持久性的讨论。在另一个极端,社会网络分析将网络概念化为相对固定的关系结构,其结构将世界细分为自我再生产的众多核心与边缘。根据这样的观点,社会空间联系性是社会网络参与者(以及他们居住的地方)不同概率的状态中不变及决定性的部分。现实几乎必然地处于这些极端之间的某点。而经济地理学家依然需要面临格雷厄姆提出的挑战,即从作为社会建构的流动性以及持久性两个方面来理解联系性的概念(Sheppard,2002)。

在理论化联系性的概念之外,更进一步的问题是,是否对联系性的关注也会影响我们如何理解和运用经济学概念,如竞争。舍恩伯格(Schoenberger)寻求实现这一变化;她通过创造了多样化的空间以考虑其社会维度,挑战了目前关于竞争的一般理解——企业、区域和国家应该如何行为的包罗万象的经济逻辑。她对竞争的分析充分显示了这一似乎与空间无关的经济逻辑可以解开,以揭示地理敏感性,这与初始概念相融合存在一些问题。她的两个例子可被表述为,刻画了竞争性如何取决于联系不同地方的相关性(Sheppard,2000)。首先,她采用了多个运营报告,显示了耐克(Nike)的利润率(即,竞争力)反映了给第三世界组装线工人低报酬而带来的超额利润。她讨论到,其工资并不是耐克尽力保持竞争战略所本身约定的,而是源于耐克在空间上延伸其生产链能力,并适应了几乎没有制度结构以及低工资国家的循环战略。这样,耐克的战略是循环战略,而不是获取竞争优势的战略。其次,从社会活动家关于巴尔的摩的最低生活工资①的研究中,她质疑了一般

---

① 最低生活工资是指支持一个四口之家达到联邦贫困线以上生活水平的基本收入,大大高于美国法定最低工资水平。

的看法,即生活费用过高(成功调研了公司里的巴尔的摩工人,并与不同城市对比)降低了本地的竞争优势。在整个美国范围内,公司与地方政府和争取生活报酬的运动作斗争,其潜在的逻辑为这些运动促使劳动力成本上升故而导致城市对投资者吸引力降低。根据这样的观点,城市地区内的投资流会逐渐降低生活报酬的经济有效程度。相反地,舍恩伯格指出,提升生活报酬会确实地将新资金吸引到城市来,同时减少贫困并使得城市成为适合投资的安全之所。

她的观点可以进一步深化。在整个20世纪90年代,美国生活报酬运动规模暴涨,从一些本地的较为独立的运动发展到全国性草根型的运动。类似发生的还有血汗工厂运动,目前对服装或者鞋业制造公司如耐克造成压力,去重新检视其国外分厂和旗下承包商。于是,这些社会活动网络创造的联系性对转换我们对竞争优势的看法造成影响,从只考虑主要因素的逻辑转化到包含多种社会思考的角度。当更多的本地条件促使生活报酬上升,那种认为当本地生活报酬上升会赶跑投资者的观点就不么受欢迎了。当全球服装制造商不得不顺应消费者主导的运动、允许对流水线上的工资与工作条件进行审视时,则社会关注得到了更多的重视。她认为,经济地理学家应当持续不断地对我们使用的概念与话语进行自我反思与自我批判。现实背景下的新联系性有同样的影响。

在阅读这些文章时,可以思考以下问题。作者如何对联系性与状态进行概念化?联系性究竟被当做是一种社会建构呢,还是社会过程的决定因素,或者两者均是?地方与联系性的哪种关系得到了重点强调?作者采用了怎样的理论视角(参考第一部分),并如何影响了提出的问题?怎样的方法得到了运用,这些方法与理论视角怎样联系,并如何形成并得出结论?不同理论和(或)方法的修改会怎样影响研究过程和结果?

(林涛 译)

第二十一章 地理学的终结抑或是地方的扩张？对空间、地方和信息技术的概念化

斯蒂芬·格雷厄姆(Stephen Graham)

目前广泛讨论的一个主题是，伴随着数字化电子通信技术和媒体技术的发展，计算机的"融合"正在创造一个迅速渗透到社会、文化和经济生活当中的"赛博空间"——一个由多媒体信息流编织的数字网络。赛博空间有多种定义，如"一种公共的臆想，人类系统中所有计算机存储的抽象信息的图像化表达"(Gibson,1984, p.51)；"一个并行的宇宙"(Benedikt,1991,p.15)；或者是"我们不能直观感觉的新型空间，可能会比物理空间本身更重要的空间，并与传统地理空间交织在一起"(Batty,1993,p.615-16)。

有趣的是，从地理学家的观点看来，最近有关"赛博空间"的讨论和新出现的通信技术，甚至"赛博空间"这个词本身，已被具有空间和地域性的隐喻所主导(Stefik,1996)。"赛博空间"，如史蒂夫·派尔(Steve Pile,1994,p.1817)所指出，"是争论、共鸣、震撼性的象征物的集合。"互联网——赛博空间最广为人知的载体——中不断扩大的用语，不仅充斥着地理隐喻，而且实实在在由其所构建。有关互联网的争论运用空间隐喻来帮助那些本质不过是抽象电子信号流的编码化信息、表达和交流实现可视化。于是，互联网上的点变成网络节点。互联网的最终融合及宽带网络的最高形式即所谓信息超级高速公路。卫星节点成为电子港。电子布告栏系统(BBS)成为虚拟社区或者是电子街坊邻里。不同政区内的网址形成了虚拟的城市(见 Graham and Aurigi,1997)。整个社会范围的科技创新过程仿佛西部蛮荒时代等待殖民的开发前沿。那些在前沿"探索"的人成为网络冲浪者、虚拟旅行家，或者比尔·米切尔(Bill Mitchell,1995,p.7)所谓的"挂在网上"的电子浪荡子。整个互联网被赋予各种不同的用途：电子图书馆、电子邮件中介或者是数字市场(Stefik,1996)。而微软公司颇具诱惑性问题"你今天要去哪呢"使得这一列表还可以

第二十一章 地理学的终结抑或是地方的扩张?

不停地续写下去。

这样的空间隐喻有助于更直观地理解支持着互联网或者其他网络的超级复杂和不可思议的技术系统以及运行其上的不断扩大的经济交易、社会和文化互动行为,包括劳动力交流、数据交换、服务提供、资金与金融交易等。当很多人断言互联网一类的网络倾向于"化解空间距离"、"消解空间"或者"非物质性"(Mitchell,1995,p.8-10),而空间隐喻的累积效果则意味着其可视化并意象化重构为巨大而明显具有地域特征的系统。这也表明互联网在某种程度上与日常的物质与社会空间和场所具有相似性。实际上,这些空间隐喻通常是通过简单的二元对立的形式与日常生活的真实的物质空间和场所相联系。

一些人认为,发展空间隐喻的策略"可能只是我们用以理解新技术发展的一种概念工具"(Sawhney,1996,p.293)。构建隐喻"指向了学习与发现的过程——从熟悉的到不熟悉的事物的类比跨越,集合了想像、情感以及理智"(Buttimer,1982,p.90,引用于Kirsch,1995,p.543)。无论是乐观还是悲观的发展预期,这些技术隐喻"经常反映了当下的经历和过去的记忆。它们是想像的建构,更多论及它们产生的时代而不是实际的未来"(Corn,1986,p.219)。

广泛依赖空间和技术隐喻总是使新的通信和信息技术和空间、地方及社会之间的复杂关系更加模糊不清。新技术使得我们进入一个在某种程度上平行于具有人类地域特征的新的物质居住环境的"电子空间"或者"地方"——这是二分论断。简单地说,这种二分论断在概念上过少地清晰思考新的信息技术如何在实际上和空间及地方发生联系,而空间及地方与人类带有地域特征的生活是密不可分的。如果不对空间及地方中新信息技术如何与之联系,并嵌入其中的问题进行全面深入剖析,则对赛博空间及日趋"电子媒介化"的经济、社会、文化变迁的反思就会沦于过度简化、武断和乏味。

在本章中,我尝试探讨信息技术系统和空间与地方关系中的一些新概念。在最近与西蒙·马文关于电子通信技术与现代城市关系的合作研究(Graham and Marvin,1996)以及基于电子通信技术的城市变化的研究(Graham,1996)的基础上,我认为有三个方面值得展开讨论。首先,替代和超越的观点认为,人类的地域特征以及基于空间与地方的生活形态,可以在某种程度上被新技术所取代。第二,共同演化的观点认为,无论是电子的"空间"抑或是具有地域特点的空间,都是共同演化的，是当前资本主义政治经济系统重构的一部分。最后，重新整合的观点援引新近的行动者—网络理论，主张采纳完全的关系型观点来看待技术、时间、空间和社会生活之间的联系。这种观点揭示了新技术如何展开为复杂的、随机的、微妙的人类主体及技术人造物的混合体，并形成行动者—网络（社会技术"杂合体"）。由此，社会和空间生活微妙并持续地重新整合于新时空条件下，变化无常以致无法对其简单归纳。

一、替代与升华：技术决定论、普遍化互动和地理学的终结

流行话语和学术争论中关于空间、地方与信息技术都采用"冲击"作为一种核心的隐喻。在关于技术的"主流"社会研究中（Mansell，1994）以及在大众和媒体对互联网和"信息高速公路"的争论中，新兴的电子通信技术被认为直接影响了社会和空间的组织，其方式偏于简单、线性并带有决定论色彩。这种技术决定论与西方的主流文化假设——"技术是不证自明的"——具有解释力的历程相吻合（Hill，1988，p.23）。在这里，技术被认为是一种根本性的及独立的动态力量。它从社会实际中脱离出来，又以一种可预测的、世界大同的、革命性的方式"冲击"着社会。

近来有关通信技术的"空间冲击"的讨论，在彼此联系并不密切的技术预言者、赛博空间讨论者和批评者之间，有两大类话语突显出来，他们的观点其实都是简单的技术决定论（即，从技术本身的部分规律特征中推断出电子信息技术的空间影响的"逻辑"）。第一类是一种广为流传的预测，认为集中的城市地区在大范围的、多媒体的信息技术基础所带来大规模的变迁中，会丧失它们的空间"凝聚力"。进一步发展的资本主义社会因此从空间和时间的种种束缚中解放出来，并去中心化，逐步演化为均一的空间与地区。第二类讨论关注本质上可以包含一切的虚拟环境的发展，这种技术会让很多原来只有地理上临近的地方所拥有的关系特点实现远距离跨越。

1. 地区的均质化、城市的消解及普遍化互动

若采用具有终极意义的、因果解释和决定论的逻辑，很容易确信基于新信息与通信技术的整体性"技术革命"会对空间和地方产生深刻影响。当媒体、计算机和

第二十一章　地理学的终结抑或是地方的扩张？

电子通信技术融为一体；当设备与运输成本下降到几乎与距离无关；当广域网开始作为媒介实现各种类型的娱乐、社会互动、文化经验、经济交易以及劳动过程，距离作为对社会、经济和文化生活的一种制约确实"死了"。人类生活从空间的束缚以及距离的分割中得到"解放"。在任何时间任何地点能够发生任何事情(见 Graham and Marvin, 1996)。信息可以在任何地方获得。电子通信和电子媒体的"逻辑"就这样被表述为无可置疑地导致了向大都市区以外的扩散，甚至造成了城市本身的快速消解(Gillespie, 1992; Graham, 1997)。

这里更一般的假定结论是，大都市区在技术上会逐渐成为历史，原因是临近性、集中度、基于地方的关系、交通流等逐步被一些全世界范围内的互动的宽带通信媒介所取代(终极形式为"信息高速公路")。对鲍德温及其合作者来说(Baldwin and colleagues, 1996)，为一切充当媒介的网络，这个包含完全集成的电话、电视、媒体和信息流的技术的圣杯，伴随着虚拟购物和互动的视频交流，正逐步进入人们的视野，并尝试在像奥兰多这样的佛罗里达的边远城市中提供所谓的完全服务网络(FSNs)。"我们现在拥有"，他们写道(1996, p.1)：

> 一个理想的宽带通信系统的愿景——该系统可集成声音、视频和数据，具有存储所需资料的大型数据库以及互动的所有可能性。电话、线缆、广播、计算机产业这些过去相对独立的技术，正整合为一体化的宽带系统。

事实上，这种替代的观点具有一个长期的发展历程。认定电子通信技术的发展会"消解"城市的看法甚至和电子通信具有同样长的历史。卡洛琳·卡文(Caroline Carvin, 1988)，在她的著作《当老技术新出现时》(When Old Technologies Were New)，回顾了在19世纪末期很多假定的观点，看起来如奇迹般出现的电话、无线电和电话技术会通过缩短时间限制来消除空间束缚。社会、文化和地理差异会随着电子通信技术的全球扩散而逐渐消减。爱德华·贝拉米写道(Edward Bellamy, 1897, p.347-48)，"电子连接无论在哪里被采用，穿着拖鞋和睡衣的居民都可能选择当时在地球上任何一个城市提供的大众娱乐。"

这种技术决定论的预测同样在最近一些更为激进的关于空间、地方和技术变化关系的观点中激起共鸣。例如,保罗·维力里奥(Paul Virilio,1993)最近认为,"普遍化互动"正在产生,基于广为流传的、普遍存在的及包含多目标的电子通信网络,在此网络中"所有的东西如此快速地到达以至于出发地变得无关紧要"(Virilio,1993,p.8)。"自古以来地理上分开的人之间'距离的暴政'",他写道,逐渐为"实时时间的暴政"所取代,"……过去形成的城市慢慢变成一种悖论的集聚,其间直接的临近关系逐渐让位于长距离的互动"(Virilio,1993,p.10)。

2. "镜像世界"、地方转型及世界升华

维力里奥的关于物质的空间与地方会虚拟化的预测得到了更多"赛博专家"的支持,如尼古拉斯·内格罗蓬特(Nicholas Negroponte,1995)和比尔·盖茨(Bill Gates,1995)。取代的思路在这里再次成为主导,认为通过全球宽带网传播的专业虚拟现实技术,可以支持高嵌入性的 3D 环境使其变得非常真实,以至于"现实的"地方也能被轻易被取代。戴维·格棱特纳(David Gelerntner,1991)描绘了这样一个景象——技术发展会带来"镜像世界"的建构,高嵌入性的电子现实仿真通过实时的显示设备显现出来,让我们可以"盯着一个电脑屏幕看到现实。你的世界的一部分——你居住的城镇、你为之工作的企业、你的学校系统、城市医疗设施——都会以鲜明的色彩斑斓的图像出现在那里"(Gelerntner,1991,p.1;参见 Graham,1998)。

这种技术福音式的关于"数字生存"的讨论进而提出,我们处在一个技术世界的边缘,它最重要的能力就是提供某种单一但包罗万象的系统来充当人类生活所有方面的媒介。其隐含意义为很多传统上看似很确切的概念,如物质空间、地方和时间,甚至身体,都会变得问题多多,甚至陈旧不堪。如本迪克(Benedikt,1991)所说的,我们会丢掉"物质性的累赘",逃离身体上的、物质的和有形的主宰、具有地域特征的地表以及过程当中的时空(Slouka,1995,p.25)。人类社会、文化和经济被看成可简单移植到电子的以太中,在其中可以灵活地建构身份认同;可以获得任何服务;在任意时间地点都可以体验无穷尽的世界并完成任何任务。这一切都可以在由人类行为主体在建构起来的无限制的电子领域内部完成。

推算起来,当人类生活日益受苏·纽元和亚历山大(Thu Nguyen and Alexander,1996,p.117)所谓的"无止境的非物质电子世界的幻想参与"所主导时,物质

世界中的空间和地方会逐渐变得索然无味。许多赛博空间热衷者确实显露出施罗德(Schroeder,1994)所定义的"世界舍弃"的特征。在这里赛博空间被看做提供了一种可选择的地域性,一种可无穷重生和扩展的领域。这种可能性与日渐拥挤和问题多多的现实物质空间的局限性形成鲜明对比。

当然,这种技术乌托邦的基础及其决定论调,都根植于现代资本主义的文化基础之上(Marvin,1988;Smith and Marx,1995)。现代性和"进步"的话语被广泛建构,通过技术的设想来建设雄伟的新世界——伴随着全世界的、有益于人类的、全面的变化以及长期的技术基础上的乌托邦。这些各种各样的想法由不同人用不同的形式提出,如科学幻想小说、动漫故事书、未来学家、建筑师和"未来城市"设想家、广告商以及技术型企业等(Corn and Horrigan,1984)。

二、共同演化:地理空间与电子空间的并行社会生产

目前取代与升华论的技术话语占据强势,就我而言,其中似乎存在尽管微不足道但相当危险的神秘性和假象。在提供新技术作为物质身体、社会世界以及空间和地方的全部和直接替代品的同时,其支持者很少去扩展对于整体共同演化过程的理解,这一过程将新信息技术和空间、地方及人类空间地域性联系在一起。凯文·罗宾斯(Kevin Robins,1995,p.139)已经谈到,他们对自己的(通常雄心万丈的)"万能幻想"说得比较多,却对基于地方的复杂的联合与电子媒介互动的共同演进讨论不足。正如他所讲,这些观点立足于:

> 一个共同愿景,包含了与现在不同的未来,一个比现在围绕与包容我们的世俗环境更合意的空间或现实……所有这一切受到对技术优越性的一种狂热的信仰的驱动;一种信念,即在某一历史时刻,一项新的技术会最终并且真实地将我们带出这个不完美的世界的种种局限与烦恼。(Robins,1995,p.135)

但幸运的是,在第二类视角中扩展了一个更为深思熟虑的理解,探寻了电子网络与"空间"的社会生产如何同物质空间与地方的生产在相同的广阔社会潮流与社

会过程中协同演进(见 Mosco,1996,p.173-211)。其中出现了三种研究思路。

1. 基于地方和基于电子媒介关系的耦合

不同于一些简单替代的关系的假设,第二类观点认为在地理空间和地方以及通过新技术能够进入的电子领域之间,复杂的耦合关系已经存在于互动之中。也就是说,因为赛博福音者天真地迷惑于信息技术的抽象传播能力,对技术决定论的讨论通常忽略了人类生活空间及地方的丰富程度与相互渗透程度。索内(Sawhney,1996,p.309)批判了"(在赛博空间讨论中)人类通信基于传输的绝对观点;人类通信的目的被简化为信息的传输与人类活动的协调;人类交流的仪式性的或公共性的方面几乎被全然忽略了。"

技术决定论者被指责没有关注社会的、文化的和经济的动态机制影响下的地方与空间,两者不能被简单地用电子媒介来代表,尽管已存在了什么宽带、3D或者形形色色的替代品。事实上正好相反,空间与地方的人文建构实际上被看成根植于新技术的应用并在其背景下发生。凯文·罗宾斯(Kevin Robins,1995,p.153)相信,"通过新技术的发展,我们确实能够更开放地去经历非现实及非本地化的事情。但依然有物质的和地域性的物质存在。我们应该思考处于这两种状态之间的悬而未决的状态。"

2. 远程通信与城市

这一"悬而未决的状态"在目前的都市区中尤为明显。尽管有一些趋势显示办公服务业功能有逆中心化的特点,但并没有直接全部空心化的迹象。就全球而言,历史上城市化趋势在强度上并不一致;全球的城市体系依然在经济、政治、社会和文化上主导着整个星球;交通的流量与需求在各个尺度上螺旋上升;尽管英国或者美国的大型工业城市最近出现人口净流出,但却显示出经济与文化复兴的迹象(虽然是零碎的),从而可能带来人口恢复。总之,新通信技术并没有简单地取代城市化地区的体验或者基础。更适合的观点是,复杂的共同演进、耦合与协同作用似乎出现在基于地方和以电子为媒介的互动中。

卡斯特尔斯(Castells,1996,p.373)类似地提到,新出现的综合媒体系统会带来所谓的"现实虚拟文化",将各种类型的参与主体以及零散的社区整合为新的具有象征意义的环境。在这样的环境中,"现实本身(即,人的物质的/象征的存在)在构建起信任的世界里,被全然嵌入于一个虚拟的意象环境中。在此,人的出现并不是只在屏幕上看到,而是通过屏幕使得经验得到交流分享,而人的出现本身也成为体验。"

事实上,赛博空间可以看做是从老的城市中发展出来的重要的都市现象。由于有大量的基础设施投资、服务需求以及高的创新可能,在那些特大的、全球性的大都市区可以清晰地看到它们所具有的主导能力。例如,纽约人口占美国人口的7%,但有35%的美国跨国电话从那里呼出。伦敦拥有全国人口的17%,但30%的手机呼出从当地产生。类似地,巴黎拥有16%的法国人口,但它产生了法国80%的对电子通信基础设施的需求(Graham and Marvin,p.133)。

琼·格特曼(Jean Gottmann,1982)的工作清晰地描述了在城市的经济、管理、社会文化发展过程中,综合的电脑网络仅仅只是增加了传统功能的容量,如邮政、电报和电话。维持对更复杂的城市与区域系统的控制、跨越更大距离以及形成更大范围的城市廊道与区域等等均成为可能。证据显示新技术不只是简单地更新取代或者变革了城市、人流及物流,而且确实融入老的城市肌体中,为采用新方式做老事情提供了可能性。城市交通和基础设施系统可以被更好地管理与控制,并增加了容量。电子通信与交通和物流共同演进,有时起到取代作用(电子银行取代分支网络、电子邮件取代邮政),有时起到新生作用(旅游电视节目和广告等),有时则提高了交通的容量(自动路径向导)(见 Graham and Marvin,1996)。

简单地说,新信息技术,确实有利于建构空间与地方的紧密联系,而不是使之失去作用。威廉姆·米切尔的"整合建构"概念在这里特别有意义,因为它描述了已建成的和已产生的物质空间现在正渗入赛博空间的各种"生长点"(Mitchell,1995)。物质空间和电子空间逐渐共同产生。经济功能以及社会联系的能力日益依赖正在构建中的、紧密融入基于地方的物质空间的复杂电子信息基础设施,以联系到其他的地方和空间。"今日的各种机构组织",米切尔(Mitchell,1995,p.126)论证道,"不仅靠建筑支持,而且要靠电子通信与电脑软件来维持。"因而,广泛延伸的电子信息系统以及已产生的物质空间与地方之间的和谐衔接成为重要原则,并被定义为当前城市主义的主要特征。

书店、图书馆、大学、学校、银行、戏院、博物馆、画廊、医院、建筑公司、交易平台以及服务提供等逐渐进入物质和电子空间中。有一些取代现象是比较明显的——例如,银行分支机构逐渐关门,同时电子银行却兴起了——而很多传统的在已建成空间发生的面对面活动以及支持它的交通条件,似乎非常稳固难以简单取代。换句话说,由于大量的电子信息"生长点"产生于快速发展的电子空间世界中,现代城市成为情感与个人关系的大熔炉,也是自我意识、信任以及互助活动的引擎(Amin and Graham,1998)。

斯特普尔(Staple,1993)最近探索了本地和全球的包括物质地方与电子空间的复杂的耦合关系。他相信互联网和其他通信技术并不是简单地瓦解了空间边界,而具有一种互动对话的效果,有助于压缩时间与空间障碍,与此同时支持了一种局部的、片段的"部落化"逻辑。他认为,互联网远非仅仅将所有东西都在单一的赛博空间里加以组装,而是可能提高不同社会与文化兴趣组群融合到特定物质地方和电子空间的可能性,并进而形成一个"局部的地理扩张"(Staple,1993,p.52)。这种"新种族主义",作为一个互联网应用的实例,支持了全球范围复杂的文化扩散,并将多元的片断化的特定兴趣小组在全球的基础上组合在一起,同时将本地场所、城市和区域压缩到"新的电子疆域"(Staple,1993,p.52)。

但需要重点强调的是地方卷入到全球延展的网络——如互联网——的方式会是一个多样化的具有不确定性的过程。广泛而多样化的关系可能在城市结构系统和增长的电子媒介互动中的文化独特性、空间差异间持续存在。

3. 远程通信、"空间固定"和空间生产

批判的政治经济学理论视角有助于更进一步分析新兴的电子通信系统在物质上与复杂的新的社会与经济地理现象的联系。出于对包含万有的、过于一般化的"地球村"以及"时空压缩"概念的反对,斯科特·基尔希(Scott Kirsch,1995,p.544)认为:"在卡通式的压缩世界的隐喻中,我们看不见在资金、技术与空间之间的种种复杂关系……在这些关系中,空间并不'压缩',而是被持续地重塑。"

也许对电子通信技术如何被编织到新的地理景观的生产最细致的探讨来自埃里克·斯温多夫(Swyngedouw,1993,p.305),他考虑到在不同空间尺度下的生产、消费以及分配过程的空间生产。基于哈维的研究,他认为,每个社会和经济活动都必然是地理的。它"铭刻在空间上并发生了"。人类社会"无法离开在日常生

活实践中构建的场所"(Harvey,1985a,p.305)。在全球化经济中,资本主义企业和政府必须持续不断地努力发展新的方案,以解决与资本主义相关的紧张关系与危机趋势,即哈维所指的"固性性"与对信息、资金、资本、服务、劳动和商品的全球循环的"流动性"需求之间的矛盾(Harvey,1985a)。而现在,这种紧张关系和危机产生的原因为不断增长的广泛分布的生产、消费和交换的地区多样化,尽管对跨国经济发展有利,却需要一体化并整合到共同的经济系统当中来。空间因而需要在跨越国界的尺度上被"命令"和控制。

为了达到这一目的,需要建设相对难以移动和需要固定修缮的交通和电子通信基础设施,以联系不同的生产地点、分配机构以及消费空间。这些不同的空间通过必要的交通与通信基础设施连接到一起,以确保空间"固定"完成并维系其获利能力。没有对更复杂和全球延伸的交通和通信技术设施的精密控制,哈维(Harvey,1993a,p.7)认为:"在固定性与流动性之间的矛盾就会爆发成普遍的经济危机,这时作为特定发展阶段而得到塑造的景观……成为了进一步(资本)循环的障碍。"因而,新电子通信网络"不得不在空间上保持固定,以便促进剩余的要素更大程度的移动"(Harvey,1985a,p.149)。

重要的是,政治经济视角揭示了新电子通信基础设施的发展并非是价值中立、纯技术性的过程,而是一场不对称的社会斗争,是争夺与维系实现远距离空间和社会控制权的过程。正如不少关于全球金融中心增长及其相关的电子通信网络全球拓展的研究所展现的,在空间之上的权力和在电子通信网络上的权力是并行不悖的。例如,格雷厄姆·默多克抽取出两种令人吃惊的并存现象,即许多后现代办公建筑产生的"堡垒效应"以及在已运作的受控网络上大量私有"数据空间"的发展。他认为(Graham Murdock,1993,p.534):"在此,在地域性的空间内,持续的斗争不断兴起,一方面是对公共进入与使用的要求,另一方面是拓展私有产权以不断扩大信息及象征性领地的努力。"

政治经济视角通过深入浅出的分析,探讨了电子通信相关的社会与权力关系和空间的生产,对于破除前面讨论到的技术决定论的替代主义神话作了很多贡献。它让我们看到新技术未来的社会影响,揭示出新技术如何卷入到复杂的社会与空间权力关系与斗争中,并揭示了一些群体、地区会从新技术中获益而其他却受到损失。于是,"对一些人来说,作为新流动模式的结果,让地方获得解放与自由,有可能导致权力的丧失以及相对隔离而成为他者"(Swyngedouw,1993,p.322)。

于是,在城市中,电子信息技术的各种方式都充分纳入(Thrift,1996a)了精英群体。他们协助塑造了茧状的、带有防御工事的、城市的(现在常有围墙的)封闭环境。在其中他们通过与个人及机构的沟通或电子通信的密切联系来获得全球拓展。但是同时,在很短的距离外,在城市的边边角角存在"离线的"空间(Graham and Aurigi,1997),或者"落后地方"(Boyer,1996,p.20)。在这些经常被遗忘的地方,时间和空间保持着强大的、现实的、可能强化的对社会生活的种种束缚,其原因可能是福利与劳动市场的重组或者是银行或公共交通服务的退出。简而言之,过分强调人与物的流动性,并归结到简单的无所不包的距离衰减的假设是很常见的事情(Thrift,1996b,p.304),但这确实忽略了城市空间的分隔和片断化。

对克里斯汀·博耶(Christine Boyer,1996,p.20)来说,现代城市高度不平衡的地理特征以及将城市中"科学设计的节点"从其他"空白的没人在意的中间地方"分隔开,会让一些幸运的群体在这些新出现的高度不平衡的城市景观中"拒绝共同的灾难命运"。而关于新技术、权力关系以及空间与地方的生产复杂交织的最极端的例子可能是,由极少数的精英群体在世界城市中运作全球金融交易。这里,我们发现"纽约、伦敦和东京的极少数人的扩展关系,能够通过信息反馈和命令的跨国网络控制世界的大部分领域"(Adams,1995,p.277)。

三、重新整合:行动者—网络理论与关系型的时空

第三个也是最后一个观点对技术未来的社会建构采用了关系型的视角。源于迈克尔·卡伦(Michel Callon,1986,1991)和布鲁诺·拉图尔(Bruno Latour,1993)的行动者—网络理论,并借鉴堂娜·哈娜维最近的理论建树——关注人类技术混合的"赛博生物"(或者"赛博网络生物",见 Haraway,1991)的出现,来自社会科学、自然科学、技术与社会、文化人类学以及逐渐增加的地理学的许多研究者最近一直在讨论技术与社会世界关系中的一种高度偶然性的关系型视角。行动者—网络理论重点关注特定的社会状态与人类行为主体将技术、机器以及文档、文本和资金的碎片"编入""行动者—网络"。

这一视角是完全关系型的,它"关注各种碎点与片断,个体、机器和建筑,甚至

文本是如何相互关联在一起并形成秩序"(Bingham,1996,p.32)。奈杰尔·思里夫特(Nigel Thrift,1996a,p.1468)总结了这种方法：

> 尽管技术似乎是社会大千世界的中心节点，但没有任何技术可以完全独立地运作。它联系着——被推动它的社会目的所推动——人类和其他不同种类的技术，并且与其发展背景密切相关。于是，电话在某些人的工作场所已有(并且正有)很多含义，这与在他们卧室的电话是不同的，并且经常以相当不同的方式得到使用。

不同类型的技术元素与主体的联系跨越空间距离，持续保持这种"既是社会的又是技术的"联系是一个高难度的过程(Akrich,1992,p.206)。电子通信不断增长的容量，支持了远距离的操作和远程控制，却没有因此而能免除人类主体的特定需求，即通过他们使得被动的技术主体纳入他们的活动，并获得实际的有意义的远程控制。"远程控制意味着在任何跨空间的命令可能得到实现之前需要做的大量工作"(Bingham,1996,p.27)。这种"纷繁芜杂的工作涉及程序、硅片、跨国传输协议、用户、电话、机构、计算机语言、调制解调器、律师、光纤电缆和政府等等不胜枚举的事物，从而提供足够的可靠性来传输(电子信息)"(Bingham,1996,p.31)。

于是，"赛博空间"应被看做一个片断化的、分割的以及充满矛盾的由多种基础设施和行动者—网络构成的复合体。例如，有数以万计的专业化的企业网和局域网。互联网提供了支持了无数的网络用户群、列表服务、公司广告网址、特定网址、多用户平台(MUDs)、公司内部网、虚拟社区以及逐渐复杂化的媒体和视频流的基础。公众电话交换网络(PSTNs)以及很多竞争性的电子通信基础设施支持了全球的个人自动取款机(ATM)网络、信用卡和电子结算系统，甚至还有爆炸式应用发展的有线电视、电子医疗、电子购物和电子银行、全球后勤支持、远程监控、后台办公和电子销售流、电子数据交换(EDI)、电子金融交易和证券市场流，甚至还有数据和电话流。而各种特定的系统如卫星、宽带、电缆和广播网络支持了迅速发展的电子视频流。与每种应用相联系的是多重性的人类主体与机构，他们必须持续不断地努力运作以保持通信设施以及其他技术、资金与文本的良好流动状态，并形成有效的社会秩序。这些系统以及其他成百上千的行动者—网络，总是变化无常的,处于不断的建构中,不可能包罗一切,并且总是嵌入在个人、群体和机构所组成的微观社会当中。这种社会技术网络"总是代表了授权与约束的地理空间"(Law and Bijker,1992,p.301);他们经常以紧密和互惠的关系链接起本地和非本地。

这样的一个整体的关系型视角对地方、空间和时间的概念化有重要的启示。行动者—网络理论认为,电子通信系统不是简单地作为空间与时间上缩减的技术,而是作为技术网络起作用,在其中新的空间与时间以及人类互动、控制和组织的新形式被不断地建构出来(Latour,1987)。

行动者—网络视角的好处在于它清晰连贯地描述了人类与技术的相互结合与联系,采用了一种丰富的、考虑现实背景的描绘方式,避免了绝对化地理解社会技术关系。作为一个分析视角,它有助于掌握信息技术支持下的复杂与多元关系的世界。它对于社会技术"网格"的重视更进一步揭示了,想简单地从"技术的"东西里面划分某种称之为"社会的"(或者"空间的")东西越来越困难。假设宏观层面上的技术"革命"更强调复杂的变幻莫测的社会互动的世界,揭示了"跨距离"整合多样的已有技术成果以获得社会秩序的困难之所在。其中,人类不仅仅是作为活着并"被影响着"的行动者而出现;也不仅是作为全球结构变化的宏观过程中的微小行为者。行动者—网络理论强有力地揭示了"有生命力的、呼吸着的、实实在在的人类通过多样化而充满创意的非刻意形成的关系网络,依然作为比机器更重要的东西而存在"(Thrift,1996a,p.1466)。

思里夫特(Thrift,1996a,1996b)采用了行动者—网络理论来显示高度集中的城市空间如伦敦城,远非从扩散分解中受困,而是在过去的一个世纪中确切经历了连续的新技术网络的重新整合历程:电报、电话以及更近期的电子通信交易系统。这些新技术,他写道,并没有产生一些"悬于导线之上的,抽象的和非人类的世界"(Thrift,1996a,p.1480);它们精细地结合到工人与老板的空间和社会实践中,在该城市复杂的、物质的和社会的空间中起作用。

很多时候,更快速的电子通信系统的使用实际上提升了面对面接触的需求,在信息充斥的环境下,传达的意义能够更快捷地得到处理。"在如同伦敦市的电子通信城市的信息空间中,其主要任务就是传达",思里夫特写道(Thrift,1996a,p.1481),"在实时事件压力下直接影响行动的传达。"于是,新物质空间的生产以及在其中出现的社会实践,就既不是某些技术上的因果关系,也不是简单的政治经

济机制。它更应该是:

> 多种社会配置过程的混合结果,这些特定过程具有特定的不同延伸结构的行动者—网络(由相互紧密联系的人和事构成)并产生了他们自身的空间与时间,这些时空有时是、有时却也未必是相互一致吻合的。换句话说,并不存在现代城市的宏大画卷,只是一系列相互联系的素描草图(Thrift,1996a,p.1485)。

四、结论:作为关系型聚合体的空间、地方和技术

从我们对于空间、地方和信息技术之间可能相互联系的三方面讨论中,即包括替代、共同进化以及重新整合的三个广阔视角中,能够得出两个明确的结论。

首先,我们需要警惕采用技术决定论模型,哪怕是隐含的技术变化隐喻可能带来的危险。例如,技术"影响"的确切概念,在很长时间作为城市与区域研究中主流的关于技术的讨论中的关键(例如,Brotchie et al.,1987)是有问题的。原因是,它尝试应用简单的、线性的技术性原因和社会效果。在他们的极端形式中,决定论的方法只强调了外在的技术必然性的"逻辑",只是一些关于简单的、因果的、社会和空间"影响"的幼稚假设,甚至是救世主和传道士式的关于纯粹的技术救赎的预言。[348]

共同演进的视角告诉我们,这样的角度无益于把握新技术必然卷入到复杂的社会权力斗争中的多种方式。在斗争中,新的技术系统以及新的物质性的地理景观都得到了生产。而重新整合的视角,从另一个方面告诉我们,这种粗枝大叶的转换与"影响"的模型忽略了围绕着新技术在特定地方和地方之间进行社会建构时全面的、随缘易变的和关系型的复杂特征。它有力地论述道,在这样的偶然性之外,新信息技术的意义与影响绝没有办法被全然理解和简单地一般化。

第二,我们同样应对采用简单的空间与地方的概念的危险保持警惕。依据以下作者如吉登斯(Giddens,1979)、马西(Massey,1993)和哈维(Harvey,1993a,1996)的论述,我们需要拒绝极端顽固的"欧几里得"式的概念对信息技术的空间处理——将空间与地方简单地处理为可定义的有边界的地区,而是笛卡尔式空间对

象,嵌入在宽广的时空框架中。正如多琳·马西(Doreen Massey,1993,p.66)谈到的,地方需要被定义为关系型的概念,也即作为"社会联系与知识网络中的耦合",而不是作为"四周有边界的地区"。

于是,意思就很清楚了。只有通过采取相互联系的、关系型的概念来处理包括新信息和通信技术以及空间和地方的关系,才可能对它们之间的相互关系有一个全面的理解。拉图尔的"网络群"概念(Latour,1993,p.120),谈到了关系型的聚合体,将技术网络、空间和地方以及基于空间与地方的用户(和非用户)及其网络联系在一起。这些联系如此紧密和可重组合,因而从技术网络中分离定义出空间和地方的尝试很快就和从空间和地方中分离定义出技术网络一样成为不可能了。

现代城市的例子有助于表述这样的观点。这里,物质空间上的相互接近并不必然与关系意义相关。复杂的地方以及基于交通关系上的意义——如对物质的基础设施、房地产、劳动市场、"创新环境"、社会互动以及文化设施利用的可获程度——会不断地和本地以及非本地的关系型联系重组,通过技术网络得以实现(电子通信、长距离交通网络以及日渐重要的远距离能量供给等)。

"城市"可以被看成是多种社会文化、经济和制度的网络与实践的集聚中心,并依靠物理的"共存"和技术媒介的复杂整合,扩散到更大的区域中(见 Healey et al.,1995)。有时,现实城市空间内部的联系与叠置形成有意义的节点与联系——经济的、社会的、文化的、物质的。而其他时候,基于地方的关系被远处透过技术媒介的联系所超越。因而,邻居之间可能知道或者不知道彼此的姓名,也许可以也许无法形成有意义的社会联系。相邻的企业可能产生也可能不会产生有意义的联系(邻近的后勤办公倾向于通过电子通信网络和自己远距离的公司紧密联系,但彼此间却联系甚少)。城市公共空间在与全球媒体流交换协调的过程中可能作为也可能不作为一般的文化广场而出现。复杂的、隐含的以及随机的在"非地方的城市领域"(Webber,1964)内的电子邻近特点上的组合以及在物理邻近特点和交通技术上基于地方的关系型的各种意义,也因此而需要共同考虑。这种"技术"与"地方"的重新整合仅代表了城市主义的最新过程,而非简单的后城市变迁(Graham and Marvin,1996)。

城市经常扩张成为巨大而多样的城市区域并与全球网络相连接。与此同时,基于位置临近和物质流动的地方网络对人们社会、经济和文化生活体验依然起到关键作用。这两者相互依赖;它们递归式地相互作用。因为,正如斯多帕(Storper,1996)提到的,逐渐增长的依赖于电子媒介的信息、图像、电子交易和金融流,甚至也包括日益重要的时尚、艺术、媒体、舞蹈、消费、娱乐、研究、戏剧、收集消费、旅行、旅游、教育和管理等所带来的变迁(Thrift,1996b),给自主性、表达和创新以更多的重视——这些是城市区域的关键资产。正如他所说,"构成(自反的)城市经济与社会的行动空间是混杂的空间,受到了最新的现代资本主义机器力量的束缚,但它们本身也授权于这一系统,不仅允许而且在某种状况下,激发了社会自反性"(Storper,1996,p.32)。

(林涛 译)

第二十二章　最佳实践？地理、学习和趋同性的制度限制

梅丽卡·S. 哥特勒(Meric S. Gertler)

根据日渐被接受的观点,国家对国民经济的主权已经逐渐受到侵蚀,以至于民族国家"已经变成微不足道的小主体"(Ohmae,1995,p.12)。随着全球性金融市场的发展、跨国公司权力的不断增长以及一系列超越国家的在大陆或世界尺度管理经济过程的新机构的出现,民族国家已经失去了处理国内经济事务的管理能力以及对汇率、投资以及外部财政政策的有力控制(Strange,1997)。更进一步,由于跨国公司弱化国家经济主权的程度与范围逐渐加深,特定国家产业"模式"曾经具有的独特个性也处于直接的威胁中。

尽管仍然可以分辨出至少三类独特的国家模式——英美模式、大陆(德国)模式以及日本模式——但国家机器的衰落、在全球尺度下不同势力竞争的白热化以及跨国公司对国家市场的交叉渗透在推动着这些不同类型的国家模式趋向同化。在很多关于这种全球动态机制的表述中,趋同化被认为是不可阻挡且无法抑制的。

在此动态机制下的各种过程中,最重要的是学习过程。在全球尺度中,大公司主体相互学习,因而那些最成功的公司运作以一种不断加快的速度被崇尚模仿并跨国扩散。在20世纪80年代后期到20世纪90年代早期,许多人关注日本汽车及消费电子类产品生产商的生产方式以及工厂组织方式的扩散。美国、加拿大和欧洲制造商从日本竞争者那里学到了许多方法,如即时生产系统、持续改进以及其他高效低耗生产技术等(Womack et al.,1990)。由于美国经济在20世纪90年代后半期出现复兴,美国运作方式明显地成为全球公司感兴趣的对象。于是欧洲及亚洲的大公司采用了美国特色的"股东资本主义"的核心特征,特别是灵活的劳动

力市场运作、"重新工程设计"和股东权力的扩大等(《经济学家》(*The Economist*),1996a,1996b)。

与趋同化和学习的论述紧密相关的是"最佳实践"这一核心概念,此概念以爆炸式的速度广泛传播到商业学派理论的讨论、公司的论述、管理咨询以及大众商业刊物中。它反映了一个理念,即存在着一个无所不包的标准,企业(任何地方的)能够并且应该依据其来衡量它们的运作表现。更进一步,最佳实践被运用于包括结果(如每千件的废品率;每条流水线的劳动时间等)与过程(如,ISO 9000 和 ISO 14000 对于质量管理和环保控制的标准;甚至也包括生产组织的特殊技术和模式)两个方面。毫不奇怪,整个工业倾注于公司运作、过程和绩效向标杆学习的现象已经出现,而其引领者是跨国性的管理咨询机构,如麦肯锡、波士顿咨询团、KPMG、普来斯沃特豪斯库帕斯等。

尽管关于学习驱动的趋同化和最佳实践的论述相当具有说服力,但至少有两个主要的问题仍然值得质疑且悬而未决。其一,学习驱动的趋同化过程得以发生的主要机制与渠道是什么?在学术讨论和商业刊物中缺乏对此的细致分析令人不满。学习和最佳实践的概念已经隐含地成型而且无可辩驳。作为结果,他们也变得不可质疑,在某种意义上不仅其概念而且其目标和结果都被直截了当地承认了。本章的目的在于通过分析学习驱动的趋同化的主要机制与过程,揭示这种观点的愚蠢可笑之处。

其二,经济学中的演化范式(Hodgson,1988,1993;Nelson,1995)以及相关的跨学科的社会经济观点(Granovetter and Swedberg,1993),强调了制度在企业内部和企业间关系结构形成的运作中的核心作用;与此同时,对于哪些制度重要,它们如何施展其影响来形成、约束、限制或管理企业的运作以及学习的能力以及是否当前还在改变等,仍然存在争论。特别是我们对这些制度在作为媒介促进企业间的社会学习过程中的作用的理解方面仍然很不充分。这些问题也涉及尺度:在这些经济过程的治理过程中,不同尺度的制度控制的相对重要性如何?本章剖析了那种众所周知的观点,即民族国家的衰微和区域层次不断增长的新制度形式补充管制空白的观点以及一些新近的论点,即关于在区域与国家尺度上日益增长的超越制度边界的企业管制的第三方来源。

一、学习驱动下趋同化的机制与渠道

　　既然"趋同化"似乎对许多人意味着许多的意义,那么最好澄清这里的定义。简单地说,趋同化可能被解释为源于不同国籍制度空间下的企业采用同样的生产方法或者运作模式。这里,"方法或者运作模式"必须在更大的范畴下定义以包括两种不同的尺度。它们包括在单个公司内部的运作,如特定机器设备和过程技术的使用、生产系统以及工作流的组织、在单个工厂或者办公室的劳动分工、质量控制的方法、创新管理系统、劳资关系和内部不同功能间的关系(比如,在研发、生产和营销功能间的关系)。

　　它们也包含了对企业来说外部的运作,即跨公司的联系和交易,具体包括垂直的和水平的联系。前者包含了与客户和供应商的联系,其建立起来的关系类型(如契约/买卖、合作)包含了勒德韦尔(Lundvall,1988)和其他人提到的用户——生产者互动,也包括了支持交易所使用的技术(后勤、信息系统)。后者指相同或者紧密相关产业的企业间关系(如直接合作,其他形式的联盟活动)以及企业和其他机构的关系(如教育和培训、研究、生产者协会、商会等)。

　　关于这一定义有两个更进一步的评论。其一,这里明确采用广义的"运作"定义,以强调其发展、扩散、策划所处的社会背景。它也和包含更广的"技术"的概念相对应,与经典的马克思的定义没有不同,强调生产的各种力量和这些力量得到应用的社会关系两个方面(Harvey,1982)。其二,注意到这里所讲的"趋同化"的概念并非指对正在消失的差异的狭隘的经济学定义,这些差异包括区域间随时间变动的收入、工资、生产率或者产业结构等(对这一主题的批判性综述,见 Martin and Sunley,1998)。当以上概述的过程最终导致产生这些结果时,无论如何就形成了一个可以预见的结论。

　　在考虑趋同化的机制或者渠道之前,重要的是进一步对向来不够系统的趋同化动态机制加以划分——即,在弱趋同化和强趋同化之间的划分。当源于国家 A 的企业在一个新的宿主国 B 建立(或者获得)一个分工厂,并在国外地点采用了明显不同于宿主国 B 特点的运作模式,这就成为趋同化的一种模式。但是,当同一个企业将 B 国运作模式应用到其母国 A 的运作过程中(无论其是否先建有国外分支),可确信这是一个更为复杂的趋同化形式。于是,有必要区分前者(弱趋同化的例子)与后者(强趋同化)。这不仅仅是意义上的划分。前一个案例提供证据表明生产系统不断发展的全球化现象,但它并不能取消国家 A 或者国家 B 产业"模式"中特定的运作模式。可能有人会辩解,一种模式可能最终会导致另一种模式的产生,对国外新的运作模式的学习和采用可能是导致其在母国得到应用的第一步;但并没有令人信服的理由可以认为这样是合意的,或者是容易实现的。下面我们会回到这些主题。但首先,我们将考虑这些趋同化进程可能揭示的确切机制。

1. 趋同化的渠道

关于产业运作方面趋同化如何实际发生的主题被认为是如此明显或不证自明,以至于不需要系统化的思考。其运作逻辑有点像下面要讲的问题。企业在某种程度上对最佳实践方式有清醒的认识(与他们现在的状态不一样),如果受到启发,就会简单采用明白易懂的流行的新运作方式。请注意在此简单的方法背后蕴藏着许多假设和过程。首先,"企业"的概念:通常意味的是在这些企业中的作为个人的管理者,而没谈到在大公司内部个人和分部门之间的竞争关系(Schoenberger,1997)。

接下来,在某种程度上对最佳实践方式有清醒认识的判断在两个方面也存在同样的问题。首先,企业如何获得清晰认识的过程几乎没有谈及;其次,最佳实践方式的状态就其本身也是被假设为不证自明的。具有全球优越性的特征被预先假定形成,并作为其优越性得以体现的标准。进而,在此之上有一个不明确的假定,即一旦企业对比他们现在更优越的新运作方式有清晰的认识,他们就会尽量采用新的替代模式。显然,这有些不现实,缘由是转换成本可能会很高,其附加收益必须足够平衡其费用。可能更合理的假设是,企业从现有的状况改变当且仅当他们感知到他们的竞争位置面临某些危机或者巨大威胁。作为最后的步骤,企业即使"单纯地采用处于直接的流行中的新运作方式",也要有一刻的反思,以确认这一过程并不像看起来那样简单得触手可及。技术运用历史的分析中充满了各种案例,新的技术过程或者工作组织模式会面临严重的——有时甚至致命的——困难(Gertler,1995)。这些困难的来源通常被认为包括对管理者与工人培训的投资不足、启动策划不善以及过于热情的推行人员对新技术的能力许下了无法承受的诺言等；但实际正如我们接下来会看到的，这些问题的根源通常出现在更深的制度层面上。

尽管上面概略提到的每个步骤确实存在严重的问题，但被主流研究关注最少的却是第二步：企业如何"对最佳实践模式有清晰的认识"，所有的讨论都隐含地与这个过程相关。对此问题有帮助的方法就是从关于科学知识的社会学中借用行动者—网络理论(Callon,1991；Blauhof,1994)。这一传统将过程创新的扩散视做惯例行为的传递，并受三种类型的渠道或者媒介的促进：文本(产业参考资料、产业与商业杂志)；人员(各种主体如咨询者、第二职业者、新员工、其他个人联系、社会网络)；人造物("硬"科技，包括高级机器、信息和通信技术、数据库系统等)。更深入地讲，当企业感知到对应特定操作问题有帮助时才有更多可能趋向采用这些创新。

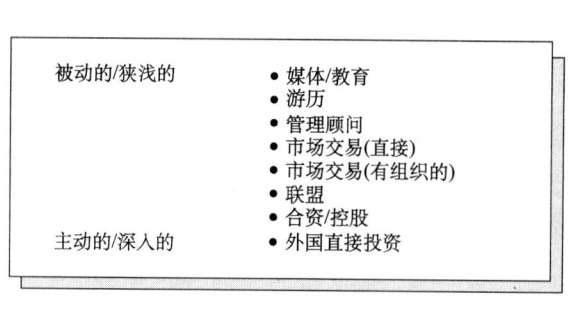

```
被动的/狭浅的       • 媒体/教育
                  • 游历
                  • 管理顾问
                  • 市场交易(直接)
                  • 市场交易(有组织的)
                  • 联盟
                  • 合资/控股
主动的/深入的       • 外国直接投资
```

图 22.1　趋同化的通道：通过互动学习的机会图谱

这一方法考察运作方式(无论最佳与否)在不同企业、产业、区域和国家间传递，优势在于强调了这一过程的主动性与社会性。传递过程既是有益的开始，还能持续改进。此外，尽管对运作方式扩散过程的社会本质有所提示，但过于强调行动者(主体)的角色，会忽视不同空间尺度下的各种制度(结构)的影响。进而，三种渠道，包括文本、人员、人造物的分类方法没有足够的针对性。通过关注与互动发生的媒介而不是互动过程本身的特点，这一研究计划用途有限：更系统的分类应根据它们的活跃程度区分不同的传播通道，因为有些互动模式明显更重要而其他的则较肤浅。

〔为了阐述不同通道之间的差异，哥特勒提出了8类通道，从被动的/狭浅的到积极的/深入的(图22.1)：媒体(印刷、视频、电子)；游历(参加会议或者进行定点参观或者通过旅游来调查新的运作方式)；(聘请)管理顾问；直接市场交易("从货架上"购买商品);有组织的市场交易(在已有运作过程中通过临近的生产者与客户广泛的互动和信息共享而形成有所区分的交易关系);联盟(为了共享而进行的外部营销合作和(或)合资开发技术);合资/控股(在此学习过程通过对新运作方式的股权所有确定而产生);以及外国直接投资(在国外获得已有资产或者建立新的生产设施,这是一个长期的决定,通常伴随着分厂和总部之间的人员交换)。]

2. 经济活动的尺度及机构治理

本节中,我将考察有关企业实践的制度影响的三种观点,这里的企业实践以区域、国家和企业层次为尺度区分的基础。

(1)区域制度:"嵌入性"和学习型区域的命题

在经济地理领域内,可能没有任何其他观点可以比地方这一概念在决定单个企业的创新能力与表现方面起到关键作用更能获得迅速和热情的普遍关注(A. J. Scott, 1988b, 1996; Porter, 1990; Putnam, 1993; Saxenian, 1994; Storper, 1997; Cooke and Morgan, 1998)。

其核心观点[为]经济优势和创新能力的地理分布是高度不平衡的,主要取决于地方的社会—制度特征的空间变动。在这些幸运的地方,企业"嵌入"到和其他邻近企业的紧密的垂直和水平联系中以及支持和促进生产(自有的和社会组织的)、交通和技术衍生(产品和过程)的稠密的本地—制度网络环境中。企业在这样的区域中能够这样做的能力是基于共享的语言、文化、规范和习俗、态度、价值和期望,这些因素产生了信任并促进了企业之间非常重要的隐性知识和私密知识流动(Grabher, 1993; Amin and Thrift, 1994)。换句话说,一系列独具特色的运作方式在区域内产生并迅速传播到许多企业,接着变成了本地生产群落的共有传统(Storper, 1997)。

与之紧密关联的论题是这些区域可以被刻画为学习型区域:即是说,这些地方在企业间、企业和其他地方组织间促进了社会学习过程以及公共的或者半公共部门的本地和区域经济发展主体及时的反思性学习(Florida, 1995; Morgan, 1997)。在这些条件下,"区域—州"作为最适合经济发展和创新管理的尺度应运而生。特别重要的机构单位包括研究中心与大学、其他教育与培训机构、地方生产者协会、商会和技术中介等。总而言之,这些要素构成了区域创新系统

(Braczyk et al.,1998)。这些机构力量对公司运作特征(包括内部的和公司间的)的形成发展起了关键的支持作用,而这些公司运作对于区域经济的成功发展是非常重要的。

在关于区域—州作为成功经济管制的根源而重要性不断上升的论点中,有一个相关的观点指出全球经济的扩张已经削弱和掏空了民族—国家。国家政府被认为不再能够对其边界内的企业运作进行有效管理以确保经济繁荣,其角色已转移到次国家的(区域的)机构,以及在某种程度上到超国家的层次上(Ohmae,1995)。这样的观点由于提供了一个理性的指导性框架,以服务在许多国家的次国家层次的经济发展政策措施,因而成为"广泛认可的智识"被普遍接受。

但是,正如我们下面会看到的,有足够的理由来用一种适当的质疑和谨慎重新看待学习型区域和区域—州的一系列假设。

(2)国家制度:创新系统、工商业系统和民族—国家政府

一些研究开始关注以下主题:尽管超国家制度如欧盟、北美自由贸易协定和世界贸易组织的影响毋庸置疑在扩大,且区域—州和其他非国家层面的区域政策的重要性也显著增加,但民族—国家和其制度性遗产依然对企业实践产生了至关重要的影响。但是,精确地描述这种影响依然存在争论,其中至少可发现两种不同观点。

波利和赖克(Pauly and Reich,1997)发现,跨国公司一直带有它们发源国家的特征和印记。它们选择的路径或者战略受到其母国的国家制度环境的强烈影响。这些发现和在国家创新系统研究中的发现是一致的。对此研究的贡献者勒德韦尔(Lundvall,1992)、纳尔逊(Nelson,1993)、艾德奎斯特(Edquist,1997)以及帕维特和帕特尔(Pavitt and Patel,1995),明确指出国家组织的各种正式制度的集合对企业的创新型运作和长期的发展路径有影响。从20世纪70年代以来,并没有明确证据表明国家技术循环积累活动有趋同化倾向,甚至还有分散化的证据。这意味着随着时间的发展,国家创新系统变得更为明显不同(而不是更趋同)。

另一类相关研究——关注国家工商业系统——提供了一个独特的视角,与单单进行创新活动的研究不同,认为基本上所有的企业实践(日常运作和长期战略)都会受到国家宏观政策和"市场规则"的强烈影响或管制(尽管并非全然决定)(Maurice et al.,1986; Christopherson,1993,1999; Streeck,1996; Lane,1997; Whitley,1998,1999; O'Sullivan,2000)。而且,企业通常并没有意识到这些影响,

第二十二章 最佳实践？

即一个巨大的制度背景对其运作模式选择的影响。在这一研究中隐含的观点是国家宏观政策框架的组合使得特定选择更容易或者更可能发生,而其他的则不太可能。

其他新近研究认为,国家经济的制度框架在塑造跨国公司国外运作方式与战略方面影响巨大。韦弗(Wever,1995)考察了美国公司在德国开设的分支机构以及德国企业在美国的分支机构。在这些案例的细致思考的基础上,她指出两套企业系统尽管尽力在他们的外国分支机构的运作中建立其"母国"的做事方式,但并不太成功。于是,按照韦弗的观点,在海外的跨国公司的运转中其宿主国的规则起到很重要作用。

在另外的关于德国运作方式和技术转移到国外的研究中,我和在加拿大和美国市场工作的德国高级设备制造商进行了面谈(Gertler,1996),也访谈了他们在加拿大的消费者。这项研究的一个出乎意料的结论是,北美用户遇到的难题许多基本原因来自于令人不快的不同的宏观政策环境和制度对这两种不同的"模式"下的劳动力市场、产业联系、公司管理和资本市场等方面的管制(Gertler,1999)。换句话说,"宿主国的规矩"在这里也盛行,尽管它们并不利于德国制造实践在美国的运作。

最后,舍恩伯格(Schoenberger,1999)关于美国跨国公司及其日本分公司的最近分析更进一步地支持了这一观点,即"宿主国"背景下的规则得到普遍采用。她对于施乐公司的案例研究揭示了美国母公司有很多机会从其日本子公司(和富士的合资公司)学到明显成功的运作模式,但并不成功。舍恩伯格在将此失败归因于"该公司的文化危机"的同时,也提出了一些重要的问题,即关于跨越截然不同的国家系统边界而进行企业内学习的困难与障碍(一个我会在下面接着谈到的主题)。

上面评论的研究提供了许多重要观点以支持更一般的提法,即民族—国家(无论是"母国"还是"宿主国")仍然是产业运作的一个主要影响源。进而意味着无论它们是否意识到这个问题,所有企业都嵌入在一个制度环境之中。这并不是正好发生在那些足够幸运的地方而拥有充分的信用和本地制度基础的过程。作为结果,根据此观点,如果企业能够将完全不同的运作模式从一个国家的空间转移(即,学习)到另一个制度环境对这些运作并不是那么可操作和充分支持的地方,那么其成功会受到很大限制。而且,尽管在研究中对这一主题的探讨相当少,在企业之间应该也存在着和企业内运作相同的限制。举例来说,德国或者日本企业在北美进行的生产运作在怎样的程度上和如何成功地再造独特的"网络",以获得对保证在母国运作类似的早期有竞争力的成功至关重要的用户—生产者(或者购买者—供应者)的多重关系?进而,假设德国"股权所有者资本主义"的关键宏观政策特征和日本的另一特色与北美的大为不同(Christopherson,1993,1999;Wever,1995;Pauly and Reich,1997;Lane,1997;Whitley,1999;O'Sullivan,2000),对以下方面会有什么影响呢?① 这些外国公司将其内部的和公司之间的运作模式移植到北美的能力;② 将他们在北美运作的经验传送回它们母公司的能力。归根结底,为了让我们能够记录不同国家产业模式间的强趋同化进程,我们需要找到证据说明在北美(或者英美)学到的运作模式确实传递回德国或者日本去改造那里的运作模式。为了回答这些问题,需要对跨国公司学习发生的过程进行细致的理解。

这里所强调的是,它受到各种限制。区域在这些研究中仍然未被充分探讨。进而,我们应该防止对"方法论上的国家主义"的过度依赖带来的错误。显然,我们的解释框架需要适应企业以及影响产出的管理角色间的各种质的变化。

(3)企业:运作的能力、吸收能力、学习和组织

大多数公司战略研究认为,企业间有着非常重要的不同,特别是采用特定的工厂运作模式或者充分加入到跨公司乃至跨国学习过程的意愿以及能力方面的差异尤为重要(Porter,1980;Mueller and Loveridge,1995)。最近,这一层次的分析开始在经济地理领域内获得了更多的关注(例如,见 Schoenberger,1997;Dicken,1998)。以企业为中心的方法赋予企业以特殊地位,成为影响其自身运作的决定性机制。

自从 20 年前迈克尔·波特的经典著作《竞争战略》(*Competitive Strategy*)(1980)出版以来,其关键概念——作为优秀的思想,作为可能是现代管理理论最引以为豪的根源所在——提倡企业具有潜力来做"自己命运的主人"。在其完整的形式中,这一理念甚至被扩展,超出单个企业的边界,认为企业不仅可以决定其自身内部的运作与成就,甚至也可以积极地塑造或者控制其周边的竞争环境。

其他新近研究对此状况显示出更为审慎的态度,尤其是企业以资源为基础,还是以能力为基础的问题。根据这一研究指向,企业可以被认为是能力的集合体。

第二十二章 最佳实践？

企业竞争优势特别依赖于它发展或者扩大其自身与众不同的能力——即那些不能轻易被竞争者复制的能力（Kay，1996；Maskell and Malmber，1999）。在以这一能力为基础的研究视角中，构成企业独特能力的大部分资产必须随着时间不断聚集，包括如品牌认同和声望以及嵌入到团队中的知识和系统，企业和客户及供应商的关系等。

此外，在这些团队和关系中基于共同的规制与习惯而形成发展的隐性知识被看做关键。这里，能力和吸收能力与紧密相关的企业竞争力观点结合在一起，将企业看做是知识的中心处理器（Fransman，1994）。既然企业的创新能力被看做依赖于它操作（产生、保持、复制、修正和如果需要的话就忘却）知识的能力，因而这一方法关注的重点在于认知或者学习的机制以及支持它们的系统条件。正如在我们前面关于区域尺度学习动态机制的讨论中提到的，这一视角也将学习的本质看成是以社会为基础的。然而，这些社会学习动态过程发生的最重要的尺度是实践共同体（Brown and Duguid，1996；Wenger，1998）。实践共同体是不同主体由共有的知识或者共同的问题所组合而成的非正式群体。典型地，单一的大组织会包含许多实践共同体——产生"分布式学习"的过程，并且这些共同体会跨越单一组织的边界，包括其他组织内对类似问题进行研究的人。这些共同体作为最重要的"边干边学"合作团体出现，产生合作的共享机制，包含解决问题、试错、试验等功能，最终带来了新路径、习惯和规范的发展。从根本上，实践共同体被看做是与新运作模式产生与传播并且和隐性知识相联接的主要机制。它们也被表达为"最佳实践方式"在大（包括跨国的）组织之间传播的承载体（Ichigo et al.，1998；Brown and Duguid，2000；Wenger and Snyder，2000）。

阿明（Amin，2000）进一步深化了这一观点，提供了更有争议性的论点，经济地理及相关研究已有的智力成果中将区域看成创新、学习和隐性知识产生的源泉中心，可能是不正确的。取而代之，他提出了另一种可能性，关系型组织邻近性（即，通过实践共同体来获得）在构成"学习的'软'建筑"方面可能比地理邻近性更为重要。而关系邻近可能依赖于一些面对面互动的扩展，在依靠现代通信技术和全球商业旅行的条件下，"它也可能跨越距离而获得"。

阿明对学习型区域假设的批判是语重心长的，提醒我们在创新产生和新运作模式的传播中非本地的组织联系所具有的重要性。同样需要特别接受的还有强调在大组织里面多样性和变动性的存在及其重要性——以针对广泛流传的单纯组织的神话。

在接受这些创见的时候，我们总会禁不住询问观点背后的假设的精确程度。关于组织的或者关系的邻近可以超越距离的影响（即使有电子通信和先进交通技术的帮助）的观点似乎不完全正确。我们前面讨论的企业实践在不同制度环境下传递的困难，显示了把实践共同体看做某种媒介，将最佳实践方式通过全球企业传播到不同的区域，恐怕是有问题的。对于系统的制度性影响会对不同区位间哪种运作模式得以流动得非常容易而哪些不行起到决定作用——在这点上还没有足够的认识。

这并不是否定将最佳实践方式从一个国家环境移植到另一国家的可能性与现实性。在特定的条件下——当"发送"和"接收"国家的制度和政策环境相类似的情况下——这种类型的"趋同化"会相对容易实现。当两者差异较大，如上面提到的韦弗（Wever，1995）和其他研究所讨论到的一样，即使是拥有丰富资源的全球性公司也会觉得困难相当大。

二、结论：企业实践新理论的要求

回到本章的中心问题上来——什么决定了企业的实践运作，及其与趋同化的关系——现在我们可以就不同观点和理论视角进行评价。从以上的分析可以清楚地看出，每个主要的论点就其本身而言并不能提供具有充分解释力的框架。

如果我们接受波拉尼（Polanyi，1944）的中心观点，即市场是社会建构和治理的——而并不是一个"自然的"、预设的、不可避免的形式——则非常顺理成章的是在市场经济中的企业也应该在某种程度上看做受其社会制度环境建构的产物。前面表述的分析强烈地指出，企业实践的选择不仅仅受其内部资源（财政的、组织的、技术的、创意的）以及战略眼界的限制。但是，这一观点也依然不够帮助我们深入理解企业实践如何产生和随时间变化。

在其他备选观点中，一个经过修正的视角必须清晰地阐释公司地理变化的路径依赖的实质。例如，当一个企业"到达"一个处于新国家制度空间内的区位（通过FDI），它不会只是空白的石板——即是说，它依然保存着许多从它的来源地带来的印记和影响(Doremus et al.,1998)。这些特征注定要和本地的制度信号、影响和特征进行双向的互动,并产生与两个"原有"模式都不一样的新运作模式——能够想到的如阿博(Abo,1996)的"混血工厂"和德国的各种"灵捷生产"(Streeck,1996)等。

第二,需要再次重点强调一个无法否认的现实,即并非所有的企业或者管理者生来都是相同的:这些主体的能动性是起作用的。他们对同样的挑战会有不同的反应方式,这归根于他们本身的历史、教育、经历、脾性、合作文化、不同的能力、无形资产等等。任何修正的关于企业实践的理论必须对企业内部个人的、集体的和公司的主体给予充分的考虑。但在同时,明显有误导的论调是企业不依赖于外部更大的系统性的影响而能形成自己的运作模式。

第三,关于企业实践的修正理论也应该足够弹性以包容区域制度的影响。举例来说,在德国企业将产业运作模式带到他们在美国新建立的工厂的案例中,我们可期望这些影响会发生在过程的两头,特别是对中小规模的企业,他们会呈现很有特征的运作模式,深受许多德国的州和州以下区域的截然不同的制度的影响(Sabel,1989;Herrigel,1994;Cooke and Morgan,1998;Braczyk et al.,1998)。这些分析强调了制度在州层次上的密集呈现,塑造了劳动力市场、产业联系、培训、投资和产业组织,并在同一产业促进跨企业的重要的水平联系的形成。这些制度不仅包括政府机构和教育制度,也包括私人的生产者协会和商会。有必要接着考虑在区域层次上"接收方"的关键制度与特征的影响。"接收方"作为一个重要的影响力量参与企业将产业运作方式与战略从一个国家空间(或者大陆)转到另一个的过程。区域特征如州——或者省——管辖的产业关系的范围、教育和培训系统、研究、开发和创新政策(广义)的重要性到底怎样?本地历史在这个过程中起到怎样的作用?奇怪的是这些问题很少受到关注。

回到我们最初的问题——关于趋同化的真正趋势和未来产业和制度演变的前景,需要记住真正的"强"趋同化需要将从国外学到的最佳实践模式(伴随着尽量少的修改)转移回国内。本章表达的诸多观点认为,强趋同化的前景是有限的,并且会和国家制度环境的差异一样持续下去。一种单一的、大小通吃的、超越边界的"最佳实践方式"实在是难以得到,尽管管理学永远有兴趣去寻找单一标准,以作为评价各种不同的地方运作模式的基准。

这个分析也提醒了我们，即使企业的运作可能会趋同化，这也并不必然是本国系统的全球化，特别是当研究的企业是跨国公司。例如，一个德国企业在英国或者美国采用英美运作模式会比采用国内的运作方式要容易得多。而当有不可抗拒的压力使得必须在母国也转变时——支持的观点正如克拉克等（Clark et al.，2001，2002）所指出的，大型德国上市公司，会采用英美的审计运作模式——仍然存在基础性的问题。这些足以给德国这样的国家带来整个系统的变化（如深度趋同化）吗？在这些大公司内的国际性流动的管理者的兴趣点如何与其他相关主体（员工、消费者、小的交易者、政府）互动以决定变化的路径？假设大部分中小企业仍是由私人所有和控制，则这种趋势在实际上会有怎样的发展？

另外在深化关于运作方式如何塑造的理论思考的同时，相关的关于趋同化如何实际发生（或者不发生）的实证研究还没有完全展开。本章所表述的多种视角提供了上述研究的可能发展方向。只有通过细致的、系统的、基于历史的案例分析，我们才可能区分理论上的和实际发生的趋同化过程。

（林涛 译）

第二十三章　血浓于水：人际关系和中国大陆南部的台湾投资

邢幼田（Y. Hsing）

在本章中，我通过研究台商在中国大陆南方的制造业投资，来探讨影响交易资本流过程的文化和制度条件的问题。自从20世纪70年代后期，中国台湾，就如其他亚洲新兴工业化经济体一样，在低工资的第三世界竞争者和在OECD（经济合作与发展组织）市场中不断增长的保护主义之间承受巨大压力。于是中国台湾的出口导向型的制造企业开始搬迁到马来西亚、泰国、印度尼西亚和菲律宾等这些劳动力又便宜又丰富的地方。然而，在20世纪80年代，这些国家的劳动力成本的上升和不稳定的政治环境迫使中国台湾制造商开始关注其他地方。与此同时，大陆的开放政策引起了台湾制造商的注意，他们对这一新机会反应迅速（Hsing，1997）。到1991年，中国台湾已经超过了美国和日本，成为继中国香港之后的在中国大陆的第二大投资源。1994年，从中国台湾到大陆实现直接投资总计80亿~100亿美元，占到大陆外资总额的20%；提供了500万的就业岗位，近70%集中在广东省和福建省。

在大陆南部的台湾的制造业投资在新兴工业化区域中代表了一种新的外资的特征。外资新特征并非刻画为垂直一体化的大型跨国公司。相反地，它们大部分是中小规模的独立的制造企业。此外，与外国直接投资的一般特征不同，即基于跨国公司和国家政府的互动的特征，新的投资特征形成于小投资者和低层次的宿主国的地方政府之间的讨价还价活动。投资由于两个主要的有利条件的促进而变得更高效，包括中国南方地方政府新近获得的经济自主权，以及中国台湾投资者及中国大陆本地代理者之间的文化亲和力。

在新国际劳动分工模型中，廉价的劳动力被看成是国际资本流动的主要驱动力(Fröbel et al.，1980)。从修正这一模型出发,在中国台湾直接投资的研究中,我发现尽管从20世纪80年代资本可能跨越国家和地区边界自由流动(见Carnoy,1993；Castells,1993；Johnston,1986),但它依然受限于制度和文化的边界。跨国资本绝非如"走动自由"或者"无边界世界"所描述的那样,向各个方向任意蔓延。全球化并没有产生天下大同,"不平衡性"就这样产生了。但从另一方面讲,它也产生于地方本身所具有的特殊性和多样性。全球化受到地方表达的调节,也与之互动(Giddens,1994,p.5)。在面对全球化的地域发展研究中,巴谷雷等(Bagguley et al.,1990)、昂(Ong,1991)和霍尔(Hall,1991)说明了以下因素如生产组织、权力结构、民族—种族制度、性别和劳动关系、文化系统、历史建构和所有这些因素的交汇定义了地域性的问题。

另一方面,交易费用也并非均一的。尽管以美国、西欧和日本为基础的超大型跨国企业继续在全球经济中起到绝对重要的作用,新兴工业化国家和地区(NICs)的跨国投资,特别是从巴西、韩国、中国香港、中国台湾的投资,得到了逐步的确认(Agrawal,1981；Allen and Hamnett,1995,pp.88-9；Chang and Thomson,1994；Jo,1981；Lall,1985；Sercovich,1984；Wells,1983；White,1981)。在基于 NIC 的跨国公司的研究中,焦点已经倾注在它们和"传统的"跨国公司行为如何不同,体现在投资的尺度、技术投入的水平、劳动强度和本地生产联系的建立等方面。虽然一些作者相信"第三世界的跨国公司"具有更大的潜力去传送更适合的技术给宿主国,并且由于其规模更小,需要承受巨大压力去本地采购投入(Lall,1984；Wells,1983),但是其他人认为,除了规模较小,新出现的跨国公司在本质上和传统的那些并没有分别(Jenkins,1987,pp.159-62)。然而,鉴于跨国资本和它们的投资战略(战略联盟、跨国分包等)有着越来越多的不同的组织特征,"传统的"和"新兴的"跨国公司之间的巨大差别现在就无助于理解本地社会和跨国资本之间的互动了。由于跨国资本和本地经济系统之间的生产的、营销的和金融的组织安排变得日益复杂,国际资本之间的差别不仅存在于传统的和新跨国公司之间,也存在于不同的组织特征的跨国公司之间(Lim and Fong,1982)。于是,我们的问题应该是关于特定类型的资本在特定地方产生特定投资特征的过程与影响。

进而,公司战略和行为并不只是在真空中的直接经济计算的结果。相反地,它们受到一系列社会的和具有地域背景的关系的影响。经济过程是社会建构起来的,受种族、性别和其他社会和制度因素的影响。就区域生产网络而言,经济组织的社会与制度基础的主要组成包括企业间的竞争和合作机制、贸易协会的功能、劳动力市场的结构、本地政府的动态机制等。一些制度要素没有那么正式化,甚而比其他的要更受个人影响。主体间长期的和面对面的互动也对人际网络的建立和稳定有影响,并会接着产生理性的氛围、信任关系和信息交换。人际网络建立起来的优良氛围进一步提高了企业和区域经济的灵活性、适应度和竞争力。人际网络营建也是一个文化格式化的过程,通过在特定制度背景下的经济运作和社会互动的特殊样式得以表现。

若人际网络是社会嵌入的并且是地域特殊化的,则当资本从一个地域扩展到另一个地域的时候,对网络会有怎样的作用?在怎样的条件下,从区域外进入的投资者能够在这样一个新地域内建立有效的社会网络?并且,通过怎样的维度,使得资本的特殊性影响到这些跨地域的投资过程和结果?这些问题需要在特定的历史事件中进行探讨。在中国台湾从20世纪80年代在中国大陆南部投资的案例中,最吸引人的特征是投资者和其本地合作者之间的历史联系和文化亲和力。从20世纪80年代后期,中国台湾在大陆的投资成为了迅速增长的"大中华"经济圈的一部分(包括中国大陆、中国台湾和中国香港)。与此同时,包括新加坡、马来西亚、印度尼西亚的东南亚"增长三角"也主要由在这些地区的海外中国人的企业促进形成。这些商业和投资联盟似乎预示了在文化、历史和跨国资本流之间有一些联系。但是,有很多东西仍然是悬而未决的,如文化和历史联系如何对在资本扩张过程中的人际关系的建立产生影响,或者调适人际网络建立的文化准则是什么。如果文化定义为特定人群的一系列给定的文化和价值规则,并且假设存在叫做"中国文化"的事物,那么,什么原则对中国文化(或者说,让中国文化和其他文化区分开来的原则)是独特的,可以由中国台湾投资者和中国大陆共享并调适了他们之间建立起来了的人际网络?如果文化定义为不仅是一系列的价值,而且包括嵌于历史和制度中的动态过程的话(Ong,1987),我们应该如何理解中国传统中的主要文化原则和中国大陆南方的特定制度条件?需要指出的是,后者提供了台商和其本地的中国大陆合作者之间人际网络的基础。

大多数研究者认为中国式经济组织的基础是家族式和"长期个人联系"或者关系,后者是商业合作者间建立起来的信任和双向互动的习惯的关系。经济过程中的人际联系的思考在人类学研究中已经是一个很有历史的传统,特别是在"礼物交换"的框架下(Curtin,1984；Malinowski,1961；Mauss,1967；Sahlins,1972；Yang,1988,1989,1994)。礼物交换被理解为在经济活动中建立可信任的人际关系的过程。需要进一步挖掘的是,在中国社会所进行的礼物交换活动或者在南方的台商投资过程中和其他社会与文化中的礼物交换活动差别到底在哪里。

自从经济改革开始后中国南方的历史和制度背景,特别是本地政府逐渐增强的财政自主权,已经影响了礼物交换的形式和内容以及台商和本地大陆官员建立人际关系的途径。大陆经济政策决定的分散化提供了基础,使得本地政府能够较少受到中央政府的影响并直接和跨国跨地区资本产生联系。在本地层次上得到充分提高的机构灵活性对中国台湾资本尤为重要,因为它以小规模、网络化组织、出口导向和时间敏感为特征。

本章的分析基于1991、1992、1993和1994年我在台湾、香港、广东(珠三角)、福建(厦门经济特区)和上海的访谈资料。我和54个本地大陆官员和134家台湾和香港投资者、企业管理者、大陆企业管理者、企业中的工人员工等进行访谈。我将工厂访谈集中在出口型的时尚鞋业制造企业,并在珠三角两家台商投资的时尚鞋业工厂进行为期一个月的调研访谈。

一、中国大陆地方政府的经济自主权

最近中国大陆经济改革的两个主要特征为,从中央政府到地方政府在县级和市级层次上的经济资源的去中心化,以及本地政府逐渐增加的经济自主性及地方官员扮演的积极角色。

中国大陆地方政府经济自主权表现为财政自主权和应当承担的相关责任。有许多税收分享的方案刺激了本地政府增加税收并直接参与到赚钱的活动中。与此同时,中央政府允许各省通过本地的国家对外贸易公司分支机构参与对外贸易(Ho and Huenemann,1984；Solinger,1987；Zhang and Zou,1994)。

县市级政府也享有批准外国投资项目的权力。例如,县级政府拥有审核批准300万美元以下的项目的全部权力；更高的市级政府则有将近1 000万美元的回旋余地。市级和县级政府也能颁发进出口的许可证、建立独立海关、在一定规模上批准工业和居住用地、为外国企业提供良好的投资条件等等。许多国有企业都改制为合资企业,通过多种不同方式由地方政府所有和运转。

与中国的其他地方对比,广东和福建两省享有最大的经济自主权。这是由于其边缘的地理区位以及他们和海外的中国资金资源有很强的社会联系。广东和福建也保留了很大比例的外汇储备,这是通过出口和旅游获得的,其中还有一部分是两省海外居民的国际汇款。

与逐渐增加的财政自主权相伴随的是本地政府也得到了财政职责。许多地方官员在财税改革中获得许多可增加个人收入的新的机会,因而受到了激励。而且,激励也有另外的来源:中央转移到地方政府的财政责权。本地政府被要求在财政上自给自足,因而需要寻求增加的收入来支持本地逐渐增加的投入,如在基础设施建设、教育、公共卫生和其他项目上的开支。

受到激励的、具有新近获得的经济权利的,并且也是作为外资在大陆建立合资企业最有资格合作者的地方官员,成为台商在大陆投资的最重要的主体。在运用政策方面地方官员比中央政府官员更灵活,并且更愿意和海外投资者合作。我所访谈的许多中国台湾和香港的投资者同意这样的看法,即和大陆地方政府谈生意比和省里或者中央谈要相对简单。对大多海外中国人投资者相关的出口导向型制造业来说,快速的生产和运输是世界市场最重要的竞争边界条件。运输延误经常导致报酬减少或者订单取消。跨越正式的、官僚的过程从而使得生产和运输尽快进行是非常重要的,特别是对于中小型的没有多少运作资本的生产者来说尤甚。在县级或者市级的小地方官员,由于受到新的财政政策的激励,更愿意服务于海外投资者的需求以加速投资项目的实现过程,并且经常愿意为单个的投资者制订灵活的计划。

中国大陆小地方官员"灵活"安排的可能性吸引了来自中国台湾和香港的中小规模投资者。一些中等规模到大规模的投资者甚至将他们的投资分解为几个更小的项目以避免和更高层的一些政府官员打交道。举例来说,一家台湾鞋厂在珠三角区域内的不同镇建了6家工厂,整体雇工人数超过了4 000人。但从资本总额、员工数目和工厂建筑使用土地来看,每个工厂都保持足够小的规模,以助于被定性为小项目而在县级政府得到审批。投资者必须培养和本地具有各种不同影响的政府部门官员的良好关系,如公共安全部门、电力、供水和电话公司(属于国有企业)、海关、公共健康部门、税务机关、对外经济和贸易局、劳动部门、本地银行等，以确保生产的顺利进行。在此案例中关于效率的定义是本地官员合作的程度。对本地官员有利的事情是吸引外资以强化本地区的经济基础。这些官员也获得了个人好处，如中外合资或者合资企业的利润回报而得到的很高的收入。实际上，中国南方政府官员的收入水平，尽管镇与镇之间差别很大，却是该镇从他们和海外投资者合资经营状况的一个指示器(访谈案例，中国大陆，编号 O-1)。

由于有语言和文化的亲和力所带来的好处，台商能够成功培养和大陆地方官员的人际关系并且和区域内的不同政府主体建立社会网络。不可否认的是，有时候在投资者和政府官员之间建立人际关系网络伴随着不良现象。例如，在某地渔村里的一家中国台湾鞋厂的老板，告诉我他和当地的政府官员交情甚密，以至于如果他帮助县里给省政府多交些款项的话，县里的有关部门不会太盯紧该公司的进出口状况，也不会去对它的账本。如果我引用一句中国俗语的话，当官员检查那间工厂时会"睁一只眼，闭一只眼"。另外的一家大鞋厂设法和本地相关部门的官员保持良好关系，其结果是该公司进口物品的集装箱一般没有被打开检查过。关于出口交易活动的故事会更让人感到惊讶。由于官员会一站一站地轮转执勤，经纪人会在这一周将货物装载到某个港口而下周则到另外的港口，其目的就是跟随那个是"朋友"的特定政府部门官员，以确保该经纪人的集装箱迅速通过并且无需接受检查。

不得不承认，投资者和本地主体之间的文化上的相互理解并不一定能确保投资项目的成功，而且非常难以衡量的是，文化认同和人际网络对于企业的形式和运作的重要性有多大。但是，由于频繁地在和大陆的台商的访谈中得以表达，文化因子不能被忽略。在以下的部分中，我将讨论台商和大陆南部的地方官员之间建立起来的人际网络的文化基础。

二、台商和大陆地方官员的人际关系

许多我访谈过的台商认为，和其他生产地点相比，中国大陆对他们更有吸引力，原因在于台商和大陆人的文化和语言亲和力。进而，自从 20 世纪 80 年代后期，台湾在大陆的投资比在 ASEAN(东南亚国家联盟)增长要更快。这种文化亲和力促进了台商和大陆地方官员的人际关系的建立。然而，这些人际关系的重要性并不是只对台商在大陆的投资是独特的。问题是，如果人际关系是影响台湾在大陆投资成功的关键因素，而且如果投资者和地方主体之间的文化亲和力对这些关系建立非常重要的话，那么这种人际关系建立的植根文化的原则是什么？我采用了昂（Ong，1987）分析日资在马来西亚工厂的车间内性别政策的方法，她并没有将文化看成一系列给定的价值，而是看成一个基于历史和制度的动态过程。她认为，尽管文化凸显了社会核心价值，但价值和依赖于制度和组织背景的行为之间并没有直接的联系。从文化的历史和制度的连续视角来看，我将观察文化因素影响台湾在南方大陆的制造企业投资的过程和策略。我关注在台商和大陆本地官员之间建立的人际网络的原则和运作方式，而这是基于在20世纪70年代晚期改革开始后在大陆特定的制度环境下的礼物交换活动。

三、灵活的政策解释与运用

正如前面所述，中国大陆逐渐增强的地方经济自主权，从宏观层次来看，为中国台湾投资者和大陆官员之间的灵活安排提供了制度基础。在微观层次上，影响经济活动和政府之间建立起来的网络的形式和范围的重要因素是，大陆官员在解释和使用法律的时候具有灵活的传统。这些官员非常有技巧，能够基于高层官员不会反对的东西而不是根据他们所允许的作决定。在中文里这种策略叫做"钻空子"。其哲学是，"没有明令禁止的东西就去做；而允许的就要用到极致"（Vogel，1989，p.81）。这种哲学在地方决策过程中的采用体现为对高层政府颁布的政策的灵活解释与运用。有句中国俗语清楚地反映了这种对自上而下政策的表面遵从的倾向以及在高层和低层政府之间的紧张关系："上有政策，下有对策。"

地方官员自主权的大小以及在书面政策和实际操作之间差距的大小取决于这种表面遵从的文化发展得怎样以及讨论到的地方政府的财政独立性如何。福建省厦门市的一位负责国外贸易和投资的官员向我解释为什么广东在经济改革中比福建快一步："广东的领导更愿意也更大胆地将中央政府颁布的政策推到极限。他们在北京给他们明确信号之前会更倾向于尝试新的政策。"面对中央政府快速下降的税收收入问题，在20世纪90年代初，北京开始紧缩控制贷款和项目审批权。但是，在大陆南方的某个城区，一个官员告诉我，既然中央政府在1993年提出严厉的政策并对区政府能够出让给发展商的地块大小做出了更严格的限制，则区政府即采用了"小即美"的策略。将一个项目的地块分成几个更小的地块并各自批准了土地使用许可证，以避免涉及高层政府单位并进行详细审查。"上有政策，下有对策"的文化便在这样的给予地方实现积累机会的制度背景中蓬勃发展。

台商在他们对这种政策解释和运用灵活性理解的基础上从本地官员那里获得了很好的投资条件。一个台商指出，他和大陆官员打交道的方式和他之前和台湾官员打交道的方式很接近（访谈案例，中国大陆，E-1）。由于已习惯于中央政府对小型经济活动的松散控制以及台湾的可讨价还价的政策运用，台商在大陆南方"钻空子"并没有什么"文化障碍"。灵活程度倾向上升的同时也是管理水平下降的时候。税收优惠就是最重要的投资优惠条件之一。合资企业标准的企业所得税率为33%。这一税率在开始获利的前2～3年是全免的，在接下来的3～4年间税率可以减半。在很多的例子中，免税期可以延长或者在免税期结束后税率就一直保持在15%的水平。

其他的投资优惠条件包括地方政府有权批准合资企业实施受限的向国外的利润转移；外汇平衡制度的放松；电费、水费和工厂建筑土地价格的减少；重要许可证的免除；廉价贷款的提供；雇佣非本地工人限制的放开；社会福利责任的免除等。批准给企业的贷款规模没有上限，而贷款审批也没有明确表述关于指标的政策。于是，本地银行享有了在获得与批准贷款方面的灵活性。在似乎可广泛运用的明确表述的政策装束下面，实际的投资安排几乎就是为单个企业或者投资者量身定做的，而投资组合的利润在很大程度上取决于投资者和地方官员的关系。

中国地方政府逐渐增加的经济自主权，结合了能够灵活解释和运用中央颁布的政策的地方官僚文化，提供了礼物交换活动能够实际发生的制度框架。在萨琳斯（Sahlins, 1972）和马林诺斯基（Malinowski, 1961）关于礼品经济的研究中，礼品互换和市场交换的不同之处在于它是高度个人化的，并嵌入于现存的个人关系中。礼品的意义和效果取决于谁给的、谁收的以及他们的关系是什么和将会是什么。与市场交换不同，礼品的价值并不总是能用金钱的概念来衡量，礼品具有独立于金钱价值的效用。为了维系交换关系,重要的是符合互惠的期望并给予一个公平的回报。回报礼物的时间尺度并不是固定的,而且也无需立即回报其礼品。

我已经识别出影响礼物交换活动的四种文化—制度因素。它们是,礼物价值的衡量;中国文化的时间感知,包括了效率的意味、交换关系的无限期和送礼时机的重要性;中国文化的空间感知,特别是在公共和个人领域的模糊边界;在礼物给予者和接收者作为交流工具的语言共同特点,特别是在理解表达的言语之后隐藏的弦外之音,而这在通过礼物交换的个人关系建立过程中起到至关重要的作用。

1. 礼品价值的衡量

礼物交换并不总是在数量上是一个平等的交换,并且交换的"礼物"也不必然是以物质的形式出现。实际上,礼品交换的艺术就是在提供物质享受和在相互理解的基础上互相表达友谊和义气之间取得平衡,这超越了直接的物质利益。人们需要有文化理解力去感知平衡点在哪里以及感知非金钱形式的礼品的价值。在很多的情况下,非物质形式的礼品甚至比物质礼品更有价值,特别是当非物质礼品更能够表达深厚的义气。举例来说,一个大陆官员可能会要求海外投资者赞助其子女去美国读大学的计划。海外投资者也许或者并不对该小孩有资金支持的责任,但成为赞助者比单纯提供奢侈礼物或者现金更具有风险。具有一定程度奉献的好意在赢得其合作者的信任方面更有效;并且它为未来合作开辟了一条坦途。

礼物也有独立于金钱价值的使用价值(Sahlins,1972,p.12)。珍奇的、但不一定昂贵的、并且"有钱未必可以"买到的礼物表明了对对方的更大的真诚和尊敬。经常可以期望更高价值的好意的回报。

2. 时间的概念:效率、无限期、时机

在礼品交换过程中,参与到交换关系中的人员决定了交换的本质。与市场交换不同,礼品交换不会在陌生人之间发生。它只发生在已经存在特定类型人际关系的那些人之间,如同学、同乡、亲戚、大学校友等等。当没有这些预先就有的社会联系时,潜在的参与者通过互动的相互认识和其他人联系起来,并且在他们发展交

换关系之前需要建立相互熟悉的基础。

于是，尽管好的人际关系能够促进投资进程并有助于货物更快流动及更有效率，但是建立这样的关系需要花时间。当某个投资者说他或者她可以"给某位政府官员打个电话就可以摆平任何事情"，这意味着他或者她已经预先投资了大量的时间和精力以获得这种"效率"水平。

礼品交换参与者的关系并不会在交换完成后就立即结束。重要的是去回报比得到的还多的东西，正如一句中国的谚语所讲："滴水之恩，当涌泉相报。"因为礼品互换在数量上并不总是平等交换，"人情债务"很少会在一次交易中还清。其结果就是当礼品交换和人情往来继续，人情逐渐积累而人际关系得以强化。

据一个台商所讲，和地方官员交朋友最没有效率的方式就是在一开始就拿大量的现金或者奢侈礼物去塞给他们，或者以一次搞定的方式来送礼。相反地，如"毛毛细雨"般的礼物会促进形成一种更稳定更持久的关系。在寻求人情协助之前重要的是送礼。一个拥有多辆卡车经常运送原料和成品的合资厂已经设法和镇里面的交通警察搞好关系。公司会一年三次将进口酒或者其他礼物送到公安局，而时间要把握在中国的一年中三个主要节日前——端午节、中秋节和农历新年。但是，上个农历新年（1993）公司没有送礼。其结果是，在新年之后不久，司机们开始收到超速罚款单。公司立刻意识到这个问题并送礼到局里。但那些礼品被退回来了。警察告诉这家公司说，他们不能收下这些礼物，因为"很明显你们试图贿赂我们"。

3. 空间的概念：在公共领域和私人领域间的模糊边界

经常讨论到的是，在中国并没有将公共领域和私人领域看做是对立的两极。相反地，公共和私人空间被看成是一个连续谱或者是两个同心圆。公共领域是私有的和个人的实体的聚合，存在着不同层次的公共程度。于是私人领域的扩张并不总是认为是对公共领域的侵犯，而是在不同状况下对不同的公共程度（或者私人程度）的调适。然而，这种观点可能过度一般化了。不过，中国大陆地方官员和在大陆的海外投资者可以证明这一普遍的现象。由于中国正处在计划经济向社会主义市场经济转型的过程中——在该过程中公共部门非常具有渗透力，并且由于重新定义"私人"空间的明晰的法律框架还没有建立起来，公共和私人领域之间边界交叉的现象已经成为法律意识和基于文化信息的人际关系混杂的问题。

某种程度上公共和私人领域会缠绕在一起,而私人和公共利益也并非总是矛盾。一个台湾投资者指出,保持和加强同官员的关系的最佳方法就是在惠及他或她的部门的同时为他或她提供机会来获得个人好处。例如,如果一家国有企业需要新机器,而假设经纪人能够安排让政府里的决策者去参观国外设备供应商的话,那会有助于他或者她获得订单。那些代表了消费方组织并出国旅游的人,从免费国外旅游中直接得利,并进而对经济人欠一个人情,而同时整个公司因为对新设备获得了更多的信息而同样有好处。实际上,一个美国的设备供应商告知我,免费参观海外供应商的旅行也是他和中国顾客谈判的生意的一部分,这已经设计包含在日常程序系统中,他的公司跟一个旅行社有一个长期的合同以安排所有中国顾客的旅行。在典型的 1~2 周的美国旅行中,只有一天参观供应商的工厂,其他的时间通常包括到拉斯维加斯、纽约、洛杉矶等地的旅行。

由于好处是整个群体共享的,那么责任也一样。政府经常广泛应用的术语就是"集体讨论"。负责审批进口许可证的官员可能告诉希望在进口原料有更多的税收折扣的申请者,这个案子需要和他或者她的部门内的同事集体讨论。这意味着对申请者索要的好处会在不同级别的官员群体中分享,而批给申请者特殊税收折扣的风险也一样分担。

4. 语言的隐藏信息

正如上面提到的,当被问及在大陆投资的主要优势时,和其他东南亚生产地点比较,很多台商回答道,他们和大陆本地人拥有共同的语言。接收礼物者希望能理解他或者她要的是什么,而如果他或者她是赠送礼品者的真正朋友的话就无需清晰地解释。为了达到在清晰与模糊之间的微妙的平衡,这就需要参与者之间有效的沟通。

在福建南部的厦门,台商和南部福建人讲同样的方言。在广东、大陆其他地方和台湾都顺利成为官方语言的普通话,就是海外投资者和地方主体之间交流的有效工具。尽管语言共同点不是建立信任关系的惟一工具,但它有助于更快地打开门路。

在很多情况下,说出来的不如没说出来的更重要。于是,在礼品交换过程中的参与者不仅需要技巧来理解说出的话的意思,也需要技巧理解暗藏信息的文化含义,以充分掌握另一个参与者的期望。

例如,当投资者要求更大的产品许可以在本地市场销售,负责的官员可能会告诉投资者,"我要'研究研究'。"意义上讲"研究"的意思是认真调查和思考某件事情。但是,研究的结论通常取决于申请者愿意提供给那个官员的好处。由于"研究"在普通话里的发音近似于"烟酒",在改革早期,"研究"的意义隐含了对烟酒礼品的索要。前面描述的三个要素——礼品类型(进而包括其金钱价值和使用价值)、送礼的时机以及送礼和收礼的情境——都是隐藏信息的一部分。如果申请者拿出来的香烟不够好,那位官员会婉拒那份礼物并同时拿出一种通常是更贵的牌子的香烟给申请者看,通过这种办法来告知申请者他要的香烟类型。如果哪个官员告诉申请者他或者她家的地址,并请申请者到家来喝茶,这通常暗示着送礼和谈判应该在官员的家里进行而不是在办公室。进一步讲,官员是否接受礼物象征着是否给申请者的好处以及机会大小。如果官员觉得申请者要求的好处不太现实或者超过他或者她能够影响的范围,那个官员会拒收礼品作为一种方式告知申请者无能为力。

四、结论

中国台湾经济已经发生重构。在30年的出口导向型的工业化之后,岛内生产成本提高及世界市场萎缩使得中国台湾小型出口制造商别无选择,只能择求其他可选的生产地点与市场。中国大陆南方,由于有充分的缺乏保护但又可培训的外地农民工,具有吸引力的投资政策系统以及热情服务的地方官员,充分满足了台湾小生产的需求。这对大陆南部的小投资者来说是一个热情服务的制度环境,对分散的小型台湾出口制造商来说非常适合,因其在世界市场的竞争优势主要取决于及时和廉价。中国台湾资本和中国大陆主体之间的联姻进一步受各种因素润滑,如共同的语言、中国官僚体制的制度文化,以及促进在台商和中国大陆当地官员之间建立人际关系的共同的文化手段等。

国家、地方政府、外资的互动和从这些互动产生的新兴社会力量形成了发展的动态机制。进而,如杨(Yang,1994,p.45)指出的,尽管人际关系通常被认为受政府机构权力协调,无论是官员不良行为还是赞助商代理纽带,它们也

第二十三章 血浓于水

是有逆国家权力的势力。为了细致理解这一观点,在台商和大陆当地官员之间人际联系的建立应该被看做是当地政府跨越中央政府的控制而和世界市场直接联系的方式。

"礼品互换"可被看做中国社会人际关系建立的一个普遍原则。可能较为妥当的说法也会是,中国人与其他人群相比更倾向于依赖于基于礼品互换的人际关系(Ruan, 1993)。然而,人际关系的重要性并非只对中国社会是独特的,礼品互换也并不是只由中国人采用的建立人际关系的法则。但是,礼物互换的做法和形式随着特定历史和制度背景的不同而变化。推动礼品互换活动的文化内可能的途径,对于台商和地方官员建立人际网络的过程来说,却是独特的。这些途径包括语言联系、礼品的非市场价值的理解以及在中国文化中对于时间和空间的感受。这些原则和途径得到运用是在一个制度背景之下,其特征为大陆地方官员逐渐增加的自主权以及对于中央颁布的政策进行灵活解释和运用的传统。

作为把握发展过程中的文化机制问题的一个初步努力,在本章中,我提出了在研究"中国市场经济"时几个需要进一步探讨的问题。首先,当我尝试辨识中国模式经济活动的文化要素时,我并非寻找在经济发展过程中分解成原子状的文化因子或者从各种角度观察这些文化因子的影响。相反地,我在寻找特定文化要素和特定发展情况之间的关系,比如家族主义和企业组织的关系、合作者的定义以及经济同盟的建立之间的关系,或者公共或者私人领域的定义和政府干预市场的方式之间的关系。这对我似乎是更有前途的方式去避免进行广泛的讨论,如经常可以见到的关于儒家价值和东亚经济奇迹关系的研究(见 Hamilton and Biggart, 1998, 对这一视角非常全面的批判)。通过走下抽象的阶梯并减少定义"中国市场经济"的变量数量,我们可以找到一些可以衡量的变量并进而发现一个更易处理的研究项目。

并且,文化和意识形态之间的联系需要在中国市场经济的研究中进一步发展。例如,小企业发展中的文化因子,如家族主义和自己当老板就是成功的象征的理念是相关的。于是,它证明了小商店主的自我发展;或者在所有权上投资集中的现象是土地、安全和成果的文化联系的支持以及所有权提供了独立性的意识形态上的含义和作用。

与此同时,地方政府支持的项目促进了中国工业化和城市化的一个更分散化的过程。海外投资者提供了多种可传输给本地政府的资本来源和技术。地方政府和海外资本的合作也强化了地方政府和国家政府讨价还价的能力，并反过来为地方政府创造了一个更为积极地进行区域和城市规划与发展的基础。逐渐地，许多关键的规划、管理和金融问题也在地方层面得到解决。这给地方规划者提供了更直接地应对地方的状况的机会，并且将城市和区域管制的标准从中央政府设定的通用原则中引领出来。

（林涛 译）

第二十四章　从注册护士到注册保姆：温哥华菲佣的话语地理

杰拉尔丁·普拉特(Geraldine Pratt)

1995年在温哥华菲律宾妇女中心举办的一系列有关菲佣的研讨会上，我们在房间内一边走一边自我介绍。除了组织研讨会的几个工作人员，与会的18位人员都是家庭服务工作者，通过住家看护项目(Live-in Caregiver Program)获准进入加拿大。但是当我们在房内走了一圈以后，我们发现她们之间的情况差别很大。我们见到的妇女有的得到助产士的培训，有的是注册护士，有中学老师谈到在菲律宾找工作的艰难，有社会工作者谈到自己的就业经历。我们还听到有人谈到自己在银行的工作以及做书记员的经历。听到如此多样化的个人经历，我不禁惊异我的同事竟然发现菲律宾妇女在温哥华劳动力市场上似乎是一个非常狭窄的就业族群(Hiebert, 1999)。据温哥华1991年统计数据的分析，菲律宾妇女集中在三个行业：家政、幼儿保姆(其实这两个是同类的工作)和医护工作(比如护士助理)。住家看护项目要求参加者在申请开放护照之前从事住家看护工作满两年(此后就不必局限于家政服务行业了)。不过，作为保姆来到加拿大的经历事实上在项目要求的年限以后很长时间依然会限制当事人选择其他职业的机会。这就造成在移民中特别典型的情况：移民丧失了原有的技能优势，只能被限制在很边缘的职业中。

尽管只是这样一个老套的故事，我们用当代劳动市场理论却不能充分解释。它只是变成了一个对劳动力分隔理论的一种泛泛的，甚至冷僻的批判，指出其难以解释为什么以及如何使得一些群体(女性、少数民族、移民)只能从事边缘性的工作(例如，Hanson and Pratt, 1995)。认识到这些过程对于不同的群体和不同的地区所存在的复杂性和独特性使得一些人(Hanson and Pratt, 1995; Hiebert, 1999; Peck, 1996)提出一个中低层的理论，认为关注实证中的细节更有利于对现实过程的理解。而这种态度有助于强调社会经济过程中的偶然性和差异性。不过,我现在觉得这样也可能存在误导。因为它可能将引发一些群体边缘化的社会文化过程仅仅看做现实而不是值得研究的理论谜题。这不仅因为实证研究不可能完全脱离理论,而且可能令实证脱离理论,从而导致我们忽视一些能够帮助我们更好理解劳动市场的当代的文化理论。

当代文化理论强调日常生活和局部地方的重要性,它依赖一些有关主体、社会和经济生活的高度抽象的概念。不过强调局部地方涉及的是方法而不是理论抽象。比如福柯(Foucault,1979)在观察时就模糊了微观/宏观、分析尺度以及抽象程度的差别,将权力关系与宏大策略的逻辑(一种并非理论抽象的逻辑)联系起来,而将分析的出发点置于日常局部的权力关系……相似地,即使劳动力分隔作为资本主义垄断资本控制劳动力的一种基本策略持续存在,我们理解个体如何被纳入这个系统依然要靠对局部的权力关系和实际运行进行考察。然而,将局部关系和实践仅作为实证而非系统策略也是没用的。文化理论,包括主体论,当涉及个体和局部权力关系的时候并不抽象。

后结构主义理论考察语言的主体和视角,认为其有助于理解劳动力市场分隔的过程。像福柯这样的后结构主义理论者从阿尔杜塞(Althusser)的反人本主义中感受到主体性是通过话语造就的,而不是先于语言存在的内在一致的理性主体。语言并不仅仅反映世界,它控制着实践,塑造着我们对现实和自身的感知。话语是物质性的,它提供了对象、躯体和身份认同的具体归类(Butler,1990;Haraway,1991),并且是一种存在的实践活动,受到制度等的支持(Mills,1997)。有些批评认为话语分析将世界的物质性融入了语言中,但这忽视了物质与其相关范畴之间的模糊关系(Natter and Jones,1993)。并不是话语理论家们否认世界的物质性,而是他们认为我们如何感知世界是受到语言的限制的。

尽管政治经济学创造性地使用了后结构主义的理论(例如,Gibson-Graham,1996),人们仍然怀疑文化理论没有认识到经济的决定性影响,因而在批评中失掉了自己的位置(cf. Fraser,1997;Watts and McCarthy,1997)。斯皮瓦克(Spivak,1988)认为话语分析能采用实证主义报告的形式,其中知识分子放弃了作为批评者的角色。斯皮瓦克敦促重新考虑物质利益和他们在话语中的表达;她特别关心国际劳动分工如何反映和塑造物质利益以及代议制如何隐蔽资本主义和帝国主义的关系。就对话语分析的有限了解,我们可以将之看做一种建构理论的方法,讨论主体如何理解自身和能力,以及如何通过日常实践造成物质上的不平等。这是影响这些实践的有力工具。

关于主体和话语的后结构主义理论显示了三种影响的可能性。首先,话语制造了主体位置。主体位置从属于个人但也发挥资源的功能。在劳动力市场,我们可考虑阶级地位(比如劳动阶级)如何成为一种政治资源。第二,个体可能被多种相互矛盾的话语所困扰。处理这些矛盾,或者将一种话语与另一种话语建立关联,可以打开对抗的结。比如丽莎·洛(Lisa Lowe)认为美国民主党的自由原则(包括普遍权利)在美洲亚裔所面对的话语就显得很奇怪,如"模范少数民族",或"入侵群体、淫荡骚货、阳奉阴违的仆从、以非人性的效率超越美国智慧的机器人"(1996,p.18)。第三,后结构主义受解构主义的影响关注任何话语内部的矛盾。话语分析揭示基本知识中的"错误"、话语中的矛盾以及考察不能和不被述说的部分,可以导致对意识形态的深刻批判(Spivak,1988,p.296)。

地理学者不单从后结构主义理论受益颇多,对地理的深刻解读也对文化研究贡献不少。因为话语正成为特点场所的特殊实践[因此具有内在的地理性(Pred,1992)]。文化和个人的故事通过社会空间的交往圈子流传,获得正统地位,并被赋予意义。通过刻画这种话语流传,我们刻画了漫谈的地理。女性主义者早就认识到家庭的建构如何影响女性的劳动:莫斯(Moss,1955)、格雷格森和洛(Gregson and Lowe,1994)最近提供了家庭的构建如何影响其空间内的有偿劳动的例子。我们可以想像其他散漫嵌入在特定地理环境下的工作如何塑造劳动力市场。

在接下来的案例中,我描绘了一个限制菲律宾妇女主体地位、使她们只能局限于有限的劳动力市场中的散漫的社会建构过程。其中,我特别关注了话语中地理词汇如何发挥功能。中心斗争围绕着家政服务工人应该用种族/移民还是阶级语汇来讨论。我将考察这一斗争,并试图从话语构建中的沉默和矛盾找到关键视角。但我也希望提出不同话语和不同场所中描述的主体位置之间的断裂,打开重新阐释温哥华"菲佣"的公共话语空间。

我用成对的词汇组织关于主体地位的讨论,每一个都由其与另一个的关系来定义,反映了我所理解的主体性是由其与非他之间的关系构建的:住家看护尤其与加拿大市民之间的对比来定义;菲佣由其与欧洲的"管家"和"保姆"的区别来建构。

这些类别彼此补充,并强化了菲佣的职业轨迹,他们通过住家看护项目进入加拿大劳动市场,并限制了他们今后的职业选择。通过这个轨迹编织出复杂的地理。为了充分理解温哥华菲佣的地位,必须考虑在菲律宾驱使她们移民的动因。我的分析局限于温哥华菲佣的话语构建,显示出菲律宾重要的阶级关系持续影响着温哥华菲佣的构建。

描述话语是一个巨大的开放的任务。我主要采用 1994～1996 年的访谈资料。1994 年我访谈了温哥华的 10 家代理,只有这几家愿意和我谈,他们自认为掌握了绝大部分职位(见 Pratt,1997,可以了解方法细节)。在 1995 年夏,我访谈了随机选择的 52 家温哥华地区的住户,他们在前一年在当地的报纸上刊登了招聘保姆的广告。其中大部分在我访谈的时候雇佣了保姆。在整个 1995 年夏、秋和 1996 年春,我与菲律宾妇女中心合作与 14 个家政工人开展了一系列小组讨论会。所有的访谈和讨论会都是非结构化的,有录音笔记,这是话语研究所必须的,主要目的是挖掘其中的含义。

一、住家看护:非市民,也非移民

住家看护用其与加拿大公民的联系和区别来定义,就是没有公民身份的就业岗位,这造成了住家看护的工作条件。多年以来,大部分通过这个项目进入加拿大的妇女都来自菲律宾;1996 年菲律宾人就占 87%。在信息手册上,联邦政府明白地说明这些职位提供给非加拿大公民:"住家看护项目是一个特别项目,目的在于当加拿大人不足以满足就业岗位的需要的时候,为加拿大引进住家的家政劳动力。这个项目只有在加拿大人从事该岗位不足时才存在。没有住家要求的家政看护服务加拿大工人并不短缺"(Citizenship and Immigration Canada,1999)。一位在温哥华就业署管理住家看护项目的人员在 1994 年 5 月的一次电话访谈中说:"我们从外国引进的原因时这些岗位报酬低,没人愿意做……这个项目为加拿大雇主设立,使他们能改善生活,外出工作。"

就业署的规定突出了住家看护和加拿大公民之间的区别,也决定了住家看护的工作条件。各省管制不一样。在不列颠哥伦比亚,直到 1995 年 3 月,住家的家政工人(与农场工人和其他家庭工人一道)被排除在有关加班工时工资的管制之外。正如1993年3月西海岸家政工人协会(West Coast Domestic Worker's Association,1993,p.2)在他们的就业标准法案审查委员会的简介中提到:"省规通过最低日(而不是小时)工资将家政排除在小时工资保护之外,事实上与联邦移民项目一起将外国家政工人变为廉价劳动力。"

为什么加拿大人如此愿意接受这类人进入加拿大而不受到像其他公民那样的劳动保护？为什么一些人假设有最低生活保障的要求？我用三个地理概念讨论加拿大公民的普遍权利与对不同就业岗位的职工之间的不平等待遇之间的内在矛盾。首先,加拿大政府许诺未来的合法就业机会和加拿大公民资格对加拿大人是不可接受的。严格地说,住家看护是一种工作签证(不是移民),实际上它赋予了工作者工作满两年后申请移民的资格。因此人们广泛认为经过两年辛苦就能获得申请移民的机会。正如代理E说的:"菲佣与欧洲保姆的动机很不一样……她们是为了移民,获得公民身份,并将她们的家人带过来。她们会编造很多资料,以保证拥有一个良好的记录,这造成了很多别的问题。但这意味着她们会留在工作岗位上"(访谈,1994年5月)。

随着1995年就业标准法案的修改,加班和最低小时工资法案覆盖了不列颠哥伦比亚全部家政工人。但是有趣的是保姆中介在1994年刚提出这个变化时颇有微词。代理说劳动法案的改变可能降低她们移民的机会。

> 代理D:(作为一个家政工人)你不会得到1小时19块的收入,但大部分加拿大人会对你很好。你能得到加拿大公民资格,多少人排队等着这个,到死也等不到。
>
> 代理C:你不会损失什么。正如我以前说的,西海岸家政工人协会认为(家政工人受到剥削)。但她们只会让自己失去工作。
>
> 代理D:他们害死这些女人了,她们来到这里,99.9%的人都很幸福。她们不是武装分子。但她们只能悲伤,因为只有很少几个能有幸被挑中。

对于我来说,这些话的有趣之处在于对于加拿大政府和家庭的好处(让加拿大的男人和女人可以"过更好的生活,并出去工作")被解释成对家政工人的好处。一种自由和公平交易的话语(两年的服务换取移民)成了共识,而用于交换的利益却没有被认真衡量过,事实上代理 C 将家政工人的付出完全忽略了:"你不会损失什么。"我们应该衡量一下这种对损失的漠视,更仔细地考察一下这种交换——也就是说,获得移民的机会是否值得付出两年的服务。这种讨论必须扩展到加拿大在全球不平等发展中应负的责任。

其次,住家看护服务者作为雇员的权利还受到地理分隔的困扰。联邦政府负责住家看护项目,而省政府负责制定雇佣标准。由此,住家看护者受到不同级别政府的辖制。对于联邦政府而言她们是护照持有者;对于省政府而言她们是雇员。特别是联邦政府禁止她们接受教育培训,在她们看来,这导致了住家看护无法获得更高的劳动技能:

苏珊(Susan):根据工作许可,你不能去上大学,不能从事其他工作,也不能到别的省去。而两年没有从事自己过去的专业,你自己也会怀疑自己是否还能胜任以前的工作。

詹杰(Jeogie):工作在你的心目中已经不再鲜活。

[对话继续,并进入高潮]

梅(Mhay):你知道的只剩下如何打扫卫生间。

埃尔茜(Elsie):那就是这些日子留给你的技能。(小组讨论,1995 年 8 月)

家政工人感到住家看护项目使她们无法恢复到以前的就业身份。她们也很难向联邦政府提出强有力的控辩,因为这超出了住家看护项目的讨论范围,因为这个项目将她们定为非公民的签证持有者。

由于政府的分隔管理,住家看护项目的修改变得很难。它也使雇员身份变得有争议。在参加小组讨论的人中,很多不能肯定自己可以适用联邦政府的雇佣保险项目,而她们实际上还在缴纳保险费。雇员身份对她们很重要,因为如果她们享有这样的保险,就可以选择离开那些特别恶劣的雇主。

第三种地理被写入了住家看护项目中:参加者必须住在雇主家中。这个要求显然降低了雇主的费用,因为他们可以在支付看护者的费用中提留 300 美元作为住宿费,并省下了每月大约 900 美元的儿童看护费,使得中产阶级能够支付得起这笔开销。关于住家的要求很早就引起工人们的关注。住家的要求会减少收入,延长工作时间,并且增加遭受性骚扰的可能性。同时降低了雇员反抗雇主的能力,因为她的工作场所就是她的家。

关于家的讨论已经涉及过上面提到的影响。埃特金(Aitken,1987)就曾记录了在安大略,家庭如何被建构成一种私人的空间,从而降低州政府的干预,而使家政工人的就业条件难于受到管制(参见 Stiell and England,1997)。家政工人常常被作为家庭成员,受到爱护和怜悯;一些人还认为将家政服务放在雇主—雇佣的关系框架里讨论亵渎了家政工人作为家庭成员的身份。

西海岸家政工人协会认为"住家佣工可以按照工作的小时数获得报酬"(West Coast Domestic Workers' Association,1993,p.4)。由此,她们进入了一种语言争论,也就是要重新定义家政工人,不是家庭成员,不是受惠于暂时的家政服务劳务的潜在移民,而是雇员。这很重要:根据工作时间和超时劳动的规定就可能提高工资和缩短劳动时间。这也是在阶级语言中重新定义家政工人、引入阶级团结的政治手段。这样按照吉布森-格雷厄姆(Gibson-Graham,1996)的构想,我们就可以将雇佣标准法案的改变理解为积极的阶级转型。

二、殖民地理:作为家佣的菲裔

还有另一种将菲佣边缘化的身份塑造的藩篱;她们同通过同样的签证项目来到加拿大的欧洲妇女相比常常处于劣势。菲律宾人被建构成了家佣,而欧洲妇女被称为保姆。两类妇女在这两种相似的工作位置上地位的差异交织了文化和社会过程中所建构的身份和劳动力市场分隔。

1994年访谈的保姆代理很清楚地指出了菲佣和欧洲保姆的差别。很多雇主采纳了代理对欧洲保姆和亚洲家佣之间的区分,这在对雇佣过菲佣和欧洲家政工人的雇主那里可以得到清楚的印证。比如,一个先雇了菲律宾保姆的家庭介绍:当孩子两岁时,需要更多的智力引导的时候,原来的菲佣就被换掉了。菲佣受到一些测试,包括要求她白天给孩子读书,并将要读的部分做了标注。这个菲佣没有通过测试,因为一天结束以后,书还在原来的地方。结果另一位斯洛伐克保姆取代了她。雇主显然喜欢菲佣,因为她顺从。她们尊重斯洛伐克保姆,因为她拥有教育幼童的技能,他们详细描述了她的教育技能。他们并不太喜欢她,对她执意跨越社会界限感到不快。我摘录了他们的话,因为他们非常明白地表达了这种差异:

> 鲍勃(Bob):但我认为她们俩之间很大的不同在于罗莎(Rosa,菲佣)从来不自以为是,我们奖励她的时候,她会认为那是恩惠,除非再次获得奖励,否则她不会自己取用这种恩惠,而布丽姬(Brigid,斯洛伐克保姆)就不是这样……
>
> 温蒂(Wendy):她是个非常好的幼教。
>
> 鲍勃:很棒,善于启发教育,可是我们一旦奖励她……比如说,有一次她问可不可以用温蒂的冰鞋,我们说可以,结果她整个冬季都在用,不再征得别人的同意。
>
> 温蒂:她常常使用我们的东西。鲍勃开始没有看出我的意见。我的意思是,艾顿(Aidan)出世以后,我只滑过一次。所以我对他说:"如果你雇了一个园艺匠,而他用了你所有的高尔夫会员资格和球具?"
>
> 鲍勃:有趣的是,当我们和罗莎在一起的时候,我们觉得她是家人。除了周末她不在家,如果平时有人请我们外出吃饭,我们都有邀请她参加。
>
> ……
>
> 温蒂:但是她总是在我们回家前就吃过了。而布丽姬让我们觉得我们在伺候她,她总是来来回回地(跟我们的客人)搭讪。

在后面的访谈中,她们又谈到菲佣和斯洛伐克保姆在智力和认知能力上的差别:

> 鲍勃:我们最后决定辞掉菲佣,换用欧洲保姆,是因为孩子的学习技能和互动需求。我们发现罗莎在照顾关爱孩子方面都很好,但是从不教授孩子字母、数字、颜色方面的东西……我认为这需要权衡。但是要记住她们是受过教育的女人(斯洛伐克保姆),并且我不认为……哦,我不知道,但我觉得潜台词是"我曾经是一位大学学者,为什么现在在

这里熨这件男人的衬衫?"当我们晚上回到家里,布丽姬会在那里读报纸。她知道《温哥华太阳报》上说的一切。她会谈税率上涨,或者最低工资上涨。她会说:"瞧,我需要加工资,最低工资已经上调了"……你知道那些女人(斯洛伐克保姆)都是知识分子,你不可能让6个知识分子周末在家里睡在地板上。而菲佣们喜欢在周末厮混在一起!(他是指菲佣们经常周末合租住在一起。)

保姆代理们在雇主心目中菲佣是佣人的印象形成中发挥了很重要的作用。从教菲律宾女人如何在雇主面前表达起就开始了。菲律宾妇女中心的妇女谈到代理的推荐信中有两张她们的照片,一张是她们在照看孩子,另一张则是她们在打扫卫生。一些代理会告诉她们不要附太漂亮的照片,不要戴首饰、化妆,要把头发梳到后面。一个菲律宾的代理警告妇女,漂亮的照片会让人觉得她是要"到加拿大去勾引她的雇主"。这些装扮传递了一种努力工作的形象,但也让未来的雇主觉得她们可以剥削:有好几个家政工人被告知要在申请表中填自己愿意延长工作时间。

而且,菲律宾住家佣工通常曾在新加坡和中国香港做过家政工作。代理和雇主都想把这些地方对佣工的高度剥削带到温哥华。他们常常借着这些佣工在新加坡和中国香港的工作经验,要求她们超时工作,并且做很多超出看孩子以外的家务,而很少这样要求欧洲的保姆。

殖民地和种族主义体现在温哥华的家佣和保姆的定义上。菲佣被构建为家佣的角色,与欧洲保姆相比智力低下、缺乏教育。家政代理鼓励菲佣做出顺从剥削的样子,并且用她们在中国香港和新加坡的经历与温哥华相提并论。

三、温哥华菲裔的污点:窃取丈夫的菲佣

加拿大白人的霸权并不是构成菲佣困境的惟一原因。参加讨论会的家佣讲述了菲律宾社区围绕着移民与保姆之间的差别而蒙上污点的痛苦历史。移民这个词用来指通过"正规"渠道进入加拿大的个人。其中有的是通过家庭重聚,有的通过商业移民,有的通过积点系统。积点系统是联邦政府根据劳工需求定期修改的复杂的评价指标。除了别的指标以外,资助人可以增加积点(来自雇主的资助比来自

家人的点数要高),针对某些职位的特殊专业技能也能获得较高的积点。

女性技能通常得分很低。严格地说,"住家看护项目"不能算做移民项目。但它实际上是菲律宾女性移民加拿大最容易的通道。一旦获得加拿大移民的资格,她就可以通过家人关系将亲人也带过来。由此,移民和保姆的差别同时打上了阶级和性别的双重烙印;前者是家庭中的男性成员,是经济支柱,受到较多的教育和职业投入,而后者是女人。这种阶级和性别差异还包含道德的苦恼:参加讨论的家佣不仅感到自己的阶级地位低下,而且成了窃取别人丈夫的淫乱者。

> 梅:因为大部分保姆,特别是我们这些菲律宾人,都进入了一个小圈子。这个圈子会说:"哦,保姆们走了,一块出去了。"只有像我们这样的菲律宾人这样说。于是,其他问题来了,你也知道,既然你是保姆,你就是偷人的人。这就是为什么妻子对我们感到愤懑。(梅指的是菲裔社区中的菲律宾男人和他们妻子——不是雇主)(小组讨论,1995年9月)

这种玷污可能可以用拉斐尔(Rafael,1997)指出的菲裔的认同危机来解释,25年来,国家大规模鼓励菲律宾劳工和移民外出。他认为菲律宾中产阶级对在国外作为家政工人的错位身份感到难堪:"难堪来自没有能力保持固有的社会地位(由此导致他们质疑自己所代表的国家)和在作为菲律宾主权人民的身份与作为依赖外国经济的菲佣身份之间划清界限"(Rafael,1997,pp. 276-77)。

不过,也存在矛盾和静默。在温哥华移民和保姆之间的界限在受压迫的记忆与家族史中被模糊了。梅(Mhay)的话再次说明问题。他们在一次意外中被其他菲裔当众羞辱:

> 梅:这些我都能接受,因为我就是一个保姆,但我的同伴却受到伤害。(笑)所以我问我的朋友为什么他这么低沉,我是保姆,他不是!(他说)"不,因为他们看不起保姆,其实他们自己又是怎么来的?"我说:"呵呵,保姆。"我也很好奇(对他的反应),所以我说:"那你呢?如果你的女朋友是保姆,你怎么跟你的父母谈到她?你会如实说她是保姆?""是的",他说,"如果你的家庭看不起她呢?""哦,这很多人都这样。如果他们这样,

那么他们就忘本了。"后来我知道他的家庭能来到这里就是因为他姐姐是保姆。他的反应很有意思。但是人们看不起保姆的确让人伤心。（小组讨论，1995年9月）

梅的故事显示出对于很多温哥华的菲裔家庭来说保姆和移民之间的界限事实上很模糊（在此之前她以为她的朋友是一个"正常"的移民，不是通过保姆过来的），其中的差别部分是因为一些移民家庭刻意抹杀历史而形成的。

这些玷污的描述中存在一个有趣的地理现象。侮辱常常发生在公共交通车上。下面的情况就很典型：

> 尹阳（Inyang）：我坐高架轻轨准备去中心（菲律宾妇女中心）见一个人。我们开始说："哦，你恐怕头次去，是吗？"说完是，她立刻说："等等，但我可不是保姆，知道吗？"看看！于是我再不跟她说话了。后来知道她是通过亲戚过来的。（小组讨论，1995年9月）

这些描述反映了与其他菲律宾人的接触是短暂的。住在雇主家中工作和生活，减少了她们与社区其他人的交往。这种不稳定的地理转换造成菲佣的弱势和受辱，因为侮辱常常是意外的、蔑视的目光，她们毫无反抗的基础。她必须寻找别的空间重建自尊。

四、跨越边界重塑另类空间的话语

尽管上面的讨论显示了话语与温哥华菲裔身份构筑的密切关系，话语也是有塑造力的、开放的和多元的。通过菲佣身份的建构，我尝试通过关注沉默、矛盾和建构过程中刻意的遗忘，标注出话语边界的不稳固之处。我现在转到其他话语可能构建的地方，考虑如何将不同的话语放在一起，发现断裂的张力。

菲佣身份建构的意义无疑重塑了他们对自己作为预备移民、低等的保姆和不道德的偷人者的感受。很多参加小组讨论的人谈到在菲律宾挣钱养家的压力。这种压力提升了妇女的地位，并使她们可以挣较高的工资。但这也带来别的影响。

米基塔(Mikita,1994)在1992年调查了温哥华100个菲佣,估计这些人每月花费245加元,大概是最低工资的1/3。大部分花费寄回家了,使这些妇女即使没有住家看护项目的限制,也很难投入教育培训。承担养家职责有着实际的影响,从长远来看,将使菲律宾妇女被锁定在家政工作中,无力承担更高技能的培训。

另一个对立的说法来自消费者的身份,作为拥有消费决策自由的个体。菲律宾妇女中心的女人批评很多菲佣周末聚集在温哥华市中心的太平洋中心商场。然而,可以想像消费物质的诱惑有可能唤起女佣向她们的雇主要求按照雇佣法规定的最低工资标准增加工资。

家政工人在菲律宾妇女中心学到了其他的内容,了解她们自己在社会主义的妇女理论中是受剥削的第三世界妇女。我们看到教育的过程,特别是妇女中心的主任西西里亚·黛奥莘(Cecilia Diocsin)催促苏珊争取自己的失业保险,"了解你和其他加拿大人之间权利的差别。"

还有一个潜在的因素跨越了话语和地点的边界,将一种话语与另一种联系了起来。比如菲律宾妇女中心的教育不仅交换信息,而且将有关家庭不是私人、不受管制的场所以及家政工人身份的观点传递给了雇主。这样家政工人是受剥削的第三世界妇女的说法就传给了加拿大家庭的雇主。有的家政工人是第一次在中心和别的佣工一起挑战雇主。家政工人试图改变作为家庭成员和预备移民的身份,争取雇员的权利,她们迫使雇主承认他们之间的劳动关系,而不是家庭成员或者普遍的移民观念(将她们看做绕开加拿大、国际货币基金组织和菲律宾之间复杂的政治经济网,幸运地进入加拿大的人)。

个人看到了从一种语义环境转换到另一种的优势,即使她们在这种转换中看到了自己苦涩的境域。在第一次的讨论会上,我听到一个笑话,丽莎说"我是菲律宾的R.N.,我是加拿大的R.N.。我在菲律宾是注册护士(Registered Nurse),在加拿大是注册保姆(Registered Nanny)"(小组讨论,1995年8月)。这个笑话指出了权力、话语、管制、劳动力市场分隔和地理(新殖民关系下的跨国移民)之间的联系。这个笑话反映了政治和赋权,因为它同时也是对现实的正视。当她们回忆起自己过去所受的直接训练,并以之来定义当下的状况,过去的记忆就被现实重新激发。

五、重述劳动力市场理论

在菲律宾所受的职业训练激发对加拿大劳动力市场的挑战的问题需要进一步的分析。我认为话语创造界定了社会边界，包含了个人及其所处的社会群体的可能范围。在菲佣的例子中，家政工人由于在温哥华劳动力市场中长期被隔离，即使在获得普通签证以后仍然长期限于此类工作。强有力的话语意义框架反复贬低某一类人。菲裔不仅等于预备移民，还含有"下等佣人"和"偷丈夫的人"的含义。

然而，当代文化理论认为这种话语是不完全的，不能包含其中影射的所有个体。注册护士也是注册保姆。在这种话语的游走之间显示出种种矛盾，她们是一群有创造力的个体、有组织的社会群体，应该得到重新的主体定位。

我不认为重新定义主体含义对改变劳动力市场分隔就够了。我相信我们理解了这种文化过程又成了打破这种过程的一部分。我尝试说明政府政策、州政策和非正式的协商如何在家政工人、保姆代理和雇主之间展开，并逐步造成了贬低菲佣的特定话语系统。批判这些话语对打破它所形成的制度压迫是非常重要的。

批评的过程本身是对所研究的话语的反抗；没有什么特殊地位有权声称无压迫社会关系存在。比如，菲律宾妇女中心是反抗菲裔和加拿大社会新殖民主义、种族主义和性别与阶级压迫的源头。然而，她们的话语，从福柯主义的角度看，并不比其他话语更真实或中立，尽管她们的确创造了不同的主体意识和政治可能性。批评的任务不是发现一种真实的话语，而是理解一种主体性如何在多种话语下建立起来，并评价其影响。福柯认为我们应该建立一种话语"其力量能最大限度实现对权力的颠覆"（Poster，1989，p.30）。像其他人一样（Fraser，1997；Gibson-Graham，1996；Watts and McCarthy，1997），我通过话语分析批判剥削，我的案例中借菲律宾移民在加拿大进入低收入岗位的事实，评价了来自并强化南北国际关系中的剥削的话语影响。

我是否成功地建立了对剥削的批判、实现对权力的颠覆还有待检验。加拿大公民和移民部1997年12月发布的移民立法回顾，题为"不仅是数字"，基于相关的批评、建议从而终止了住家看护项目。一项评估（例如，Philippine Women Centre，1998）认为这种改变可能使目前在加拿大做住家看护的妇女或通过外籍工人项目入境的人不再有权得到永久居留权。事实上,目前温哥华的家政工人保障团体的争论转向对住家看护项目的批评,认识到这种批评实际上将导致项目的终止。

不管怎么说,曝光、政治化和打破概念边界可以看做一项重要的地理任务。我曾经讨论过地理学者深入到这种边界的项目,建构和控制话语的边界的问题。由此,地理学者能为文化理论作出贡献。移民、殖民地和家庭空间是生产活动的部分边界,界定了工人有价值还是无价值、有竞争还是没竞争、有技能还是没技能。这种分类与劳动力市场区隔有着内在的联系,并将一部分工人分配在特定的就业市场缝隙中。菲佣的主体地位通常是与特定的场所有关的:住家看护项目所指向的家庭;想像的"菲律宾"与"不列颠"的地理影响了对技能和工资水平的评价。仔细分析场所的意义就成了认识主体地位及其所面对的劳动市场分隔的重要部分。

案例研究说明话语分析的地理策略是多样和复杂的。当来自一类话语的词汇用于传递另一类话语中的含义——比如,当阶级分析打破了佣人作为家庭成员的话语框架——我们就需要激发话语的渗透性。另一方面,当新加坡对"家政工人"的定义导致强化了温哥华同类工人所受的剥削时,我们面临了话语渗透性的负面效果,工人在一个地区的悲惨处境又会影响到另一个地区。然而,指出这种特定的地理效果和政治策略并不是说低层的理论对说明这种现象就足够了。"大理论"隐含在我们讨论的主体性问题中;本章内容是将话语理论引入劳动市场分隔分析的一个尝试。

(童昕 译)

第二十五章　人文地理学中的话语权与实践

埃里卡·熊伯格(Erica Schoenberger)

在本章中,我想走出自己的研究框架,充分发挥想像力,比较一下我和其他学者的分析方式与观点。做这件事情有以下几个理由。其一,我认为这是一个很好的训练和方法——一种检验自我思维方式的局限性的方法;其二,我坚持认为,企业战略对于分析工业竞争力问题没有多大用处,而这种比较不同方法的工作却很有意义,因此我认为我应当自己来尝试一下,就像一种保持忠诚的方式一样(Schoenberge, 1997);其三,看起来这是一种很好的途径,以使我走出作茧自缚的思维状态,同时积极关注别人的研究方法及其关注的问题。关键在于,一个人能够批判性地看待自己的思维方式(cf. Fleck, 1935)。

我想要反思自我的一些相关研究领域,主要包括以下主题:女性主义、后帝国主义以及福柯式的有关科学和社会学的历史与哲学论著等。其一跟主体的资格有关,其二跟话语权的地位有关。考虑到我的惯常工作方式(花很多时间跟很多开公司的人访谈)。可能你会认为我不太会直接强调这些问题,那你就错了。

第一个问题跟我们所讨论的已知主体及其形成的知识有关。关于这个问题,我赞同哈丁(Harding)的观点,她认为科学实践的弱客观性与强客观性之间存在着显著的差别。毫无疑问,整个科学体系是以客观现实为基础的,同时受到客观现实的社会化影响。就是说,科学家对"事实"的感知和分析不会先验地带上一种主观判断的色彩,而且科学家在其研究成果中也不会加进任何个人的因素。就这个意义而言,客观性保证了科学家的权威,也保证了他们使大众接受事实问题的能力。在官方的有关科学的意识形态中,客观性与"科学方法"同时保证了所提供信息的有效性。

但是,哈丁也指出,常规的科学实践仅具有"弱"客观性(Harding, 1991; cf.

also Shapin，1994）。这里的弱客观性,揭示的是科学家与研究对象之间的相互分离、严肃冷静的状态,不论该研究对象是一种微病毒,还是一颗超新星。科学家的职责就是一丝不苟地、公正无私地分析那些与研究对象或过程有关的数据。这并不是说,就要求科学家使她自己、她的实验室队伍、她对于研究问题的选择等,都必须服从于那些严谨认真的、冷静理智的分析。哈丁认为,正是这种对自身的社会和历史定位的行为以及这些行为如何影响科学研究的分析,一起构成了"强"客观性。

这并不是说,强客观性会改变显微镜或离子加速器中的微观世界。你可能会思考两倍多的问题,比如,为什么你会发现有些问题很有趣甚至特别令人满意? 为什么你会问起某些数据问题而不是其他问题? 或者,你怎样看待那些与你共事或在你身边的不同人群(如实验室的技术员)的贡献? 而你对于这些问题的答案,很可能在不知不觉中就决定了你所遵循的科学调查的轨迹。

第二个问题,与话语权进入我们的社会现实和社会主体中间的方式有关。这里,我部分认同麦克罗斯基(McCloskey，1985)在其著作《经济学诡辩》(*The Rhetoric of Economics*)中提出的观点,他质疑了经济学中的对话的本质,认为诡辩是自我理解的一种途径。同时,我也受到了布维(Poovey)的影响,他深入研究了英国维多利亚时代的认识论领域,如"社会"和"经济"概念的历史发展(Poovey,1995)。在这个过程中,这些领域之间的边界以及话语权和分析方式的演变,都逐渐清晰起来。正如布维所指出的,这些话语权战略和相关领域的代表性技术,跟他们试图定义和分析的各种社会范畴有着十分重要的关系。一个概念工具,以这种方式呈现出物质性的特征:抽象成为真正的社会现实。

与此同时,一些学科领域,如社会学或经济学,就只能被看成是对这些认识论领域及其相关制度的研究,而不是别的什么。作为学者,我们还必须同认识论和话语权的历史作斗争,这些理论控制了我们的知识产生,而且以各种方式提醒我们,我们是谁? 我们在做什么?

把这两个问题放在一起,我试图在这个问题上变得客观一点,即他人的话语战略怎样影响我的话语建构,反过来,它们又如何影响我的实质性工作? 换句话说,当我采用特定的方式来讨论我想要分析的这个世界的时候,会产生何种差别? 或者,如果我挑战这些诡辩的话语权传统的话,到底会发生什么呢?

接下来,我想考察一下"竞争力"这个概念的意义和用法。从本质上而言,这个术语不仅仅是对经济生活中的某种现实的"客观"描述,同时也是话语权战略的一部分,这种话语权战略构成了对于社会现实的一种特殊的理解,并引发出适合于这种理解的行动和反应。这就引出了一个讨论,为什么话语有这么大的权力? 这种话语权会对我们思考世界和行动的方式产生什么样的影响? 接着,我将通过一些具体的案例来说明,未经权衡的话语权传统将会日渐暗淡,就像它所揭示的那样。

一、作为一个经济学范畴和话语权战略的竞争力

我想要把问题尽量简化,所以就把有关话语权的问题压缩为一个名词:竞争力。对于一般的经济地理学家而言,尤其是对我自己而言,竞争、竞争战略以及竞争力的范畴,这些都是十分重要的概念,有可能在我们的研究中经常触及,即使有时候并不是直接分析这些问题。所有的工业和空间经济活动都或多或少地跟"竞争力"的概念有关,其中有些关联可能是潜在的,而有些是明显的(cf. Krugman, 1994)。特定工业区的增长或衰退,跟当地劳动力的竞争状态密切相关(一般理解为比较成本或者工会势力)。劳动力与资源、基础设施、区位以及成本优势等因素混合起来,成为关系到区域竞争力的首要因素(或者仅对地理学者而言)。

除此以外,在我看来,"竞争力"似乎真的已经变成了葛兰西主义(Gramsican)意义上的一种霸权。这是一个在文化上和社会上得到认可的范畴,一旦运用这个范畴,就会使得有关公共或私人活动的公开讨论完全停滞。事实上,根本就不存在任何可以与"竞争力"相匹敌的范畴,能够说明"做 X 会使我们失去竞争力",不论 X 是什么,也不管"我们"是谁。

无可厚非,资本主义社会总是关注竞争和竞争力的问题。不管你的理论基础是什么,是主流经济学的,还是马克思主义的,我们必须看到,总有一些实际的因素在影响社会的实际结果。这不仅仅是一些导致对无序世界的秩序假象的知识结构,从一另方面来说,我们也可以把它当做话语权战略的一部分,这些话语权战略改变和影响了我们对于世界及我们自身的行动能力的理解。从这个意义上来说,我想提出的第一个问题就是,这是谁的话语权战略? 它到底意味着什么? 它的权力来自何方? 它将对什么样的行动敞开胸怀,又会对什么样的行动紧闭大门?

1. 谁的话语权？

有关竞争力的话语权有两个主要来源，并且话语权的影响力部分来自其中。首先，经济学的话语权已经强大到无需辩论它是什么，或者它有什么社会意义的地步。市场对经济中的权利行为作出公正无私的终审裁判，而竞争力仅仅是描述那些正确响应市场信号的结果。

如此干净利落的"客观"语言，却掩盖了寓言背后隐藏的问题。亚当·斯密（Adam Smith）认为，竞争的观念不知不觉地引发了人们的困惑，这种困惑不亚于在一场赛马当中，为什么失败者并不会立即被处决。从此以后，狭义的管理经济学和演化理论不可阻挡地渗透到竞争力的概念中来，强调企业之间你死我活的斗争（cf. Niehans，1990）。简言之，企业的生命就存在于竞争力本身。克鲁格曼（Krugman, 1994, p. 31）指出，"当我们说一个企业缺乏竞争力的时候，就意味着它的市场定位是……不可持续的——除非它提高竞争绩效，否则难逃一死。"

从演化理论出发，我们还无法像现代科学自身那样，把道德和伦理因素从生死问题中剥离出来。竞争力就不可避免地跟"适当"与"不适当"联系起来，反过来，这里面也存在着一种潜在的没有明说的价值前提，即"应该活下去"或"应该死去"。

其次，竞争力是商业社会的话语，它代表了一种本质上的价值和终极的合法性。一般地，竞争力总是被解释为对某种行为不可辩驳的目标："我们必须做 X 来获得竞争力。"同理，这里隐含的意思是，"否则"就是灭亡。

如上所述，尽管竞争力的话语权已经超越了这两个来源，而且变得越来越流行，但它仍然有一种隐含的意思。大学校长、医院的行政管理人员以及政府官僚都开始大谈特谈有关竞争力的话题：消费者、全面质量、柔性，诸如此类。

如果说竞争力在美国和其他地方都是一个根深蒂固的社会范畴与价值观念，无需特别的理由把经济学家和工商业者当做犯人一样挑出来单独评说，那么可能很多人会持反对意见。这种反对是正确的，而且无疑会有助长话语权的力量，因为它们在广泛的传承意义上产生了共鸣。但是，"应该活下去"意义上的"竞争力"，并不是广为传开的社会认识意义上的一般含义。竞争力只在经济学分析和商业周期中，或者其他的制度与社会背景当中有意义。

2. 话语的权力

在我自己的研究中,我一直很关注那些自行创业的人们的竞争战略和竞争力。在这样的背景下,我试图成为一名具有批判精神的、独立的对话者,我的任务就是分析和解释,而不只是报告——对我的问题做出回应。当我和人们谈起,是什么因素使得他们在特定市场上具有竞争力或者任何其他问题的时候,我并不惮于跟他们争论答案的实质。也就是说,我会跟他们辩论,某种既定的战略到底能否成为一种带来竞争力的最佳途径以及要实现这个目标到底需要怎么做?也有一些难以简化的范畴被称为"竞争力",但是,这些范畴的履行,经常是忽略了所有其他方面的考虑的,我不会讨论这个问题,至少目前不会。我只能接受一种一般化的观点,就是把竞争力看成是行为合法性的终极表达方式。

我相信不只我一个人这么想。我认为,经济地理学的一个特点就是假设关于竞争和竞争力的范畴能够回答某些问题,但他们不会反思这些范畴本身为什么会被提出来。我还认为,一种未经权衡的竞争力观点在许多政治和制度领域的争论中正在起着越来越重要的作用,虽然还不是决定性的作用,而这些争论对人们的实际生活将产生极大的影响。因此,我们很有必要弄清楚,为什么竞争力这个概念如此强大,以至于它具有一种社会免疫性。你可以讨论哪个的竞争力强些,哪个的竞争力弱些,但是你无法把这种范畴变成一个问题。

在学术界,经济学话语权的强大跟该学科的社会力量具有十分密切的联系。反过来,这种力量又受到了复杂的命令混合体的影响,包括物质资源、社会效用、部分学科信仰的改变以及对其他学科强大而又强硬的近亲繁殖等,例如物理学就依赖于数学和抽象的逻辑推理,等等。

社会权力也可以被设置为某种标准,来检验构成社会科学中的"科学"因素;通过这种标准,其他形式的社会科学(如地理科学)也可以得出或明显或隐含的价值判断(cf. Clark,1998)。麦克罗斯基(McCloskey,1985,p.182)提到,"经济学的寓言能够承载……科学的权威和……民族中立性的声明。"人们不能指望,因为他们身处经济学之内,就可以通过对其他社会科学家最低限度的期望,来设想社会规则以这种方式逐渐被建立起来,并使之成为总体环境的一部分,或者对这些社会规则赋予更一般的价值判断(Foucault,1995)。就像马歇尔式产业区一样,有一些实践和思维方式,是"飘荡在空中"的,而我们总是被紧逼着,难以避免地要吸入这种空气。

能够验证经济地理学中的这种现象的最佳证据来自马克思主义的论著,尤其是20世纪70年代和80年代早期的马克思主义论著。曾经有一段时间,任何人写文章都必须脱离不了一段冗长的引言,在引言部分中,人们想方设法地试图推翻新古典经济学的假设和分析模式。我们不能置若罔闻,必须找到一种可替代的世界观和科学方法,并使之稳定下来,这个长期斗争已经在我们身上打下深深的烙印。但是这种烙印是在不知不觉之中打到我们身上的,要看到它的影响还须借以时日。

但是,经济学也从一些概念,如竞争力这种具有强大意识形态分量的概念中,获得了部分话语权力。市场竞争保证了社会体系的公正性,因为就其学科的定义而言,市场是公正无私、竞争激烈的,尽管有关生死的问题还依赖于纯粹的技术基础。也就是说,你有竞争力或者缺乏竞争力,不会因为你是某某人,而是仅仅取决于你对市场信号的反应,而这种市场信号对所有人而言都是相同的信息。而且,经济竞争力的概念跟演化理论很好地吻合起来,以至于它就像自然而永恒的空气一样,变得无可争议。经济学这个学科,也因为有了这样的概念——这种话语权,而成为必然。

总而言之,经济学在学术圈内的社会权力,巩固了它的话语权力,而这种话语权力,通过一种真实有力的循环,反过来又强化了这个学科的社会权力。在这些层面之上,另一个特别强大的社会群体——"商业社会",也在共享这种话语权。

竞争、竞争战略和竞争力等问题,对于做生意的人们来说都有着重要的意义。他们会把这些问题看做真正的生死问题,在某种程度上来说,他们这样想也是对的。但是,也有一些广义上的问题和条件,其中的生死都不是问题;竞争力会自动产生,这成了对那些即将发生的事情的无可辩解的、"自然的"解释。其他领域的人们接受甚至模仿这个观点的程度简直是惊人的。

3. 话语权带来了什么

话语权和我们的现实生活之间是什么关系?话语权与我们在这个世界上的行动之间是什么关系——至少就竞争力的问题而言?下面是我的一点思考。

话语权和现实/行动之间的关系,是通过话语主体的社会权力而发生的。为了确保竞争力的话语权的有效性,人们使用了大量社会资源。只不过这些社会资源的运用也可以采取节约措施,或者保持完全的潜在性,因为话语权已经成功地被自然化了。它的优点在于:只要对话切换到这个话题上,我们就会自动地、或多或少地陷入一致的沉默。这可能是福柯有关学科上的个人主义观点中的一个特例,在这个时候,自由的本质含义就是自愿服从规则(Foucault, 1995; cf. Poovey, 1995)。一旦这个词被说出口,它的学科力量就彰显出来。

这并不意味着因为简单地模仿经济学和商人们的语言,我们的任务就不可避免地结束了。但是它的确表明,我们有可能在不知不觉中偏离了对这些话语权和现实问题的质疑和挑战,不论是在学术圈还是一般的公开场合。

我想强调的是,这些相当简单的观察和思考的确对学术圈和非学术圈产生了十分明显的影响。对于学术圈而言,我们质疑和挑战的实质是我们对于贸易的老观点。针对这些问题,我们通过获得研究资助,撰写文章来巩固我们的职业生涯,然后又提出新的问题,获得更多的研究资助,诸如此类。与此同时,我们也对知识体系的集体建构作出贡献,这些知识体系让我们对这个世界有了更为全面的认识和了解。通过话语权,我们成就并证明了自己。

有关竞争力的话语权所带来的沉默和偏离现象,也见诸于其他问题的公共话语权,如环境问题、福利改革问题、医疗改革问题以及最为明显的国家竞争力问题。再强调一次,当一切都很正常的时候,并不需要特别的公开权力。对话语权的服从已经被自然化、内部化了,即使对那些利益并不受这种话语权影响的人们而言,也是如此。当那些不服从的人们最终反抗的时候,话语权的影响力同样极为显著,不可低估。

二、日常生活中竞争力的话语权和实践

在这一部分,我想针对竞争力的问题列举一些话语权的实例,弄清楚到底什么是话语权。第一个例子的问题是,耐克的竞争力到底在多大程度上依赖于它在海外生产基地获得的低成本劳动力?第二个例子通过巴尔的摩的最低生活工资运动来解释城市的竞争力问题。

1. 耐克

耐克是一个无需太多介绍的公司。耐克的全球化程度没有那些无所不在的跨国公司那么高，它的产品范围从运动鞋、体育设施到运动衫，但主要以把运动鞋转变为设计和时尚密集型产业而闻名，在这个过程中，耐克聚敛了巨大的财富(Katz, 1994)。根据耐克 1996 年提交给 SEC 的 10-K 报告，它已经成为世界上最大的运动鞋公司(Nike, 1996)。

在转移运动鞋生产的国际劳动分工方面，耐克也走在了世界前列。运动鞋的生产依赖于大量分级嵌套的海外生产区位之间的分包商(cf. Donaghu and Barff, 1990)。如果本地成本太高，那么一个既定区位要么通过产业升级来控制成本超限，要么就会因为耐克寻找更为低廉的生产区位而被摒弃。这种生产战略也被耐克的大多数竞争对手所模仿。

鞋业生产仍然是高度劳动密集型的，所以工资率就成为一个相当明显的成本因素。或者说，耐克要保持竞争优势的话就必须获得低成本的劳动力。不足为奇的是，几乎所有运动鞋的生产都分布在六个亚洲国家和地区：印尼(38%)、中国大陆(34%)、韩国(11%)、中国台湾(5%)、泰国(10%)和越南(2%) (Nike, 1996)。

最近，耐克公司因为这些海外生产基地的工人待遇问题——尤其是女工的问题而大伤脑筋。除了给这些工人提供的工资待遇太差以外，耐克的分包商还被指控身体和性别歧视。作为回应，耐克对其分包商提出了一套操守法则，并聘请了前联合国大使和民权运动家安德鲁·杨(Andrew Young)和他的咨询公司来监控耐克的海外生产部门中的人权状况(ILO, 1996; *The New York Times*, 1997a, 1997b)。

更近一些时候，耐克与其他几家生产服装和鞋的公司达成一项有关劳工和人权的协议，支持海外工厂中的最低劳工待遇标准。这套标准规定，工人每周最长工作时间不超过 60 小时，为了防止出现虐待还制定了现场监控措施。这些分包商取消了雇佣 15 岁以下的童工，除非那些地方允许雇佣 14 岁的童工，而且公司至少必须支付当地最低工资标准。劳资谈判过程中出现的一些特殊的争议，包括监控者的独立性(公司也可以自行委派)以及公司到底应不应该支付本地"最低生活工资"，即足够在这个国家生活的工资水平而不仅仅是本地最低工资标准，导致了这个最后协议的达成。到目前为止,这些分包商都坚持认为,法定最低工资标准是他们能够接受的工资标准底线(*The New York Times*,1977c,1997d)。

在另一条阵线上,耐克也开始加入一个联盟,这个联盟旨在消除巴基斯坦足球缝制工业中的童工现象。据报道,一只缝制的足球零售价可达 30~50 美元,但一个童工仅能从中得到 60 美分,一个熟练童工每天能缝制两只足球。

这里问题就来了。在一个劳动密集型的产业中,众所周知,低工资跟竞争力之间有着密切的关系。但是,它们到底跟竞争力之间有着多大的关系?或者说跟企业在市场竞争中存活下来的能力有多大关系?跟其他因素又有什么关系?在读到有关巴基斯坦的足球问题的时候,我不得不思考,没有哪个公司的能力必须依赖于卖掉一只足球赚 50 美元而支付给童工的只有 60 美分。为什么不是 90 美分呢?为什么不是 3 美元呢?这样会有什么差别?类似地,为什么对于公司而言这很重要,即在越南等地方,公司的责任仅限于支付最低工资标准?如果支付在当地足够生活的工资,就会产生很大的差别么?

我想我应该通过粗略的数字来分析一下耐克生产鞋子的成本,看看这个公司的竞争力到底跟它在海外工厂实际支付的工资水平有多大的关系?或者,分包商代表耐克支付的工资到底是什么比率?实际上,我想要知道出现以下情况的时候耐克公司会遇到什么问题:①仅提高到现在当地工资水平的 2 倍;②对所有海外工厂的工人都提高工资到现在的 10 倍;③给海外工厂的工人们支付相当于美国现行最低工资标准水平的工资。第一个约束就是,无法将增加的成本通过销售转嫁给消费者,因此工资水平的提升可能不会影响它的市场竞争力或者销售收入。那么它还能盈利么?缺乏具体的数据,我们无法计算结果,但是这个方法可描述如下。

耐克在全世界的雇员人数有 17 200 人。但是,这个数字显然并不包括我们所关心的那些工人,这样我们就只能猜测了。一个猜测认为,耐克的海外分包商雇佣的工人数量大约和耐克的雇员数量相当,为了计算方便,我们假设为 20 000 人。另一个猜测则认为分包商雇佣的工人数量可能更多,比方说 50 000 人。

ILO 在 1996 年的《劳动力统计年报》(*Yearbook of Labor Statistics*)表明,世界各国制造业中的工人月收入和年收入差别很大。遗憾的是,越南和中国台湾的数据没有得到。由于他们在耐克的亚洲全部生产中所占份额相对较小(总共 7%),我擅自采取了简化措施,就是根据经济发展水平,把越南和中国台湾比做离耐克最近的生产国家和地区。因此,越南的工人被看做能获得与1990年印尼的工资水平相同的待遇,中国台湾的工人被看做能获得韩国女工的工资待遇。韩国是惟一上了名单的国家,因为它有专门的女工统计数据,因此就把耐克在韩国和中国台湾的所有工人看做韩国女工待遇水平。这样做有可能使实际的工资单打了个折扣,但是从另一个方面来讲,其他国家采用男工和女工的平均工资水平,也可能夸大了他们的实际工资单。

如果20 000名工人根据各个国家(地区)在总产出的份额来进行分配,那么他们的年工资单总额将达到4 400万美元(表25.1)。如果有50 000名工人,那么年工资单总额将达到11 100万美元。

表25.1 耐克公司的海外雇工成本估算

国家(地区)	制造业的年平均单位资本收益	20 000名海外工人的情形 雇工人数	20 000名海外工人的情形 年工资额(千美元)	50 000名海外工人的情形 雇工人数	50 000名海外工人的情形 年工资额(千美元)
印尼	573[1,2,3]	7 600	4 354.8	19 000	10 887.0
越南	573[1,2,3]	400	229.2	1 000	573.0
中国	739[3,4]	6 800	5 025.2	17 000	12 563.0
韩国	9 643[5,6]	2 200	21 214.6	5 500	53 036.0
中国台湾	9 643[5,6]	1 000	9 643.0	2 500	24 107.5
泰国	1 955[3,4]	2 000	3 910.0	5 000	9 775.0
总计		20 000	44 376.0	50 000	110 942.0

说明:1. 印尼,1990;2. 全部劳动成本包括管理成本;3. 男工和女工的平均工资;4. 1994;5. 韩国;6. 仅指女工。上述数字所采用的汇率为1997年3月21日的外汇牌价。

资料来源:ILO,1996;Nike,1996。

表25.2显示的结果,是把实际工资水平分别提高到当前工资水平的2倍和10倍的情形。在这个运算中,我保持韩国/中国台湾的当前实际工资水平不变,发现他们刚好跟美国一个全职工人的年收入相当,后者的当前最低工资标准是4.75美元/小时。换句话说,我只能提高印尼、中国大陆、泰国和越南的工资水平了。

如果有20 000名工人,提高工资水平到2倍的话,就会使工资单总额上升到

1 350万美元,大约提高31%;如果提高工资水平到10倍的话,就会使工资单总额上升到12 200万美元,大约提高274%。如果有50 000名工人的话,那么工资单总额就会分别上升到3 400万美元和30 400万美元(百分比是相同的)。

表25.2 耐克公司海外制造厂在各种不同条件下的工资单总额估算

	雇工人数 (20 000人)	提高 (千美元)	雇工人数 (20 000人)	提高 (千美元)
当前收入	44 377	—	110 942	—
低收入国家[1]的2倍	57 896	13 519	144 740	33 798
低收入国家[1]的10倍	166 050	121 673	415 124	304 183
以韩国水平为准的所有国家收入	192 860	148 483	482 150	371 208

说明:1. 印尼、中国、泰国、越南。

资料来源:表25.1。

如果让所有国家(地区)的工资水平跟韩国的水平或者美国的最低工资标准大致相当,那么,在20 000名工人的情形下,工资单总额就会增加到14 800万美元,增长335%;如果是50 000名工人的情形,工资单总额会增加到37 100万美元。后一个数字代表了耐克在1996年的差不多10%的总成本,约为39亿美元。

表25.3提供了各种参考数据,来判断工资上涨对耐克的财务所产生的影响。

表25.3 在最坏的情形下提高工资带来的财务影响

	耐克1996年的实际结果	假设得到的结果
销售收入(千美元)	6 470 625	6 470 625
成本(千美元)	3 906 756	4 277 964
税前收入(千美元)	899 090	527 822
净收入(千美元)	553 190	203 235
每股净收入(美元)	3.77	1.38
毛利(千美元)	2 563 879	2 192 661
毛利率(%)	39.6	33.9
股本回报率(%)	25.2	9.3
资产回报率(%)	15.6	5.7

资料来源:表25.1和表25.2;Nike,1996。

我们可以突出最坏的一种情景,这样就可以更为全面地理解工资上涨到底会给耐克带来什么样的风险。在最坏的情形下(50 000 名工人都达到韩国的工资水平),耐克的销售收入稳定在 65 亿美元,但是成本却上升到 43 亿美元。毛利率从 39.6% 下降到 33.9%,考虑到耐克在 1990 年的最低毛利率都达到了 38%,这个下降是相当显著的,但是却还不至于致命。

1996 年耐克的税前收入为 89 900 万美元,如果扣除其中所有的成本增长因素,税前收入将会减少到 52 780 万美元,仍然比 1994 年的比较数字(49 060 万美元)高出许多。如果耐克公司的有效销售收入税率为 38.5%,则其净收入为 20 300 万美元,而耐克公司在 1996 年的实际净收入为 55 300 万美元。实际上,从 1990 年开始,耐克公司的净收入就没有低过 24 300 万美元。每股净收入则从 3.77 美元跌到了 1.38 美元。而实际上,耐克的每股净收入自 1990 年开始没有低过 1.61 美元。

1996 年,耐克的股本回报率和资产回报率分别达到 25.2% 和 15.6%。根据我的计算方法(我知道这个计算方法可能并不确切),这两项指标将分别下降为 9.3% 和 5.7%。而事实上,耐克自 1990 年以来这两项指标的最低记录分别是 17.7% 和 13.1%。

最坏的情形意味着这个体系再也没有松懈的余地了。有人可能会考虑到,耐克 1996 年在广告和促销方面的投入达到 64 250 万美元,几乎占到其税前收入的 72%。而现在,这可能刚好是一个最佳数目,再减少一分钱都会导致销售收入的减少;另一方面,也可能它不是最佳数目,耐克有可能解雇部分工资上涨的员工以降低成本;或者,也可能在每双耐克鞋上缝上一只同样的小海豚,这样每双鞋都具有了某种经过鉴定的人文特征,因而其售价可以稍微抬高一点。

这都不要紧。现在摆在眼前的问题是,即使是耐克雇佣了 50 000 名海外工人,并且耐克决定支付给他们相当于美国最低工资标准的工资,这个最低工资标准对于大多数海外工人而言,都有可能超过他们现有工资水平的 10 倍以上,耐克仍然可以盈利。这个公司能够百分之百地消化掉增加的成本,而且仍然可以达到约 5 亿美元的税前利润。也就是说,在这种情况下耐克仍然是有竞争力的。

换个说法,也就是说对海外工人低工资的依赖与耐克的竞争力之间并没有多大的关系。那么,它为什么还要这样做呢?准确来说,海外的低工资女工,并不是耐克的竞争战略中必不可少的一部分,而是该公司的积累战略和股票市场战略的核心所在。

总的来说,雇佣第三世界国家的超低工资女工,使这个公司在资本积累率的基础上加速发展,要么通过再运作资本来加速扩张或者提高生产效率,要么在全球广告大战中脱颖而出。与此同时,也使耐克得以提高其金融统计到更高的水平。从公司的角度来说,这种行为当然不是愚蠢的,公司也有权这么做。但是,这不是我们所说的竞争力。竞争力不是一个生死问题,它是不可辩驳的。

我知道,没有人会想像,耐克为了生存会真的被迫向所有工人支付相当于印尼的工资水平。但是我的确发现,可以设想一下,人们一般都会认为,面临竞争市场的压力,耐克不得不支付"低"工资,不论这个"低"的限度是什么,这种行为似乎都是合情合理的。我认为,这种看上去的合理性,实际上反映了某种特定的话语权的权力和普遍性。

2. 巴尔的摩

巴尔的摩是一个典型的城市衰退的案例。一个曾经充满活力的、从事多种生产的制造业基地,现在已经完全倒闭,昔日繁忙的港口现在日趋萎缩,实现了自动化,白人中产阶层开始流向周边国家和地区。从20世纪70年代开始,巴尔的摩得到了州政府和联邦政府的大量资助,用于翻新和修建一批旅游和服务业工程。在很多人看来,这些工程并没有改变巴尔的摩的形象,因为它们没有从根本上改变这个城市大批黑人处于贫困的状态,而黑人在这个城市的全部人口中所占比例是相当惊人的。事实上,城市翻新战略所提供的就业岗位,通常只是支付最低工资或接近于最近水平的工资,这使得人们即使全职工作也无法摆脱贫困的生活状态。全职工作的最低工资标准是 4.25 美元/小时,这样的话,就算是从来不休假,每年的全部收入也不会超过 9 000 美元。最近,最低工资标准已经提高到了 4.75 美元/小时,这样每年的全部收入也不过 9 880 美元。而联邦政府规定的一个四口之家的贫困线是 16 000 美元。毫无疑问,这些就业岗位并没有给当地人带来多少福利。

最先把这些问题公之于众的,是一群在当地德高望重、极具影响力的牧师,但是他们没有任何民权运动方面的经验。他们发现,很多人都是他们教堂施舍处的常客,这些人虽然有全职工作,但是仍然无法养活自己和家人。于是这些牧师成立了一个集体组织,称为"巴尔的摩领先发展联盟(Baltimoreans United in Leadership Development,BUILD)",和一个工业领域基金会(Industrial Areas Foundation)结盟,试图把当地的低收入工人都组织起来。这个组织后来成为"团结倡议委员会(Solidarity Sponsoring Committee,SSC)",并且也受到了 AFSCME 的支持。这个组织努力的结果,是巴尔的摩在 1994 年成为美国第一个通过了"最低生活工资(Living Wage)"条例的城市。

该条例要求,所有的服务提供商都必须通过合同的形式向工人们支付最低生活工资——即每小时的工资足以使接受者的生活超过贫困线。尽管条例要求增加工资,但是当前的工资率却固定在 7.7 美元/小时的水平上(当时最低工资为 4.75 美元/小时)。在笔者撰写本章的时候,根据条例规定,当地的最低工资水平已经有 6.60 美元/小时,自 1997 年 7 月 1 日始上升到 7.10 美元/小时,后来又上升到 7.70 美元/小时。

城市直接雇佣的工人获得的就是这样的工资水平或者略高一点,因此直接预算的影响仅限于提高工资对该城市的合同成本所带来的影响。这样的工人大约在 4 000 人左右,意味着这些工人的工资上涨给这个城市的经济带来的冲击十分有限。但是,我们可以想像得到,提高最低工资,将带来其他高收入群体的工资上浮趋势。而且,我们知道,SSC 正在努力把其他挣扎在最低生活工资水平上的工人们组织起来。约翰·霍普金斯大学(John Hopkins University)是马里兰州雇佣工人最多的私立大学,为了应对该工人组织的运动,这所大学也在服务合同中承诺保证工人每小时 6 美元的最低工资。实际上,这场运动的最终结果,就是把最低生活工资作为巴尔的摩的最低工资标准。

有关这种最低生活工资的影响问题的争论,主要集中在市政府的成本和这个城市的竞争力方面。巴尔的摩的竞争力或者说缺乏竞争力,是该城市的一个特别棘手的问题,人们已经奋斗多年,想尽了各种办法,想要重新树立这个城市的形象。

这个重树形象的战略实际上包含两个方面。第一,公开补贴城市中的那些做生意的私人资本的成本;第二,以巴尔的摩内港和中心商务区为中心,开发地理上的飞地,包括一些重要的基础设施,如大学和医院,把这块地方建设成一个"安全"的投资地。这里所说的安全,主要是指没有任何危险势力的威胁。最安全就意味着根本不受他们的存在的影响。

最低生活工资似乎与第一个战略不太一致,而与第二个战略基本不相关。飞地战略明显有些排斥性,它意味着穷人将被排除在外,不能进入,也不能得到任何补偿。无论如何,这个战略的第二部分不能讨论,因此,从这个城市和其他地方(这些地方都面临相同的问题)的传统权力中心中释放出来的这种十分普遍的话语权,还都是关于成本和竞争力的问题(Weisbrot and Sforza-Roderick, 1996)。

而这个问题正是很多学者,包括我自己在内,一直很关注的话语权问题。我参与过一项研究,评估最低生活工资给巴尔的摩带来的影响。这一次是作为对 1996 年前提基金(Preamble Foundation)资助项目的一个补充和继续。上一项研究发现,巴尔的摩的条例通过以后,当年的城市合同实际成本略有些下降,而商业投资的价值则有所上升。事实上,这项立法的正面效果看起来是换职率和缺勤率同时减少,而随着工资的上涨,生产率得到了提高(Weisbrot and Sforza-Roderick, 1996)。

现在,评估这项运动的成本已经没什么问题了。我刚刚大肆宣扬了一把耐克的成本问题。我也很想知道,巴尔的摩的最低生活工资法案会对长期成本产生什么样的影响。如果数据显示跟普瑞贝尔(Preamble)中心的研究结果有出入,或者跟我们的结果差别很大,又会怎样呢?如果我们能够展示的所有东西都是正确的,那么这个城市的成本会同时降低吗?无论出自何种理由,这个城市的投资会减少吗?

令人困扰的是,有关成本和竞争力的话语权限制了讨论的整个范围——这个话语权构成了惟一有效的争论基础。这里的部分原因可能在于,发生了这么多事情,以至于在文明社会里说不清了;也可能是因为,我们所能找到的这些"科学的合理的"数据本来就全都是有关这些范畴的。

为了说明这个问题,我试图假设自己正在做一个完全不同的研究项目,这个项目和巴尔的摩的最低生活工资问题有关。假设,高成本对于巴尔的摩的生产性投资并非一个决定性的因素;决定性的因素是贫穷以及贫穷所产生的不安全因素。贫穷意味着没有市场,劳动力的素质也很差,一场小小的灾难就能毁掉他们的生活,也会破坏他们的工作能力。贫穷还意味着健康状况很差,缺乏对工人和雇员的劳动保护。贫穷表明当地的税基很低,城市的基础设施和服务都不太好。在这里做生意的成本可能为零,但是投资可能还是不会到位。在这种背景下,最低生活工资可能会成为主导的政策工具,以刺激投资和经济增长。

贫穷所形成的地方和人群中还有另外一个方面值得关注。贫穷在巴尔的摩还造成了另外一群胆小的"他们",主要是非洲籍美国人。按照一般的社会规则,种族代表了大体合适的个人就业,或者换个说法,这已经不再是个人的竞争力问题了,而是一个有关人群的问题,包括为了创造一个适合于投资的劳动力供给而遇到的初审(cf. Martin, 1992; Wright, 1996; Harvey, 1998)。在资本主义社会,对"其他人"的恐惧感可以减轻到这种程度,及其"其他人"认为资本积累提供了一种生产性的基础。这时候,最低生活工资又一次被当做最合适的政策。

我十分清楚,再也不能在这个有关科学时尚的问题上纠缠太久了。事实上,问题已经摆出来了。话语权以及支撑这种话语权的真正根源,为某些研究打开了一个研究领域,但是也使得其他研究变得十分困难,缺乏有效性。人们仍然可以自由地作出道德评判,但是这与他作为一个研究者或科学家的地位毫无关系。学术研究是自由的还是不自由的,现在看来,我们受到了自己所从事的工作的严重制约,结果我们也可能默默地就接受了这种从一开始就制约了我们的话语权和实践。

三、结 论

长期以来,殖民地的人民不得不跟应用宗主国的语言作斗争——即使在后殖民时代。在我们的学术生涯的常规理解中,我们一直以为自己跟殖民地人民在这个问题以及其他问题方面,根本没有什么共同之处。但是,正如桑德拉·哈丁(Sandra Harding)强调的,如果我们强烈反对我们自己和我们的工作,我们就能够确信我们一直追求的研究的客观性不会受到我们对于某种语言或者话语权的依赖的潜移默化的影响吗?尽管这种语言或话语权可能不是我们自己的选择,而是代表了某个特殊的社会群体的利益?

我认为,答案是我们不能确信。所以我们不得不一次又一次地检验并试图找出真正的差别之所在。例如,耐克的海外工厂采取的是积累战略而不是竞争战略,巴尔的摩的竞争地位是由贫穷造成的,而不是成本的问题,这会产生什么差别呢?

我认为这不是一个具体的、可以讲清楚的问题。我猜想如果我们以这种方式来保持对自我和自我工作的审视，那么我们就会致力于构筑一个总体的知识和物质资源，这个资源可以被用来提出或回答各种各样的问题，包括我们自己的问题，来自不同人权的话语权和物质条件的问题。这样做，将有助于把我们从受到其他学科约束的阴影中（如经济学）解放出来，在大学内外重新建立一个地理学的中心阵地，让大家可以自由地询问和讨论问题。

我并不是想说，如果接受了这种霸权主义的话语权，我们就注定会成为人云亦云的、只会听从这种话语权的地理学者。我只是认为这有助于我们更加清楚地了解，为什么我们要做那些正在做的事情？为什么我们会用某种特殊的方式来做事？通过检验和讨论我们自己的话语权和相关的实践以及那些具有相同的强度和关注的问题，并且检验和认识"外面的"世界，这样我们才能更好地理解所有问题。

（梅丽霞 译）

参 考 文 献

Abernathy, W. J., Clark, K. B., and Kantrow, A. M. 1983. *Industrial Renaissance: Producing a Competitive Future for America*. New York: Basic Books.

Abo, T. 1996. The Japanese production system: The process of adaptation to national settings. In R. Boyer and D. Drache (eds). *States Against Markets: The Limits of Globalization*. London: Routledge, 136-54.

Achbe, C. 1983. *The Trouble with Nigeria*. Ibadan: Heinemann.

Acker, J. 1990. Hierarchies, jobs, bodies: A theory of gendered organisations. *Gender and Society*, 4,139-58.

Adam, B. 1995. *Timewatch*. Cambridge: Polity Press.

Adams, P. 1995. A reconsideration of personal boundaries in space-time. *Annals of the Asscociation of American Geographers*, 85,267-85.

Aglietta, M. 1979. *A Theory of Capitalist Regulation*. London: New Left Books.

Agrawal, R. G. 1981. Third-World joint ventures: Indian experience. In K. Kumar and M. G. McLeod (eds). *Multinationals from Developing Countries*. Lexington, MA: Lexington Books, 115-31.

Aitken, J. 1987. A stranger in the family: The legal status of domestic workers in Ontario. *University of Toronto Law Review*, 45,394-415.

Akrich, M. 1992. The description of technological objects. In W. Bijker and J. Law (eds). *Shaping Technology, Building Society: Studies in Sociotechnical Change*. London: MIT Press, 205-24.

Albert, M. 1993. *Capitalism against Capitalism*. New York: Four Walls Eight Windows.

Allen, J. and Hamnett, C. (eds). 1995. *A Shrinking World? Global Unevenness and Inequality*. Oxford University Press.

Allen, J. 1988. The geographies of service. In D. Massey and J. Allen (eds). *Uneven Re-Development: Cities and Regions in Transition*. London: Hodder and Stoughton, 124-41.

Altamira, R. 1923. *Ideario Pedagógico*. Madrid: Editorial Reus.

Altvater, E. 1993. *The Future of the Market: An Essay on the Regulation of Money and Nature*. London: Verso.

Altvater, E. 1994. Ecological and economic modalities of time and space. In M. O'Connor (ed.). *Is Capitalism Sustainable?* New York: Guilford, 76-90.

Amariglio, J. 1988. The body, economic discourse and power: An economist's introduction to Fouault. *History of Political Economy*, 20, 583-613.

Amariglio, J. and Ruccio, D. 1994. Postmodernism, Marxism and the critique of modern economic thought. *Rethinking Marxism*, 7, 7-35.

Amariglio, J. and Roccio, D. 1999. Modern economics and the case of the disappearing body. In M. Woodmansee and M. Osteen (Eds), *The New Economic Criticism: Studies at the Intersection of Literature and Economics*. London: Routledge.

Amariglio, J., Resnick, S., and Wolff, R. 1988. Class, power and culture. In C. Nelson and L. Grossberg (eds). *Marxism and the Interpretation of Culture*. London: Macmillan, 487-502.

Amendola, G., Guerrieri, P., and Padoan, P. C. 1992. International patterns of technological accumulation and trade. *Journal of International and Comparative Economics*, 1, 173-97.

Amin, A. 2000. Organisational learning through communities of practice. *Paper presented at the workshop on "The Firm in Economic Geography"*, University of Portsmouth, 9-11 March.

Amin, A. 1992. Big firms versus the regions in the Single European Market. In M. Dunford and G. Kafkalas (eds). *Cities and Regions in the New Europe: The Global-Local Interplay and Spatial Development Strategies*. London: Belhaven Press, 127-49.

Amin, A. and Graham, S. 1998. The ordinary city. *Transactions of the Institute of British Geographers*, 22, 411-29.

Amin, A. and Hausner, J. (eds). 1997. *Beyond Market and Hierarchy: Interactive Governance and Social Complexity*. Aldershot: Edward Edgar.

Amin, A. and Malmberg, A. 1992. Competing structural and institutional influences on the geography of production in Europe. *Environment and Planning A*, 24, 401-16.

Amin, A. and Thrift, N. J. 1995. Institutional issues for the European regions: From markets and plans to socioeconomics and powers of association. *Economy and Society*, 24, 41-66.

Amin, A. and Thrift, N. J. (eds). 1994. *Globalisation, Institutions and Regional Development in Europe*. Oxford: Oxford University Press.

Amin, A. and Thrift, N. J. 1994. Living in the global. In A. Amin and N. J. Thrift (eds). *Globalisation, institutions and Regional Development in Europe*. Oxford: Oxford University Press, 1-22.

Amin, A. and Thrift, N. J. 1997. Globalization, socio-economics, territoriality. In R. Lee. and J. Wills (eds). Geographies of Economies. London: Arnold, 147-57.

Amuzegar, J. 1982. Oil wealth: A very mixed blessing. *Foreign Affairs*, 60, 814-35.

Anderson, B. 1983. *Imagined Communities*. London: Verso.

Anderson, P. 1984. *Lineages of the Absolutist State*. London: Verso.

Angoustures, A. 1995. *Historia de Espana en el Siglo XX*. Barcelona: Editorial Ariel.

Appadurai, A. 1990. Disjuncture and difference in the global cultural economy. *Public Culture*, 2,1-24.

Arce, A. and Marsden, T. 1993. The social consent of international food: A new research agenda. *Economic Geography*, 69,291-311.

Amold, E. 1984. *Competition and Technical Change in the UK Television Industry*, London: Macmillan.

Asanuma, B. 1989. Manufacturer-supplier relationships in Japan and the concept of relation-specific skill. *Journal of the Japanese and International Economies*,3,1-30.

Asheim, B. 1997. "Learning regions" in a globalised world economy: Towards a ner competitive advangtage of industrial districts? In S. Conti and M. Taylor (eds). *Interdependent and Uneven Development: Global-Local Perspectives*. London: Avebury, 143-76.

Azorín, 1982. *Obras Selectas*, 5th edn. Madrid: Editorial Biblioteca Nueva.

Babbage, C. 1835. *On the Economy of Machinery and Manufactures*. New York: A. M. Lelley.

Bagguley, P., Mark-Lawson, J., Shapiro, D., Urry, J., Walby, S., and Wards, A. 1990. *Restructuring: Place, Class and Gender*. London: Sage.

Bagnasco, A: 1977. *Tre ltalie: La Problematica Territoriale Dello Siluppo*. Bologna: II Mulino.

Bagnasco, A. 1988. *La Costruzione Sociale Del Mercato*. Bologna: IIMulino.

Bakshi, P., Goodwin, M., Painter, J., and Southern, A. 1995. Gender, race and class in the local welfare state: M. oving beyond regulation theory in analyzing the transition from Fordism. *Environment and Planning A*, 27, 1539-54.

Block, F. 1990. *Postindustrial Possibilities*. Berkeley, CA: University of California Press.

Baldwin, T., McVoy, D., and Steinfield, C. 1996. *Convergence: Integrating Media, Information and Communication*. London: Sage.

Balibar, E. 1995. *The Philosophy of Marx*. London: Verso.

Balance, R. H. 1987. *International Industry and Business: Structural Change, Industrial Policy and Industry Strategies*. London : Allen and Unwin.

Barlow, J. and Savage, M. 1986. The politics of growth: Cleavage and conflict in a Tory heartland. *Capital and Class*, 30, 156-82.

Barnes, T. J. 1994. Probable writing: Derrida, deconstruction and the quantitative revolution in human geography. *Environment and Planning A*, 26,1021-40.

Barnes, T. J. 1996. *Logics of Dislocation: Models, Metaphors and Meanings of Economic Space*. New York: Guilford.

Barnes, T. J. 2000. Inventing Anglo-American economic geography, 1889-1960. In E. S. Sheppard and T. J. Barnes (eds). *A Companion to Economic Geography*. Oxford: Blackwell,

11-26.

Barratt-Brown, M. 1993. *Fair Trade*. London: Zed Books.

Barrett, H. and Browne, A. 1991. Environment and economic sustainability: Women's horticultural production in The Gambia. *Geography*, 776, 241-48.

Bartlett, C. A. and Ghoshal, S. 1989. *Managing Across Borders: The Transnational Solution*. Boston: Harvard Business School Press.

Bassett, T. 1988. The political ecology of peasant-herder conflicts in the northern Ivory Coast. *Annals of the Association of American Geographers*, 78, 453-72.

Bataille, G. 1988. *The Accursed Share*. New York: Zone Books.

Batty, M. 1993. Te geography of cyberspace. *Environment and Planning B: Planning and Design*, 20, 615-61.

Bauman, Z. 1992. *Intimations of Postmodernity*. London: Routledge.

Becattini, G. and Rullani, E. 1993. Sistema locale e mercato globale. *Economia e Politica Industriale*, 80, 25-40.

Becattini, G. 1987. L'unita d'indagine. In G. Becattini (ed.). *Mercato e forze Locali: II Distretto Industriale*. Bogogna: II Mulino, 35-48.

Beechey, V. 1977. *Unequal Work*. London: Verso.

Belk, R. 1995. *Consuming Societies*. New York: Routledge.

Bell, D. 1973. *The Coming of Post-Industrial Society*. New York: Basic Books.

Bellamy, E. 1897. *Equality*. New York: Appleton.

Bender, J. and Welbery, D. E. (eds). 1991. *Chronotoypes*. Stanford: Stanford University Press.

Benedikt, M. 1991. Introduction. In M. Benedikt(ed.). *Cyberspace: First Steps*. Cambridge, MA: MIT Press, 1-18.

Bennett, T. (ed.). 1981, "Christmas." *Popular culture: themes and issues*. Milton Keynes: Open University Press (book 1, units1/2).

Bennington, G. 1995. Introduction to economics. In C. Gill (ed.). *Bataille: Writing the Sacred*. London: Routledge, 63-108.

Benton, T. 1989. Marxism and natural limits: An ecological critique and reconstruction. *New Left Review*, 178, 51-86.

Benton, T. 1991. The Malthusian challenge: Ecology, natural limits and human emancipation. In P. Osborne (ed.). *Socialism and the Limits to Liberalism*. London: Verso, 241-69.

Benton, T. 1992. Ecology, socialism and the mastery of nature: A reply to Reiner Grundmann? *New Left Review*, 194, 55-72.

Benton. T. (ed.). 1996. *The Greening of Marxism*. New York: Guilford.

Berkes, F. 1985. Fishermen and "the tragedy of the commons." *Environmental Conservation*, 12, 199-206.

Berry, S. 1986. Concentration without privatization: Agrarian consequences of rural land control in Africa. *In Conference on agricultural policy and African food security: Issues, prospects and consent, toward the year* 2000. Champagne-Urbana, IL: Center for African Studies, University of Illinois.

Berry, S. 1989. Social institutions and access to resources. *Africa*, 59, 41-55.

Bianchi, P. 1993. The promotion of small-firm clusters and industrial districts: European policy perspectives. *Journal of Industry Studies*, 1, 16-29.

Bierstecker, T. 1988. Reaching agreement with the LMF: The Nigerian negotiations 1983-1986. Unpublished manuscript, School of International Relations, University of Southern California, Los Angeles.

Billing, M., Condor, S., Edwards, D., Gare, M., Middleton, D., and Radley, A. 1988. *Ideological Dilemmas*. London: Sage.

Bingham, N. 1996. Objections: From technological determinism towards geographies of relations. *Environment and Planning D: Society and Space*, 14, 635-57.

Blaikie, P. and Brookfield, H. 1987. *Land Degradation and Society*. New York: Methuen.

Blanc, H. and Sierra, C. 1999. The internationalization of R&D by multinationals: A tradeoff between external and internal proximity. *Cambridge Journal of Economics*, 23, 187-206.

Blauhof, G. 1994. Non-equilibria dynamics and the sociology of technology. In L. Leydesdorff and P. van der Desselaar (eds). *Evolutionary Economics and Chaos Theory*. London: Pinter, 152-66.

Block, F. 1994. The roles of the state in the economy. In N. Smelser and R. Smedberg (eds). *The Handbook of Economic Sociology*. Princeton, NJ: Princeton University Press, 691-710.

Block, F. and Hirschborn, L. 1979. New productive forces and the contradictions of contemporary capitalism: A post-industrial perspective. *Theory and Society*, 7/3, 363-96.

Bluestone, B. and Harison, B. 1982. *The Deindustrialization of America*. New York: Basic Books.

Boddy, M. and Fudge, C. 1984. *Local Socialism*. London: Macmillan.

Boden, D. 1994. *The Business of Talk: Organizations in Action*. Cambridge: polity.

Bohm, D. 1980. *Wholeness and the Implicate Order*. London: Routledge and Kegan Paul.

Bohm, D. 1994. *Thought as System*. London: Routledge.

Boisot, M. H. 1995. *Information Space*. London: Routeldge.

Bonnett, K., Bromley, S., and Jessop, B. 1990. Farewell to Thatcherism? Neo-liberalism and "new times." *New Left Review*, 179, 81-102.

Boothroyd, P. and Davis, C. 1993. Community economic development: Three approaches. *Journal of Planning Education and Research*, 12, 230-40.

Bordo, S. 1989. The body and the reproduction of femininity: The feminist appropriation of Foucault. In A. Jagger and S. Bordo (eds). *Gender, Body, Knowledge*. New Brunswick,

NJ: Rutgers University Press, 3-34.

Bourdieu, P. 1984. *Distinction*. London: Routledge.

Boyer, C. 1996. Cybercities: *Visual Perception in an Age of Electronic Comnunication*. Princeton, NJ: Princeton University Press.

Boyer, R. (ed.). 1988. *The Search for Labour Market Flexibility: The European Economies in Transition*. Oxford: Clarendon.

Braczyk, H. J., Cooke, P., and Heidenreich, M. 1998. *Regional Innovation Systems*. London: UCL Press.

Bradby, B. 1982. The remystification of value. *Capital and Class*, 17, 114-33.

Bradley, H. 1989. *Men's Work, Women's Work*. Cambridge: Polity.

Braudel, F. 1973. *The Mediterranean and the Mediterranean World in the Age of Philip II*. New York: Harper and Row.

Braudel, F. 1982. *The Wheels of Commerce*. New York: HarperCollins.

Braverman, H. 1974. *Labour and Monopoly Capital*. New York: Monthly Review Press.

Brennan, D. and O'Donnell, C. 1986. *Caring for Australia's Children*. Sydney: Allen and Unwin.

Brennan, T. 1994. *History after Lacan*. London: Routledge.

Brooks, R. 1992. Maggie's man: We were wrong. *The Observer*. June 21, p. 21.

Brotchie, J., Hall, P., and Newton, P. (eds). 1987. *The Spatial Impact of Technological Change*. London: Croom Helm.

Brown, J. S. and Duguid, P. 1996. Organizational learning and communities-of-practice. In M. D. Cohen and L. S. Sproull (eds). *Organizational Learning*. London: Sage.

Brown, J. S. and Duguid, P. 2000. Balancing act: How to capture knowledge without killing it. *Harvard Business Review*, 78, 73-80.

Browning, H. L. and Singelmann, J. 1975. *The Emergance of a Service Society*. Springfield. VA: National Technical Information Service.

Brusco, S. 1982. The Emilian model: Productive decentralization and social integration. *Cambridge Journal of Economics*, 6, 167-84.

Bryan, D. 1992. Wage policy and the Accord: Comment. *Journal of Australian Political Economy*, 29, 99-110.

Bryant, R. 1992. Political ecology: An emerging research agenda in Third World studies. *Political Geography*, 11, 12-36.

Busch Cooper, B. 1985. *The War Against the Seals*. Montreal: McGill Queen's University Press.

Business Week. 1983. How the PC project changed the way IBM thinks. October 3, pp. 43-4.

Business Week. 1984. Just-in-time inventories: combating foreign rivals. May 14, pp. 44-9.

Butler, J. 1990. *Gender Trouble: Feminism and the Subversion of Identity*. London:

Routledge.

Butler, J. 1993. *Bodies That Matter: On the Discursive Limits of Sex*. New York: Routledge.

Butler, J. 1997. *The Psychic Life of Power: Theories of Subjection*. Stanfod, CA: Stanford University Press.

Buttimer, A. 1982. Musing on helicon: Root metaphors and geography. *Geografiska Annaler*, 64B, 89-96.

Cable, V. and Clarke, J. 1981. *British Electronics and Competition with Newly Industrialized Countries*. London: Overseas Development Institute.

Caincross, F. 1997. *The Death of Distance: How the communications revolution will change our lives*. London: Orion Business Books.

Callari, A. 1983. Adam Smith, the theory of value ad the history of economic thought. *Association of Economic and Social Analysis Discussion Paper No. 3*, University of Massachusetts-Amherst.

Callon, M. 1991. Techno-economic networks and irreversibility. In J. Law (ed.). *A Sociology of Monsters*. London: Routledge, 132-61.

Callon, M. 1986. Some elements of a sociology of translation: Domestication of the scallops and the fisherman of St Brieuc bay. In J. Law (ed.). *Power, Action and Belief: A New Sociology of Knowledge*. London: Routledge, 196-232.

Callon, M. and Latour, B. 1981. Unscrewing the big leviathan. In K. Knorr-Cetina and A. Cicourel (eds). *Advances in Social Theory and Methodology*. London: Routledge and Kegan Paul, 277-303.

Callon, M. and Law, J. 1995. Agency and the hybrid collectif. *South Atlantic Quarterly*, 94, 481-507.

Cameron, J. 1995. Ironing out the family: Class, gender and power in the household. Mimeo, Department of Geography and Environmental Sciences, Monash University, Clayton VIC, Australia.

Campbell B 1993. *Goliath*. London: Methuen.

Cano García, G. 1992. Confederaciones Hidrograficas. In A. Gil Olcina and A. Morales Gil (eds). *Hitos Historicos de los Regadios*. Madrid: Ministerio de Agricultura/Pescay Alimentacion, 309-34.

Carling, A. 1986. Rational choice Marxism. *New Left Review*, 160, 24-62.

Carling A. 1992. *Analytical Marxism*. London: Verso.

Carney, J. 1980. Regions in crisis: Accumulation, regional problems and crisis formation. In J. Carney, R. Hudson, and R. Lewis (eds). *Regions in Crisis*. London: Croom Helm, 28-59.

Carney, J. 1986. The social history of Gambian rice production: An analysis of food security strategies. Unpublished Ph. D. dissertation, University of California, Berkeley.

Carney, J. 1988. Struggles over crop rights within contract farming households in a Gambian irrigated rice project. *Journal of Peasant Studies*, 15, 334-49.

Carny, J. 1991. Indigenous soil and water management in Senegambian rice farming systems. *Agriculture and Human Values*, 8, 37-58.

Carney, J. 1992. Peasant women and economic transformation in The Gambia. *Development and Change*, 23, 67-90.

Carney, J. 1994. Contracting a food staple in The Gambia. In P. Little and M. Watts (eds). *Peasants under Contract : Contract Farming and Agrarian Transformation in Sub-Saharan Africa*. Madison, WI: University of Wisconsin, 167-87.

Carney, J. and Hudson, R. 1978. Capital, politics and ideology: The North East of England, 1870-1946. *Antipode*, 10, 64-78.

Carney, J. and Watts, M. 1991. Disciplining women? Rice, mechanization, and the evolution of Mandinka gender relations in Senegambia. *Signs*, 16, 651-81.

Carnoy, M. 1993. Multinationals in a changing world economy: Whither the nation-state? In M. Carnoy, M. Castells, S. Cohen, and F. H. Cardoso (eds). *The New Global Economy in the Information Age*. University Park, PA: Pennsylvania State University Press, 45-96.

Carr, R. 1983. *Espana: de la Restauracion a la Democracia*, 1875-1980. Barcelona: Editorial Ariel.

Carrier, J. G. 1995. Maussian occidentalism: Gift and commodity systems. In J. G. Carrier (ed.). *Occidentalism: Images of the West*. Oxford University Press, 85-108.

Castells, M. 1989. *The Informational City*. Oxford: Blackwell.

Castells, M. 1983. The informational economy and the new international division of labor. In M. Carnoy, M. Castells, S. Cohen, and F. H. Cardoso (eds), *The New Global Economy in the Information Age*. University Park, PA: The Pennsylvania State University Press, 15-44.

Castells, M. 1996. *The Rise of the Network Society*. Oxford: Blackwell.

Castree, N. 1995. The nature of produced nature: Materiality and knowledge consent in Marxism. *Antipode*, 27, 12-48.

Cavendish, R. 1982. *Women on the Line*. London: Rockledge and Kegan Paul.

Caves, R. 1982. *Multinational Enterprise and Economic Analysis*. Cambridge: Cambridge University Press.

Ceesay, M., Jammeh, O., and Mitchell, I. 1982. *Study of Vegetable and Fruit Marketing in The Gambia*. Banjul, The Gambia: Ministry of Economic Planning and Industrial Development and the World Bank.

Center for Research no Economic Development (CRED). 1985. *Rural Development in the Gambian River Basin*. Ann Arbor, MI: CRED.

Cerny, P. G. 1990. *The Changing Architecture of Politics*. London: Sage.

Cerny, P. G. 1991. The limits of deregulation: Transnational interpenetrations and policy change. *European Journal of Political Research*, 19, 173-96.

Chandler, D. A. 1977. *The Visible Hand*. Cambridge. MA: Harvard Belknap.

Chang, K.-T. and Thomson, C. N. 1994. Taiwanese foreign direct investment and trade with Thailand. *Singapore Journal of Tropical Geography*, 15, 112-27.

Chase-Dunn, C. 1989. *Global Formation*. Cambridge, MA: Blackwell.

Chaudhry, K. 1989. The price of wealth: Business and state in labor remittance and oil economies. *International Organization*, 43, 101-45.

Cheal, D. J. 1988. *The Gift Economy*. London: Routledge.

Chisholm, G. G. 1889. *Handbook of Commercial Geography*. London and New York: Longman, Green, and Co.

Christopherson, S 1993. Market rules and territorial outcomes: The case of the United States. *International Journal of Urban and Regional Research*, 17, 274-38.

Christopherson, S. 1999. Rules as resources: How market governance regimes influence firm networks. In T. J. Barnes and M. S. Gertler. (eds). *The New Industrial Geography: Regions, Regulation and Institutions*. London: Routledge, 155-75.

Christopherson, S. and Storper, M. 1986. The city as studio; the world as bak lot: The impact of vertical disintegration on the location of the motion picture industry. Environ-impact of vertical disintegration the location of the motion picture industry. *Environment and Planning D: Society and Space*, 4, 305-20.

CILSS [Permanent Interstate Committee for Drought Control in the Sahel]. 1979. *Development of Irrigated Agriculture in Gambia: General Overview and Prospects. Proposal for a second program* 1980-1985. Paris: Club du Sahel.

CILSS. 1990. *Study on Improvement Irrigated Earming in The Gambia*. Paris: Club de Sahel.

Ciriacy Wantrup, S. V. and Bishop, R. C. 1975. Common Property as a concept in natural resource property. *Natural Resources Journal*, 15, 713-26.

CIS [Counter Information Services] n. d. *Anti-Report on Ford*. London: Counter Information Services.

Citizenship and Immigration Canada. 1999. *The Live-in Caregiver Program: Information for Employers and Live-In Caregivers from Abroad*. Ottawa: Minister of Public Works and Government Services.

City of Camberwell. 1987. *Melbourne Inter-Council Comparison*. 3rd edn. Melbourne: City of Camberwell.

Clark, G. L., Gertler, M., and Feldman, M. (eds). 2000. *The Oxford Handbook of Economic Geography*. Oxford: Oxford University Press.

Clark, G. L., Mansfield, D., and Tickell, A. 2001. Emergent frameworks in global finance: Accounting standards and German supplementary pensions. *Economic Geography*, 77, 205-71.

Clark, G. L., Mansfield, D., and Tikell, A. 2002. Global finance and the German model:

German corporations, market incentives, and the management of employer-sponsored pension institutions. *Transactions of the Institute of British Geographers*, 27, 91-110.

Clark, C. 1940. *The Conditions of Economic Progress*. London: Macmillan.

Clark, G. 1998. Stylized facts and close dialogue: Methodology in economic geography. *Annals of the Association of American Geographers*, 88, 73-87.

Clavel, P. 1982. *Oposition planning in Wales and Appalachia*. Philadelphia: Temple University Press.

Coase, R. H. 1937. The Nature of the firm. *Economica*, 4, 386-405.

Coase, R. H. 1960. The problem of social cost. *Jornal of Law and Economics*, 3, 1-44.

Cochrane, A. 1983. Local economic policies: trying to drain an ocean with a teaspoon. In J. Anderson, S. Duncan, znd R. Hudson (eds). *Redundant Spaces in Cities and Regions*. London: Academic Press, 285-312.

Cockburn, C. 1985. *Machinery of Dominace: Women, Men and Technical Know-How*. London: Pluto Press.

Coben, S. S. and Zysman, J. 1987. *Manufaturing Matter: The Myth of the Post-Industrial Economy*. New York: Basic Books.

Collins, H. M. 1981. The role of the core set in modern science. *History of Science*, 19, 6-19.

Collinson, D. and Hearn, G. 1994. Naming men as men: Implications for work, organization and management. *Gender, Work and Organisation*, 1, 2-22.

Colomina, B. (ed.). 1992. *Sexuality and Space*. New York: Princeton Architectural Press.

Cook, I. And Crang, P. 1996. The world on a plate: Culinary culture, displacement and geographical knowledges. *Journal of Material Culture*, 1, 131-53.

Cooke, P. (ed.). 1989. *Localities*. London: Hyman.

Cooke, P. 1997. Regions in a global market: The experiences of Wales and Baden-Wurttemberg. *Review of International Political Economy*, 4, 349-81.

Cooke, P. and Morgan, K. 1998. *The Associational Economy*. Oxford: Oxford University Press.

Corn, J. 1986. Epilogue. In J. Corn (ed.). *Imagining Tomorrow: History, Technology and the American Future*. Cambridge, MA: MIT Press, 219-29.

Corn, J. and Horrigan, B. 1984. *Yesterday's Tomorrows: Past Visions of the American Future*. Baltimore, MD: Johns Hopkins University Press.

Coronil, F. 1987. The black EI Dorado: Money fetishism, democracy and capitalism in Venezuela. Unpublished Ph. D. dissertation, University of Chicago.

Coronil, F. and Skurski, J. 1991. Dismembering and remembering the nation: The semantics of political violence in Venezuela. *Comparative Studies in Society and History*, 26, 288-337.

Cosmides, L. and Tooby, J. 1994. Better than rational: Evolutionary psychology and the invisible hand. *American Economic Review*, 84, 327-32.

Costa, J. 1892. *Politica Hidraulica y Mision Socal de los Riegos en Espana*. Madrid: Edicion de la Gaya Ciencia.

Costello, V. 1981. Tehran. In M. Pacione (ed.). *Problems and Planning in Third World Cities*. New York: St. Martin's 137-36.

Cox, K. R. 1992. The politics of globalization: A sceptic's view. *Political Geography*, 11, 427-9.

Crang, P. 1994. It's showtime: On the workplace geographies of display in a restaurant in Southeast England. *Environment and Planning D: Society and Space*, 12, 675-704.

Crompton, R. 1992. Where did all the bright girls go? Woment's higher eduation and employment since 1964. In N. Abercrombie and A. Warde (eds). *Social Change in Britain*. Cambridge: Polity Press.

Crompton, R. and Sanderson, K. 1990. *Gendred Jobs and Social Change*. London: Unwin Hyman.

Cronon, W. 1991. Nature's Metropolis: *Chicago and the Great West*. New York: A. A. Norton.

Curran, C. 1991. Change of heart: Interview with meg Smith, Peter Ewer, Chris Lloyd and John Rainford, four of the authors of "Surviving the Accord: From Restraint to Renewal." *Australian Left Review*, 134, 24-9.

Curry, M. 1991. On the Possibility of ethics in geography: Writing, citing, and the consent of intellectual property. *Progress in Human Geography*, 15, 125-48.

Curtin, P. 1984. *Cross-Cultural Trade in World History*. New York: Cambridge University Press.

Cusumano, M. A 1985. *The Japanese Automobile Industry*. Cambridge, MA: Harvard University Press.

Dahrendorf, R. 1968. Market and plan: Two types of rationality. In R. Dahrendorf (ed.). *Essays in the Theory of Society*. London: Routledge and Kegan Paul, 215-31.

Daniels, P. 1988. Producer services and the post-industrial space-economy. In D. Massey and J. Allen (eds). *Uneven Re-development: Cities and Regions in Transition*. London, Hodder and Stoughton, 107-23.

de Reparez, G. 1906. Hidráulica y Dasonomiá. *Diario de Barcelona*, July 21.

Dear, M. and Worch, J. 1987. *Landscapes of Despair*. Princeton NJ: Princeton University Press.

Dear, M. J. and Wolch, J. R. 1989. How territory shapes social life. In J. R. Wolch and M. J. Dear (eds). *The Power of Geography*. Boston: Allen and Unwin, 1-18.

Debord, G. 1978. *Society of the Spectacle*, Detroit: Black and Red Books.

DeCosse, P. and Camara, E. 1990. *A Profile of the Horticultural Production Serctor in Gambia*. Baniul The Gambai: Department of Planning and Ministry of Agriculture.

del Moral Ituarte, L. 1996. Sequía y Crisis de Sostenibilidad del Modelo de Gestión Hidráulica. In M. V. Marzol, P. Dorta, and P. Valladares (eds). *Clima y Agua: La Gestión del un Recurso Climátion*. Madrid: La Laguna, 179-87.

Del Moral Ituárte, L. 1998. L'état de la Politique Hydraulique en Espagne. *Hérodote*, 91, 118-38.

Deleuze, G. and Guattari, F. 1983. *Anti-Oedipus*. Minneapolis: University of Minnesota Press.

Delorme, R. 1997. The foundational bearing of complexity. In A. Amin and J. Hausner (eds). *Beyond Market and Hierarchy: Interactive Governance and Social Complexity*. Aldershot: Edward Elgar.

Demeritt, D. 1994. The nature of metaphors in cultural geography and environmental history. *Progress in Human Geography*, 18, 163-85.

Derman, W. 1984. USAID in the Sahel. In J. Barker (ed.). *The Politics of Agriculture in Tropical Africa*. Beverly Hills: Sage, 77-97.

Derrida, J. 1982. *Given Time: Counterfeit Money*. Chicago: Chicago University Pess.

Derrida, J. 1992. *Given Time*. Chicago University Press.

Derrida, J. 1995. *The Gift of Death*. Chicago: Chicago University Press.

Dex, S. 1987. *Women's Occupational Mobility*. London: Macmillan.

Dey, J. 1981. Gambian women: Unequal partners in rice development projects? *Journal of Development Studies*, 17, 109-22.

Dicken, P. 1990. Seducing foreign investors: The competitive bidding strategies of local and regional agencies in the United Kingdom. In M. Hebbert and J.-C. Hansen (eds). *Unfamiliar Territory: The Resahping of European Geography*. Aldershot: Avebury, 162-86.

Dicken, P. 1992a. *Global Shift*, 2nd edn. London: Chapman.

Dicken, P. 1992b. International prouction in a volatile regulatory environment: The influence of national regulatory policies on the spatial strategies of transnational corporations, *Geoforum*, 23, 303-16.

Dicken, P. 1994. Global-local tensions: Firms and states in the global space-economy. *Economic Geography*, 70, 101-28.

Dicken, P. 1998. *Global Shift*. 3rd edn. New York: Guilford.

Dicken, P., Peck, J., and Tickell, A. 1997. Unpacking the global. In R. Lee and J. Wills (eds). *Geographies of Economies*. London: Arnold, 158-66.

Dicken, P. and Thrift, N. J. 1992. The organization of production and the production of organization: Why business enterprises matter in the study of geographical industrialization. *Transactions of the Institute of British Geographers*, 17, 279-91.

Dominic, G. 1983/84. Beyond the transormation riddle: A labor theory of value. *Science and*

Society, 47, 427-50.

Donaghu, M. and Barff, R. 1990. Nike just did it : International subcontracting and flexibility in athletic footwear production. *Regional Studies*, 24, 537-52.

Dore, R. 1983. Goodwill and the spirit of market capitalism. *British Journal of Sociology*, 34, 459-82.

Doremus, P., Keller, W., Pauly, W., Pauly, L., and Reich, S. 1998. *The Myth of the Clobal Corporation*. Princeton, NJ: Princeton University Press.

Dorfman, N. S. 1983. Route 128: Te development of a regional high technology economy. *Research Policy*, 12, 299-316.

Dorsey, K 1991. Putting a ceiling on sealing: Conservation and cooperation in the international arena, 1909-11. *Environmental History Review*, 15, 27-46.

Dosi, G., Pavitt, K., and Soete, L. 1990. *The Economics of Tehnical Change and International Trade*. London: Harester.

Douglass, D. and Krieger, J. 1983. *A Miner's Life*. Henley: Routledge and Kegan Paul.

Doz, Y. 1986. *Strategic Management in Multinational Companies*. Oxford: Pergamon.

Driever, S. L. 1998. "And since Heaven has filled Spain with goods and gifts": Lucas Mallada, the Regeneracionist Movement, and the Spanish Environment, 1881-90. *Journal of Historical Geography*, 24, 36-52.

DuGay, P 1996. *Consumption and Identity at Work*. London: Sage.

Dunning, J. H. 1992. The global economy, domestic governance strategies and gransnational corporations: Interactions and policy implications. *Transnational Corporations*, 1, 7-45.

Dunning, J. H. 1993. *Multinational Enterprises and the Global Economy*. Reading, MA: Addison-Wesley.

Dunning, J. H. and Norman, G 1985. Intra industry production as a form of international economic involvement: An exploratory analysis. In A. Erdilek (ed.). *Multinationals as Mutual Invaders: Intra Industry Foreign Direct Investment*. New York: St. Martin's, 9-28.

Dunsomre, J. R. 1976. *The Agricultural Development of The Gambia: An Agricultural, Environ Ronmental and Socio-Economic Analysis*. Land Resource Study No. 22. Surrey: Land Resources Division, Ministry of Overseas Development.

Eagleton, T. 1997. Spaced out. *London Review of Books*, April 27, pp. 22-3.

Eckersley, R. 1992. *Enviornmentalism and Political Theory: Twoard an Ecocentric Approach* London: University College Press.

Eckersley, R. 1993. Free market environmentalism: Friend or foe? *Environmental Politices*, 2, 1-19.

Edge, S. 1995. Consuming in the face of hatred. *Soundings*, 1, 163-74.

Edquist, C. (ed.). 1997. *Systems of Innovation: Technologies, Institutions and Organizations* London: Pinter.

Edwards, R. 1979. *Contested Terrain*. New York: Basic Books.

EITB [Engineering Industry Training Board]. 1981. *Maintenance Skills in the Engineering Industry*. Stockport, Cheshire: Engineering Industry Training Board.

Ekpo, E. 1985. *IMF Loan Comes to Nigeria*. Apapa: Nigerian Problems and Issues.

Eli, M. 1990. *Japan Inc: Global strategies of Japanese Trading Corporations*. London McGraw-Hill.

Elson, D. (ed.). 1979. *Valute: The Representation on Labour in Capitalism*. London: CSE Books.

Elson, D. 1989. The Cutting edge: Multinationals in the Eec textiles and clothing industry. In D. Elson and R. Pearson (eds). *Women's Employment and Multinationals in Europe*. London: Macmillan, 80-110.

Elster, J. 1979. *Logi and Society*. Chichester: John Wiley.

Elster, J. 1986. *Making Sense of Marx*. Cambridge: Cambridge University Press.

Emecheta, B. 1982. *Naira Power*. London: Macmillan.

Encarnation, D. J. 1992. *Rivals Beyond Trade: America versus Japan in Global Competition*. Ithaca, NY: Cornell University Press.

Encarnation, D. J. and Wells, L. T. 1986. Competitive strategies in global industries. In M. E. Porter (ed.). *Competition in Global Industries*. Boston, MA: Harvard Business School, 267-90.

Enderwick, P. (ed.). 1997. *Foreign Investment: The New Zealand Experience*. Palmerston North: Dunmore Press.

Emst, D. 1990. *Global Competition, New Information Technologies and International Technology Diffusion: Implications for Industrial Latecomers*. Paris: OECD Development Centre.

Featherstone, M. 1991. *Consumer Culture and Postmodernism*. London: Sage.

Ferenczi, S. 1950. *Sex in Psychoanalysis*. New York: Holmes.

Fernández Clemente, E. 1990. La Política. Hidráulica de Joaquín Costa. In T. Pérez Picazo and G. Lemeunier (eds). *Agua y Modo de Producción*. Barcelona: Editorial Critica, 69-97.

Fincher, R. 1987. Space, class and political processes: The social relations of the local state. *Progress in Human Geography*, 11, 496-515.

Fine B., Heasman, M., and Wright, J. 1996. *Consumption in the Age of Affluence: The World of Food*. London: Routledge.

Fisher, G. B. A. 1952. A note on tertiary production. *Economic Journal*, 62, 820-34.

Fitzsimmons, M. 1989. Reconstructing nature. *Environment and Planning D: Society and Space*, 7, 1-3.

Fleck, L. 1935. *Genesis and Development of a Scientific Fact*. Chicago: University of Chicago Press.

Florida, R. 1995. Toward the learing region. *Futures*, 27, 527-35.

Folbre, N. 1993. *Who Pays for the Kids? Gender and the construction of constrains*. New York: Routledge.

Fontana, J. 1975. *Cambio Economico y Actitudes Politicas en la Espana del Siglo XIX*. Barecelona: Editorial Ariel.

Food and Agriculture Organization. 1983. *Rice Mission Report to The Gambia*. Romer: Food and Agriculture Organization.

Foucault, M. 1973. *The Order of Things: An Archaeology of the Human Sciences*. New York: Vintage Books.

Foucault, M. 1979. *History of Sexuality*. Vol. 1. London: Allen Lane.

Foucault, M. 1995. *Discipline and Punish*. 2nd edn. New York: Pantheon.

Fox, S. 1981. *John Muir and his Legacy: The American Conservation Movement*. Boston, MA: Little Brown.

Fraad, H., Resnick, S., and Wolff, R. 1994. *Bringing it all Back Home: Class, Gender, and Power in the Modern Household*. London: Pluto.

Francis, J. 1993. *The Politics of Regulation*. Cambridge, MA: Blackwell.

Frank, A. G. 1980. *Crisis in the World Economy*. London: Heinemann.

Franke, R. and Chasin, B. 1980. *Seeds of Famine*. Montclair, NJ: Allanheld.

Frankel, H. 1977. *Money: Two Philosophies*. Oxford: Blackwell.

Fransman, M. 1994. Information, Knowledge, vision and theories of the firm. *Industrial and Corporate Change*, 3, 1-45.

Fraser, N. 1997. *Justice Interruptus: Critical Reflections of the "Postsocialist" Condition*. London: Routledge.

Freud, S. 1955. *Standard Edition of the Complete Psychological Works*. London: Hogarth Press.

Friedland. W., Busch, L., Buttle, Fl, and Rudy, A. 1991. *Towards a New Political Economy of Agriculture*. Boulder, CO: Westview Press.

Fröbel., F., heinrichs, J., and Kreye, O. 1980. *The New International Divisiro of Labor*. New York: Cambridge University Press.

Fuchs, V. 1968. *The Services Economy*. New York: Columbia University Press.

Fujita, M., Krugman, P., and Venables, A. J. 1999. *The Spatial Economy: Cities, Regions and International Trde*. Cambridge, MA: MIT Press.

Fukuyama, F. 1994. *Trust*. New York: Free Press.

Gabriel, P. 1966. The investment in the LDC: Asset with a fixed maturity. *Columbia Journal of World Business*, 111, 3-20.

Gamble. D. 1955. *Economic Conditions in Two Mandinka villages: Kerewan and Keneba*. London: Colonial Office.

Garrabou, R. 1975. La Crisi Agraria Espanyola de Finals del Segle XIX: Una Etapa del Desenvolupament del Capitalisme. *Recerques*, 5, 163-216.

Gatens, M. 1991. Representations in/and the body politic. In R. Diprose and R. Ferrel (eds). *Cartographies: The Mappings of Bodies and Spaes*. Sydney: Allen &-Unwin, 79-87.

Gates, W. 1995. *The Road Ahead*. London: Viking.

Gelb, A 1984. *Adjustment to Windfall Gains: A Comparative Analysis of Oil Exporting Countries*. Washington, DC: World Bank.

Gelerntner, D. 1991. *Mirror Worlds*. New York: Oxford University Press.

Gerber, J. 1997. Beyond dualism: The social construct of nature and the natural and social construction of human beings. *Progress in Human Geography*, 21, 1-17.

Gerlach, M. L 1992. *Alliance Captitalism: The Social Organization of Japanese Business*. Berkeley, CA: University of California Press.

Gershuny, J. 1976. *After Industrial Society*. London: Macmillan.

Gertler, M. S. 1992 Flexibility revisited: Districts, nation-states and the forces of production. *Transactions of thd Institute of British Geographers*, 17, 259-78.

Gertler, M. S. 1995. "Being there": Proximity, organization, and culture in the development and adoption of advanced manufacturing technologies. *Economic Geography*, 71, 1-26.

Gertler, M. S. 1996. Worlds apart: The hanging market geography of the German machinery industry. *Small Business Economics*, 8, 87-106.

Gertler, M. S. 1999. The production of industrial processes. In T. J. Barnes and M. S. Gertler (eds). *The New Industrial Geography: Regions, Regulation and Institutions*. London: Routledge, 225-37.

Giansante, C. 1999. *In-Depth Analysis of Relevant Stakeholders: Guadalquivir River Basin Authority*. Mimeo, Department of Geography, University of Seville.

Gibson, W. 1984. *Neuromancer*. London: Harper and Collins.

Gibson-Graham, J.-k. 1996. *The End of Capitalism (As We Knew It): A Feminist Critique of Political Economy*. Oxford: Blackwell.

Gibson-Graham, J.-k. 2000. Postsructural interventions. In E. Sheppard and T. Barnes (eds). *Companion to Economic Geography*. Oxford: Blackwell, 95-110.

Giddens, A. 1979. *Central Problems in Social Theory*. London: Macmillan.

Giddens, A. 1981. *A Contemporary Critique of Historical Materialism*. London: Macmillan.

Giddens, A. 1990. *The Consequences of Modernity*. Stanford, CA: Stanford Auniversity Press.

Giddens, A. 1991. *Modernity and Self-Identity*. Cambridge: Polity.

Giddens, A. 1994. *Beyond Left and Right*. Cambridge: Polity.

Giffen, J. 1987. *An Evaluation of Women's Vegetable Gardens*. Banjul: Oxfam.

Gille, D. 1986. Maceration and purification. In ZONE1/2. New York : Urzone, 226-83.

Gillespie, A. 1992. Communications technologies and the future of the city. In M. Breheny (ed.). *Sustainable Development and Urba Form*. London: Pion, 67-77.

Gilpin, R. 1975. *US Power and the Multinational orporation: The Political Economy of Foreign Direct Investment*. New York: Basic Books.

Ginzberg, E. and Vojta, G. 1981. The service secgtor of the US Economy. *Scientific American*, 244/3, 48-65.

Glickman, N. J. and Woodward, D. P. 1989. *The New competitors*. New York: Basic Books.

Gluek, A. C. 1982. Canada's splendid bargain: The North Pacific Fur Seal Convention of 1911. *Canadian Historical Review*. LXII, 179-200.

Goffman, E. 1963. *Behavior in Public Places*. Glencoe, IL: Free Press.

Gómez Mendoza, J. 1992. Regeneracionismo y Regadios. In A. Gil Olcina and A. Morales Gil (eds). *Hitos Históricos de los Regadíos Españoles*. Madrid: Ministerio de Agriculture. Pesca y Alimentación, 231-62.

Gómez Mendoza, J. and del Moral Ituarte, L. 1995. El Plan Hidrológico Nacional: riterios y Directrices. In A. Gil Olicna and A. Morales Gil (eds). *Planificación Hidráulica en España*. Murica: Fundacion Caja del Mediterraneo, 331-98.

Gómez Mendoza, J. and Ortega Cantero, N. 1987. Geografía y Regeneracionismo e España. *Sistema*, 77, 77-89.

Gómez Medoza, J. and Ortega Cantero, N. 1992. Interplay of state and local concern in the Management of natural resources: Hydraulics and forestry in Spain 1855-1936. *Geo-Journal*, 26, 173-79.

Goodman, D. and Watts, M. 1994. Reconfiguring the rural or fording the divide? Capitalist restructuring and the agro-food system. *Journal of Peasant Studies*, 22, 1-49.

Gordon, D. M. 1988. The global economy: New edifice or crumbling foundations? *New Left Review*, 16, 824-64.

Gordon, H. S. 1954. The economic theory of a common property resource: The fishery. *Journal of Political Economy*, 62, 124-42.

Gottmann, J. 1982. Urban settlements and telecommunications. *Ekistics*, 302, 411-16.

Gould, S. J. 1991. *Bully for Brontosaurus: Reflections on Natural History*. New York: Norton.

Goux, J.-J. 1989. *Symolic Economies after Marx and Freud*. Ithaca. NY: Cornell University Press.

Goux, J.-J. 1990. General economies and postmodern capitalism. *Yale French Studies*, 78, 206-24.

Government of The Gambia. 1966. *Five Year Plan for Economic and Social Development*. Banjul: Ministry of Economic Planning and Industrial Development.

Government of The Gambia. 1987. *Donor's Conference on the Agricultural Sector in The*

Gambia. Banjul: Ministry of Agriculture.

Grabher, G. and Stark, D. (eds). 1997. *Restructuring networks in postsocialism: Linkages and Localities*. Oxford: Oxfrod University Press.

Grabher, G. (ed.). 1993. *The Embedded Firm*. London: Routledge.

Graham, S. 1996. Imagining the real-time city: Telecommunications, urban paradigms, and the future of cities. In S. Westwood and J. Williams (eds). *Imagining Cities: Scripts, Signs and Memories*, London: Routledge, 31-49.

Graham, S. 1997. Liberalized utilities, new technologies, and urban social polarization: The UK case. *European Urban and Regional Studies*, 4, 135-50.

Graham, S. 1998. Spaces of surveillant-simulation: New Technologies, digital representations, and material geographies. *Environment and Planning D: Society and Space*, 16, 483-504.

Graham, S. and Aurigi, A. 1997. Virtual cities, social polarization and the crisis in urban public space. *Journal of Urban Technology*, 4, 19-52.

Graham, S. and Marvin, S. 1996. *Telecommunications and the City: Electronic Spaces, Urban Places*. London: Routledge.

Gramsci, A. 1978. *Selections from Political Writings*, 1921-26. London: Verso.

Granovetter, M. 1985. Economic action and Social structure: The problem of embeddedness. *American Journal of Sociology*, 91, 481-510.

Granovetter, M. and Swedberg, R. (eds). 1993. *The Sociology of Economic Life*. Boulder, CO: Westview Press.

Grayar, A. and Harrison, J. 1984. Ageing populations and social care: Policy issues. *Australian Journal on Ageing*, 3, 3-9.

Greenblatt, S. 1992. *Marvellous Possessions: The Wonder of the New World*. Chicago: Chicago University Press.

Gregory, D. and Urry, J. (eds). 1985. *Social Relations and Spatial Structures*. London: Macmillan.

Gregson, N. and Lowe, M. 1994. *Servicing the Middle Classes*. London: Routledge.

Grossman. H. 1978. Marx, classical political economy and the problem of dynamics. *Capital and Class*, 2, 67-99.

Grossman, G. and Helpman, E. 1991. *Innovation and Growth in the Global Economy*. Cambridge, MA: MIT Press.

Grosz, E. 1994. *Volatile Bodies: Towards a Corporeal Feminism*. Bloomington, IN: Indiana University Press.

Grundmann, R. 1991. *Marxism and Ecology*. Oxford: Clarendon Press.

Grundmann, R. 1992. The ecological challenge to Marxism. *New Lft Review*, 187, 103-120.

Guisinger, S. 1985. *Investment Incentives and Performance Requirements*. New York: Praeger.

Gumbrecht, H. U. and Pfeiffer, K. L. (eds). 1994. *Materialities of Communiation*. Stanford, CA: Stanford University Press.

Hall, S. 1991. The local and the global: globalization and ethnicity. In A. King (ed.). *Culture, Globalization, and the World-system: Contemporary Conditions for the Representation of Identity*. Binghamton, NY: State University of New York Press, 21-40.

Hamelink, C. (ed.). 1983. *Finance and Information*. Norwood, NY: Greenwood Publishing Group.

Hamilton, G. and Biggart, N. W. 1988. Market culture, and authority: A comparative analysis of management and organization in the Far East. *American Journal of Sociology*, 94, S52-S94.

Hamilton, G. 1991. The organizational foundations of Western and Chinese commerce: A historical and comparative analysis. In G. Hamilton (ed.). *Business Networks and Economic Development in East and Southeast Asia*. Hong Kong: Centre of Asian Studies, University of Hong Kong, 48-65.

Hamilton, G. and Biggart, N. W. 1992. Market, Culture, and authority: A comparative analysis of management and organization in the Far East. In M. Granovetter and R. Swedberg (eds). *The Socilogy of Economic Life*. Oxford: Westview press, 81-221.

Hanson, S. and Pratt, G. 1988. Reconceptualizing the links between home and work in human geography. *Economic Geography*, 64, 299-321.

Hanson, S. and Pratt, g. 1995. *Gender, Work and Space*. London: Routledge.

Haraway, D. 1991. *Simians, Cyborgs, and Women: The Reinvention of Nature*. New York: Routledge.

Hardin, G. 1968. The tragedy of the commons. *Science*, 162, 1243-8.

Harding, S. 1991. *Whose Science? Whose Knowledge?* Ithaca, NY: Cornell University Press.

Harrison, B. 1994. *Lean and Mean: The Resurrection of Corporate Power in an Age of Flexibility*. New York: Basic Books.

Hartshorne, R. 1939. *The Nature of Geography: A Critical Survey of Current Thought in Light of the Past*. Lancaster, PA: Association of American Geographers.

Harvey, C. 1990. *Improvements In Farmer Welfare in The Gambia: Groundnut Price Subsidies And Alternatives*. Institute of Development Studies Discussion Paper No. 277. Sussex: Institure of Development Studies.

Harvey, D. 1974. Population, resources and the ideology of science. *Economic Geography* 50, 256-277.

Harvey, D. 1975a. Class structure in a capitalist society and the theory of residential differentiation. In R. Pell, M. Chisholm, and P. Haggett (eds). *Process in Physical and Human Geography: Bristol Essays*. London: Heinemann, 354-69.

Harvey, D. 1975b. The geography of accumulation: A reconstruction of the Marxian theory.

Antipode, 7, 9-21.

Harvey, D. 1982. *The Limits to Capital*. Oxford: Blackwell.

Harvey, D. 1985a. *Consciousness and the Urban Experience*. Oxford: Blackwell.

Harvey, D. 1985b. *The Urbanization of Capital*. Oxford: Blackwell.

Harvey, D. 1987. Flexible accumulation through urbanization: Reflections on postmodernism in the American city. *Antipode*, 19, 260-86.

Harvey, D. 1989. *The Condition of Postmodernity*. Oxford: Blackwell.

Harvey, D. 1993a : From space to place and pack again: Reflections on the condition of post-modernity. In J. Bird, B. Curtis, T. Putnam, G. Robertson, and L. Tickner (eds). *Mapping the Futures: Local Cultures, Global Change*, London: Routledge, 3-29.

Harvey, D. 1993b. The nature of environment: The dialectics of social and environmental change. *Socialist Register*, 29, 1-51.

Harvey, D. 1996. *Justice, Nature and the Geography of Difference*. Oxford: Blackwell.

Harvey, D. 1998. The body as an accumulation strategy. *Environment and Planning D: Society and Space*, 16, 401-21.

Harvey, D. 2000. *Spaces of Hope*. Berkeley, CA: University of California Press.

Harvey, D. and Scott, A. J. 1988. The practice of human geography: Theory and empirical specificity in the transition from Fordism to flexible accumulation. In W. D. Macmillan (ed.). *Remodelling Geography*. Oxford: Blackwell, 217-29.

Hausner, J. 1995. Imperative vs. Interactive strategy of systematic change in central and eastern Europe. *Review of International Political Economy*, 2, 249-66.

Haussman, R. 1981. State landed property, oil rent and accumulation in Venezuela. Unpublished Ph. D. dissertation, Cornell University, Ithaca, New York.

Hay, C. 1995. Re-stating the problem of regulation and re-regulating the local state. *Economy and Society*, 24, 387-407.

Hayek, F. A. 1948. *Individualism and the Economic Order*. Chicago: University of Chicago Press.

Hays, S. 1959. *Conservation and the Gospel of Efficiency*. Cabbridge, MA: Harvard University Press.

Healey, P., Cameron, S., Davoudi, S., Graham, S., and Madani pour, A. (eds). 1995. *Managing Cities: The New Urban Context*. London: Wiley.

Hearn, G. and Parking, P. W. 1987. *Sex at Work*. Brighton: Wheatsheaf.

Helgasen, P. 1990. *The Female Advantage*. London: Sage.

Helm, D. and Pearce, D. 1991. Economic policy towards the environment: An overview. In D. Helm (ed.). *Economic Policy Towards the Environment*. Oxford: Blackwell, 1-25.

Helou, A. 1991. The nature and competitiveness of Japan's Keirestsu. *Journal of World Trade*, 25, 99-131.

Henderson, J. and Appelbaum, R. P. 1992. Situating the state in the East Asian development process. In J. Henderson and R. P. Appelbaum (eds). *States and Development in the Asian Pacific Rim*. Newbury Park, CA: Sage, 1-26.

Herrigel, G. 1994. Industry as a form of order: A comparison of the historical development of the machine tool industries in the United States and Germany. In J. R. Hollingsworth, P. C. Schmitter, and W. Streeck (eds). Governing Capitalist Economies: *Performance and Control of Economic Sectors*. New York: Oxford University Press, 97-128.

Hiebert, D. 1999. Local geographies of labor market segmentation: Montreal, Toronto, and Vancouver, 1991. *Economic Geography*, 75, 339-69.

Hill, S. 1988. *The Tragedy of Technology*. London: Pluto.

Hirsch, J. 1991. From the Fordist to the post-Fordist state. In B. Jessop, H. Kastendiek, K. Nielson, and O. K. Pederson (eds). *The Politics of Flexibility*. Aldershot: Edward Elgar, 67-81.

Hirst, P. 1994. *Associative Democracy*. Cambridge: Polity.

Hirst, P. and Thompson, G. 1992. The problem of "golalization": International economic relations, national economic management and the formation of trading blocs. *Economy and Society*, 21, 357-96.

Hirst, P. and Thompson, G. 1996. *Globalization in Question*. Cambridge: Polity.

Ho, S. P. S. and Huenemann, R. W. 1984. *China's Open Door Policy: The Quest for Foreign Technology and Capital*. Vancouver: University of British Columbia Press.

Hobsbawm, E. 1977. Some reflections on "the break-up of Britain." *New Left Review*, 105, 3-24.

Hochschild, A. 1983. *The Managed Heart*. Berkeley, CA: University of California Press.

Hodgson, G. M. 1988. *Economics and Institutions*. Cambridge: Polity.

Hodgson, G. M. 1983. *Economics and Evolution: Bringing Life Back Into Economics*. Cambridge: Polity.

Hogdson, G. M. 1998. The approach of institutional economics. *Journal of Economic Literature*, 36, 162-92.

Hogdson, G. M., Samuels, W. J., and Tool, M. R. (eds). 1993. *The Elgar Companion to institutional and Evolutionary Economics*. Aldershot: Edward Elgar.

Howe, A. 1986. Aged care services: An analysis of provider roles and provision outcomes. *Urban Policy and Research*, 4, 2-20.

Hsing, Y.-T. 1997. *Making Capitalism in China: The Taiwan Connection*. New York: Oxford University Press.

Hudson, R. 1999. The learning economy, the learning firm and the learning region: A sympathetic critique of the limits o learning. *European Urban and Regional Studies*, 6, 59-72.

Hudson, R. 1986. Producing an industrial wasteland: Capital, labour and the state in North East England. In R. L. Martin and B. Rowthorne (eds). *The Geography of Deindustrialisation*. London: Macmillan, 169-213.

Hudson, R. and Lewis, J. (eds). 1982. *Regional Planning in Europe*. London: Pion.

Hudson, R. and Sadler, D. 1983a. The closure of conssett steelworks: Anatomy of a disaster. *Northern Economic Review*, 6, 2-17.

Hudson, R. and Sadler, D. 1983b. Region, class and the politics of steel closures in the European Community. *Environment and Planning D: Society and Space*, 1, 405-28.

Hudson, R. and Williams, A. M. 1995. *Divided Britain*. Chichester: Wiley.

Hutchinson, P. 1983. *The Climate of The Gambia*. Banjul: Ministry of Water Resources and the Enironment.

Hutton, W. 1995. *The State We're In*. London: Jonathan Cape.

Hymer, S. H. 1975. The mvltinational corporation and the law of unenven development. In H. Radce (ed.). *International Firms and Modem Imperialism*. Harmondsworth: Penguin, 37-62.

Hymer, S. 1976. *The International Operations of National Firms: A Study of Direct Foregin investment*. Cambridge, MA: MIT Press.

Ichigo, K., von Krogh, G., and Nonaka, I. 1998. Knowledge enablers. In G. von Krogh, J. Roos, and D. Kleine (eds). *Knowing in Firms: understanding, Managing and Measuring Knowledge*. London: Sage, 173-203.

Iman-Jomeh, I. 1985. Petroleum-based accumulation and the state in Iran: Aspects of social and geographical differentiation, 1953-1979. Unpublished Ph. D. dissertation, University of Californai, Los Angeles.

Ingham, G. 1996. Some recent changes in the relationship between economics and sociology. *Cambridge Journal of Economics*, 20, 243-75.

Izard, M. 1986. *Tierra Firme: Historia de Venezuela Contemporanea*. Madrid: Alianza America.

Jack, I. 1990. *Export constrains and Potentialities for Gambian Horticultural Produce*. Banjul: Ministry of Agriculture.

Jackson, p. and Thrift, N. J. 1995. Geographies of consumption. In D. Miller (ed.). *Acknowledging Consumption*. London: Routledge, 204-37.

Jackbos, M. 1994. The limits to neo-classicism: Towards an institutional environmental economics. In M. Redclift and T. Benton (eds). *Social Theory and the Global Environment*. Routledge, London, 67-91.

Jeng, A. A. O. 1978. An economic history of Te Gambian groundnut industry 1830-1924: The evolution of an export economy. Unpublished Ph. D. dissertation, University of Birmingham.

Jekings, R. 1987. *Transnational Corporations and Uneven Development: The Internation alization of Capital and the Third World*. London: Methuen.

Jessop, B. 1982. *The Capitalist State*. Oxford: Martin Robertson.

Jessop, B. 1994. Post-Fordism and the state. In A. Amin (ed.). *Post-Fordism: A reader*. Oxford: Blackwell, 251-79.

Jo, S. -H. 1981. Overseas direct investment by South Korean firms: Direction and pattern. In K. Kuar and M. G. McLeod (eds). *Multinationals form Developing Countries*. Lexington, MA: Lexington Books, 52-77.

Jobson, R. 1623. *The Golden Trade*. Devonshire: Speight and Walpole.

Johnson, C. 1982. *MITI and the Japanese Economic Miracle: The Growth of Industry Policy, 1925-1975*. Stanford, CA: Stanford University Press.

Johnston, R. J. 1986. The state, the region, and the division of labor. In A. J. Scott and M. Storper (eds). *Production, Work, and Territory: The Geographical Anatomy of Industrial Capitalism*. Boston, MA: Allen and Unwin, 265-78.

Johnston, R., Gregory, D., Pratt, G. et. Al. (eds). 1994: *The Dictionary of Human Geography*. Oxford: Blackwell.

Jones, D. T. 1983. Technology and the Uk automobile industry, *Lloyds Bank Review*, 148, 14-27.

Jones, D. K. 1980. *A Century of Servitude*. Washingto, DC: University Press of America.

Joseph, M. 1998. The performance of production and consumption. *Social Text*, 16, 25-62.

Julius, DeAnne. 1990. *Global Companies and Public Policy*. London: Pinter.

Kanter, R. 1977. *Men and Women of the Organization*. New York: Basic Books.

Kaplinsky, R. 1984. *Automation*. Harlow: Longman.

Kapuscinski, R. 1982. *Shah of Shahs*. New York: Harcourt Brace Jovanovich.

Karl, T. 1982. The political economy of petro-dollars: Oil and democracy in Venezuela, Unpublished Ph. D. dissertation, Stanford University, California.

Karl, T. 1997. *The Paradox of Plenty: Oil Booms and Petro-States*. Berkeley, CA: University of California Press.

Katouzian, H. 1981. *The Political Economy of Modern Iran 1926-1979*. New York: New York: New York University Press.

Katz, D. 1994. *Just do it: The Nike Spirit in he Corporate World*. New York: Random House.

Kay, J. 1993. *Foundations of orporate Success*. Oxford: Oxford University Press.

Kay, J. 1996. *The Business of Economics*. Oxford: Oxford University Press.

Kelly, J. 1983. *Scientific Management, Job Redesign and Work Performance*. London: Academic Press.

Kerfoot, D. and Knights, D. 1994. The gendered terrains of paternalism. In S. Wright (ed.). *Anthropology of Organisations*. London: Routledge.

Kimmel, M. 1988. *Changing Men*. London: Sage.

Kindleberger, C. P. 1988. The "new" multinationaliation of business. *ASEAN Economic Bulletin*, 5, 113-24.

King, A. 1993. Identity and difference: The internationalization of capital and the globalization of culture, In P. Knox (ed.). *The Restless Urban Landscape*. Englewood Cliffs, NJ: Prentice Hall.

Kinnear, D. and Graycar, A. 1982. Family care of elderly people: Australian perspectives. *Social Welfare Research Centre Research Paper* 23, University of New South Wales, Kensington NSW, Australia.

Kinnear, D. and Graycar, A. 1983. Non-institutional care of elderly people. In A. Graycar (ed.). *Retreat from the Welfare State: Australian Social Policy in the 1980s*. Sydney: Allen and Unwin.

Kirby, V. 1992. Addressing essentialism-thought on the corporeal. *Women's Studies Occasional Paper Series* #5, University of Waikato, New Zealand.

Kirsch, S. 1995. The incredible shrinking world? Technology and the production of space. *Environment and Planning D: Soctiety and Space*, 13, 529-55.

Kittler, F. A. 1990. *Discourse Networks* 1800/1900. Stanford: Stanford University Press.

Kobrin, S. J. 1987. Testing the bargaining hypothesis in the manufacturing sector in developing countries. *International Organization*, 41, 609-38.

Kondo, D. K. 1990. *Crafting Selves: Power Gender and Discourses of Identity in a Japanese Workplace*. Chicago: University of Chicago Press.

Krugman, P. 1990. *Rethinking International Trade*. Cambridge, MA: MIT Press.

Krugman, P. 1994. Competitiveness: A dangerous obsession. *Foreign Policy*, 73, 28-44.

Krugman, P. 1995. *Development, Geography and Economic Theory*. London: MIT Press.

Kuhn, T. S. 1962. *The Structure of Scientific Revolutions*. 2nd. Chicago: University of Chicago Press.

Lakatos, I. 1970. Falsification and the methodology of scienfific research programmes. In I. Lakatos and A. Musgrave (eds). *Criticism and the Growth of Knowledge*. Cambridge: Cambridge University Press, 91-195.

Lall, S. 1985. *Multinationals, Technology and Exports: Selected Papers, A Study of Multinational and Local Firm Linkages in India*. New York: St Martin's.

Land, N. 1994. Machinic desire. *Textual Practice*, 7, 471-82.

Land, N. 1995. Machines and techno cultural complexity. *Theory, Culture and Society*, 12, 131-40.

Landell Mills Associates. 1989. *A Market Survey for Gambian Horticultural Grops in the UK, Sweden, The Netherlands and The Federal Republic of Germany*. London: Commonwealth Secretariat.

Lane, C. 1997. The Social regulation of inter-firm relations in Britain and Germany: Market rules, legal norms and technical standards. *Cambridge Journal of Economics*, 21, 197-215.

Lash, S. and Urry, J. 1994. *Economies of Signs and Space*. London: Sage.

Lash, S. and Urry, J. 1987. *The End of Organized Capitalism*. Cambridge: Polity.

Latour, B. 1986. The powers of association. In J. Law (ed.). *Power, Action and Belief*. London: Routledge and Kegan Paul, 264-80.

Latour, B. 1987. *Science in Action*. Oxford University Press.

Latour, B. 1993. *We Have Never Been Modern*. Brighton: Harvester Wheatsheaf.

Law, J. 1986. On the methods of Long-distance control: Vessels, navigation and the Prtuguese route to India. *Sociological Review Monograph*, 32, 234-63.

Law, J. (ed.). 1991. *A Soicology of Monsters*. London: Routledge.

Law, J. 1994. *Organising Modernity*. Oxford: Blackwell.

Law, J. and Bijker, W. 1992. Postscript: Technology, stability and social theory. In W. Bijker and J. Law (eds). *Shaping Technology, Building Society: Studies in Sociotechnical Change*. London: MIT Press, 290-308.

Le Heron, R. 1994. *Globalized Agriculture*. Oxford: Pergamon.

Lebergott, S. 1966. Labor force and employment, 1800-1960. In National Bureau of Economic Research. *Output, Employment. And Productivity after* 1800. New York: National Bureau of Economic Research, 117-210.

Lebowitz, M. 1977-8. Capital and the production of needs. *Science and Society*, 41, 430-48.

Lee, R. and Wills, J. (eds). 1997. *Geographies of Economies*. London: Arnold.

Lefebvre, H. 1991. *The Production of Space*. Oxford: Blackwell.

Leidner, R. 1991. *Fast Food, Fast Talk*. Berkeley, CA: university of California Press.

Levins, R. and Lewontion, R. 1985. *The Dialectical Biologist*. Cambridge, MA: Harvaed University Press

Lewontin, R. 1997. Genes, environment, and organisms. In R. B. Silvers (ed.). *Hidden Histories of Science*. London: Granta Books, 115-39.

Lewontin, R. 1993. *The Doctrine of DNA: Biology as Ideology*. Harmondsworth: Penguin.

Ley, D. 1980. Liberal ideology and the post-industrial city. *Annals of the Association of American Geographers*, 70, 238-58.

Leyshon, A. 1992. The transformation of regulatory order: Regulating the global economy and environment. *Geoforum*, 23, 249-67.

Leyshon, A. 1994. Under pressure: Finance, geo-economic competition and the rise and fall of Japan's postwar growth economy. In S. corbridge, N. J. Thrift, and R. L. Martin (eds). *Money, Power and Space*. Oxford: Blackwell, 116-46.

Leyshon, A., Thrit, N. J., and Twommey, C. 1989. The rise of British provincial financial center. *Progress in Planning*, 31, 151-229.

Leyshon, A., Thrift, N., and Daniels, P. 1987. The urban and regional consequences of the restructuring of world financial markets: The case of the City of London. *Working Papers on Producer Services No. 4*, Department of Geography, University of Liverpool.

Leyshon, A. and Thrift, N. J. 1997. *Money/Space*. London: Routledge.

Leyshon, A. and Tickell, A. 1994. Money order? The discursive construction of Bretton Woods and the making and breaking of regulatory space. *Environment and Planning A*, 26, 1861-90.

Li, T. K. 1992. Why we invest in Canada. *Dialogue*, 6 (1), 8.

Lim, L. and Fong, P. E. 1982. Vertical linkages and multinational enterprises in developing countries. *World Development*, 10, 585-95.

Lindstrom, D. 1978. *Economic Development of the Philadelphia Region, 1810-50*. New York: Columbia University Press.

Lipietz, A. 1980. Inter-regional polarization and the tertiarisation of space. *Papers of the Regional Scicnce Association*, 44, 3-17.

Lipietz, A. 1986. New tendencies in the international division of labor: Regimes of accumulation and modes of social regulating. In A. J. Scott and M. Storper (eds). *Production, Work, Territory: The Geographical Anatomy of Industrial Capitalism*. Boston, MA: Allen and Unwin, 16-40.

Lipietz, A. 1992. *Towards a New Economic Order: Post-Fordism, Ecology and Democracy*. New York: Oxford University Press.

Livingstone, D., Luxton, M., and Seccombe, W. 1982. *Steelworker Families: Workplace, Household and Community in Hamilton, Ontario*. Ottawa: Social Sciences and Humanities Research Council of Canada.

Lloyd, G. 1993. *Being in Time*. London: Routledge.

Lloyd, P. E. and Dicken, P. 1977. *Location in Space*. London: Harper and Row.

Lodge, D. 2001. *Thinks*. New York: Viking Press.

Lih, M. 1987. On-the-job child care. *Australian Society*, April, 38.

Longino, H. 2002. *The Fate of Knowledge*. Princeton, NJ: Princeton University Press.

Loveing, J. 1989. The restructuring ebate. In R. Peet and N. J. Thrift (eds). *New Models in Geography*. Vol. 1. London: Unwin Hyman, 198-223.

Lowe, D. 1995. *The Body in Late Capitalist USA*. Durham, NC: Duke University Press.

Lowe, L. 1996. *Immigrant Acts*. Durham, NC: Duke University Press.

Lubeck, P. 1993. Restructuring Nigeria's urban-industrial sector within the West African region: The interplay of crisis, linkages, and popular resistance. *International Journal of Urban and Regional Research*, 16, 7-23.

Lundvall, B. A. 1988. Innovation as interactive process: From user-producer relations to the national system of innovation. In G. Dosi, C. Freeman, G. Silverberg, and L. Soete (eds). *Technical Change and Economic Theory*. London: Pinter, 349-69.

Lundvall, B. A. (ed.). 1992. *National Systems of Innovation: Towards a Theory of Innovation and Interactive Learning*. London: Pinter.

Lupton, D. 1986. *Food, the Body and the Self*. London: Pinter.

Macías Picavea, R. 1899. *El Problema Nacional*. Madrid: Instituto de Estudios de Administracion Local.

Mackintosh, M. 1989. *Gender, Class and Rural Transition*. Atlantic Highlands, NJ: Zed.

MacWilliam, S. 1990. Manufacturing, nationalism and democracy: A review essay. *Journal of Australian Political Economy*, 24, 100-20.

Malinowski, B. 1961. *Argonauts of the Western Pacific*. New York: E. P. Dutton.

Malmberg, A. 1996. Industrial geography: Agglomeration and local milieu. *Progress in Human Geography*, 20, 392-403.

Maluquer de Motes, J. 1983. La Despatrimonializacion del Agua: Movilizacion de un Recurso Natural Fundamental. *Revista de Historia Economica*, 1, 76-96.

Mandel, E. 1980. *Long Waves of Capitalist Development: The Marxist Interpretation*. Cambridge: Cambridge University Press.

Mann, R. 1987. Development and the Sahel disaster: The csae of The Gambia. *The Ecologist*, 17, 84-90.

Mansell, R. 1994. Introductory overview. In R. Mansell (ed.). *Management of Infromation and Communication Technologies*. London: ASLIB, 1-7.

Mark-Lawson, J., Saveage, M., and Warde, A. 1985. Gender and local politics: Struggles over welfare policies, 1918-1939. In L. M. Murgatroyd, M. Savage, D. Shapiro, J. Urry, S. Walby, and A. Warde with J. Mark-Lawson (eds). *Localities, Class and Gender*. London: Pion, 195-215.

Marshall, A. 1920. *Principles of Economics*. London: Macmillan.

Marshall, A. 1932. *Industry and Trade*. 3rd edn. London: Macmillan.

Marshall, J. 1984. *Women Managers*. London: John Wiley.

Marshall, M. 1987. *Long waves of Regional Development*. London: Macmillan.

Martin, E. 1986. The meaning of money in China and the United States. Mimeo, University of Rochester, New York.

Martin, E. 1992. *Flexible Bodies*. Boston, MA: Beacon Press.

Martin, R. L. 1940 Stateless monies, global financial integration and national autonomy: The end of geography? In S. Corbridge, N. J. Thrift, and R. L. Martin (eds). *Money, Power and Space*. Oxford: Blackwell, 253-78.

Martin, R. L. and Rowthorn, B. (eds). 1986. *The Geography of Deindustrialisation*. London: Macmillan.

Martin, R. and Sunley, P. 1997. The post-Keynsian state and the space economy. In R. Lee and J. Wills (eds), *Geographies of Economies*. London: Arnold, 278-89.

Martinez, J. I. And Jarillo, J. C. 1989. The evolution of research on coordination mechanisms in multinational corporations. *Journal of International Business Studies*, 20, 489-514.

Marvin, C. 1988. *When Old Technologies were New: Thinking about Electric Communication in the Late Nineteenth Century*. Oxford: Oxford University Press.

Marx, K. 1963. *Early Writings* (ed. T. Bottomore). Harmondsworth: penguin.

Marx, K. 1967. *Capital*. Vol. 1. New York: International Publishers.

Marx, K. 1973. *Grundrisse*. New York: Vingtage.

Marx, K. 1974. *Capital: Volume* 1 (trans. B. Fowkes). New York: Vintage.

Marx, K. 1975. *Early Writings*. New York: Vintage.

Maskell, P., Eskelinen, H., Hannibalsson, I., Malmberg, A., and Vatne, E. 1998. *Competitiveness, Localised Learning and Regional Development*. London: Routledge.

Maskell, P. and malmberg, A. 1999. Localised learning and industrial competitiveness. *Cambridge Journal of Economics*, 23, 167-85.

Mason, C. 1987. Venture capital in the United Kingdom: A geographical perspective. *National Westminster Bank Quarterly Review*, May, 47-59.

Massey, D. 1979. In what sense a regional problem? *Regional Studies*, 13, 233-43.

Massey, D. 1984. *Spatial Divisions of Labor*. New York: Methuen.

Massey, D. 1988. A new class of geography. *Marxism Today*, May, 12-17.

Massey, D. 1993. Power-geometry and a progressive sense of place. In J. Bird, B., Curitis, T. Putnam, G. Robertson, and L. Tickner (eds). *Mapping the Futures: Local Cultures, Global Change*. London: Routledge, 59-69.

Massey, D. and Allen, J. (eds). 1984. *Geography Matters*! Cambridge: Cambridge University Press.

Massey, D. and Allen, J. (eds). 1988. *Uneven Re-Development: Cities and Regions in Transition*. London: Hodder and Stoughton.

Massey, D. and Meegan, R. 1982. *The Anatomy of Job Loss*. London: Methuen.

Mateu Bellés, J. F. 1994. planificación Hidráulica de las Divisiones Hidrológicas 1865-1899. Mimeo, Department of Geography, University of Valencia.

Mateu Bellés, J. F. 1995. Planificación Hidráulica de las Divisiones Hidrológicas. In a. Gil Olican and A. Morales Gil (eds). *Planificaion Hirdráulica en España*. Murcia: Fundacion Caja del Mediterraneo, 69-106.

Matthew, J. 1990. Towards a new model of industrial development in Australia. *Industrial Relation Working Paper Series 78*, School of Industrial Relations and Organizational Behaviour, University of New South Wales, Kensington NSW, Australia, 1-21.

Maurice, M., Sellier, F., and Silvestre, J.-J. 1986. *The Social Foundations of Industrial Power: A Comparison of France and Germany*. Cambridge, MA: MIT Press.

Mauss, M. 1967. *The Gift*. New York: W. W. Norton.

McCay, B. and Acheson, D. (eds). 1987. *The Question of the Commons: The Culture and Ecology of Communal Resources.* Phoenix, AZ: Arizona University Press.

McCloskey, D. 1985. *The Rhetoric of Economics.* Madison, WI: University of Wisconsin Press.

McDowell, L. 1991. Life without father and Ford: A new gender order of post-Fordism. *Transactions of the Institute of British Geographers*, 16, 400-19.

McDowell, L. and Massey, D. 1984. A woman's place. In D. Massey and J. Allen (eds). *Geography Matters*! Cambridge: Cambridge University Press, 128-47.

McDowell, L. 1997. *Capital Culture: Gender at Work in the City.* Oxford: Blackwell.

McDowell, L. and Court, G. 1994a. Gender divisions of labour in the post-Fordist economy: The maintenance of occupational sex segregation in the financial services sector. *Environment and Planning A*, 26, 1397-418.

McDowell, L. and Court, G. 1994b, Missing subjects: Gender, power, and sexuality in merchant banking. *Economic Geography*, 70, 229-51.

McEvoy. A. F. 1986. *The Fisherman's Problem: Ecology and Law in the California Fisheries, 1850-1980.* Cambridge: Cambridge: University Press.

McGrath, M. E. and Hoole, R. W. 1992. Manufacturing's new economies of scale. *Harvard Business Review*, May-June, 94-102.

McMichael, P. 1996. *Development and Social Change: A Global Perspective.* Thousand Oaks, CA: Pine Forge Press.

McPherson, M. and Posner, J. 1991. Structural adjustment in sub-Saharan Africa: Lessons from The Gambia. *Paper presented at the 11th annual symposium of the Association for Farming Systems Research Extension*, Michigan State University.

Metcalfe, J. S. 1998. *Evolutionary Economics and Creative Destruction.* London: Routledge.

MEWU [Metal and Engineering Worker's Union]. 1992. *The Australian Economy and Industry Development: Issues and Challenges of Metal Works in the 1990s* Sydney: Metal and Engineering Workers' Union.

Mikita, J. 1994. The influence of the Canadian state on the migration of foreign domestic workers to Canada: A case study of the migration of Filipina nannies to Vancouver, British Columbia. Unpublished M. A. thesis, Department of Geography, Simon Fraser University.

Miller, D. 1993. *Unwrapping Christmas.* Oxford: Clarendon Press.

Miller, P. and Rose, N. 1990. Govering economic life. *Economy and Society*, 19, 1-31.

Mills, S. 1997. *Discourse.* London: Routledge.

Ministerio de Obras Publicas y Urbanismo. 1990. *Plan Hidrologico-Sintesis de la Documentacion Basica.* Madrid: Direccion General de Obras Hirdraulicas.

Ministerio de Obras Publicas y Transportes 1993. *Plan Hidrologico Nacional-Memoria.* Madrid: Direccion General de Obras Hidraulicas.

Mirowski, P. 1995. *More Heat than Light*. Cambridge: Cambridge University Press.

Mirowski, P. 1995. *Natural Images in Economic Thought*. Cambridge: Cambridge University Press.

Mishrah, R. 1984. *The Welfare State in Crisis*. Brighton: Harvester Press.

Misztal, B. 1996. *Trust in Modern Societies*. Cambridge: Polity.

Mitchell, W. 1995. *City of Bits: Space, Place and the Infobahn*. Cambridge, MA: MIT Press.

Miyoshi, M. 1997. A borderless world. In C. David and J. F. Chevrier (eds). *Politics-Poetics Documenta X*. Munich: Kassel, 102-202.

Mol, A. and Law, J. 1994. Regions, networks and fluids: Anaemia and social topology. *Social Studies of Science*, 24, 641-71.

Morales, R. 1994. *Flexible Production: Restructuring of the International Automobile Industry*. Cambridge: Polity.

Morgan, K. 1983. Restructuring steel: The crises of labour and locality in Britain. *International Journal of Urban and Regional Research*, 7, 175-201.

Morgan, K. 1997. The learning region: Institutions, innovation and regional renewal. *Regional Studies*, 31, 491-503.

Morgan, K. and Sayer, A. 1985. A modern industry in a mature region: The restructuring of labour-management relations. *International Journal of Urban and Regional Research*, 9, 383-404.

Morris, D. and Hergert, M. 1987. Trends in international collaborative agreements. *Columbia Journal of World Business*, 22, 15-21.

Morris, M. 1992. *Ecstasy and Economics*. Sydney: EMPress.

Mort, F. 1995. Archaeologies of city life: Commercial culturen, masculinity and spatial reltions in the 1980s. Environment and Planning D: *Society and Space*, 13, 505-630.

Mosco, V. 1996. *The Political Economy of Communication*. London: Sage.

Moss, P. 1995. Inscribing workplaces: The spatiality of the production process. *Growth and Change*, 26, 23-57.

Moulaert, F. and Swyngedouw, E. 1989. A. regulation approach to the geography of flexible production systems. *Environment and Planning D: Society and Space*, 73, 27-45.

Moulaert, F., Swyngedouw, E., and Wilson, P. 1988. Spatial responses to Fordist and post-Fordist accumulation and regulation. *Papers of the Regional Science Association*, 64, 11-23.

Mowbray, M. 1984. Localism and austerity: The community can do it. *Journal of Australian Political Economy*, 16, 3-14.

Mowery, D. (ed.). 1988. *International Collaborative Ventures in US Manufacturing*. Capbridge, MA: Ballinger.

Mueller, F. and Loveridge, R. 1995. The "Second Industrial Divide"? The role of the large firm in the Baden-Wurttemberg Model. *Industrial and Corporate Change*, 4, 555-82.

Murdoch, J. 1995. Actor-networks and the evolution of economic forms: Combining description and explanation in theories of regulation, flexible specialization and networks. *Envuronment and Planning A*, 27, 731-57.

Murdoch, J. and Marsden, T. 1995. The spatialization of politics: Local and national actorspaces in environmental conflict. *Transactions of the Institute of British Geographers*, 20, 368-80.

Murdock, G. 1993. Communications and the construction of modernity. *Media, Culture and Society*, 15, 521-39.

Murgatroyd, L. 1985. Occupational stratification and gender. In The Lancaster Regional Group. *Localities, Class and Gender*. London: Pion.

Murray, F. 1983. The decentralization of production-the decline of the mass-collective worker. *Capital and Class*, 19, 74-99.

Murray, R. 1972. Underdevelopment, the international firm and the international division of labour. In European Conference Conference of the Society for International Development. *Towards a New World Economy*. Rotterdam: Rootterdam University Press, 159-247.

Mytelka, L. (ed.). 1992. *Strategic Partnerships: States, Firms, and International Competition*. Rutherford, NJ: Farleigh Dickinson University Press.

Nadal Reimat, E. 1981. El Regadio Durante la Restauracion. *Revista Agricultura y Sociedad*, 19, 129-63.

Nath, K. 1985. Women and vegetable gardens in The Gambia: Action aid and rural development. *African Studies Center Working Paper No. 100*. Boston, MA: Boston University.

Natter, W. and Jones, J. P. 1993. Signposts toward a poststructuralist geography. In J. P. Jones, W. Natter, and T. R. Schatzki(eds). *Postmodem Contentions: Epochs, Politics, Space*. New York: Guilford, 165-203.

Naughton-Treves, L. and Sundcrson, S. 1995. Property, politics and wildlife conservation. *World Development*, 23, 1265-75.

Negroponte, N. 1995. *Beijing Digital*. London: Hodder & Stoughton.

Nelson, K. 1986. Labor demand, labor supply and the suburbanization of low-wage office work. In A. J. Scott and M. Storper (eds). *Production, Work, Territory: The Geographical Anatomy of Industrial Capitalism*. Boston, MA: Allen and Unwin, 149-71.

Nelson, R. R. 1995. Recent evolutionary theorizing about economic change. *Journal of Economic Literature*, 33, 48-90.

Nelson, R. R. (ed.). 1993. *National Innovation Systems: A Comparative Analysis*. New York: Oxford University Press.

New York Times. 1997a. Peering into the shadows of corporate dealings. March 25, p. D1.

New York Times. 1997b. Nike's boot caps. March 31, P. A21.
New York Times. 1997c. Apparel industry group moves to end sweatshops. April 9, p. A14.
New York Times. 1997d. Accord to combat sweatshop labor faces obstacles. April 13, P. A1.
Niehans, J. 1990. *A History of Economic Theory*. Baltimore, MD: Johns Hopkins University Press.
Nike, 1996. 10-K statement of US Securities and Exchange Commission. SEC File 001-10635. Washington, DC: Securities and Exchange Commission.
Nixson, F. 1988. The political economy of bargaining with transnational corporations: Some preliminary observations. *Manchester Papers on Development*, 4, 377-90.
N'Jang, A. 1990. *Characteristics of Tourism in The Gambia*. Banjul: Ministry of Information and Tourism.
Nooteboom, B. 1999. Innovation, learning and industrial organisation. *Cambridge Journal of Economics*, 23, 127-50.
O'Connor, J. 1973. *The Fiscal Crisis of the State*. New York: St. Martin's.
O'Connor, J. 1989a. Capitalism, nature, socialism: A theoretical introduction. *Capitalism, Nature, Socialism*, 1, 11-38.
O'connor, J. 1989b. Political economy and ecology of socialism and capitalism. *Capitalism, Nature, Socialism*, 1, 93-106.
O'Connor, J. 1989c. Uneven and combined development and ecological crisis: A theoretical introduction. *Race and Class*, 30, 1-11.
O'Neill, P. M. 1997. So what is internationalisation? Lessons from restructuring at Australia's "Mother Plant". In S. Conti and M. Taylor (eds). *Interdependent and Uneven Development: Global-Local Perspectives*. Aldershot: Ashgate, 283-308.
Oberhauser, A. 1987. Labour, production and the state: Decentralization of the French automobile industry. *Regional Studies*, 21, 445-58.
Oberhauser, A. 2000. Feminism and economic geography: Gendering work and working gender. In E. Sheppard and T. J. Barnes (eds). *Companion to Economic Geography*, Oxford: Blackwell, 60-76.
Offe, C. 1975. The theory of the capitalist state and the problem of policy formation. In L. N. Lindberg, R. Alfrod, C. Crouch, and C. Offe (eds). *Stress and Contradicition in Modern Capitalism*. Lexington, MA: Lexington Books, 125-44.
Offe, C. 1976. Political authority and class structures. In P. Connerton (ed.). *Critical Sociology*. London: Penguin, 388-421.
Offe, C. 1984. *Contradictions of the Welfare State*. London: Hutchinson.
Offe, C. 1985. *Disorganized Capitalism*. Cambridge: Polity.
Ohmae, K. 1990. *The Borderless World: Power and Strategy in the Interlinked Economy*. London: Collins.

Ohmae, K. 1995. *The End of Nation State: The Rise of Regional Economies*. New York: Free Press.

Ohno, T. 1982. How the Toyota production system was created. *Japanese Economic Studies*, 10, 83-103.

Okoth-Ogendo, H. 1989. Some issues of theory in the study of tenure relations in Africa agriculture. *Africa*, 59, 56-72.

Olman, B. 1993. *Dialectical Investigations*. London: Routledge.

Ong, A. 1987. *Spirits of Resistance and Capitalist Development: Factory Women in Malaysia*. Albany, Ny: state University of New York Press.

Ong, A. 1991. The gender and labor politics of postmodernity. *Annual Review of Anthropology*, 20, 279-309.

ORC[Opinion Research and Communications]. 1985. *The Great Debate: What IS IMF?* Owerri: Gunson Headway Press.

Organization fro Economic Cooperation and Development. 1993. *International Direct Investment-Policies and Trends in the* 1980s. Paris: OECD.

Orillard, M. 1997. Cognitive networks and self-organisation in a complex socio-economic environment. In A. Amin and J. Hausner (eds). B*eyond Market and Hierarchy: Interactive Governance and Social Complexity*. Aldershot: Edward Elgar.

Orrù, M., Biggart N. W., and Hamilton, G. 1991. Organizational isomorphism in East Asia. In W. Powell and P. DiMaggio (eds). *The New Institutionalism in Organizational Analysis*. London: University of Chicago Press, 361-89.

Ortega, N. 1975. *Política Agraria y Dominación del Espacio*. Madrid: Editorial Ayuso.

Ortega, N. 1992. El Plan Nacionál de Obras Hidráulicas. In A. Gil Olcina and A. Morales Gil (eds). *Hitos Históricos de los Regadíos Españoles*. Madrid: Ministerio de Agricultura. Pasca y Alimentación, 335-64.

Ortí, A. 1976. Infortunio de Costa y Ambigüedad del Costismo: Una Reedición Acrítica de "Política Hidráulica." *Agricultura y Sociedad*, 1, 179-90.

Ortí, A. 1984. Politica Hidráulica y Cuestión Social: Orígenes, Etapas y Singnificados del Regeneracionismo Hidraulica be Joaquín Costa. *Revista Agricultura y Sociedad*, 32, 11-107.

Ortí, A. 1994. Politica Hidraulica y Emancipación Campesina en el Discurso Político del Populismo Rural Español entre las dos Repúblicas contemporáneas. In J. Romero and C. Giménez (eds). *Regadíos y Estructuras de Poder*. Alicante: Instituto de Cultura "Juan Gil-Albert," Diqutación de Alicante, 241-67.

Ostry, S. 1990. *Governments and Corporations in a Shrinking World*. New York: Council on Foreign Relations.

O'Sullivan, M. 2000. *Contests for Corporate Control: Corporate Governace in the United States and Germany*. Oxford: Oxford University Press.

Pahl, R. 1988. *On Work*, Oxford: Blackwell.

Pahl, R. 1995. *After Success*. Cambridge: Polity.

Pankhurst, F. 1984. *Workplace Child Care and Migrant Parents*. Canberra: National Women's Advisory Council/AGPS.

Park, M. 1983. *Travels into the Interior of Africa*. London: Eland.

Parkes, D. and Thrift, N. J. 1980. *Times, Spaces. Places* Chichester: John Wiley.

Parry, J. and Bloch, M. (eds). 1989. *Money and the Morality of Exchange*. Cambridge: Cambridge University Press.

Patel, P. and Pavitt, K. 1991. Large firms in the production of the world's technology: An important case of non-globalization. *Journal of International Business Studies*, 22, 1-21.

Pauly, L. w. and Reich, S. 1997. National structures and multinational corporate behavior: Enduring differences in the age of globalization. *International Organization*, 51, 1-30.

Pavitt, K. and Patel, P. 1995. Corporate technology strategies and national systems of innovation. In J. Allouche and G. Pogorel (eds). *Tehcnology Management and Corporate Strategies: A Tricontinental Perspective*. Amsterdam: Elsevier Science, 313-40.

Peck, J. 1996. *Work-place: The Social Regulation of Labor Markets*. New York: Guilford.

Peck, J. and Tickell, A. 1994. Searching for a new institutional fix: The after-Fordist crisis and global-local disorder. In A. Amin (ed.). *Post-Fordism: A Reader*. Oxford: Blackwell, 280-316.

Perez De La Dehesa, R. 1966. *El Pensamiento de Costa y su Influncia en el* 98. Madrid: Editorial Sociedad de Estudios y Publicaciones.

Pérez, J. 1999. *Historia de Espana*. Barcelona: Editorial Critica.

Perlmutter, H. V. 1969. The tortuous evolution of the multinational corporation. *Columbia Journal of World Business*, January-February, 24-31.

Petras, J. and Morley, M. 1983. Petrodollars and the state: The failure of state capitalist development in Venezuela. *Third World Quarterly*, 5, 8-27.

Philippine Women Centre. 1998. Commentary on "Not Just numbers." Brief to the Honourable Lucienne Robillard, Minister of Citizenship and Immigration, March9, 1998.

Philips, D. 1987. *Structural Adjustment of What, by Whom, for Whom?* Lagos: Centre for Management Development.

Philips, A, 1989. *Divided Loyalties*. London: Virago.

Picciotto, S. 1991. The internationalization of the State. *Capital and Class*, 43, 43-63.

Pigou, A. 1920. *The Economics of Welfare*. London: Macmillan.

Pile, S. 1994. Cybergeography: 50 years of Environment and Planning A. *Environment and Planning A*, 26, 1815-23.

Pimlott, B. 1978. *The Egnlishman's Christmas*. Hassocks: Harvester Press.

Piore, M. and Sabel, C. 1984. *The Second Industrial Divide: Possibilities for Prosperity*.

New York: Basic Books.

Pitelis, C. 1991. Beyond the nation-state? The transnational firm and the nation-state. *Capital and Class*, 43, 131-52.

Plant, S. 1994. Beyond the screens: Film, cyberpunk and cyberfeminism. *Variant*, 16, 12-17.

Platteau, J.-P. 1994a. Behind the market stage where real societies exist-Part I: The role of public and private order institutions. *Journal of Development Sudies*, 30, 753-817.

Plotkin, H. C. 1994. *Darwin, Machines and the Nature of Knowledge*. Harmondsworth: Penguin.

Plummer, P. 2000. The modeling tradition. In E. S. Sheppard and T. J. Barnes (eds). *A Companion to Economic Geography*. Oxford: Blackwell, 27-40.

Polanyi, K. 1944. *The Great Transformation*. New York: Rinehart.

Polanyi, M. 1958. *Personal knowledge: Towards a Post-Critical Philosophy*. London: Routledge and Kegan Paul.

Polanyi, M. 1966. *The Tacit Dimension*. London: Routledge and Kegan Paul.

Pollert, A. 1981. *Girls, Wives, Factory Lives*. London: Macmillan.

Poovey, M. 1995. *Making a Social Body*. Chicago: University of Chicago Press.

Porter, G. and Livesay, H. 1971. *Merchants and Manufacturers*. Baltimore: Johns Hopkins University Press.

Porter, M. E. 1980. *Competitive Strategy*. New York: Free Press.

Porter, M. E. 1990. *The Competitive Advantage of Nations*. New York: Free Press.

Porter, M. E. 1994. The role location in competition. *Journal of the Economics of Business*, 1, 35-9.

Porteres, R. 1970. Primary cradles of agriculture in the African continent. In J. Fage and R. Oliver (eds). *Papers in African Prehistory*. Cambridge: Cambridge University Press, 43-58.

Poster, M. 1989. *Critical Theory and Poststructuralism: In Search of a Context*. Ithaca, NY: Cornell University Press.

Poynter, T. A. 1985. *Multinational Enterprises and Government Intervention*. London: Groom Helm.

Pratt, G. 1990. Feminist analyses of the restructuring of urban life. *Urban Geography*, 11, 594-605.

Pratt, G. 1997. Stereotypes and ambivalence: Nanny agent's stereotypes of domestic workers in Vancouver, B. C. *Gender, Place and Culture*, 4, 159-77.

Pred, A. 1966. *The Spatial Dynamics of Urban Growth in the United States*, 1800-1914. Cambridge, MA: Harvard University Press.

Pred, A. 1973. *Urban Growth and the Circulation of Information*, 1790-1840. Cambridge, MA: Harvard University Press.

Pred, A. 1980. *Urban Growth and City Systems in the United States*, 1840-60. Cambridge,

MA: Harvard University Press.

Pred, A. 1992. Languages of everyday practice and resistance: Stockholm at the end of the nineteenth century. In A. Pred and M. Watts (eds). *Reworking Modernity: Capitalisms and Symbolic Discontents*. New Brunswick, NJ: Rutgers University Press, 118-54.

Pringle, R. 1989. *Secretaries Talk*. London: Verso.

Putnam, R. 1933. *Making Democracy Work*. Princeton, NJ: Princeton University Press.

Rada, J. 1982. Structure and behaviour of the semiconductor industry. Mimeo, United Nations Center on Transnational Corporations, New York.

Radice, H. 1984. The national economy-a Keynesian myth? *Capital and Class*, 22, 111-40.

Rafael, V. 1997. "Your grief is our gossip": "Overseas Filipions and other spectral presences, *Public Culture*, 9, 267-91."

Rahman, A. K. 1949. Unpublished notes on land tenure in Genieri, courtesy of David Gamble.

Redclift, M. 1987. The reproduction of nature and the reproduction of the species. *Antipode*, 19, 222-30.

Reich, R. 1990. Who is us? *Harvard Business Review*, January-February, 53-64.

Reich, R. 1991. *The Work of Nations: Preparing Ourselves for 21st Century Capitalism*. New York: Vintage Books.

Reich, S. 1989. Roads to follow: Regulating direct foreign investment. *International Organization*, 43, 543-84.

Resnick, S. and Wolff, R. 1987. *Knwoledge and Class: A Marxian Critique of Political Economy*. Chicago: Chicago University Press.

Restad, P. L. 1995. *Christmas in America. A History*. New York: Oxford University Press.

Riley, F. 1967. Fur Seal Industry of the Pribil of Islands, 1786-1965. *Bureau of Commercial Fisheries Circular No. 275*. U. S. Department of Interior, Fisheries and Wildlife Service, Washington, DC.

Ritzer, G. 1996. *The McDonaldization of Society*. Thousand Oaks, CA: Pine Forge Press.

Roberts, R. and Emel, J. 1991. Uneven development and the tragedy of the commons: Competing images for nature-society analysis. *Economic Geography*, 67, 247-71.

Robins, K. 1995. Cyberspace and the world we live in. In M. Featherstone and R. Burrows (eds). *Cyberpunk/Cyberspacel Cyberbodies*. London: Sage, 135-56.

Robinson, J. F. F. 1983. State planning of spatial change: Compromise and contradiction in Peterlee New Town. In J. Anderson, S. Duncan, and R. Hudson (eds). *Redundant Spaces in Cities and Regions?* London: Academic Press, 263-84.

Robinson, J. F. F. and Sadler, D. 1985. Routine action, reproduction of social relations and the place market: Consett after the closure. *Environment and Planning D: Society and Space*, 3, 109-20.

Rogers, G. 1976. An economic analysis of the Pribil of Islands. 1870-1946. U. S. *Department of Justice*, *Indian Claims Commission Dockets* 352 *and* 369, Institute of Social, Economic and Government Research, University of? Alaska, Fairbanks AL.

Roppel, A. Y. and Davey, S. P. 1965. Evolution fur seal management on the Pribilof Islands. *Journal of Wildlife Management*, 29, 448-63.

Rorty, R. 1989. *Contingency, Irony and Solidarity*. Cambridge: Cambridge University Press.

Rosdolsky, R. 1977. *The Making of Marx's Capital*. London: Pluto Press.

Rose, G. 1993. *Feminism and Geography: The Limits of Geographical Knowledge*. Minneapolis: University of Minnesota Press.

Ross, R. J. S. and Trachte, K. C. 1990. *Global Capitalism*. Albany, NY: State University of New York Press.

Ruan, D. 1993. Interpersonal networks and workplace controls in urban China. *Australian Journal of Chiness Affairs*, 20, 89-105.

Ruccio, D. 1992. Failure of socialism, Failure of socialists? *Rethinking Marxism*, 5, 7-22.

Rugman, A. M. and Verbeke, A. 1992. Multinational enterprise and national economic policy. In P. J. Buckely and M. Casson (eds). *Multinational Enterprises in the World Economy: Essays in honor of John Dunning*. Aldershot: Edward Elgar, 194-211.

Ruiz, J. M. 1993. La Situacion de los Recursos Hidricos en Espana, 1992. In L. R. Brown (ed.). *La Situacion en el Mundo*-1993. Madrid: Ediciones Apostrofe S. L., 385-450.

Russell Smith, J. 1913. *Industrial and Commercial Geography*. New York: Henry Holt & Co.

Russo, M. 1985. Technical change and the industrial district: The role of interfirm relations in the growth and transformation of ceramic tile production in Italy. *Research Pollcy*, 14, 329-43.

Sabel, C. 1989. Flexible specialization and the re-emergence of regional economies. In P. Hirst and J. Zeitlin (eds). *Reversing Industrial Decline?* Oxford: Berg, 17-70.

Sabel, C. 1994. Learning by monitoring : The institutions of economic development. In N. Smelser and R. Swedberg (eds). *Handbook of Economic Sociology*. Princeton, NJ: Princeton University Press, 137-65.

Sabel, C. and Zeitlin, J. 1985. Historical alternatives to mass production : Politics, markets and technology in nineteenth-century industrialization. *Past and Present*, 108, 133-76.

Sack, R. D. 1980. *Conceptions of Space in Social Thought*. London: Macmillan.

Sadler, D. 1984. Works closure at British Steel and the nature of the state. *Political Geography Quarterly*, 3, 297-311.

Sahlins, M. 1972. *Stone Age Economics*. New York: Aldine.

Salais, R. and Storper, M. 1992. The four "worlds" of contemporary industry. *Cambridge Journal of Economics*, 16, 169-93.

Salzinger, L. 1997. From high heels to swathed bodies: Gendered meanings under production in

Mexico's export-processing industry. *Feminist Studies*, 43, 549-74.

Samuels, W. 1995. The present state of institutional economics. *Cambridge Journal of Economics*, 19, 569-90.

Sassen, S. 1990. *The Global City*. Princeton, NJ: Princeton University Press.

Sassen, S. 1996. Analytic borderlands: Race, gender and representation in the new city. In A. King(ed.). *Re-Presenting the City*. London: Macmillan.

Savage, M., Barlow, J., Dickens, P., and Fielding, T. 1992. *Property, Bureaucracy and Culture*. London: Routledge.

Sawhney, H. 1996. Infromation superhighway: Metaphors as midwives. *Media, Culture and Society*, 18, 291-314.

Saxenian, A. 1983. The urban contradictions of Silicon Valley. *International Journal of Urban and Regional Research*, 17, 237-61.

Saxenian, A. 1994. *Regional Advantage: Culture and Competition in Silicon Valley and Route 128*. Cambridge, MA: Harvard University Press.

Sayer, A. 1982a. Abstraction: A realist approach. *Radical Philosophy*, 28, 6-15.

Sayer, A. 1982b. Explanation in economic geography. *Progress in Human Geography*, 6, 68-88.

Sayer, A. 1984. *Method in Social Science: A Realist Approach*. London: Hutchinson.

Schmidt, A. 1971. *The Concept of Nature in Marx*. London: New Left Books.

Schoenberger, E. 1987. Techological and organizational change in automobile production: Spatial implications. *Regional Studies*, 21, 199-214.

Schoenberger, E. 1997. *The Cultural Crisis of the Firm*. Oxford: Blackwell.

Schoenberger, E. 1999. The firm in the region and the region in the firm. In T. J. Barnes and M. S. Gertler (eds). *The New Industrial Geography: Regions, Regulation and Institutions*. London: Routledge, 205-24.

Schonberger, R. J. 1982. *Japanese Management Techniques: Nine Hidden Lessons in Simplicity*. New York: Free Press.

Schroeder, R. 1992. *Shady Practice: Gendered Tenure in The Gambia's Garden/Orchards*. Yundum: Department of Agriculture Horticultural Unit and Oxfam America.

Schroeder, R. 1994. Cyberculture, cyborg postmodernism and the sociology of virtual reality technologies. *Futures*, 26, 519-28.

Schroeder, R. and Watts, M. 1991. Struggling over strategies, fighting over food: Adjusting to food commercialization among Mandinka peasants. *Research in Rural Sociology and Development*, 5, 45-72.

Sciberras, E., Swords-Isherwood, N., and Senker, P. 1978. Competition, technical change and manpower in electronic capital equipment: A study of the UK minicomputer industry. *Occasional Paper No. 8*, Science Policy Research Unit, University of Sussex, Brighton,

Sussex.

Scott, A. M. (ed.). 1994. *Gender Sgregation and Social Change*. Oxford: Oxford University Press.

Scott, A. 1994. Hark, the herald cash tills ring *Financial Times*, December24, p. 7.

Scott, A. J. 1988a. *Metropolis: From the Division of Labor to Urban Form*. Berkeley and Los Angeles: University of California Press.

Scott, A. J. 1988b. *New Industrial Spaces*. London: Pion.

Scott, A. J. 1995. The geographic foundations of industrial performance. *Competition and Change*, 1, 51-66.

Scott, A. J. 1996. Regional motors of the global economy. *Futures*, 28, 391-411.

Scott, A. J. 2000. Economic geography: the great half century. *Cambridge Journal of economics*, 24(4), 483-504.

Scott, A. J. and angel, D. 1987. The US semiconductor industry: A locational analysis. *Environment and Planning A*, 19, 875-912.

Scott, A. J. and Storper, M. 1987. High technology industry and regional development: A theoretical critique and reconstruction. *International Social Science Journal*, 112, 215-32.

Scott, A. J. Storper, M. 1986a. Industrial change and territorial organization: A summing up. In A. J. Scott and M. Storper (eds). *Production, Work, Territory*. Boston, MA: Allen and Uniwin, 301-11.

Scott, A. J. and Storper, M. (eds). 1986b. *Production, Work, Territoy*. Boston, MA: Allen and Unwin.

Scott, J. 1988a. Deconstructing equality versus difference; or, the uses of post-structuralist theory for feminism. *Feminist Studies*, 14, 33-50.

Scott, J. 1988b. *Gender and the Politics of History*. New York: Columbia University Press.

Sennett, R. 1977. *The Fall of Public Man*. New York: Knopf.

Sercovich, F. C. 1984. The case study of Brazial. *World development*, 12, 575-600.

Serequerberhan, T. 1990. Karl Marx and African emancipatory thought: A critique of Marx's Eurocentric metaphysics. *Praxis International*, 10, 161-81.

Serres, M. and Latour, B. 1995. *Conversations on Science, Culture, and Time*. Ann Arbor, MI: University of Michigan Press.

Shapin, S. 1994. *A Social History of Truth*. Chicago: Chicago University Press.

Shell, M. 1982. *Money, Language and Thought: Literary and Philosophic Economies from the Medieval to the Modern Era*. Los Angeles: University of California Press.

Sheppard, E. S. 2000. Competition in space and between places. In E. S. Sheppard and T. J. Barnes (eds). *A Companion to Economic Geography*. Oxford: Blackwell, 169-86.

Shappard, E. S. 2002. The spaces and times of globalization: Place, scale, networks, and positionality. *Economic Geography*, 78, 307-30.

Sheppard, E. S. and Barnes, T. J. (eds). 2000. *A Cjompanion to Economic Geography*. Oxford: Blackwell.

Shohat, E. and Stam, R. 1994. *Unthinking Eurocentrism: Multiculturalism and the Media*. New York: Routledge.

Simmel, G. 1978. *The philosophy of Money*. London: Routledge.

Simon, H. A. 1959. Theories of decision-making in economic and behavioral sciences. *American Economic Review*, 49, 353-83.

Singelmann, J. 1978. *From Agriculture to Services*. Beverlv Hills: Sage.

Kalair, L. 1991. *Sociology of the Global System*. Baltimore: Johns Hopkins University Press.

Skocpol, T. 1995. Bringing the state back in : Strategies of analysis in current research. In P. B. Evans, D. Rueschemeyer, and T. Skocpol (eds). *Bringing the State Back In*. Cambridge: Cambridge University Press, 1-43.

Slater, D. 1992. On the borders of social theory: Learning form other regions. *Society and Space*, 10, 307-28.

Slouka, M. 1995. *War of the Worlds: The Assault on Reality*. London: Abacus.

Smeler, N. and Baltes, P (eds). 2001. *International Encyclopedia of the Social Behavioral Sciences*. Oxfrod: Pergamon, 26vols.

Smelser, N. and Swedberg. R. (eds). 1994. *The Handbook of Economic Sociology*. Princeton: Princeton University press.

Smelt, S. 1980. Money's place in society. *British Journal of Society*, 31, 204-23.

Smith, A. 1776. *The Wealth of Nations*. Harmondsworth: Penguin.

Smith, F., Jack, I., and Singh, R. 1985. *The Survey of Rural Women's Vegetable Growing and Marketing Programme*. Banjul: Action Aid.

Smith, G. 1994. Toward an ethnography of idiosyncratic forms of livelihood. *International Journal of Urban and Regional Research*, 18, 71-87.

Smith, M. and Marx, L. 1995. Does Technology Drive Histroy? *The Dilemma of Technological Determination*. Cambridge, MA: MIT Press.

Smith, N. 1984. *Uneven Development: Nature, Capital, and the Production of Space*. Oxford: Blackwell.

Smith, N. 1996. The production of nature. In G. Robertson, M. Mash, L. Tickner, J. Bird, B. Curtis, and T. Putnam (eds). *Future-Natural : Nature/Science/ Culture*. London: Routledge, 35-54.

Smith, N. and O'Keefe, P. 1985. Geography, Marx and concept of nature. *Antipode* 17, 79-88.

Smith, P. and Brown, P. 1983. Industrial change and Scottish nationalism since 1945. In J. Anderson, S. Duncan, and R. Hudson (eds). *Redundant Spaces in Cities and Regions?* London: Academic Press, 241-62.

Solinas, G. 1982. Labour market segmentation and workers careers: The case of the Italian knitwear industry. *Cambridge Journal of Economics*, 6, 331-52.

Solinger, D. J. 1987. Uncertain paternalism: Tensions in recent regional restructuring in China. *International Regional Science Review*, 11, 23-42.

Sparke, N. 1995. Writing on patriarchal missiles: The chauvinism of the "Gulf War" and the limits of critique. *Environment and Planning A*, 27, 1061-89.

Spivak, G. C. 1988. Can the subaltern speak? In C. Nelson and L. Grossberg (eds). *Marxism and the Interpretation of Culture*. Urbana, IL: University of Illinois Press, 271-313.

Sproul, C. 1993. Mastering the other: an ecofeminist analysis of neoclassical economics. PhD dissertation. Department of Economics, University of Massachusetts-Amherst.

Stanback, T. 1979. *Understanding the Service Economy*. Baltimore: Johns Hopkins University Press.

Stanback, T,. and Noyelle, T. 1982. *Cities in Transition*. Totowa, NJ: Allenhheld.

Stanback, T. , Bearse, P. , Noyelle, T. , and Karasek, R. 1981. *Services: The New Economy*. Totowa, NJ: Allenheld.

Staple, G. 1993. Telegeography and the explosion of place: Why the network which is bringing the World together is also pulling it apart. *CITI Working Papers No. 656*, Columbia University, New York.

Stefik, M. 1996. *Internet Dreams: Archetypes. Myths and Metaphors*. Cambridge, MA: MIT Press.

Stiell, B. and England, K. 1997. Domestic distinctions: constant difference among paid domestic workers in Toronto. *Gender, Place and Culture*, 4, 339-59.

Stigler, G. J. 1951. The division of labor is limited by the extent of the market. *Journal of Political Economy*, 59, 185-93.

Stigler, G. 1971. The theory of economic regulation. *Bell Uournal of Economics and Management*, 2, 3-21.

Stiglitz, J. E. and Weiss, A. 1991. Credit rationing in markets with imperfect information. In G. Mankiw and D. Romer (eds). *New Keynesian Economics*. Cambridge, MA: MIT Press, 247-76.

Stilwell, F. 1991. Wages policy and the Accord. *Journal of Australian Political Economy*, 28, 27-53.

Stopford, J. M. and Strange, S. 1991, *Rival States, Rival Firms: Competition for World Market Shares*. Cambridge: Cambridge University Press.

Storper, M. 1996. The world of the city: Local relations in a global economy. Mimeo, School of Public Policy and Social Research, University of California, Los Angeles.

Storper, M. 1997. *The Regional World*. New York: Guilford.

Storper, M. and Christopherson, S. 1987. Flexible specialization and regional industrial agglomeration: The case of the US motion picture industry. *Annals of the Association of American Geographers*, 77, 104-17.

Storper, M. and Salais, R. 1997. *Worlds of Production: The Action Frameworks of the Economy*. Cambridge, MA: Harvard University Press.

Strange, S. 1997. *The Retreat of the State*. Cambridge: Cambridge University Press.

Strathern, M. (ed.). 1995. *Shifting Contexts*, London: Routledge.

Streeck, W. 1996. Lean production in the German automobile industry: A test case for convergence theory. In S. Berger and R. Dore (eds). *National Diversity and Global Capitalism*. Ithaca, NY: Cornell University Press, 138-70.

Sumberg, J. and Okali, C. 1987. *Workshop on NGO-sponsored Vegetable Gardening Projects in The Gambia*. Yundum: Department of Agriculture Horticultural Unit and Oxfam America.

Sunley, P. 1996. Context in economic geography: The relevance of pragmatism. *Progress in Human Geography*, 20, 338-55.

Swedberg, R. 1994. Markets as social structures. In N. J. Smelser and R. Swedberg (eds). *The Handbook of Economic Sociology*. Princeton and New York: Princeton University Press and Russell Sage Fjoundation, 255-82.

Swyngedouw, E. 1993. Communication, mobility and the struggle for power over space. In G. Giannopculos and A. Gillespie (eds). *Transport and Communications in the New Europe*. London: Belhaven, 305-25.

Swyngedouw, E. 2000: The Marxian alternative: Historical-geographical materialism and the political economy of capitalism. In E. Sheppard and T. J. Barnes (eds). *Companion to Economic Geography*. Oxford: Blackwell, 41-60.

The Economist. 1996a. Past masters: Present pupils. November 23, p. 16.

The economist. 1996b. Showing Europe's firms the way. July 13, p. 15.

Thorne, L. 1997. Towards ethical trading space? Unpublised ph. D. dissertation, Department of Geographical Sciences, University of Bristol.

Thrift, N. J. 1977. Time and theory in human geography: Part1. *Progress in Human Geography*, 1, 65-103.

Thrift, N. J. 1986. The geography of international economic disorder. In N. J. Thrift and P. Williams (eds). *Class and Space*. London: Pion, 207-53.

Thrift, N. J. 1989. Images of social change. In C. Hammnett. L. McDowell, and P. Sarre Thrift, N. J. 1989. Images of social change. In C. Hammentt. L. McDowell, and P. Sarre (eds). *The Changing Social Structure*. London: Sage, 12-42.

Thrift, N. J. 1993. The light fantastic: Culture, postmodernism and the image. In G. L. Clark, D. K. Forbes, and R. Francis (eds). *Multicuturalism, Difference and Post modernism*. Melbourne: Longman Cheshire, 1-21.

Thrift, N. J. 1994. On the social and cultural determinants of international financial centers. In

S. Corbridge, N. J. Thrift, and R. L. Martin (eds). *Money, Power and Space*. Oxford: Blackwell, 327-55.

Thrift, N. J. 1995. A hyperactive world. In R. Johnston, P. Taylor, and M. Watts (eds). *Geographies of Global Change*. Oxford: Basil Blackwell, 18-35.

Thrift, N. J. 1996a. New urban Studies, and old technological fears: Reconfiguring the goodwill of electronic thins. *Urban Studies*, 33, 1463-93.

Thrift, N. J. 1996b. *Spatial Formations*. London: Sage.

Thrift, N. J. 2000. Pandora's box? Cultural geographies of economics. In G. Clark, M. Gertler, and M. Feldman (eds). *The Oxford handbook of Economic Geography*. Oxford: Oxford University Press, 689-704.

Thrift, N. and Olds, K. 1996. Refiguring the economic in economic geography. *Progress in Human Geography*, 20, 311-37.

Thu Nguyen, d. and Alexander, J. 1996. The coming of cyber space-time and the end of polity. In R. Shields (ed.). *Cultures of Internet: Virtual Spaces, Real Histories, Living Bodies*. London: Sage, 125-32.

Tickell, A. and Peck, J. 1992. Accumulation, regulation and the geographies of post-fordism: Missing links in regulationst research. *Progress in Human Geography*, 16, 190-218.

Tickell, A. and Peck, J. 1995. Social regulation after Fordism: Regulation theory, neoliberalism and the global-local nexus. *Economy and Society*, 24, 357-86.

Tolliday, S. and Zeitlin, J. 1986. Introduction: Between Fordism and flexibility. In S. Tolliday and J. Zeitlin (eds). *The Automobile Industry and its Workers : Between Fordism and Flexibility*. Cambridge: Polity, 1-26.

Tomlinson, J. 1982. *The Unequal struggle: British Socialism and the Capitalist Enterprise*. Andover: Methuen.

Torres Campos, R. 1907. Nuestros Rios. *Boletin de la Sociedad Geografica de Madrid*, 37, 7-32.

Tryon, R. 1917. *Household Manufacturers in the United States*, 1640-1860. Chicago: University of Chicago Press.

Tuan, Y.-F. 1977. *Space and Place: The Perspective of Experience*. London: Arnold.

Tunon de Lara, M. 1971. *Medio siglo de Cultura Espanola* 1885-1936. 2nd edn. Madrid: Editorial Tecnos.

Turner, B. 1986. Simmel, rationalisation and the sociology of money. *Sociological Review*, 34, 93-114.

Tyson, L. D. 1991. They are not us. *The American prospect*, Winter, 48-54.

Tyson, L. D. 1993. *Who's Bashing Whom? Trade Conflict in High-Technology Industries*. Washington, DC: Institute for International Economics.

Underhill, G,. 1994. Conceptualising the changing global order. In R. Stubbs and G. Underhill (eds). *Political Economy and the Changing Global Order*. London: Macmillan.

United Nations Center on Transnational Corporations. 1991. *World Investment Report* 1991: *The Triad in Foreign Direct Investment*. New York: United Nations.

United Nations Commission on Trade and Development. 1986. *Post-Harvest Handling and Quality Control for Export Development of Fresh Horticultural Produce*. Geneva: United Nations Commission on Trade and Development.

United Nations Development Program. 1977. *Development of the Gambia River Basin: Multidisciplinary Mission and Multidonor Mission. Programme of action*. New York: United Nations Development Program.

Usman, B. 1986. *Nigeria Against the IMF*. Kaduna: Variguard printers.

Vance, J. 1970. *The Merchant's World*. Englewcod Cliffs, NJ: Prentice-Hall.

Vernon, R. 1966. International investment and international trade in the product life cycle. *Quarterly Journal of Economics*, 80, 190-207.

Vernon, R. and Spar, D. L. 1989. *Beyond Globalism: Remaking American Foreign Economic Policy*. New York: Free Press.

Vilar, P. 1984. *A. History of Gold and Money*. London: Verso.

Villanueva Larraya, G. 1991. La *"Politica Hidraulica" durante la Restauracion* 1874-1923. Madrid: Universidad Nacional de Educacion a Distancia.

Virilio, P. 1993. The third interval: A critical transition. In V. Andermatt-Conley (ed.). *Rethinking Technologies*. Minneapolis: University of Minnesota Press, 3-10.

Vogel, E. 1989. *One Step Ahead in China: Guangdong under Reform*. Cambridge, MA: Harvard University Press.

Von Bohn-Bawerk, E. 1891. *The Positive Theory of Capital*. New York: G. E. Stechert.

Wade, L. L. and Gates, J. B. 1990. A new Tariff map of the United States (House of Representatives). *Political Geography Quarterly*, 9, 284-304.

Walby, S. 1900. *Theorizing Patriarchy*. Oxford: Blackwell.

Walker, R. 1984. Class, Division of labor and employment in space. In D. Gregory Walker, R. 1984. Class, division of labor and employment in space. In D. Gregory and J. Urry (eds). *Social Relations and Spatial Structures*. London: Macmillan: 164-89.

Walker R. and Greenberg, D. 1982. Post-industrialism and political freeform in the city: A critique. *Antipode*, 14, 17-32.

Walker, R. and Storper, M. 1983. Te theory of labor and the theory of location. *International Journal of Urban and Regional Research*, 7, 1-44.

Wallerstein, I. 1974. *The Modern World System*. New York: Academic Press.

Ward, C. 1997. *Reflected in Water-A Crisis of Social Responsibility*. London: Cassell.

Waring, M. 1988. *Counting for Nothing: What Men Value and What Women are Worth*. Sydney: Allen and Unwin.

Wark, M. 1994. *Virtual Geography*. Bloomington, IN: Indiana University Press.

Watts, M. 1984. State, oil and accumulation: From boom to crisis. *Environment and Planning D: Society and Space*, 2, 403-28.

Watts, M. 1992. The shock of modernity. In a. Pred and M. Watts (eds). *Reworking Modernity*. New York: Rutgers University Press, 21-64.

Watts, M. 2000. Political ecology. In E. S. Sheppard and T. J. Barnes (eds). *A Companion to Economic Geography*. Oxford: Blackwell, 257-74.

Watts, M. and Lubeck, P. 1989. Structural adjustment, academic freedom and human rights in Nigeria. *Bulletin of Concerned Africanist Scholars*, 28.

Watts, M. and McCarthy, J. 1997. Nature as artifice, nature as artefact: Development, environment and modernity in the late twentieth century. In R. Lee and J. Wills (eds). *Geographies of Economies*. London: Arnold, 71-86.

Webb, P. 1989. *Intrahousehold Decisionmaking and Resource Control: The Effects of Rice Commercialization in West Africa*. Washington, DC: International Food Policy Research Institute.

Webber, M. 1964. The urban place and the nonplace urban realm. In M. Webber, J. Dyckman, D. fley, A. Guttenberg, W. Wheaton, and C. Whurster (eds). *Explorations into Urban Structure*. Philadelphia, PA: University of Pennsylvania Press, 79-153.

Webber, M. 1994. Enter the dragon: Lessons for Australia form Northeast Asia. *Environment and Planning A*, 26, 71-94.

Weil, P. 1973. Wet rice, women, and adaptation in The Gambia. *Rural Africana*, 19, 20-29.

Weil, P. 1982. Agrarian production, intensification and underdevelopment: Mandinka women of The Gambia in time perspective. *In Proceedings of the Title XII conference on women in development*, University of Delaware, Newark, DE.

Weisbrot, M. and Sforza-Roderick, M. 1996. *Baltimore's Living Wage Law*. Washington, DC: Preamble Center for Public Policy.

Wells, L. T. 1983. *Third World Multinationals: The Rise of Foreign Investment form Developing Countries*. Cambridge, MA: MIT Press.

Wenger, E. C. 1998. *Communities of Practice: Learning, Meaning and Identity*. Cambridge: Cambridge University Press.

Wenger, E. C. and Snyder, W. M. 2000. Communities of practice: The organizational frontier. *Harvard Business Review*, 78, 139-45.

West Coast Domestic Workers' Association. 1993. Brief to Employment Standards Act Review Committee, West Coast Domestic Workers' Association, #302, 119 West Pender Street, Vancouver, BC.

Westaway, J. 1974. The spatial hierarchy of business or ganizations. *Regional Studies*, 8, 145-55.

Wever, K. 1995. *Negotiating Competitiveness: Employment Relations and Organizational*

Innovation in Germany and the United Statcs. Cambridge, MA: Harvard Business School Press.

Whatmore, S. 1994. Global agro-food complexes and the refashioning of rural Europe. In A. Amin and N. J. Thrift (eds). *Globalization, In stiutions and Regional Development in Europe*. Oxford: Oxford University Press, 46-67.

Whatmore, S. 1997. Dissecting the autonomous self: Hydrid cartographies for a relational ethics. *Environment and Planning D: Society and Space*, 15, 37-53.

Whatmore, S. and Boucher, S. 1993. Bargaining with nature: The discourse and practice of environmental planning gain. *Transactions of the Institute of British Geographers*, 18, 166-78.

White, E. 1981. The international projection of firms from Latin American countires. In K. Kumar and M. G. McLeod (eds). *Multinutionals form Developming Countries*. Lexington, MA: Lexington Books, 155-86.

White, G. 1993. Towards a political analysis of markets. *IDS Bulletin*, 24, 4-11.

White, J. 1995. Two days to go. *The Independent*, December 23, p. 6.

White, M. 1986. Child care funding: A change of direction. *Australian Journal of Early Childhood*, 11, 38-41.

Whitley, R. 1991. The social construct of business systems in East Asia. *Organization Studies*, 12, 1-28.

Whitley, R. 1992a. *Business Systems in East Asia: Firms, Markets and Soiceties*. London: Sage.

Whitley. R. (ed.). 1992b. *European Business Systems: Firms and Markets in their National Contexts*. London: Sage.

Whitley, R. 1998. Internationalization and varieties of capitalism: The limited effects of cross national coordination of economic activities on the nature of business systems. *Review of International Political Economy*, 5, 445-81.

Whitley, R. 1999. *Divergent Capitalisms: The Social Stucturing and Change of Business Systmes*. Oxford: Oxford University Press.

Willems-Braun, B. 1997. Buried epistemologies: The politics of nature in (post) colonial British Columbia. Annals of the Assoication of American Geographers, 87, 3-32.

Williams, R. 1976. *Keywords: A vocabulary of society and nature*. London: Fontana.

Williams, R. 1980. *Problems in Materialism and Culture*. London: Verso.

Williams, S. 1995. All I want for Christmas— *The Indepednent*, December 16, p. 5.

Williamson, B. 1982. *Class, Culture and Community*. Henley: Routledge and Kegan Paul.

Willamson, O. 1975. , *Markets and Hierarchies: Anlysis and Antitrust Implications*. New York: Free Press.

Williamson, O. 1985. *The Economic Institutions of Capitalism*. New York: Free Press.

Womack, J., Jones, D., and Roos, D. 1990. *The Machine that Changed the World*. New York: Macmillan.

Wong, S.-L. 1991. Chinese entrepreneurs and business trust. In G. Hamilton (ed.). *Business Networks and Economic Development in East and Southeast Asia*. Hong Kong: Centre of Asian Studies, University of Hong Kong, 13-29.

World Bank. 1981. *The Gambia: Basic needs in The Gambia*. Washington, DC: World Bank.

World Bank. 1990. *Women in Development Project: Staff appraisal report*. Washington, DC: World Bank.

Wright, M. W. 1996. Third world women and geography of skill. Unpublisied Ph. D. dissertation, Department of Geography and Environmental Engineering, The Johns Hopkins University, Baltimore, MD.

Wright, M. W. 1997. Crossing the factory frontier: Gender, place and power in a Mexican maquiladorda. *Antipode*, 29, 278-302.

Wright, M. W. 1998. The maquiladora mestiza and a feminist border politics: Revisting Anzaldua. Hypatia: *A Journal of Feminist Philosophy*, 13, 114-31.

Wright, E. O. 1978. *Class, Crisis and the State*. Lodon: New Left Books.

Wright, E. O. 1985. Classes. Lodnon: Verso.

Wrigley, N. and Lowe, M. (eds). 1995. *Retailing, Consumption and Captial: Towards the New Retail Geography*. Harlow: Longman.

Yang, M. M-h. 1988. The modernity of power in the Chinese socialist order. *Cultural Anthropology*, 3, 408-427.

Yang, M. M-h. 1989. The gift economy and state power in China. *Comparative Studies in society and History*, 31, 25-54.

Yang, M. M-h. 1994. *Gifts, Favors and Banquets: The Art of Social Relationships in China*. Ithaca, NY: Cornell University Press.

Yergin, D. 1991. *The Prize: The Eqic Quest for Oil, Money and Power*. New York: Simon and Schuster.

Yoffie, D. B. and Milner, H. V. 1989. An alternative to free trade or protectionism: Why corporations seek strategic trade policy. *California Management Review*, 31,111-31.

Young, A. 1928. Increasing returns and economic progress. *Economic Journal*, 38, 527-42.

Young, I. M. 1990. *Justice and the Politics of Difference*. Princeton, NJ: Princeton University Press.

Zelizer, V. 1989. The social meaning of money: Special monies. *American Journal of Sociology*, 95, 342-77.

Zhang, A. and Zou, G. 1994. Foreign trade decentralization and its impact on central-local relations. In J. Hao and L. Zhimin (eds). *Changing Central-Local Relations in China: Reform and State Capacity*. Boulder, CO: Westview Press, 153-80.

Zimmerer, K. 1991. Wetland production and smallholder persistence: Agricultural change in a highland Peruvian region. *Annals of the Association of American Geographers*, 81, 443-63.

Zonis, M. 1991. *Majestic Failure: The Fall of the Shah*. Chicago: University of Chicago Press.

Zuboff, S. 1988. *In the Age of the Smart Machine*. London: Heinemann.

Zucker, L. 1986. Production of trust: Institutional sources of economic structure, 1840-1920. *Research in Organizational Behaviour*, 8, 53-111.

Zukin, S. 1991. *Landscapes of Power*. Berkeley, CA: University of California Press.

Zukin, S. 1995. *The Cultures of Cities*. Oxford: Blackwell.

Zukin, S. and DiMaggio, P. (eds). 1990. *Structures of Capital*. Cambridge: Cambridge University Press.

索 引

(数字系英文原版页码，即本书中的边码)

Abernathy, W. J. 阿伯纳西 35, 131
Abo, T. 阿博 360
absenteeism rates 缺勤率 46, 400
abstract labor 抽象劳动 27, 101, 104, 182
abstract theory 抽象理论 15, 30-1, 32-3, 45, 46-7
academics 学术界 66, 387, 390, 394, 401
accessibility 可得性
 of care services 看护服务 313, 314
 land rights in the Gambia 冈比亚的土地权 173, 224-6, 228-9, 232, 233-4
 local labor markets 地方劳动力市场 304, 308, 309
accumulation 积累 81, 91, 183, 401
 Gambian wetlands 冈比亚沼泽地 220, 234
 global pattern of 全球模式 296
 local opportunities in China 中国的地方实现积累机会 369
 Nike strategy 耐克策略 334, 399, 402
 over-accumulation cycles 资本积累过度的经济循环 92
 social structures of 社会结构 76
 Spanish waterscape 西班牙水景观 199-200
 of surplus value 剩余价值 30, 76, 98, 104-8
 technological 技术的 356
 参见 capital accumulation 资本积累; capitalism 资本主义; flexible accumulation 弹性积累; Fordist accumulation 福特式积累
Achebe, Chinua 奇努阿·阿奇贝 215
Acheson, D. 艾奇逊 180
Acker, J. 阿克 323
acquisitions 兼并 79, 118, 354
action 行动

explanation of 的解释 41-2

institutional influence on 制度对行动的影响 50，51，53-7

political 政治的 60

simultaneity as critical contingency of 并发性作为行动的关键偶然性 67

参见 social action 社会行动

actor-network theory (ANT) 行动者—网络理论 50，55，173-4，237-40，246-7，333-4

practice-diffusion process 行为—扩散过程 353-4

technology and social worlds 技术和社会的世界 337-8，345-7

actors 行动者 41-2，174

construction of markets 市场的构建 62

creative actor networks 创造性行动者网络 50

institutionalism 制度主义 50，51，54，55，57

knowledgeability of 可知性 293-4

local 本地 57

maximization of gain 收获最大化 180

organizations 组织 66-7

rationalities of 理性 51，55，321

regional 区域 54，55

social 社会 67，256，293

Adam，B. 亚当 67

Adams，P. 亚当斯 345

adaptation 适应

by firms 企业的适应 92，364

of capital 资本的适应 45

of capital accumulation 资本积累的适应 41

economic 经济 51，53-5，72，86

of labor 劳动力的适应 27，45

sequential 次第序列 83

参见 post-Fordism 后福特主义

administration sector 政府部门

growth of 增长 103，309-10

spatial structure 空间结构 115，116，119-22

state expenditures 国家支出 211

administrative work 管理工作，research biases 研究偏见 31，32

advanced industrial nations 先进工业化国家

flexible production 弹性生产 128

industrial location 工业区位 36-7,38,40

  labor market 劳动力市场 308
  neo-liberalism 新自由主义 27
  post-industrialism 后工业主义 97
  regional policy 区域政策 48
  role of the household 家庭的角色 86
  spatial impacts 空间影响 338
  trade unions 商会 21-2
  waged work 薪资就业 316
  welfare state 福利国家 308
  women as reserve of cheap labor 作为廉价劳动力储备的女人 322
advertising sector 广告部门 101，106，317，327，398，399
affluence 富裕 38，102，103
agency 主体能动性 4，340
  natural resources 自然资源 171，172
  and structure 结构 237，292-4，295
  subject positions 主体地位 378，387
  参见 rational agency 理性主体；social agency theory 社会主体理论 65
agglomeration 集聚 43，52，117
  flexible production systems 弹性生产系统 94，129，130，131，132，133-4，135
  territorialization 地域化 272，281
  urban 城市 127
Aglietta, M. 阿格利塔 33，125
Agrawal, R. G. 阿格拉沃尔 363
agriculture 农业 5，108，132，169
  gender in the Gambia 冈比亚的性别问题 173，220-34
  in Nigeria 尼日利亚 213
  political ecology 政治生态学 173
  as secondary status activity 作为次要的活动 80
  in Spain 西班牙 195-6，197-8，199
  参见 coffee networks 咖啡网络
agro-food regimes 农产品政体 235，237，241
aid, to the Gambia 援助冈比亚 173，225，226
Aitken, J. 埃特金 381
Ake, Claude 克劳德·阿克 214
Akrich, M. 阿克里奇 346
Albert, M. 艾伯特 271
Albuquerque 阿尔伯克基 134

索 引

Aleuts 阿留申人 186-8

Alexander, J. 亚历山大 340

Allen, J. 艾伦 93, 254, 363

alliances 联盟, 参见 strategic alliances 策略联盟

Altamira, R. 阿尔特迈耶 196

Althousser, Louis 阿尔特豪斯 4, 376

Altvater, E. 阿特维特 175, 182

Amariglio, J. 阿马里格里奥 77, 82, 85

Amendola, G. 阿门多拉 273

American Commercial Company (ACC) 美国商业公司 177, 178, 187

Amin, Ash 阿什·阿明 146, 149, 355

    contemporary cities 当代城市 343

    globalization 全球化 236, 280

    insitutionalism 制度主义 16, 51, 52, 55

Amnesty International 国际特赦组织 26

Amuzegar, J. 阿缪斯格 205, 206-7

analytical Marxism 分析马克思主义 65

Anderson, B. 安德森 291, 294, 295

Anderson, P. 安德森 207

Anderson, Robert O. 罗伯特·安德森 208

Angel, D. 安格尔 132, 134

Angoustures, A. 昂格斯特 196

anorexia 厌食症 74-5

anthropology 人类学 84, 236, 321, 328, 364-5

Appadurai, A. 阿帕杜来 63, 66

Apple 苹果 43

Applebaum, R. P. 安玻鲍姆 142

Arce, A. 阿斯 237

architecture 建筑 316, 327, 328

areal uniformity 区域的一致性 338-9

Arezzo 阿雷左 133

Aristotle 亚里士多德 218

Arnold, E. 阿诺德 39

Artisanal industries 手工业 129, 132-3

Asanuma, B. 阿萨努马 272, 280

Asheim, B. 阿什海姆 52

assembly work 组装工作 93, 169, 276, 332

automation 自动化 38

　　growth of 增长 114，127

　　Mexican *maquiladora* 墨西哥出口加工区 152，155，156-9，164

　　move to Third World 向第三世界转移 38

　　Nike workers 耐克员工 334，395

　　research biases 研究偏见 31，32

　　参见 Fordism 福特主义；mass production 大规模生产，asset specificity 资产专属性，territorialization 地域化 272，280，283

association 协会，source of knowledge/learning 知识/学习的源泉 52，53，54，369

AT&T 美国电报电话公司 102

Attah, Governor 阿他州长 215

Aurigi, A. 阿里吉 336，345

Austin 奥斯汀 134

Australia 澳大利亚 72-3

　　growth strategies 增长策略 81

　　new "model of industrial development" 新的"产业发展模式" 83

　　relations in local labor market 地方劳动力市场中的关系 308-10

　　relations in local state 地方政府中的关系 310-14

　　wage restraint 工资限制 79，81

automation 自动化 38

automobile industry 汽车工业

　　changes 变化 39

　　complementation 互补性 39-40

　　Fordism 福特制 127

　　optimal scales of production 生产的最优规模 34

　　social division of labor 社会劳动分工 100

　　spatial structures 空间结构 117

　　technical innovations 技术创新 35

　　world markets 世界市场 40，274，277-8

autonomy 自主性 55，56，144，268，269，299

　　branch plants 分厂 112

　　Chinese local government 中国地方政府 362，365-7，368，369，374

　　oil states 石油国家 210，217

　　transnational corporations (TNCs) 跨国公司 138，148

　　within the workplace 工作场所内 120

Babangida, Ibrahim 艾布拉希姆·巴班吉达 217

索 引

Babbage, C. 班巴吉 129
Back offices 内勤部门 104, 346, 348
Baden Wurttemberg 巴登符德博格 49, 52, 53, 134
Bagguley, P. 巴谷雷 363
Bagnasco, A. 巴格纳斯科 49, 132
Bakshi, P. 巴克希 261
balance of payments 收支平衡 43, 209, 211
Baldwin, T. 鲍德温 339
Balibar, E. 巴里巴 193
Balance, R. H. 巴兰斯 274
Baltimore, living wage campaign 巴尔的摩,最低生活工资斗争 334, 395-401, 402
Bank of International Settlements 国际结算银行 266
Banking sector 银行系统 106, 108, 124
    deregulation 去管制 72
    flexibility in China 中国的灵活性 369
    gender segregation 性别分隔 255-6, 320
    Iran 伊朗 210
    networks 网络 239, 321
    new service class 新服务阶层 321
    regional decentralization 区域分散化 115
    telebanking 远程银行 342, 343, 346
    women workers 女性劳工 319
Barff, R. 巴尔夫 141, 395
Bargaining processes, international 讨价还价过程,国际的 144-8, 149-50
Barnes, Trevor J. 特雷弗·巴恩斯 3,5,13,14,18n
    citique of economics 经济学批判 70
    mass production 大规模生产 169
    metaphor and language 隐喻和语言 246
    natural resources 自然资源 170
    political economy 政治经济学 236
Barratt-Brown, M. 巴勒特-布朗 241
Barrett, H. 巴雷特 230
barriers to entry 进入障碍 146, 276, 277
Bartlett, C. A. 巴特利特 138-9
Base, and superstructure 基础和上层建筑 92, 93, 105-6, 108
Bassett, T. 巴西特 220
Bataille, G. 巴塔伊 70

Batty, M. 巴蒂 336

Baudrillard, Jean 琼·鲍德里拉德 62

Bauman, Z. 鲍曼 66

Bavria 巴伐利亚 134

Beauvoir, Simone de 西莫纳·比弗 82

Becattini, G. 贝卡蒂尼 52, 129

Beechey, V. 比奇 322

behavioral economics 行为经济学 65

behavioral tradition 行为传统 50

Beijing Women's Conference (1996) 北京妇女大会(1996) 26

Belgium 比利时
    social economy 社会经济 56
    works closures 工厂关闭 290

Belk, R. 贝尔克 59

Bell, Daniel 丹尼尔·贝尔 91, 97, 98, 102, 103, 110

Bellamy, Edward 爱德华·贝拉米 339

benchmarking 标杆 351

Bender, J. 本德 70

Benedikt, M. 本迪克 336, 340

Benetton 贝纳通 141

Bennett, T. 本内特 59

Bennington, G. 贝宁通 70

Benton, T. 本顿 175, 182, 192

Bering Straits 白令海峡, 见 fur seal industry 海豹皮毛产业

Berkes, F. 伯克斯 180

Berry, Brian 布莱恩·贝里 14

Berry, S. 贝里 220, 233

Best practice concept 最佳实践概念 351, 353-4, 359, 360-1

Bhasker, Roy 罗伊·巴斯克尔 15

Bianchi, P. 比安基 283, 286

Bierstecker, T. 比尔斯迪克 217

Biggart, N. W. 比加特 61, 374

Bijker, W. 比科 346

Billing, M. 比林 61

Bingham, N. 宾厄姆 237, 345, 346

biophysical environment 生物物理环境 5, 171

biophysical processes 生物物理过程 1-2

biotechnology 生物技术 133
Bishop, R. C. 毕晓普 180
Blaikie, P. 布莱基 220
Blanc, H. 布朗 52
Blauhof, G. 布劳霍夫 353
Bloch, M. 布洛克 218
Block, F. 布洛克 109, 252, 262-3
Bluestone, B. 布卢斯通 79, 254
Boddy, M. 博迪 308
Boden, D. 博登 66, 67
the body 身体 24, 25-7
 at work 工作中 325-6
 cultural analyses 文化分析 316
 feminism 女性主义 17, 25, 74-5, 77
 metaphor of the economy 对经济的隐喻 17, 74-82, 85
 radical rethinking of 激进反思 74
 reconceptualization of 重新概念化 63
 as sight of inscription 承载文化意义 316
 topological presupposition of flow 流的拓扑假设 70
Bohm, D. 博姆 68, 69
Boisot, M. H. 博伊索特 63
Bologna 博洛尼亚 133
Bonnett, K. 伯内特 259
Boothroyd, P. 布思罗伊德 64
borderless world 没有边界的世界 25
Bordo, S. 博尔多 74
Boston's Route 波士顿公路 128, 43, 132
Boucher, S. 鲍彻 175
Boulder 博尔德 134
bounded regions 受限的区域 68, 69
boundedness 无限性 77
Bourdieu, P. 波迪尔 320, 326
bourgeois political economy 资产阶级政治经济学 24
Boyer, Christine 克里斯汀·博耶 345
Boyer, R. 博耶 130
Braczyk, H.-J. 布拉克兹克 355, 360
Bradby, B. 布拉德比 105

Bradley, H. 布拉德利 323
branch-plant economy 分厂经济 39-40，112，113，114-15，116-17
    Fordism 福特制 127
        transnational corporations (TNCs) 跨国公司 36，332-3，352，356-7
brands 品牌 61，287，358
Braudel, F. 布劳德 101，102，103，207，235
Braverman, H. 布雷弗曼 33，34，104
Brazil 巴西 363
Brennan, D. 布雷南 313
Brennan, T. 布雷南 70
British Association of Fair Trade Shops (BAFTS) 英国公平贸易商会 241
British Steel Corporation (BSC) 英国钢铁公司 296，297
British Steel (Industry) 英国钢铁(产业) 300
British Telecom 英国电讯 44
Brookfield, H. 布鲁克菲尔德 220
Brooks, R. 布鲁克斯 23
Brotchie, J. 布洛彻 347
Brown, J. S. 布朗 358，359
Brown, P. 布朗 298
Browne, A. 布朗 230
Browning, H. L. 布朗宁 97
Brusco, S. 布鲁斯科 129，130
Bryan, D. 布赖恩 81
Bryant, R. 布赖恩特 220
Budd, Alan 艾伦·巴德 22-3
Buhari, Muhammadu 穆哈马杜·布哈里 217
built environment 人工环境 92，307，316，320，327-8，332
bureaucracies 官僚体制
    Chinese flexibility 中国的灵活性 364，365，366，368-73，374
    Frankfurt School 法兰克福学派 21
    globalization 全球化 235-6
    Iran 伊朗 210
    Nigeria 尼日利亚 215
    social practices 社会实践 236
    Venezuela 委内瑞拉 210，211
bureaucratization 官僚化 208
Busch Cooper, B. 布施·库柏 177，178

business community 商业社区 392，393
business cycle, as economic regulatory mechanism 商业周期作为经济调控的机制 76
business journals, as codified knowledge 商业杂志作为编码化的知识 52
business services sector 商业服务部门 103，104，115，117，118，129
business system concept 商业系统概念 145-6，356
Butler, Judith 朱蒂斯·巴特勒 26，153-4，157，163，316，324，376
Buttimer, A. 布迪莫尔 337
buyer-supplier relations 采购—供应关系 35，43，53，280，357

Cable, V. 凯布尔 38
Cabral, Amilcar 埃米尔卡·凯布尔 22
Ca fédirect 直接咖啡 241-6，247
Cairncross, Frances 弗朗斯西·凯恩克罗斯 332
Callari, A. 卡拉里 75
Callon, Michel 米歇尔·卡伦 50, 238, 239, 240, 345, 353
Camara, E. 卡玛拉 230
Cambridge 剑桥 133
Cameron, J. 卡梅伦 86
Campbell, B. 坎贝尔 319
Canada 加拿大
    Filipina domestic worker 家庭菲佣 333，375-88
    fur sealing 海豹皮毛 178，179，181，185
Cano García, G. 卡诺·加西亚 201
capability 能力 55，56，355，358
capillary power 毛细管力量 324
capital 资本
    centralization of （的）集中 277
    circulation of （的）循环 26-7，102，107，266，269，344
    conflict with working class 与工人阶级的矛盾 93，292
    devalorizations of （的）贬值 92，295
    enhanced and extended circuits of 强化和扩张的资本流通 257
    extractive 抽取的 209
    global hypermobility of 全球超级流动性 274
    internationalization of 国际化 39，40，43-4
    movement of 运动 5，15
    ongoing concentration of 持续的集中 277
    peculiar nature of Japanese capital 日本资本的独特性质 45-6

  relation to labor 与劳动的关系 33-4，45，46，292-3

  search for profit 追逐利润 182-3，292

  social-institutional forms of 社会制度的形式 44-6

  surplus value 剩余价值 30，76，98，104-8

  transnational 跨国的 259，362，363，364，365

capital accumulation 资本积累 21，27，294

  abstract analysis of 抽象分析 30，32

  barriers to 障碍 344

  changes in nature of 性质变化 257

  concrete forms of 具体形式 30-1

  industrial reserve army of labor 工业储备大军 22

  as life force of capitalism 作为资本主义的生命力 76，126

  Marx 马克思 22，106

  Marxism 马克思主义 76

  natural resources 自然资源 182

  oil boom economies 石油带来的经济繁荣 211，215-16

  rate of 增长率 106-7

  regulation theory 管制理论 125，216-8，135，216，262

  service sector 服务行业 105，106-7，109

  spatial division of labor 空间劳动分工 36，41，123-4

  and the state 与国家 43，257，258，259-60，261，262，264，266-8，269

  territorial division of labor 地域劳动分工 303

  threats to 威胁 264

  参见 flexible accumulaton 弹性积累；Fordist accumulation 福特制积累

capital equipment sector 资本设备部门 127

Capital (Marx)《资本论》(马克思) 14，19-23，32，192

Capitalism 资本主义 4，14-15

  and the body economic 和身体的经济学 76，81-2

  Chinese style 中国特色 374

  conservatism of 保守主义 92

  continuous upheaval 持续的剧变 109

  distributional processes of 分配过程 258

  dominance of 主导 84，85，86

  dynamism of 动态性 92

  engineered crisis in 内在危机 22-3

  genealogies of 谱系 83-6

  growth episodes 增长经历 93

索　引

　　　　instability of 不稳定性 92
　　　　internationalization of 国际化 281
　　　　life force of capital accumulation 资本积累的生命力 76，126
　　　　Marx's abstract conception of 马克思的抽象概念 15，31，32
　　　　production at base of 生产基础 92，93，105-6，108
　　　　relation to nature 与自然的关系 170，171，175-6，108
　　　　rentier 食利者 209，211，213
　　　　replaced by post-industrialism 被后工业化所取代 98
　　　　reproduction of societies 社会再生产 292-5
　　　　rise of （的）兴起 262
　　　　service sector 服务部门 102，109
　　　　social class formation 社会阶级的形成 294
　　　　social relations of 社会关系 170，171，181，182，208，293，294，303
　　　　state engagement with 国家参与 263-5
　　　　structural reproduction 结构再生产 293
　　　　subordination of noncapitalism 非资本主义制度的从属地位 84，85-6
　　　　uneven development 不平等的发展 92，291
　　　　参见 flexible production systems 弹性生产制度；Fordism 福特制
car industry see automobile industry 小轿车工业 见汽车工业
caregivers 看护人员 312-13，333，375-88
　　　　参见 child-care centers 儿童看护中心
Carling, A. 卡林 65
Carney, Judith 朱蒂斯·卡尼
　　　　gender and agrarian change in the Gambia 冈比亚性别关系和农业变化 173，222，224，225，226，228，229，230
　　　　works closures 工厂关闭 291，296，299
Carnoy, M. 卡诺努瓦 272，273，276，285，363
Carpi 卡皮 133
Carr, R. 卡尔 196
Carrier, J. G. 卡里尔 67-8
case studies 案例研究 4，135，141，238，258
　　　　agriculture and gender in the Gambia 冈比亚的农业和性别关系 173，220-34
　　　　fair trade coffee networks 咖啡公平贸易网络 174，237，240-6
Castells, M. 卡斯特尔斯 64，68，342，363
Castree, N. 卡斯特里 170，171-2，176，181，191
Castro, Fidel 菲德尔·卡斯特罗 22
Catalonia 卡塔罗尼亚 53

causation 原因 15，41-2
    class struggle 阶级斗争 33
    information technology 信息技术 338，347-8
Cavendish, R. 卡文迪什 32
Caves, R. 凯夫斯 276
CDC scheme 殖民开发公司 224
CECOOAC-Nor 出口合作组织 242-4，247
Ceesay, M. 西赛 230
Center for Research on Economic Development (CRED)经济发展研究中心 222，226
centralization 集中化
    assets and responsibilities 资产和责任 139
    of capital 资本的 277
    political 政治的 210
    services 服务 115
    see also decentralization 参见分散化
Cerny, P. G. 塞尼 142，143，262，266，267
chambers of commerce 商务部 53，203，352，355，360
Chandler, D. A. 钱德勒 103
Chang, K. -T. 张 363
change 变化 见 economic change 经济变化；environmental change 环境变化；social change 社会变化；technical change 技术变化；technological change 技术变化
chaos, concept of 混沌概念 66
chaotic conceptions 混沌的概念化 97，277
Chase Manhattan 曼哈顿·蔡森 215
Chase-Dunn, C. 蔡森-邓恩 259
Chasin, B. 蔡辛 226
Chaucer, Geoffrey 杰弗里·乔叟 218
Chaudhry, K. 肖德瑞 207
Cheal, D. J. 奇尔 59
child labor 童工 22，395
child-care centers 儿童看护中心 80，307，308，310-11，312-13，314
child-care cooperatives 儿童看护合作 313
China 中国
    bureaucratic flexibility 官僚体制的灵活性 364，365，366，368-73，374
    business organization style 商业组织 364-5
    gift exchange 礼物交换 333，364-5，369-74
    institutional culture 制度文化 333，364，368-73

>   investment in the Gambia 在冈比亚的投资 226
>   local government autonomy 地方政府的自主性 362，365-7，368，369，374
>   Nike workers 耐克员工 395，396，397
>   Taiwanese investment 台资 333，362-74
Chinese capitalism 中国市场经济 374
Chisholm, G. 奇泽姆 169，170，173
Christaller, Walter 克沃尔特·里斯泰勒 3，91
Christmas 圣诞节 16，59-60，68
Christopherson, S. 克里斯托弗森 117，132，356，357
circulation 循环
>   of capital 资本的 26-7，102，107，266，269，344
>   of commodities 商品的 5，68，101-2，107，266，269，344
>   information 信息 68，100-1，102，107，271，344
>   labor 劳动 100-2，103，105，106-7，269，344
>   money 货币 76，102，107，332，344
>   use-values 使用价值 97-8，100-2，104，106-7
Ciriacy-Wantrup, S. V. 西里亚西-温特拉普 180
citizenship 公民 51，56，63
Ciudad Guayana 圭亚那 210
Ciudad Juarez 甲莱兹 152
Civil rights 公民权 19，21
Civil society 市民社会 21，210
Clarks, C. 克拉克斯 98
Clark, G. L. 克拉克 4，361，393，402
Clarke, J. 克拉克 38
Class 阶级 见 social class 社会阶级
Clavel, P. 克拉夫 299
clerical sector 职员阶层
>   employment 就业 104，309，310，319
>   research biases 研究偏见 31，32
Clinton, Bill 比尔·克林顿 72，73
clothing industry 服装产业 38，115，132，277-8，287，334
clustering 集群 56，119，122，223，355
>   craft production 手工艺生产 133
>   economics of association 联合经济学 53
>   electronics industry 电子产业 117，121
>   interrelated industries 相关产业 51，53

　　　　learning-based 基于学习的 57
　　　　scientific and technical functions 科学和技术功能 114
coal industry 煤炭产业 114，126，290，299，301
Coase，R. H. 科斯 129，180
Cochrane，A. 科克伦 300
Cookburn，C. 库克波恩 120
Cocoa，Sugar，and Coffee Exchange（CSCE）可可、糖和咖啡交换 242-3，244
coffee networks 咖啡网络 174，237，240-6
Cohen，S. S. 科恩 80，128，131
collaborative ventures 合作事业 139，141，143
collective consumption 集体消费 127，299，308，313，314，349
Collins，H. M. 柯林斯 65
Collinson，D. 柯林森 324
Colomina，B. 哥伦米那 327-8
Colonial Development Corporation（CDC）殖民开发公司 224
colonialism 殖民主义 383，388，401
　　　　The Gambia 冈比亚 173，221，223-4，225，231，232
Colorado Springs 科罗拉多斯普林斯 134
Columbia Pictures 哥伦比亚图片公司 281
command economies 指令经济 142
commerce 商业 223，241，282，284
commercial geography 商业地理 3
commodification 商业化 26，221，223，225，228，229，268
commodities 商品
　　　　circulation of 循环 5，68，101-2，106-7，109，199，209，269，332
　　　　definition 定义 101
　　　　commodity 商品
　　　　booms 繁荣 205-8，209
　　　　chains 链 64，282，283，285
　　　　fetishism 拜物教 22
　　　　model economies 经济模型 67-8
　　　　production 生产 41，85，102，108，109，126，151，223，225
　　　　relations 关系 68
　　　　trade 贸易 273-4，277，278
"commons" problem 公共物品问题 171，179，180，183-4
communication 交流
　　　　globalization 全球化 284

索 引

    local conventions of 地方风俗 52
    materiality of 物质性 70
    openness in 开放 267，284
communication channels 交流渠道 105
communication infrastructure, investment in 通信基础设施，投资 48，332，344
communications geography 通信地理学 333
communications technology 通信技术 5，102，331-2
    and the city 与城市 332，341-3，348-9
    Internet 互联网 336-7，338，343，346
    spatial impacts 空间影响 338，347-8
    technological determinism 技术决定主义 332，338-40，341，344，347-8
communism 共产主义 20，21，22
The communist Manifesto《共产主义宣言》28
Community 社区
    class relations 阶级关系 305
    care 看护 312-13
    conflicts 矛盾 307
    development 发展 127
    development banks 发展银行 64
    project 项目 56
    support networks 支持网络 310
community-based services 社区服务 304
Companion to Economic Geography《经济地理学指南》5，7
comparative advantage 比较优势 226，229，230-2
competition 竞争 5，27，115，196，258
    between capitals in search of profits 资本追逐利润的竞争 292
    between states 国家间的竞争 44，94-5，141-8
    contradictory nature of （的）矛盾性质 34
    as economic regulatory mechanism 作为经济调控机制 76
    firm-firm 企业—企业 94，138-41
    flexible production systems 弹性生产系统 128，131，135
    foreign 外国 126，127
    inter-union 工会间的 46
    interregional 区域间的 57-8，118，212，300
    less favored regions 落后地区 48-9
    social relations of 社会关系 183
    spatial division of labor 空间劳动分工 41

        spatial effects 空间影响 42
        works closures 工厂关闭 292，294，295，297，299，300，301，302，303
competitive advantage 竞争优势 51，52，107，109，142，143，147
competitive environment 竞争环境 139，148，358
Competitive Strategy（Porter）《竞争策略》(波特) 358
competitiveness 竞争力 129，334-5，358，389，390
        Baltimore 巴尔的摩 334，399-401，402
        discourse 话语 391-402
        as economic category 作为经济种类 391-4
        industrial districts 产业区 286
        international 国际 24，69，79，261，267
        learning as key factor 学习作为关键因素 53-5
        less favored regions 落后地区 48
        Nike 耐克 334，394-9
        product innovation 生产创新 107
        state role 政府作用 286
        territorial proximity 地域临近 49，51-2
        territorially specific assets 地域专属的资产 283
        transnational corporations (TNCs) 跨国公司 138，139，148
        weakness of 劣势 72
        works closures 工厂关闭 294，295，296，300
complementation 补充 39-40
complexity 复杂性 46-7
computer industry 计算机产业
        close access to customers 靠近客户 42
        complementation 补充 39
        flexible production systems 弹性生产系统 133
        nation-state activity 民族——国家行动 44
computer-aided design and manufacture (CAD/CAM) 计算机辅助设计和制造 35，43
computerized numerical control (CNC) 计算机数控 35
computerized technology, post-Fordism 应用计算机技术的后福特主义 83，128
concrete forms 具体形式 30-1，32，45，46-7
confederaciones Sindicales Hidrográficas 203
conflict 冲突 81，170，261，269
        between capitalists and workers 资本家与工人之间的冲突 93，292
        between workers 工人之间的冲突 301
        community 社区 307

firms and states 企业和政府 144，145，146
gendered 性别的 173，220，221，223，224，225，228-9，231-2
interregional 区域间的 196
social 社会的 56，196
social class 社会阶级 126，268
connectivity 连接性 5-6，57，237，331-2，333，334
as a mode of ordering 作为秩序的模式 241，244，246，247
constructionist 建构主义 69，192，204
consumer durables sector 耐用消费品部门 127，279
consumer industries 消费品产业
bias towards 对……的偏见 31
growth of 的增长 102-3，114
consumer services 消费者服务 97，104
decline of 下降 102
globalization 全球化 279，282，287，288
growth of 增长 103
institutional concessions 制度性让步 288
consumer tastes 消费者品味 97，278，281，283，284，287
consumerism 消费主义 63
consumption 消费 102-3
celebration of 欢呼 318
critical reassessment of 批判评价 4
flexible production systems 弹性生产系统 63
habits 习惯 305
patterns 格局 36，93，102，126
practices 实践 26
rise of 兴起 63
参见 collective consumption 集体消费；mass consumption 大规模消费
contingency 偶然性 67，236，255，338，376，388
actor-networks 行动者—网络 346
bargaining processes 讨价还价过程 149
institutionalism 制度主义 16
spatial structure 空间结构 113，120，121，334
technologies 技术 338，343，344，345，346，347，348，349
works closures 工厂关闭 290，293，294，296，300，303
contingent conditions 偶然条件 15，30，31，41-2，46-7，126
conventions 习俗 52，280，353，355，358

convergence dynamics 动态趋同 332-3, 350-61
    channels of 渠道 353-4
    definition 定义 351-2
    internal firm influences 企业间影响 358-9
    national institutions 国家制度 356-7
    regional institutions 区域制度 355
    weak versus strong 弱相对于强 352-3
Cook, I. 库克 237
Cooke, P. 库克 13, 51, 52, 53, 355, 360
"core", global networks 核心, 全球网络 238
core regions 核心区域 58, 132
    outflow of capital 资本流出 127
    and periphery 和边缘 79, 127, 174, 238
    power and control 权力和控制 93
Corn, J. 科恩 337, 340
Coronil, F. 克罗尼尔 206, 210
Corporate 企业
    culture 文化 328, 360
    decision-making 决策 151
    hierarchy, and region 等级, 和区域 37
corporations/firms 公司/企业
    absorptive capacity 吸收能力 358
    adaptability 适应性 92, 364
    best practice 最佳实践 351, 353-4, 359, 360-1
    capability-based view of 基于能力的视角 358
    communities of practice 实践的共同体 358-9
    competition 竞争 94, 138-41
    deinternationalization 去国际化 43
    diversity of types 类型的多样性 84
    embeddedness of 嵌入性 320, 355, 357, 358
    exchange of goods and services 产品和服务的交换 101
    growth of 增长 101
    institutional concessions 制度性让步 287-8
    institutional influence on practices 对实践的制度影响 351, 354-9
    interfirm relationships 企业间关系 51, 53, 94, 139, 280, 282, 352, 355
    internal influence on practices 对实践的内部影响 358-9
    internal practices 内部实践 352

索引

  learning-in-working 在工作中学习 358-9
  national institutional influence 国家制度的影响 356-7
  nonmarket interactions 非市场的互动 35
  product-cycle theory 产品周期理论 37-9
  regional institutional influence 区域制度的影响 355
  relation to states 与政府的关系 44，94-5，138，144-50
  social practices 社会实践 236
  spatial structures 空间结构 93，111，112-13，116-22，123
  参见 branch-plant economy 分厂经济；convergence dynamics 动态趋同；transnational corporations（TNCs）跨国公司
corporatism 社团主义 43
Corps of Engineers 工程师团体 201
corruption 腐败 211，219
  China 中国 367，373
  Nigeria 尼日利亚 172-3，213，214，215
Cosmides, L. 科司米德斯 50
Costa, Joaquín 华金·科斯塔 196，197，198，199，200
Costa Rica 哥斯达黎加 242
Costello, V. 科斯特洛 210
Court, G. 考特 62，64
Cox, K. R. 考克斯 260
craft production 手工艺生产 33，107，126，132，133，134
Crang, P. 克朗 62，237
creativity 创造性 56，57，280
credit system reforms 信贷制度改革 261
credit unions 信用联盟 64
critical reading 批判性阅读 7-9
critical realism 批判现实主义 4，5，15，29-47
Crompton, R. 克朗普顿 64，319
Cronon, W. 克罗农 170
Cultural 文化的
  affinity 亲和力 333，362，364，367-8
  analysis 分析 14-15，16，17，21，316
  assumptions 假设 321，338
  characteristics 特点 46
  class 阶级 317-18，321
  determinants 决定因素 70

dupes 欺骗 292，303
geography 地理 60
hegemony 霸权 62
industries sector 产业部门 122，317，327
movements 运动 21，172
powers 权力 21
sensibility 情感 13
studies 研究 27，328，377
theory 理论 4，5，376，387，388
"cultural turn" "文化转向" 21，17，315
culture 文化 4，5
 Chinese institutional 中国的制度 333，364，368-74
 definition 定义 364
 and economy 和经济 16-17，59-71
 radically decentered approach 激进的去中心方法 25
Curran，C. 柯伦 78
currency reforms 货币改革 261
Curry M. 柯里 6
Curtin，P. 柯廷 365
customer-supplier relations 客户—供应商关系 149，352，358
Cusumano，M. A. 库苏马诺 130
cybergeography 数码地理 70
cyberspace 数码空间 70，336，337，340，342，346
cyborgs 数码组织 191，345
Czech "Spring" 捷克春天 19，21

Dahrendorf，R. 达伦多夫 142
Daniels，P. 丹尼尔斯 118，120
Darwin，Charles 查尔斯·达尔文 14，20
Davey，S. P. 戴维 179
Davis，C. 戴维斯 64
day-care services 日托服务 311，312-13
de Reparez，G. 德雷帕里兹 198
Dear，M. J. 迪尔 254-5，308
The Death of Distance（Cairncross）《距离的消亡》（凯恩科洛斯）332
Debord，G. 德伯德 206，207
debt 负债 207，209，212，213，215，216，217，226，229

索 引

decentering 分散 25，26，74，86
decentralization 分散化 38，39，40，43，114-15，285，307，338
　　　China 中国 365，374
　　　flexible production systems 弹性生产系统 132，135
　　　Fordism 福特制 127
　　　institutions 制度 56
　　　service sector 服务部门 115，118，341
　　　transnational corporations (TNCs) 跨国公司 138,141
decision-making 决策 3，151，285
　　　actor-networks 行动者—网络 50
　　　China 中国 368，372
　　　core regions 核心区域 93
　　　deterritorialized institutions 非地域化机构 271
　　　institutionalism 制度主义 55-6
　　　service sector 服务部门 313
　　　transnational corporations (TNCs) 跨国公司 36，141
deconstruction 解构 25-6，377
DeCosse, P. 德科斯 230
deductive theories 演绎理论 3
defense sector 国防部门 115，121，211
deindustrialization 去工业化 72，74，93，94，306
The Deindustrialization of America (Bluestone and Harrison)《美国的去工业化》(布鲁斯通和哈里森) 79
del Moral ltuarte, L. 德摩拉·图瓦特 189，195，199
Deleuze, G. 德鲁兹 69，238
Delorme, R. 德洛姆 50
demarcation lines 分隔线 83，127
Demeritt, D. 德梅里特 191
Denmark 丹麦 53，134
deregulation 去管制 24，48，72，143，253，259，320,321
Derman, W. 德曼 226
Deroutinization 去常规化 300-1
Derrida, J. 德里达 70
design-intensive industries 设计密集型产业 129，133，135
desire 欲望 16，21，70，77，92，323
deskilling 去技能 33-4，40，127，375，380
deterritorialization 去地域化

globalization 全球化 253，271，274，276-9，281-7

new cultural class 新文化阶层 317-18

devaluation 贬值

monetary 金钱 209，216，217，218

product 产品 154，157

development 发展

capitalist 资本主义 30，81，83，84，98，104

in China 中国 333，373，374

concrete forms of 具体形式 30

industrial development models 产业发展模式 83，84

ladder of 阶梯 83-7

organic metaphor 有机体隐喻 17，83-6

productive labor 生产性劳动 104-8

service sector 服务部门 98

social 社会的 135，192

technological 技术的 30，65，66，341

territorialization 地域化 271-2，278，285，288

参见 post-Fordism 后福特主义；product development 产品开发；regional development 区域发展；uneven development 不平等的发展

development economics 发展经济学 73

development models, diversity of 发展模型, 多样性 84

Dex, S. 戴克斯 318，319

Dey, J. 戴伊 226

dialectical materialism 辩证唯物主义 170

dialectics 辩证法 26，103，172，191-4，343，360

Dicken, Peter 彼得·迪肯 94-5，140，145，146，147，252，253，259，260，274，276，332，358

Dickens, Charles 查尔斯·狄更斯 170，218

differentiation 差异化 46-7，141，148，285，294

参见 product differentiation 产品差异化；spatial differentiation 空间差异化

Dikko, Alhaji Unlaru 阿哈吉·乌马鲁·迪克 213-14，215-16

DiMaggio, P. 迪马乔 320，321

Diocsin, Cecilia 西西里亚·黛奥莘 386

discourse 话语 4，70，135，390

competitiveness 竞争 391-402

of economic change 经济变化的 82，83

economic restructuring 经济重构 82，84，269

of the economy 经济的 17，65，70，71-87

Filipina domestic workers 家庭菲佣 333, 376-88
Foucault 福柯 70, 81, 240, 376, 387
of globalization 全球化的 24-5, 26-7, 28, 260, 269
of intervention 干预的 78, 90
neo-liberalism 新自由主义的 257, 259
of progress 进展的 340
Spanish waterscape 西班牙水景观 193, 200, 201, 202, 204
status of (的)状态 389, 390

discursive shifts 话语的变迁 23, 24

disembeddedness 去根植性 64, 236

disempowerment 解除权力 24, 91, 344

disequilibrium 非均衡 70

distance 距离 42-3, 91
acting at a distance 远距离作用 35, 174, 237-40, 241
cultural 文化的 333
importance of 重要性 331-2
information technologies 信息技术 332, 336-49
relational proximity 关系临近 359
as a social product 作为一种社会产品 331-2
tertiary labor 第三类劳动 106

distanciation 距离性 47, 64

distribution, propositions about 分配, 建议 268-9

distribution sector 分配部门 115

distributional outcomes 分配性产出 258, 261, 266, 267, 268, 269

division of labor 劳动分工
binary oppositions 二元对立 326
class structuration 阶级结构 305

dynamics of change 变化的动态 104-8
gendered 性别的 221, 223, 306, 312-13, 322
international 国际的 36, 93, 115, 118, 123, 124, 259, 376-7, 395
localized 本地化的 284
new international thesis (NIDL) 新国际劳动分工 15, 379
service sector 服务部门 97-108, 109
social 社会的 35, 75-6, 100, 117, 129, 130, 134
spatial 空间的 36-42, 111, 112, 113, 11-16, 118, 121, 122-4
technical 技术的 35, 112, 114-15, 117, 127
territorial 地域的 288, 303

domestic workers 家庭佣工 102，333，375-88
domiciliary care 住家看护 307，308，313
dominance 主导 77-8，93,111，112，316
    of capitalism 资本主义 84，85，86
    of extractive and rentier capitals 抽取和食利的资本 209
    institutional 制度的 55
    Japanese strategy 日本战略 144
    metropolitan areas 大都会地区 342
    of money 货币的 208，218
    spatial division of labor 空间劳动分工 118
domination 主导性 20
Dominic, G. 多米尼克 105
Donaghu, M. 多纳休 141，395
Dore, R. 多尔 50
Doremus, P. 多里莫斯 360
Dorfman, N. S. 多尔夫曼 132
Dorsey, K. 多尔西 185
Dosi, G. 多斯 276，280，288
Douglass, D. 道格拉斯 295
downsizing 缩减规模 22，27，74，128，318，399
Doz, Y. 多兹 147
Driver, S. L. 德来福 196
Du Gay, P. 杜盖伊 317
dual systems theory 二元系统理论 86
Dusuid, P. 杜绥德 358，359
Dunning, J. 邓宁 140，276，283，285，287，288
Dunsmore, J. R. 邓斯莫尔 222
Dutch Disease 荷兰病 211
dynamic efficiency 动态效率 259
dynamic vertical disintegration 动态垂直分离 130

Eagleton, T. 伊格尔顿 23
Eastern Europe 东欧 62，141
Eckersley, R. 埃克斯利 175，179，180
ecological 生态
    concern 关注 292
    crises 危机 182

  economics 经济学 65，66
  exploitation 剥削 91
  harmony 和谐 198
  Marxism 马克思主义 176，181，182
  problems 问题 173
the "economic" "经济学" 390
  difficulty of stabilizing 稳定的困难 70-1
  reconfiguring of 重新配置 60-1
  and the social 和社会 62
economic adaptability 经济适应性 51, 53-5, 71, 86
economic behavior 经济行为 49-50, 51
economic change 经济变化 32, 257, 258, 266, 306, 317, 327
  discourses of 话语的 82, 83
  East Asia 东亚 261
  Gambian wetlands 冈比亚沼泽地 221，223-5
  global 全球 149
  profit as engine 作为发动机的利润 of 91
  social class 社会阶级 254
  social implications of 社会涵义 109
economic depression 经济萧条 126
economic determinism 经济决定主义 76
economic distance 经济距离 331-2
economic evolution 经济演化 83-7
economic geography 经济地理学 1-4
  changing focus of 变化的关注点 252
  critical reading of 批判的阅读 7-9
  differentiated nature of 差异化的性质 2, 5
  history of (的) 历史 3-4
  new kinds of 新型的 60-1
  non-English scholarship 非英语学术 6
  paradigm change 范式改变 14
  polycentrism 多中心主义 16-17, 60
  refiguring of the "economic" 重新设置"经济的" 60
Economic Geography《经济地理学》杂志 170
economic governance 经济治理 49-51, 355
economic interventions 经济干预 72-3, 78-81, 86
economic performance 经济表现 3

economic restructuring 经济重构
    critical role of the state 政府的关键作用 269
    discourses of 话语的 82，84. 269
    local labor markets 地方劳动力市场 306
    regulation theory 管制理论 261
    Spain 西班牙 196
    The Gambia 冈比亚 226
economic sociology 经济社会学 84，252
concept of embeddedness 根植性的概念 49-50，62，236，320-1，325
unity of socioeconomic processes 社会经济过程的一体性 255
economic stagnation 经济停滞 135，209
economic structures 经济结构 3，209，251
economics 经济学 16，390
    behavioral 行为 65
    competitiveness 竞争性 391-2
    critiques of (的)批判 70
    ecological 生态 65，66
    environmental 环境 179
    evolutionary 演化 49，52，65，351
    globalization 全球化 271
    institutional 制度的 49-51，236
    social power of 社会权力 393
    参见 neoclassical economics 新古典经济学
economies of scale 规模经济 34-5，51，127，129，130，139，282，284
The Economist《经济学家》杂志 212，351
economy 经济
    as bounded regions 作为受限的区域 68，69
    changing perspectives on 变化的视角 65-8
    changing practices in 变化的实践 65-1
    and culture 和文化 16-17，59-71
    discourses of (的)话语 17，65，70，72-87
    disorganization of organizations 非组织和组织 66-7
    erosion of orientalist and occidentalist beliefs 东方主义和西方主义信仰的消解 67-8
    fall of the singular 一元化的衰落 65-6
    as flows 作为流 68，70
    gendering of (的)性别关系 64
    informalization of (的)信息化 64

索 引

    institutionalism 制度主义 16，48-58
    as interlocking networks 作为互相交织的网络 68，69
    metaphor of the body 身体的隐喻 17，74-82，85
    metaphor of organic development 有机体发展的隐喻 17，83-6
    metaphor of totality 整体性的隐喻 75-6
    pinhead 针尖 183
    social context of 社会背景 251
    social nature of 社会性质 61-2
    time and space 时间和空间 64-5
    topological presuppositions 拓扑前提 68，69-70

Ecstasy and Economics (Morris)《三角洲和经济》(莫里斯) 72
Edge, S. 埃奇 64
Edozien, E. C. 艾多莘 216
Edquist, C. 艾德奎斯特 356
education 教育 126
    expenditure 支出 310
    fair trade networks 公平贸易网络 242，244
    Filipina domestic workers 家庭菲佣 380，383，385，386
    in learning regions 学习型区域 54
    preparation of worker 工人预备 107
    as state's natural domain 作为政府的领域 268
    of women 女人的 319
education institutions 教育机构 134，352，355，360
    as codified knowledge 作为编码化的知识 52
education sector 教育部门 114，115
Edwards, R. 爱德华茨 104
The Eighteenth Brumaire (Marx)《路易·波拿巴的雾月十八日》(马克思) 24
Ekpo, E. 埃克普 217
Elderly 老年
    community care 社区看护 312-13
    domiciliary care 住家看护 307，308，313
electronics industry 电子产业 29，114
    advantages of colocation 相邻布局的优势 43
    complementation 互补 39
    declining relative importance of 相对重要性的下降 117
    flexible production systems 弹性生产系统 133
    runaway industry 逃跑产业 38

　　　　skilled jobs 技能工作 34
　　　　spatial structure 空间结构 121
　　　　tendency to cluster 集群的倾向 117, 121
Eli, M. 伊利 140
elites 精英 55, 345
　　　　networks of (的)网络 321
　　　　Nigeria 尼日利亚 214
　　　　Spain 西班牙 196, 197, 199, 200, 203
　　　　spatial structures 空间结构 119-22, 123
　　　　The Gambia 冈比亚 224, 228
Elliott, Henry 亨利·埃利奥特 177-8, 185, 186
Elson, D. 埃尔森 141, 153, 163
Elster, J. 埃尔斯特 40, 180
emancipatory politics 解放政治 25, 26
embeddedness 根植性 4, 252, 253, 355
　　　　collaborative ventures 合作事业 139
　　　　economic sociology 经济社会学 49-50, 62, 236, 320-1, 325
　　　　fair trade networks 公平贸易网络 240, 241, 242, 244, 246
　　　　firms 企业 320, 355, 357, 358
　　　　information technologies 信息技术 337, 341, 346
　　　　institutions 制度 16, 236, 251, 320-1, 357
　　　　interpersonal networks 人际网络 49-50, 364. 368, 369
　　　　Japanese businesses 日本企业 140
　　　　local 本地 5
　　　　natural resources 自然资源 170, 192
　　　　state behavior 国家行为 141-2
　　　　transnational corporations (TNCs) 跨国公司 138, 145, 149
Emecheta, Buchi 布奇·艾摩伽塔 213, 216
Emel, J. 埃姆尔 181
Emilia-Romagna 艾米利亚-罗马格涅 53
empirical evidence 实证证据 8, 261
　　　　dynamic networks 动态网络 141
　　　　feminization of organizations 女性化的组织 315
empirical material, interpretation of 实证材料,阐释 8, 32, 140,141
empirical research/studies 实证研究 7, 29, 33, 41, 84, 135,258, 294
　　　　on capital 资本 44
　　　　consistency of 一致性 15

索 引

    convergence 趋同 361
    distance 距离 331
    Filipina domestic workers 家庭菲佣 376
    financial services 金融服务 320
    labor skills 劳动技能 34
    nation-states 民族—国家 258
    relationship between firms and states 企业与政府的关系 94
    UK industrial base 英国的工业基础 93
    workplace politics 工作场所政治 94
employment creation schemes 就业创造计划 300, 307, 308, 310
employment opportunities 就业机会 22, 215, 299, 307, 314
Encamation, D. J. 安卡曼莘 143, 147
Enderwick, P. 恩德维克 258
endogenous growth theory 内生增长理论 51
England, works closures 英格兰,工厂关闭 290, 296, 297, 299
England, K. 英格兰 381
enlightenment concepts 启蒙概念 63
enterprise support systems 企业支持系统 51, 52
enterprise zones 企业区 300, 314
entrepreneurship 企业家精神 24, 53, 148
    flexible production systems 弹性生产系统 128
    fragility in small firms 小企业的脆弱性 57
    less favored regions 落后地区 48
    regional 区域的 56
    rudimentary 基础的 56
environment 环境
    best practice 最佳实践 351, 356-7
    biophysical 生物体的 5, 171
    commercial sealing 商业性海豹 183, 185
    commons model 公共物品模型 183-4
    discourse on competitiveness 关于竞争力的话语 394
    ecological concern for 生态考虑 292
    financial services 金融服务 320
    flexible production systems 弹性生产系统 131-2, 133
    Gambian wetlands 冈比亚湿地 173, 220-34
    institutionalism 制度主义 50, 52, 54, 55
    knowledge 知识 50

>   ladder of evolution 进化的阶梯 83
>   *laissez faire* 自由放任 262，263
>   learning 学习 52
>   less favored regions 落后地区 54
>   market-based approaches 市场途径 176
>   Marxism 马克思主义 21，175-6，181-2，184，186
>   material 物质 170
>   organizational 组织的 67
>   political 政治的 362
>   product-cycle theory 产品周期理论 38
>   and society 和社会 181-2，192
>   Spanish waterscape 西班牙水景观 196，197，204
>   spatial effects 空间效果 42
>   transnational corporations（TNCs）跨国公司 139，143，145-6，148，149
>   virtual 虚拟 338，340，342
>   workplace 工作场所 161，327
>   参见 built environment 人工环境；competitive environment 竞争环境；natural resources 自然资源；nature 自然

environmental 环境的
>   change 变化 220，221，223-5
>   degradation 恶化 179，181，184，220，225，231-2
>   economics 经济学 179
>   embeddedness 根植性 241，246
>   processes 过程 5

environmentalism 环保主义 26，187
>   free market 自由市场 179，180-1

Equal Exchange Trading Limited 公平交换贸易有限公司 241-2

Ernst, D. 厄恩斯特 273

ESPRIT 埃斯普瑞特 44

estheticization 审美 318，327

estrangement 疏远 208

ethnic 种族的
>   allegiance 忠诚 171
>   discrimination 歧视 188
>   networks 网络 69，333
>   ties, strengths of 联系的强度 61

ethnicity 种族划分 95，321，322，363

  bounded regions 受限的区域 69
  Gambia 冈比亚 223, 228-9
  Marxian lack of concern 马克思主义考虑的欠缺 21
  Melbourne 墨尔本 313
  Nigeria 尼日利亚 212, 214
ethnography 人种学 4, 69, 70, 152, 154, 156, 164-5
Euclidean distance 欧几里得距离 331, 332, 335n
Eurocentrism 欧洲中心主义 6, 187
"Europe of the regions" "区域的欧洲" 144
European Commission 欧洲委员会 55
Europen Community 欧洲共同体 44, 230
  bargaining power 讨价还价权力 149-50
  state-state competition 政府之间的竞争 142
  strategic alliances 策略联盟 141
  subsidiarity 补贴 148
  works closures 工厂关闭 296-9
European Single Market 欧洲统一市场 62
European Union 欧盟
  emergence of 浮现 266
  "Europe of the regions" "区域的欧洲" 55
  increasing influence of 增长的影响 356
  institutional concessions 制度妥协 287
  organic certification 有机认证 246
  social economy 社会经济 56
evolution, ladder of 演化, 阶梯 83-7
evolutionary economics 演化经济学 49, 52, 65, 351
evolutionary psychology 演化心理学 50
evolutionary theory 演化理论 14, 85, 391, 392, 393
exchange 交换　参见 markets 市场
expediture as excess theory 过度支出的理论 70
expenditure without return 没有回报的支出 70
experimental games 试验博弈 50
expertise 专家 52, 276, 282
  agronomic 农学的 229
  communities of practice 实践的共同体 358
  corporate culture 企业文化 328
  encouragement of diversity of 鼓励多样性 55

transnational corporations（TNCs）跨国公司 139

exploitation 剥削 91

 capitalist 资本家 15，21，85-6

 of care-givers 看护工人 311

 diversity of 多样化 86

 Filipina domestic workers 家庭菲佣 383，387

 natural resources 自然资源 171，180，181-4，186，187

 noncapilalist forms of 非资本主义的形式 85-6

 social class 社会阶级 105，188，318

 surplus value production 剩余价值生产 104

 of women outworkers 女性在家工作者 314

external economies 外部经济 119，130，134

externalities 外部性 51，52，143，179-80，181，183，272

extractive capital 抽取性资本 209

face-to-face interaction 面对面互动 52，65，343，347，359，364

factory outlet villages 购物村 63

factory production system 工厂生产系统 93，109，126

fair trade coffee networks 咖啡公平贸易网络 174，237，240-6

fair trade organizations 公平贸易组织 241，242，244

Fair Trademark 公平贸易标志 242

Fairtrade Foundation 公平贸易基金 242

Fallaci, Oriana 奥里亚娜·法拉斯 209

familiarity 熟人关系 52，65，370

familism 家族式 364，374

family 家庭 305

 discourses of（的）话语 381

 as hidden welfare service 隐蔽的福利服务 312-13

family commitments 家庭义务 120

family day-care services 家庭照管服务 311，312-13

family responsibilities 家庭责任 310-11

FAO 联合国粮食及农业组织 225

farmers' cooperatives 农民的合作 242

farms, noncapilalist exploitation 农场，非资本主义的剥削 86

fast food outlets 快餐外卖 99，103，235，325

Father's Day 父亲节 63

Featherstone, M. 菲舍斯通 235，317

Feldman, M. 费尔德曼 4
feminism 女性主义 4, 5, 95, 305, 326, 333, 389
 and the body 和身体 17, 25, 74-5, 77
 construction of home 家庭的构建 377
 gender roles 性别角色 316
 gendered subjectivities 性别化的主体性 324
 hegemony of dominance 主导的霸权 85
 household economy 家庭经济 86
 poststructuralist 后结构主义者 151
 priority of paid over unpaid work 有薪工作优于无薪工作 31
 rejection of the "economy" 抛弃"经济" 86
 second-wave 第二波 25
 theory of imperialism 帝国主义理论 386
 value of labor 劳动的价值 152, 153
 women's occupational segregarion 女性的就业岗位隔离 322
feminist theory 女性主义理论 252
feminization 女性化 40. 255-6, 315, 317, 318-20, 321-3, 384
Fercnczi, S. 费尔茨恩泽 205
Fernández Clemente, E. 费尔南德斯·克莱门茨 199, 200
Ferrari, Dr. 费拉里 68
Fieldwork 野外考察 1, 2, 9n
Filipina domestic workers 家庭菲佣 333, 375-88
 comparison to Europeans 与欧洲的比较 381-3
 noncitizen status 非公民地位 378-81
 stigmatization process 玷污的过程 383-5
film industry 电影工业 132, 288
financial flows 资本流动 258, 349
financial institutions 金融机构 215, 235
financial markets 金融市场
 deregulation of 解除管制 24
 globalization of 全球化 118, 149, 344, 345, 350
 srate role 政府角色 263, 265
financial services sector 金融服务部门 102, 120
 expansion of 扩张 117, 317, 327
 gender segregation 性别隔离 255-6, 320, 323
 industtial spaces 工业空间 327
 internationalization of 国际化 118

regional decentralization 区域分散化 115

regional specialization 区域专业化 93

Fincher R. 芬彻 252, 254, 255, 307, 308

Fing, B. 菲因 235

Fisher G. B. A. 费希尔 98

fisheries industry 渔业 180, 181

Fitzcarraldo 菲茨卡拉多 189

Fitzsimmons, M. 菲茨西蒙斯 175

Flanders 佛兰德斯 134

Fleck, L. 弗莱克 389

flexibility 灵活性 317, 392

Chinese bureaucracy 中国的官僚主义 364, 365, 366, 368-73, 374

increased emphasis on 越来越强调 120

labor market practices 劳动市场实践 351

marketing networks 市场网络 279

transnational corporations (TNCs) 跨国公司 139

women workers 女工 308, 313, 319

workplace 工作场所 160, 164

参见 post-Fordism 后福特主义

flexible accumulation 弹性积累 94, 125, 126-31, 132,135, 136, 144, 307

参见 post-Fordism 后福特主义

flexible production systhes 弹性生产系统 63, 125-36, 307

agglomeration 集聚 94, 129, 130, 131, 132, 133-4,135

appearance of 外表 128

competition 竞争 128, 131, 135

decentralization 分散化 132, 135

features of 特点 128, 129

increased costs 增长的成本 130

industrial location 工业区位 127, 131-5

Italy 意大利 84, 132-3, 135

key industrial sectors 关键产业部门 129

labor market 劳动力市场 128. 129. 130-1, 134

and patterns of industrialization 和工业化的格局 129-31

rise of （的）兴起 64

social divisions of labor 社会劳动分工 129

Florida, R. 佛罗里达 355

flow economics 流的经济学 278-9, 281-3, 285-7

索　引

Folbre, N. 符布莱 86
folklorism 民俗学 63
Fong, P. E. 方 363
Fontana, J. 方塔纳 196
Food 食物
　　alternative geographies of 另类的地理 235-47
　　escalating costs in oil states 石油国家食品价格飞涨 211, 215
　　fair trade coffee networks 咖啡公平贸易网络 174 237, 240-6
　　Gambian wetlands production 冈比亚沼泽地生产 173, 220-34
　　purity standards 纯净标准 262
Food and Agriculture Organization (FAO) 粮食及农业组织 225
food outlets 食物外卖 99, 103, 235, 325
footloose firms 松脚企业 42, 253
Ford, Henry 亨利·福特 169
Ford Motor Company 福特汽车公司 145, 274, 276
Fordism 福特主义 45, 83, 84, 114, 117, 126-9, 257
　　decline of 衰落 94, 125, 127-8, 135, 144
　　mode of social regulation 社会管制模式 93-4, 261
　　参见 mass Production 大规模生产
Fordist accumulation 福特式积累 125, 126-8, 135, 136
foreign direct invetment (FDI) 外商直接投资 287, 332, 354
　　globalization 全球化 273, 274, 276, 277-8, 282
　　high-technology industries 高科技产业 276
　　location in most advanced regions 最发达区域的区位 40
　　Taiwanese in China 中国大陆的台商 362, 366
　　transnational corporations (TNCs) 跨国公司 140-1, 273, 274, 276, 277-8
Foucault, M. 福柯 26, 83, 389
　　bounded regions 受限的区域 69
　　construction of the self 自我的建构 324
　　disciplinary individualism 受规范的个人主义 394
　　discourse 话语 70, 82, 240, 376, 387
　　The Order of Things《事物的秩序》82
　　organic structure 有机结构 77, 82
　　power relations 权力关系 376
　　social norms 社会规范 393
Fox, S. 福克斯 185
Fraad, H. 福拉德 74-5, 86

France 法国
    fiexible production systems 弹性生产系统 133
    nationalist policies 国家主义政策 44
    social economy 社会经济 56
    telecommunications infrastructure 电子通讯基础设施 342
    works closures 工厂关闭 290，296-7
Francis，J. 弗朗西斯 259
Franco, Francisco 弗朗西斯科·弗朗哥 203
Frank，A. G. 弗兰克 195
Frankt，R. 弗兰克 226
Frankel，H. 弗兰克尔 218
Frankfurt School 法兰克福学派 21
Fransman，M. 福拉曼 358
Fraser，N. 弗雷泽 376，387
free market environmentalism 自由市场的环境主义 179，180-1
freeports 自由港 314
Freud, Sigmund 西格蒙德·弗洛伊德 70，172，205
Friedland，W. 弗里德兰 235
friendly associations 朋友关系 61
friendship 友谊 367，370，371，372
Fröbel，F. 弗罗贝尔 37，259，274，282，322，363
Fuchs，V. 富克斯 97，104
Fudge，C. 富奇 308
fugitive resources 易耗资源 180-1，184
Fuji 富士 357
Fujian province 福建省 362，365-6，372
Fujita，M. 藤田 3
Fukuyama，F. 福山 50
functionalism 功能主义 76，81
Fur Seal Advisory Board 海豹皮毛专业委员会 185
fur seal industry 海豹皮毛产业 176-88
    discursive production of nature 自然的话语构建 184-7
    genesis of the crisis 危机的起源 176-9
    Marxist explanation 马克思主义解释 171-2，181-4
    neoclassical explanation 新古典主义解释 171，179-81，182
furniture industry 家具产业 132，133

索 引

Gabriel, P. 加布里埃尔 147-8
Galileo 伽利略 13, 14
The Gambia 冈比亚
  Accumulation 积累 220, 234
  colonialism 殖民主义 173, 221, 223-4, 225, 231, 232
  customary tenure laws 传统的土地使用规约 224
  economic change 经济变化 221, 223-5
  elites 精英 224, 228
  ethnicity 种族划分 223, 228-9
  foreign aid 外援 173, 225, 226
  gender and agrarian change 性别和农业变化 173, 220-34
  horticultural projects 园艺项目 173, 221, 225-6, 229, 230-2, 233
  irrigation 灌溉 173, 220, 221, 224, 225, 233-4
  kamanyango 个人土地使用权 173, 224-5, 228-9, 231, 232, 233
  land rights 土地权利 173, 220, 224-6, 228-9, 232, 233-4
  maruo 家庭土地产出由男性家长支配 224, 225, 228-9, 233, 234
  peanut cultivation 花生种植 221, 223, 225, 226, 231-2
  policy shifts 政策变化 225-6
  rice cultivation 水稻种植 173, 221, 222, 223-4, 225, 226-9, 233
  wetlands 沼泽 173, 221-33
Gamble, D. 甘布尔 223
gambling industry 博彩业 60
gardening indusrty 花园产业 60
  参见 horticultural projects 园艺项目
Garrabou, R. 咖拉伯 196
Gatens, M. 盖顿 74
Gates, Bill 比尔·盖茨 339
Gates, J. B. 盖茨 143
GATT 关贸总协定 142, 266
gay communities 同性恋社区 64
gay scholarship 同性恋研究 324
Gelb, A. 盖尔布 207, 209
Gelerntner, David 戴维·格棱特纳 340
gender 性别 4, 5, 13, 14
  agrarian change in the Gambia 冈比亚的农业变化 173, 220-34
  and the body 和身体 17, 25, 74, 77-8
  bounded regions 受限的区域 69

  as a colonizing regime 作为殖民化的体制 77
  connflicts 冲突 173，220，221，223，224，225，228-9,231-2
  division of labor 劳动力分工 221，223，306，312-13，322
  economies 经济 64
  employment shifts 就业转移 64，114，130，132，152-4,156-7，255-6，306，315，318-20，321-3
  markets 市场 251
  Marxian lack of concern 马克思主义考虑的缺陷 21
  organizations 组织 316，323-4
  as Performance 作为表现 316
  production of value in the workplace 公共场所的价值生产 95，151,152-4，156-65
  relations in local labor market 本地劳动市场的关系 255，304-7,308-10，314
  relations in local state 本地政府的关系 255，304-6，307-8,310-14
  segregation in the workplace 工作场所的分隔 255-6，305-7,310，313-14，320，321-3
  参见 masculinity 男性特点
gender-in-organization model 组织模式中的性别差异 323
gendered oppositions 性别对立 77
General Agreement on Tariffs and Trade (GATT) 关贸总协定 142,266
General Motors (GM) 通用汽车 43，274，276
generalized interactivity 一般化的互动 339
genetic engineering 基因工程 64
gentrification 贵族化 121，307，317-18
geocentrism 地球中心论 14
Gephardt Amendment 格普哈特修正案 143
Gerber,J. 格伯 191
Gerlach, M. L. 格拉克 140
German model 德国模式 271，350，357
Germany 德国
  collapse of Berlin Wall 柏林墙的倒塌 21
  flexible production systems 弹性生产系统 134
  industrial practices 工业实践 360
  lean production 精益生产 360
  social economy 社会经济 56
  transnational corporations (TNCs) 跨国公司 333,356-7,360，361
  参见 West Germany 西德
Gershuny, J. 格沙内 97,98,102,108
Gertler, M. S. 哥特勒 4，94，144，332-3，353，354,356-7

GGFP 222
Ghoshal, S. 格沙尔 138-9
Giansante, C. 吉安三特 203
Gibson, Kathy 凯西·吉布森 4, 17, 95, 376, 381, 387
Gibson, W. 吉布森 336
Giddens, A. 吉登斯 64-5, 301
 agency and structure 主体和结构 293-4
 constructing the self 自我的构建 325
 cultural dupes 文化欺骗 292
 globalization 全球化 363
 social action 社会行动 252
 space and place 空间和场所 348
 theory of structuration 结构理论 292, 300
Giffen, J. 吉芬 230
Gifford, Kathy Lee 凯西·李·吉福德 22
gift exchange 礼物交换 59-60, 63, 67-8, 333, 364-5, 369-74
 linguistic commonality 语言相同 372-3
 measurements of value 价值的衡量 370
 sense of space 空间的概念 371-2
 sense of time 时间的概念 370-1
Gille, D. 吉勒 205
Gillespie, A. 吉莱斯皮 339
Gilpin, R. 吉尔平 271
Ginzberg, E. 金兹伯格 97
GIS 地理信息系统 63
Glickman, N. J. 格利克曼 147, 274
global business hierarchies 全球商业等级 274-7, 278
global cities 全球城市 317-18, 327
global commodity systems 全球商品系统 235
global financial system 全球金融系统 118, 149, 344, 345, 350
global localization 全球本地化 148
global networks 全球网络 141, 236, 237-47, 349
global warming 全球变暖 26, 192
global-local tensions 全球—本地张力 94-5, 137-50, 237, 239
globalization 全球化 3, 51, 52, 64, 137-8, 235-6, 246
 acting at a distance 远距离作用 174, 237-40
 business services sector 商业服务部门 118

  commodity trade 商品贸易 273-4，277

  consumer services 消费者服务 279，282，287，288

  as deterritorialization 去地域化 253，271，274，276-9，281-7

  discourse 话语 24-5，26-7，28，260，269

  dynamics of（的）动态 281-5

  effect on space 对空间的影响 332

  foreign direct investment（FDI）外商直接投资 273，274，276，277-8，282

  global business hierarchies 全球商业等级 274-7，278

  impact on states 对政府的影响 239-60，285-8

  institutions 制度 235，271-2，285-9

  local interpretations 本地阐释 363

  mainstream arguments about 主流论点 272-8

  pure flow economies 纯粹流动的经济 278-9，281-3，285-7

  territorialization 地域化 253，271-4，277-8，279-84，285-9

  transnational corporations（TNCs）跨国公司 141，148，235-6，237，247

globe, image of 全球, 意象 25，26

Gluek, A. C. 格卢克 178

Goff, Charles J. 查尔斯·戈夫 177

Goffman, E. 戈夫曼 316

gold 黄金 205，218

gold boom 黄金热 207

Gómez Mendoza, J. 门多萨·戈麦斯 189，196，197，198，199，203

Goodman, D. 古德曼 236

goods 货物

  changing nature of 变化的性质 99

  circulation of（的）循环 5，100-2，106-7，109，199，209，269

  definition 定义 99

  distinction from services 与服务的区别 97，99

  producer services 生产者服务 100

  replaced by services 被服务替代 98

Goodworks 古德沃克斯 395

Gordon, D. M. 戈登 145

Gordon, H. S. 戈登 180

Gottmann, Jean 琼·格特曼 342

Gould, Stephen Jay 史蒂芬·杰伊·古尔德 83-4，85

Goux, J. J. 高克斯 70，208

governance 治理 5，55，56，236，264，265，349，351，374

  during Fordist period 在福特主义时期 261
  economic 经济学 49-51，355
  financial markets 金融市场 263
  hierarchical 等级的 139
  of industrial practices 产业实践的 354-9
  institutional 制度的 266，350，351
  of private markets 私有市场的 257，269
  of production systems 生产系统的 285，287
  regulation theory 管制理论 261
  of trade 贸易的 261
governance structures 管制结构 62
government，as secondary status activity 政府，作为第二位的活动 80
government intervention 政府干预　参见 state intervention 国家干预
government legislation 政府立法 56，57，79，126，159，246
governmentality 政府治理，见 bounded regions 受限的区域 69
Grabher，G. 格兰波 50，54，55，68，355
Graham，Julie 朱莉·格雷厄姆 4，17，95，376，381，387
Graham，S. 格雷厄姆 332，334，336，337，338，339，340，342，343，345，349
Gramsci，A. 葛兰西 21，27-8
Granovetter，M. 格兰诺维特 50，351
Graycar，A. 格雷卡 312，313
The Gleat Transformation（Polanyi）《大变革》（波拉尼）252
Greater London Council 大伦敦议会 314
Greenberg，D. 格林伯格 103
Greenblatt，S. 格林布拉特 186
Greygory D. 格雷格利 254
Gregson，N. 格雷格森 377
Grenoble 格勒诺布尔 133
Grinnell，George Bird 乔治博德·格里内尔 185
Grossman，G. 格罗斯曼 276，289
Grossman，H. 格罗斯曼 32
Grosz，E. 格罗斯 74
group learning 小组学习 50
group routines 小组惯例 50
growth 增长 5，78，259，264，317
  administration sector 管理部门 103，309-10
  of assembly work 组装工作 114，127

Australian strategy 澳大利亚战略 81
business services 商业服务 104，117
capitalist 资本家 76，79，81，93，94，107，182
commodity trade 商品贸易 273
consumer industries 消费品产业 102-3，114
corporate organization 企业组织 101
employment 就业 309
endogenous 内生的 51
financial services 金融服务 117
flexible production systems 弹性生产系统 32，134
Fordism 福特主义 93
foreign direct investment 外商直接投资 140
global financial centers 全球金融中心 344
growth zones 增长区 299
high technology 高科技 134
indirect economy 非直接经济 109
international transactions 国际交易 258
intraregional growth point policies 区域内增长点政策 299
Japanese economy 日本经济 142
Keynesian regional policies 凯恩斯区域政策 48
labor productivity 劳动生产率 107
living wage 最低生活工资 401
manufacturing as center of 以制造为中心 79-80
manufacturing industry 制造业 119，169，309
of money 金钱的 208
neo-liberalist policies 新自由主义政策 259
networks 网络 149
oil money 石油货币 211
organizational 组织的 239
population 人口 220
producer services 生产者服务 100，114
public sector 公共部门 114，119
regional 区域的 48，49，51，57，115-16，117，118，125，299
regulation theory 管制理论 261
retailing sector 零售部门 101
service sector 服务部门 92，105，114，115，315，317-18
service sector as engine of 服务部门作为发展引擎 91，97

social compliance 社会服从 261-2
　　　state's reliance on 国家依赖增长 268
　　　telebanking 远程银行 343
　　　urban 城市 134
　　　and wage restraint 和工资限制 79
Grundisse (Marx)《大纲》(马克思) 14, 192
Grundmann, R. 格仑德曼 175, 192
Guangdong province 广东省 362, 365-6, 368, 372
guanxi 关系 364
Guattari, F. 瓜塔里 238
Guerrieri, P. 圭利尔利 273
Guevara, Che 彻·圭瓦拉 22
Guisinger, S. 圭辛格 142, 147
Gumbrecht, H. U. 谷姆布雷奇 70

habits 习惯 50, 52, 76, 164, 305
Hall, S. 霍尔 27, 363
Halloween 万圣节 63
Hamelink, C. 黑姆林克 108
Hamilton, G. 汉密尔顿 61, 68, 374
Hammett, C. 汉密特 363
Handbook of Commercial Geography (Chisholm)《商业地理手册》(奇泽姆) 169
Hanson, S. 汉森 8, 153, 322, 375
Haraway, Donna 堂娜·哈娜维 74, 82, 172, 174, 176, 193
　　　Conflict 冲突 81
　　　Cybernetic organisms 数字有机体 191, 345
　　　Discourse 话语 376
　　　natural dominance 自然主导 85
　　　theoretical vision 理论愿景 176
Hardin, G. 哈丁 171, 179, 180, 220
Harding, Sandra 桑德拉·哈丁 389-90, 401
Harré, Rom 罗姆·哈勒尔 15
Harrison, B. 哈里森 79, 254, 277, 279
Harrison, J. 哈里森 312
Hartshorne. R. 哈特向 14, 169, 170
Harvey, C. 哈维 226
Harvey, David 大卫·哈维 13, 14-15, 16, 17, 65, 91, 101, 135, 153, 163, 291, 344, 401

capitalist behavior 资本家行为 45
  conceptions of technology 技术的概念 352
  dialectics as internal relations 内部关系的辩证法 172, 193
  flexible accumulation 弹性积累 307
  labor of circulation 劳动力的循环 107
  money system 货币系统 102, 218
  place-specificity of devalorization 地点专属性的贬值 295
  postmodern turn to consumption 消费的后现代转向 318
  rate of capital accumulation 资本积累速率 106
  resources and nature 资源和环境 170, 175, 176
  social class 社会阶级 305
  space economy 空间经济 4
  space and place 空间和场所 348
  spatial fix 空间固化 183
  The Limits to Capital《资本的限制》14
  urban areas 城市地区 191
  use-value 使用价值 32
Hausner, J. 豪斯纳 48, 51, 55
Haussman, R. 豪斯曼 209, 210
Hawke, Bob 鲍勃·霍克 72
Har, C. 哈尔 266
Hayek, F. A. 哈耶克 259
Hays, S. 海斯 185
Healey, P. 希利 348
health sector 健康部门 114, 115, 244, 168, 310
Hearn, G. 赫恩 323, 324
heavy engineering industry 重化工业 290
hedonism 快乐主义 51
Hegel, G. W. F. 黑格尔 218
Heinrichs, J. 海因里希斯 274
Helgasen, P. 赫尔加森 315
Heliocentrism 日心说 13, 14
Helm, D. 赫尔姆 181
Helou, A. 西勒 140
helping professions 辅助性职业 317
Helpman, E. 赫尔普曼 276, 289
Henderson, J. 亨德森 142

索 引

Hergert, M. 赫格特 141
heritage culture 传统文化 63
Herrigel, G. 黑利戈尔 360
Herzog, Werner 沃纳·赫佐格 189
Hewlett Packard 惠普 43
Hiebert, D. 希伯特 375
high technology sector 高科技部门 129, 132, 133-4, 135, 143, 276, 280, 282, 285
Hill, S. 希尔 338
Hirsch, J. 赫希 259
Hirschborn. L. 赫西波恩 109
Hirst, P. 赫斯特 51, 137-8, 267
historical geography 历史地理 126, 195, 291, 303, 383
historical-geographical materialism 唯物主义历史地理 26
historical-geographical processes 历史地理过程 193
history 历史
  as organizing principle of knowledge 作为知识的组织原则 83
  as a sequential ladder 作为顺序阶梯 83-7
Ho, S. P. S. 霍 366
Hobsbawm, E. 霍布斯鲍姆 291
Hochschild, A. 霍克希尔德 325
Hodgson, G. M. 霍奇森 49, 50, 65, 351
Hoesch 赫什 298
homework 家庭劳动 307, 309
Hong Kong 香港 362, 363, 364, 366, 383
Hooghoven 胡哈文 298
Hoole, R. W. 胡尔 149
horizontal disintegration 水平分离 129
Hornaday, William T. 威廉姆·霍纳迪 185, 186
Horrigan, B. 霍里根 340
horticultural projects 园艺项目 173, 221, 225-6, 229, 230-2, 233
households 家庭
  class relations 阶级关系 305-6, 309
  disaggregated production 分散化生产 307
  in the Gambia 在冈比亚 173, 220, 221, 223, 224-5, 228-9, 233-4
  gender roles 性别角色 309
  growing income needs 增长的收入需求 310
  noncapitalist exploitation 非资本主义的剥削 86

  as places of production 作为生产的场所 4

  replacement of labor 劳动力替代 103

  as secondary status activity 作为次级的活动 80

housing market 住宅市场 318

Howe, A. 豪 312

Hsing, Y.-T. 邢幼田 332, 333, 362

Hudson, R. 赫德森 54, 252, 253-4, 258, 290, 296, 297, 299

Huenemann, R. W. 许内曼 366

human agency 人类主体性，参见 agency 主体性

human rights 人权 26, 28, 395

Hundiendonos en el excremento de diablo（Perez Alfonso）《我们在魔鬼的粪便中沉沦》（佩雷兹·阿尔方索）205

Hungarian uprising 匈牙利兴盛 21

Hunting 渔猎 参见 fur seal industry 海豹皮毛产业

Hurtado, Hector 赫科特·赫塔杜 207

Hutchinson, P. 哈钦森 222

Hutton, W. 赫顿 258, 262

hybrid collectif 杂合共体 240

hybrid networks 杂合网络 237, 241-7

hybrids 杂合 172, 191-4, 204, 239

hydrological cycle 水循环 191, 201

hydrological engineering mission 水利工程任务 172, 197-203

Hymer, S. 海默 274, 282, 286

Hymer's stereotype 海默的陈见 36-7, 38, 40

hyperinflation 超级通胀 209

hypermobility 超级流动性 274, 276, 303

hyperspaces 超级空间 64

IBM 国际商用机器公司 38, 43

Ibrahim, Isyaku 艾斯亚库·艾布拉希姆 214

Ichigo, K. 艾奇格 359

ICI 英国卜内门化学工业有限公司 145

Iconography 肖像法 70

ideas 想法, movement of 运动 5

identities 身份

  commodity model economies 商品模型经济 68

  correlation with skills/abilities 与技能的相关性 151

de/reterritorializing 去/再地域化 62
Filipina 菲律宾 381，384，386
fiexible construction of 弹性构建 340
gendered 性别的 324
language 语言 376
masculine 男性化 323
multiplicity of 多重性 325
national 民族的 155，166
political 政治的 253-4
regional 区域的 297
as relational construction 作为区域的构建 378
social 社会的 151，155，246
work as central aspect of 工作作为身份的核心方面 325

identity formation 身份形成 4
identity politics 身份政治 21
ideological repressions 意识形态压制 20
ideology 意识形态
bourgeois 资产阶级的 105，199
and culture 和文化 374
discourse analysis 话语分析 377
fascist 法西斯 203
of individualism 个人主义的 321
of nature 自然的 171，185
of science 科学的 389

Idiagbhon, Tunde 顿德·埃迪亚格邦 216
IFAD 国际农业发展基金 226
IG Metal Union IG 金属联盟 298
ILO 国际劳工组织 395，396
image consciousness 形象感知 62-3
imagined communities 想像的共同体 291，295
Imam-Jomeh, I. 伊曼-尤美 210
IMF 国际货币基金组织 24，213，216，217，225，226，230，386
immigrant labor 移民劳工 130，132，308，309，313
Filipina domestic workers 家庭菲佣 333，375-88
Impact 影响，metaphor of（的）隐喻 338，347-8
Imperialism 帝国主义 25，262，386
impersonal transactions 没有人情的交易 67，68

import booms 进口激增 211, 212, 213
import substitution 进口替代 211, 212, 226, 229
improvisation 贫困化 66
incentives 激励 48, 53, 159, 365
income redistribution 收入再分配 48
India 印度 238
Individual Transferable Quotas 个人可转移配额 181
individualism 个人主义 49, 61, 180, 321, 394
indoctrination 教化 20
Indonesia 印度尼西亚 362, 364
Nike workers 耐克员工 22, 395, 396, 397
industrial atmosphere 产业氛围 52
Industrial and Commercial Geography (Russell Smith)《工业和商业地理》(拉塞尔·史密斯) 331
industrial concentration 产业集中 35
industrial development 产业发展 302
    high technology 高科技 134
in Nigeria 在尼日利亚 212
lndustrial development models 产业发展模式 83, 84
industrial development zones 工业开发区 127
industrial districts 产业区 67, 282, 332-3, 393
    emergence of 出现 129, 144
    Italian 意大利的 49, 52, 53
    network relations 网络关系 286
    use of local assets 使用本地财富 51
industrial growth 产业增长 134, 211
industrial heartland 产业中心 76
industrial organization theory 产业组织理论 279
industrial policy interventions 产业政策干预 72-3, 74, 78, 83, 84
industrial relations 产业关系 31, 35, 154, 357, 360
industrial restructuring 产业结构调整 254
industrial revolution 产业革命 101, 102, 107-8
industrial structures 产业结构
    diversity of 多样化 84
    Fordist 福特主义 135
    regional differences 区域差异 352
industrial studies, criticism of 产业研究，批判 31-46

industrialism 工业主义 23，98，103，104，105，108
industrialization 工业化 100，106，126-8
 China 中国 374
 development ladder 发展阶梯 85
 oil boom economies 石油繁荣经济 211，212
 Spain 西班牙 196
 Taiwan 中国台湾 373
 transformation of use-value 使用价值的转型 108
 参见 flexible production systems 弹性生产系统；Fordism 福特主义；post-Fordism 后福特主义
industry 产业
 empirical studies of 实证研究 15
 as key word in economic geography 作为经济地理学的关键词 60-1
 research biases 研究偏见 31，32
 and space 和空间 29-47
 参见 decentralization 分散化
inflation 通货膨胀 22，92，94，207 209，211，117
informalization 非正式化 64
information 信息 278，352，354
 based on face-to-face exchange 基于面对面交流 52
 central role of (的)核心作用 63
 circulation of (的)循环 68，100-1，102，107，271，344
 communication channels 交流渠道 105
 costs of (的)成本 130，131
 crucial role of (的)关键作用 63
 dissemination 传播 51
 economic openness in 经济开放性 267
 global business hierarchy 全球商业等级 274
 informal 非正式 4
 property rights 产权 344
 proximity/association as source of 临近/联合作为信息的源泉 52，53，54，272，369
 as a social construction 作为一种社会构建 1
 subsidiary firms 辅助性企业 139
 tacit forms of 意会型的 52
 use-value of products 产品的使用价值 108
information asymmetry 信息不对称 50，63
information economics 信息经济学 65

information economy 信息经济 102
information exchanges 信息交换 53，130，364，386
information superhighway 信息高速公路 336，338，339
information technologies 信息技术 67，332，336-49
 co-evolution perspective 共同演化的角度 332，337，340-5，348
 embeddedness 嵌入性 337，341，346
 recombination perspective 再结合的角度 332，337-8，345-7，348-9
 as relational assemblies 作为关系组合 347-9
 substitution and transcendence perspectives 替代和提升的角度 337，338-0，343，344，347-8
infrastructure 基础设施 53，263，264，273，348
 China 中国 366
 communications 通信 48，332，344
 financial 金融 93
 GM investment 通用投资 274
 Nigeria 尼日利亚 212
 regulatory 管制 235
 technological 技术的 340
 telecommunications 远程通信 274，342，344，346
 transport 交通 48，331，344
 urban 城市 401
Ingham, G. 英戈汉姆 49
inner cities 内城 32，116，132，302，307，309
innovation 创新 45，57，144，273，274，349
 blocks on 起跑 55
 centrality of the region 区域的核心 359
 cultures of （的）文化 53
 firm capability 企业能力 355，358
 management techniques 管理机能 35，39
 metropolitan dominance 大都会主导 342
 practice-diffusion process 实践—扩散过程 353-4
 process technology 加工技术 35，39
 promotion of 推动 267
 proximity/association as source of 临近/联合作为创新的源泉 54，369
 regional innovation system 区域创新系统 355
 in regions 区域 56，133
 rise of consumption 消费的兴起 63
 参见 product innovation 产品创新；technological 技术的

索 引

innovation systems 创新系统 356
instability 不稳定性 93, 129
 hybrid networks 杂合网络 244
 importance of (的)重要性 66
 labor market 劳动力市场 131, 134
institutional care 制度的看管 312
institutional economics 制度经济学 49-51, 236
institutional thickness 制度稠密 51, 357
institutionalism 制度主义 5, 16
 actors 行动者 50, 51, 54, 56, 57
 decision-making 决策 55-6
 economy and economic governance 经济和经济治理 49-51
 institutional reform 制度改革 55-6
 regional policies 区域政策 48-58
institutions 制度
 capitalist growth episodes 资本主义增长过程 93
 Chinese culture 中国文化 333, 364, 368-73
 decentralization 分散化 56
 direct state participation 直接政府参与 263-4
 as economic regulator 作为经济的管理者 76
 embeddedness of 嵌入 16, 236, 251, 320-1, 357
 fair trade 公平贸易 240, 241, 242, 246, 247
 Filipina domestic workers 家庭菲佣 376, 387, 390, 392
 financial 金融的 215, 235
 firm's relations with 企业与制度的关系 352
 forms of capital 资本的形式 44-6
 globalization 全球化 235, 271-2, 285-9
 influence on action 对行动的影响 50, 51, 53-7
 influence on firm practices 对企业实践的影响 351, 354-9
 informal economy 非正式经济 64
 information technologies 信息技术 342-3, 346
 local labor markets 地方劳动力市场 255, 304-7, 308-10, 314
 local state 地方政府 255, 304-6, 307-8, 310-14
 market 市场 62, 101, 251, 255
 national 国家的 333, 350, 356-7, 360-1
 of organized labor 有组织的劳动 22
 politically created 政治性的创建 262

　　　　regional 区域的 355，360

　　　　social class 社会阶级 255，30-14

　　　　social learning processes 社会学习过程 351

　　　　territorialization 地域化 271-2，279，285-9

　　　　and the urban 和城市 348

　　　　women's inferiority 女性的劣势 324

　　　　　　参见 corporations/firms 公司/企业；education institutions 教育机构；states 政府；supranational state structures 超越国家的政府结构；transnational corporations（TNCs）跨国公司

instrumentalist rationality 工具理性 50

insurance sector 保险部门 106，115，320

intellectual property 知识产权 261，276，277

intelligent technologies 智能技术 63

interaction 互动 54

　　　　between firms 企业之间 35，138-41

　　　　between networks 网络之间 68

　　　　between states 政府之间 141-4

　　　　between states and firms 政府与企业之间 44，94-5，138，144-50

　　　　buyer-seller 销售者——购买者 35

　　　　face-to-face 面对面 52，65，343，347，359，364

　　　　local conventions of 地方传统 52

　　　　practice-diffusion process 实践——扩散过程 354

　　　　social 社会的 54，74，293，300，306，320，321，338，364

　　　　socioecological 社会生态的 190

　　　　trust 信任 61

　　　　user-producer 用户——生产者 352

interactional structures 互动结构 67

intermediate inputs 中间投入品 100，277，282，287

International Coffee Agreement 国际咖啡协议 242

intemational competitiveness 国际竞争力 69

Interntional Fund for Agricultural Development（IFAD）国际农业发展基金 226

Intermational Labor Organization（ILO）国际劳工组织 395,396

International Monetary Fund（IMF）国际货币组织 24，213，216，217，225，226，230，386

international political economy 国际政治经济 69，70

International Standards Organization 国际标准化组织 266

Internationalization 国际化 259，268，269，281-5，287

　　　　of capital 资本的 39，40，43-4

索　引

　　　　of capitalism 资本主义的 281
　　　　finance sector 金融部门 118
　　　　of marketing 市场营销的 42
　　　　of production 生产的 42，291，294，352
　　　　service sector 服务部门 118，140
Internet 互联网 336-7，338，343，346
interpersonal relations 人际关系 49-50，280，364-5，367-8，373-4
　　　　参见 gift exchange 礼物交换
Interventions 干预 270
　　　　discourse of 的话语 78，90
　　　　economic 经济的 72-3，78-81，86
　　　　industrial policy 产业政策 72-3，74，78，83，84
　　　　planning 规划 127
　　　　political 政治的 1，81，264
　　　　参见 state intervention 国家干预
investment 投资 38，44，48，115
　　　　Chinese in Gambia 中国人在冈比亚 226
　　　　communication infrastructure 通信基础设施 332，344
　　　　in declining industries and regions 产业和区域衰退 74
　　　　in manufacturing 制造业的 79
　　　　mobility of （的）流动性 273
　　　　in new technology 新技术 107
　　　　public sector 公共部门 299
　　　　switching of 转向 15
　　　　Taiwanese in China 在中国大陆的台商 333，362-74
　　　　参见 foreign direct investment (FDI) 外商直接投资
investment grants 投资授权 43
investment policies 投资政策 261
investment regulations 投资管制 43
Iran 伊朗
　　　　Islamic revolution 伊斯兰革命 206
　　　　modernity drive 现代化驱动 210
　　　　oil resources 石油资源 172，173，206，207，209，210-211
　　　　public investment 公共投资 207
Ireland 爱尔兰，social economy 社会经济 56
iron industry 钢铁产业 290
irrigation 灌溉，in the Gambia 在冈比亚 173，220，221，224，225，233-4

Islamic Development Bank 伊斯兰发展银行 230
Islamic revolution 伊斯兰革命 206
isotropic plain 均质平原 170
Italy 意大利
    flexible specialization 弹性专业化 84，132-3，135
    industrial districts 产业区 49，52，53，
    social economy 社会经济 56
ITQ system 个人可转让配额系统 181
Izard，M. 伊泽德 206

J-firm 日式企业 271
Jack，I. 杰克 230
Jackson，P. 杰克逊 63
Jacobs，M. 雅各布斯 181
Jaguar car company 美洲豹汽车公司 35
Jahaly Pacharr project 加哈里·帕彻计划 224
Jammeh，O. 雅姆 230
Japan 日本
    collectivism 集体主义 61
    competitiveness 竞争力 127
    direct investment in Europe 在欧洲的直接投资 44
    electronics industry 电子产业 43，44
    foreign direcr investment (FDI) 外商直接投资 140
    fur sealing 海豹皮毛 178，179，181，185
    investment in China 在中国的投资 362
    "just-in-time" production 即时生产 35，43，350
    keiretsu 日本财团 140，146
    management methods 管理方法 46
    nationalist policies 民族主义政策 44
    nature of capital 资本的性质 45-6
    plan-rational economy 规划理性的经济 142
    state-state competition 政府之间的竞争 142，144
    strategic alliances 策略联盟 141
    television production 电视生产 39
    transnational corporations (TNCs) 跨国公司 140，363
    US transnationals in 美国的跨国公司 357
Japanese model 日本模式 271，350

索 引

Jarillo, J. C 加俐洛 138
Jeng, A. A. O. 杰恩 223
Jenkins, R. 詹金斯 363
Jessop, B. 杰索普 252, 260-1, 266, 269, 294
jewelry industry 珠宝工业 132, 133
Jo, S. H. 乔 363
Jobson, R. 乔布森 223
John Hopkins University 约翰·霍普金斯大学 400
Johnson, C. 约翰逊 142
Johnston, R. 约翰斯顿 8
Johnston, R. J. 约翰斯顿 363
joint ventures 合作事业 53, 357, 366, 367, 369, 371
Jones, D. K. 琼斯 176, 186
Jones, D. T. 琼斯 34, 40
Jones, J. P. 琼斯 376
Jordan, David Starr 戴维·斯塔尔·乔丹 185
Jordan, Michael 米歇尔·乔丹 22
The Journal of Economic Geography 《经济地理学杂志》4
Julius, DeAnne 蒂安尼·朱利叶斯 140, 271, 274
Junta Consultiva de las Obras Públicas 公共工程咨询委员会 201
Jura 尤拉 134
"just-in-time" production 即时生产 35, 43, 116, 130, 131, 350
Justice, Nature and the Ceogrophy of Difference (Harvey) 《正义、自然和差异性的地理》(哈维) 23

kaizen/continuous improvement 改善 350
kamanyango 冈比亚由男性家长掌握分配权的土地家庭所有制 173, 224-5, 228-9, 231, 232, 233
Kanter, R. 康德坎特 323
Kaplinsky, R. 卡普林斯基 43
Kapuscinski, R. 卡布辛斯基 206, 207, 211, 213, 216
Karl, T. 卡尔 205, 206, 207, 209
Katouzian, H. 卡托西安 210
Kary D. 凯里 395
Kawasaki 川崎 43
Kay, J. 凯 61, 358
Keating, Paul 保罗·基廷 72

keiretsu 日本财团 140，146
Kelly, J. 凯里 33，34
Kerfoot, D. 克福特 320，325
Keynesianism 凯恩斯主义 48，73，93，94，127，128，135，260
Kimmel, M. 基梅尔 324
Kindleberger, C. P. 金德尔伯格 139
King, A. 金 318
King. Martin Luther 马丁·路德·金 19，28
Kinnear, D. 金尼尔 312，313
Kinski, Klaus 克劳斯·金斯基 189
Kirby, V. 克比 74
Kirsch, Scott 斯科特·基尔希 337，343
Kittler, F. A. 凯特勒 70
Knights, D. 奈茨 320，325
knowledge 知识 75，276，278，288
  abstract 抽象的 41
  analytic 分析的 102
  based on face-to-face exchange 基于面对面交流的 52
  codified versus non-codified 变化的及非编码化的 52，54
  construction of （的）建构 26
  customary forms of （的）传统形式 280
  dissemination of （的）传播 51
  of diverse exploitations 多样的开发 86-7
  embedded 根植的 358
  encouragement of diversity 鼓励多样性 of 55
  extra-academic generators of 学术界以外产生的 66
  Foucault 福柯 82
  Gambian women 冈比亚妇女 223，229
  global business hierarchies 全球商业等级 276
  internal flow 内部流动 139
  local 本地 284
  partial 部分 240
  practical 实践的 105
  production of （的）生产 107，274，390
  proximity/association as source of 临近/联合作为知识的源泉 52，53，54，369
  representation of （的）表达 70
  rise of History 历史的兴起 83

scientific 科学的 353
 sharing of(的)分享 52，53，61
 situatedness 条件性 24，236，325
 subsidiary firms 辅助性企业 139
 tacit 意会的 52，62. 355，358，359
 technical 技术的 120
 transnational corporations（TNCs）跨国公司 139
 universal 普世的 174
knowledge boundedness 知识的局限性 50
knowledge dissemination 知识传播 51
knowledge dynamics 知识的变动 285
knowledge environments 知识的环境 50
knowledge-based society 知识型社会 111
Kobrin，S. J. 克布林 147
Kondo，D. K. 空度 152
KPMG KPMG 咨询公司 351
Kreye，O. 克雷耶 274
Krieger，J. 克里格 295
Krugman，Paul 保罗·克鲁格曼 3,51，276，391
Krupp 克虏伯 298
Kuhn，Thomas 托马斯·库恩 13，14
Kuwait 科威特 209

Labor 劳动 5
 abstract 抽象的 27,101，104,182
 adaptation 适应性 27，45
 appropriation of natural resources 自然资源的合理使用 181-2
 auxiliaty 辅助性 106
 circulation 循环 100-2，103，105，106-7，269，344
 class relations in local labor market 地方劳动力市场中的阶级关系 255,304-7,308-10，314
 collective 集体的 64，97
 competitiveness 竞争力 391
 conceptions of(的)概念 26-7
 consumption of use-value 使用价值的消费 102-3
 deskilling 降低技能 33-4，40，127，375，380
 distinction between productive and unproductive 生产性劳动与非生产性劳动的差别 98，105-6

dual character of 二重性 182
flexible working 弹性劳动 319
gender relations in local labor market 地方劳动力市场中的性别关系 255,304-7, 308-10, 314
gender segregation 性别分隔 255-6, 305-7, 310, 313-14, 320, 321-3
indirect 间接的 98, 106-8, 109
integration of (的)一体化 76
international migration 跨国移民 261
in learning regions 学习型区域 54
living wage campaigns 最低生活工资运动 334, 335n, 395-401, 402
of "management" 管理的 103-4
marginalization of 边缘化 375-6
part-time workers 非全职工人 130, 305, 306, 307, 308-9, 310, 319
personal services 个人服务 102
primary 初级的 106, 107
production of use-value 使用价值的生产 98-100
qutality of (的)质量 152, 154, 157-64, 273, 280, 327
relation to capital 与资本的关系 33, 45, 46, 292-3
replacement in the household 对家庭劳动的替代 103
reserves of(的)储备 213, 114, 123, 322
reskilling 重新提高技能 33-4
secondary 次级的 106, 107
services and goods as products of 服务和产品作为劳动的产出 97, 99
shifts in the objects of 对象的转移 107-8
social-institutional forms of 社会制度形态 44-6
spatial clustering 空间集群 51
state role 政府角色 263, 265
surplus value 剩余价值 30, 76, 98, 105-8
technological change 技术变化 22-4
temporary workers 临时工 130, 318
territorialization 地域化 279-80, 281
tertiary 第三级 106
useful 有用的 98
valuation in the workplace 工作场所的评价 151-65
working from home 在家工作 307, 309
参见 division of labor 劳动分工; immigrant labor 移民劳工; local labor market 本地劳动市场; manual labor 手工劳动; productivity 劳动生产率; waged work 有薪劳动; workers 工

人；workers, female 女工；workplace 工作场所
labor market 劳动市场 54，118，122，123
    flexible production systems 弹性生产系统 128，129，130-1，134
    参见 local labor market 本地劳动市场
Labor and Monopoly Capital（Braverman）《劳动和垄断》（布雷佛曼）33
labor process studies, biases in 劳动过程研究，及其中的偏见 31
labor processes 劳动过程 26-7
    changes in 变化 33-4
    class struggle 阶级斗争 33
    control over 控制 120
    dualism of nature and society 自然和社会的二元对立 175
    increased scale and complexity 增大的尺度和复杂性 103
    management of in other firms 对其他企业中的劳动过程的管理 35
    resynthesized and deskilled 再协同和降低技能 127
    参见 flexible production systems 弹性生产系统；Fordism 福特主义；post-Fordism 后福特主义
labor segmentation theory 劳动力分隔理论 375-6，388
labor unions 工会　参见 trade unions 商会
labor-intensive production 劳动密集型生产 38，40，231，395
Lacan, J. 拉堪 70
ladder of evolution metaphor 演化的阶梯隐喻 83-7
Lagos 雷国斯（尼日利亚首都）213
Lall, S. 劳尔 363
land concentration 土地集中 221，233-4
Land, N. 兰德 70
land use 土地利用，Gambian property regimes 冈比亚产权制度 173，220-1，222-34
Landell Mills Associates 兰德密尔协会 226
Lane, C. 莱恩 356，357
Laf, Governor 戈文纳·莱夫 215
Lash, S. 拉希 62，64，65，68，119，128，327
latifundistas 大农场主 195-6，198，199
Latour, Bruno 布鲁诺·拉图尔 69，172，192，235，237，246
    actor-network theory 行动者—网络理论 50，173-4，238，345，346
    network collectivity 网络集体性 240
    network lengthening 网络延伸 238
    network mediation 网络调节 239
    quasi-objects and hybrids 半客体和杂合体 190，191，193，239

skein of networks 网络的集束 348
Law, John 约翰·劳尔 68, 237-9, 240, 241, 244, 346
  Organizing Modernity 组织现代性 240
Le Heron, R. 勒赫伦 235
lean production techniques 精益生产技术 350, 360
learning 学习 41-2
  communities of practice 实践的共同体 358-9
  competitiveness factor 竞争性因素 53-5
  dissemination of 传播 51
  in groups 小组中的 50
  local culture of （的）本地文化 333
  metaphor-making 制造隐喻 337
  network ties 网络联系 50
  proximity/association as source of 临近/联合作为学习的源泉 52, 53, 54, 369
  technological 技术的 284
  transnational corporations (TNCs) 跨国公司 139
learning capacity 学习能力 57
learning curve 学习曲线 37-8
learning potential 学习潜力 57
learning regions 学习型区域 52, 53-4, 69, 355, 369
leasing companies 租赁公司 105, 106
leather goods industry 皮革制品产业 132
Lebowitz, M. 里布维兹 103
Lee, R. 李 252
Lefebvre, H. 勒弗布尔 193
legal profession 法律专业 women workers 女工 319
legal system 法律体系 62, 92, 261, 262
  state role 政府作用 263, 264
legitimation activities 立法活动 263, 265
Deidner, R. 戴德纳 325
Lenin, Vladimir Ilyich 列宁 21
lesbian communities 女同性恋群体 64
lesbian scholarship 女同性恋研究 324
less favored regions (LFRs) 落后地区 16, 48-9 54, 57, 58
LETS 参见 local economic trading systems 地方经济贸易系统
Lévi Strauss, Claude 克劳德·利瓦伊·斯特劳斯 23
Levins, R. 莱文斯 193

Lewis, J. 刘易斯 299
Lewontin, R. 莱沃丁 85, 193, 204
Lev, D. 列夫 103
Leyshon, A. 莱申 64, 70, 118, 120, 146, 258
lifestyle 生活方式 301, 312, 318
Lim, L. 利姆 363
Lindstrom, D. 林德斯特伦 108
linguistic affinity 语言相通 367, 370, 372, 374
linguistic distinctiveness 语言差异 291
linkages 联系 55
 adjacent firms 临近企业 348-9
 among institutions 制度间的 16
 buyer-supplier 采购—供应 53
 external 外部 128, 130
 fiscal 资金的 210
 global 全球的 277
 horizontal 水平的 360
 international 国际的 121
 in learning regions 学习区域 54
 local production 地方生产 363
 oil boom economies 石油繁荣经济 210
 reproduction and territory 再生产和地域 254
 resources 资源 253
 technological 技术的 346, 347, 348
 technology and social worlds 技术和社会的世界 345
Lipietz, A. 利皮埃特 36, 37, 83, 125, 126
livelihood practices 生活实践 64
Livesay, H. 利夫赛 101, 103
living wage campaigns 最低生活工资运动 334, 335n, 395-401, 402
Livingstone, D. 利文斯通 305
LloydLoyd, C. 劳埃德 78
LloydLoyd, G. 劳埃德 70
LloydLoyd, P. E. 劳埃德 252
local actors 地方行动者 57
local agglomeration 地方集聚 52
local assets 地方资产 51, 283
local autonomy 地方自主性 55, 144, 148

local champion firms 本地冠军企业 287
local conventions 地方传统 52
local culture 文化 13
local economic development initiatives 地方经济发展动议 52
local economic trading schemes (LETS) 地方经济贸易计划 64，65
local economies of association 地方经济联盟 53，57
local embeddedness 地方根植性 5
local employment practices 地方就业实践 252
local government 地方政府 53，134，266，269
    China 中国 333，362，365-7，368，369，374
    employment 就业 114
    enlargement of powers of 扩大权力 55
    social inclusion commissions 社会包容委员会 57
    Third Italy 第三意大利 133
    works closures 工厂关闭 299-300
local industrial clusters 地方产业集群 332
local institutional base 地方制度基础 55-6，149
local "institutional thickness" 地方"制度稠密" 51，357
local integration 地方一体化 49，57，149
local labor market 地方劳动市场
    accesibility 可获得性 133，134，304，308，309
    characteristics of (的)特点 306，308-10
    class and gender relations 阶级和性别关系 255，304-7,308-10，314
    flexible production systems 弹性生产系统 130-1
    globalization 全球化 269
    institutions 制度 255，304-7，308-10，314
    pliability 韧性 254
    polarization within 地方劳动市场中的两极分化 118
    reserves 储备 123
    shortage of women workers 女工短缺 152
    transnational corporations (TNCs) 跨国公司 146
local learning 地方学习 333
local networks 地方网络 43，253
local organizations 地方组织 57，355
local path-dependencies 地方路径依赖 51
local politics 地方政治 47，55，253
local renewal 地方更新 56

索 引

local resources 地方资源 48,57
local speacialization 地方专业化 53, 112
local specificities 地方特殊性 47,53
local state 地方政府
    class and gender relations 阶级和性别关系 255, 304-6, 307-8, 310-14
    investment policies 投资政策 261
local supply-base 地方供应基础 49
local-global tensions 地方—全球对峙 94-5, 137-50, 237, 239
localities 地方性
    attachment to 依附于 290-1, 294-5, 296, 298, 300, 302-3
    characteristics of (的)特征 113
    class politics 阶级政治 253-4, 290, 291, 297-9, 302-3
    declining 衰退 31
    globalization 全球化 363
    international division of labor 国际劳动分工 36
    living wages 最低生活工资 334
    plant closures 工厂关闭 253-4, 290-2, 295, 296-9, 302-3
locality project 地方性规划 13
localization 地方化 3, 42, 43, 68, 148, 183
    division of labor 劳动力分工 284
    fiexible production systems 弹性生产系统 132
    money capital 货币资本 210, 211
    relational assets 关系资产 52
    territorialization 地域化 272, 273, 280, 281, 282-3
    参见 industrial districts 产业区
location 区位
    branch and headquarters 分厂和总部 113
    capital's assessment of 资本的评价 46
    of cheap labor 廉价劳动力的 38, 40
    deterritorialization 去地域化 253, 271, 274, 276-9, 281-7
    direct overseas investment 海外直接投资 38
    flexible production systems 弹性生产系统 127, 131-5
    flow of practices between 区位之间的实践交流 359
    of functions (的)功能 113
    gender segregation 性别分隔 320, 322
    industrial 产业的 15, 29, 37, 124, 127
    investment switching 投资转向 303

low-cost 低成本 124，251，253
　　　Nike strategy 耐克策略 395
　　　product-cycle theory 产品周期理论 37-8
　　　profit-maximizing 利润最大化 15
　　　radical economic changes 激进经济变革 327
　　　reduced importance of(的)重要性降低 42
　　　regional or Triad patterns 区域的三极格局 277
　　　territorialization 地域化 253，271-4，277-8，279-89
　　　transnational corporations (TNCs) 跨国公司 36-8，39，144-5，146
　　　of workplaces 工作场所的 316，326-8
location patterns 区位格局 331
location theories 趣味理论 3，4，91，170，331，333
locational mobility 区位流动性 92
locational substitutability 区位的替代性 272，274-6，278-9，283，284，287，288
lock-in threats 锁定的威胁 50
Lodge，David 戴维·洛奇 2
Loh，M. 罗 313
London 伦敦 93，114，115，117，118-19，121-2
technological networks 技术网络 347
Longino，H. 朗吉诺 2，9
Lorraine 洛兰 297
Los Angeles 洛杉矶 132
Lösch，August 奥古斯特·洛尔施 3，91
Loveridge，R. 洛夫里奇 358
Lovering，John 约翰·洛夫林 92，254
Lowe，D. 洛 26
Lowe，Lisa 丽莎·洛 377
Low，M. 洛 63，377
loyalty 忠诚 50，145，370
Lubeck，P. 卢贝克 217
Lundvall，B. A. 勒德韦尔 352，356

M4 corridor M4 走廊 133
McCarthy，J. 麦卡锡 376，387
McCarthyism 麦卡锡主义 19
McCay，B. 麦凯 180
McCloskey，D. 麦克罗斯基 70，390，393

McDonaldization 麦当劳化 235
McDowell, L. 麦克道尔 62, 64, 95, 152, 252, 255-6, 318, 319, 322
McEvoy, A. F. 麦克沃伊 180
McGrath, M. E. 麦格拉斯 149
Macías Picavea, R. 马西亚斯·皮卡维 198
McKinsey 麦肯锡金西 351
Mackintosh, M. 马金道什 232
McLuhan, Marshall 马歇尔·麦克鲁汉 62
McMichael, P. 麦克马歇尔 235
McPherson, M. 麦克菲尔逊 226
macroeconomic trends 宏观经济趋势 263, 265
MacWilliam, S. 麦克威廉 81
Malaysia 马来西亚 362, 364
Malinowski, B. 马林诺斯基 365, 369
Malmberg, A. 麦尔伯格 52, 149, 358
Maluquer de Motes, J. 马尔克尔·德默德 199
management 管理
 British traditional style 英国传统形式 45
 business services 商业服务 103, 104
 feminization of 女性化 315
 headquarters activities 总部活动 103, 104
 Japanese methods 日本方式 46
 managerial occupations 管理职位 103-4
 power of (的)权力 151
 social contract 社会契约 127
 spatia relationship to R&D 与研发的空间关系 42-3
 women workers 女工 320
management gurus 管理教父 66
management and organization studies 管理和组织研究 252
management sector 管理部门
 slackening growth of 缓慢增长 120
 spatial structure 空间结构 116, 119-22
management studies 管理研究, research biases 研究偏见 31, 32
management techniques 管理技能, innovations in 其中的创新 35, 39
managerial hierarchies 管理阶层 112
Mandel, E. 曼德尔 295
Mandinka ethnic group 曼丁卡族群 223-4

Mann, R. 曼 225

Mansell, R. 曼瑟尔 338

manual labor 手工劳动 111, 113
 and management 和管理 45
 masculinity 男性特征 322
 research biases 研究偏见 31, 32
 semi-skilled 半技能的 116
 skilled 技能的 116
 unskilled 非技能的 116, 132

manufacturing industry 制造业
 in Australia 澳大利亚的 309
 class relations 阶级关系 306
 critical role of（的）关键作用 79
 decentralization 分散化 114-15
 decline of（的）衰退 114, 115, 306, 309, 317, 318
 extrnalization of functions 功能的外部化 117
 gender relations 性别关系 306
 globalization 全球化 279, 287
 growth of（的）增长 119, 169, 309
 industrial spaces 产业空间 327
 institutional concessions 制度性让步 287
 investment in 投资 79
 as life blood of the body economic 作为身体经济的生命血液 79-80
 local labor markets 地方劳动市场 306
 spatial structures 空间结构 116-17
 Taiwanese investment in China 台商在中国大陆的投资 333, 362-74
 unemployment 失业 306
 参见 deindustrialization 去工业化；flexible production systems 弹性生产系统；Fordism 福特主义；post-Fordism 后福特主义

manufacturing studies 制造业研究, biases 偏见 31, 32

Mao Tse-tung 毛泽东 22

maquiladora 墨西哥出口加工区 95, 151-65

Marche 马彻 133

marginalist economics 边际经济学 391

Marinho, Festus 菲思图斯·马林 212

Mark-Lawson, J. 马克-罗森 313

market 市场

索　引

  in economic geography 经济地理学 60-1
  failure 失败 171，180，259，279
  forces 力量 46，57，180，251，253，321
  gardening 园艺，参见 horticultural projects 园艺项目
  mechanism 机制 48-9，180
  niches 缝隙 133
  regulators 管理者 62
  segmentation 细分 34，267
  uncertainty 不确定性 50，129
market-ideological economies 市场意识形态的经济 142，143
market-rational economies 市场理性的经济 142，143
marketing 市场营销 317，352
  funds for (的)基金 107
  internationalization of (的)国际化 42
  neglect of 忽视的 43
  new selling practices 新的销售实践 63
  new service class 新的服务阶层 317
  research biases 研究偏见 31
  spatial relationship to R&D 与研发的空间关系 41
  specialist organizations 专业化组织 133
  strategic alliances 策略联盟 285-6
  strategies 策略 155
  use of GIS 利用地理信息系统 63
marketing networks 营销网络 279，282
markets 市场
  as anarchic 作为无政府主义 35
  changes in (中的)变化 33
  commodity model economies 商品模式的经济 67
  European Single Market 欧洲统一市场 62
  free market environmentalism 自由市场环保主义 179，180-1
  gender 性别 251
  governance of (的)治理 257，269
  institutions 制度 62，101，251，255
  liberation of (的)自由化 24，198-9
  narrow view of (的)狭隘观念 251
  neoclassical economics 新古典经济学 179-81
  not only mode of exchange 不仅是交换的模式 101

"perfect" 完全的 179

proximity to 靠近 42-3

reduced concentration of 降低集中度 277

social construction of 的社会构建 49-50，101，369

social nature of （的）社会性质 62

social practices 社会实践 236

social relations of 社会关系 251

spatial structures 空间结构 112

and the state 和政府 251，252-3，257-70

as ultimate arbiter 作为终审裁判 391

world 世界 207，210，266，271，276，277-8，282，366，373

参见 buyer-supplier relations 采购—供应关系；competitiveness 竞争力；deregulation 去除管制；financial markets 金融市场；labot market 劳动市场；local labor market 地方劳动市场；neo-liberalism 新自由主义

Markov chain analysis 马尔可夫链分析 13

Marsden, T. 马斯登 237，238

Marshall, A. 马歇尔 129

Marshall, J. 马歇尔 323

Marshall, M. 马歇尔 93

Martin, Emily 艾米利·马丁 218，219，401

Martin, R. 马丁 93，258，352

Martinez, J. I. 马蒂纳斯 138

maruo 冈比亚的土地个人使用权制度 224，225，228-9，133，234

Marvin, Caroline 卡洛琳·马文 339，340

Marvin, Simon 西蒙·马文 337，338，342，349

Marx, Karl 卡尔·马克思 25，26，129，235

 abstract conception of capitalism 资本的抽象概念 15，31，32

 Capital《资本论》14，19-23，32，192

 capital accumulation 资本积累 22，106

 capital goods prodction 资本产品生产 100

 capitalist management 资本主义管理 103，104

 regulatory mechanism for profit 资本追逐利润 182-3

 chaotic conception 混沌概念 97

 collective laborer 集体劳动者 97

 detail division of labor 详细的劳动分工 100

 discourse 话语 24

 distance 距离 331-2

索 引

    dominant terms of debate 占统治地位的争论语汇 23-4

    The Eighteenth Brumaire《路易·波拿巴的雾月十八日》24

    essential character of capitalist societies 资本主义社会的精髓 292

    Grundisse《大纲》14，192

    inspiration for political economy 对政治经济的启示 4

    labor theory of value 劳动价值理论 105，151-2，163，155

    money system 货币系统 102，173，108，215，218

    natural foundations of social development 社会发展的自然基础 192

    nature and resources 自然和资源 170，175，181，182-3

    production 生产 91

    relevance to daily life 与日常生活的关系 14，19-23

    social power 社会力量 208，215，216

    suspicion of rights 怀疑的权利 28

    use-value 使用价值 32

Marx，L. 马克思 340

Marxian value analysis 马克思主义价值分析 13，104

Marxism 马克思主义 14-15，16，19-23，73，393

    abstract theory 抽象理论 15，30-1，32-3

    analytical 分析的 65

    conceptions of technology 技术的概念 352

    devalorizations of capital 资本的贬值 92

    distance 距离 331-2

    dominant terms of debate 占统治地位的争论语汇 23-4

    the economic body 经济的躯体 76

    environment 环境 21，175-6，181-2，184，186

    industrial location 产业区位 15

    labor theory of value 劳动价值理论 153

    portrayal of the state 对国家的描述 260

    production 生产 91，92

    resources 资源 170，171-2，175-6，181-4，186，187-8，192

    service sector 服务部门 91-2，97

    theorctical and political priorities of 理论和政治的优先性 31-2

    uneven development 不平等的发展 15，30，32，92，291，295

    参见 ecological Marxism 生态马克思主义

masculinity 男性化特征 17，64，78

    of products 产品的 152，156，157，163，164

    professional sector 专业部门 319

  workplace 工作场所 322，323-4，326，327
Maskell，P. 马斯科尔 52，358
Mason，C. 梅森 117
mass consumption 大规模消费 93，101，102，105
mass media 大众媒体，参见 media 媒体
mass production 大规模生产 43，105，126-7，128，133，169，284
  bias towrds 对大规模生产的偏见 31，32
  branch-plant economy 分厂经济 39，40
  decline of（的）衰落 125
  fast food outlets 快餐外卖 99
  flexibility 弹性 131
  parallel plant development 并行工厂发展 288
  regulation theorists 管制理论 93
  参见 assembly work 组装工作；Fordism 福特主义
Massey，Doreen 多琳·马西 36，93，94，95，113，114，118
  changing class relations 变化的阶级关系 305
  dispute with Harvey 与哈维的争论 14
  division of labor 劳动分工 322
  economic/social relationships 经济/社会关系 306
  elite occupational groups 精英职位群体 119，120，112
  industrial restructuring 产业结构调整 254
  male manual labor 男性手工劳动者 322
  spacc and place 空间和场所 348
  Spatial Divisions of Labour《空间劳动分工》13
materiality of representation 语言表达的物质性 186
Mateu Bellés，J. E. 马托·贝雷斯 201，203
mathematical models 数学模型 4
Mathews，J. 马修 83
mature products 成熟产品 38-9
Maurice，M. 莫里斯 356
Mauss，M. 毛斯 70，365
Max Havelaar 马克思·哈瓦勒 242
meanings 意义 26，67，292，327，385，386，387，388
  cultural 文化的 1，194，320
  de/reterritorializing 去/再地域化 62
  gender 性别的 77，323
  of money 货币的 208

　　　　shared 分享的 62，291
　　　　socially endowed 社会赋予的 298
　　　　struggles over 斗争 221
media 媒体 54，349，354
　　　　expectations of women 对女性的预期 75
　　　　image consciousness 意象认知 62
　　　　proliftration of 繁衍 66
media technologies 媒体技术 336，338，342
medical care 医疗看护 104，107
medical interventions 医疗干预 74，75
medical services 医疗服务 242，244
Meegan. R. 米根 254，305
Melbourne 墨莫尔本 304
　　　　local labor market relations 本地劳动市场关系 308-10
　　　　local state relations 本地政府关系 310-14
men 男人
　　　　educational under-achievement 教育成绩不佳 319
　　　　elite occupational groups 精英职位群体 120
　　　　male sexuality 男性的性别特征 323-4
　　　　traditional male roles 传统男性角色 64
　　　　参见 gender 性别；masculinity 男性特征
mergers 兼并 79，354
merit 优点 392
Metal and Engineering Workers' Union (MEWU) 金属和工程技术工会 81
Metanarratives 后描述 23
metaphor 隐喻 28，62，63，87，192，261，393
　　　　of the economy 经济的 17，70，74-82，85
　　　　of impact 影响的 338，347-8
　　　　ladder of evolution 演化阶梯 83-7
　　　　and language 和语言 246
　　　　organic development 有机发展 17，83-6
　　　　organic structure 有机结构 76，77，82，83
　　　　power of (的)力量 246
　　　　spatial 空间的 336-7
　　　　technological 技术的 238，336-7
　　　　territorial 地域的 336-7
　　　　of totality 整体性的 75-6

Metcalfe, J. S. 梅特卡夫 49
methodological approaches/perspectives 方法论的途径/视角 40, 191, 316, 376
methodological nationalism 方法论的民族主义 357
methodological precepts 方法论的规则 15
methodological schema 方法论的体系 5
methodological shift 方法论的转变 4
methodology 方法, basic problems of 基本问题 19-32
Mexico 墨西哥 242
  maquiladora workplace 出口加工的工作场所 95, 151-65
Mexico On the Water (MOTW) 水上墨西哥 152-65
micro-electronics industry 微电子产业 44
Microsoft 微软 336
microstudies 微观研究 46
middle class 中产阶级 121, 200, 217, 304, 317, 327, 399
migration 移民 6
  international labor 国际劳工 261
  out-migration of labor 劳工外迁 131
  state policies 国家政策 266
  参见 immigrant labor 移民劳动力
Mikita, J. 米基塔 385
Miliband, Ralph 拉尔夫·米力班 21
Miller, D. 米勒 59, 60
Miller, P. 米勒 68
Mills, S. 米尔斯 376
Milner, H. V. 米尔纳 147
Mirowski, P. 米洛斯基 70, 246
mirror worlds 镜像世界 339-40
Mishrah, R. 米什拉 308
Misztal, B. 米兹托 50
Mitchell, I. 米切尔 230
Mitchell, William 威廉姆·米切尔 336, 337, 342-3
Miyoshi, M. 三好 25
modeling 模型 170
modernism 现代主义 23
modernity 现代性 172, 191, 204, 208, 210, 340
modernization 现代化 114, 122, 299
  Australian industry 澳大利亚产业 79

regional programs 区域项目 302
 Spain 西班牙 190，191，192，193-4，195-204
 Wilsonian 威尔逊式现代化 120
modes of ordering 秩序的模式 237，240，241，243-4，246，247
Mol，A. 莫尔 68
monetary networks 金钱网络 69
money 货币 101，105，317，326
 booms 繁荣 205-8，209
 circulation of (的)循环 76，102，107，332，344
 as enhancer 作为提升因素 218
 fetishism 拜物教 209，211，218
 functions of(的)功能 208
 mobility of (的)流动性 43
 oil money 石油货币 205-19
 as rent 作为租金 208-9
 as threat 作为威胁 218
 under-utilization of 使用不足 92
Montpellier 蒙特皮勒 133
Morales，R. 莫拉莱斯 276
Morgan，Kevin 凯文·摩根 15，29，52，53，132，296，355，360
Morley，M. 莫利 210，211
Morris，D. 莫里斯 141
Morris，M. 莫里斯 72，78
Mort，F. 莫特 64
mortgage markets 分期付款市场 105
Mosco，V. 莫斯科 341
Moss，P. 莫斯 377
Motorola 摩托罗拉 43
Moulaert，F. 摩拉特 144
Mowbray，M. 莫布雷 311
Mowery D. 莫厄里 277
Mueller，F. 米勒 358
multinational corporations 多国公司，参见 transnational corporations（TNCs）跨国公司
multiskilling 多重技能 34
Murdoch，J. 默多克 236，237，238
Murdock，Graham 默多克 344
Murgatroyd，L. 摩戈特洛伊德 120，306

Murray, F. 默里 43
Murray, R. 默里 37, 46
music industry 音乐产业 60
mutual dependence 相互依赖 77, 138
mutuality 相互性 50, 52, 54
Mytelka, L. 麦特尔卡 276, 277

Nadal Reimat, E. 内达尔雷曼 197, 199
Nagel, Charles 查尔斯·内格尔 178, 185
narrative communities 一系列互相联系的描述手段 60
Nath, K. 纳什 230
nation-states 民族—国家, 参见 states 国家
nationalism 民族主义 43, 44, 291
nationality 民族性, production of value in the workplace 工作场所的价值生产 95, 151, 152-5
nationalization 国有化 22, 210, 298, 299
Natteq, W. 纳特克 376
natural resource 自然资源 5, 169-74
    agency 主体性 171, 172
    alternative geographies of food 食品的另类地理 235-47
    capital accumulation 资本积累 182
    "commons" problem"公共物品"问题 171, 179, 180, 183-4
    embededness 根植性 170, 192
    exploitation 剥削 171, 180, 181-4, 186, 187
    Gambian wetlands 冈比亚沼泽 173, 220-34
    images of (的)意象 169
    marginalization of study of 研究的边缘化 170
    markets 市场 179
    property rights 产权 179, 180-1, 182, 184
    as social artifacts 作为社会造作物 170-1, 181-4, 186
    territorialization 地域化 279
    参见 fur seal industry 海豹皮毛产业；waterscape 水景观
nature 自然
    discursive prodution of 关于自然的话语生产 175-6, 184-7
    first nature 第一自然 170, 181-2, 193
    ideologies of nature 自然的意识形态 171, 175, 184, 185, 186
    Marxism 马克思主义 170, 171-2, 175-6, 181-4, 186, 187-8, 192
    production of 的生产 5, 170, 175-6, 181-2, 190, 191, 193, 194-5, 204

　　　　relation to capitalism 与资本主义的关系 170，171，175-6，181-4
　　　　second nature 第二自然 170，175，182
　　　　and society 和社会 172，175，181-2，191-4，204，239
nature-nurture problem 自然—培育问题 25
Naughton-Treves, L. 诺顿-特里夫斯 181
needs 需要 77
　　　　of buyers 购买者的 41
　　　　hierarchy of 的等级 103
　　　　local services 地方服务 57，308，313
　　　　satisfaction of (的)满足 26，76，91，92，102，103
　　　　welfare 福利 56
　　　　women workers 女工 322
negotiation 协商，encouragement of 鼓励 51
Negroponte, Nicholas 尼古拉斯·内格罗蓬特 339
Nelson, K. 纳尔逊 307
Nelson, R. R. 纳尔逊 351，356
neo-conservatism 新保守主义 128
neo-Fordism 新福特主义 45
neo-liberalism 新自由主义 16,23，24,27,48，241，253，258
　　　　conception of the state 国家的概念 259
　　　　laissez-faire capitalism 放任自由的资本主义 257
　　　　macro-economic actions 宏观经济行动 57
neoclassical economics 新古典经济学 4，32，66，73，98，179，244，393
neocolonialism 新殖民主义 25，386，387
nepotism 裙带资本主义 364
Netherlands 荷兰，social economy 社会经济 56
network lengthening 网络延伸 238，239，240，243
networks 网络 51,54,61
　　　　acting at a distance 远距离作用 174，237-40，241
　　　　affinity networks 关系网络 62
　　　　banking sector 银行部门 239，321
　　　　collectivity 集体性 240，246
　　　　community support 社区支持 310
　　　　durability 牢固性 240，246
　　　　of elites 精英的 321
　　　　ethnic 种族的 69，333
　　　　fair trade coffee networks 咖啡公平贸易网络 174，237，240-6

globalization 全球化 141，236，237-47，349

hybrid 杂合 237，241-7

immutable mobiles 永恒的运动 239

industrial districts 产业区 286

interpersonal 人际 49-50，364-5，367-8，373-4

marketing 市场营销 279，282

mediators 调节者 238-40

modes of ordering 秩序的模式 237，240，241，243-4，246，247

partiality 部分 247

post-Fordism 后福特主义 83，128

situatedness 条件性 236，247

social 社会的 117，239，320-1，334，353，364-5，367-8

strengthening 强化 244-6

topological presupposition of 拓扑假设 68，69

transnational corporations (TNCs) 跨国公司 139，149

参见 actor-network theory (ANT) 行动者—网络理论

New African《新非洲》215

New Republic《新共和党》209

New Town developments 新城镇开发 299-300

New York 纽约 327

New York Times《纽约时报》22，23，395

newly industrializing countries 新兴工业化国家 39，142，362

 foreign direct investment 外商直接投资 140，363

 increased competition 增加的竞争 94，127

 rise of（的）兴起 67

 transnational corporations (TNCs) 跨国公司 363

 women as cheap labor 女性作为廉价劳动力 322

 参见 Hong Kong 中国香港；Indonesia 印度尼西亚；Malaysia 马来西亚；Singapore 新加坡；South Korea 韩国；Taiwan 中国台湾；Thailand 泰国

NIDL (New International Division of Labor) thesis 新国际劳动分工议题 15，37-9

Niehans, J. 尼汉斯 391

Nietzsche, Friedrich 弗里德里克·尼兹彻 70

Nigeria 尼日利亚

 and Britain 英国 213-14

 collapse of oil boom 石油繁荣的崩溃 213，216-18

 corruption 腐败 172-3，213，214，215

 Dikko kidnapping 迪克的绑架 213-14，215-16

oil boom 石油繁荣 172-3, 211-13, 214-15

oil resources 石油资源 209, 212-18

Nigerian National Petroleum Company (NNPC) 尼日利亚国家石油公司 212

Nike 耐克 22, 141, 334, 394-9, 402

Nissan 尼桑 43

Nixon, Richard 理查德·尼克松 22

Nixson, F. 尼克松 147

N'Jang, A. 恩江 230

nongovernmental organizations (NGOs) 非政府组织 221, 225-6, 229, 230, 231, 232, 241

nonlinearity concept of 非线性概念 66

Nooteboom, B. 努特布姆 52

normalization 常规化, concept of 的概念 324

Norman, G. 诺曼 276, 287

norms 规范 50, 251, 326, 333, 355, 358, 374, 393

    business 商业 93, 126

    as economic regulator 作为经济管理者 76

    labor market 地方市场 131

    market exchange 市场交换 321

    as relational asset 作为关系资产 52

North American Commercial Company (NACC) 北美商业公司 178, 187

North American Free Trade Agreement 北美自由贸易协议 266, 356

North Pacific Fur Seal Convention (1911) 北太平洋海豹皮毛公约 (1911) 178-9, 180-1, 184-5

Norway 挪威 134

Noyelle, T. 诺伊勒 97

Nyerere, J. 尼雷尔 22

Oberhauser, A. 奥博豪塞 4, 116

object-subject relation 客体—主体关系 63

objectivity 客观性 2, 389-90, 401

observation 观察 1, 32, 95

The Observer 《观察者》 214

occidentalist beliefs 西方信仰, erosion of 的瓦解 67-8

occupational structure 职位结构 98, 116

O'Connor, J. 奥康纳 175, 182, 268

O'Donnell, C. 奥唐纳 313

OECD 经合组织 141, 362

offe, C. 252, 261, 263-4, 268

office developments 办公楼开发 307, 309
Ohmae, K. 欧米耶 145, 253, 271, 274, 276, 350, 355, 363
Ohno, T. 欧诺 35
Oil 石油 205-19
    centralizing impact of revenues 集中收益的影响 210
    enclave character 包围的特征 210
    as internationalized commodity 作为国际化商品 210
    meanings of oil money 石油货币的意义 208-9
    nationalization 国有化 210
    oil boom 石油繁荣 172-3, 205-13, 214-15
    oil crises 石油危机 206
    参见 money 货币, Nigeria 尼日利亚
oil companies 石油公司 35
Okali, C. 欧卡利 230
O'Keefe, P. 奥基夫 170
Okoth-Ogedo, H. 奥科斯-奥格杜 233
Olds, K. 奥尔兹 16-17, 236
oligopolization 寡头垄断 112, 273, 277, 278, 279, 284, 285-7
Olman, B. 奥尔曼 193
Omnibus Trade Act (1988) 公共贸易法案(1988)143
O'Neill, P. M. 奥尼尔 252-3, 258
Ong, A. 昂 363, 364, 368
OPEC 石油输出国组织 172, 206
open-access problem 开放取用的问题 180
open-door policies 开放政策 44
Opinion Research and Communications (ORC)观点调查与通讯 217
optimism 乐观主义 24, 27-8, 198, 274
Orange County 橘郡 134
Organic Crop Improvement Association 有机作物改良协会 244-6
organic development metaphor 有机发展隐喻 17, 83-6
organic farm practices 有机农场实践 244-6
organic functionalism 有机功能主义 81
organic structure metaphor 有机结构隐喻 76, 77, 82, 83
organismic totality 有机整体 75-6
Organization for Economic Cooperation and Development (OECD) 经合组织 141, 362
Organization of Petroleum Exporting Countries (OPEC) 石油输出国组织 172, 206
organizational growth 组织成长 239

索　引

organizations 组织 50，56，63
  as always open 始终开放 67
  Chinese business 中国商业 364-5
  contacts between 组织间的接触 53
  disorganization of 组织瓦解 66-7
  diversity within 组织内的多样化 359
  fair trade 公平贸易 241，242，244
  feminization of 女性化 315
  gender 性别 316，323-4
  global business hierarchies 全球商业等级 274-7，278
  interdependencies between 组织间的相互依赖 280
  Japanese business 日本商业 140
  local 本地 57，355
  modes of ordering 秩序的模式 240
  new work processes 网络过程 67
  Nigerian state 尼日利亚政府 215
  openness to influences 开放性的影响 55
  requirement to improvise 要求临时准备 66
  seen as in action 被看做行动的组织 66-7
  state strengthening of 政府强化 265
  supportive 支持的 123
  参见 corporations/firms 公司/企业；institutions 机构；nongovernmental Organizations (NGOs) 非政府组织；supranational state structures 超国家结构；trade unions 商会；transnational corporations (TNCs) 跨国公司

orientalist beliefs 东方信仰, erosion of 侵蚀 67-8
orientation 定向, basic problems of 基本问题 29-32
Orillard, M. 奥莉拉德 50
Orlando 奥兰多 339
Orrú, M. 奥卢 61
Ortega Cantero, N. 奥尔特加 196，198，199，203
Ortega, N. 奥尔特加 196，197，199，200
Ortí, A. 奥尔蒂 189，196，197，198，199
Ostry, S. 奥斯特里 143
O'Sullivan, M. 奥沙利文 356，357
other 他者
  reconceptualization of 重新概念化 63
  scariness of 恐惧 401

outwork 在家工作 307，309
overproduction 过量生产 126
overshooting 排除故障 211
overspill plants 单纯扩大产能的工厂 39
Oxfam 牛津饥荒救济委员会 241，242
Oxfam Trading 牛津饥荒救济委员会组织的公平贸易 241-2
ozone depletion 臭氧层消耗 26，182

Padoan, P. C. 帕多安 273
Pahl, R. 帕尔 316，317，318
Pakistan 巴基斯坦, child labor 童工 22，395
Palander, Tord 托德·帕兰德 91
Pankhurst. F. 潘克赫尔斯特 313
paradigms 范式 13-14
Pareto optimality 帕雷托最优 179，181
Park, M. 帕克 225
Parkes, D. 帕克斯 67
Parkin, P. W. 帕金 323
Parry J. 帕里 218
participant observation 参与式观察 32，95
participatory politics 参与政治 56
particularity 特殊性 26-7，388
Pasteur, Louis 路易斯·帕斯特 174
Patel, P. 帕特尔 173，276，281，356
paternalism 家长式作风 45，364
patriarchy 父权制 86，233，322
patriotism 爱国主义 154，196，198，217
Pauly, L. W. 波利 356，357
Pavitt, K. 帕维特 273，276，281，356
penuts cultivation 花生种植 221，123，225，226，231-2
Pearce, D. 皮尔斯 181
Peck, J. 佩克 13，94，259，160，261，375
Pelagic sealing 178，179，183
Perez Alfonso, Juan Pablo 胡安·巴勃罗·佩雷斯·阿方索 205-6
Perez, Carlos Andres 卡洛斯·安德烈斯·佩雷斯 209，210
Pérez de La Dehesa, R. 佩雷斯 197
Pérez, J. 佩雷斯 196，197

索 引

performance 表现，notion of 的概念 316，325
peripheral regions 边缘区域 31，299
  branch plants 分厂 40
  and the core 和核心 79，127，174，238
  flexible production systems 弹性生产系统 132
  labor reserves 劳动储备 114
"periphery"边缘，global networks 全球网络 238
Perlmuttet, H. V. 帕尔玛特 138
personal health 个人健康 26
personal relationships 个人关系 325
  参见 gift exchange 礼物交换；interpersonal relations 人际关系
Peru 秘鲁 174，142-4
pessimism 悲观主义 27-8
Petras, J. 皮特拉斯 210，211
Pfeiffer K. L. 法伊弗 70
Pharaohism 法老精神 207
Philippines 菲律宾 362
  migrant Filipina domestic workers 移民家庭菲佣 333，375-88
Phillips, A. 菲利普斯 319
Phillips, D. 菲利普斯 217
Philosophy of Money (Simmel)《货币的哲学》(西蒙尔) 208
Picciotto, S. 皮西奥托 147
Pigou, A. 庇古 180
Pile, Steve 史蒂夫·派尔 336
Pimlott, B. 平洛特 59
Piore, M. 皮奥里 84，128
Pitelis, C. 皮德勒斯 145，147
place 场所
  anti-closure campaigns 反对关厂运动 253-4，290-2，295，296-9，302-3
  attachment to 场所的附着物 290-1，294-5，296，197-300，302-3
  co-evolution perspective 共同演化的视角 332，337，340-5，348
  defense of (的)保卫 295-300
  information technologies 信息技术 332，336-49
  key role for firms 对企业的关键作用 355
  recombination perspetive 重新结合的角度 331，337-8，345-7，348-9
  as relational assemblies 作为关系的组合 347-9
  substitution and transcandence perspectives 替代和提升的角度 337，338-40，343，344，

347-8
    tecbnological determinism 技术决定论 332，338-40，341，344，347-8
    参见 space 空间
plan-ideological systems 规划意识形态系统 142
plan-rational economies 规划理性经济 142，143
planning intervention 规划干预 127
plant closures 工厂关闭　见 works closures 工厂关闭
Plant, S. 普兰特 70
Platteau, J. P. 普拉托 61-2
Plorkin, H. C. 普洛金 50
Plummer, P. 普卢默 4，170
Poe, Edgar Allan 埃德加·艾伦·波 218
Polanyi, Karl 卡尔·波拉尼 50，62，252，162，359
Polanyi, Michael 米歇尔·波拉尼 62
political arenas 政治舞台 62，313
political centralization 政治集中化 210
political consciousness 政治觉悟 45
political ecology 政治生态 173，191，220，221
political economy 政治经济 4，5，13，173，236-7，252
    globalization 全球化 272
    international 国际化 69，70
    Marxian 马克思的 24，176，179
    poststructuralism 后结构主义 376
    privileging of the social 社会的特权 174
    supplanted by cultural analysis 被文化分析所取代 1-15，21
    telecommunications and space 远程通信和空间 343-5
    two ideal types of 两种理想的类型 142
political institutions 政治制度 16，51
political interventions 政治干预 1，81，264
political relations 政治关系 126，219，251-2，254，307
political resistance 政治反抗 16，131，264
political sciencc 政治科学 271-2
political subject 政治主体 75
Pollett, A. 泼雷特 32
Poovey, M. 布维 390，394
population growth 人口增长 220
population problems 人口问题 26

Port Harcourt 波特·哈考特 213
Porter, G. 波特 101, 103
Porter, Michael 米歇尔·波特 51, 53, 355, 358
Porteres, R. 波特雷斯 223
Portugal 葡萄牙 134
Portuguese Empire 葡萄牙帝国 237-8
positional goods 代表身份的产品 317
positionality 因位置而定,参见 situatedness 条件性
positivism 实证主义 3, 4, 15, 197
Posner, J. 庞瑟 226
Post-colonialism 后殖民主义 23, 173, 187
post-Fordism 后福特主义 83, 84, 86, 144, 257
post-industrialism 后工业主义 23, 97, 98, 109-10, 327
post-Keynesianism 后凯恩斯主义 73
post-Marxism 后马克思主义 23
Poster, M. 波斯特 387
postmodernism 后现代化 23, 82, 324
postmodernity 后现代性 23-8, 318
poststructuraIism 后结构主义 4, 5, 23, 70, 236, 324, 376-7
    "the body" "身体" 25-6
    materialization 物质化 153-4
poststructuralist feminism 后结构主义的女性主义 151, 152
potlatch 印第安人的冬节, theory of 的理论 70
Poulantzas, Nicos 尼克斯·波兰塞斯 21
poverty 贫穷 80, 174, 241, 334, 399, 401
power 权力
    at local level 本地层次 376
    between TNCs and states 跨国公司与政府 95, 137, 147, 148-50
    changes in 变化 30
    core regions 核心区域 93
    of corporate managers 企业经理的 151
    disempowerment 解除权力 24, 91, 344
    of elite occupational groups 精英职位群体 93, 120
    gendered organizations 性别组织 323-4
    global networks 全球网络 237, 238
    local government 地方政府 55
    nation-states 民族国家 24, 144, 257, 260, 285

oil boom economies 石油繁荣经济 211，216
shareholders 利益相关者 351
social class 社会阶级 104
social relations of 社会关系 151
surplus value production 剩余价值生产 104
trade unions 商会 30
transnational corporations (TNCs) 跨国公司 138，141,150，277-8
unequal relations of 不平等的关系 112
unequal relationship in society 社会中的不平等关系 91
within Spanish state 西班牙政府内的 200，202-3
in the workplace 工作场所中的 316
参见 social power 社会权力

Poynter, T. A. 波伊特 147
pragmatism 实用主义 69
Prato 柏拉图 133
Pratt, G. 普拉特 153，322，375，378
pre-Fordism 前福特主义 83
Preamble Foundation 前提基金 400
Pred, A. 普雷德 102，103，108，377
prejudices 偏见 32
preservationism 保护主义 171，184-6
Pribilof seals 普里比洛夫海豹，参见 fur seal industry 海豹皮毛产业
pricewaterhouseCoopers 普来斯沃特豪斯库帕斯 351
Primo de Rivera, Miguel 米格尔·普里莫·里维拉 203
Pringle, R. 普林格尔 323-4
privatization 私有化 128，180-1，199，217，220，253,259
problem solving 问题解决 50
problematization processes 提出问题的过程 61-5
procedural actor rationality 过程行动者理性 50，51,54
process 过程
  and space 和空间 31，36-7
process development 过程开发, compatibility with product development 与产品开发的兼容性 43
process engineering 过程工程 39，42
process technology 加工技术 352，353
  effect on labor processes 对劳动过程的影响 33
  innovations in 其中的创新 35，39
process technology standardization 加工技术的标准化

索 引

  branch-plant economy 分厂经济 39-40
product-cycle theory 产品周期理论 37-9
producer services 生产者服务 53，97，100，114
product development 产品开发 39，103，108
  compatibility with process development 与过程开发的兼容性 43
product differentiation 产品差异化 32，34，37，39，131，133，280，284
product diversification 产品多元化 33，34
product innovation 产品创新
  advantages of proximity 临近的优势 42-3
  indirect labor 间接劳动 107-8
  neglect of 对产品创新的忽视 32-3
  product-cycle theory 产品周期理论 37-9
product standardization 产品标准化 34，41，42，279，284
  branch-plant ecocony 分厂经济 39-40
  Fordism 福特主义 127
  product-cycle theory 产品周期理论 37-9
product-cycle 产品周期 37-9，127
production 生产 5，91-6
  administration 管理 43
  as base of capitalism 作为资本主义的基础 92，93，105-6，108
  commercial geography 商业地理 3
  critical reassessment of 关键再评估 4
  the division of labor 劳动分工 100
  driven by profit 利润驱动 91
  driven by services 服务驱动 64
  internationalization of 国际化 42，291，294，352
  "just-in-time" production 即时生产 35，43，116，130，131，350
  lean techniques 精益技术 350，360
  mature products 成熟产品 38-9
  maximum-scale strategies 规模最大化策略 34-5
  modularization of processes 模块化加工过程 43
  optimal scales of 最优尺度 34-5
  relations of （的）关系 98，104，111，112-13
  research biases 研究偏见 31，32
  routinization 常规化 40，43，127，135，279
  service sector 服务部门 91-2，97-110
  social relations of 社会关系 46，92，114，119，183，317，352

spatial relationship to R&D 与研发的空间关系 43

spatial structures 空间结构 93，111，112-13，116-22,123

unskilled labor-intensive 低技能劳动密集型 38，40

of use-value 使用价值 98-100

参见 commodity production 商品生产；craft production 手工艺生产；decentralization 分散化；economies of scale 规模经济；factory production system 工厂生产系统；flexible production systems 弹性生产系统；Fordism 福特主义；mass production 大规模生产

production filières 线性生产 63-4

production of nature 生产的性质 5，170，175-6,181-2,190，191，193，194-5，204

productivity 生产率 72，98

 convergence 趋同 352

 cultural characteristics 文化特征 46

 falling 衰退 94，127-8

 Gambian wetlands 冈比亚沼泽地 173，224

 indirect labor 非直接劳动力 106-7，109

 interconnectedness 相互联系性 80

 Keynesian regional policies 凯恩斯主义区域发展政策 48

 labor share in gains of 劳动力要素报酬 127

 living wage 最低生活工资 400

 low productivity sectors 低生产率部门 80

 maximum volumes 最大量 35

 service sector 服务业部门 101

 spatial variations 空间差异 46

professional sector 专业部门 309-10，317

 spatial structure 空间结构 119-22

 uneven development 不平衡发展 114，115，116，117

 women workers 妇女劳工 319

profit 利润 23，35，101，102,29，321

 capital's search for 资本对……的追逐 182-3，292

 as central to management 管理的中枢 104，105

 centrality of 中心性 93

 China 中国 365，367，369

 as economic regulatory mechanism 经济调控的机制 76

 as engine of economic change 经济变化动力 91

 flexible accumulation 弹性积累 307

 Gambian wetlands 冈比亚湿地 232

 Marxism 马克思主义 91,182-3

　　　　nature 自然 170
　　　　niche markets 专业化市场 130
　　　　oil boom economies 石油繁荣经济 212
　　　　product innovation 产品创新 107
　　　　sealing industry 半导体封装业 172，177，178，179，180，181，182-3
　　　　steel industry 钢铁工业 296
　　　　temporary superprofit 短期超额利润 276
　　　　transnational corporations（tncs）跨国公司 144-5，146
profit maximization 最大利润 15，33，92，183
profitability 利润率 198，332
　　　　calls for wage restraint 呼吁节制工资 79
　　　　falls in 下跌 94
　　　　Nike 耐克公司 334，394-9
progress, discourse of 进步的话语 340
project production 计划生产 31
proletarianization 无产阶级化 120，196
property rights 产权 101，344
　　　　Land in the Gambia 冈比亚土地 173，220，224-6，228-9，232，233-4
　　　　markets 市场 62
　　　　natural resources 自然资源 179,180-1,182,184
　　　　state role 国家角色 43,44,143,199,200
proximity 邻近性
　　　　cultural 文化的 333
　　　　customer-supplier relations 客户—供应商关系 149
　　　　relational 关系的 359
　　　　as source of information 作为信息的来源 52,53,54,272,369
　　　　as source of innovation 作为创新的来源 54,369
　　　　and space 及空间 42-3
　　　　territorial 地域的 49，51-2
　　　　territorialization 地域化 272，280-1，288
pseudoconcrete analysis 拟具象分析 30,40
psychoanalysis 心理分析 25,70,316
public arena 公共舞台 316，326，394
public choice theory 公共选择理论 259
public goods state 公共物品国家 263
public ownership 公共所有 22，291
public relations sector 公共关系部门 317

public sector 公共部门
 adoption of enterprise cultures 企业文化的采用 267
 capital accumulation 资本积累 215
 China 中国 371
 efficiency of (的)效率 56
 growth of (的)增长 114,119
 impact of oil revenues on 石油收入的影响 210
 investment programs 投资项目 299
 learning regions 学习型区域 355
 Nigeria 尼日利亚 214,215
 scrutinizing of 观察 56
 women workers 女工 319
public space 公共空间 56,349
public sphere 公共领域 55
pundits 梵文专家(比喻精通某个冷僻领域的专家) 66
Putnam, R. 帕特南 56,349

Quality 质量、性质
 Child-care sector 儿童看护部门 311
 economies of association 联盟经济 54
 fair trade coffee networks 咖啡公平贸易网络 244
 of goods 商品的 35,152,154,157-64,244,281
 of labor 劳动力的 152,154,157-64,273,280,327
 obsession with 困扰 45
 service sector 服务部门 311,312,327
 supervision of 监督 266
quality certification 质量认证 61
quality circles 质量周期 131
quality management 质量管理 351,352
quantitative economic geography 计量经济地理学 331
quantitative revolution 计量革命 3,4,91
quasi-integration 准一体化 117
quasi-objects 半客体 191,193,204,239
queer theory 酷儿理论 25,324

race 种族 151,324,401
 conflict with capitalism 与资本主义的冲突 292

Marxian lack of concern 马克思主义没有充分考虑到的 21
racial discrimination 种族歧视 188
racial minorities 少数族群 153
Rada, J. 拉达 38
Radice, H. 雷迪斯 44
Rafael, V. 拉斐尔 384
Rahman, A. K. 雷曼 224
railway industry 铁路工业 299
rational agency 理性主体 291, 292-4, 303
rational choice 理性选择 4, 65
rationality 理性 50-1, 54-5, 78, 218, 239, 321, 323, 328
Ravenscraig steelworks 拉文斯克来格钢厂 297-8
reactive responses 影响性的反应 50, 54
Reaganism 里根主义 128, 142
real estate speculation 房地产投机 211
recession 衰退 40, 45, 58, 115, 267, 295, 317, 318
reciprocity 互惠 52, 53, 56, 70
 gift exchange 礼物交换 59-60, 67, 370
recombinant architecture 重组建构 342
recursive rationality 递归理性 50, 51
Redclift, M. 雷德克利夫 175
redundant skills 冗余技术 55
reengineering 重新工程处理 351
reflexive rationality 自反理性 54
reflexivity 反映度 57, 65, 335, 343, 349
regenerationism 再生主义 172, 196, 197-204
region-state, emergence of 民族国家的出现 355, 356
regional decentralization 区域去中心化 115
regional development 区域发展 29, 37, 252, 333
 flexible production systems 柔性生产系统 125-36
 institutions 制度、机构 48-58, 355, 360
 see also uneven development 参见不平衡发展
regional development agencies 区域发展主体 53, 355
regional economies, reading 阅读区域经济 38, 40
regional geography, move to spatial science 导向空间科学的区域地理学 14, 170
regional growth 区域增长 48, 49, 51, 57, 115-16, 117, 118, 125, 299
regional innovation system 区域创新系统 355

regional locational patterns 区域的区位特征 277
regional policies 区域政策
 cluster programs 集群计划 51,53
 as firm-centered 企业为中心的 48
 institutional reform 制度改革 55-6
 institutional turn 制度转型 51-2
 institutionalism 制度主义 16,48-58
 Keynesianism 凯恩斯主义 48
 learning as key factor 作为关键变量的学习 53-5
 less favored regions(LFRs) 落后地区 48-9,54,57,58
 and the macro-economy 宏观经济 57-8
 mobilization of the social economy 社会经济流动 56-7
 modernization programs 现代化计划 114,302
 orientations of （的）倾向 52-7
 reindustrialization 重新工业化 295
 strengthening of 对……的加强 302
regional science 区域科学 3
regional studies, criticism of 区域研究的批判主义 32-46
regions 区域
 autonomy of 区域的自主性 144,196
 competitiveness of 区域的竞争力 53,56,57-8,391
 corporate hierarchy 公司等级 37
 declining 下降 31
 economic specialization 经济专业化 93
 firm embeddedness 企业嵌入性 355
 as fundamental geographical unit 作为关键的地理单元 169
 innovatin 创新 56,133
 innovation system 创新系统 355
 inter-area relations 地方间联系 112
 political autonomy 政治自主性 55
 power relationships 权力关系 94
 radical kinds 激进类型 31,32
 state involvement 国家干涉 266,269
 works closures 工厂关闭 290,296,297,299
 see also core regions; peripheral regions 参见核心区域；边缘区域
regulation school 管制学派 76,93,125
regulation theory 管制理论 76,93-4,125,126-8,135,260-2

third wave 第三波 69
regulatory infrastructures 制度性基础设施 235
Reich, R. 赖克 137, 140, 145, 146, 271, 273, 274
Reich, S. 赖克 146, 356, 357
reindustrialization programs 再工业化计划 81, 291, 295
relational assets 关系资产 52, 280, 284, 285, 286
remote control 远程控制 238
rentier capitalism 寻租资本主义 209, 211, 213
representation 表达 70
representational 表达的 62-3
repression 压制 19, 21, 91
reproduction 再生产 75, 76, 78-9
reproductive strategies 再生产策略 26
research 研究
  abstract and concrete 抽象和具体 30
  biases 偏见 31-2
research analysts 研究分析者 66
research and development(R&D) 研发 120, 277, 278, 280
  coordination and funding 协调与资助 43
  funding 资助 39, 107
  growth of 增长 114
  laboratories as codified knowledge 作为编码化知识的实验室 52
  research biases 研究偏见 31
  spatial relationship to management 管理的空间联系 42-3
  spatial relationship to marketing 市场营销的空间联系 41
  spatial relationship to production work 生产活动的空间联系 43
  underestimation of 低估 39
research programs 研究计划 3, 9n
reskilling 重新提高技能 33-4
Resnick, S. 雷斯尼克 85
Restad, P. L. 雷斯塔 59
restaurant sector 餐饮部门 99
restricted selection threat 有限选择威胁 50
retail developments 零售发展 307
retailing sector 零售部门 63, 101, 112, 288, 309
revolution 革命 22
Reza shah pahlavi 伊朗国王巴拉维 206, 207, 209, 210

rhetoric, analysis of 对修辞的分析 390
    The Theoretic of Economics（McCloskey）《经济修辞学》（麦克莱斯基）390
rights 权利 386
    civil 公民的 19, 21
    consumer 消费者 385
    human 人类 26, 28, 395
    intellectual property 知识产权 276
    universal 普世的 63, 377, 379
    see also property rights 参见 产权
Riley, F. 赖利 178
Ritzer, G. 莱泽 235
Roberts, R. 罗伯茨 181
Robins, Kevin 凯文·罗宾斯 340-1
Robinson, J. F. F. 罗宾逊 296, 299
robotized equipment 自动机械化设备 131
Rogers, G. 罗杰斯 178
Roppel, A. Y. 罗贝尔 179
Rorty, Richard 理查德·罗蒂 14, 60, 70
Rosdolsky, R. 罗斯多尔斯基 32
Rose, G. 罗斯 153
Rose, N. 罗斯 68
Ross, R. J. S. 罗斯 259
rotating credit associations 灵活的信贷关系 61, 64, 65
routine production 日常生产 40, 43, 127, 135, 279
Rowthorn, B. 罗索恩 93
Ruan, D. 鲁安 373
Ruccio, D. 鲁西奥 77, 86
Rugman, A. M. 鲁格曼 147
Ruiz, J. M. 鲁伊斯 189, 196
rule-following behavior 循规蹈矩行为者 50
rules 规则 50, 51
Rullani, E. 鲁拉尼 52
runaway industries 跑掉的产业 38, 42
rural regions 农村区域 57, 116, 121
    see also The Gambia 参见冈比亚
Russell Smith, J. 史密斯·拉塞尔 331
Russia, fur sealing 俄罗斯皮毛猎捕业 178, 179

Russian-American Company (RAC) 俄美公司 177，186-7
Russo，M. 拉索 133

Sabel，C. 萨贝尔 54，84，128，360
Sack，R. D. 萨克 31
sacred beliefs 神圣信仰 63
Sadler，D. 萨德勒 252，253-4，296，297，298
Sahlins，M. 萨琳斯 365，369，370
Salais，R. 塞勒斯 84，280
Salzinger，L. 萨尔津格 152，156
Samuels，W. 塞缪尔斯 49
Sanderson，K. 桑德森 64
Sassen，S. 撒森 318，327，328
Sassuolo 萨索洛 133
satisfaction 满意、满足
 maximization of 最大化 179
 of needs 需求的满足 26，76，91，92，102，103
Saudi Arabia 沙特阿拉伯 207，209
Saussure，Ferdinand de 费迪南德·德·索绪尔 23
Savage，M. 萨维奇 317
Sawhney，H. 索内 337，341
Saxenian，A. 萨克森尼亚 134，281，355
Sayer，Andrew 安德鲁·塞耶 16，41，42，97
 critical realism 批判现实主义 4，5，15，30
 flexible production systems 柔性生产系统 132
 industrial restructuring 经济重构 254
 uneven development 不平衡发展 291
scale 尺度 5，47
 bias of （的）偏见 241
 diseconomies of （的）不经济 40
 geographic 地理的 137，141，143，262
 global 全球的 137，138，139，140，141，237，259，273-4，350
 industrial practices 产业实践 354-9
 international 国际的 37，61，139，144，257，287，344
 local 本地的 138，199，237
 national 国家的 61，199，299，351，356-7
 regional 区域的 299，351，355，358，360

    subnational 次国家的 37
    supranational 超国家的 265-8
    see also economies of scale 参见规模经济
scent industry 香水产业 60
Schaefer, Fred 弗雷德·谢弗 14
Schmidt, A. 史密特 175, 192
Schoenberger, E. 舍恩伯格 116, 151, 320, 334-5, 353, 357, 358, 389
Schonberger, R. J. 舍恩伯格 35, 46
Schroeder, R. 施罗德 231, 232, 233, 340
Schumpeterian workfare state 熊彼特的工作福利制国家 261
Sciberras, E. 锡贝拉 42
Scientific City 科学城 133
scientific knowledge 科学知识 353
scientific sector 科学部门 114, 115, 119-22
Scotland, works closures 苏格兰,工厂关闭 290, 297-8, 299
Scott, A. 斯科特 59
Scott, A. J. 斯科特 3, 254, 332, 355
    flexible production systems 柔性生产系统 93-4, 95, 129, 132, 134, 135, 144
    regions 区域 51
Scott, A. M. 斯科特 321
Scott, J. 斯科特 152, 322
seal hunting see fur seal industry 海豹捕猎 见 海豹皮毛产业
secretarial work 秘书工作 319, 323
self 自我
    construction of 自我的建构 324-5
    reconceptualization of 自我的重新概念化 63
    topological presupposition of flow 流的拓扑假设 70
self-governance 自我管理 56
self-organized network firms 自我组织的网络企业 69
self surveillance 自我监督 324
selfish individualism 自私的个人主义 180
selling practices 销售实践 63
semiconductor industry 半导体产业 38, 44, 287
semiotics 符号语言学 70
Senegal 塞内加尔 232
Sennelt, R. 森尼尔特 316
sensation, topological presupposition of flow 感觉流的拓扑假设 70

separatism 分离主义 63

Sercovich, F. C. 塞克维西 363

Serequerbehan, T. 塞雷坤伯汉 187

Serres, M. 赛尔斯 239

service sector 服务部门
 capital accumulation 资本积累 105, 106-7, 109
 capitalism 资本主义 98, 102, 109
 circulation 循环 100-2, 106-7
 confusion with trade 贸易的混乱 101-2
 consumption 消费 102-3
 decentralization 分散化 115, 118, 341
 decline of (的)衰退 318
 definition 定义 99
 distinction from goods 与产品的区别 97, 99
 division of labor 劳动分工 97-108, 109
 employment in 就业于 91, 98, 115, 306, 309, 310, 317-18
 feminization of 女性化 315
 flexible production systems 柔性生产系统 129
 growth of 增长 92, 105, 114, 115, 315, 317-18
 indirect labor 间接劳动 98, 106-8, 109
 industrial spaces 产业空间 327
 inner cities 内城 116
 interactive work 互动工作 325
 internationalization 国际化 118, 140
 Marxism 马克思主义 91-2, 97
 organization and management 组织与管理 103-4
 as principal output of economy 作为经济的主要产出 91, 97, 98
 as a product 作为产品 97
 production 生产 91-1, 97-100
 quality 质量、性质 311, 312, 327
 rate of surplus value 剩余价值率 106-7
 replacement of goods 产品替代 98
 uneven development 不平衡发展 114, 115, 116, 118

"Seven Days War" "七日战争" 19

Seville 塞维利亚 207

sexual harassment 性骚扰 64, 323

sexuality 性别 27

　　　　and the body 和身体 25，74
　　　　Marxian lack of concern 马克思主义考虑的欠缺 21
　　　　in the workplace 在工作场所 64，323-4
Sforza-Roderick, M. 弗萨-罗德里克 400
Shagari, Alhaji Shehu 沙拉里 213，217
Shapin, S. 莎宾 65，389
Shapiro, Dr "Lou" 卢医生 夏皮罗 213-14
shareholder capitalism 股权资本主义 351
Shell, M. 谢尔 218
Sheppard, Eric S. 埃里克·谢泼德 13，169，334
shipbuilding industry 造船业 114，290
Shockley, William B. 威廉·肖克利 134
Shohat, E. 肖特 187
shop stewards movement 商场员工运动 45
shopping 购物 16，59，68，339，346
shopping malls 购物中心 63
shops, noncapitalist exploitation 商场及非资本主义剥削 86
Siemens 西门子 145
Sierra, C. 西拉 52
Silicon Valley 硅谷 43，52，134
Simmel, G. 西蒙尔 172，173，207-8，218
Simon, H. A. 西蒙 50
Singapore 新加坡 142，364，383
Singelmann, J. 辛格曼 97，109
Singh, R. 辛格 230
situated 受限定的
　　　　knowledge 知识 24，236，325
　　　　networks 网络 236，247
　　　　practice 实践 293，376，377
skills 技术
　　　　and identity 和身份认同 151
　　　　learning of 学习 30
　　　　reskilling 重新提高技能 33-4
　　　　social skills 社会技能 62
Sklailr, L. 斯克莱尔 235
Skocpol, T. 斯科克伯尔 265
Skurski, J. 斯戈斯基 210

索　引

Slater, D. 斯莱特 187

Slouka, M. 斯罗卡 340

small batch production 小批次生产 31

Smelser, N. 斯梅尔策 49, 236

Smelt, S. 斯梅尔特 208

Smith, Adam 亚当·史密斯 75, 129, 391

Smith, F. 史密斯 230

Smith, G. 史密斯 63, 64

Smith, M. 史密斯 340

Smith, Neil 尼尔·史密斯 170, 175, 181, 182, 184, 190, 193, 331

Smith, P. 史密斯 298

smuggling 走私 367

Snydr, W. M. 斯奈德 359

the social 社会 60, 68, 171, 251-6, 390

    expanded role of 角色扩展 16

    and the natural 和自然 174, 191, 192

    networks of （的）网络 240

    rise of （的）兴起 61-2

social action 社会行动 252, 293-4, 347

socisl actors 社会行动者 67, 256, 293

social agency 社会主体 235-6, 239, 240, 244, 247, 256, 293, 301, 390

social breakdown 社会崩溃 56

social capital 社会资本 56

social change 社会变化 318-19

    oil boom economies 石油繁荣经济 211

    possibilities for 可能性 109

social citizenship 社会公民 51

social class 社会阶层 4, 5, 21

    anti-closure campaigns 反关闭运动 253-4, 290, 291, 297-9, 302-3

    attachment to place 对空间的依附 190, 291, 294-5, 297-300, 302-3

    changing class relation 转变阶级关系 305

    class conflict 阶级矛盾 116, 268

    class exploitation 阶级剥削 105, 188, 318

    class solidarity 一致性 296, 381

    class struggle 阶级斗争 22, 33, 196

    endurance of class cleavages 阶级分化的持续性 92

    formation process 形成过程 294, 304-5

　　　　foundations of class structure 阶级结构的基础 111
　　　　geography of（的）地理学 119-22
　　　　as internally related 内在联系的 32
　　　　legitimacy of class position 阶级地位的合法性 300-1
　　　　power 权力 104
　　　　relations in local labor market 本地劳动市场的关系 255，304-7，308-10，314
　　　　relations in local state 地方政府的关系 255，304-6，307-8，310-14
　　　　relations of production 生产关系 112，113
　　　　relations to each other 相互关系 111-12
　　　　structural relation between capital and labor 资本与劳动力之间的结构关系 292-3
　　　　structuration of（的）结构化 304-5
　　　　see also middle class；working class 参见 中产阶级；工人阶级
social cohesion 社会凝聚力 200，294
social confidence 社会信心 56，57
social conflict 社会冲突 56，196
social contract 社会契约 127
social control 社会控制 238
social cooperation 社会合作 264
social costs 社会成本 180，295
social development 社会发展 135，192
social dialog 社会对话 53
social disintegration 社会分离 172，219
social distance 社会距离 331-2
social economy 社会经济
　　　　mobilization of（的）流动 56-7
　　　　modernization of（的）现代化 200
social exclusion 社会隔离 56，91
social inclusion 社会包容 56-7
social integration 社会一体化 76，219
social interaction 社会互动 54，74，293，300，306，320,321，338，364
social networks 社会网络 117，239，320-1，334，353,364-5，367-8
social norms see norms 社会规范　见 规范
social power 社会权力 200，204
　　　　corporate management 企业管理 151
　　　　discourse of economics 经济学话语 393，394
　　　　Marx 马克思 208，215，216
　　　　money as 货币作为社会权力 172-3，208,215，219

regional culture of 的区域文化 56-7
telecommunications infrastructures 电子通信基础设施 344，348
social practices 社会实践 240，247，254，292-3，347
 built environment 建成区 328
 as embodied and routinized 具体化的和路径依赖的 236
 gendered 性别影响的 322，324
 job 工作 322
 recursive nature of （的）递归本质 293
 simultaneous performance of 同时的表现 238
 working class 工人阶级 302，303
social rationalization 社会理性化 235，246
social reform 社会改革 196，200
social relations 社会关系 126，251-2，254，324，327，348
 between neighbors 邻居之间 348
 of capitalism 资本主义的 170，171，181，182，208，293，294，303
 of competition 竞争的 183
 of consumption 消费的 217
 ecological problems 生态问题 173
 gendered nature of （的）性别本质 173，220-34
 influence in economic life 在经济生活中的影响 49
 in local labor market 在本地劳动市场中的 255，304-7，308-10
 in local state 在本地政府中的 255，304-6，307-8，310-14
 of markets 市场的 251
 nature 本质 170，171，172，173，174，192
 oil boom economies 石油繁荣经济 173，207 208，209，210，219
 of power 权力的 151
 of production 生产的 46，92，114，119，183，317，352
 of sexuality 性别的 323
 structures of （的）结构 41
social reproduction 社会再生产 254-5，304，305，314
 of capitalist societies 资本主义社会的 293
 Fordism 福特主义 127
 social division of labor 社会劳动分工 75
 women's role 妇女角色 4
social status 社会状态 113，233
social structure 社会结构 4，62，116，119-22，247，326
social structures of accumulation (SSA) theory 积累的社会结构理论 76

social systems 社会系统
    distinct from structure 区别于结构 293
    market competition 市场竞争 393
    Marxism 马克思主义 171
    state's natural domain 国家的自然领域 268
socialism 社会主义 21, 22, 76, 86, 92, 371
socialist command economies 社会主义计划经济 142
society 社会
    as an organic structure 作为组织结构 76, 81
    art of governance 管理的艺术 56
    basic building blocks of （的）基础构成部分 111
    and the body 和身体 26
    control over 控制 119, 120
    dependence on material environment 对物质环境的依赖 170
    economic processes 经济过程 5
    fundamental class cleavages 基础阶级分化 92
    globalization 全球化 26
    held together by superstructure 超结构促使的结合 92
    and nature 和自然 172, 175, 181-2, 191-4, 204, 239
    unequal power relationship 不平等的权力关系 91
    see also civil society 参见 市民社会
socioeconomics 社会经济 49, 351
sociology 社会学 390
Soete, L 索特 276
software sector 软件部门 41, 104, 133, 342-3
Solidarity Sponsoring Committee (SSC) 团结资助委员会 399, 400
Solinas, G. 索利纳 133
Solinger, D. J. 索林杰 366
Sony 索尼 43, 281
sophia Antipolis 索非亚安特波里斯 133
South Korea 韩国
    chaebol 财阀 146
    multinational corporations 跨国公司 363
    Nike workers 耐克员工 395, 396, 397
    plan-rational economy 规划理性的经济 142
Soviet Union, Czech "Spring" 苏联，捷克"春天" 19, 21
Soviet Union, former 前苏联 141

索 引

space 空间
    annihilation of（的）毁灭 42
    changes in understanding of 理解中的变化 64-5
    co-evolution perspective 共同演化的角度 332，337，340-5，348
    cyberspace 赛博空间 70，336，337，340，342，346
    hyperspaces 超级空间 64
    importance 重要性 331-2
    and industry 和产业 29-47
    information technologies 信息技术 332，336-49
    proximity 临近性 42-3
    as relational assemblies 作为关系的组合 347-9
    as a social product 作为社会产物 331-2
    substitution and transcendence perspectives 替代和提升的角度 337，338-40，343，344，347-8
    technological determinism 技术决定论 332，338-40，341，344，347-8
    see also place; public space 参见场所；公共空间
space-time, recognition of 时空的重认知 236
Spaces of Hope（Harvey）《希望的空间》(哈维) 14，28
Spain 西班牙
    agriculture 农业 195-6，197-8，199
    Corps of Engineers 201
    dams 水坝 195
    decision-making 决策 201
    depatrimonialization of water 水的去世袭化 199
    economic restructuring 经济重构 196
    elites 精英 196，197，199，200，203
    flexible production systems 柔性生产系统 134
    hydrological engineering mission 水利工程任务 172，197-203
    importance of water 水的重要性 189-90，195
    industrialization 工业化 196
    modernization 现代化 190，191，192，193-4，195-204
    power 权力 200，202-3
    regeneracionism 改良主义 172，196，197-204
    social tensions 社会张力 203
    waterscape 水景观 172，189-91，193-204
Spar, D. L. 斯帕 276，283
Sparke, M. 斯帕克 176

spatial analysis 空间分析 331-2
spatial clustering see clustering 空间集群 见 集群
spatial differentiation 空间差异 42，251，310
spatial division of labor 空间劳动分工 36-42，111，112，113，114-16，118，121，122-4
Spatisl Divisions of Labour（Massey）《空间劳动分工》（马西）13
spatial fetishism 空间拜物教 332
spatial fixes 空间固定 183，343-5
spatial flows 空间流动 331
spatial hierarchy 空间等级 36
spatial interaction 空间相互作用 331，332
spatial metaphors 空间隐喻 336-7
spatial science 空间科学 14，170
spatial segregation 空间分异 36
spatial stereotypes 空间刻板印象 36-42
spatial structures 空间结构 4，93，111，112-14，116-22，123，305，334
spatial studies, criticism of 空间研究的批判主义 32-46
spatial uniformity 空间的一致性 338-9
specialization 专业化
    economies of （的）经济 51，52
    flexible production systems 柔性生产系统 84，129
    of functions 功能的 39
    geographical 地理的 37
    local 本地的 53，112
    regional economic 区域经济的 93
    see also division of labor; task specialization 参见劳动分工；任务专业化
speculation 投机 79，149，211，215
spillover expertise 专业技术溢出 52
spillovers 溢出 130，143，172，273，288-9
Spivak, G. C. 斯皮瓦克 188，376-7
Sproul, C. 斯普劳尔 78
stagflation 滞胀 127-8
Stam, R. 斯塔姆 187
Stanback, T. 斯坦拜克 97，101，102，103
standardization 标准化
    of regional Policy 区域政策的 48
    of tastes 品位的 278，284
    technological 技术的 282

索 引

参见 assembly work 组装工作；mass production 大规模生产；process technology standardization 加工技术标准化；product standardization 产品标准化

Stanford University 斯坦福大学 134

Staple，G. 斯特普尔 343

Stark，D. 斯塔克 54，55

state 国家 5

 accumulation processes 积累过程 43，257，258，259-60，261，262，264，266-8，269

 aid 援助 48

 attachment to 附属于 291

 bargaining processes with TNCs 与跨国公司的讨价还价 144-8，149-50

 bounded regions 受限的区域 69

 competition between 之间的竞争 44，94-5，141-8

 conceptions of （的）概念 257

 deterritorialized flow economies 非地域化的流动经济 279，285-7

 development programs 发展计划 209

 diminution of powers 权力的减少 24，257，260，285

 disstriution processes 分配过程 257，258，259，261，262，266-7，268-9

 engagement with capitalism 与资本主义的结合 263-5

 financial market role 金融市场角色 163，265

 financial policies 金融政策 149

 Frankfurt School 法兰克福学派 21

 global-local tensions 全球—本地张力 141-9

 hollowing-out of （的）空心化 258，260-1，266，269

 impact of globalization 全球化的影响 259-60，285-8

 incentives 激励 48，53，365

 influence over firm practices 对企业实践的影响 356-7

 internationalization of （的）国际化 210

 intervention 干预 48，257-8，259，262，263-5，267

 distributional outcomes 分配性产出 268，269

 markets 市场 252

 natural resources 自然资源 180，199-200

 markets 市场 251，252-3，257-70

 neglect of （的）忽视 43-4

 neo-liberalist conception of （的）新自由主义概念 259

 oil boom economies 石油繁荣经济 209，210，211，212-13，216

 overloaded 超负荷 267-8

 property rights 产权 43，252，262，263，264，267

　　　　qualitative view of（的）定性视角 257，258，260，262-5，268-70
　　　　reduced role of（的）作用降低 350，355
　　　　regulation theory 管制理论 260-2
　　　　relations with transnational corporations（TNCs）和跨国公司的关系 44，94-5，138，144-50
　　　　repression 压制 19，21
　　　　rise of capitalism 资本主义的兴起 262
　　　　role in economic restructuring 在经济重组中的作用 269
　　　　supranationl state structures 超国家结构 265-8，269，350，355，356
　　　　territorialization 地域化 285-9
　　　　theory of（的）理论 21
statistical testing 统计测试 4
status hierarchy 地位等级 31，32
steel industry 钢铁产业 290，296-9
Stefik, M. 斯蒂菲克 336
Stiell, B. 斯蒂尔 381
Stigler, G. 施蒂格勒 129，259
Stiglitz, J. E. 施蒂格利茨 63
Stilwell, F. 史迪威 79
stock market crashes 股票市场崩盘 92
Stopford, J. M. 斯托普福德 138，141，145，147，149
Storper, M. 斯多帕 117，132，253，254，255，332，349
　　　　division of labor 劳动分工 100
　　　　economic sociology 经济社会学 320
　　　　industrial development models 产业发展模型 84
　　　　key role of place 场所的关键作用 355
　　　　proximity and association 临近和联盟 52，280
　　　　surplus value 剩余价值 104
Strange, S. 斯特兰奇 138，141，145，147，149，350
strategic alliances 策略联盟 261，286，363
　　　　transnational corporations（TNCs）跨国公司 139，141，276
strategic monitoring 战略监控 50
strategic vision 战略愿景 51，360
Strathern, M. 斯特拉森 236
streeck, W. 斯特里克 356，360
structuralism 结构主义 23-4，69，241
structuration theory 结构化理论 291，293，300
structure 结构

   and agency 和能动性 237，292-4，295
   distinct from system 区别与系统 293
   duality of（的）二元性 293
   参见 economic structures；industrial structures 产业结构；infrastructure 基础设施；social structure 社会结构
superstructure 上层建筑
The Structure of Scientific Revolutions（Kuhn）《科学革命的结构》（库恩）13
student radicalism 学生激进主义 20
subaltern groups 次级群体 55，188
subcontractors 转包商 130，131，134，288，395，396
subject 主体
  social construction of 的社会建构 153-4，315-16
   status of（的）身份地位 389
subject positions 主体地位 78，377-8，387，388
subiect-objta relation 主体—客体关系 63
subjectivity 主体性 75，77，324，325，376，387，388
subsidiaries 辅助 138-9
substantial rationality 实在理性 50，54
suburbs 郊区 112，133-4，307，308，309，313
Sumberg, J. 森伯格 230
Sunderson, S. 森德森 181
Sunley, P. 森利 52，258，352
superstores 超级市场 63
superstructure 超结构 92，93，105-6，108
suppliers see buyer-supplier relations 供应商 见 采购—供应关系
supranational state structures 超越国家的政府结构 143-4，146，148
  bargaining power 议价能力（讨价还价权力）149-50
  emergence as new regulators 作为新管理者出现 260-1
  impact on states 对国家的影响 265-8，269，350，355，356
  works closures 工厂关闭 291，296
surplus value 剩余价值 30，76，98，104-8
  capitalist management 资本主义管理 104
  mass of 的大规模 105-6
  rate of 的比率 106-7
  shifts in the objects of labor 劳动对象的转移 107-8
sustainability 可持续性 65
sweatshop campaign 血汗工厂运动 334

Swedbers, R. 斯韦德波 49, 62, 236, 351
Switzerland 苏格兰 134
Swyngedouw, Eric 埃里克·斯温多夫 4, 144, 172, 173, 343-4
symbolic orders, power of 符号秩序的权力 25
system see social systems 系统　见　社会系统
systems of provision 供应系统 235

tacit knowledge 隐形知识 52, 62, 355, 358, 359
Taft, William 威廉·塔夫脱 178, 185
Taft-Hartley Act 塔夫脱-哈特利法案 287
Taiwan 中国台湾
    assistance to the Gambia 对冈比亚的援助 226
    industrialization 工业化 373
    investment in China 在大陆的投资 333, 362-74
    money as form of social integration 货币作为社会一体化的形式 219
    Nike workers 耐克员工 395, 396, 397
    plan-rational economy 规划理性经济 142
Tanzania 坦桑尼亚 242
tariff 关税 43, 44, 197, 211, 230
task specialization 任务专业化 53, 76, 100
tastes 品味 97, 278, 281, 283, 284, 287
Taylorism 泰勒主义 45
technical change 技术变化 5, 114-15, 254
technical efficiency 技术效率 259
technical sector 技术部门 114, 117, 119-22
technological accumulation 科技积累 356
technological change 科技变化 22, 62, 127, 148
technological determinism 技术决定论 332, 338-40, 341, 344, 347-8
technological developments 科技发展 30, 65, 66, 341
technological innovation 科技创新 281
    flexible production systems 柔性生产系统 128, 133
    global business hierarchies 全球商业等级 276
    Internet 互联网 336-7, 338, 343, 346
    spatial clustering 空间集群 51
technological lock-in 技术锁定 276
technological metaphors 技术隐喻 238, 336-7
technological rationality 技术理性 21

索 引

technological spillovers 技术溢出 273，188-9
technology 技术、科技
    capital's control over labor 资本对劳动的控制 33-4
    investment in 投资在 48
    neglect of 的忽视 32-3
    rise of new intelligent technologies 智能技术的兴起 63
    territorialization 地域化 279-80，281
    参见 communications technology 通信技术；high technology sector 高科技部门；process technology 加工技术；telecommunications technology 远程通信技术
technology sector 技术部门　参见 high tecbnology sector 高科技部门
technology transfers 技术转移 261，374
technopoles 技术极 49，133-4
telebanking 远程银行 342，343，346
telecommunications 远程通信
    banking demands for 银行业需求 108
    GM investment in 冈比亚的投资 274
    proliferation of 衍生 66
    spatiality of 空间性 6
telecommunications industry 远程通信产业 39，44
telecommunications infrastructure 远程通信基础设施 274，342，344，346
telecommunications technology 远程通信技术 63，332
    and the city 和城市 332，341-3，348-9
    Internet 互联网 336-7，338，343，346
    production of space 空间的生产 343-5
    technological determinism 技术决定主义 332，338-40，341，344，347-8
teleport 电子港口 336
television production 电视生产 39
temporal contingencies 时间的偶然性 67
Terman, F. 特曼 134
territorial boundaries management 地域边界的管理 263，264
territorial metaphors 地域隐喻 336-7
territorial proximity 地域临近性 49，51-2
territorialization 地域化
    asset specificity 资产专用性 272，280，283
    definition 定义 272
    development 发展 271-2，278，285，288
    globalization 全球化 253，271-4，277-8，279-84，285-9

    institutions 制度、机构 271-2，279，285-9
    localization 本地化 272，273，280，281，282-3
    location 区位 253，271-4，277-8，279-89
    proximity 临近性 272，280-1，288
textile industry 纺织产业 291
Thailand 泰国 362，395，396，397
Thatcher, Margaret 玛格丽特·撒切尔 22
Thatcherism 撒切尔主义 128，142
theory 理论 3，4
    basic problems of (的)基本问题 29-32
Third World 第三世界
    as competitor 作为竞争者 115，118，362
    environmental change 环境变化 220，221，223-5
    fair trade coffee networks 咖啡公平贸易网络 174，137，240-6
    fair trade organizations 公平贸易组织 241，242，244
    noncapitalist exploitation 非资本主义的剥削 86
    oil resources 石油资源 205
    as production sites 作为生产的地点 38
    women's growing militancy 妇女日益增长的强权 221
Third World lnformation Network-TWIN 第三世界信息网络 241
Thompson, E. P. 汤普森 188
Thompson, G. 汤普森 137-8，267
Thomson, C. N. 汤姆森 363
Thorne, L. 索恩 173-4，237，334
Thrift, Nigel 奈杰尔·思里夫特 4，118，121，237，345，349，455
    actor-netwok theory 行动者—网络理论 347
    alternative institutions 可选制度 64
    Christma 克里斯玛 59
    consumption 消费 63
    economic sociology 经济社会学 320
    economy and culture 经济与文化 16-17
    elite occupational groups 精英职位群体 120，121
    face-to-face interaction 面对面互动 65
    globalization 全球化 236，246，259，280
    institutions 制度 51
    labor qualities 劳动力质量 280
    new service class 新服务阶级 317

索 引

    order in economic system 经济系统中的秩序 66
    professional sector 专业部门 120
    proximity/association ties 邻近/联盟联系 52
    time 时间 67, 70
    transnational corporations (TNCs) 跨国公司 145

Thu Nguyen, D. 苏·纽元 340
Thyssen 西逊 298
Tickell, A. 蒂克尔 13, 70, 94, 259, 260, 261
time 时间 64-5, 70
    multiplication of (的)复制 67
time-space compression 时空压缩 64
time-space distanciation 时空距离化 64
tip sheet editors 首席编辑 66
Tolliday, S. 陶立戴 128
Tomlinson, J. 汤姆林森 33
Tooby, J. 杜比 50
topological presuppositions 拓扑前提 68, 69-70
Torrces Campos, R. 坎波斯 198
totality 整体性 74, 79, 81, 82, 83, 85, 90, 92, 191, 281
    metaphor of (的)隐喻 75-6
Toulouse 图鲁茨 133
toxic waste penetration 有毒物质排放 26
Trachte, K. C. 特拉赫 259
trade 贸易 101, 132
    empirical trends in 实证倾向 138
    fair trade coffee networks 咖啡公平贸易网络 174, 237, 240-6
    fur seal industry 海豹皮毛产业 177, 181, 183, 186
    Gambian wetlands 冈比亚沼泽地 224
    global 全球 27, 140, 284
    intra-industry 产业内 273-4
    intrafirm 企业内 274, 276, 277, 282, 287
    Nigeria 尼日利亚 213, 217
    openness in 开放 267, 284
    Portuguese Empire 葡萄牙 237-8
    rules created by state 国家创立之规则 267
    shift from free to fair 从自由到公平的转变 142-3
    Spain 西班牙 195-6, 199

>>state competition 国家竞争 142

参见 commodity trade 商品贸易；supranational state structures 超国家政府结构

trade alliances 贸易联盟 364

trade associations 贸易合作 53，364

trade disputes 贸易纷争 142

trade fairs 贸易展会 54

trade governance 贸易管制 261

trade liberalization 贸易自由化 199，217

trade patterns 贸易特征 331

trade unions 商会 21-2，53，263
>>changes in workforce 劳动力变化 306-7
>>globalization 全球化 24
>>powers 权力 30
>>social contract 社会契约 127
>>steel industry 钢铁产业 297，298
>>trends in Britain 英国的趋势 46
>>United States 美国 287
>>wage restrict 工资限制 79
>>West Germany 西德 298

Traidcraft 特雷德卡夫特 241-2

training 培训 53，56，311，353，360，380
>>investment in 投资于 48
>>in learning regions 在学习型区域中 54
>>low value labor 低价值劳动力 159，160，163

training courses 培训课程 52

training institutions 培训机构 52，352，355

transaction costs 交易成本 51，52，67

transaction network structures 交易网络结构 67

transactional rules 交易规则 62

transnational corporations (TNCs) 跨国公司
>>autonomy 自主性 138，148
>>bargaining processes 讨价还价过程 144-8，149-50
>>bounded regions 受限的区域 69
>>branch-plant economy 分厂经济 36，332-3，352，356-7
>>collaborative ventures 合作事业 139，143
>>competitiveness 竞争性 138，139，148
>>control of international capital 国际资本的控制 259

  corporate power 企业权力 138，141，277-8
  deterritorialization 去地域化 253，271，274，176，277-9,281-3，285-7
  environment 环境 139，143，145-6，148，149
  firm-firm competition 企业—企业竞争 94，138-41
  foreign direct investment（FDI）外商直接投资 140-1，273，274，276，277-8
  foreign investment 外商投资 79
  German 德国人/德语 333，356-7，360，361
  global business hierarchies 全球商业等级 274-7，278
  global-local tensions 全球—本地张力 138-41，144-9
  globalization 全球化 141，148，235-6，237，247
  hierarchical internal structure 内部等级结构 36-7
  influence of national institutions 国家制度的影响 356-7
  international integration 全球一体化 39
  location 区位 36-8，39，144-5，146
  national origin imprint 母国印记 356
  newly industrialized countries 363
  organizational models 组织模型 138-9
  relations to states 与国家关系 44，94-5，138，144-50
  restructuring 重结构化 138
  rising power of（的）渐长权力 350
  rootedness of（的）根深蒂固程度 273
  specialization of functions 功能的专业化 39
  state regulatory structures 国家管制结构 146-7
  strategic alliances 策略联盟 139，141，276
  territorialization 地域化 253,271-4，277-8，279-84,285-9
  uneven development 不平衡发展 36，37
transport 交通 53
  costs of 的成本 130，177
  employment in 中的就业 105
  improvements in（的）改进 278，280
  investment in（的）投资 48
  reduced costs and times 成本与时间节约 41
transport barriers 交通障碍 278，282
transportation flows 交通流 339，341，342
transportation geography 交通地理学 333
transportation infrastructure 交通基础设施 48,331，344
transportation technologies 交通技术 5，284，332

Triad locational patterns 三维区位特征 277
tribalization 部落化 343
The Trouble with Nigeria（Achebe）《尼日利亚的困境》(阿奇贝)215
trust 信任 50，52，56，61，65，355，357
    Chinese business organization 中国商业组织 364-5，370
    contemporary cities 当代城市 343
    customer-supplier relations 客户—供应商关系 149
    glft exchange 礼物交换 370，372
    money as symbol of 作为……的符号的金钱 218
Tryon, R. 特赖恩 103
Tuan, Y.-F. 图安 291
Tuñon De Lara, M. 图农·德拉拉 197
Turner, B. 特纳 208
Twin Trading 成对交易 241-2
Twommey, C. 图米 118
Tyson, L. D. 泰森 145，273，281

Uganda 乌干达 242
unboundedness 无限性 77
uncertainty 不确定性 50，129，280
    hybrid networks 杂合网络 244
    waged work 薪资就业 316-17，325
UNCTAD 联合国贸易和发展委员会 226，230
UNCTC 联合国跨国公司中心 140
Underhill, G. 昂德希尔 236
unemployment 失业 22，92，94，123，127-8
    Australia 澳大利亚 308
    deroutinization 去常规化 300-1
    employment creation schemes 创造就业计划 307，308，310
    male 男性 64，306
    manufacturing industry 制造业 306
    migrants 移民 308
    new service sector 新服务部门 318
    restraining forces of (的)限制力量 46
    stuctural 结构的 56
    women 妇女 307，308
    youth 年轻人 306，307，308

索　引　577

　　参见 works closures 工厂关闭
uneven development 不平衡发展 3，44，46，91，92-3，111-24，255，380
　　advances in theory of 理论的进展 29
　　attachment to place 对空间的依附 291，292，295，299，300，303
　　capitalism 资本主义 92，291
　　concrete forms of （的）具体形式 30
　　Marxism 马克思主义 15，30，32，92，291，295
　　and the nation-state 和民族国家 43
　　professional sector 专业部门 114，115，116，117
　　service sector 服务部门 114，115，116，118
　　social structure 社会结构 116，119-22
　　spatial division of labor 空间劳动分工 36-42，111，112，113，114-16，118，121，122-4
　　spatial structures 空间结构 93，111，112-13，116-22，123
　　transnational corporations (TNCs) 跨国公司 36，37
United Kingdom(大不列颠)联合王国
　　Christmas 圣诞 59-60
　　employment changes 就业变化 316-20
　　Enterprise Zones 企业区 300，314
　　fair trade movement 公平贸易运动 174，241-6
　　flexible production systems 柔性生产系统 133
　　fur sealing 海豹皮毛捕猎 178
　　management and shop stewards movement 管理和工作场所监督运动 45
　　nationalization 国有化 299
　　New Towns 新城 299-300
　　and Nigeria 和尼日利亚 213-14
　　occupational structure 就业结构 116
　　open-door policies 开放政策 44
　　regional modernization programs 区域现代化项目 302
　　salaries divide 薪资分化 122
　　sectoral divisions 部门分工 117
　　social division of labor 社会劳动分工 114-16，118
　　spatial structures 空间结构 116-22，123
　　telecommumcations industry 通信产业 39，44
　　television production 电视生产 39
　　uneven development 不均衡发展 93，114-24
　　unionization trends 工会组织潮流 46
　　works closures 工厂关闭 290，296，297-8，299

United Nations Development Program (UNDP) 联合国发展项目 226, 230
United States 美国
    Asian-Americans 亚裔美国人 377
    Baltimore living wage campaign 巴尔的摩最低生活工资运动 334, 395-401, 402
    communications technology 通信技术 102
    flexible production systems 柔性生产系统 133-4, 135
    foreign direct investment (FDI) 外商直接投资 140
    fur sealing 海豹皮毛猎捕业 178, 179, 181, 185
    individualism 个人主义 61
    institutional concessions 制度性让步 287-8
    investment in China 在中国大陆的投资 362
    money as form of social disintegration 作为社会分离形式的金钱 219
    service-intensive economy 精细服务业经济 109
    state-state competition 民族国家竞争 142-3, 144
    strategic alliances 策略联盟 141
    trade unions 商会 287
    wage restraint 节制工资 79
    wholesale trade 批发贸易 101
    works closures 工厂关闭 299
Universal Declaration of Human Rights 人权全球宣言 28
universal rights 普世权力 63, 377, 379
universality 普遍性 26-7
urban agglomeration 城市集聚 127
urban areas 城市区
    existence in a network 网络中存在 191
    high technology industry 高技术产业 133-4
    industrial elites 产业精英 200
    institutions 制度 348
    the natural and the social 自然与社会 191
    new technologies 新科技 332, 341-3, 343, 348-9
    spatial glue 空间黏合剂 338
urban competitiveness 城市竞争力 399-401
urban construction booms 城市建设繁荣 211, 212
urban design 城市设计 327
urban development 城市发展 129
urban dissolution 城市分散化 338-9
urban enterprise zones 城市企业区 314

urban growth 城市增长 134
urban infrastructure 城市基础设施 401
urban life, estheticization of 城市生活美化 327
urban sociology 城市社会学 316, 328
urban theory 城市理论 135, 252
urban uprisings 城市兴起 19
urban-rural shift 城乡转换 121
urbanization 城市化
    China 中国 374
    global trends 全球趋势 341-2
    oil boom economies 石油繁荣经济 211, 212
Urry, J. 厄里 62, 119, 254
    economy as flows 作为流动的经济 68
    flexible production systems 柔性生产系统 128
    industrial spaces 产业空间 327
    reflexivity 反映度 65
    service sector 服务部门 64
US Steel Corporation 美国钢铁企业 108
use-value 使用价值
    circulation of (的)积累 97-8, 100-2, 104, 106-7
    consumption of (的)消费 102-3
    household economy 家庭经济 86
    management of (的)管理 103-4
    neglect of (的)忽略 32-3
    productive labor 生产性劳动 98-100
    shifts in the objects of labor 劳动对象的转移 107-8
user-producer interaction 用户—生产者互动 352
Usman, B. 阿斯曼 217

value 价值
    circulation of (的)积累 100-2, 106-7
    construction in products 在产品中的建构 151-65
    construction in workers 在工人中的建构 151-65
    neoclassical economics 新古典经济学 32
    productive labor 生产性劳动 98
    参见 surpluts value 剩余价值; use-value 使用价值
Vance, J. 万斯 101

Vancouver 温哥华，Filipina domestic workers 家庭菲佣 333，375-88
Veblen, Thorstein 索尔斯坦·维布伦 16
Venables, A. 维纳布尔斯 3
Venezuela 委内瑞拉
　　modernity drive 现代性驱动 210
　　oil resources 石油资源 172，173，205-6，209，210-11
venture capital 风险投资 117
Verbeke, A. 维伯克 147
Vernon, R. 弗农 37，276，283
vertical disintegration 垂直分离 117，129，130，134
Vietnam 越南，Nike workers 耐克员工 21，395，396，397
Vietnam War 越战 19，21
Vilar, P. 维拉 207
Villancuva Larraya, G. 维兰库娃·拉拉娅 199，201
Virilio, Paul 保罗·维力里奥 68，339
virtual cities 虚拟城市 336
virtual communities 虚拟社区 336，346
Vogel. E. 沃戈尔 368
voice, encouragement of 声音的激励 51
Vojta, G. 沃伊塔 97
von Bohm-Bawerk, E. 冯·博姆-波尔克 119
von Thüneu, Johan Heinrich 冯·杜能，约翰·海因里希斯 3，91

Wade, L. L. 韦德 143
wage restraint 工资限制 79，81
waged work 薪资就业 4，255
　　acceptance of （的）接受 293，300-1，303
　　Aleuts 阿留申人 186-7
　　embodiment of （的）具体化 325-6
　　employment changes in 其中的就业变化 316-20
　　Gambian wetlands 224，228，229，233
　　living wage campaigns 最低生活工资 334，335n，395-401，402
　　uncertainty of （的）不确定性 316-17，325
　　women 妇女 64，114，130，132，152-4，156-7，255-6，306，315，318-20，321-3，395-9
Wal-Mart 沃尔玛 22
Whalby, S. 沃尔比 318，322
Wales works closures 威尔士工厂关闭 290，299

Walker, R. 沃克 91-2, 95, 98, 100, 103, 104

Wall Street Journal《华尔街日报》116

Wallerstein 沃勒斯坦 1, 207

Ward, C. 沃德 191

warehouse clubs 仓储协会 63

Waring, M. 韦林 86

Wark, M. 沃克 62, 70

Warri 沃里 213

waterscape, Spanish 西班牙水景观 172, 189-91, 193-204
  depatrimonialization of water 接触水的世袭性 199
  government intervention 政府干预 199-200
  hydrological engineering mission 水利工程任务 172, 197-203
  regenercionism 复兴主义 172, 196, 197-204

Watts, Michael 米歇尔·瓦特斯 236, 376, 387
  Gambian wetlands 冈比亚沼泽地 223, 224, 232
  oil boom economies 石油繁荣经济 172-3, 209, 217

Wayas, Joseph 约瑟夫·维亚斯 214

We Are Sinking in the Devil's Excrement (Perez Alfonso)《我们在魔鬼的粪便中沉沦》(佩雷兹·阿方索) 205

Webb, P. 韦布 229

Webber, M. 韦伯 258, 349

weberWeber, Alfred 阿尔弗雷德·韦伯 3, 91

Weber, Max 马克思·韦伯 20

webs of enterprise 企业网 139-40

Weil, P. 韦尔 223, 225

Weisbrot, M. 韦斯布罗德 400

Weiss, A. 维斯 63

welfare maximization 福利最大化 179, 181, 183, 259, 267

welfare policies 福利政策 48

welfare state 福利国家 22, 267-8
  expenditure on (的)支出 310
  reforms of (的)改革 56, 151, 394
  restructuring of (的)重构 254, 308, 345

welfare state expenditures 福利国家支出 21

welfar-sratism 社会福利制度 93, 94, 127, 128, 135, 260

Wellbery, D. E. 韦尔贝里 70

Wells, L. T. 威尔斯 147, 363

Wenger, E. C. 温格 358, 359

West Africa 西非 214, 215, 216

West Germany 西德

    works closures 工厂关闭 290, 298

    参见 Germany 德国

Westaway, J. 韦斯塔韦 36

wetlands, Gambian 冈比亚的沼泽地 173, 220-34

Wever, K. 韦弗 356, 357, 359

Whatmore, S. 沃特莫尔 173-4, 175, 236, 237, 334

When old technologies were new（Marvin）《当老技术新出现时》(玛尔文) 339

White, E. 怀特 363

White, G. 怀特 62

White, J. 怀特 68

White. M. 怀特 311

Whitley, R. 惠特利 61, 145-6, 356, 357

wholesale trade 批发贸易 101

Wilde, Oscar 奥斯卡·王尔德 251

Willems-Braun, B. 威廉斯-布朗 187

Williams, A. M. 威廉斯 258

Williams, Raymond 雷蒙德·威廉斯 27, 28, 174, 175

Williams, S. 威廉斯 59

Williamson, B. 威廉森 295

Williamson, O. 威廉森 129

Wills, J. 威尔斯 252

Wilson, P. 威尔逊 144

Wolch, J. R. 沃尔科 254-5, 308

Wolff, R. 沃尔夫 85

Womack, J. 沃马克 350

women 妇女

    as care providers 作为照料提供者 312-13

    control over own bodies 自我身体的控制 26

    educational performance 教育表现 319

    elite occupational groups 精英职位群体 120

    land access rights in the Gambia 在冈比亚获取土地的权力 175, 224-6, 228-9, 232, 233-4

    in process of social reproduction 在社会生产过程中 4

    representation of female body 女性身体的表达 74-5

    sexuality in the workplace 工作场所的性别特征 64, 323-4

索　引

　　　social construction of female body 女性身体的社会建构 74
　　　social construction in the workplace 工作场所的社会建构 151,154,157,163
　　　参见 feminism 女性主义;gender 性别;workers 工人;female 女性
women in development (WID) projects 发展计划中的女性 230
women's banks 女性银行 65
Wong, S. L. 王 62
Woodward, D. P. 伍德沃 147,274
work 工作 5
　　　changing nature of (的)变化本质 316-20
　　　feminization of (的)女性化 40,155-6,315,317,318-20,321-3,384
　　　informalization of (的)非正式化 64
　　　intersubjective nature of (的)主体间本质 64
　　　new attitudes towards 新态度 317-18
　　　priority of paid over unpaid 有薪工作优于无薪工作 31,64
　　　参见 labor 劳动;waged work 工薪劳动
work culture 工作文化 46
work fragmentation 工作片段化 127
work routines 工作惯例 234
work rules 工作规则 127,131
work studies, research biases 工作研究,研究偏见 31,32
workaholism 工作狂 45
worker reproduction 工人再生产 107
workers 工人
　　　Leftist ideals of (的)左翼理想 32
　　　power from large agglomerations 来自大量集聚的权力 43
　　　radical kinds 激进类型 31
　　　research biases 研究偏见 31,32
　　　social construction of (的)社会建构 315-16,322
　　　参见 manual labor 手工劳动
workers, female 工人,女性
　　　branch-plant economy 分厂经济 40
　　　flexible production systems 柔性生产系统 130,132
　　　flexible working 弹性工作 319
　　　horticultural projects in the Gambia 冈比亚的园艺计划 173,221,225-6,229,230-2,233
　　　Mexican maquiladora 墨西哥出口加工区 152-4,156-7
　　　migrant Filipina domestic workers 菲律宾国内工人移民 333,375-88
　　　Nike workers 耐克员工 395-9
　　　as part-time workers 作为非全职工人 305,306,307,308-9,310,319
　　　research biases 研究偏见 32

    reserves of (的) 储备 113, 322
    as unpaid workers 作为无报酬工人 64
    valuation in the workplace 工作场所中的估价 151, 152-4, 156-65
    in the waged workforce 在有薪劳动力中 64, 114, 130, 132, 152-4, 156-7, 255-6, 306, 315, 318-20, 321-3, 395-9
    wetland cultivation in the Gambia 冈比亚沼泽地耕作 173, 221, 123-6, 228-32, 233-4
workforce 劳动力
    changes in nature of (的) 性质变化 306-7
    product-cycle theory 产品周期理论 37-8
working class 工人阶级 123, 304, 309, 317, 377
    changing alliances 变化的联盟 307
    changing class relations 变化的阶级关系 305
    competition amongst 之间的竞争 292
    conflict with capital 和资本的矛盾 93, 292
    exclusion from labor force 从劳动力中隔离 132
    gender relations in Melbourne 墨尔本的性别关系 305
    legitimacy of class position 阶级地位的合法性 301
    legitimation of wage labor 工薪劳动的合法化 303
    politized 政治化 131
    reducing strength of (的) 强度削减 22
    social practices 社会实践 302, 303
    state spatial policies 国家空间政策 302
    threats to everyday lives 对日常生活的威胁 301
    unity of 一体性 295
    works closures 工厂关闭 298-9
working class movements 工人阶级运动 24
workplace 工作场所
    autonomy within (之中的) 自主性 120
    British workers' strength within (之中的) 英国工人强势 45
    gender segregation 性别分隔 255-6, 305-7 310, 313-14, 320, 321-3
    location of (的) 区位 316, 326-8
    management of (的) 管理 103
    masculinity 男性特点 322, 323-4, 326, 327
    Mexican maquiladora 墨西哥出口加工区 95, 151-65
    physical construction of 物理建构 316
    production of value in 其中的价值生产 95, 151, 152-4, 156-65
    reformulating practices 重构实践 260
    rigidities in 其中的刚性 131
    sexuality in 其中的性别 64, 323-4

索 引

　　social construction of women 妇女的社会建构 151，154，157,163
　　social construction of workers 工人的社会建构 315-16
　　social relations 社会关系 254，305-6
workplace skills 工厂技能 52
works closures 工厂关闭 253-4，290-303
　　anti-closure campaigns 反抗关闭运动 290-2，295，296-9,302-3
World Bank 世界银行 24，213，216，226，230，231
World Development Movement 世界发展运动 241
World Trade Organization 世界贸易组织 266，356
Wright, E. O. 赖特 292，304
Wright, M. W. 赖特 95，152，155，255，401
wrigler, N. 里格勒 63

Xerox corporation 施乐公司 357

Yang, M. M-h. 杨 365，373
Yearbook of Labor Statistics《劳动统计年鉴》396
Yergin, D. 耶金 208
Yoffie, D. B. 约菲 147
Young, A. 杨 129
Young, Andrew 安德鲁·杨 395
Young, I. M. 杨 326
yuppies 雅皮士 317，321

Zeitlin, J. 蔡特林 128
Zelizen, V. 泽里曾 208
Zhang, A. 张 366
Zimmerer, K. 齐默勒 220
Zonis, M. 佐尼斯 207
Zou, G. 邹 366
Zuboff, S. 竺波夫 63
Zucker, L. 朱克 62
Zukin, S. 祖金 320，321，327
Zuwo, Bakin 巴金·祖沃 215
Zysman, J. 齐斯曼 80，128，131

图书在版编目(CIP)数据

经济地理学读本/(加)巴恩斯等主编；童昕等译.—北京：商务印书馆，2007(2013.10 重印)
(当代地理科学译丛·学术专著系列)
ISBN 978-7-100-05597-0

Ⅰ.经… Ⅱ.①巴…②童… Ⅲ.经济地理学 Ⅳ.F119.9

中国版本图书馆 CIP 数据核字(2007)第 125762 号

所有权利保留。
未经许可，不得以任何方式使用。

经济地理学读本

〔加〕特雷弗·J.巴恩斯 〔美〕杰米·佩克 〔美〕埃里克·谢泼德 〔英〕亚当·蒂克尔 主编
童 昕 梅丽霞 林 涛 卢 洋 等译

商 务 印 书 馆 出 版
(北京王府井大街 36 号 邮政编码 100710)
商 务 印 书 馆 发 行
北京民族印务有限责任公司印刷
ISBN 978-7-100-05597-0

2007 年 10 月第 1 版　　开本 787×960　1/16
2013 年 10 月北京第 2 次印刷　印张 38¾

定价：87.00 元